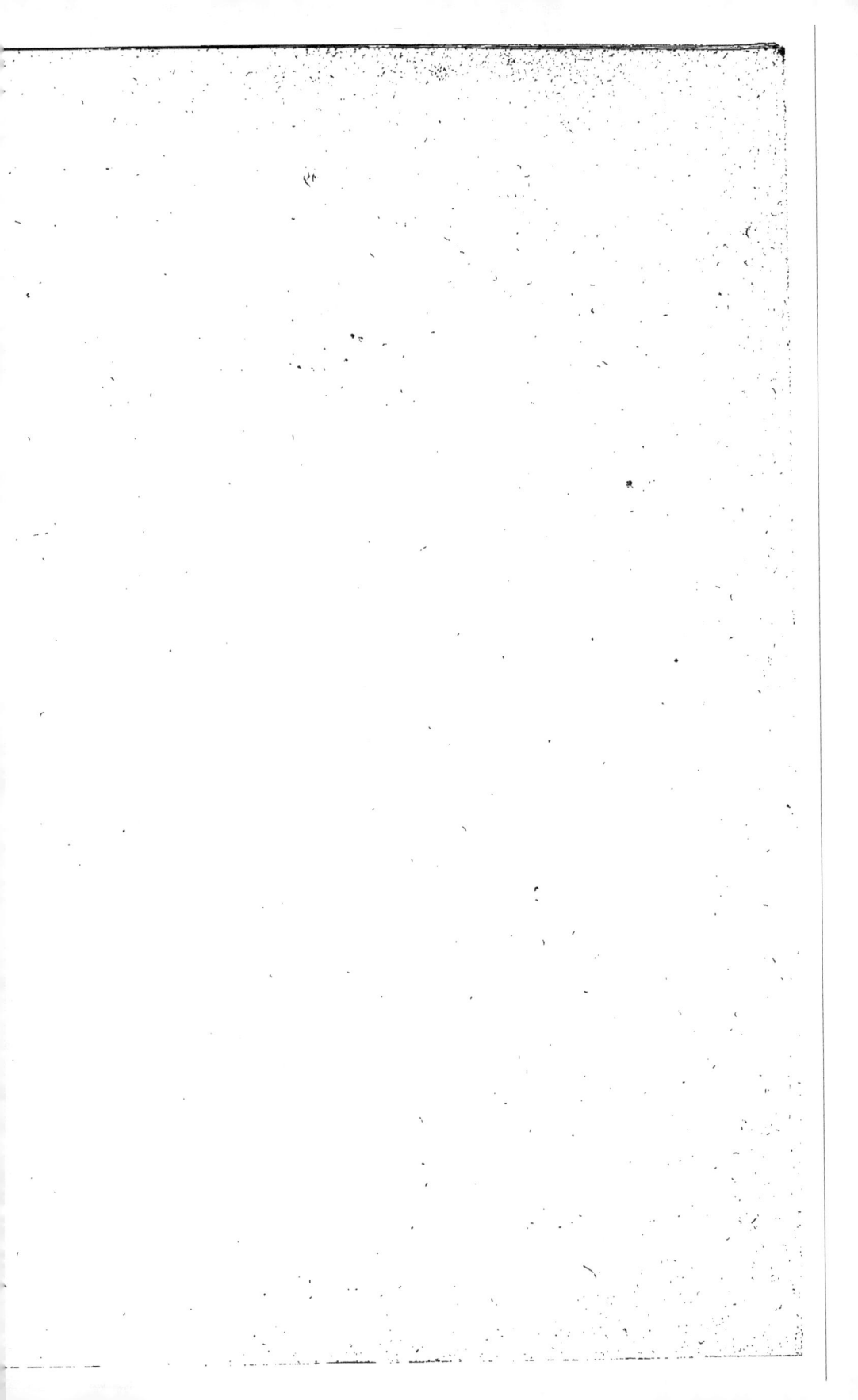

F

©

Je déclare m'abonner, au prix de DIX FRANCS *par an*, au RECUEIL RAISONNÉ DES ARRÊTS DE LA COUR IMPÉRIALE DE GRENOBLE, *fondé par MM. les Avoués près cette Cour.*

A

le

1858.

Signer, cacheter et mettre à la poste.

Grenoble, imp. Maisonville.

Monsieur MAISONVILLE, imprimeur,

rue du Quai, 8,

Grenoble.

AVERTISSEMENT.

Nous prions les personnes auxquelles ce recueil est adressé de vouloir bien se faire une idée exacte des *notices* qui suivent la plupart des arrêts que nous rapportons.

Sans doute, il nous serait facile de placer, après chaque arrêt, des *notes* renvoyant, sous une forme plus ou moins hiéroglyphique, à un grand nombre d'auteurs et de décisions judiciaires. Mais, d'abord, tout le monde n'a pas une bibliothèque sans limites. D'un autre côté, si l'on recourt à cette masse infinie et indéfinie d'autorités, on trouve que plusieurs d'entre elles n'ont aucun rapport avec la question, que d'autres n'ont avec celle-ci qu'un rapport indirect ou éloigné, enfin que les espèces citées sont très-souvent séparées de l'espèce jugée par des nuances délicates ou des différences profondes.

Il nous paraît donc plus convenable de citer *textuellement*, après certains arrêts, les opinions d'auteurs les plus saillantes et surtout les rubriques et les principaux motifs d'autres arrêts, afin que chacun puisse ainsi apprécier, immédiatement et sans effort, les *concordances*, les *nuances*, et se rendre juge d'un *travail tout fait* sur la question.

En un mot, interprète de la pensée judicieuse de MM. les avoués de la Cour, qui *n'essaient pas de fonder*, mais qui fondent, et dont la fondation durera, nous rédigeons un *Recueil raisonné*, éminemment *pratique*, non par l'abondance *factice*, mais par l'abondance *réelle* des documents, par sa *clarté*, par sa *commodité*, et nous n'entendons pas créer un arsenal où il ne soit souvent possible de pénétrer qu'en se condamnant, en pure perte, à une véritable gymnastique intellectuelle.

Notre plan est nouveau. En fait de modes, la nouveauté séduit. En fait de choses graves, il en est quelquefois autrement. Mais l'homme sérieux, qui a la conscience de ce qu'il veut, qui a foi en son œuvre, qui dédaigne les réclames, qui accepte les rivalités et ne les insulte pas, doit savoir faire crédit au public. Du reste, nous remercions avec empressement le très-grand nombre de personnes qui, des divers points du ressort, se sont déjà acquittées envers nous avant l'échéance.

FRÉD. TAULIER.

24 avril 1858.

Grenoble. — Imp. MAISONVILLE.

RECUEIL RAISONNÉ

DES

ARRÊTS DE LA COUR IMPÉRIALE

DE GRENOBLE.

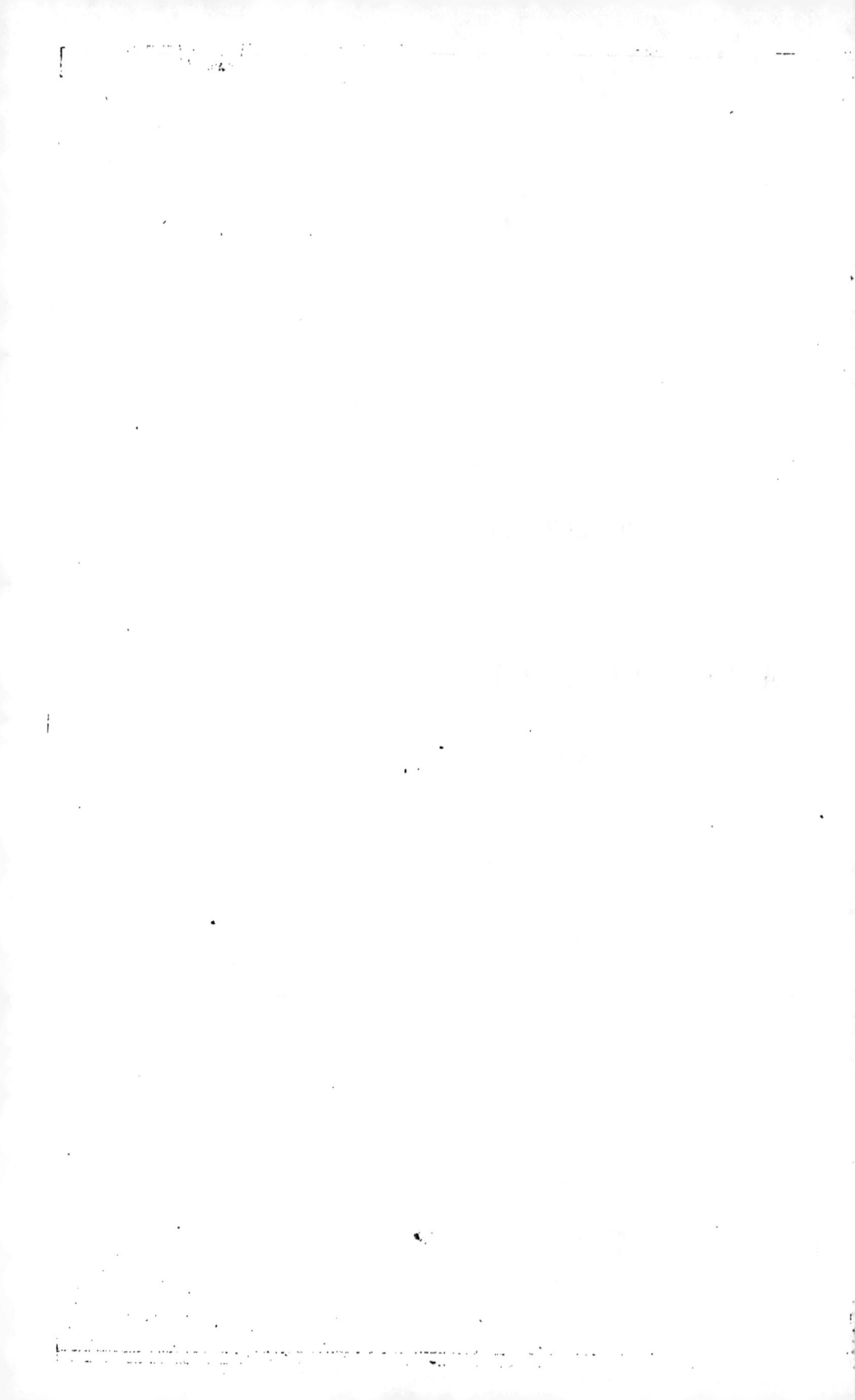

RECUEIL RAISONNÉ

DES

ARRÊTS DE LA COUR IMPÉRIALE

DE GRENOBLE

RENFERMANT

OUTRE LES ARRÊTS DE LA COUR

LES DÉCISIONS ADMINISTRATIVES

LES PLUS IMPORTANTES

ET

UNE CHRONIQUE GÉNÉRALE ET LOCALE

DANS LAQUELLE FIGURENT LES JUGEMENTS DES TRIBUNAUX DE PREMIÈRE INSTANCE D'UN INTÉRÊT USUEL,

FONDÉ

PAR MM. LES AVOUÉS PRÈS LA COUR IMPÉRIALE DE GRENOBLE.

Rédacteur en chef : M. Fréd. TAULIER,

Avocat à la Cour Impériale, Doyen de la Faculté de Droit,
Ancien Maire de Grenoble, Membre du Conseil général de l'Isère, Chevalier de la
Légion d'Honneur.

PREMIER VOLUME.

GRENOBLE,

IMPRIMERIE MAISONVILLE, RUE DU QUAI, 8, VIS-A-VIS LE JARDIN DE VILLE.

1858.

INTRODUCTION.

La loi ordonne ou défend. Voilà toute sa mission. Mais la loi est une formule toujours concise, parfois incomplète et obscure.

Le jurisconsulte, renfermé dans son cabinet, médite sur les obscurités, sur les imperfections de la loi ; il appelle à son aide le droit ancien et demande ainsi au passé l'explication du présent ; il s'adresse à la raison universelle, à la raison relative ; il recourt à l'analogie qui, selon les paroles de Toullier, nous fait justement supposer qu'à l'exemple du Créateur de l'univers, le législateur a voulu établir des lois uniformes, sans qu'il fût nécessaire de les reproduire dans les cas identiques ; enfin, il assiste à la formation même de la loi ; il interroge ses motifs et cherche à jeter sur la lettre les vives lu-

mières de l'esprit. De tels travaux doivent être honorés ; il y
a longtemps que nous-même nous avons, en ces termes, rendu
un juste hommage à leur utilité : « N'est-il pas vrai, disions-
« nous, que l'homme dont la vie pratique vouée au droit est
« protégée, inspirée par de saines théories, apportera plus
« d'élévation dans ses vues, plus de vérité et de sagesse dans
« ses déterminations, plus de dignité et de conscience dans
« toute sa manière d'être ? Tout se lie et s'enchaîne dans l'or-
« ganisation morale : si la religion est pour l'homme le prin-
« cipe de toute vertu, la substance rationnelle du droit est
« une sorte de religion pour le jurisconsulte, la source du ta-
« lent réel, le flambeau qui illumine la pensée, qui dirige les
« applications, la sauvegarde contre l'arbitraire et surtout
« contre la routine, cette fatalité du monde judiciaire (1). »

Mais le jurisconsulte est placé dans les régions idéales ; il
ignore le bruit et les agitations de la société des hommes ; il
se complaît dans les vérités générales, dans les espèces arbitraires, dans les solutions absolues. Le magistrat vit au milieu des réalités ; il voit tourbillonner devant lui le jeu inces-
sant et toujours varié des intérêts terrestres, et il applique la
loi aux faits, aux actions, aux situations de tous les jours.

« Les Codes français, avons-nous dit dans le prospectus
« de ce recueil, furent expliqués, commentés par les juriscon-
« sultes ; avec le temps, ils devaient trouver leur meilleure
« interprétation dans la jurisprudence des tribunaux. La doc-
« trine, c'est l'idée abstraite et parfois rêveuse ; la jurispru-
« dence, c'est l'idée pratique et toujours utile, c'est la loi
« mise en rapport avec les faits quotidiens, c'est la loi dans
« son fonctionnement social. La doctrine, c'est le précepte, la
« prédication, l'autorité que l'on consulte ; la jurisprudence,
« c'est l'exemple, l'autorité qui s'impose. Le Code Napoléon
« consacre une constante infériorité de la propriété mobilière,
« dont il semble avoir ignoré l'avenir, et une perpétuelle pré-
« férence pour la propriété immobilière, qu'il a trop exclusi-
« vement exaltée. Qui accordera à la première, dont l'impor-

(1) Préface de notre *Théorie raisonnée du Code civil.*

« tance grandit tous les jours, non moins de protection qu'à
« la seconde, et, par d'équitables solutions, rétablira un certain
« équilibre? les tribunaux. De même, les tribunaux, s'inspi-
« rant de la nécessité sociale du pouvoir domestique, considéré
« dans ses manifestations diverses, s'attacheront à lui main-
« tenir son prestige et son énergie que pourrait affaiblir la
« licence des mœurs. Les subtilités de la fraude, si elles
« tendent à envahir les contrats, seront déjouées par les tribu-
« naux ramenant les esprits au respect vrai de la foi promise.
« L'hypothèque fonde le crédit, et néanmoins elle est de nature
« à jeter parfois de l'embarras dans les transactions civiles;
« c'est grâce au discernement des tribunaux que ses incon-
« vénients seront paralysés et qu'elle produira tout le bien
« qu'il est permis d'en attendre. Aussi, de nos jours, les magis-
« trats et le barreau, pleins de déférence pour de savants
« ouvrages, s'attachent surtout à chercher dans la jurispru-
« dence la véritable pensée, le véritable rôle de la loi, parce
« que la jurisprudence, expression d'une expérience déjà
« longue, est devenue la loi vivante, agissante, la loi prati-
« que, la tradition, la transformation actuelle du droit. »

L'illustre Portalis semblait prévoir ce résultat lorsqu'il s'exprimait ainsi, au commencement du siècle :

« Le législateur peut être éclairé par la jurisprudence, et il
« peut, de son côté, la corriger; mais *il faut qu'il y en ait une*.
« Dans cette immensité d'objets divers qui composent les ma-
« tières civiles, et dont le jugement, dans le plus grand nombre
« des cas, est moins l'application d'un texte précis que la com-
« binaison de plusieurs textes *qui conduisent à la décision*
« *bien plus qu'ils ne la renferment*, ON NE PEUT PAS PLUS SE
« PASSER DE JURISPRUDENCE QUE DE LOIS.

« Quoi que l'on fasse, les lois positives ne sauraient jamais
« entièrement remplacer l'usage de la raison naturelle dans
« les affaires de la vie. Les besoins de la société sont si variés,
« la communication des hommes est si active, leurs intérêts
« sont si multipliés et leurs rapports si étendus, qu'il est im-
« possible au législateur de pourvoir à tout.

« D'ailleurs, comment enchaîner l'action du temps? Com-
« ment s'opposer au cours des événements ou à la pente
« insensible des mœurs? Comment connaître et calculer d'a-

« vance ce que l'expérience seule peut nous révéler? La pré-
« voyance peut-elle jamais s'étendre à des objets que la
« pensée ne peut atteindre?

« Un code, quelque complet qu'il puisse paraître, n'est pas
« plutôt achevé que mille questions inattendues viennent
« s'offrir au magistrat; car les lois, une fois rédigées, demeu-
« rent telles qu'elles ont été écrites. Les hommes, au contraire,
« ne se reposent jamais, ils agissent toujours; et ce mouve-
« ment, qui ne s'arrête pas et dont les effets sont diversement
« modifiés par les circonstances, produit à chaque instant
« quelque combinaison nouvelle, quelque nouveau fait, quel-
« que résultat nouveau.

« Une foule de choses sont donc nécessairement abandonnées
« à l'empire de l'usage, à la discussion des hommes instruits,
« à l'arbitrage du juge.

« De là, chez toutes les nations policées, on voit toujours se
« former, à côté du sanctuaire des lois et sous la surveillance
« du législateur, un *dépôt de maximes, de décisions et de*
« *doctrines* qui s'épure journellement par la pratique et par
« le choc des débats judiciaires; qui s'accroît sans cesse de
« toutes les connaissances acquises, et qui a constamment été
« regardé *comme le vrai supplément de la législation*...(1) »

Ainsi, la loi provoque la doctrine des auteurs, elle engendre la jurisprudence, et la jurisprudence est le *vrai supplément de la loi.*

Mais quelle est la portée de cet élément supplémentaire?
Dans quelle mesure convient-il d'accepter l'utilité de la
jurisprudence? Dans quelles limites est-il sage de renfermer
l'autorité des arrêts? M. Dupin aîné (2) rapporte que cette
question fut solennellement agitée le 12 juin 1763 par les
avocats du parlement de Metz. L'un d'eux soutint qu'il n'y
avait pas d'autorité plus forte que celle des arrêtistes, et qu'un
point de droit jugé par un arrêt ne devait plus être mis en

---

(1) Discours préliminaire du Code civil.

(2) *De la jurisprudence des arrêts*, opuscule imprimé pour la première fois en 1812.

question. Un autre chercha, au contraire, à établir que les arrêtistes sont des guides peu sûrs, et que le jurisconsulte doit se déterminer par les principes et par les lois, beaucoup plus que par les préjugés et les exemples.

Ainsi, d'après l'un, les arrêts étaient tout; d'après l'autre, ils étaient fort peu de chose.

« Quel jurisconsulte, disait le premier, oserait espérer de « trouver dans lui-même plus de lumières? En vain voudrait-on « se prévaloir de quelque différence dans les faits nouveaux, si « le fond de la cause se rapporte à une autre déjà déterminée « par un *arrêt*. Il est bien plus sûr de s'en tenir au préjugé, « de respecter les grands motifs qui ont déterminé le jugement. « L'esprit d'équité qui a déjà prononcé sur un cas doit être « consulté sur celui qui se présente. Sans cela, plus de con- « formité dans les interprétations.

« Le juge, ayant sans cesse la loi devant les yeux, apprend et « s'accoutume à devenir incorruptible comme elle. Son cœur, « dégagé de tout intérêt particulier, laisse à son esprit la liberté « de saisir l'ensemble de la discussion, de comparer les divers « moyens, de les rapprocher des principes, et de les apprécier « à leur juste valeur. Son *arrêt*, toujours bien fondé, toujours « sagement motivé, acquiert la consistance et l'autorité d'une « loi. D'ailleurs, de quelle importance n'est-il pas de fixer la « jurisprudence? Laissons à chaque particulier le droit d'in- « terpréter les lois au gré de ses caprices : quelle source « intarissable de désordres! que de vives alarmes pour tous « les membres du corps social! Le seul moyen de prévenir tant « de malheurs est de respecter l'*autorité des arrêts;* que ce « soit là notre point de ralliement, ne le perdons jamais de « vue. »

Le second disait à son tour:

« N'a-t-on pas à craindre quelquefois l'erreur des juges? « Quelque habileté, quelque intégrité qu'ils aient en partage, « ils sont hommes; et l'erreur est l'apanage de l'humanité.

« A quoi réduirait-on les fonctions du jurisconsulte, con- « damné à se traîner servilement sur les pas des *arrêtistes?* « Il n'osera se permettre de penser sans leur aveu; il faudra « qu'il étouffe ses propres idées, quelque heureuses qu'elles « soient; il ne fera plus que citer froidement les *arrêts*. Dé-

« gradé par cette triste et lâche habitude, quand des circons-
« tances inconnues se présenteront, aura-t-il le courage, aura-
« t-il la force de prendre un libre essor ?

« Les *arrêts* peuvent avoir le même effet que les lois, mais
« ils ne peuvent en avoir l'autorité. L'expression des lois est
« générale, celle des *arrêts* est particulière et personnelle. Le
« sort qu'ils assignent à quelques individus ne peut servir de
« règle pour l'universalité des citoyens.

« Au lieu de chercher une règle dans un *arrêt*, élevons-nous
« directement, avec une noble confiance, jusqu'à la loi elle-
« même ; ne mettons rien entre elle et le juge : il en sera plus
« à l'abri d'une erreur. Quand nous avons besoin de la lu-
« mière et de la chaleur du soleil, nous contentons-nous des
« corps qui réfléchissent ses rayons? S'astreindre à cette mar-
« che servile, c'est s'engager à ne pas revenir d'une erreur,
« quand même on ne pourrait se la dissimuler. »

Un troisième avocat ouvrit un avis de conciliation, qui fut
adopté à l'unanimité.

« C'est, sans doute, dit-il, une faiblesse indigne du vrai juris-
« consulte de ne voir, ne penser, n'oser prendre une détermina-
« tion que d'après les *arrêtistes*. Mais aussi il y aurait bien
« de la témérité à dédaigner tous les secours qu'ils nous pré-
« sentent pour des questions si difficiles, que les lois mêmes
« semblent avoir cédé au juge le droit de les résoudre.

« Que l'avocat fasse donc valoir les arrêts, mais comme de sim-
« ples préjugés qui disposent les esprits à sentir mieux la force
« et la solidité de ses moyens. Pour le faire avec succès et sans
« compromettre la dignité de son ministère, qu'il prouve claire-
« ment que ces préjugés et les rapports qui les lient à la question
« qu'il défend, bien loin d'altérer les principes, y ramènent,
« au contraire, par un enchaînement sûr et simple ; mais
« il ne doit jamais attribuer sans restriction, aux arrêts cités
« comme préjugés, toute la force et l'autorité des démonstra-
« tions qui résultent des faits et des circonstances propres à
« chaque cause. »

Il faut, selon M. Dupin, conclure de cette discussion, que :
« l'étude des arrêtistes est non seulement utile, mais nécessaire;
que l'on doit cependant se défier de tout ce qui ne peut
être appuyé que par leur autorité; que la jurisprudence con-

stante des arrêts a force de loi, mais qu'elle ne se forme que par une longue suite d'arrêts, qui, dans tous les temps, ont décidé un point de droit de la même manière, malgré la diversité des circonstances ; qu'il est très-avantageux de pouvoir s'appuyer sur des arrêts rendus en pareil cas ; mais qu'ils ne forment que des préjugés et non des moyens ; que les préjugés confirment toujours les principes, les expliquent quelquefois et ne les détruisent jamais ; en sorte que, quand on est fondé à réclamer les vraies maximes, il n'est ni téméraire, ni indécent de remettre en question ce qui paraît avoir été le plus formellement décidé entre d'autres parties. »

Il existait, avant 1789, plus de quarante recueils d'arrêts. Ce fait, digne de remarque, prouve quelle importance on a toujours attachée aux décisions des tribunaux. Cependant, les arrêts des parlements étaient rédigés d'une manière très-incomplète et n'étaient pas motivés. Le 16 août 1790, l'assemblée constituante ordonna que, désormais, toute sentence judiciaire contiendrait quatre parties distinctes : les noms et qualités des plaideurs, le récit des faits et les questions à résoudre, les motifs et enfin le dispositif.

« Depuis que cette loi existe, il est donc devenu plus facile « qu'autrefois de donner de bons recueils d'arrêts.

« Les compilateurs n'en sont plus réduits à chercher péni« blement, à deviner même quelles ont pu être les raisons « de décider ; ils les trouvent écrites dans les arrêts.

« Ils ne peuvent errer sur les faits ; car ils se trouvent éga« lement consignés dans l'arrêt, et méritent d'autant plus de « confiance, que l'obligation où est la partie qui lève un arrêt « d'en signifier les *qualités* à son adversaire, est une garantie « qu'il ne s'y sera rien glissé d'inexact.

« En un mot, un arrêtiste moderne trouve dans l'arrêt même « dont il rend compte, tous les éléments nécessaires pour faire « un article qui donne une idée parfaitement juste des *cir-* « *constances du fait*, des *moyens de droit*, et des *motifs de* « *décision* (1).

---

(1) M. Dupin, de la Jurisprudence des arrêts.

Qu'il me soit permis d'ajouter que, dès l'instant où les arrêts laissent mieux voir le rapport intime du droit avec le fait, où ils expriment plus nettement la véritable pensée du magistrat, où il est plus facile de les recueillir avec intelligence et de les transmettre avec exactitude, le rôle de la jurisprudence s'est agrandi et que son action est devenue plus sérieuse et plus puissante.

Aujourd'hui, il existe des recueils qui, centralisant la jurisprudence générale des cours de l'empire, sont fort utiles. Mais, nous le disions avec raison dans notre prospectus, des recueils spéciaux à l'usage de tel ou tel ressort n'ont-ils pas leur incontestable utilité relative ? N'est-il pas évident que chacun est plus particulièrement intéressé à connaître la jurisprudence du ressort où il se marie, où il possède, où il donne et reçoit, vend et achète, prête et emprunte, où il se sert, en un mot, de la loi dans tout le cours de sa vie civile?

Disons encore que les juridictions inférieures, que les avocats, avoués et notaires d'un ressort ont essentiellement besoin de connaître l'esprit dont s'inspire habituellement la magistrature souveraine de laquelle ils relèvent, et qu'une constante communication établie entre ces divers organes ou auxiliaires de la justice tend à servir le principe d'autorité, en resserrant les liens de la hiérarchie sans compromettre le principe d'une salutaire indépendance.

Ainsi se trouve justifiée la noble pensée qu'ont eue MM. les avoués de la Cour impériale de Grenoble d'utiliser les facilités et les documents dont ils disposent mieux que personne, en comblant la regrettable lacune qui, depuis trop longtemps, existait dans un ressort où la justice souveraine est rendue par des magistrats que de glorieuses traditions et de rares lumières recommandent à la vénération publique. Ainsi se trouve justifié le concours qu'ils nous ont demandé, que nous sommes heureux de leur donner et qui nous rattache plus que jamais au barreau.

On reprochera peut-être à cette introduction de trop insister sur des idées reçues. A cela nous répondrons qu'il n'est jamais inutile de rappeler et d'expliquer la raison d'être de ce qui est, car cette raison d'être peut s'oublier ou s'altérer, et la mettre en relief, c'est imprimer à l'idée même une plus haute valeur et lui apporter une consécration nouvelle.

Ce recueil a son caractère particulier. Chaque arrêt y sera suivi d'une notice présentant l'analyse raisonnée, sur la question jugée, de la jurisprudence locale et générale, de la jurisprudence de la Cour de cassation et de la doctrine des auteurs.

Nous publierons aussi, avec des notices semblables, les décisions administratives du ressort les plus importantes, afin de vulgariser un élément trop méconnu de la science et de la pratique du droit, et afin de mieux apprendre aux populations que les jugements administratifs ne constituent pas un pur arbitraire et sont, à leur tour, l'expression de la loi appliquée et interprétée par ses organes compétents.

La chronique que nous avons annoncée dans notre prospectus complètera utilement notre œuvre.

Nous admettrons, mais avec sobriété et mesure, des articles renfermant l'examen critique de tel ou tel point de la jurisprudence de la Cour de Grenoble.

Ces articles devront être conçus à un point de vue jurisprudentiel.

Nous ne saurions trop répéter que nous voulons faire un recueil de jurisprudence, un recueil utile aux hommes pratiques, et non pas une revue doctrinale. Avant tout, nous aimons l'unité de but, l'unité d'exécution. Lorsque nous publiâmes, en 1840, la préface de notre *Théorie raisonnée du Code civil*, nous nous exprimions ainsi : « On « ne trouvera pas dans notre livre un peu de tout ; en « additionnant un peu de tout on n'arrive pas à beaucoup de « choses. Les principes nettement exposés, leurs conséquen- « ces naturellement déduites, leurs luttes sommairement for- « mulées et appréciées, les veines, les muscles, les traits, « l'âme de la loi s'y dessineront tout entiers. » Nous dirons aujourd'hui : notre œuvre nouvelle n'a rien de théorique, elle est jurisprudentielle, toute jurisprudentielle ; les arrêts nettement racontés, leurs conséquences clairement déduites, leur concordance, leur lutte avec d'autres arrêts ou avec des opinions saillantes, les veines, les muscles, les traits, l'âme du travail jurisprudentiel s'y dessineront tout entiers.

Nous nous plaçons sous le patronage de notre passé, de notre dévouement éprouvé à toute cause utile, à toute idée généreuse. Cette première livraison ira tomber dans les mains de beaucoup d'hommes qui, après avoir été nos élèves, sont restés, de loin, nos amis. Il nous est doux de pouvoir aussi nous confier à de tels souvenirs.

FRÉD. TAULIER.

Grenoble, 22 mars 1858.

RECUEIL RAISONNÉ

DES

ARRÊTS DE LA COUR IMPÉRIALE

DE GRENOBLE.

ARRÈTS.

RÉVOCATION DE DONATION PAR SURVENANCE D'ENFANTS.—
VIE. — VIABILITÉ. — PREUVE.

Les demandeurs qui prétendent qu'une donation a été révoquée par survenance d'enfants, doivent prouver que les enfants survenus au donateur sont nés vivants; la preuve de la vie étant faite, c'est aux défendeurs qui prétendent que les enfants ne sont pas nés viables à prouver la non viabilité (art. 960-725, Cod. Nap., décret du 4 juillet 1806).

Consorts Vyères — C. consorts Lagouy.

Le 11 avril 1818, il intervint un contrat de mariage entre François Vyères et Jeanne Maillet. Par ce contrat, la mère de Jeanne Maillet, qui avait épousé en secondes noces le sieur Amblard, et ledit Amblard firent donation à la future de tous leurs biens présents consistant en immeubles et meubles.

Amblard, donateur, devenu veuf sans enfants, épousa Marianne Guillot. De ce mariage naquirent deux enfants, l'un en 1826, l'autre en 1828. Tous les deux furent présentés sans vie à l'officier de l'état civil.

Amblard est décédé en 1830, après avoir disposé de ses biens par testament en faveur de la femme Lagouy.

Après divers incidents inutiles à reproduire, et le 1er avril 1851, Lagouy père et les enfants Lagouy firent assigner devant le tribunal de Valence les consorts Vyères, représentant Jeanne Maillet leur mère, en délaissement des immeubles donnés à celle-ci par Amblard dans le contrat de mariage du 11 avril 1818. Ils prétendirent que la donation avait été révoquée par survenance d'enfants.

Le 31 août 1854 le tribunal de Valence rendit le jugement suivant :

Attendu qu'il résulte d'un acte reçu le 7 août 1826, à huit heures du matin, par le maire de la commune d'Anneyron, qu'un enfant du sexe féminin a été présenté sans vie à cet officier de l'état civil, avec indication que cet enfant était né le même jour à six heures du matin ;

Attendu qu'il résulte également d'un second acte, à la date du 11 janvier 1828, reçu par le même maire, qu'un enfant du sexe masculin a été présenté sans vie à l'officier de l'état civil, avec indication que cet enfant était né la veille, 10 janvier, à onze heures du soir ;

Attendu que ces deux actes ne constatent pas que ces deux enfants soient mort-nés, car, s'il en avait été ainsi, il est hors de doute que le maire ne l'eût clairement expliqué, tandis que les termes dans lesquels les actes étaient conçus autorisent au contraire à penser que les enfants ont vécu quelques heures ;

Attendu en conséquence qu'il y a au moins présomption, sinon preuve complète, que les enfants sont nés vivants ;

Attendu que l'enfant né vivant est réputé viable jusqu'à preuve du contraire, ainsi que l'a décidé la jurisprudence et que l'enseignent les auteurs ;

Attendu que c'est à celui qui allègue que l'enfant n'est pas né viable à en rapporter la preuve :

Par ces motifs :

Le tribunal jugeant en matière ordinaire et en premier ressort, les avoués et avocats des parties ouïs, ainsi que M. Farine, substitut de M. le procureur impérial, en ses conclusions motivées, avant dire droit au principal, autorise les consorts Vyères à prouver par tous moyens de droit et même par témoins qui seront entendus en la forme des enquêtes ordinaires, que les deux enfants déclarés au maire de la commune d'Anneyron, les 7 août 1826 et 11 janvier 1828, ne sont pas nés vivants, et que, s'ils ont vécu, ils ne sont pas nés viables, sauf la preuve contraire.

Les consorts Vyères ont appelé de ce jugement.

ARRÊT.

Attendu qu'aux termes du décret du 4 juillet 1806, il ne peut résulter de l'acte par lequel l'officier de l'état civil constate qu'un enfant dont la naissance n'a pas été enregistrée lui a été présenté sans vie, aucun préjugé sur la question de savoir si l'enfant a eu vie ou non ;

Attendu que les consorts Lagouy, demandeurs en révocation de la donation du 11 avril 1818, par survenance d'enfant, sont tenus de prouver cette survenance, et, par conséquent, que les deux enfants qu'aurait eus François Amblard et que l'officier de l'état civil a constaté lui avoir été présentés sans vie, les 7 août 1826 et 11 janvier 1828, sont nés vivants ;

Attendu que les consorts Vyères ne pourront être tenus de prouver que ces enfants ne sont pas nés viables, que lorsque les consorts Lagouy auront prouvé qu'ils ont vécu, ou que l'un ou l'autre a vécu plus ou moins longtemps, et qu'ils seront fondés à invoquer le principe d'après lequel l'enfant qui a vécu est présumé né viable, sauf preuve contraire ;

Attendu, dès lors, qu'en s'appuyant sur de simples présomptions qui ne faisaient pas preuve pour eux, pour mettre à la charge des consorts Vyères la double preuve que les enfants ne sont pas nés vivants, et que, s'ils sont nés vivants, ils ne sont pas nés viables, les premiers juges ont méconnu les véritables principes ; que, dans l'état de la cause, ils auraient dû, sans rien préjuger, autoriser les consorts Lagouy à prouver par témoins que les enfants d'Amblard ont eu vie, sauf aux consorts Vyères à faire la preuve contraire et même à prouver que, si ces enfants ont eu vie, ils ne sont pas nés viables, et que c'est ainsi qu'il doit être jugé par la Cour ;

Par ces motifs, la Cour, ouï M. Gautier, avocat général, en ses conclusions motivées, faisant droit à l'appel des consorts Vyères envers le jugement du tribunal de Valence, du 31 août 1854, émendant et faisant ce que les premiers juges auraient dû faire ; avant dire droit et sans rien préjuger, autorise les consorts Lagouy à prouver par tous moyens de droit, même par témoins, qui seront entendus par le juge de paix du canton de Saint-Vallier, à ces fins commis, que les deux enfants présentés sans vie au maire de la commune d'Anneyron, les 7 avril

1826 et 14 janvier 1828, sont nés vivants et qu'ils ont vécu plus
ou moins longtemps, ou que l'un d'eux est né vivant et a vécu
plus ou moins longtemps, sauf aux consorts Vyères la preuve
contraire, et même la preuve que ces enfants ne sont pas nés
viables.

Pour lesdites preuves faites et rapportées à la Cour dans le
délai de quatre mois à partir de la signification du présent
arrêt, être ensuite par la Cour statué ce qu'il appartiendra.

Arrêt du 30 juillet 1855. — 1re chambre. M. Royer, premier
président ; M. Gautier, avocat général. — MM. Roux et Luc,
avoués. — MM. Fréd. Taulier et Mathieu de Ventavon, avocats.

La question qui s'est présentée devant la cour de Grenoble, en matière de révocation de donation, se présente
également en matière de succession. Alors encore, le
demandeur qui prétend qu'un enfant est né vivant, qu'il a
recueilli une succession et qu'il l'a transmise, doit prouver
le fait de la vie, sauf au défendeur à se réfugier dans l'exception de non viabilité et à la prouver, à son tour. C'est
ce qui a été jugé par arrêt de la cour de Limoges du 12 janvier 1813 (S. 13. 2. 261). La même solution a été admise par
la cour d'Angers le 25 mai 1822 (S. 23. 2. 405.). Devant cette
cour, M. Allain-Targé, remplissant les fonctions du ministère public, s'exprima ainsi : « le Code a consacré l'ancienne
« maxime du droit français, *le mort saisit le vif*. Dès qu'un
« enfant est vivant, il est saisi ; la preuve qu'il était vivant
« au moment du décès est donc le fondement de l'action ;
« cette preuve faite, il est censé né viable. En effet, le dé-
« faut de viabilité est une incapacité et les incapacités ne se
« présument pas (art. 902, 1123). C'est à celui qui l'allègue
« d'en fournir la preuve. Les tiers intéressés qui répondent
« à la preuve de la vie, en opposant la non viabilité, doi-
« vent donc prouver leur exception : *reus excipiendo fit*
« *actor*. Il est facile de voir en lisant avec attention l'art.
« 725 qu'il ne contrarie nullement ces principes. Il ne dit
« pas que, pour succéder, il faut exister et être viable,

« il dit seulement que l'enfant qui n'est pas viable est in-
« capable de succéder. Or, nous le répétons, les incapa-
« cités ne se présument pas, il faut les prouver.» Le 8 février 1830, la cour de Bordeaux a consacré la même doctrine (S. 30. 2. 164). Il s'agissait, cette fois, de révocation
de donation. La cour a jugé que la survenance d'un enfant du donateur n'opère révocation de la donation qu'autant que l'enfant est né viable, que la présomption est pour
la viabilité, et que c'est à celui qui allègue qu'un enfant
n'est pas né viable à en rapporter la preuve positive.

Nous tenons à compléter la démonstration, sur un point
de droit désormais incontestable, en rapportant ici l'opinion
des auteurs.

« Si pendant le cours d'un mariage qui dure depuis plu-
« sieurs années, la femme meurt en couches d'un enfant
« qu'on prétend venu vivant et avoir survécu à la mère,
« alors naissent les questions de savoir,

« 1° S'il est né vivant,

« 2° S'il a survécu à la mère,

« 3° Enfin, s'il est né viable.

« Ces questions doivent être résolues d'après les principes
« que nous avons établis; mais c'est au demandeur à prouver
« les faits qui servent de fondement à sa demande. Ainsi,
« c'est à ceux qui réclament des droits du chef de l'enfant,
« ou à cause de la survie, de prouver qu'il est venu vivant
« au monde, parce que ce fait est le fondement de leur de-
« mande. » (Toullier. *Des successions*, n° 101—Toullier cite
en note Duparc-Poullain. *Principes de droit*, t. 4, p. 41.)

Toullier ajoute: « Mais le fait que l'enfant n'est pas né
« viable est une exception; c'est à ceux qui l'opposent de la
« prouver: *Reus excipiendo fit actor.* »

« Dans le cas où l'on a présenté à l'officier public un en-
« fant privé de vie, ceux qui sont intéressés au fait de la vie

« doivent en administrer la preuve. (Vazeille. *Des succes-*
« *sions*, art. 725, t. 1, p. 15.) »

« C'est à l'ayant-cause de l'enfant de prouver que cet en-
« fant est né vivant, qu'il n'est pas sorti mort du sein de sa
« mère.

« Cette preuve se trouvera complète et péremptoire dans
« l'acte de naissance, quand l'officier public y aura constaté
« la présentation à lui faite d'un enfant vivant; et elle ne
« pourrait alors être contredite que par une inscription
« de faux. Que si l'enfant n'était pas vivant quand on
« l'a présenté à l'officier, on sait que, dans ce cas, l'offi-
« cier ne doit pas dire dans l'acte qu'on lui a présenté un
« enfant décédé (ce qui impliquerait que l'enfant a vécu) mais
« qu'on lui a présenté un enfant sans vie, et ce sera aux
« représentants de cet enfant de prouver par témoins que
« l'enfant est né vivant et n'est mort qu'ensuite. (Marcadé,
« art. 725, t. 3, p. 47.) »

« Qui devra prouver la viabilité? Est-ce celui qui la sou-
« tient, ou celui qui la nie? Je pense d'abord que c'est à
« celui qui prétend que l'enfant est né vivant à le prouver ;
« mais cette preuve faite, elle emporte présomption de via-
« bilité, qui ne peut être détruite que par la preuve con-
» traire. (Delvincourt, note 2 de la page 25 du texte, p. 69
« des notes, t. 2.) »

« La preuve de la vie de l'enfant est, dans tous les cas,
« à la charge de ceux qui ont intérêt qu'il ait vécu, et qu'en
« conséquence il ait succédé. (Chabot. *Des Successions*, sur
« l'art. 725, t. 1, p. 74.) »

Duranton seul s'écarte de cette doctrine; il s'exprime en
ces termes :

« La preuve de la capacité ne peut résulter des déclara-
« tions insérées dans l'acte rédigé par l'officier de l'état civil,
« quand l'enfant dont la naissance n'a pas été enregistrée
« lui a été présenté mort. Cette preuve est à la charge de

« ceux qui prétendraient que cet enfant a eu la capacité de
« succéder, qu'il a succédé et qu'il leur a transmis la succes-
« sion ; car celui qui réclame un droit du chef d'un autre,
« qui l'a selon lui recueilli, doit prouver que ce dernier l'a,
« en effet, recueilli ; par conséquent, qu'il réunissait dans
« sa personne, lors de l'ouverture de ce droit, toutes les
« conditions requises par la loi. Une des conditions de la
« capacité à l'effet de succéder, c'est d'avoir été vivant
« et viable au moment de l'ouverture de la succession.
« — Cette preuve résultera des témoignages........ Si ces
« témoignages se neutralisent par leur force réciproque,
« la preuve n'étant point faite, l'enfant n'aura pas recueilli
« et n'aura pas transmis. » (Duranton, t. 6, p. 100, n° 78.)

Ainsi, M. Duranton confond la vie et la viabilité. La vie,
c'est le fait purement matériel de l'existence ; la viabilité, c'est
l'aptitude à conserver la vie. Il est évident que la vie suppose
la viabilité, parce que la non-viabilité est une exception à la
vie. Il suffit donc au demandeur de prouver la vie. C'est au
défendeur à paralyser la preuve de la vie et la présomption
qui en dérive en démontrant la non-viabilité. Si la preuve
de la vie est incertaine, le demandeur succombera, parce
qu'il devait faire une preuve entière. Mais si la vie est
prouvée, et qu'il n'y ait de doute que sur la viabilité, la présomption de viabilité l'emportera, car elle n'aura pas été
détruite par la preuve contraire.

Fréd. TAULIER.

EXÉCUTOIRE. — COMMANDEMENT. — INTÉRÊTS.

*La signification d'un exécutoire, avec commandement, de
la part de l'avoué au profit de qui les dépens ont été distraits,
fait courir les intérêts de ces dépens. — Il n'est pas besoin
d'une assignation spéciale en justice.*

ARRÊT.

Micha — C. les héritiers Gatel.

Attendu qu'il y a eu exécutoires délivrés et signification avec commandement de ces exécutoires de la part des avoués au profit de qui ils ont été distraits;

Attendu qu'aux termes de l'art. 1146 du Code Napoléon, les dommages intérêts sont dus par le débiteur en demeure de remplir son obligation; que d'après l'art. 1153 du même Code, les dommages intérêts résultant du retard dans l'exécution ne consistent que dans la condamnation aux intérêts; que c'est par conséquent le retard constaté par la mise en demeure qui sert de point de départ; que dès lors, lorsque l'art. 1153 dit que les intérêts ne sont dus que du jour de la demande, c'est comme s'il avait dit du jour de la mise en demeure de payer le capital;

Attendu qu'on ne saurait admettre que, pour faire courir les intérêts d'un capital dû en vertu d'un titre exécutoire, un commandement ne suffit pas, et que le législateur ait voulu une assignation spéciale en justice pour les obtenir, lorsque son intention a toujours été d'économiser les frais, et qu'ainsi il y a lieu encore, sur ce point, de maintenir le travail de l'expert... Par ces motifs... homologue le rapport dudit expert.

Arrêt du 12 juillet 1855. — 1ʳᵉ chambre. M. Royer, premier président. M. Gautier, avocat général. — MM. Michal et Perrin, avoués. — MM. Auzias père et Casimir de Ventavon, avocats.

Un arrêt de cassation du 17 février 1836 (S. 36. 1. 412) renferme le considérant suivant :

« Considérant que la condamnation aux dépens dont il
« s'agit, ainsi que les commandements qui ont mis en de-
« meure de les payer, sont antérieurs au Code civil; que,
« dès lors, l'arrêt attaqué a dû recourir à l'ancienne juris-
« prudence pour décider s'ils avaient produit intérêts; que
« dans la juridiction du parlement de Pau, les dépens
« produisaient intérêts du jour de la mise en demeure, ainsi
« que l'attestent l'arrêt attaqué et les monuments de la ju-

« risprudence ; qu'au surplus , il n'est pas contesté que les
« parties fussent soumises à la juridiction de ce parlement. »

On lit dans une consultation de Barthélemy d'Orbanne ,
citée devant la cour de Grenoble, lors de l'arrêt que nous
rapportons : « En Dauphiné , l'intimation du *taxat* des dé-
« pens en fait courir l'intérêt. »

D'après M. Sabatéry, page 98 de son livre intitulé: *Précis
de la jurisprudence du parlement de Grenoble*, ce point
était de jurisprudence en Dauphiné.

Devant la Cour on a invoqué, à l'appui de la thèse contraire, un arrêt rendu par la Cour elle-même le 23 juin 1846
(*Journal de la Cour*, t. 13, p. 164). Les motifs de cet arrêt
démontrent avec évidence qu'il n'était pas applicable dans
l'espèce : « Attendu, dit la Cour, quant aux intérêts, 1º de
« la somme de 25 fr. adjugée pour dépens par le jugement
» du 6 décembre 1843; 2º de 340 fr. pour dépens liquidés
« par arrêt du 13 juin 1844, que les intérêts n'ont pas été
« adjugés par lesdits jugement et arrêt; que les intérêts
« n'ont été demandés, ni par assignation principale, ni par
« la voie d'un commandement; que l'acte judiciaire du 9
« juillet 1844 est la signification de l'arrêt à parties pour
« parvenir à l'exécution dudit arrêt; que d'ailleurs les in-
« térêts dont il s'agit n'y sont pas demandés, non plus que
« les sommes principales. » Ainsi, il n'y avait pas eu exé-
« cutoire délivré, et, en admettant que, dans l'espèce, un
exécutoire fût inutile, il n'y avait pas eu signification du titre
avec commandement.

La Cour de cassation a jugé le 20 novembre 1848 que
pour faire courir les intérêts d'un capital du jour de la demande en justice, il n'est pas nécessaire d'y conclure formellement ; que la demande du capital suffit (S. 49. 1. 129).
Or, des dépens qui ont fait l'objet d'un exécutoire sont
régulièrement demandés par commandement. Donc, le commandement suffit pour faire courir les intérêts de ces dé-

pens, tout comme une assignation par laquelle on réclame
un capital dû en vertu d'un titre non exécutoire suffit pour
faire courir les intérêts de ce capital. Il serait absurde, en
matière de dépens, qu'il fallût donner une assignation pour
les intérêts, qui sont l'accessoire, lorsqu'on a titre exécutoire pour le capital.

Fréd. TAULIER.

OBLIGATION HYPOTHÉCAIRE A ORDRE. — ENDOSSEMENT EN
BLANC. — NANTISSEMENT. — DATE CERTAINE. — FAILLITE.

I. — *L'obligation hypothécaire à ordre est transmissible
par la voie de l'endossement comme le billet à ordre proprement dit.*

II. — *La même forme suffit aussi pour constater à son
égard le contrat de nantissement.*

III. — *L'endossement des effets négociables fait, par lui-
même, foi de sa date, et les créanciers de l'endosseur ne peuvent l'attaquer vis-à-vis du porteur qu'en prouvant une antidate frauduleuse (résolu implicitement).*

IV. — *L'endossement en blanc au profit du porteur qui en
a fait les fonds lui en transfère la propriété, nonobstant la
faillite ultérieure de l'endosseur; cette faillite n'éteint pas le
mandat irrévocable, in rem suam, qu'avait le porteur de
remplir le blanc-seing d'un endossement régulier à son
ordre.*

*Il en est ainsi, du moins, quand la garniture de l'endos.
postérieure à la cessation de paiements, a eu lieu avant le
jugement déclaratif de faillite. (Art. 137-138, Cod. comm.).*

Bonnet — C. Guillaud.

Le sieur Guétat avait souscrit, le 9 janvier 1849, à l'ordre
du sieur Roche, un billet de 2,000 fr., payable le 9 janvier 1850. A titre de garantie, il lui avait remis, endossée
en blanc, la grosse d'une obligation hypothécaire à ordre

que lui avait consentie le sieur Mallein, par acte aux minutes de M. Lhoste, notaire.

Roche endossa lui-même le billet de 2,000 fr. à l'ordre du sieur Bonnet, qui avait ainsi pour débiteurs solidaires Guétat comme souscripteur, Roche comme endosseur, ce dernier couvert à son tour par l'obligation Mallein.

Le billet, non payé à l'échéance, fut renouvelé dans les mêmes conditions et successivement d'année en année jusqu'en 1853. A cette époque, il fut refait directement par Guétat à l'ordre de Bonnet. Roche cessa ainsi d'être endosseur et garant; mais il remit alors à Bonnet, de l'ordre et en présence de Guétat, l'obligation Mallein, toujours endossée en blanc.

A la dernière échéance, le 9 janvier 1856, il y eut protêt, assignation; et, le 13 février, intervint, au profit de Bonnet, un jugement de condamnation contre Guétat.

Bonnet songe alors à user de la garantie qu'il a entre les mains. Le 26 avril 1856, il garnit l'endossement conformément aux accords; il le fait même, précaution superflue, enregistrer et notifier à Mallein, débiteur cédé.

Sur ces entrefaites, Guétat tombe en faillite, et un jugement du 12 mai 1856 fait remonter au 13 février précédent l'époque de la cessation de paiements.

Le sieur Guillaud, syndic de la faillite, assigne alors Bonnet en restitution de la grosse dont il était porteur. Bonnet, pour légitimer sa possession et conserver le privilège que lui confère le nantissement, excipe des faits ci-dessus rappelés; il demande à en faire la preuve, et, par jugement interlocutoire du 11 mars 1857, le tribunal de Bourgoin admet cette conclusion.

Appel par le syndic.

Devant la Cour, l'appelant a fait soutenir en droit :

1° Que l'*obligation hypothécaire* à ordre n'était pas transmissible par la voie de l'endossement;

2° Que cet endos ne pouvait, dans tous les cas, constituer un nantissement, contrat assujetti à des formes spéciales ;

3° Que même l'endossement, pour être valable, devait avoir date certaine avant la faillite de l'endosseur ;

4° Enfin que l'endossement en blanc était condamné par l'art. 138 du Cod. de com.; que surtout l'événement de la faillite de l'endosseur, ne permettant plus de garnir ultérieurement l'endos resté en blanc jusqu'à cette époque, annihilait complétement pour le porteur la détention du billet à ordre.

La Cour a rejeté ces moyens et a confirmé le jugement par les motifs suivants :

ARRÊT.

Attendu que l'obligation à ordre, comme le billet à ordre, est transmissible par la voie de l'endossement.

Attendu qu'il est certain au procès que Bonnet était créancier de Guétat, pour cause de commerce, longtemps avant la faillite de ce dernier, et qu'il demande à prouver que c'est à la date du 28 avril 1853 que l'obligation, objet du litige, lui a été endossée en blanc, en échange de ses deniers.

Attendu que, si l'art. 138 du Code de commerce dispose que l'endossement qui n'est pas conforme aux prescriptions de l'art. 137 du même Code, et par conséquent l'endossement en blanc, n'opère pas le transport et n'est qu'une procuration, cette disposition n'a créé qu'une présomption légale qui peut être combattue par la preuve que l'endossement en blanc a eu pour cause une valeur fournie et que le porteur a eu, au moment de cet endossement, le pouvoir et le droit de le garnir, comme le veut la loi, et d'opérer ainsi le transport de la valeur endossée.

Attendu que c'est par suite de ce principe qu'il est de jurisprudence constante que le porteur d'un billet à ordre endossé en blanc, *qui en a fait les fonds*, est *procurator in rem suam* et peut, par conséquent, par une garniture régulière, lui faire opérer le transport quand il le veut.

Attendu que les billets à ordre font foi de leur date, et qu'ils

ne sont soumis, dans l'intérêt du commerce, ni aux règles tracées par le Code civil *pour la date certaine*, ni à celles rela-
tives à la cession.

Attendu, en fait, que l'endossement signé en blanc par Guétat
est présenté garni conformément aux prescriptions de l'art. 137
du Cod. de com.; qu'il porte la date du 28 août 1853, et que
Bonnet soutient que cette date est celle où il en a fait les fonds.

Attendu que si Bonnet, à côté de ce soutènement, a fait aveu
que ce n'est que le 25 avril 1856 qu'il a garni l'endossement en
blanc, cet aveu, qui n'est pas contraire au fait que c'est bien le
28 avril 1853 qu'il a reçu l'endossement en blanc en échange
de son argent, ne saurait nuire à des droits qui remonteraient à
cette date.

Attendu que, si le jugement du 12 mai 1856. qui a déclaré la
faillite de Guétat, l'a fait remonter au 13 février précédent, et
par conséquent à une époque antérieure à celle où, selon l'aveu
de Bonnet, aurait été écrite la garniture de l'endossement en
blanc, cette circonstance ne saurait autoriser le syndic de la
faillite à demander la nullité de cet endossement, soit parce
que le 25 avril 1856 *Guétat n'était pas dessaisi de la gestion*
de ses affaires, et pouvait valablement constater un endossement
et un transport, qu'il aurait consentis contre valeur fournie,
longtemps avant la cessation de ses paiements et l'ouverture de
la faillite, soit parce que, si les créanciers du failli sont des tiers,
lorsqu'ils attaquent les actes que celui-ci ne pouvait plus faire, et
par lesquels il aurait, postérieurement à sa cessation de paiement, favorisé un de ses créanciers au détriment des autres, en
lui concédant des droits qu'il n'avait pas, il ne saurait en être
de même lorsque le failli, avant le jugement de déclaration de
faillite et le dessaisissement de ses affaires, n'a fait que reconnaître *de bonne foi et sans fraude un droit préexistant*, et
constater par la garniture d'un endossement qu'il avait donné
en blanc, que cet endossement avait été signé contre valeurs
fournies, qu'il n'était pas une simple procuration, et qu'il avait
par conséquent opéré transport le jour où il avait été signé.

Attendu, en effet, que, dans ce dernier cas, les créanciers de
la faillite et le syndic sont évidemment non-recevables et mal
fondés à attaquer ce qu'a fait leur débiteur ou plutôt le porteur
de l'endossement, en vertu de la procuration *in rem suam* et

du transport qu'il avait reçu, parce que la garniture de l'endossement n'a fait que consacrer un droit antérieur, parce que le failli n'était pas dessaisi, et que ses créanciers ne sont réellement, en semblable circonstance, que ses ayants-cause.

Attendu, dès lors, que la preuve ordonnée par les premiers juges étant pertinente et relévatoire, et tous les documents de la cause rendant vraisemblable le fait, objet de la preuve, c'est le cas de confirmer leur décision.

Par ces motifs, la Cour, etc., etc.

Arrêt du 23 novembre 1857 — 1re chambre. MM. Royer, premier président; de Leffemberg, avocat général. — Rabatel, Michal, avoués. — Alfred Gueymard, Auzias père, avocats.

Des différentes questions tranchées par cet arrêt, la dernière seule présentait quelques difficultés.

I. — La transmissibilité de l'obligation notariée à ordre, avec ou sans affectation hypothécaire, ne se discute guère plus aujourd'hui. Elle a été résolue presque unanimement par les auteurs.

Pardessus. 2. n° 330 ;

Duvergier. *Vente.* 2. n° 212 ;

Troplong. *Vente.* 2. n° 906 ;

La jurisprudence l'a consacrée par de nombreux arrêts :

Rouen, S. 31-2-245 ;

Cassation, S. 31-1-371 ;

Lyon et Cassation, S. 33-1-817 ;

Pau, S. 37-2-207 ;

Grenoble, S. 37-2-282 ;

Cassation, S. 38-1-208 ;

Cassation, S. 39-1-939.

Voyez cependant en sens contraire :

Grenoble, S. 35-2-240.

II. — Assimilée au billet à ordre, l'obligation à ordre peut aussi se transférer en la même forme *à titre de nantissement.* Ce cas ne diffère de la transmission pure et simple qu'en ce qu'il peut arriver que celui qui a remis ces effets à titre de nantissement les reprenne, s'il vient à éteindre la dette ainsi garantie. Mais, malgré cette condition résolutoire, il n'y a pas moins transmission *de propriété*.

L'arrêt confirme encore ici une jurisprudence constante, en décidant implicitement que les dispositions du Code Nap. relatives à la forme du nantissement ordinaire ne s'appliquent pas au nantissement des effets de commerce. De pareilles formes seraient-elles compatibles avec la transmission des lettres de change, billets à ordre et autres effets négociables !

Troplong, *Nantissement*, nº 283 ;

Massé, *Droit commercial*, 6, nº 624 ;

Devilleneuve, *Table générale*, vº *Nantissement*, nᵒˢ 77 et suivants ;

Cassation, S. 21-1-192 ;

   Idem.   S. 29-1-241 ;

   Idem.   S. 41-1-563 ;

Bordeaux, S. 45-2-450 ;

Cassation, S. 48-1-609.

III. — Il n'est pas moins certain que l'endossement des effets négociables fait foi de sa date, sans qu'il soit besoin de recourir à aucun autre élément de date certaine ; la faillite de l'endosseur n'apporte à ce principe aucune modification, étant toujours réservée, bien entendu, l'action des créanciers pour prouver une antidate *frauduleuse* (art. 1167, C. Nap.).

L'arrêt décide, en effet, comme argument sur la question principale de l'endossement laissé d'abord en blanc et ultérieurement garni conformément aux accords, que si bien les créanciers du failli sont des *tiers*, pour critiquer les actes que le failli ne pouvait plus faire (art. 446 et suiv. Cod. com.), pour attaquer ceux qui auraient été frauduleux (art. 1167, C. Nap.), ils sont au contraire ses ayants-cause dans les autres cas, et notamment lorsque le failli « n'a fait

« que reconnaître *de bonne foi et sans fraude* un droit
« préexistant et constater, par la garniture d'un endosse-
« ment qu'il avait donné en blanc, que cet endossement
« avait été signé contre valeurs fournies, qu'il n'était pas
« une simple procuration..... mais un vrai transport..... »

Il n'est pas sans intérêt de rapprocher de cette décision un arrêt de la Cour de cassation du 4 juillet 1854
(S. 54-1-469), dans lequel ce principe a été proclamé plus
clairement, et dégagé de l'influence qui résulte du caractère
propre de l'endossement commercial.

Un souscripteur de billets à ordre avait dispensé par
lettre son créancier de la signification du protêt, le cas
échéant : l'événement s'était réalisé. Il était, depuis, tombé
en faillite, et le syndic refusait d'admettre le créancier, parce
qu'il n'y avait pas eu signification de protêt et que la dispense, sans date certaine, ne liait pas la masse. Mais la
Cour suprême décida que *les créanciers d'un même débiteur,
même failli, venant à la distribution du prix des biens qui
sont leur gage commun*, N'ÉTAIENT PAS DES TIERS *à l'égard
les uns des autres ; qu'ils étaient au contraire* LES AYANTS-
CAUSE *du débiteur et qu'on pouvait leur opposer les actes
sous seing privé consentis par celui-ci en faveur de l'un
d'eux sans fraude, bien que n'ayant pas date certaine.*

L'arrêtiste cite plusieurs autres arrêts (S. 43-1-467 ; 47-1-
161 ; 51-2-309). Cette théorie ne doit cependant pas être
considérée comme absolue : elle présente, selon la nature
des actions que les créanciers prétendent exercer, de grandes difficultés. On a même, en général, reconnu aux créanciers la qualité de tiers, dans les espèces où il s'agissait de
juger la validité de transports opérés à leur préjudice (S. 47-
1-161 et les *Notes de Devill.*).

IV. — L'usage des endossements en blanc, aussi ancien
que l'usage même des effets négociables, est aujourd'hui
un fait universellement acquis dans la pratique commer-

ciale. C'est pourquoi les anciens parlements, malgré l'art.
25 de l'ordonnance de 1673, et suivant l'opinion officielle
du chancelier d'Aguesseau, les avaient toujours reconnus.
(V. Merlin, Rép., v° Endoss.) Les auteurs et la jurisprudence moderne ont suivi cet exemple. (Cass., 11 juillet
1820, S. 21-1-192; *id.*, 24 avril 1827, S. 28-1-212; *id.*, 4
août 1852, S. 52-1-657.)

C'est que l'endos en blanc confère à celui à qui il est
donné le pouvoir de le garnir de ses propres mains ou de la
main de tout autre et quand il veut, opération à laquelle
l'endosseur n'a plus même à concourir en rien, car il ne serait pas en sa puissance de s'y opposer, son blanc-seing le
liant d'une manière irrévocable, sauf l'abus qu'en ferait le
porteur en mentionnant la valeur comme fournie par lui,
si elle ne l'avait pas été.

D'où il suit qu'en ce cas on ne peut dire que l'endossement est *irrégulier* et tombe sous le coup de l'art. 138. — Il
n'est qu'*incomplet* en l'état, mais susceptible d'être complété, ce qui le met hors de l'atteinte de cet article 138.

Ce point de droit incontestable cessera-t-il de l'être,
quand, avant la garniture de l'endossement, l'endosseur
sera tombé en faillite ?

On peut dire, contre le porteur, que le pouvoir que lui
conférait le blanc-seing n'était qu'un mandat que révoque la
faillite de l'endosseur, aux termes de l'art. 2003, Code Napoléon; que dès ce moment, il a eu les mains liées et n'a pu
garnir l'endossement, ce qui alors rend l'art. 138 applicable.

Mais comprendrait-on que lorsque l'endosseur, ayant reçu
le montant de l'effet endossé, s'en est complétement dessaisi, sa faillite puisse lui rendre une propriété perdue? cette
supposition heurte la raison et l'équité. Aussi ne repose-t-
elle que sur la confusion qu'on ferait entre un *simple mandat*
dont s'occupe l'art. 2003 précité, et le mandat *in rem suam*

qui reste irrévocable nonobstant le changement d'état du mandant, ainsi que le disent et la loi 15, ff. *de pactis*, et M. Troplong (du mandat, n° 718 et 737) et que l'a jugé la Cour de cassation le 3 avril 1848. (S. 48. 1. 277. ch. civ.)

Cet arrêt porte, en effet :

1° Que lorsque l'endossement arrive devant la justice, régulier, c'est-à-dire conforme à l'art. 137, ni le souscripteur de l'effet *ni les tiers* ne sont recevables ni fondés à détruire, par des preuves contraires, la foi due aux énonciations de cet endossement, *à moins qu'ils n'allèguent le dol et la fraude;*

2° Qu'il importe peu que l'endossement ait eu lieu par un simple blanc-seing, si le porteur l'a reçu de bonne foi et *en a fourni la valeur,* « *il avait le droit de remplir lui-même* « *l'endossement à lui livré en blanc;* »

3° Il n'importe pas davantage que « *l'endossement n'ait* « *été garni que postérieurement à la faillite de l'endosseur.* »

La Cour de Nîmes et la Cour de Bruxelles (S. 42-1-904, en note), la Cour de Bordeaux par quatre arrêts des 12-19 août, 23 novembre et 23 décembre 1831 (S. 32-2-200), avaient déjà adopté cette doctrine. Et la Cour de cassation vient de juger de nouveau, à un point de vue différent, il est vrai, *entre l'endosseur et le preneur*, que l'art. 138, portant que l'endossement *irrégulier* ne vaut que comme procuration, n'établit qu'une simple présomption de la non-transmission de propriété, présomption qui cède à la preuve que l'endossement, quoique irrégulier, a eu pour objet de transmettre la propriété au preneur (14 avril 1856. S. 56-1-806).

Disons, toutefois, que la Cour suprême avait paru décider le contraire le 15 décembre 1841 (S. 42-1-125 ; mais l'endos, dans l'espèce, n'avait jamais été garni, il était encore en blanc, et le porteur ne justifiait pas d'en avoir fait les fonds); le 9 novembre 1842 (S. 42-1-904), le 6 janvier 1845 (S. 45-1-93); mais, dans ces deux espèces, le porteur du blanc-seing était un porteur illégitime, n'ayant pas fait les fonds et ayant garni l'endos d'une date postérieure au décès de l'endosseur (V. les observations de M. Devill.).

Enfin, par un arrêt du 17 décembre 1856 (S. 57-1-439), la Cour suprême émet une doctrine vivement critiquée par les arrêtistes. Le souscripteur d'un effet de commerce, porte la rubrique, qui paie à l'échéance au porteur de l'endossement en blanc, ne paie pas valablement, si l'endosseur, dont le porteur est censé n'être que le mandataire (art. 138), se trouve alors en état de faillite; il peut être contraint de payer de nouveau le montant de l'effet au syndic de la faillite de l'endosseur.

Sur cet arrêt, qui serait de nature à jeter un si grand trouble dans les relations commerciales, puisqu'il oblige le souscripteur, à l'instant même où le billet lui est présenté, et où il doit payer sans retard, à rechercher et à connaître la capacité, l'état, de tous les endosseurs en blanc, observons qu'il est sans influence en ce qui touche le point de savoir si l'endos en blanc peut être garni après la faillite de l'endosseur, puisque l'endos n'avait pas été garni. Il ne contredit donc nullement l'arrêt de 1848.

Il en est autrement d'un arrêt rendu le 12 mai 1855 par la Cour de Grenoble, entre MM. Gaillard et le syndic de la faillite Rey (*Recueil de la Cour*, tom. XIV, 373). Il y est posé en principe : que l'endos ne peut être garni après la faillite de l'endosseur; qu'il n'est alors qu'une simple procuration révoquée de plein droit par la survenance de la faillite (1).

On peut cependant concilier cette décision avec celle que

---

(1) Des mémoires furent publiés dans cette affaire. En réponse à une consultation de M. Gueymard, M. Cantel défendit l'opinion qu'il fit alors triompher.

nous reproduisons ici. Dans l'affaire Gaillard, la garniture était *postérieure au jugement déclaratif.* Or, la Cour, dans l'arrêt actuel, s'appuie précisément sur ce que l'endos a été garni avant ce jugement, qui seul opère dessaisissement pour le failli. Jusque-là, dit-elle, le failli a pu constater ou laisser constater un contrat sérieux et préexistant.

Cette jurisprudence de la Cour de Grenoble, qui arrête-rait au jugement déclaratif la possibilité de garnir l'endos laissé en blanc, offre une analogie frappante avec celle de la Cour de cassation en ce qui concerne les cessions de créances ordinaires, pour lesquelles l'art. 1690, C. Nap., exige, vis-à-vis des tiers, la notification du transport au débiteur cédé. Il a été jugé en effet, entre les cessionnaires et les syndics de faillite du cédant, que les cessions et les nantissements de ces créances étaient valables ou nuls, selon que la notification postérieure à la cessation de paiements avait été faite avant ou après le jugement décla-ratif. (V. quatre arrêts de cassation, S. 47-1-161, et une Diss. de M. Devil . Paris, 17 février 1849, S. 49-2-175.)

Alfred GUEYMARD fils.

SERVITUDE OCCULTE. — ACTE DE VENTE. — STIPULATION DE NON GARANTIE.

Lorsqu'il est dit dans l'acte de vente d'une maison que l'acquéreur supportera toutes les servitudes apparentes ou occultes dont la maison peut être tenue, attendu qu'il aura droit aux servitudes actives, le vendeur ne doit aucune ga-rantie à l'acquéreur, à l'occasion d'une servitude occulte qu'il ignorait. (Art. 1638, Cod. Nap.)

(Borel — C. de Ravel.)

Le tribunal de Valence ayant été saisi d'une question de servitude occulte qui s'agitait entre M. Borel et M. Montal, M. Borel, acquéreur de la maison sur laquelle

M. Montal prétendait avoir un droit occulte de servitude, appela en garantie M. de Ravel, son vendeur. L'acte de vente renfermait la stipulation rappelée ci-dessus. Le tribunal prononça, au fond, un jugement qui rendait inutile l'examen de la garantie. Sur l'appel de M. Montal, la Cour a modifié le jugement au fond, et elle a tranché la question de garantie, en ces termes :

ARRÊT.

Sur la garantie ;

Attendu qu'il n'y a lieu d'y statuer que quant aux dépens;

Attendu que la vente du 15 juillet 1843, enregistrée et déposée aux minutes de Me Menet, le 13 février 1856, a été faite avec la condition que l'acquéreur supporterait toutes les servitudes apparentes ou occultes dont la maison pouvait être grevée; que de Ravel, vendeur, n'avait aucune connaissance de la servitude dont il s'agit, ni des prétentions de Montal à ce sujet, prétentions que la Cour déclare mal fondées; qu'il n'a donc pas eu tort de laisser ignorer à son acquéreur une servitude qu'il aurait connue lui-même ; que, dès lors, l'action en garantie a été introduite sans fondement et que les frais doivent rester à la charge de Borel.

Arrêt du 6 mars 1858. — M. Nicollet, conseiller, président. M. Gautier, avocat général.— MM. Roux, Allemand, Eyssautier, avoués. — MM. Casimir de Ventavon, Bovier-Lapierre, Taulier, avocats.

— « Si la servitude est occulte, dit M. Troplong, et que le « vendeur ne l'ait pas déclarée, il est tenu, de droit, de ga- « rantir l'acheteur..... Cependant, une convention expresse « pourra mettre les servitudes occultes à la charge de l'a- « cheteur et affranchir le vendeur de la garantie. »

M. Troplong passe ensuite en revue diverses formules d'exemption, plus ou moins larges, qu'il est d'usage d'insérer dans les actes.

La première est celle-ci : *Telle que la chose se poursuit et comporte.* M. Troplong pense que cette clause, qu'il qualifie de banale, ne s'entend que des droits actifs ou des charges visibles que l'acheteur est censé avoir prises en considération pour la fixation du prix.

Une seconde clause plus extensive que la précédente est ainsi conçue : *Ainsi que l'immeuble se poursuit et se comporte* ET QUE L'ACHETEUR A DIT BIEN CONNAITRE. A l'occasion de cette clause, M. Troplong cite un arrêt de la Cour de cassation du 26 février 1829 où on lit : « Attendu que le « demandeur, en déclarant connaître l'état des lieux, s'est « soumis par le contrat à souffrir toutes les servitudes pas- « sives, apparentes ou occultes, dont le fonds était grevé. » M. Troplong n'adopte pas cette solution, et il se rattache à ce principe, que, dans le doute, l'interprétation doit se prononcer contre le vendeur.

Enfin, on rencontre encore dans les actes cette autre clause : *Tel que l'immeuble se contient et se comporte*, AVEC SES SERVITUDES TANT ACTIVES QUE PASSIVES ; ou bien CHARGÉ DE SES CHARGES ; ou bien *avec les mêmes droits* et CHARGES *que le vendeur le possédait*.

Cette clause a donné lieu autrefois et donne encore lieu aujourd'hui à de vives controverses.

Dans le sens de la garantie, M. Troplong cite Delvincourt (t. 2, p. 379), et un arrêt de la cour de Colmar du 26 décembre 1821 (Dalloz, vente, p. 887, note 1, n° 2), rendu dans une espèce où, malgré la clause que le vendeur cédait l'immeuble avec les mêmes droits et CHARGES qu'il l'avait acquis et possédé, il fut décidé qu'il devait garantir l'acheteur d'un canon emphytéotique dont cet immeuble était grevé et qui n'avait pas été déclaré.

Dans le sens contraire, M. Troplong cite un arrêt de la Cour de cassation du 6 mars 1817, et un arrêt de la cour d'Agen du 30 novembre 1830 (Dalloz, 31, 2, 76). Ces arrêts décident, selon M. Troplong, que la clause, *avec ses servitu-*

des actives et passives, met à la charge de l'acquéreur toutes les servitudes apparentes ou occultes.

Nous n'avons pu vérifier l'arrêt de la Cour d'Agen, mais nous avons trouvé l'arrêt de la cour de cassation dans la collection nouvelle de Sirey, tome 5, page 292. Voici dans quelle espèce il fut rendu.

Un jugement du tribunal du Puy, du 4 mai 1814, avait statué en ces termes :

Considérant qu'il résulte des contrats de vente des 19 brumaire et 23 frimaire an 13, que les acquéreurs se sont soumis de souffrir toutes les servitudes passives, *apparentes ou occultes*, qui pouvaient exister sur les biens à eux vendus, *à leurs périls, risques et fortune*, est-il même dit dans le dernier contrat ;

Considérant que, par ces mêmes contrats, les acquéreurs ont déclaré connaître les biens à eux vendus ;

Considérant, d'un autre côté, que les vendeurs avaient succédé aux droits d'autrui, qu'ils étaient totalement étrangers au pays où est située ladite terre ;

Considérant que, d'après cette position respective des parties, on ne peut s'empêcher de voir dans leur stipulation sur les servitudes passives l'intention formelle, de la part des vendeurs, de s'affranchir de toute garantie à cet égard, et de la part des acquéreurs de les souffrir, sans exercer aucun recours ; .... rejette la garantie.

Sur l'appel, arrêt confirmatif de la cour de Riom, du 14 juin 1815.

Sur le pourvoi en cassation, arrêt ainsi conçu :

Attendu que par les contrats de vente, les acquéreurs ont été déchargés de toutes servitudes *apparentes ou occultes*. — Que la Cour royale, en appréciant les termes de l'obligation imposée aux acquéreurs, *la bonne foi des vendeurs* et l'intention respective des parties, a pu légitimement induire de ces différentes circonstances que les vendeurs étaient fondés à se prévaloir de la déclaration générale portée au contrat pour repousser l'action récursoire des acquéreurs. — 6 mars 1817, section des requêtes.

M. Troplong commet donc une erreur en supposant que
la vente renfermait seulement la clause, *avec les servitudes
actives et passives*. La clause était bien plus large, puisqu'elle portait *avec les servitudes passives*, APPARENTES OU
OCCULTES, AUX PÉRILS, RISQUES ET FORTUNE *de l'acheteur*.

M. Troplong s'élève contre cette jurisprudence. Est-ce
parce qu'il a ignoré la véritable clause à laquelle elle s'applique ? Est-ce avec une intention indépendante de son erreur ? Quoi qu'il en soit, il lui paraît que la clause dont il
s'agit ne contient aucune lumière sur le point de savoir si
l'acheteur a été instruit des charges latentes, et il revient toujours à la règle que les stipulations équivoques
doivent se résoudre contre le vendeur. (Troplong, de la
vente, t. 1, n⁰ˢ 528 et suivants.)

Ces hésitations prouvent combien il importe d'employer dans les actes de vente des formules claires et précises,
quand il s'agit de mettre les servitudes occultes à la charge
de l'acquéreur. Toutefois, il paraît résulter de ce qui précède
que le vendeur, quel que soit le caractère explicite de la stipulation insérée dans l'acte de vente, reste soumis à la
garantie, s'il est démontré qu'il connaissait la servitude
occulte et que, dès lors, il a été de mauvaise foi en s'abste-
nant de la déclarer.

Fréd. TAULIER.

DIFFAMATION. — PUBLICITÉ.

*La boutique d'un marchand est un lieu public ; trois per-
sonnes qui s'y trouvent fortuitement réunies forment une
réunion publique : dès lors, les propos diffamatoires tenus
en pareil lieu, devant une telle réunion, constituent le délit
de diffamation* (loi du 17 mai 1819).

M. le Procureur général et le sieur Bouthéron — C. la
femme Salla.

Le 2 août 1857, la femme Salla se trouvait dans la bouti-

que de la dame Sambin, marchande de nouveautés à Gap.
Trois personnes étaient venues y chercher un abri contre
la pluie. Le sieur Bouthéron y était entré lui-même pour
faire quelques emplettes. A peine fut-il sorti, que la femme
Salla s'écria qu'il avait caché une chemise sous sa blouse. On
courut après lui; on le ramena dans la boutique; il fut
fouillé et la fausseté de l'accusation fut reconnue.

Le sieur Bouthéron a fait assigner la femme Salla devant le tribunal correctionnel de Gap, en réparation de la
diffamation dont il prétendait avoir été l'objet. Le tribunal,
sur les conclusions conformes du ministère public, considéra
que la boutique d'un marchand n'était pas un lieu public,
et que la réunion dont il s'agissait dans l'espèce ne constituait pas une réunion publique. En conséquence, il se déclara incompétent.

Sur l'appel de la partie civile et de M. le procureur général, la Cour a rendu l'arrêt suivant :

ARRÊT.

Considérant qu'il est suffisamment établi par la procédure que
dans la journée du 2 août 1857, dans le magasin de Mme Sambin, marchande de nouveautés à Gap, la prévenue dit à cette
dernière que Bouthéron venait de lui voler une chemise ; que
Bouthéron, rappelé, est venu au magasin, où il a été fouillé, et
que la chemise prétendue volée ne se trouva pas sur lui ; que,
peu de temps après, la dame Sambin reconnut cette chemise
parmi d'autres marchandises enveloppées dans un linge ;

Considérant que l'imputation de vol proférée par la femme
Salla dans le magasin de la femme Sambin où se trouvaient en
ce moment trois personnes, qui l'ont entendue et ont été
témoins de la recherche faite sur Bouthéron, constitue le délit
de diffamation ayant le caractère de publicité, résultant, soit de
la nature du lieu où le propos a été tenu, lieu accessible à tous
par sa destination, soit de la réunion de plusieurs personnes qui
s'y trouvaient et qui l'ont entendu ; que, dès lors, c'est à tort
que les premiers juges se sont déclarés incompétents.

Par ces motifs, la Cour, statuant sur les appels de la partie
civile et de M. le procureur général envers le jugement du
tribunal correctionnel de Gap, à la date du 17 novembre dernier, réforme, se déclare compétente pour connaître du délit
imputé à la prévenue ; au fond, déclare la prévenue convaincue
du délit de diffamation publique envers Bouthéron, délit prévu
et puni par les articles 1 et 13 de la loi du 17 mai 1819, et puni
des peines portées par l'article 18 de la même loi.... condamne
la prévenue à 25 fr. d'amende....

Arrêt du 26 décembre 1857. — 4e chambre. M. Petit, président ; M. Bonnard , conseiller rapporteur ; M. Ahméras-Latour,
premier avocat général. — MMes Giraud et Taulier, avocats.

Cet arrêt peut paraître d'une grande sévérité. Sans doute,
les magistrats ont un pouvoir discrétionnaire pour apprécier, en matière de diffamation, le fait de la publicité. Mais
ce pouvoir discrétionnaire a ses limites. La boutique d'un
marchand peut-elle être assimilée à une rue, à une place
publique, à une foire, à une halle, à un marché, à un théâ-
tre, à un café ? Il nous semble qu'elle est un domicile privé,
et que la réunion de quelques personnes qui s'y rencontrent par hasard ne saurait former une réunion publique.
Avec une doctrine contraire, on pourrait soutenir que le
domicile de l'avocat, du notaire, de l'avoué, du médecin,
où chacun peut être appelé par le soin de ses affaires ou de
sa santé, est également un lieu public , et que plusieurs
personnes qui s'y trouvent réunies dans la salle d'attente
forment aussi une réunion publique. Qu'importe, en effet,
dira-t-on, la différence qui sépare les professions industrielles de ces professions libérales, si la facilité d'accéder
chez ceux qui exercent ces dernières est à peu près la même,
et si les unes et les autres reposent, sinon par l'identité de
leur nature, du moins par le fait, sur un appel à la confiance
publique ? Or, une telle conclusion est évidemment inadmissible. Donc le principe qui peut y conduire est inadmissible
lui-même. Il est vrai que les personnes réunies dans l'un

des lieux dont nous venons de parler peuvent reproduire
au dehors les propos diffamatoires qu'elles y ont entendus,
et que, si elles les reproduisent en public, devant des témoins, elles commettent le délit de diffamation. Mais, de
ce qu'elles auront commis le délit, en se plaçant dans les
conditions voulues de publicité, il ne s'ensuit pas que la
personne de qui elles ont répété les paroles soit coupable,
si cette personne les a proférées dans des conditions différentes. En d'autres termes, on peut être la cause de la publicité donnée à des propos diffamatoires, et devenir ainsi
la cause de la diffamation, sans avoir tenu soi-même les
propos en public, et sans avoir, dès lors, soi-même commis
le délit.

La Cour de cassation a jugé, le 26 janvier 1826, qu'une
réunion, *quoique formée dans un lieu non public, peut devenir publique, soit par le concours des personnes qui s'y rassemblent, soit par la présence des autorités locales, soit par
toute autre circonstance qu'il appartient aux juges d'apprécier* (S. coll. nouv. 8, 1, 267).

On retrouve bien ici la doctrine incontestable du pouvoir
discrétionnaire. Mais combien il y a loin de l'espèce dans
laquelle cet arrêt a été rendu à celle dont l'appréciation
était soumise à la Cour de Grenoble!

Voici les motifs de l'arrêt de la Cour de cassation :

« Attendu qu'une réunion, quoique formée dans un lieu
« non public, peut devenir publique, *soit par le concours*
« *d'un grand nombre de personnes* que rassemblent, ou
« l'intérêt, ou la curiosité, ou même un danger commun,
« *soit par la présence des autorités locales* appelées par la
« voix publique ou par des réclamations particulières; en-
« fin, soit par toute autre circonstance que la loi n'a pu
« spécifier et dont elle a laissé aux juges l'appréciation. —
« Que, dans le fait, le tribunal de Reims, en reconnaissant
« que la diffamation qui fait l'objet du procès a eu lieu dans

« une maison particulière, a néanmoins établi que cette
« diffamation avait été publique *par le concours d'une partie*
« *de la population et des autorités locales* dans cette maison
« alors ouverte *à la foule qui s'y portait.* »

Ainsi, d'un côté, le concours d'un grand nombre de personnes et même d'une partie de la population, la présence
des autorités locales, l'empressement de la foule se portant
dans une maison où quelque événement grave venait de
s'accomplir ; de l'autre côté, la boutique silencieuse d'un
marchand et trois personnes retenues par la pluie. On
comprend très-bien l'arrêt rendu dans la première espèce :
il est plus difficile d'accepter sans un respectueux examen
l'arrêt rendu dans la seconde.

Fréd. TAULIER.

DÉCISIONS ADMINISTRATIVES.

ALIGNEMENT. — ARRÊTÉ.

Il ne suffit pas qu'un alignement donné par un maire soit donné verbalement et à l'aide d'un piquetage. — L'alignement ne peut être donné, d'une manière régulière et efficace, que par arrêté.

L'agent-voyer — C. Jacolin.

Le Conseil de préfecture de l'Isère,

Vu le procès-verbal dressé, le 18 août 1856, par le sieur Tissot, agent-voyer, à l'effet de constater une anticipation commise sur le chemin vicinal du Fragnés par le sieur Jacolin, propriétaire à Crolles, lequel aurait construit un mur le long dudit chemin sans se conformer à l'alignement qui lui aurait été donné par le maire de la commune;

Vu ensemble les pièces du dossier et le plan des lieux;

Vu la loi du 9 ventôse an XIII. celle du 21 mai 1836 et le réglement préfectoral du 15 novembre 1855;

Ouï à l'audience le sieur Jacolin et M. l'agent-voyer en chef;

Attendu qu'il résulte des débats que, si bien le maire de Crolles a donné au sieur Jacolin l'alignement que ce dernier lui demandait, il ne l'a fait que verbalement et à l'aide d'un piquetage, contrairement aux prescriptions de l'art. 284 du réglement sus visé; que le sieur Jacolin prétend s'être conformé exactement à cet alignement et que rien ne prouve le contraire en l'absence de l'arrêté que M. le maire a négligé de prendre;

Que, dès lors, il n'est pas possible au conseil de reconnaître si la contravention reprochée au sieur Jacolin est de son fait, et qu'il n'y a lieu de prononcer la démolition du mur;

ARRÊTE :

Le sieur Jacolin, propriétaire à Crolles, est renvoyé des fins du procès-verbal sus visé.

Arrêté du 23 octobre 1857. — M. de Butler, rapporteur.

TRAVAUX PUBLICS. — FORCE MAJEURE. — INDEMNITÉ.

L'exécution imprévue d'un chemin de fer dans le voisinage du lieu où un entrepreneur de travaux publics construit une église, n'est pas un événement de force majeure qui autorise l'entrepreneur à réclamer une indemnité pour augmentation de la valeur des matériaux et du prix de la main-d'œuvre.

Ollivier-Pallud — C. la commune de St-Laurent de Mure.

Le conseil de préfecture de l'Isère :

Attendu que l'art. 20 du cahier des charges porte textuellement : « L'entrepreneur ne pourra réclamer aucune augmentation en raison des variations que la valeur des matériaux et de la main-d'œuvre auront pu éprouver pendant le cours de l'exécution du marché. »

Attendu que les travaux de chemin de fer auxquels l'entrepreneur attribue la cause de l'augmentation qu'il signale dans les prix des matériaux et de la main-d'œuvre, ne constituent en aucune façon un cas de force majeure ; que dès lors la réclamation de l'entrepreneur ne se trouve pas justifiée et ne saurait être admise.....

Arrêté du 15 janvier 1858. — M. de Butler, rapporteur.

I. — Dans chaque espèce le contrat fait ainsi la loi des parties.

Rappelons toutefois que l'administration des ponts et chaussées, pour uniformiser autant que possible tous les marchés de travaux publics, a adopté et publié, le 25 août 1833, sous le titre de *Clauses et conditions générales*, un cahier de charges, modèle et type, qui porte, art. 39 :

« ...... Si pendant le cours de l'entreprise les prix subis-
« saient une augmentation *notable*, le marché pourra être

« résilié sur la demande qui en serait faite par l'entrepre-
« neur; en cas de diminution *notable*, la résiliation du
« marché pourra être également prononcée, à moins que
« l'entrepreneur n'accepte les modifications qui lui seraient
« prescrites par l'administration. » (Tarbé de Vauxclairs,
Dict. des trav. pub., v° Cahier de charges.)

Ainsi, en général, la variation *notable* des prix survenant
après l'adjudication donne lieu *à résiliation*. Ce n'est qu'a--
miablement qu'on pourrait convenir d'une augmentation ou
d'une diminution dans le prix total.

Il n'est pas nécessaire que la variation résulte de circonstances *majeures et imprévues;* il suffit qu'elle soit
notable. Ainsi tout événement quelconque, d'autres travaux
entrepris dans les mêmes lieux par des particuliers, ou à
plus forte raison par l'administration elle-même, une cause
même inconnue, donneraient ouverture au droit de résiliation. Cependant, si le renchérissement provenait de l'importance même des approvisionnements que l'entrepreneur
aurait eu à faire, il rentrerait évidemment dans les chances
que le soumissionnaire a dû prévoir, et qu'il a prises à sa
charge. (M. Cotelle, *Trav. publ.*, t. 3, p. 78.)

II.—Même dans le cas de réserve expresse, comme dans
l'espèce, la variation qui proviendrait de la *force majeure*
devrait donner lieu, soit à *résiliation*, soit à *augmentation*
ou *diminution* de prix : et par son arrêté, le conseil de préfecture rejetant, EN FAIT, la demande de l'entrepreneur, consacre cependant le principe.

N'est-il pas juste, en effet, que dans les marchés de travaux publics, comme dans le droit commun, la force majeure déroge aux stipulations des contrats? L'administration, elle-même, reconnaît l'influence de la force majeure.
On lit en effet à l'art. 26 des clauses et conditions générales,
ci-dessus citées :

« Il ne sera alloué à l'entrepreneur aucune indemnité à

« raison des pertes, avaries ou dommages occasionnés par
« négligence, imprévoyance, défaut de moyens, ou fausses
« manœuvres. Ne sont pas compris toutefois dans cette dispo-
« sition les cas de *force majeure* qui, *dans le délai de dix jours*
« au plus après l'événement, auraient été signalés par l'en-
« trepreneur ; dans ce cas néanmoins il ne pourra rien être
« alloué *qu'avec l'approbation de l'administration*. Passé ce
« délai de dix jours, l'entrepreneur ne sera plus admis à ré-
« clamer. »

La disposition est générale, elle s'applique à toutes *pertes,*
avaries, dommages. Elle constitue un véritable *droit* pour
les entrepreneurs, et malgré les mots : « .... Qu'avec
« l'approbation de l'administration ..... » qui semblent
indiquer que l'appréciation de la demande indemnitaire est
faite par *l'administrateur* et non par le *juge*, le conseil
d'Etat décide avec raison que c'est là une question vraiment *contentieuse*, de la compétence du conseil de préfecture. (Ord. 7 mars 1834.)

III. — La force majeure qui peut amener une variation de
prix se manifeste aussi de plusieurs autres manières, et
surtout par la destruction d'ouvrages non encore reçus. Des
auteurs estimés adoptent ici une dérogation capitale aux
règles du droit commun et de l'art. 1790 du Code Napoléon.

En droit rigoureux, les ouvrages *non reçus* sont aux risques de l'entrepreneur, et la perte par force majeure pour
son compte. Mais à raison de l'action et de la surveillance
journalière que l'administration exerce par ses conducteurs
et ingénieurs sur les travaux adjugés, il faut assimiler aux
ouvrages *reçus* les travaux faits dont il aurait été pris des
attachements. Dans les travaux de navigation, par exemple,
quand des remblais de terre et des amas de pierres faits sur
la rive d'un fleuve, consolidés déjà par des pieux et enro-
chements, sont enlevés par des crues subites, il suffira que
lecas fortuit soit constaté, pour que l'entrepreneur ne perde

ni le prix des matériaux, ni la main-d'œuvre. (M. Cotelle, t. 3. p. 67. — M. Dufour, *Droit administratif*, t. 7, p. 143.)

IV. — Mais il ne faut pas perdre de vue que pour tous ces cas de force majeure, l'art. 26 exige la constatation de fait dans les dix jours au plus, et cette règle est toujours négligée par les entrepreneurs. Aussi l'administration n'a-t-elle qu'à se prévaloir de l'irrégularité de la constatation des faits pour obtenir le rejet de la réclamation. (Ord. 13 août 1828, Best; Déc. 17 juin 1852, Caville; 14 octobre 1852, Clausse.)

V. — Si la force majeure donne lieu à des indemnités pour l'entrepreneur, à plus forte raison faut-il dire que l'administration doit le couvrir des pertes occasionnées par son propre fait. Ainsi le défaut de livraison des carrières désignées où l'entrepreneur devait prendre ses matériaux (Ord. 12 avril 1838), l'impossibilité d'y puiser, l'insuffisance de ces carrières, etc.... donnent lieu à indemnité. Mais il faut que l'entrepreneur fasse connaître ces circonstances à l'administration. La preuve en est à sa charge, et il agira prudemment de les faire immédiatement constater par les ingénieurs. (Déc 24 janvier 1856. Briau.).

Alfred GUEYMARD fils.

CONSTRUCTION. — GARANTIE. — PRESCRIPTION.

La responsabilité imposée aux entrepreneurs par l'art. 1792 du Code Napoléon n'est pas restreinte aux édifices proprement dits: elle s'étend à toute espèce de constructions, notamment à la construction d'un pont.

La prescription de dix ans établie par l'article ci-dessus court du jour de la réception des travaux, quand la chute de la construction est arrivée après les dix ans à partir de cette réception.

La commune de Proveysieux — C. Didon.

Le Conseil de préfecture de l'Isère,

Vu l'assignation, en date du 11 novembre 1857, par laquelle la commune de Proveysieux demande que le sieur Joseph Didon, entrepreneur, domicilié à Voreppe, et adjudicataire des travaux de construction du pont du Gua, situé sur la commune de Proveysieux, soit condamné à reconstruire le mur en aile en amont destiné à soutenir le pont précité sur la rive droite du cours d'eau, lequel s'est en partie écroulé par suite de vices de construction, et aux dépens;

Vu le procès-verbal de réception, en date du 31 juillet 1846, constatant l'entier achèvement des travaux dont le sieur Didon s'est rendu adjudicataire;

Vu le rapport du 29 avril 1857, constatant les causes de l'écroulement du mur en aile du pont dont il s'agit et prescrivant les travaux à exécuter pour sa reconstruction;

Ouï M. le maire de Proveysieux, qui a persisté dans les conclusions de l'assignation introductive d'instance;

Ouï le sieur Didon, qui a exposé que le délai de garantie prévu par l'art. 1792 du Code Napoléon était depuis longtemps expiré et a conclu à sa mise hors d'instance et à la condamnation de la commune aux dépens;

Ouï M. l'agent-voyer du département en ses conclusions, tendant au rejet de la demande de la commune de Proveysieux;

Vu la loi du 28 pluviôse an VIII, et les articles 1792 et 2270 du Code Napoléon;

Considérant qu'il résulte de l'instruction et des débats que les travaux de reconstruction du pont du Gua étaient achevés le 31 juillet 1846, et que, même avant cette époque, la commune de Proveysieux avait été elle-même en jouissance, et qu'il n'est pas justifié que la commune de Proveysieux, dans le délai de dix ans qui a suivi ledit jour, ait fait constater aucun vice de construction ou exercé aucune action contre le sieur Didon, constructeur; que, dès lors, l'action en garantie par elle intentée seulement le 11 novembre 1857, est frappée de la prescription prévue par l'art. 1792 du Code Napoléon;

Arrête :

L'action en garantie exercée par la commune de Proveysieux,

contre le sieur Joseph Didon, à raison des vices de construction de l'établissement du pont du Gua, est rejetée.

La commune de Proveysieux est condamnée aux dépens.

Arrêté du 8 janvier 1858. — M. Roman, rapporteur.

La première solution formulée ci-dessus, et qui est implicitement renfermée dans l'arrêté du conseil de préfecture, est conforme à un arrêt de la Cour de Paris du 2 juillet 1828 (S. 28, 2, 316). Cet arrêt l'a appliquée à la construction d'un puits. Elle est, en outre, conforme à un arrêt de la Cour de Douai du 28 juin 1837 (S. 39, 1, 829), qui l'a appliquée à la construction d'une route.

La seconde solution explicitement donnée par l'arrêté du conseil de préfecture est intervenue dans une espèce où la construction s'était écroulée après les dix ans à partir de la réception des travaux. Or, il est évident que quand ce temps d'épreuve de dix ans a passé sur le travail *reçu* d'un entrepreneur, il y a lieu de croire que le travail a été bien fait.

Lorsque la perte de la construction ou la manifestation de ses vices arrive dans les dix ans à compter de la réception d'œuvre, c'est encore à partir de cette réception que court la prescription décennale, et non pas à partir de la perte de la construction ou de la manifestation de ses vices. La Cour de Paris l'a ainsi jugé par arrêt du 15 novembre 1836 (S. 37, 2, 257).

M. Troplong combat vivement cet arrêt : « Voyez, dit-il, « à quel résultat il conduit. Si la ruine est arrivée un an après « la construction livrée, le propriétaire aura neuf années pour « faire valoir ses droits. Si elle est arrivée la veille des dix « ans, il n'aura qu'un jour, que dis-je, quelques heures « peut-être ! Il suffit d'énoncer de telles conséquences pour « être convaincu que le principe qui les engendre pèche « par les règles de la logique. » (*Du louage*, n° 1011).

M. Duvergier (*Traité du louage*, n° 360 et suivants) soutient que l'action en garantie dure dix ans, à partir seulement du jour où le vice de construction s'est manifesté dans les dix ans. Selon cet auteur, l'art. 1792 a seulement pour but de décider que l'architecte est responsable des vices qui se manifestent pendant dix ans et qu'il ne l'est pas de ceux qui se manifestent après ; et comme cet article ne dit rien du temps qu'aura le propriétaire pour intenter son action, il faut recourir à l'art. 2270 qui soumet l'action du maître à une prescription décennale.

M. Duranton (t. 17, n° 255), pense au contraire que si un vice se manifeste avant l'expiration des dix ans, le propriétaire aura trente ans pour intenter l'action en garantie, parce que la durée de l'action n'étant définie par aucune disposition particulière, il faut nécessairement qu'elle soit de trente ans, d'après la règle générale de l'art. 2262. M. Duranton ajoute que le point de départ de ce délai sera le jour de la manifestation du vice, car, avant cet événement, l'action, n'étant pas ouverte, ne pouvait pas courir.

M. Troplong se range à cette opinion ; il distingue entre la durée de *la garantie* et la durée de *l'action en garantie.* *La garantie,* qui est l'obligation de répondre de l'accident, serait perpétuelle, si aucune loi n'en eût limité la durée. Au contraire, *l'action en garantie* a nécessairement, comme toutes les actions, une durée définie. Or, l'art. 2270 décharge l'entrepreneur de *la garantie*, après dix ans. Cet article ne veut pas que l'entrepreneur soit condamné à attendre indéfiniment l'événement d'un sinistre ; mais il n'a nullement en vue *l'action en garantie* ; il se confond avec l'art. 1792 ; l'un et l'autre se réunissent dans une même pensée, qui est de mettre un terme à la responsabilité de l'entrepreneur. La durée de l'action en garantie étant ainsi restée en dehors des dispositions des art. 1792 et 2270, il faut, pour la limiter, s'adresser à la règle générale. Or, la règle générale est que les actions se prescrivent par trente ans (*Du louage*, n° 1010).

. Fréd. TAULIER.

ARRÈTS.

ENFANT NATUREL RECONNU. — LÉGATAIRE UNIVERSEL. —
DEMANDE D'ENVOI EN POSSESSION. — ORDONNANCE DU
PRÉSIDENT. — APPEL.

L'ordonnance du président qui refuse à un légataire universel l'envoi en possession est susceptible d'appel. — L'enfant naturel reconnu n'est pas héritier à réserve, dans le sens de la loi; dès lors, il n'empêche pas le légataire universel, institué par testament olographe, d'être saisi des biens du défunt et il ne forme pas obstacle à ce que ce légataire soit envoyé en possession. (Art. 756, 757, 1004, 1006, 1008, Cod. Nap.)

Marie Vespe.

M. de la Boissière est décédé à Montélimar, le 2 septembre 1857, sans ascendants ni descendants légitimes, mais laissant une fille naturelle reconnue.

Le 1er octobre 1855, M. de la Boissière avait fait un testament olographe par lequel il instituait légataire universelle Marie Vespe. Ce testament, après le décès du testateur, fut présenté à M. le président du tribunal de Montélimar, décrit et paraphé par ce magistrat, et déposé aux minutes de M. Fleury Bith, notaire en la même ville. Marie Vespe sollicita ensuite, sur requête, l'envoi en possession de son legs, et M. le président rendit l'ordonnance dont voici la teneur :

Nous, président du tribunal de Montélimar,
Vu la requête, les pièces à l'appui, les art. 756, 757 et 1008 du Code Napoléon;

4

Attendu qu'il résulte du testament dont l'expédition est jointe à ladite requête, que le défunt a laissé une fille ;

Attendu que si cette dernière est fille naturelle reconnue, la loi lui donne une quote-part de la succession ;

Disons que l'envoi en possession requis ne sera par nous prononcé que lorsque la fille naturelle dont il s'agit aura été mise en demeure de déclarer régulièrement qu'elle ne s'oppose pas audit envoi en possession.

Marie Vespe, pour obtenir la réformation de cette ordonnance, s'est pourvue, par nouvelle requête, devant la Cour de Grenoble, en chambre des vacations.

ARRÊT.

Attendu que par testament olographe du 1er octobre 1855, enregistré et déposé aux minutes de M. Fleury Bith, notaire à Montélimar, après avoir été paraphé et décrit par le président du tribunal de la même ville, conformément à l'art. 1007 du Code Napoléon, Henri-Pierre-Sébastien de la Boissière a institué Vespe sa légataire universelle, et que ce testament, dont l'expédition est représentée, paraît régulier en la forme et n'offre aucun vice qui puisse en faire suspecter la validité ;

Attendu, d'autre part, que le défunt est décédé sans ascendants ni descendants légitimes ; que si bien il a laissé une fille naturelle reconnue, celle-ci n'est point héritière à réserve dans le sens de la loi, bien qu'elle ait des droits sur les biens de son père naturel, et que dès lors la légataire universelle, aux termes de l'art. 1006, s'est trouvée saisie de plein droit de la succession du défunt, sans être tenue de demander la délivrance ;

Attendu que, dans cette position, c'est le cas, d'après l'article 1008, de prononcer l'envoi en possession de la légataire universelle, sans qu'il soit besoin d'appeler l'enfant naturel, qui ne pourrait s'opposer audit envoi en possession ;

Par ces motifs, ouï M. de Leffemberg, avocat général, faisant droit à l'appel de Marie Vespe envers l'ordonnance du président du tribunal de Montélimar, en date du 8 septembre courant, et réformant ladite ordonnance, prononce au profit de Marie Vespe l'envoi en possession du legs universel porté en sa faveur dans le testament de Marc-Pierre-Sébastien de la Boissière, en date du 1er octobre 1855, et ordonne la restitution de l'amende consignée.

Arrêt du 26 septembre 1857. — Chambre des vacations, M. Royer, premier président; M. de Leffemberg, avocat général. — M. Allemand, avoué. — M. Auguste Arnaud, avocat.

La première question que la Cour avait à examiner est celle de savoir si l'ordonnance rendue par le président d'un tribunal en vertu de l'art. 1008 du code Napoléon est susceptible de recours, et, en cas d'affirmative, quelle est la nature du recours à exercer.

Le texte de l'arrêt que nous venons de rapporter démontre que, *dans l'espèce*, les magistrats n'ont pas éprouvé de doute sérieux. Toutefois, la question, *envisagée d'une manière générale*, divise les esprits : les uns pensent que l'ordonnance du président est un acte de juridiction gracieuse qui ne souffre aucune espèce de recours; parmi ceux-ci, il en est cependant qui distinguent le cas où, par suite de l'intervention ou bien de la mise en cause des héritiers légitimes, l'ordonnance prend le caractère d'un véritable référé rentrant alors dans la juridiction contentieuse. Les autres admettent l'opposition, d'autres l'appel, d'autres enfin les deux voies cumulativement. Il en est même qui indiquent la tierce-opposition comme moyen de faire réformer l'ordonnance d'envoi en possession.

On peut voir sur ces divers points le résumé de la doctrine et de la jurisprudence dans Dalloz, *Nouveau Répertoire*, au mot Dispositions entre-vifs et testamentaires, nos 3664 et suivants.

La doctrine et la jurisprudence se trouvent également résumées dans une dissertation de M. Massé, qui soutient que l'ordonnance du président n'a aucun caractère contentieux, qu'elle n'est, dès lors, susceptible d'aucun recours proprement dit, et que la voie la plus directe et la plus naturelle pour faire cesser le préjudice que peut causer l'envoi en possession, c'est d'attaquer le testament lui-même. Cette dissertation, insérée dans le recueil de Sirey (S. 57. 4. 113), se réfère, comme on le voit, à l'hypothèse où l'ordonnance du président *a prononcé l'envoi en possession*.

Depuis la publication de l'article de Dalloz, il a été rendu sur la matière intéressante qui nous occupe trois arrêts que nous tenons à signaler.

Le premier, du 28 mars 1856 (S. 57. 2. 119), est de la Cour d'appel de Gand. Il s'applique à une espèce où *l'envoi avait été accordé*, et il juge qu'en pareil cas l'ordonnance doit être attaquée par la voie de l'opposition et non par celle de l'appel. Au milieu des nombreux motifs donnés par la Cour, nous démêlons les suivants :

Attendu qu'en admettant qu'il puisse exister une voie de recours contre l'ordonnance du président, qui envoie en possession de la succession le légataire universel institué par un testament olographe, conformément à l'art. 1008 du Code civil, il ne saurait néanmoins être permis à ceux dont cette ordonnance lèse les intérêts de porter *de plano*, et sans avoir au préalable épuisé le moyen de l'opposition, leur demande en réformation devant le juge supérieur.

Qu'en effet, bien qu'en thèse générale celui à qui un jugement rendu en son absence porte préjudice, ait deux moyens pour le faire réformer, à savoir l'opposition et l'appel, il n'a cependant pas le choix entre l'un ou l'autre; mais qu'il ne peut recourir à l'appel qu'après avoir, sans succès, tenté la voie de l'opposition, ou lorsque celle-ci n'est plus recevable; que ce principe est consacré par l'art. 455, Cod. proc. civ., qui déclare non recevables les appels des jugements susceptibles d'opposition pendant la durée du délai pour l'opposition;

Attendu qu'une ordonnance d'envoi en possession, rendue sur simple requête et sans contradiction, peut d'autant moins faire l'objet d'un appel direct, que cet acte du président du tribunal civil n'est pas un véritable jugement; que, n'y ayant eu

ni contestation, ni litige, il ne peut y avoir eu d'instance engagée, ni, partant, de premier degré de juridiction, et qu'enfin, il
est de principe que, pour pouvoir interjeter appel, il faut avoir
été partie en cause devant le premier juge;

Attendu que l'opposition pouvant seule faire naître un débat
et imprimer à l'ordonnance qui statuera sur cette opposition,
les caractères d'un jugement, ce n'est évidemment qu'après que
cette voie de réformation aura été inutilement essayée qu'il
pourra y avoir matière à appel de la part de quelqu'un, qui alors
aura été véritablement partie en cause;...... et qu'enfin, il suit
de l'exposé des motifs des *donations et testaments*, que le but
du dépôt du testament ordonné par l'art. 1007, Cod. Nap. a été
de fournir aux parents appelés par la loi la possibilité de vérifier
le testament avant que l'héritier institué ou le légataire universel pût se mettre en possession, ce qui suppose de leur part la
faculté de contredire, devant le président, la demande d'envoi
en possession, et partant aussi, lorsqu'à leur insu l'envoi en
possession a été obtenu, de s'opposer à l'ordonnance qui l'accorde, afin de mettre le magistrat, à qui on l'a surprise, à même
de réparer son erreur;

Attendu que, par suite de ces considérations, l'appel de l'ordonnance d'envoi en possession du 15 mai 1854 dont il s'agit,
ne peut être admis;

Par ces motifs, déclare l'appel non recevable, etc.

Le second arrêt, du 10 janvier 1857, (S. 57. 2. 121) a été
rendu dans une hypothèse semblable par la Cour impériale
de Paris; il admet le recours par la voie de l'appel.

Considérant que l'ordonnance par laquelle le président ordonne l'envoi en possession des légataires universels, n'est pas
une mesure qui appartienne à la juridiction purement gracieuse;
qu'elle peut être contredite et qu'elle comporte une appréciation
des droits de ceux qui demandent cet envoi en possession;
qu'elle a donc un caractère contentieux et qu'elle est soumise à
l'appel.

Enfin, le troisième arrêt, du 14 mai 1856, (S. 57. 2. 122.)
est de la Cour impériale de Caen. Il admet le recours par

la voie de l'appel contre l'ordonnance qui *refuse de prononcer l'envoi en possession*.

« Considérant que l'appel est de droit commun et ne saurait
être interdit que dans les cas où la loi l'a formellement déclaré ;
que les ordonnances rendues par les magistrats sur la demande
d'une seule partie, ou de plusieurs parties agissant de concert et
dans un intérêt commun, n'en sont pas affranchies ; que, si ces
parties n'ont pas réussi à faire agréer leur demande par le juge
du premier degré, on ne voit pas par quels motifs et dans quel
intérêt elles seraient privées du droit de la soumettre, par appel,
à la juridiction supérieure ; que ce droit est formellement admis
par l'art. 858 du Code de procédure civile, en matière de recti-
fication d'actes de l'état civil, et qu'il a été constamment appliqué, dans la pratique, aux ordonnances de même nature. »

Dans l'espèce de l'arrêt rendu par la Cour de Grenoble,
il s'agissait également d'une ordonnance qui avait *refusé
l'envoi en possession* ; or, dans cette hypothèse on ne saurait plus dire, comme dans celle où *l'envoi a été accordé*,
que nul recours n'est admissible et qu'il faut que la partie
lésée attaque le testament même, car la partie lésée par
le refus du président à qui elle demande l'envoi, s'appuie sur le testament, tandis que la partie lésée par l'ordonnance qui accorde l'envoi peut avoir intérêt à contester
cet acte ou les libéralités qu'il renferme. Dans l'hypothèse
du refus, on ne saurait contester au légataire qui a éprouvé
ce refus le droit d'appel, par le motif qu'il n'était pas
partie, puisque c'est lui qui précisément était partie dans
la requête sollicitant l'ordonnance d'envoi en possession.
On ne peut objecter non plus, toujours dans l'hypothèse
du refus, qu'il n'y a pas lieu à opposition contre l'ordonnance, parce que la voie de l'opposition n'est ouverte qu'à
un défaillant et qu'il n'y a de défaillant que celui qui a
été appelé, car, dans l'hypothèse où nous raisonnons, le
légataire qui réclame l'envoi n'est certainement pas défaillant.

En résumé, il faut reconnaître, dans le cas où l'ordonnance du président *refuse* l'envoi demandé par le légataire : 1° que le légataire, qui s'appuie sur le testament, ne peut être renvoyé à attaquer son propre titre ; que, dès lors, il doit avoir un recours contre l'ordonnance qui lui refuse l'envoi demandé en vertu de son titre même ; 2° que le légataire ne peut se pourvoir par la voie de l'opposition, puisque c'est sa propre conclusion qui a été repoussée ; 3° que la seule voie rationnelle et praticable qui lui soit ouverte est la voie de l'appel introduit devant la Cour sous forme de requête.

Au fond, la question était celle de savoir si un enfant naturel reconnu est, dans le sens de l'art. 1004 du Code Napoléon, *un héritier à réserve*, *saisi de plein droit*, et à qui le légataire universel soit tenu de demander la délivrance. Or, la Cour, par son arrêt, a rendu hommage aux vrais principes.

Un enfant naturel n'est pas *héritier*, il n'a que des droits sur les biens de son père (art. 756, Cod. Nap.) ; il n'a pas, dans toute sa plénitude, la saisine légale (art. 724, Cod. Nap.) ; il se trouve tenu lui-même de se faire envoyer en possession par la justice (art. 724, 769 à 773, Cod. Nap.) ; il ne peut pas opérer de délivrance, car pour *délivrer*, il faut d'abord posséder en droit et *en fait*. Voyez Duranton, t. 9, n° 194 ; Dalloz, *Nouveau Répertoire*, au mot *Dispositions entre-vifs et testamentaires*, n° 3622. Nous nous bornerons à une citation textuelle que nous empruntons à M. Delvincourt, qui résume très-bien la difficulté en ces termes : « S'il n'y a pas d'autre successible qu'un enfant « naturel, le légataire universel est-il obligé de lui deman- « der la délivrance ? Je ne le pense pas, quoique l'enfant « naturel ait une espèce de réserve sur les legs. L'enfant « naturel est tenu de demander l'envoi en possession, même « quand il prend la totalité de la succession. Le légataire est

« donc saisi avant lui, puisqu'il a la saisine de droit. L'on
« dira peut-être que cette raison n'est pas applicable au cas
« où le testament est olographe ou mystique, puisqu'alors
« le légataire universel est lui-même tenu de demander
« la délivrance. Je réponds que l'obligation imposée, dans
« ce cas, au légataire ne tient pas à la nature de son droit,
« mais à la forme du testament, puisqu'il n'y serait pas tenu
« si le testament était par acte public ; au lieu que la même
« obligation, à l'égard de l'enfant naturel, tient à la nature
« de son droit, puisque, dans tous les cas, il est obligé de
« demander l'envoi ; il est donc certain que le droit du lé-
« gataire est légalement plus fort que celui de l'enfant na-
« turel. » (T. 2, pag. 346.)

Fréd. Taulier.

NULLITÉ D'ENQUÊTE. — PROTESTATIONS. — RÉSERVES. —
REPROCHES DE TÉMOINS.

*Le délai des trois jours pour la notification et assigna-
tion prescrites par l'art. 261 du Code de procédure civile,
doit-il être augmenté à raison des distances ?* (Non résolu.)

*Du reste, l'irrégularité dont il s'agit serait couverte par le
fait de la partie d'avoir assisté à l'enquête et d'avoir fait
faire une contre-enquête, malgré toutes protestations et réserves même spéciales insérées dans le procès-verbal d'enquête.*

*Des témoins ne peuvent être reprochés, lorsqu'ils n'ont
qu'un intérêt indirect dans la contestation.*

Faure — C. Jullien.

Un arrêt interlocutoire du 22 mai 1856 a admis le sieur
Faure à prouver divers faits par témoins.

Cet arrêt a été signifié par l'avoué de Jullien au sieur
Faure, le 19 août 1856. Le 22 du même mois, Faure a pré-

senté au juge-commissaire une requête répondue par ce dernier, le même jour, d'une ordonnance fixant l'audition des témoins à Orpierre au 16 septembre suivant.

Le 10 septembre 1856, le sieur Faure a fait notifier au sieur Jullien, au domicile de Mᵉ Allemand, son avoué, à Grenoble, les noms de vingt-et-un témoins, avec assignation pour assister à l'enquête le 16.

Le 16 septembre 1856, M. le juge-commissaire a ouvert le procès-verbal d'enquête. Le sieur Jullien a comparu et fait sur le procès-verbal, avant l'audition des témoins, la protestation suivante :

« Est aussi comparu sieur Barthélemy Jullien, assisté de Mᵉ Tanc, avoué près le tribunal de première instance, séant à Gap, lequel a dit qu'il paraissait pour satisfaire à la sommation qui lui a été faite, protestant néanmoins expressément de toutes les nullités de forme qui ont été commises par M. Faure, spécialement de la nullité résultant de ce que le comparaissant n'a pas été régulièrement cité pour être présent à l'enquête, ou ne l'a pas été dans les délais exigés par la loi, contrairement aux dispositions de l'art. 261 du Code de procédure civile ; en conséquence, le sieur Jullien se réserve formellement le droit de demander la nullité de l'enquête du sieur Faure, et sans que sa présence à l'audition des témoins, ses réquisitions, reproches, questions ou demandes diverses qu'il pourrait faire dans le cours de l'enquête puissent être considérés comme une adhésion à ce qui a été fait par le sieur Faure, et une renonciation au moyen de nullité du comparaissant, et sous bénéfice de ces réserves et protestations, le sieur Jullien a signé avec son avoué. »

Après cette comparution, le sieur Jullien a assisté à l'enquête et reproché vingt témoins, par le motif qu'étant habitants d'Orpierre, ils avaient un intérêt personnel dans le procès.

Le sieur Jullien a ensuite fait procéder à la contre-enquête.

Par conclusion signifiée le 3 août 1857, le sieur Jullien a demandé la nullité de l'enquête du sieur Faure. Cette conclusion est motivée sur ce que la notification des témoins et l'assignation pour assister à l'enquête n'avaient pas été données dans le délai de trois jours voulu par l'art. 261 du Code de procédure, augmenté du délai des distances, conformément à l'art. 1033 du même code, la distance de Grenoble à Orpierre étant de plus de 120 kilomètres.

Subsidiairement, le sieur Jullien a demandé que le reproche formé par lui contre vingt témoins fût admis. Cette conclusion subsidiaire était fondée sur ce qu'il s'agissait, d'après Jullien, dans le procès pendant entre les parties, du point de savoir si les moulins du sieur Jullien étaient banaux, conformément à ses prétentions; que l'enquête permise au sieur Faure avait pour but d'établir que la banalité s'était éteinte par non usage; que, d'après les anciens principes et le titre du sieur Jullien, la banalité engageait tous les habitants de la commune d'Orpierre; qu'ils avaient ainsi tous un intérêt personnel dans la question. Il a été observé, au contraire, que la demande de Jullien ne tendait pas à empêcher les habitants de faire moudre aux moulins existants dans les communes circonvoisines, ni à les contraindre à se servir de son moulin, mais seulement à faire interdire le moulin Faure, ce en quoi ledit Faure avait un intérêt distinct de celui des habitants.

ARRÊT.

Considérant qu'en paraissant volontairement à l'enquête dirigée à la requête de Faure, en reprochant les témoins assignés à la requête de ce dernier et en faisant procéder à une contre-enquête, Jullien a défendu au fond et a couvert ainsi la nullité de citation qu'il prétend faire résulter de l'inobservation des délais prescrits par les art. 261 et 1003 du Code de procédure civile ; que les protestations que Jullien a fait insérer dans le procès-verbal d'enquête, quelque explicites et détaillées qu'elles paraissent, étant en contradiction avec le fait résultant de sa comparution et de son assistance à l'enquête, sont impuissantes à maintenir son droit ; que, dès lors, la nullité est couverte et qu'il n'y a lieu de s'y arrêter ;

Considérant que si, en principe, l'intérêt que des témoins assignés dans une enquête ont au fait du procès, peut être invoqué pour faire rejeter leur témoignage, il faut pour cela un intérêt direct et personnel ; que s'il s'agit seulement pour eux d'un intérêt indirect, il y aura lieu pour les magistrats d'apprécier la déposition de ces témoins et la portée qu'elle devra avoir ; que dans la cause, c'est un intérêt de cette nature que l'on pourrait supposer exister pour les témoins de l'enquête ; que dès lors, sans rejeter dès à présent leur témoignage, il y a lieu de procéder à la lecture de cette enquête, sauf par la Cour à apprécier ces dépositions et à avoir tel égard que de raison à leur contenu ;

Par ces motifs, la Cour, ouï M. Gautier, avocat général, en ses conclusions motivées, sans s'arrêter à l'incident soulevé devant la Cour par Jullien, dans lequel il est déclaré non fondé, rejette le moyen de nullité proposé, dit qu'il sera plaidé au fond et que lecture sera donnée de l'enquête à la requête de Faure, sauf par la Cour à apprécier la valeur de ces dépositions.

Arrêt du 7 août 1857. 2e chambre, M. Petit, président ; M. Gautier, avocat général. — MM. Amat et Allemand, avoués. — MM. Louis Michal et Casimir de Ventavon, avocats.

La Cour de Nancy a jugé que la nullité de l'assignation donnée à la partie, pour être présente à l'enquête, est couverte si l'avoué a assisté à l'audition des témoins et a déclaré qu'il n'avait aucun moyen de l'empêcher, alors même qu'il aurait fait des *réserves et protestations générales* contre l'enquête. Arrêt du 29 mars 1825 (S. 26, 2, 291).

« Attendu, dit la Cour, que les protestations générales et de style consignées au procès-verbal, ne peuvent avoir l'effet de réserver un moyen de nullité qui, non seulement n'était point indiqué, mais qui probablement n'avait pas même été aperçu par les parties. »

La Cour de Bastia ayant admis la même doctrine par arrêt du 25 mai 1822, le pourvoi dirigé contre cet arrêt fut rejeté le 9 novembre 1825 (S. 27, 1, 8).

« Attendu, dit la Cour de cassation, qu'en jugeant que la comparution des demandeurs devant le juge-commissaire et leur assistance à l'enquête, où ils ont fait, soit par eux-mêmes, soit par le ministère d'un avoué contre lequel il n'a pas été proposé de désaveu, des interpellations aux témoins, les rendaient non recevables à demander la nullité de l'exploit introductif de l'enquête, et que cette fin de non recevoir n'avait pas été couverte par des *protestations générales et de style*, la Cour a fait une juste application de l'art. 173 du Code de procédure civile ;.... rejette..... »

La Cour de cassation a également rejeté le pourvoi formé, dans une espèce semblable, contre un arrêt de la Cour de Lyon du 2 mai 1827 (Cass. 30 juillet 1828 ; S. 28, 1, 413).

La Cour d'Amiens, par arrêt du 18 août 1826 (S. 29, 2, 232), a été plus loin. Elle a jugé que la partie qui assiste à l'enquête couvre par sa présence la nullité de l'assignation, à raison de l'inobservation du délai des distances, *encore qu'elle se soit réservé expressément de faire valoir cette nullité.*

Au contraire, la Cour de Montpellier a jugé le 22 juin 1824 (S. 26, 2, 15), qu'en matière d'enquête, la partie qui comparait devant le juge-commissaire, fait des réquisitions, propose des reproches contre les témoins, fait procéder à une contre-enquête et fait le dépôt au greffe tant de l'enquête que de la contre-enquête, ne se rend pas, par là, non recevable à demander la nullité de l'enquête, si avant toute audition de témoins elle a *protesté de nullité contre la procédure de son adversaire.*

« Attendu, dit la Cour, que la dame Sicard ne pouvait pas se constituer juge de la nullité qu'elle alléguait, elle n'avait pas dû s'exposer au risque de voir maintenir l'enquête, sans y avoir fait ce que son intérêt exigeait ; que le dépôt de l'enquête n'était point une reconnaissance de sa validité, puisqu'elle pouvait n'être déposée que dans l'objet de la faire annuler ; qu'enfin cette reconnaissance ne pouvait pas mieux être induite de ce que la dame Sicard avait fait procéder à une contre-enquête, parce qu'il y avait des faits qu'elle était chargée de prouver elle-même et qu'elle avait intérêt d'établir. »

La Cour de Colmar a jugé que la nullité d'une enquête (notamment pour l'inobservation des délais) peut être invoquée par la partie qui a proposé des reproches contre les témoins et a même fait procéder à une contre-enquête, s'il y a eu à cet égard des *réserves expresses* faites devant le juge-commissaire. Arrêt du 15 juillet 1833 (S. 34, 2, 664).

« Considérant, dit la Cour, que l'assignation pour assister à une contre-enquête, les reproches des témoins de l'enquête et de la contre-enquête ne peuvent être considérés comme des défenses au fond, capables de couvrir une nullité de procédure ; que ce ne sont que des moyens subsidiaires, employés à toutes fins et pour le cas possible où la nullité ne serait pas admise, et qu'ainsi ces divers actes n'ont pu préjudicier à un moyen de nullité à l'égard duquel il avait été fait en temps utile des *réserves expresses*. »

La même doctrine a été admise par la Cour de Riom, le 15 janvier 1840 (S. 40, 2, 153).

Elle a encore été admise le 30 janvier 1850 (S. 51, 2, 27), par la Cour d'Amiens.

« Attendu, dit la Cour, que la dame de Mazières, par son avoué, et avant toute réquisition à l'enquête, a demandé acte de ses réserves de se pourvoir en nullité de l'enquête, en se fondant sur ce que les délais accordés par les articles 261 et 1033 du Code de procédure civile ne lui avaient pas été donnés ; — que *cette réserve est spéciale et formelle*, et qu'elle suffisait, aux termes de l'art. 173 du même Code, pour conserver ses droits, sans que sa comparution pût être regardée comme un acquiescement. »

On retrouve enfin cette doctrine dans un arrêt de la Cour impériale de Bordeaux du 17 janvier 1851 (S. 52, 2, 239), et dans un arrêt de la Cour impériale de Bourges du 5 juillet 1854 (S. 54, 2, 502).

Fréd. TAULIER.

— — —

LOIS ABOLITIVES DE LA FÉODALITÉ. — BANALITÉS CONVEN-
TIONNELLES. — COMMUNAUTE D'HABITANTS. — PARTICULIER
NON SEIGNEUR. — PRESCRIPTION.

Les banalités conventionnelles ont été maintenues par les lois abolitives de la féodalité.

Une banalité établie par une convention intervenue entre une communauté d'habitants et un particulier non seigneur a le caractère de banalité purement conventionnelle.

Pour qu'une banalité s'éteigne par prescription, il faut que le droit réclamé par suite de sa création émanant de la commune, n'ait été servi par aucun des membres qui composent celle-ci. (Loi du 15-28 mars 1790, loi du 25 août 1792.)

Faure — C. Jullien.

Le 3 décembre 1663, les consuls de la communauté d'Orpierre, assistés de divers habitants, agissant au nom de la communauté, suivant les délibérations prises en conseils généraux tenus, est-il dit dans l'acte, dans ledit lieu, la présente année, vendirent à Cyrus Authard, sieur de Bragard, les moulins à blé, huile, gruaire, bâtiments, rigoles, etc..... que ladite communauté d'Orpierre possédait dans son terroir au quartier des Aignettes. Cette vente était faite au prix de 14,000 livres déléguées aux créanciers de la communauté. On lit dans l'acte de vente reçu par Me Armand, notaire, la

clause suivante : « laquelle dite vente est faite sous toute
« banalité, s'obligeant et s'assujettissant lesdits vendeurs
« pour eux et les leurs et tous les habitants dudit Orpierre
« et son terroir, de moudre et faire moudre leurs grains de
« quelque nature qu'ils soient pour l'usage et l'entretien de
« leur famille auxdits moulins, sans pouvoir aller moudre
« ailleurs en aucun moulin que ce soit à eau et vent, ni
« autre quelconque, sous peine de dix livres d'amende et
« confiscation desdits grains. »

On lit encore plus bas : « sans que ladite communauté ni
« aucun particulier habitant d'icelle puisse construire ni
« faire construire aucun moulin à l'avenir, à eau, ou à vent,
« ni autrement. »

Enfin, il est dit que la vente a été faite après enchères, par
autorité et permission du parlement de la province.

Au sieur de Bragard succéda le sieur de Saget et à ce
dernier le sieur Michel qui, par acte du 12 octobre 1832,
vendit les moulins dont il s'agit au sieur Barthélemy Jullien.

Dans l'intervalle, les moulins avaient donné lieu à un
procès entre la communauté d'Orpierre et les propriétaires
des moulins ; ce procès, principalement relatif à la question
de savoir à la charge de qui devait être le déchet des grains,
fut terminé par arrêt du parlement de Grenoble, du 14 mars
1776, qui maintint un traité du mois de décembre 1772, dans
lequel, entre autres clauses, les parties avaient réglé les conditions auxquelles la communauté tiendrait dans les moulins
un préposé pour peser les grains.

Le 20 octobre 1845, Jullien fit signifier au sieur Faure
que s'il prétendait construire des moulins sur le territoire
d'Orpierre, il s'y opposerait. Ce dernier ayant, nonobstant
cette opposition, fait construire sur les rives du torrent de
Belric et dans le territoire d'Orpierre des moulins à blé et à
huile, le sieur Jullien lui fit, par acte du 14 octobre 1848,
sommation de les supprimer ; puis, après l'avoir appelé

devant le bureau de conciliation, il l'assigna devant le tribunal de Gap en suppression de ses usines avec dommages-intérêts.

Le 13 décembre 1854, le tribunal de Gap fit droit à la demande de Jullien, condamna Faure à la suppression des usines et à 500 fr. de dommages-intérêts.

Par exploit du 16 avril 1855, Faure a interjeté appel de cette décision, et par arrêt du 22 mai 1856, la Cour, avant dire droit et tous moyens demeurant réservés, a permis à Faure de rapporter par témoins preuve de divers faits.

En exécution de cet arrêt il a été procédé, à la date du 16 septembre 1856 et jours suivants, à l'audition des témoins respectivement produits par les parties.

En cet état, la cause a été reportée à l'audience et la Cour a eu à résoudre les questions suivantes :

1° Les banalités conventionnelles ont-elles été maintenues ou supprimées par les lois abolitives de la féodalité ?

2° La banalité des moulins du sieur Jullien a-t-elle été établie par une convention intervenue entre une communauté d'habitants et un particulier *non seigneur ?*

3° En cas d'affirmative, y a-t-il lieu de confirmer le dispositif du jugement dont est appel ?

4° La banalité est-elle éteinte par prescription ?

ARRÊT.

Attendu que par acte du 3 décembre 1663, la communauté d'Orpierre, par l'entremise de ses consuls, châtelains et des principaux habitants, a vendu au sieur de Bragard, *sous toute banalité*, y est-il dit, les moulins qu'elle possédait ;

Attendu que par cet acte, non-seulement elle soumettait tous les habitants d'Orpierre, sous diverses peines, au privilége de banalité, mais qu'en même temps elle s'engageait à ne pas construire d'autres moulins ;

Attendu que le sieur de Bragard, acquéreur, n'était pas seigneur d'Orpierre ;

Attendu dès lors que la banalité dont il s'agit au procès (ainsi que les droits qui en dérivent) n'a rien de commun avec la banalité féodale dont l'abolition a été prononcée par la loi de 1790, mais, au contraire, constitue une banalité purement conventionnelle rentrant dans les exceptions établies par l'art. 24 de la loi du 25 août 1792, ce qui est constant en droit et même reconnu par l'appelant, pour le cas où le droit de banalité en litige prendrait sa source dans l'acte du 3 décembre 1663 ;

Attendu que pour résister à l'application de l'art. 24 de la loi de 1792, il soutient et il cherche vainement à prouver qu'avant 1663 cette banalité existait déjà au profit du prince d'Orange ;

Attendu : 1° que la forme et les termes de l'acte de 1663 annoncent non la subrogation à un droit existant, mais la création d'un droit nouveau ;

2° Qu'il est constant en droit que, même à l'égard du seigneur, la banalité ne pouvait pas s'établir sans titre et qu'aucun titre n'est produit par l'appelant à l'appui de son assertion ;

3° Qu'à l'époque de 1663 il existait dans la commune d'Orpierre, en sus des moulins vendus le 3 décembre, d'autres moulins appartenant au sieur de Bragard, acquéreur, ce qui est exclusif d'une banalité antérieure ;

Que par conséquent, sous aucun rapport, il n'y a lieu de s'arrêter à ce nouveau système de l'appelant ;

Attendu que des faits établis par les enquêtes il ne résulte nullement que les droits créés au profit des moulins aujourd'hui possédés par l'intimé, se soient éteints par la prescription ;

Que si de la part de l'appelant il a été prouvé notamment que, depuis plus de trente ans, beaucoup d'habitants d'Orpierre allaient faire moudre leurs grains dans les communes voisines, qu'un sieur Maurel avait fait même construire un moulin à huile dont le moteur était une bête de somme, lequel aurait duré plus de trente ans, l'intimé, de son côté, a prouvé que la plus grande partie des habitants continuaient à faire moudre à ses moulins ; que même, en vue de favoriser l'exercice de la banalité reconnue en sa faveur, l'autorité municipale y avait fait placer un poids public ; que pas un d'entre eux n'avait fait ni signifié d'opposition écrite au droit établi en 1663 ; que même deux particuliers, à quelques années de distance, ayant projeté l'établissement d'un nouveau moulin, avaient renoncé à leur projet quand ils avaient eu connaissance des droits établis au profit du moulin banal; que quant au moulin à huile de Maurel, il n'avait été souffert qu'à cause de son peu d'importance; qu'il n'avait pas duré sans interruption pendant plus de trente ans, ce qui d'ailleurs était sans importance puisque Faure n'était pas aux droits de Maurel ;

Qu'il est de principe en cette matière, que pour que les banniers puissent se prévaloir de la prescription, il faut que le droit réclamé par suite de sa création émanant de la commune, n'ait été servi par aucun des membres qui la composent, et que dès l'instant, au contraire, qu'une partie des habitants a reconnu la banalité, dans ce cas point de prescription possible, *nam per exercitium juris in parte, possessio totius retinetur*, ainsi que le dit d'Argentré.

Attendu que si quelques-uns des banniers peuvent, en exception à ce principe, prescrire spécialement par trente ans de non usage, après une opposition formelle à l'exercice de la banalité, Faure ne se trouve pas dans cette position ;

Attendu que par conséquent le tribunal, en ordonnant la destruction des usines rivales construites par Faure, ce qui doit s'entendre des divers moteurs et engins ayant la même destination que ceux employés dans les moulins banaux, n'a fait qu'appliquer les principes du droit ;

Par ces motifs, la Cour, ouï M. Gautier, avocat général, dans ses conclusions, sans s'arrêter à l'appel principal, non plus qu'à l'appel incident, confirme le jugement rendu par le tribunal de Gap, le 13 décembre 1854 (1).

Arrêt du 3 décembre 1857, deuxième chambre. — M. Duport-Lavillette, président; M. Gautier, avocat général. — MM. Amat et Allemand, avoués. — MM. Nicollet et Casimir de Ventavon, avocats.

---

(1) Voyez Duport-Lavillette, *Questions de droit*, au mot Banalité, page 287; Merlin, *Répertoire et questions de droit*, au même mot; arrêt de rejet du 1er janvier 1830 (S. 30, 1, 209; autre arrêt de rejet du 16 novembre 1852 (S. 53, 1, 85); arrêt de la Cour de Grenoble du 21 août 1832 (*Ancien journal de la Cour*, tome 6, page 237, et S. 33, 2, 67).

CHEMINS VICINAUX. — CLASSEMENT. — INDEMNITE. — PRESCRIPTION. — GARANTIE.

La prescription de deux ans à laquelle la loi du 21 mai 1836 (art. 18), soumet l'action en indemnité des propriétaires, pour les terrains qui servent à la confection des chemins vicinaux, court, non pas à partir de l'arrêté de classement, mais seulement à partir du jour où on a travaillé sur le sol du propriétaire. — L'expropriation opérée par un arrêté de classement est le fait du prince et la conséquence d'une servitude légale ; dès lors, elle atteint celui qui, au moment de l'arrêté, est propriétaire, et elle ne lui ouvre pas une garantie de droit contre son vendeur.

La commune de Penol - - C. Champelay et consorts.

ARRÊT.

Attendu qu'il est constant en fait que la famille de Montchenu était anciennement propriétaire du château du Coutant et d'un domaine en dépendant, appelé Sonnalier, et qu'il existait sur ce domaine un chemin de huit pieds de large, qui le traversait du midi au nord, et qui était nécessaire à son exploitation ;

Attendu qu'il est également certain que la commune de Penol a eu de tout temps, pour communiquer avec celle de Beaufort, deux chemins publics, l'un au couchant, l'autre au levant du domaine Montchenu, et que le chemin en litige ne lui était nécessaire, ni pour cette communication, ni pour aucune autre ;

Attendu que de ces faits il résulte une grave présomption que la création de ce chemin a été le fait du propriétaire du domaine de Sonnalier, et que si les habitants de la commune de Penol y ont passé pour aller à Beaufort, parce qu'il était un peu plus court que les chemins publics, ce passage n'a été que le résultat de la tolérance de la famille de Montchenu et de ses acquéreurs ;

Attendu que cette présomption est convertie en certitude par la circonstance que, lors du cadastre de la commune de Penol,

qui a été fait en 1834, le sol du chemin contesté a été classé
comme propriété particulière et comme une dépendance du domaine du Sonnalier, par l'aveu fait par le maire de cette commune
devant le juge de paix, en 1854, et devant le tribunal de Saint-
Marcellin, lors du jugement dont est appel ; que la commune n'a
jamais fait ni travaux ni réparations sur ce chemin, et qu'il a
subi des déplacements ;

Attendu dès lors qu'il est prouvé et doit être tenu pour certain que le chemin qui a existé et qui existe sur le domaine du
Sonnalier, était un chemin privé appartenant à la famille de
Montchenu comme le domaine qu'il traversait, et que jusqu'à
l'arrêté de classement du préfet de l'Isère, du 28 avril 1838,
qui lui a donné le caractère d'un chemin vicinal, les habitants
de Penol et le public n'y ont passé que par tolérance ;

Attendu que cet arrêté, qui a eu pour effet d'exproprier le
propriétaire et d'assurer immédiatement au public la possession
et jouissance du chemin, n'a pu opérer et n'a opéré cette expropriation qu'à la charge par la commune, qui avait cru utile
pour elle cette nouvelle voie de communication, de payer au
propriétaire du sol une indemnité qui devrait être réglée à
l'amiable ou fixée par le juge de paix sur un rapport d'experts,
conformément aux art. 15 et 17 de la loi du 21 mai 1836 ;

Attendu que ce droit à l'indemnité a été ouvert du moment
que l'arrêté a été publié dans les formes voulues par les lois et
règlements et qu'il est resté sans opposition ni recours ;

Attendu que si l'art. 18 de la loi du 21 mai 1836, dispose que
l'action en indemnité sera prescrite par le laps de deux ans, il
résulte clairement des termes et de l'esprit de cet article, que
cette prescription exceptionnelle ne peut être encourue que
dans le cas où il s'agit de la création d'un chemin vicinal ou d'extraction de matériaux, et à partir du jour où on a travaillé sur
le sol du propriétaire et où, par ce fait matériel, il a été averti
et mis en demeure d'agir ;

Attendu dans l'espèce, qu'étant certain et reconnu que, depuis
l'arrêté de classement, la commune de Penol n'a fait aucun travail sur le chemin classé, soit pour son entretien, soit pour lui
donner la largeur de cinq mètres fixée par cette arrêté, il ne
saurait être douteux que la prescription de l'indemnité due au
propriétaire pour la conversion en chemin public de ce chemin

privé et pour son élargissement, n'a pu ni courir, ni s'accomplir par le laps de deux ans, et qu'ainsi elle est encore due par la commune;

Attendu que l'expropriation opérée par un arrêté de classement étant le fait du prince et la conséquence d'une servitude légale, créée par la loi de 1836, qui ne peut donner lieu qu'à une indemnité, il est incontestable qu'elle atteint celui qui, au moment de cet arrêté, est propriétaire, et qu'elle ne lui ouvre pas une garantie de droit contre son vendeur;

Attendu, etc....

Par ces motifs, la Cour, ouï M. Blanc, substitut du procureur général, en ses conclusions motivées, statuant en vertu de son arrêt du 17 juin 1857, et réformant le jugement du tribunal de Saint-Marcelin du 15 mai 1856, sans s'arrêter aux conclusions tant principales que subsidiaires de la commune de Penol dont elle est déboutée, dit et prononce qu'avant le classement du 28 avril 1838, le chemin en litige était un chemin privé; que la propriété de ce chemin repose sur la tête des mariés Champelay, que l'indemnité due par la commune, par suite de ce classement, n'est pas prescrite, et que les mariés Champelay ont droit à cette indemnité; renvoie la commune et les mariés Champelay à la régler amiablement et, à défaut de ce faire, renvoie les mariés Champelay à se pourvoir pour la faire fixer devant le juge de paix des lieux conformément aux articles 15 et 17 de la loi du 21 mai 1836. — Rejette les demandes en garantie.

Arrêt du 25 janvier 1858. — 1re chambre, M. Royer, premier président; M. Blanc, substitut de M. le procureur général. — MM. Michal, Brun, Allemand, Chollier, Rabatel, avoués. — MM. Cantel, Casimir de Ventavon, Nicollet, Bovier-Lapierre, Giraud, avocats.

Dans une instruction adressée aux préfets par le ministre de l'intérieur, le 24 juin 1836, pour l'exécution de la loi du 21 mai précédent, on lit sous l'art. 18 de la loi, le passage qui suit:

« Vous comprenez, monsieur le Préfet, toute l'utilité et « toute la nécessité de l'art. 18.

« Il arrivait souvent, en effet, qu'un propriétaire consen-
« tait, soit à l'abandon gratuit des terrains nécessaires à
« l'élargissement d'un chemin, soit à l'extraction sans in-
« demnité des matériaux nécessaires aux travaux. Ces ces-
« sions étaient presque toujours verbales, afin d'éviter des
« formalités et des frais. L'administration *faisait travailler*
« *avec confiance*, et cependant, plusieurs années après, elle
« pouvait se trouver exposée à des répétitions, soit que le
« propriétaire eût changé de manière de voir, soit même
« que ses héritiers vinssent contester la légalité d'une *occu-*
« *pation* faite sans titre.

« L'administration se trouvera désormais à l'abri de ces
« exigences tardives, puisqu'elle pourra opposer la pres-
« cription de deux ans, en cas *d'occupation de terrain* en
« vertu d'un consentement verbal du propriétaire. »

Ce passage fournit un argument implicite dans le sens de
la solution adoptée par la Cour sur la question de prescription.

¹ Fréd. TACLIER.

**ENTREPRISE DE MANUFACTURE. — CONSTRUCTION DE HAUT-
FOURNEAU. — ACTE DE COMMERCE. — JURIDICTION COM-
MERCIALE.**

*Une société de commerce qui fait construire un haut-four-
neau accomplit une entreprise de manufacture, qui est un
acte commercial, et, dès lors, à raison des engagements par
elle contractés pour cet objet, elle est justiciable des tribu
naux de commerce (art. 632, Cod. comm.).*

Pouchot — C. la société des mines de fer de Saint-Pierre
d'Allevard et fonderies et forges de Pontcharra.

La société des mines de fer de Saint-Pierre d'Allevard et
fonderies et forges de Pontcharra, représentée par son gé-

rant, a, par un traité verbal du 24 juillet 1856, confié l'entreprise des travaux de maçonnerie et terrassements concernant
l'usine de Pontcharra au sieur Pouchot, entrepreneur de bâtiments à Grenoble, suivant des clauses et conditions inutiles
à rappeler.

M. Pouchot a exécuté, en partie du moins, les travaux
dont il s'agit, et il a reçu divers paiements à compte.

Le 12 décembre 1857, le sieur Pouchot a fait assigner la
compagnie, en la personne de son gérant, devant le tribunal
de commerce de Grenoble, en paiement de la somme dont il
soutenait être encore créancier.

Sur cette assignation, la société a prétendu que le bail à
entreprise des travaux de maçonnerie et terrassements intervenu avec le sieur Pouchot, constituait de la part de la
société, non pas un acte de commerce, mais seulement un
contrat civil.

En conséquence, le gérant a décliné la compétence du tribunal de commerce.

Sur cette exception, le tribunal, présidé par M. le président
Duhamel, a rendu, le 31 décembre 1857, le jugement suivant :

Attendu que les tribunaux de commerce sont compétents pour
connaître de toute entreprise de manufactures; qu'en cette
matière, l'art. 632 doit s'étendre à tout ce qui se rattache à
cette désignation; qu'il faut nécessairement y comprendre tous
actes inhérents à la création de la chose, tels que constructions
de hauts-fourneaux, achat de machines, alors qu'il s'agit d'une
usine; que cette première opération a un but aussi commercial
que toutes celles qui viendront plus tard et qui n'en sont que la
conséquence; que ces principes trouvent dans l'espèce d'autant
plus leur application, qu'ils se réfèrent aux actes d'une société
en commandite, constituée commercialement et exclusivement
pour une exploitation de cette nature; que dès lors tous les engagements pris par elle, quant à ce, engagements qui sont l'ob-

jet direct de l'entreprise, doivent être réputés commerciaux
et sont de la compétence de la juridiction commerciale ;

Attendu que la société par actions des mines de fer de Saint-
Pierre d'Allevard et de Pontcharra s'est constituée commercialement pour l'exploitation des minerais et spécialement la fabri-
cation de l'acier ; que, conformément à ses statuts, elle a fait
établir à Pontcharra des fours, fourneaux, martinets, canaliser
le cours d'eau moteur de l'usine, enfin fait faire toutes les constructions nécessaires à l'exploitation de son entreprise et de son
commerce ; que de ce qui précède, il résulte que Pouchot a pu
et a dû saisir la juridiction commerciale de sa demande en paiement desdits travaux ;

Par ces motifs,

Le tribunal, rejetant le déclinatoire proposé, se déclare compétent ; ordonne qu'il sera plaidé au fond et condamne Berthier,
gérant provisoire et en sa qualité, aux dépens de l'incident.

Le gérant a interjeté appel.

ARRÊT.

Adoptant les motifs des premiers juges, la Cour confirme.

Arrêt du du 15 février 1858. — 1re chambre. M. Royer, premier président ; M. de Leffemberg, avocat général. — MM. Allemand et Chollier, avoués. — MM. Mathieu de Ventavon et Michal-Ladichère, avocats.

La Cour de Toulouse a jugé le 15 juillet 1825 (*Journal du
Palais*, vol. 19, pag. 710), que des constructions de cuves et
chaudières pour une usine, données en entreprise à des ma-
çons, constituent un acte de commerce, dont la connaissance
appartient à la juridiction commerciale, surtout lorsque les
usines à construire doivent servir à l'utilité d'une fabrique
appartenant à une société de commerce.

« Attendu, dit la Cour, que la construction des chaudières
avait été faite par les sieurs Brunet frères, à l'entreprise ; que
cette entreprise est une véritable spéculation, avec chance de
gain et de perte, qui constitue un acte de commerce ; que d'un

autre côté, les sieurs Houles frères ont traité et se sont engagés pour un fait relatif à leur commerce, puisqu'il paraît certain que les cuves et chaudières ont été construites pour leur fabrique de teinture ; que, dès-lors, l'action en paiement de la somme due à cause de cette entreprise a pu et dû être portée devant le tribunal de commerce. »

La Cour de Lyon a jugé le 14 août 1827 (*Journal du Palais*, vol. 21, pag. 733), que la construction d'un haut fourneau est une entreprise d'usine ou de manufacture, qui doit être réputée commerciale, soit que l'entrepreneur fasse construire pour exploiter lui-même, soit qu'il ne le fasse que pour revendre ; que, par conséquent, l'entrepreneur ou propriétaire est justiciable des tribunaux de commerce, à raison des achats de matériaux faits pour cette construction, alors surtout qu'ils ne l'ont été qu'après la vente du haut fourneau à l'achèvement duquel il a été convenu qu'ils serviraient.

Fréd. TAULIER.

DEMANDE DE 1500 FR. — MOTIFS, DISPOSITIF DE JUGEMENT.— PREMIER RESSORT.

Un jugement qui statue sur une demande en dommages-intérêts n'excédant pas 1,500 fr. est néanmoins en premier ressort, s'il résulte de ses motifs et de son dispositif que le principal litige a été l'appréciation d'un droit indéterminé. (Loi du 11 avril 1838, art. 2; art. 453 cod. procéd. civ.)

Le marquis de Bérenger — C. Jouguet.

M. Jouguet avait assigné le marquis de Bérenger en paiement de 1,500 fr. de dommages et intérêts, parce que, disait-il, l'agent de ce dernier avait mis à sec, pendant quelques heures, le ruisseau du Furon et fait éprouver à son chanvre, qui était au rouissage, un préjudice considérable.

Dans ses conclusions il ne demandait que le paiement de
cette somme. Dans les siennes, le marquis de Bérenger se
bornait à demander sa mise hors d'instance. Mais dans les
soutènements que relatent les *qualités*, comme dans les
motifs du jugement que rendit le tribunal de Grenoble, fut
agitée la question de savoir si M. Jouguet avait, ou non, le
droit de dériver l'eau du Furon pour le rouissage de son
chanvre. Par jugement du 23 mai 1856, rendu sous la présidence de M. le président Bertrand, le tribunal mit hors
d'instance M. de Bérenger. Sur l'appel de ce jugement
interjeté par M. Jouguet, M. de Bérenger éleva une fin de
non-recevoir tirée de ce que le tribunal avait statué en dernier ressort.

Pour bien se rendre compte de la portée de l'arrêt rendu
par la Cour, il est essentiel de connaître le texte même du
jugement.

Il est ainsi conçu :

Attendu en fait, que Jouguet se plaint de ce que, le 26 août
dernier, le marquis de Bérenger a fait dériver, en totalité, et
pendant plusieurs heures, les eaux du Furon, de telle sorte que
le lit de ce ruisseau est resté à sec ; qu'à cette époque, il avait
dans ses routoirs une grande quantité de chanvre qui fut, tout
à coup, privé de l'eau nécessaire à son rouissage et fut gravement détérioré ; et qu'en réparation du dommage que cette pri-
vation d'eau lui a causé, il a assigné le marquis de Bérenger,
pour s'entendre condamner à lui payer une somme principale
de quinze cents francs ;

Attendu en droit que, pour apprécier le mérite de cette demande, il importe d'abord de rechercher quels sont les droits
respectifs des parties sur les eaux du Furon ;

Attendu qu'il résulte de tous les documents fournis à l'audience, que de temps à peu près immémorial, le marquis de
Bérenger a, par lui ou par ses auteurs, au moyen d'un barrage
apparent, prescrit, à son profit, le droit exclusif de dériver les
eaux du Furon, pour les employer, soit au jeu de plusieurs

usines, soit à l'arrosage de diverses prairies lui appartenant, et qu'une seule restriction y a été apportée par divers jugements et arrêts rendus contre lui, au profit de la commune de Sassenage, notamment par ceux du 12 fructidor an 8 et 16 prairial an 12, qui l'obligent à laisser couler constamment dans le lit du Furon une quantité d'eau suffisante pour satisfaire aux besoins domestiques de la généralité des habitans de cette commune ;

Attendu au contraire que Jouguet ne produit aucun titre, aucun document, pouvant infirmer ou même réduire, à son profit, les droits reconnus du marquis de Bérenger ;

Attendu que le fait même dont il se plaint ne saurait être compris dans les droits réservés au profit de chaque habitant de la commune de Sassenage ; qu'en effet, on ne peut pas assimiler aux besoins domestiques, les besoins d'eau qu'on peut avoir pour faire rouir son chanvre, et qu'il importe peu que Jouguet demande à prouver que, si le marquis de Bérenger avait laissé couler, le 26 août dernier, les eaux nécessaires aux habitants, les routoirs n'auraient pas été privés d'eau et son chanvre n'aurait pas été endommagé ;

Attendu, d'ailleurs, que M. de Bérenger nie le détournement absolu que lui reproche Jouguet ; que celui-ci demande bien à en faire la preuve, mais que le tribunal ne pourrait lui reconnaître le droit de faire cette preuve en son propre et privé nom, et encore moins comme faisant valoir les droits de la commune, sans violer l'art. 49 § 3 de la loi du 18 juillet 1837, qui soumet tout contribuable voulant faire valoir à son profit les droits d'une commune, à obtenir préalablement du conseil de préfecture une autorisation de plaider, qui ne doit lui être accordée qu'après que celle-ci a été mise en demeure de le faire elle-même ;

Attendu que cette sage restriction du législateur, sans nuire à des droits légitimes, a eu pour but d'empêcher l'abus qu'on aurait pu faire de ce droit, et de soumettre les demandes de ce genre à un examen préalable de l'autorité administrative, afin d'éviter les mauvaises chicanes, ou le renouvellement trop fréquent des procès de ce genre ;

Attendu que, si bien quelques documents judiciaires ont admis des dérogations aux principes posés par l'art. 49 § 3 de la loi précitée, ce n'a été que pour des cas exceptionnels, et pour des droits que les demandeurs, tout en faisant valoir les droits d'une commune, avaient pu prescrire *ut singuli*, tels par exemple qu'un droit de passage, dont on ne pouvait pas priver ceux qui en étaient en possession, sans leur causer un préjudice notable, mais que les auteurs et la jurisprudence sont unanimement d'avis que l'autorisation dont il s'agit est indispensable ;

Attendu qu'il résulte de tout ce qui précède que les demandes tant principales que subsidiaires de Jouguet doivent être rejetées ;

Quant aux dépens, attendu qu'ils doivent suivre le sort du principal et que Jouguet doit y être condamné.

Par ces motifs,

Le tribunal, ouï M. Berger, substitut du procureur impérial, en ses conclusions motivées, déclare mal fondées les demandes tant principales que subsidiaires de Jouguet, l'en déboute, met le marquis de Bérenger hors d'instance, et condamne Jouguet aux dépens.

ARRÊT.

Attendu que des conclusions prises par les parties devant les premiers juges, il résulte clairement que le demandeur fondait sa demande en dommages intérêts sur le droit qu'il prétendait avoir à dériver les eaux du Furon, et que le défendeur repoussait cette demande en soutenant qu'il n'avait pas le droit de dérivation, et qu'il ne pouvait pas l'exercer au nom de la commune ;

Attendu que des qualités, des motifs et du dispositif du jugement dont est appel, il résulte également d'une manière claire que c'est en décidant que Jouguet n'avait pas droit à dériver les eaux du Furon, qu'il l'a débouté de sa demande en dommages intérêts ;

Attendu dès lors que le principal litige ayant été l'appréciation du droit de dérivation des eaux du Furon, et les premiers juges ayant prononcé sur ce droit indéterminé, il ne saurait être douteux que leur décision n'a pu être rendue qu'en premier ressort, et que la fin de non recevoir proposée contre l'appel de Jouguet doit être écartée ;

Par ces motifs, la Cour, ouï **M.** de Leffemberg, avocat général, en ses conclusions motivées, rejette la lin de non recevoir
proposée contre l'appel de Jouguet envers le jugement du tribunal civil de Grenoble du 23 mai 1856 et tirée du dernier ressort, ordonne qu'il sera plaidé au fond et condamne de Bérenger aux dépens de l'incident.

Arrêt du 9 mars 1858. — 1re chambre, **M.** Royer, premier
président; **M.** de Leffemberg, avocat général. — **MM.** Eyssautier et Amat, avoués. — **MM.** Gueymard père et Louis Michal,
avocats.

La Cour de Rouen a jugé le 20 janvier 1845 (S. 45, 2, 480)
qu'on ne peut prendre en considération, pour la détermination du premier ou dernier ressort, les conséquences ultérieures de la demande relativement aux intérêts des parties
— *spécialement*, que le jugement rendu sur une demande
formée en 1,400 fr. de dommages-intérêts par l'acquéreur
d'un fonds de commerce contre son vendeur, à raison de ce
que celui-ci aurait, depuis la vente, continué son commerce,
contrairement aux conventions des parties, est en dernier
ressort, bien que la demande tende en dernier résultat à
apporter des entraves à la profession du vendeur.

Voici dans quelles circonstances fut rendu l'arrêt de la
Cour de Rouen :

Le sieur Le Bastard avait acheté du sieur Dadu le fonds
de boutique de coiffeur appartenant à celui-ci, avec la stipulation que le vendeur ne pourrait continuer à exercer son
état dans la même ville. Bientôt Le Bastard, prétendant que
Dadu lui faisait concurrence par l'entremise de sa fille, les a
assignés tous les deux pour les faire condamner solidairement à 1,400 fr. de dommages-intérêts. Le tribunal de
Pont-Audemer a accueilli cette demande en repoussant, à
l'égard de la demoiselle Dadu, les conclusions tendant à sa
mise hors de cause.

Appel de la demoiselle Dadu. — Le Bastard oppose une

fin de non-recevoir tirée de ce que le jugement a été rendu en dernier ressort.

« Attendu, dit la Cour, que par l'exploit introductif d'instance et par les conclusions prises devant les premiers juges, Le Bastard demandait contre Dadu et sa fille 1,400 fr. de dommages intérêts pour réparation du préjudice que lui aurait causé l'exercice de certains actes relatifs à une profession rivale de la sienne ;

« Attendu que la somme demandée était donc parfaitement déterminée ; qu'elle était inférieure à 1,500 fr. et qu'ainsi le jugement de première instance a été rendu en dernier ressort ;

« Qu'en vain on objecte que la condamnation demandée suppose l'exercice illicite d'une profession dont la liberté se trouverait ainsi entravée, et que, sous ce rapport, il y a dans la demande une valeur indéterminée, qui a pour effet de la soumettre à un second degré de juridiction ;

« Qu'en effet, il faut, en matière de compétence, distinguer soigneusement les causes sur lesquelles repose une action, de la chose même demandée par cette action, comme, dans les jugements, on doit chercher l'autorité de la chose jugée, non dans les motifs, mais dans le dispositif seulement ;

« Qu'il importe peu, pour la détermination du ressort, que l'on puisse tirer des motifs de l'action et du jugement les arguments les plus forts pour leur faire produire des conséquences qu'on ne trouve exprimées ni dans les conclusions de cette action, ni dans le dispositif de ce jugement ; car c'est uniquement dans la chose expressément jugée, qu'il faut chercher sa valeur et sa portée légales, et non dans des considérations qui ne peuvent exercer aucune influence décisive dans une question de ressort que la loi fait dépendre uniquement de l'importance pécuniaire et actuelle de la chose certaine et déterminée qui est demandée ;

« Déclare l'appel de la demoiselle Dadu non recevable. »

Au premier abord, cet arrêt semble en contradiction avec l'arrêt de la Cour de Grenoble. Mais la contradiction n'est qu'apparente. La différence des deux arrêts s'explique par des nuances de fait très-délicates, il est vrai, mais qui n'en sont pas moins réelles. Dans l'espèce de l'arrêt de Rouen, il s'a-

gissait principalement d'apprécier une demande en dommages-intérêts inférieure à 1,500 fr.; le débat essentiel portait,
non pas précisément sur le point de savoir si l'auteur du fait
signalé comme préjudiciable avait eu ou non le droit de le
commettre, mais s'il l'avait commis. Sans doute, l'admission
de la demande en dommages renfermait la condamnation
du fait; sans doute, elle en prohibait implicitement le retour :
à ces points de vue elle entraînait des conséquences indéter-
minées. Mais il n'y a pas de condamnation minime en elle-
même qui ne puisse être la source de conséquences très-
graves et d'une nature indéfinie. Au contraire, dans l'espèce
jugée par la Cour de Grenoble, la demande en dommages
faisait naître la question préalable de savoir si le fait signalé
comme cause d'un préjudice avait été commis en vertu d'un
titre ou sans titre; si M. de Bérenger, auteur du fait, avait
eu ou non le droit de le commettre; si M. Jouguet, demandeur, avait ou non lui-même le droit de dériver les eaux
dont il se plaignait d'avoir été privé par son adversaire. Le
tribunal avait admis le droit de M. de Bérenger et repoussé
celui qui était invoqué par M. Jouguet; c'était donc un droit
de dérivation d'eau qui était le principal objet du litige; par
conséquent, ce droit essentiellement indéterminé n'avait pu
être apprécié en dernier ressort par les premiers juges.

Après cela, nous n'hésitons pas à dire que dans tous les
cas où il se présente un doute sérieux, les Cours doivent
admettre l'appel. L'institution des deux degrés de juridiction est une précieuse garantie offerte aux citoyens. L'esprit
humain est ainsi fait, qu'il lui est bien difficile d'atteindre,
par un premier effort, à la découverte de la vérité. Une
nouvelle instruction, une nouvelle discussion, un examen
nouveau fait par une juridiction supérieure révèlent souvent des aperçus plus complets et plus exacts et provoquent
une justice meilleure. Sans doute, dans l'intérêt de la paix
publique, il ne faut pas offrir trop de facilité aux plaideurs ;

mais, avant tout, il importe de ne pas imposer trop légère-
ment à la société la fiction de l'autorité souveraine de la
chose jugée. Une erreur judiciaire nous paraît un malheur
plus grand qu'un procès téméraire. D'ailleurs, reconnaître à
un plaideur la liberté d'un appel, ce n'est pas le contraindre à
appeler, et, s'il y a des dangers dans cette liberté même, nous
dirons que les inconvénients et les abus sont inséparables
des meilleures choses de ce monde.

Fréd. TAULIER.

INSCRIPTIONS HYPOTHÉCAIRES. — ACQUÉREUR. — TROUBLE
A LA POSSESSION. — FRAIS DE PURGE D'HYPOTHÈQUES
LÉGALES.

*Les hypothèques inscrites sur un immeuble, du chef du
vendeur, constituent un trouble à la possession de l'acquéreur, qui, dès lors, peut se refuser au paiement de son prix
d'acquisition* (art. 1653, Cod. Nap.).

*Les frais de purge d'hypothèques légales non inscrites
sont à la charge de l'acquéreur, en l'absence de toute stipulation contraire.*

Carrier — C. Boisset.

ARRÊT.

Considérant que Carrier produit devant la Cour un acte sous
seing privé, en date du 7 mai 1847, enregistré depuis le jugement dont est appel, par lequel Boisset lui a vendu une parcelle
de terre sise à Penol, de la contenance de quatre ares soixante-
dix centiares; que Carrier a été en possession de cet immeuble,
depuis la vente jusqu'à ce jour, et qu'il s'agit de décider s'il a
pu se refuser au paiement du prix;

Considérant que, d'un état d'inscription délivré par le conservateur des hypothèques, il résulte qu'il existe sur la parcelle
de terre acquise par Carrier trois inscriptions dont l'une, il est
vrai, est périmée; que l'existence de ces inscriptions est un
trouble à la possession de Carrier, et qu'il a de justes sujets de
craindre d'être inquiété par une action hypothécaire; que dès

lors, aux termes de l'art. 1653 du Cod. Nap., il a été fondé à suspendre le paiement des 220 fr., capital de son prix d'acquisition, jusqu'à ce que Boisset lui ait procuré la radiation de ses inscriptions;

Considérant qu'il a payé les intérêts de ce prix et qu'il ne doit que ceux courus depuis l'instance d'appel;

Considérant que la procédure, pour parvenir à la purge des hypothèques légales, est dans l'intérêt exclusif de l'acquéreur; qu'elle a pour objet de consolider la propriété sur sa tête et d'écarter toute crainte de trouble; que le vendeur y est étranger; que les frais qu'elle occasionne doivent donc, en l'absence de toute stipulation contraire, demeurer à la charge de l'acquéreur;

Par ces motifs, la Cour, ouï M. Gautier, avocat général, en ses conclusions motivées, statuant sur l'appel émis par Carrier, du jugement du tribunal de Saint-Marcellin, en date du 21 février 1851, et y faisant droit, réforme ce jugement, et, par décision nouvelle, faisant ce que les premiers juges auraient dû faire, au moyen de la déclaration faite devant la Cour par Carrier, qu'il est prêt à payer à Boisset la somme de 220 fr., prix capital de l'acquisition par lui faite sur ce dernier, d'une parcelle de terre de la contenance de quatre ares soixante-dix centiares, sise à Penol, au mas de l'Eglise, suivant acte sous seing privé du 7 mai 1847, enregistré le 25 juillet 1856, ainsi que les intérêts de ce prix courus depuis l'instance d'appel, à la charge par Boisset de justifier de la radiation de toutes les inscriptions non périmées qui grèvent l'immeuble vendu à Carrier, renvoie Carrier des demandes, fins et conclusions de Boisset, condamne, etc.

Arrêt du 7 janvier 1857. — 2ᵉ chambre. M. Petit, président; M. Gautier, avocat général. — MM. Brun, Michal, avoués. — MM. Chapel, Denantes, avocats.

La Cour d'Orléans a jugé le 29 juillet 1829 que, dans le cas d'hypothèques inscrites, l'acquéreur peut, tant qu'il ne lui a pas été rapporté mainlevée des inscriptions ou fourni caution, refuser de payer son prix, alors même que les inscriptions seraient susceptibles d'être annulées pour vice de forme ou défaut de cause : c'est au vendeur à en faire prononcer la nullité (S. 29, 2, 219).

La Cour de Grenoble a jugé le 4 avril 1827, que bien qu'un arrêt, en donnant à un acquéreur l'option, ou de délaisser un immeuble ou d'en payer la valeur, dispose que le paiement devra avoir lieu, à peine de forclusion, dans un délai déterminé, l'acquéreur peut, comme un acquéreur ordinaire, se prévaloir de l'art. 1653 du Code Napoléon et suspendre le paiement, s'il a juste sujet de craindre d'être évincé, en ce que, par exemple, il ne lui est pas rapporté mainlevée d'inscriptions qui grèvent l'immeuble (*Journal du Palais*, tom. 21, p. 322).

Enfin, la Cour de cassation a jugé, le 7 mai 1827, que l'acquéreur d'un immeuble grevé d'inscriptions ne peut, tant qu'il ne lui a pas été rapporté mainlevée de ces inscriptions, ou du moins fourni caution, être condamné à payer une portion de son prix à un créancier chirographaire. En vain dirait-on que quelques-unes des inscriptions ne sont pas sérieuses, et que le prix dû par l'acquéreur est plus que suffisant pour acquitter tout à la fois les créances inscrites et la créance chirographaire, alors surtout qu'il n'existe pas de preuve légale de ce dernier fait (*Journal du Palais*, tom. 21, p. 420).

Attendu, dit la Cour, qu'aux termes des art. 2166 et 2186 du Code Napoléon, le prix des immeubles vendus est le gage spécial des créanciers ayant privilége ou hypothèque inscrits sur l'immeuble, et que l'acquéreur n'est libéré du prix qu'en le payant aux créanciers qui sont en ordre de le recevoir, ou en le consignant; — Attendu que, suivant l'art. 1653 du Code Napoléon, l'acquéreur qui a juste sujet de craindre d'être troublé par une action hypothécaire, peut suspendre le paiement de son prix jusqu'à ce qu'il lui ait été donné caution; — qu'il suit de là que la Cour de Caen n'a pu, sans commettre un excès de pouvoir et sans violer expressément les articles du Code Napoléon ci-dessus visés, condamner Chennetier à se dessaisir, sans quittance libératoire, d'une partie du prix de la maison acquise de Malzy, au profit de Guilmand, en dispensant celui-ci de rap-

porter à Chennetier le certificat de radiation des inscriptions, et
même donner la caution dont Chennetier avait bénévolement
offert de se contenter; attendu que cette violation de la loi peut
d'autant moins être justifiée par les motifs exprimés dans l'arrêt, qu'il n'existe pas de preuve légale que la somme due par
Chennetier soit plus que suffisante pour acquitter les créances
inscrites sur Malzy et les frais de l'ordre, s'il y avait lieu d'y
faire procéder ; — casse....

Fréd. TAULIER.

FRAIS DE SÉPARATION DE CORPS. — HYPOTHÈQUE LÉGALE. — DATE DE L'HYPOTHÈQUE.

*Les frais de séparation de corps, comme les frais de sépa-
ration de biens, sont protégés par l'hypothèque légale qui
protège la dot elle-même, et ces frais doivent être alloués à
la même date que la dot dont la femme peut exiger la restitution* (art. 2121, 2135, Cod. Nap.).

Femme Tripier — C. Charrière.

ARRÊT.

Sur la question de savoir à quel rang doivent être alloués
dans l'ordre les frais de séparation de corps :

Attendu qu'il est de jurisprudence constante que les frais de
séparation de biens sont protégés par l'hypothèque légale comme
la dot elle-même, dont ils sont considérés comme l'accessoire ;

Attendu que cette jurisprudence est fondée sur le motif que,
dès que la loi reconnaît à la femme le droit de reprendre l'administration de ses biens et par conséquent de se faire restituer sa
dot par son mari, dans certains cas déterminés. il est impossible
de ne pas lui en donner les moyens en assurant, par le bénéfice
de l'hypothèque légale, le remboursement des frais qu'elle serait obligée de payer pour arriver à ce résultat ;

Attendu que, s'il en était autrement et si le remboursement
de ces frais n'était garanti que par une hypothèque judiciaire
naissant du jugement même qui condamnerait le mari à les
payer, il est évident que la femme serait souvent exposée à les

supporter elle-même et à voir diminuer d'autant sa dot, puisque la séparation de biens n'est admise que lorsque la dot est mise en péril par le désordre des affaires du mari ;

Attendu d'ailleurs qu'en dehors de ces considérations, il en existe d'autres tirées des dispositions formelles de la loi qui doivent faire placer les frais de séparation de biens sur la même ligne que la dot elle-même ;

Attendu que ces considérations se tirent des art. 2121 et 2135 du Code Napoléon, d'après lesquels les femmes mariées ont une hypothèque légale sur les biens de leurs maris pour tous les droits et créances qu'elles ont à faire valoir contre eux, et spécialement pour leurs dots et conventions matrimoniales ;

Attendu, en effet, qu'il est impossible de ne pas considérer la demande en séparation de biens comme dérivant des conventions matrimoniales, puisque ce sont ces mêmes conventions qui servent de base à l'action de la femme ;

Attendu que l'assimilation des frais de séparation de biens à la dot elle-même est encore basée sur ce principe incontestable que l'accessoire suit le sort du principal, le caractère d'accessoire de la dot ne pouvant être contesté aux frais faits pour en assurer la restitution ;

Attendu que s'il en est ainsi pour des frais de séparation de biens, il ne saurait en être autrement pour ceux de séparation de corps ;

Attendu, en effet, que si la demande en séparation de corps a pour objet principal d'obtenir pour la femme la permission de vivre séparée de son mari, et par conséquent la protection due à sa personne, elle tend aussi à assurer le remboursement de la dot, puisqu'elle entraîne avec elle la demande en séparation de biens, la loi admettant de plein droit cette dernière séparation, dès que celle de corps est prononcée ;

Attendu qu'il résulte même de cette disposition de la loi qu'au cas de séparation de corps, la femme n'a pas d'autre moyen de rentrer dans l'administration de ses droits et d'obtenir la restitution de sa dot, dès qu'elle ne peut pas intenter, en dehors de son action en séparation de corps, une demande en séparation de biens ;

Attendu que, loin de trouver dans le double but de la demande en séparation de corps un motif de différence entre les frais qu'elle occasionne et ceux d'une demande en séparation de biens, on devrait au contraire y puiser un motif plus puissant en faveur des premiers frais, puisque, si la loi a voulu protéger la dot contre les dissipations du mari, elle a dû accorder une protection plus grande encore à la personne de la femme ;

Attendu, quant à l'époque à laquelle doit remonter l'hypothèque légale de la femme pour les frais dont il s'agit, que pour fixer cette époque il ne faut pas prendre en considération celle à laquelle les frais ont été payés, parce qu'ils ne constituent pas une créance particulière et distincte de la femme, mais la date à laquelle remonte l'hypothèque légale de la dot à restituer, dont ils ne sont que l'accessoire ;

Attendu que, dans l'espèce, les reprises de la femme Tripier étant garanties par une hypothèque légale remontant au jour de son contrat de mariage, c'est par conséquent à cette même date que doivent être alloués les frais de sa demande en séparation de corps ;

Par ces motifs, la Cour, ouï M. Pagès, substitut de M. le procureur général, en ses conclusions motivées, faisant droit à l'appel émis par la femme Tripier, réformant quant à ce le jugement du tribunal civil de Grenoble du 20 août 1856, dit que les frais de séparation de corps seront alloués comme accessoires de ses reprises dotales, etc...

Arrêt du 26 août 1857. — 1re chambre. M. Royer, premier président ; M. Pagès, substitut de M. le procureur général. — MM. Michal, Chabert, avoués. — MM. Arnaud, Cantel, Longchamp, avocats (1).

FALSIFICATION DE DENRÉES ALIMENTAIRES. — QUALITÉS DIFFÉRENTES DE BLÉ SUPERPOSÉES DANS UN MÊME SAC.

Il y a délit de falsification de denrées alimentaires dans le fait de celui qui met en vente un sac de blé ainsi disposé, que

---

(1) Divers recueils citent un arrêt de la Cour de Riom, du 5 février 1821 (S. 23, 2, 23), comme rendu dans le même sens. C'est une erreur. Si l'on recourt au texte même de cet arrêt, on voit qu'il a été rendu dans une espèce où il s'agissait formellement des frais, non pas d'une séparation de corps, mais d'une séparation de biens.

le grain placé à la partie supérieure est de meilleure qualité
que le grain placé à la partie inférieure. (Loi du 27 mars
1851, art. 423, cod. pén.)

Le Ministère public — C. la veuve Vial.

La veuve Vial, prévenue d'avoir en septembre 1857 falsifié
des denrées alimentaires destinées à être vendues, et de les
avoir mises en vente sachant qu'elles étaient falsifiées, fut
renvoyée de toute poursuite par jugement du tribunal correctionnel de Grenoble, en date du 5 novembre suivant,
ainsi conçu :

Attendu que la veuve Vial a mis en vente sur le marché de
Voiron un sac de blé ainsi disposé, que le blé placé en haut du
sac était d'un grain pur et intact et propre à la semence, et que
celui placé au fond était mêlé de seigle et d'autres grains étrangers et renfermait beaucoup de grains brisés ou concassés ;

Attendu que l'examen du blé explique cet état ; que le mélange d'ailleurs peu considérable de grains de seigle paraît
provenir de l'ensemencement ; que celui d'autres graines provenait de l'insuffisance du vannage ; que les grains de blé brisés
l'avaient été par un battage à la mécanique ;

Attendu qu'aucune de ces diverses circonstances ne peut être
considérée comme une falsification ; qu'elles constituent seulement un blé de qualité inférieure, tel qu'il s'en vend tous les
jours sur les marchés ; que même la différence de valeur entre
ce blé et celui placé à la surface du sac était modique, puisqu'elle n'a été appréciée qu'à 30 centimes par l'acheteur ;

Attendu enfin que si l'artifice employé est on ne peut plus
blâmable, il ne pouvait cependant causer de préjudice, puisque
la vente de grains se faisant à la mesure, n'est parfaite qu'après
la mensuration et que cette opération devait nécessairement le
faire découvrir ;

Par ces motifs,

Le tribunal déclare que le fait reproché à la veuve Vial ne
constitue pas de délit et la met hors d'instance.

Sur l'appel interjeté par M. le procureur impérial, la cour a statué en ces termes :

ARRÊT.

Attendu qu'il résulte des débats d'audience et d'un procès-verbal régulier à la date du 18 septembre dernier, que la femme Douron, veuve Vial, a mis en vente sur le carreau de la halle de la ville de Voiron une certaine quantité de blé mélangé, ayant mis en vue de l'acheteur une partie de blé de semence recouvrant du blé de qualité inférieure, mélangé de graines de diverses espèces, et qu'elle s'est ainsi rendue coupable du délit prévu et puni par les art. 1, 6 de la loi du 27 mars 1851 et 423 du code pénal ;

La Cour, ouï M. Alméras-Latour, premier avocat général, en ses réquisitions, faisant droit à l'appel émis par M. le procureur impérial envers le jugement du tribunal correctionnel de Grenoble, à la date du 5 novembre dernier, réforme ledit jugement, et par nouvelle décision, faisant ce que les premiers juges auraient dû faire, condamne la femme Douron (Anne-Marie), veuve Vial, à 50 fr. d'amende, ordonne l'insertion par extrait à ses frais de l'arrêt ci-dessus dans le journal le *Courrier de l'Isère*, la condamne en outre aux dépens.

Arrêt du 9 décembre 1857, quatrième chambre. — M. Pétit, président; M. Alméras-Latour, premier avocat général. — M. Bigillion, conseiller rapporteur. — M. Michal-Ladichère, avocat.

La Cour de cassation a jugé le 22 juin 1844 (S. 44, 1, 771), en rejetant le pourvoi formé par M. le procureur général à la cour d'Orléans contre un arrêt de cette Cour, que la disposition de l'art. 423 du code pénal, qui punit le fait de tromper un acheteur sur la *nature* de marchandises vendues, ne peut être étendue au fait de la tromperie, même frauduleuse, sur la *qualité* de ces marchandises ; — qu'il y a tromperie sur la *qualité* et non sur la *nature* de la marchandise, dans le fait de celui qui, ayant vendu sur échantillon du méteil (mélange de froment et de seigle), place à l'entrée des sacs qu'il livre du méteil conforme à l'échantillon, tandis que les couches inférieures contiennent une quantité beaucoup plus considérable de seigle.

Mais depuis la loi du 27 mars 1851, la cour de cassation est revenue de cette jurisprudence.

Ainsi, elle a jugé le 27 avril 1854 (S. 54. 1, 586) que la falsification punie par la loi du 27 mars 1851 résulte de tout mélange frauduleux détériorant la substance au préjudice de l'acheteur, alors même qu'elle porte moins sur la nature que sur la qualité de cette substance; — qu'il en est ainsi spécialement de l'exposition en vente de sacs de blé, dont la partie supérieure offre du blé de meilleure qualité que la partie inférieure.

« Attendu, dit la Cour, qu'il est constaté en fait, par le jugement attaqué, que Deline a exposé en vente et livré trois sacs de blé-froment dont la partie supérieure, composée de blé nouveau, était d'une meilleure qualité que la partie inférieure, composée de blé ancien; qu'il est également constaté que ce mélange, fait dans une pensée de fraude, a pu porter préjudice à l'acheteur; — que cependant, ce jugement, tout en déclarant ce fait répréhensible, a décidé qu'il ne tombait pas sous le coup de l'application de la loi, parce que la différence dans la valeur des deux blés n'était pas assez considérable et la qualité du mélange assez sensiblement moins propre à l'usage auquel la chose était destinée, pour constituer le délit de falsification; qu'une telle distinction n'est pas admise par la loi; qu'il suffit, en effet, pour son application, que la substance alimentaire destinée à être vendue ait été falsifiée, soit que la falsification porte sur la nature ou sur la qualité de la substance; — que cette falsification résulte de tout mélange frauduleux tendant à dénaturer la substance annoncée au préjudice de l'acheteur, et que le peu de préjudice ne suffit pas pour faire disparaître le délit; que, par conséquent, le jugement attaqué, en refusant d'appliquer aux faits reconnus constants l'art. 1er de la loi du 27 mars 1851, a commis une violation de cette loi; — casse, etc. »

Le 8 juin 1854, la cour de cassation a rendu un arrêt conforme dans une espèce identique (S. 54, 1, 587) ; on y trouve
les mêmes motifs, et en outre ceux-ci :

« Attendu que le jugement attaqué, comme le jugement de
première instance, n'a apprécié le fait, soit au point de vue de
ses éléments matériels, soit au point de vue de la qualification
légale, que dans ses rapports avec les dispositions des articles
423 et 405 du Code pénal ; — attendu que les éléments constitutifs des délits prévus par ces articles sont autres que ceux du
délit prévu par l'art. 1er de la loi du 27 mars 1851..... ; casse,
etc. »

La cour impériale de Bordeaux a jugé le 18 février 1853
(S. 53, 2, 326) que le fait de vendre des couverts argentés
comme contenant une quantité d'argent plus considérable
que celle qu'ils contiennent réellement, ne constitue pas
sans doute le délit de tromperie sur la *nature* de la chose
vendue, puni par l'art. 423 du code pénal, mais qu'il constitue le délit de tromperie sur la *quantité* de la chose vendue, prévu par la loi du 27 mars 1851.

Toutefois, la cour de cassation a jugé le 22 avril 1854
(S. 54, 1, 586) que c'est seulement la falsification ou le mélange fait dans une intention frauduleuse que la loi du 27
mars 1851 a entendu punir, et non tout mélange quelconque ;
— qu'ainsi l'addition, dans une minime proportion, de farine
de féverolles à la farine de froment, ne constitue pas une
falsification tombant sous la répression de la loi, alors qu'un
tel mélange est habituellement employé dans le pays comme
une sorte de levûre pour la bonne confection du pain dans
les années humides.

Fréd. TAULIER.

ABUS DE BLANC-SEING. — PREUVE. — COMMENCEMENT DE PREUVE PAR ÉCRIT. — INDIVISIBILITÉ· DE L'AVEU.

Le délit d'abus de blanc-seing ne peut être poursuivi qu'autant que la remise du blanc-seing est préalablement prouvée, et elle ne peut l'être par témoins, au-dessus de 150 fr., s'il n'existe pas un commencement de preuve par écrit. — L'interrogatoire du prévenu ne peut servir de preuve, ni de commencement de preuve, si, pour lui faire produire ces résultats, il est nécessaire de le diviser.

Douillet a été assigné, à la requête du ministère public, devant le tribunal correctionnel de Bourgoin, pour être jugé sur la prévention d'avoir, 1° en 1856, au mois de septembre, dans l'arrondissement de Bourgoin, abusé du blanc-seing de Jean-Baptiste Bouvallet qui lui avait été confié, en écrivant frauduleusement au-dessus une obligation pouvant compromettre la fortune du signataire; 2° d'avoir en décembre 1846, abusé de nouveau d'un blanc-seing Bouvallet, en écrivant encore au-dessus une obligation de la même nature; 3° d'avoir en 1857, à Lyon, fait usage de fausses qualités et employé des manœuvres frauduleuses pour persuader l'existence d'un crédit imaginaire, de s'être fait ainsi remettre ou délivrer des marchandises par Barret-Cuminal, et d'avoir par ce moyen escroqué ou tenté d'escroquer une partie de la fortune d'autrui.

Douillet, déclaré non coupable des faits ci-dessus précités, fut renvoyé des poursuites sans dépens.

Sur l'appel interjeté par M. le procureur impérial, la Cour a rendu l'arrêt suivant :

ARRÊT.

Sur le délit d'abus de blanc-seing imputé au prévenu ;
Attendu qu'il est de jurisprudence constante que pour ce

genre de délit la poursuite correctionnelle ne peut être utilement exercée, lorsque l'intérêt excède la somme déterminée par la loi civile pour l'admission de la preuve testimoniale, qu'autant que la remise du blanc-seing a été préalablement prouvée, ou bien qu'il en existe un commencement de preuve par écrit susceptible d'autoriser ce genre de preuve ;

Attendu que, dans l'instance actuelle, aucun autre élément que l'interrogatoire du prévenu ne pourrait servir à accomplir, au point de vue du droit civil, l'une ou l'autre de ces conditions ;

Attendu que si, dans cet interrogatoire, le prévenu a avoué la remise du blanc-seing, il a en même temps affirmé qu'il ne s'en était servi que dans les limites de la convention intervenue entre lui et le signataire ; que dès lors l'indivisibilité de l'aveu le protège contre toute interprétation qui tendrait à incriminer l'obligation qui est résultée de l'emploi de cette signature, ce principe de droit devant être appliqué dans l'espèce, au point de vue du droit civil, et non du droit criminel qui ne l'admettrait pas ;

Attendu que la Cour ne saurait voir un commencement de preuve par écrit dans un aveu complexe dont il faudrait détacher les autres faits auxquels il se trouve mélangé ;

Par ces motifs, la Cour, sans s'arrêter à l'appel interjeté par M. le procureur impérial, envers le jugement du tribunal correctionnel de Bourgoin, à la date du 20 août dernier, confirme ledit jugement sans dépens.

Arrêt du 20 novembre 1857. — 4me chambre, M. Petit, président ; M. Alméras-Latour, 1er avocat général ; M. Rolland, conseiller rapporteur. — M. Bovier-Lapierre, avocat.

DÉCISIONS ADMINISTRATIVES.

PATURAGES COMMUNAUX. — RÔLE DE TAXE.— CHEFS DE
FAMILLE. — DÉLIBÉRATION MUNICIPALE.

*Un chef de famille est valablement imposé, en vertu d'une
délibération du conseil municipal, sur le rôle de taxe relatif
aux pâturages communaux, pour toutes les bêtes trouvées
dans ses écuries, quand même une portion de ces bêtes appartient à ses enfants qui ont des droits distincts des siens,
si le père et les enfants vivent en commun ménage.*

Bouilloud—contre le maire de Lavaldens,

Le conseil de préfecture de l'Isère,

Vu la réclamation du sieur Bouilloud, propriétaire à Lavaldens, contre le rôle de taxe sur les pâturages communaux auquel il est imposé pour toutes les bêtes trouvées dans ses écuries au moment du recensement, et dont une portion appartient
à ses enfants qui ont des droits distincts des siens quoiqu'ils
vivent en commun ménage ;

Vu la délibération du conseil municipal de Lavaldens, en date
du 17 février 1856, approuvée par M. le préfet de l'Isère, le
29 avril suivant, qui porte art. 2. « Les cotes de chacun seront
« établies pour les chefs de famille composant une seule ad-
« ministration ; ou quand même l'administration de famille se-
« rait divisée, pourvu qu'on demeure et vive en un seul mé-
« nage, il ne sera de même établi qu'une seule taxe ; »

Vu une nouvelle délibération du conseil municipal de Lavaldens, en date du 29 mars 1857, qui rejette la réclamation du
sieur Bouilloud, comme mal fondée ;

Ouï le sieur Bouilloud et M. le maire de Lavaldens en leurs
observations ;

Vu la loi du 18 juillet 1837 ;

Considérant qu'aux termes de l'art. 17 de cette loi les conseils municipaux règlent : 1° le mode d'administration des biens
communaux ; 2° le mode de jouissance et la répartition des pâturages et fruits communaux, etc. ;

Considérant qu'il n'est pas nié que le sieur Bouilloud père
vive en commun ménage avec ses enfants ;

Considérant que par la délibération du 17 février 1856 . approuvée par M. le préfet, le conseil municipal de Lavaldens n'a
fait qu'user du droit que la loi lui confère, et que dès lors elle est
obligatoire pour le sieur Bouilloud comme pour les autres habitants de la commune.

Arrête :

La réclamation du sieur Bouilloud (Noël) contre le rôle de
taxe des pâturages communaux de Lavaldens est rejetée.

Arrêté du 22 mai 1857.—M. Lesbros, rapporteur.

CHEMIN VICINAL. — FOSSÉS LATÉRAUX. — PROPRIÉTÉ. —
INDEMNITÉ.

*L'emplacement des fossés latéraux d'un chemin vicinal est
une partie intégrante du chemin, et les droits des riverains
à la propriété de l'emplacement des fossés, si les riverains
ont des droits, se résolvent en une indemnité.*

Avril — C. l'agent voyer.

Le Conseil de préfecture de l'Isère,

Vu le procès-verbal dressé le 15 décembre 1857 par Perrier,
agent voyer auxiliaire à la résidence d'Allevard, contre le sieur
Avril (François), propriétaire à Saint-Pierre d'Allevard ; lequel
procès-verbal constate que ledit François Avril a remplacé le
fossé du chemin vicinal n° 22 *bis*, de Saint-Pierre à Montouvard,
par un petit canal couvert, et réuni l'emplacement dudit fossé à
sa propriété au moyen d'une haie en bois mort ;

Vu le procès-verbal de piquetage fait le 12 janvier 1858 par
le maire de la commune et l'agent-voyer Perrier ;

Vu le plan des lieux ;

Vu les moyens de défense présentés par écrit par le sieur Avril ;

Vu le tableau de classement des chemins vicinaux de la commune de Saint-Pierre d'Allevard, arrêté par le préfet de l'Isère le 30 avril 1839, et donnant au chemin dont il s'agit une largeur de 4 mètres entre fossés ;

Vu le règlement préfectoral sur la police, l'entretien et l'ouverture des chemins vicinaux, en date du 15 octobre 1855 ;

Vu la loi du 9 ventôse an XIII ;

Considérant que l'emplacement des fossés latéraux d'un chemin vicinal est une partie intégrante du chemin, que l'empiétement commis par le sieur Avril est manifeste et que ses droits à la propriété de l'emplacement du fossé, s'il en a, se résolvent en une indemnité ;

ARRÊTE :

Le sieur Avril (François) est condamné à rétablir le fossé qu'il a comblé et réuni à sa propriété, dans la largeur et profondeur qu'il avait avant son entreprise.

À défaut par lui d'y procéder dans les trois jours de la signification du présent, il y sera pourvu à ses frais par l'agent-voyer du département.

Le sieur Avril est en outre condamné aux frais du procès-verbal, liquidés à 2 fr. 55 cent., et à ceux de signification.

Arrêté du 19 février 1858. — M. Durand, rapporteur.

CHEMIN VICINAL. — MUR NOUVEAU. — DÉMOLITION. — CONSTRUCTION ANCIENNE.

Si un mur nouveau, construit sans autorisation sur le sol d'un chemin vicinal, doit être démoli, une construction, telle qu'un four, qui est en saillie sur la voie publique et qui gêne la circulation, doit être maintenue en l'état, lorsqu'elle est antérieure au classement du chemin et, à plus forte raison, lorsqu'elle existe de temps immémorial, sa suppression ultérieure ne pouvant avoir lieu que moyennant indemnité.

Bossy — C. le maire de Villefontaine.

Le Conseil de préfecture de l'Isère,

Vu le procès-verbal dressé le 27 juin 1855 par le sieur Vivier, maire de la commune de Villefontaine, contre le sieur Bossy (Joseph), marchand de bestiaux et propriétaire, qui avait construit sans autorisation, et sans demander l'alignement, un mur autour d'un four qui lui appartient et qui est déjà en saillie sur le chemin vicinal n° 2, de Villefontaine à Vaulx-Milieu ; ledit procès-verbal enregistré et notifié au contrevenant, avec invitation de rétablir les lieux dans leur état primitif ;

Vu un second procès-verbal du 20 août suivant, constatant que le sieur Bossy n'a pas obtempéré à l'invitation qui lui a été faite ;

Vu la lettre du 15 mai 1856, par laquelle le maire de Villefontaine demande la démolition non-seulement du mur nouveau, mais encore de la totalité du four qui empiète sur la voie publique et gêne la circulation ;

Vu le tableau des chemins vicinaux de la commune de Villefontaine ;

Vu le plan des lieux ;

Vu le procès-verbal d'abornement dressé le 26 mai dernier par le sieur Ramel, agent-voyer, approuvé par M. le préfet, et déterminant l'emplacement et l'axe du chemin dont il s'agit ;

Vu la loi du 9 ventôse an XIII et le règlement général sur les chemins vicinaux du 15 octobre 1855 ;

Considérant qu'il est établi par les demandes visées ci-dessus que Bossy, en construisant sans autorisation un mur autour de son four, a anticipé sur le sol du chemin vicinal, et que cette contravention doit être réprimée ;

En ce qui touche le four en lui-même :

Considérant que si bien cette construction est en saillie sur la voie publique, elle existe de temps immémorial, ainsi que cela est constaté dans le rapport de l'agent-voyer Suchet, joint aux pièces ; que dès lors, il n'y a pas lieu, en l'état, d'en ordonner la démolition,

ARRÊTE :

Le sieur Bossy (Joseph) est condamné à démolir le mur qu'il

a construit sur le sol du chemin vicinal n° 2. de Villefontaine
à Vaulx-Milieu, mur qui est indiqué au plan joint aux pièces par
une teinte rose et par les lettres A B C D, et ce, dans le délai
de trois jours, à partir de la notification qui en sera faite ; 2° à
rétablir les lieux dans leur état primitif ; 3° à payer les frais du
procès-verbal liquidés à 2 fr. 55 cent., ainsi que ceux d'expédition et d'intimation du présent arrêté.

Faute par le sieur Bossy de démolir son mur dans le délai fixé,
il y sera pourvu d'office par les soins de M. le maire de Villefontaine, conformément à l'art. 386 du règlement général.

Arrêté du 28 août 1857. — M. Petit, rapporteur.

ARRÈTS.

CREANCE PRIVILÉGIÉE. — CESSION. — INSCRIPTION AU NOM
DU CESSIONNAIRE. — EXIGIBILITÉ. — INDICATION VIR-
TUELLE. — TIERS. — DÉFAUT DE PRÉJUDICE. — PRIVILÉGE DE
VENDEUR. — ACTION RÉSOLUTOIRE. — SUBROGATION. —
FAILLITE DE L'ACHETEUR. — INSCRIPTION. — MESURE
TRANSITOIRE. — LOI SUR LA TRANSCRIPTION.

I. — *Le cessionnaire d'une créance cédée à titre de nantissement peut valablement requérir,* en son nom personnel,
*l'inscription du privilége attaché à cette créance, soit en sa
qualité de cessionnaire, soit en vertu du pouvoir que lui confère l'acte de cession de requérir et entretenir l'inscription.*

II. — *L'inscription prise par le cessionnaire,* en son nom
personnel, *ne saurait d'ailleurs étre annulée comme ne contenant pas l'indication du créancier, lorsqu'elle mentionne
tous les titres constitutifs de la créance cédée, les noms, prénoms, professions et domiciles des créanciers sur la tête desquels elle a successivement reposé.* (Art. 2148, 1° Cod. Nap.)

III. — *Il suffit que l'époque de l'exigibilité d'une créance
soit implicitement indiquée par les mentions renfermées dans
le bordereau d'inscription. Or, cette indication peut résulter,
soit de la mention de subrogations à des créances depuis
longtemps exigibles, soit de la mention que la créance pour
sûreté de laquelle une autre créance privilégiée forme l'objet*

7

d'une cession à titre de nantissement, est exigible à une époque déterminée, de telle sorte que le terme de l'exigibilité de la créance garantie apparaisse comme devant être le terme de l'exigibilité de la créance cédée. (Art. 2148, 4° Cod. Nap.)

IV. — *Du reste, l'indication erronée de l'époque de l'exigibilité ne peut entraîner la nullité de l'inscription, lorsque l'erreur n'a porté ni pu porter aucun préjudice aux tiers.* (Art. 2148, 4° Cod. Nap.)

V. — *Celui qui est subrogé au privilège du vendeur a le droit incontestable d'exercer l'action en résolution de la vente, à défaut de paiement du prix, alors même que l'acte qui renferme la subrogation au privilège ne mentionne pas les autres droits du vendeur.* (Art. 1250, 1°, 1692, 2112, Cod. Nap.)

VI. — *Du reste, si le créancier d'abord subrogé simplement au privilège du vendeur a désintéressé les créanciers hypothécaires de celui-ci et que les créanciers hypothécaires l'aient ensuite subrogé à leurs droits, le créancier ainsi subrogé peut exercer l'action résolutoire qui appartenait aux créanciers hypothécaires du chef de leur débiteur.*

VII. — *Le privilège du vendeur ne peut être inscrit après la faillite de l'acheteur.* (Art. 2108, 2146, Cod. Nap.; 448 Cod. comm.)

VIII. — *Il en est autrement de l'action résolutoire, tout au moins de celle qui, avant le 1er janvier 1856, date de la mise à exécution de la loi du 23 mars 1855, formait un droit acquis et indépendant du privilège, mais à la charge d'inscription avant le 1er juillet 1856.* (Art. 11 de la loi du 23 mars 1855.)

IX. — *Cette exception ou mesure transitoire doit être appliquée, dans le cas de coexistence du privilège et de l'action résolutoire, au 1er janvier 1856, aussi bien que dans le cas d'extinction du privilége à la même époque.* (Art. 11 de la loi du 23 mars 1855.)

X. — *Le vendeur qui ne trouve pas dans le privilége une garantie suffisante pour l'intégralité de sa créance, mais qui a conservé l'action résolutoire, peut néanmoins être alloué en privilége pour sa créance entière, alors que les autres créanciers ont un intérêt contraire à ce qu'il opte pour l'action résolutoire.*

Les consorts Turin — C. la dame Fay et autres.

30 mai 1856, jugement déclaratif de la faillite du sieur Girard, décédé récemment.

31 octobre 1856, adjudication au prix de 20,025 fr. du seul immeuble de la faillite.

Ordre. — Etat préparatoire.

Les consorts Turin, héritiers de la femme Girard, décédée en 1855, sont alloués pour ses reprises au rang de son hypothèque légale remontant à 1827, date de son mariage, et inscrite le 7 juin 1856.

Ils sont primés par des allocations privilégiées résultant des faits suivants :

11 septembre 1824, Girard achète du sieur Proby, au prix de 22,800 fr. payable aux créanciers inscrits, l'immeuble retrouvé plus tard dans sa faillite et adjugé le 31 octobre 1856.

17 *id.* — Transcription et inscription d'office.

8 mars 1826, Girard paie à divers créanciers inscrits 13,883 fr. 70 cent. des deniers de Mme Fay, sa sœur, qui est subrogée *au bénéfice de l'inscription du 17 septembre* 1824, mais sans concours avec le reliquat dû au vendeur, qui est de 10,000 fr. avec intérêts du 1er mars. Ce prêt est remboursable dans dix ans.

15 décembre 1827, Girard paie encore 8,015 fr. 18 c. des deniers de la même, qui est subrogée aux droits du vendeur

toujours sans concours avec le reliquat dû à ce dernier. Le délai du remboursement est de huit ans.

Ce reliquat est ensuite payé par Girard.

L'inscription du 11 septembre 1824 est périmée.

11 février 1835, Mme Fay en prend une nouvelle pour 21,898 fr. 88 cent., montant des deux subrogations. Elle la laisse encore périmer.

Girard avait d'un premier mariage un fils qui, en 1842, épouse la demoiselle Humbert. Leur contrat est à la date du 25 août. Mme Fay, tante du futur, y fait à ce dernier donation entre-vifs de 18,000 fr. à prendre sur les biens les plus clairs qu'elle laissera à son décès, sans intérêts jusque-là. Girard père garantit personnellement l'effet de cette donation par une hypothèque sur son immeuble acquis en 1824. Il est ajouté qu'après le décès de Mme Fay, Girard père *conservera* pendant sa vie l'usufruit de ces 18,000 fr.

L'hypothèque consentie par Girard père n'a pas été inscrite.

Le 16 avril 1849, Girard fils, débiteur de 14,400 fr. envers M. Pont, lui en consentit une obligation notariée, payable avec intérêts à raison de 1,000 fr. par an, le 15 juillet de chacune des années 1850 à 1856, et le surplus, soit 7,400 fr. le 15 juillet 1857. Par ce même acte, et pour sûreté de cette obligation, Girard fils déclara *soumettre et engager par forme de nantissement la créance de 18,000 fr., à lui acquise contre Mme Fay, résultant de la donation portée en son contrat de mariage, créance exigible contre Mme Fay après son décès et sans intérêt jusqu'à cette époque. Il fut dit que M. Pont se prévaudrait dans cette créance de 18,000 fr., par préférence à Girard fils et à tous autres cessionnaires, de la somme nécessaire pour le rembourser de ce qui pourrait lui être dû, et que dans le cas où, à l'époque prévue, la créance ne serait pas exigible, M. Pont aurait le droit d'en provoquer la vente pour être payé sur le prix en provenant. Girard*

fils expliqua que *la somme portée dans la donation sus-
énoncée était due par son père, comme faisant partie du prix
de la vente du 11 septembre 1824, lequel prix avait été payé
pour plus de 18,000 fr. par Mme Fay, qui avait été subrogée
au privilége du vendeur par les actes des 8 mars 1826 et 15
décembre 1827.* Il fut ajouté que M. *Pont ferait valoir les
droits de Mme Fay auxquels il était subrogé, qu'il requerrait et entretiendrait l'inscription du privilége subrogé ainsi
qu'il aviserait, et ce pour la créance entière, celle-ci lui étant
engagée en entier.* Enfin, et au même acte, intervinrent
Girard père et Mme Fay, qui, après lecture, *déclarèrent
accepter et tenir pour dûment notifiée la cession que Girard
fils venait de consentir à M. Pont, Mme Fay expliquant
bien qu'elle entendait seulement suppléer à la formalité de la
notification, sans rien changer à ses droits, c'est-à-dire que
la créance resterait exigible seulement au décès, sans intérêts
jusqu'à cette époque.*

En vertu de cet acte, et le 26 avril 1849, M. Pont a pris,
contre Girard père, inscription de privilége pour les 18,000 f.
dont s'agit.

Voici, sur ce bordereau, ce qu'il importe de remarquer :

1° L'inscription est prise *au profit de M. Pont comme cessionnaire de Girard fils, suivant acte du 16 avril 1849, lequel
était donataire de Mme Fay, suivant son contrat de mariage
de 1842, cette dernière subrogée, par acte des 8 mars 1826
et 15 décembre 1827, aux droits de M. Proby, vendeur à l'acte
du 11 septembre 1824* ;

2° Elle est prise pour sûreté de la somme de 18,000 fr.
faisant partie, etc...... *ladite somme exigible à concurrence
de 14,400 fr. par M. Pont contre Girard fils, 1,000 fr. par
an le 15 juillet de chacune des années 1850 à 1856, et le surplus, soit 7,400 fr., le 15 juillet 1857* ;

3° L'inscription est prise pour le capital de 18,000 fr. sans mention d'intérêts et sans indiquer si ce capital produit des intérêts.

Le 4 septembre 1854, Girard fils étant décédé dans l'intervalle, sa veuve, tant en son nom que comme tutrice de ses enfants mineurs, engage de nouveau, par forme de nantissement, au profit des mariés Cadot, la même somme de 18,000 fr., et ce pour garantie d'un emprunt de 5,000 fr. Le 20 du même mois, les mariés Cadot prennent inscription, mais seulement pour 5,000 fr. Cet acte et cette inscription sont calqués sur l'acte et l'inscription de M. Pont.

Après la faillite de Girard père, et sous la date du 30 juin 1856, la veuve de Girard fils prit elle-même une inscription pour la somme de 18,800 fr. à double fin de conserver le privilége et l'action résolutoire.

Le même jour, Mme Fay inscrit aussi de son côté le privilége et l'action résolutoire pour la somme de 3,898 fr. 88 c., formant, avec les 18,000 fr. ci-dessus, le complément des sommes par elle payées aux actes de 1826 et 1827.

Le 1er juillet 1856, Mme Fay fit cession de ces 3,898 f. 88 c. à Mlle Robert, aux mariés Rey et à M. Thevenet.

C'est dans cette position que les parties se sont présentées à l'ordre.

Mme Fay, et avec elle ses cessionnaires du 1er juillet, ont demandé allocation privilégiée, en vertu de l'inscription du 30 juin, pour les intérêts du capital de 18,000 fr. et pour la somme de 3,898 fr. 88 c.

La succession de Girard fils, pareillement en vertu de son inscription du 30 juin, a demandé allocation privilégiée pour le capital de 18,000 fr.

M. le juge-commissaire, tout en reconnaissant que les inscriptions du 30 juin 1856, postérieures à la déclaration de faillite, étaient nulles, au point de vue du privilége, d'après l'art. 448 du Code de commerce, a pensé qu'elles avaient néanmoins conservé l'action résolutoire, laquelle aurait pour résultat de faire disparaître le prix en distribution, ce qui ôtait aux autres créanciers tout intérêt de s'opposer aux allocations privilégiées demandées.

En conséquence, et conformément à leur demande, il a alloué en privilége : 1° Mme Fay et ses cessionnaires, Mlle Robert, les mariés.Rey et M. Thevenet, pour l'intérêt de 18,000 fr. et pour la somme de 3,898 fr. 88 c.; 2° la succession de Girard fils, pour le capital de 18,000 fr. Contre cette dernière, il a ensuite alloué en sous-ordre M. Pont et les mariés Cadot, ainsi qu'ils en avaient fait la demande, pour le montant de leurs créances.

Les consorts Turin ont formé opposition à ces allocations et en ont demandé la suppression entière. Un jugement du 1er août a maintenu l'état préparatoire par les motifs suivants :

« Attendu que le privilége de vendeur a été inscrit à concurrence de 18,000 fr. le 26 août 1849 par le sieur Pont, cessionnaire de cette partie de la créance, et chargé expressément par son titre d'entretenir l'inscription ;.

« Attendu que si le privilége est éteint faute d'inscription en temps utile pour les 3,898 fr. 88 cent. restant, l'action résolutoire pourrait être exercée, puisqu'elle a été inscrite le 30 juin 1856, selon le vœu de la loi sur la transcription; que cette inscription, exigée par une loi spéciale sur la conservation des actions résolutoires antérieures à sa promulgation, doit sortir tout son effet, nonobstant l'état de faillite du débiteur et les dispositions de l'art. 448 du code de commerce, qui sont sans application à cette espèce. »

Les consorts Turin ont appelé de ce jugement et ont reproduit leurs prétentions devant la Cour.

Ils ont soutenu : 1° que les inscriptions Pont et Cadot étaient nulles, tant pour n'avoir pas été prises au nom du véritable propriétaire de la créance inscrite, lequel elles ne

faisaient pas connaître, que pour ne pas mentionner l'époque
d'exigibilité de cette créance ; qu'à toutes fins elles ne vau-
draient que pour le capital, sans intérêt, et jusqu'à concurrence seulement de ce qui restait dû à M. Pont et aux mariés
Cadot, seuls inscrivants en leurs noms, sans pouvoir profiter
à la dame Fay, ni à la succession Girard fils ; 2° que la perte
du privilége, inscrit tardivement, après la déclaration de
faillite, avait entraîné la perte de l'action résolutoire, aux
termes de l'art. 7 de la loi du 23 mars 1855 ; que les adversaires n'étaient pas au cas de l'art. 11 de la même loi, cet
article ne devant pas profiter à ceux dont le privilége existait encore le 1er janvier 1856 ; que d'ailleurs leurs inscriptions du 30 juin 1856 étaient nulles, aussi bien au point de
vue de l'action résolutoire qu'à celui du privilége, comme
prises après la déclaration de faillite ; et qu'enfin l'action
résolutoire n'ayant pas été subrogée dans l'acte du 8 mars
1826, ne pouvait dans tous les cas profiter qu'aux 8,015 f. 18 c.
payés à l'acte du 15 novembre 1827.

ARRÊT.

En ce qui concerne la validité des inscriptions prises par
Pont et les mariés Cadot, les 26 avril 1849 et 20 septembre 1854 ;

Attendu que par l'acte de 16 avril 1849, reçu Silvy, notaire,
Girard fils s'est reconnu débiteur de Pont de la somme de
14,400 fr. et lui a cédé en nantissement la créance de la veuve
Fay, sa tante, contre Girard père, consistant en un prix de
vente dû à Proby et subrogé à la veuve Fay par les actes des
8 mars 1826 et 15 décembre 1827, aux minutes de Buisson,
notaire, créance acquise à Girard fils à concurrence de 18,000 fr.
par la donation sous réserve d'usufruit que lui en avait faite
cette dernière dans son contrat de mariage du 15 août 1842 ;
que pouvoir fut donné à Pont dans l'acte précité du 16 avril de
retirer la créance cédée, soit même de la faire vendre si elle
n'était pas exigible à l'époque où la sienne viendrait à échéance ;
que Girard père et la veuve Fay, présents audit acte, déclarèrent

accepter la *cession* et la tenir pour notifiée ; qu'il fut enfin stipulé que Pont, subrogé à la veuve Fay, ferait valoir ses droits, requerrait et entretiendrait l'inscription du privilége pour la créance entière, laquelle lui a été subrogée en entier ;

Attendu que Pont est ainsi devenu véritablement et complétement cessionnaire de la créance dont s'agit, et que, soit à ce titre, soit en vertu des pouvoirs que lui conférait d'ailleurs l'acte du 16 avril, il a pu valablement requérir l'inscription du privilége attaché à ladite créance ;

Attendu que l'inscription prise par Pont, le 26 avril 1849, mentionne tous les titres constitutifs de la créance, les noms, prénoms, professions et domiciles des créanciers sur la tête desquels elle a successivement reposé, et ceux du débiteur ; que sous ces divers rapports il a été satisfait aux exigences de l'art. 2148 du Code Napoléon ;

Attendu, à l'égard de la mention de l'exigibilité, qu'en fait la veuve Fay ayant remboursé en 1826 et 1827 des créanciers de Proby ayant hypothèque sur l'immeuble vendu à Girard père, l'exigibilité de sa créance remontait à ces époques ; que si elle en a donné la nue-propriété à Girard fils dans son contrat de mariage, si même elle a voulu que l'usufruit qu'elle se réservait fût réversible sur la tête du débiteur Girard père, rien dans les termes de la donation n'implique qu'elle se soit interdit le droit de la retirer elle-même avant son décès, ce qu'il lui était toujours loisible de faire en sa qualité de simple usufruitière ;

Attendu que dans l'acte du 16 avril 1849, la veuve Fay a bien entendu et fait stipuler dans son intérêt, que Girard fils ou Pont son cessionnaire, ne pourraient exiger la créance cédée en nantissement avant son décès ; mais qu'elle n'a point pour cela renoncé au droit de se faire rembourser ; que seulement, en acceptant la cession, elle s'est implicitement engagée à retarder ce remboursement jusqu'à l'échéance de la créance de Pont, en vue de laquelle le nantissement avait lieu ; qu'il suit de là que le terme de cette dernière créance était devenu celui de la première, et qu'il y a exactitude dans l'inscription à ce sujet ; que si ladite inscription ne fait mention de l'exigibilité qu'à concurrence de 14,400 fr., l'indication de la vente Proby et des quittances et subrogations consenties par ses créanciers à la veuve Fay, en 1826 et 1827, suffisait pour démontrer que le surplus de la dette était à jour depuis longtemps ; qu'ainsi encore, au point de vue de la mention de l'exigibilité, il a été satisfait aux prescriptions de la loi ;

Attendu, au reste, que quand bien même on pourrait induire de l'ensemble des actes du procès que l'intention des parties avait été de proroger l'échéance de la créance de la veuve Fay, dans ses rapports avec son donataire ou son débiteur Girard père, jusqu'au décès de ce dernier, et que par conséquent l'inscription du 26 avril, qui la déclare exigible à des époques fixes et aux mêmes dates que la créance de Pont contre Girard fils, contient une énonciation erronée, cette erreur n'aurait porté ni pu porter aucun préjudice aux tiers, et ne saurait dès lors entraîner la nullité de l'inscription ;

Attendu que les mêmes raisonnements en fait et en droit s'appliquent à l'inscription du 20 septembre 1854, requise par les mariés Cadot, autres cessionnaires de la créance de la veuve Fay, ensuite de l'acte authentique du 4 du même mois ;

En ce qui concerne le capital de 3,198 fr. formant la partie de la créance subrogée à la veuve Fay en 1826 et 1827, non comprise dans la donation à Girard fils, ainsi que les intérêts qui peuvent rester dus ;

Attendu que la veuve Fay, subrogée à la créance privilégiée du vendeur Proby, par les actes des 8 mars 1826 et 15 décembre 1827, a le droit incontestable d'exercer l'action en résolution de la vente du 11 septembre 1824, à défaut du paiement du prix ; qu'il importe peu que le premier de ces actes la subroge au privilége de Proby simplement, sans faire mention des autres droits de ce dernier, parce que l'action en résolution est inhérente à la créance du vendeur ; qu'elle est la sanction légale de l'obligation de l'acheteur, en ce sens qu'elle peut être exercée dès que celui-ci ne paie pas son prix (art. 1654 du Cod. Nap.) ;

Attendu, d'autre part, que les créanciers hypothécaires de Proby, désintéressés par la veuve Fay, l'ont subrogée dans les mêmes actes à tous leurs droits ; qu'au nombre de ces droits figurait celui de demander du chef de Proby, leur débiteur, et en vertu de l'art. 1166 du Code Napoléon, la résolution de la vente qu'il avait consentie à Girard père, à défaut par ce dernier d'en payer le prix qui leur avait été délégué ; qu'ainsi, sous ce second rapport, on ne saurait contester à la veuve Fay son droit à l'action résolutoire ;

Attendu que si la veuve Fay, qui n'a payé aux créanciers de Proby qu'une partie du prix de la vente de 1824, n'a été subrogée qu'à la condition de ne pas venir en concours avec les ayants droit au surplus de ce prix, cette condition aurait bien pu l'obliger dans le temps à procurer ou garantir le paiement du surplus, en cas d'action en résolution de sa part ; mais que Proby ou ses créanciers étant aujourd'hui intégralement désintéressés, elle devient de nulle considération dans la cause ;

Attendu que la veuve Fay a pris inscription le 30 juin 1856, à concurrence des 3,898 fr. dont il s'agit et des intérêts accessoires, pour la conservation du privilége et de l'action résolutoire naissant de la vente Proby ; que la veuve de Girard fils, tutrice de ses enfants mineurs, a inscrit à la même date et dans le même objet, à concurrence des 18,000 fr. montant de la donation faite à son mari ; que les inscriptions sont intervenues dans le délai fixé par l'art. 11 de la loi du 23 mars 1855 ;

Adoptant les motifs des premiers juges sur les effets et la validité de l'inscription de la veuve Fay, et attendu d'ailleurs que la loi de 1855, art. 7, dérogeant en cela au Code Napoléon, dispose que l'action résolutoire ne peut être exercée au préjudice des tiers après l'extinction du privilége du vendeur ; que l'art. 11 a pour objet d'excepter de cette disposition les actions résolutoires qui, avant le 1er janvier 1856, date de la mise à exécution de la loi, formaient un droit acquis et indépendant du privilége, à la charge de les rendre publiques par l'inscription dans un délai de six mois ; que cette exception ou mesure transitoire doit s'appliquer à l'action résolutoire, dans le cas de coexistence, comme dans celui d'extinction du privilége au 1er janvier 1856 ; qu'autrement le but du législateur, celui de ne pas frapper rétroactivement des droits acquis et protégés par les lois antérieures, n'aurait pas été atteint.

Attendu, en effet, que si l'on donnait un sens limitatif à ces termes de l'art. 11 : *le vendeur dont le privilége serait éteint, etc.*, il pourrait arriver que des vendeurs dont le privilége n'aurait subsisté qu'un jour après la mise à exécution de la loi nouvelle seraient définitivement déchus de leur action résolutoire, bien qu'ils n'eussent pas eu plus de moyens de con-

servation que d'autres non moins négligents, qui, ayant laissé
périr leur privilége un jour plus tôt, échapperaient par cela même
à l'extinction absolue de leur droit de résolution; qu'une telle
anomalie n'a pu être dans la volonté du législateur;

Attendu que la maison vendue par Proby à Girard père, le
11 septembre 1824, a été adjugée aux enchères publiques le
31 octobre 1856, pour un prix inférieur aux sommes dues à la
veuve Fay ou ses cessionnaires; qu'il est démontré par là et
par toutes les circonstances de la cause que si la veuve Fay,
usant du droit qui lui appartient comme vendeur non payé,
poursuivait la résolution de ladite vente, loin d'être tenue à
quelque restitution, elle demeurerait en perte des dépens à frayer
et des dommages-intérêts qui pourraient lui être adjugés, à
moins d'en être remboursée sur les autres biens de la faillite;
que dans une telle situation les opposants et la masse des créanciers auraient un intérêt évidemment contraire à l'option de la
veuve Fay pour l'action résolutoire; qu'ils ne sauraient par
conséquent être admis à contester son allocation, sous le prétexte qu'elle devrait être renvoyée à exercer ladite action;

Par ces motifs,

La Cour, ouï les conclusions de M. Alméras-Latour, premier
avocat général, sans s'arrêter à l'appel des consorts Turin envers
le jugement rendu par le tribunal civil de Grenoble, le 1er août
1857, confirme ledit jugement; ordonne qu'il sortira son plein
et entier effet, condamne les consorts Turin à l'amende et aux
dépens envers toutes les parties.

Arrêt du 13 mars 1828. 4e chambre. — M. Petit, président,
M. Alméras-Latour, premier avocat général. — MM. Chollier et
Rey, avoués. — MM. Auguste Arnaud, Cantel et Mathieu de
Ventavon, avocats.

Sur la première question. —La Cour de cassation, cassant
un arrêt de la cour de Nîmes, a jugé le 25 mars 1816 (S. 16,
1, 233) que pour la validité d'une inscription hypothécaire
prise par le cessionnaire d'une créance, et *en son nom*, il
suffit que l'inscription indique le titre originaire du cédant, et
qu'il n'est pas nécessaire qu'elle indique le titre particulier
du cessionnaire.

Attendu, dit la Cour, que l'inscription fait connaître le créancier, le débiteur, les titres constitutifs de l'hypothèque, leur date, le montant de la dette et les biens hypothéqués ;

Attendu que la relation de la qualité de cessionnaire, ou de toute autre qualité en vertu de laquelle la créance est passée sur la tête de l'inscrivant, n'est pas prescrite par la loi ;

Que le titre constitutif de la créance hypothécaire est le seul dont la loi ordonne l'énonciation dans l'inscription ;

Que, dans l'espèce, Pomme, créancier en vertu de la cession et saisi des titres constitutifs de l'hypothèque par lui énoncés dans l'inscription, a rempli toutes les indications que la loi met à la charge des créanciers.

La Cour de cassation a également jugé par un arrêt de rejet du 11 août 1819 (S. 19, 1, 450) que le cessionnaire par acte sous seing privé, qui renouvelle *en son nom* l'inscription hypothécaire prise par son cédant, n'est pas tenu d'énoncer dans son inscription l'acte par lequel il est devenu cessionnaire ; qu'il suffit de la représentation et de l'énonciation du titre authentique qui donne naissance à l'hypothèque.

Par l'arrêt ci-dessus du 25 mars 1816, la Cour de cassation a même jugé que la règle en vertu de laquelle le cessionnaire n'est saisi qu'après signification du transport ne veut pas dire que cette signification soit nécessaire pour que le cessionnaire puisse valablement prendre une inscription *en son nom.*

Attendu, dit la Cour, que la cession d'une créance s'opère entre le cédant et le cessionnaire, en vertu de leur consentement mutuel et par la remise du titre ; que la signification du transport n'est nécessaire que lorsqu'il s'agit d'empêcher le débiteur de payer au cédant, ou lorsqu'il s'agit de procéder par voie exécutoire contre le débiteur et de l'exproprier ; que, dans l'espèce, il ne s'agit ni d'un paiement fait au cédant, ni d'une mesure d'exécution, ni d'expropriation, ni de réclamation d'au-

cun créancier du cédant, mais bien d'une mesure conservatoire
opérée par l'inscription d'une créance hypothécaire préexistante.

Duranton, tom. 20, n° 93, rappelle et accepte ces deux
solutions.

Il en est de même de Duvergier (*Traité de la vente*, tom.
2, n° 204). Toutefois, Duvergier ajoute cette observation
pour le cas où la cession n'a pas été signifiée :

« Il est vrai que, du cédant au cessionnaire, la propriété se
transfère par le consentement seul ; mais c'est relativement aux
tiers que l'on doit apprécier la validité des actes conservatoires.
Or, le cédant étant réputé propriétaire jusqu'à la signification
de la cession, lui seul aurait qualité pour agir, dans la rigueur
des principes ; le cessionnaire, au contraire, serait sans capacité : c'est précisément l'inverse de la thèse admise par la Cour
de cassation. Il est donc certain qu'en validant les actes conservatoires faits par le cessionnaire, on se détermine par des
considérations d'équité et non par l'application des règles consacrées dans les articles 1689, 1690 et 1691 Cod. Nap.; qu'on
ne saurait aller au-delà et refuser au cédant le droit qui n'appartient réellement qu'à lui. »

Tel est aussi sur ces points le sentiment de Troplong, qui
est plus explicite encore que Duvergier pour reconnaître au
cédant aussi bien qu'au cessionnaire le droit de faire des
actes conservatoires, quand le transport n'a pas encore été
signifié (*Des priviléges et hypothèques*, n°s 364, 365 ; — *De la
vente*, n°s 887, 894).

Sur la troisième question. — La Cour de cassation a jugé
le 15 novembre 1852, par arrêt de rejet (S. 52, 1, 793), que la
mention de l'exigibilité peut avoir lieu en termes équi-
pollents.

Attendu, dit la Cour, que si la mention de l'époque de l'exigibilité doit être considérée, aux termes de l'art. 2148 Cod.

Nap., comme l'une des formalités substantielles de l'inscription, il faut néanmoins reconnaître que ledit article n'ayant pas fait dépendre l'accomplissement de cette formalité de termes sacramentels, la mention expresse de l'époque de l'exigibilité peut être légalement suppléée par des indications équipollentes contenues dans l'inscription.

On trouve la même solution dans un autre arrêt de la même cour du 8 mars 1853 (S. 55, 1, 214). Depuis longtemps, du reste, la jurisprudence avait admis cette interprétation.

Sur la quatrième question. — On trouve un arrêt conforme dans la collection nouvelle de Sirey (S. 5, 2, 123), avec cette note :

« La jurisprudence de la Cour suprême avait d'abord adopté sur la question générale de savoir si l'erreur dans l'observation d'une formalité entraîne la nullité de l'inscription hypothécaire, une doctrine contraire à celle que consacre le présent arrêt. Mais elle est revenue sur cette *rigueur* et elle reconnaît invariablement aujourd'hui que l'erreur n'est pas une cause de nullité, si elle n'a pas été dommageable »

Sur la sixième question. — Voyez arrêt conforme de la Cour de Grenoble du 5 janvier 1826, ancien recueil, tom. 3, page 1, et S. C. N. 8, 2, 172. Voyez autre arrêt également conforme de la cour de Paris, du 30 juin 1853 (S. 53, 2, 481). Sous cet arrêt, l'arrêtiste cite en note les motifs suivants d'un arrêt antérieur de la cour de Bourges, du 19 juin 1838 :

Considérant, dit la Cour, que si d'après l'art. 1250 Cod. civ., la subrogation conventionnelle doit être expresse, il ne s'ensuit pas qu'elle doive énumérer chacun des droits cédés ; qu'aucun terme sacramentel n'est prescrit ; que la condition est exactement remplie, lorsque, sans équivoque, il est facile d'en induire qu'elle comprend la totalité des droits et actions.

Par arrêt de rejet du 3 juillet 1854, la Cour de cassation

a admis une solution contraire, mais en matière de subrogation légale (S. 54, 1, 423).

« L'art. 1251 § 1er semble, en effet, dit l'arrêtiste, en note, limiter les effets de la subrogation légale aux priviléges et hypothèques du créancier payé par un autre créancier, puisque c'est à raison de la préférence qui résulte de ces priviléges et hypothèques que la subrogation est accordée : or, l'action résolutoire n'est pas un privilége. »

Sur la huitième question. — La cour de Bordeaux a jugé le 15 juillet 1857 (S. 57, 2, 641) que le vendeur dont le privilége n'a pas été inscrit avant la faillite de l'acquéreur peut encore, si ce dernier n'a pas fait transcrire son contrat, exercer l'action résolutoire à l'encontre de tous créanciers du failli, fussent-ils hypothécaires et inscrits, soit en ce que ces créanciers ne sont pas des tiers à l'égard du vendeur, dans le sens de l'art. 7 de la loi du 23 mars 1855, soit en ce que la faillite, qui met obstacle à l'inscription, ne purge pas pour cela le privilége du vendeur.

Des principes contraires sont fortement défendus par Troplong (Commentaire de la loi sur la transcription, nos 295, 296).

« Le privilége et l'action résolutoire, dit Troplong, sont désormais solidaires..... On oppose que la loi de 1855 ne se préoccupe que des tiers nantis de droits réels et que les créanciers de la faillite ne sont que des chirographaires, dans l'intérêt desquels l'art. 7 n'a pas été édicté.

« Nous répondons que les expressions de l'art. 7, loin de se prêter à cette objection, l'écartent au contraire formellement. *L'action résolutoire*, dit cet article, *ne peut être exercée après l'extinction du privilége du vendeur au préjudice des tiers qui ont acquis des droits sur l'immeuble du chef de l'acquéreur et qui se sont conformés aux lois pour les conserver.* Eh quoi! l'on pourrait soutenir que par le jugement déclaratif

de la faillite, les créanciers, à qui la chose a été remise comme
un gage pour l'administrer et s'en faire payer ensuite, n'ont
pas acquis sur cette chose un de ces droits de saisine que la loi
protége ?...... L'article 448 Cod. com. veut que le jugement
déclaratif de la faillite arrête l'inscription du privilége. C'est
donc qu'il y a dans la masse une puissance répulsive de tout
nouveau droit qui voudrait se constituer à son détriment. »

Sur la neuvième question. — Troplong (commentaire de
la loi sur la transcription, n° 363) semble professer une opinion contraire.

La cour de Rouen a jugé le 28 décembre 1857 (*Journal
du Palais*, 1858, p. 225) que le vendeur qui jouit encore de
son privilége n'est pas tenu, pour conserver l'action résolutoire, de la faire inscrire dans les six mois à partir du 1er janvier 1856, conformément à l'art. 11 de la loi nouvelle, qui
n'est applicable qu'au vendeur dont le privilége était éteint
au moment où cette loi est devenue exécutoire.

« Il pouvait arriver, dit M. Gauthier, dans une note insérée
sous cet arrêt, qu'au moment où la loi du 23 mars 1855 deviendrait exécutoire, le privilége du vendeur eût déjà cessé d'exister.
Cependant le vendeur avait encore l'action résolutoire, puisque jusque-là cette action avait été indépendante du privilége.
Il n'était pas possible, dans cette hypothèse, qu'il se trouvât
tout à coup dépouillé d'un droit que lui assurait la législation
en vigueur au moment de son contrat. Il fallait pourvoir à cette
situation par une mesure qui conciliât l'exercice du droit acquis
au vendeur avec le système de publicité qui formait la base de
la loi. Tel a été le motif de la disposition transitoire du § 4 de
l'art. 11, d'après laquelle le vendeur *dont le privilége serait
éteint au moment où la loi deviendrait exécutoire*, pourrait
conserver vis à vis des tiers son action résolutoire, en la faisant
inscrire au bureau des hypothèques, dans le délai de six mois
à partir de la même époque.

« Comme on le voit, cette disposition n'est applicable qu'à

un seul cas, celui où le vendeur aurait perdu son privilége au moment de la mise à exécution de la loi. »

M. l'avocat général Pinel, dont le réquisitoire est rapporté au même endroit, s'exprime, à son tour, dans les termes suivants :

« Quand le privilége subsiste, le § 4 de l'art. 11 est sans application, et, dès lors, l'action résolutoire ne saurait disparaître à défaut de l'inscription, ordonnée par ce paragraphe pour le cas seulement où le privilége est éteint. Recherchons la pensée de la loi : elle a voulu que les charges de la propriété soient toutes connues; qu'aucune d'elles ne puisse subsister sans publicité. Or, on comprend que si le privilége du vendeur a disparu, l'action résolutoire de l'art. 1654 repose sur un droit occulte grevant la propriété. Le § 4 de l'art. 11 a voulu la faire apparaître par l'inscription, faute de quoi elle n'existe plus. Mais tant que le privilége subsiste, sa non publication ne peut tromper les créanciers de l'acquéreur sur son efficacité. Ils savent que la transcription de la revente pourra seule purger ce privilége. Depuis la loi de 1855, elle le purge par elle-même, comme sous le Code elle le purgeait à défaut d'inscription par le vendeur dans la quinzaine. Il est donc vrai de dire qu'avant comme depuis la loi nouvelle, ce privilége est ostensible, même sans la formalité de publicité; l'article 11 n'a donc pu vouloir l'atteindre de plein droit. — Le privilége de Viornay a continué de subsister : cela est certain, à quelque point de vue qu'on se place; il s'ensuit que l'action résolutoire n'a pu périr. »

Dans l'espèce de l'arrêt de la Cour de Grenoble, on disait : le privilége de Mme Fay et de la succession Girard fils existait encore le 1er janvier 1856. Il est devenu impossible de l'inscrire, depuis le 30 mai 1856, époque de la déclaration de faillite; donc il est devenu également impossible d'inscrire l'action résolutoire, selon le véritable sens de l'art. 7 de la loi nouvelle. On ajoutait : le privilége de Mme Fay et de la succession Girard fils existait encore le 1er janvier

1856 : donc ce n'est pas pour ce cas qu'est fait l'art. 11, qui permet d'inscrire avant le 1er juillet 1856 l'action résolu-toire, quand le 1er janvier le privilége était éteint.

Fréd. TAULIER.

FACTURE. — PAIEMENT. — INDICATION DE LIEU. — REFUS. — COMPÉTENCE.

L'action en paiement de marchandises expédiées doit être portée devant le tribunal de commerce du domicile du des-tinataire, quoique l'expéditeur, dans la facture, ait indiqué, comme lieu de paiement, son propre domicile, si le destina-taire a refusé de recevoir les marchandises et a protesté contre leur expédition tardive. (Art. 109, Cod. comm.; 420, Cod. procéd. civ.)

Gesta — C. Lascour et Gandalbert.

Le sieur Gesta, marchand tailleur à Saumur, commis-sionna, dans le courant de juillet 1857, une certaine quan-tité de marchandises au voyageur des sieurs Lascour et Gandalbert, négociants à Vienne.

Le 23 septembre suivant, Lascour et Gandalbert écrivi-rent à Gesta une lettre contenant facture et lui annonçant l'envoi des marchandises commissionnées. Cette facture énonçait que le paiement devait être effectué à Vienne.

Le 25 du même mois, Gesta, sans protester contre les termes de la facture, répondit qu'il refusait les marchandises, parce qu'elles avaient été tardivement expédiées.

Assignation par Lascour et Gandalbert à Gesta, devant le tribunal de commerce de Vienne. Gesta décline la compé-tence de ce tribunal qui, par jugement du 24 décembre 1857, statue en ces termes :

Attendu que le marché intervenu entre Gesta et Lascour et

Gandalbert n'est pas contesté par Gesta, et qu'il se borne à soutenir que son ordre n'a pas été rempli dans le délai convenu ;

Attendu que la facture énonce que le paiement sera effectué à Vienne ; que cette facture a été reçue par Gesta sans réserves ni protestations, et que cette stipulation est aussi bien reconnue que celle relative au prix et aux marchandises vendues ;

Attendu en droit, que, aux termes de l'art. 420 du Code de procédure civile, le demandeur peut assigner devant le tribunal du lieu ou le paiement doit être effectué ;

Attendu que l'acheteur ne peut contester l'énonciation de la facture lorsqu'il l'a acceptée.

Par ces motifs, le tribunal, jugeant en premier ressort, ordonne qu'il sera plaidé au fond ; condamne Gesta en tous les dépens de l'instance.

Sur l'appel de Gesta, la Cour a rendu l'arrêt suivant :

ARRÊT.

Attendu que, suivant l'art. 1247 du Cod. civ., le paiement doit être fait au domicile du débiteur, s'il n'y a convention contraire ;

Attendu que, si la facture des marchandises expédiées, le 23 septembre 1857, par Lascour et Gandalbert, de Vienne, à Gesta, de Saumur, porte que le prix en sera payable à Vienne, cette condition n'a point été acceptée, puisque le 25 septembre, à la réception de la facture et avant l'arrivée des marchandises, Gesta a écrit à Lascour et Gandalbert qu'il était délié des accords faits à Saumur avec leur voyageur, par la raison que ces marchandises ne lui avaient pas été expédiées dans le délai convenu ; que le refus immédiat d'exécuter le marché emporte nécessairement la non acceptation de la condition de paiement à Vienne, condition qui n'était exprimée que dans la facture et non dans les accords antérieurs : d'où il résulte que c'est à tort que le tribunal de commerce de Vienne a considéré que le paiement dont il s'agit devait être fait dans cette ville, et s'est déclaré compétent pour statuer sur l'action de Lascour et Gandalbert contre Gesta ;

Par ces motifs, la Cour, ouï M. Gautier, avocat général, en ses conclusions motivées, faisant droit à l'appel émis par Gesta envers le jugement du tribunal de commerce de Vienne, du 24 décembre 1857, met l'appellation et ce dont est appel au néant, et par nouvelle décision, dit et prononce que le tribunal de Vienne était incompétent pour statuer sur l'action de Lascour et Gandalbert, etc.

Arrêt du 18 mars 1858 — 2e chambre. M. Nicollet, conseiller-président. M. Gautier, avocat général. — MM. Chollier et Rabatel, avoués. — MM. Victor Arnaud et Gariel, avocats.

La Cour de Lyon et la Cour de Colmar ont jugé, l'une le 19 août 1831, l'autre le 18 juillet 1832 (S. 35, 2, 207 et 208), qu'en matière de commerce, l'énonciation dans la facture accompagnant des marchandises vendues, que *le prix en sera payé au domicile de l'expéditeur*, est attributive de juridiction au tribunal de commerce de ce domicile, *si l'acheteur a reçu les marchandises* sans élever aucune réclamation contre l'énonciation de la facture.

La Cour de Douai a rendu deux arrêts semblables, les 8 février 1836 et 13 décembre 1837 (S. 38, 2, 469), dans des hypothèses où il y avait eu refus d'une partie seulement des marchandises et *offre de conserver le surplus*.

Enfin, la Cour de Limoges, dans une hypothèse qui était la même, a jugé de la même manière par arrêt du 4 avril 1838. (S. 38, 2, 468.)

La même cour a jugé le contraire, le 14 mars 1828 (S. 28, 2, 158), dans une hypothèse où il y avait eu déclaration que *la marchandise ne serait pas reçue à cause de la tardiveté de l'envoi.*

Le 23 février 1828, elle avait également jugé le contraire (S. 28, 2, 158); mais il résulte du texte de l'arrêt que, cette fois, le destinataire avait fort bien *accepté une partie au moins de l'envoi* qui lui avait été adressé.

Attendu, dit la Cour, que *de cette acceptation* ne résulte pas expressément celle de la mention faite du paiement ; que cette dernière devait être expresse, comme toute renonciation à un droit acquis.

Le pourvoi formé contre cet arrêt a été rejeté par la Cour de cassation, le 21 avril 1830 (S. 30, 1, 279.)

Attendu, dit la Cour, que s'il est vrai et conforme au texte et à l'esprit de l'art. 109, Cod. Comm., qu'une facture n'a pas besoin d'être revêtue de l'acceptation expresse de l'acheteur pour faire preuve contre lui, il appartenait à la Cour de Limoges, juge du fond, d'apprécier l'étendue et les effets de l'acceptation donnée par Bonnecaze ; — Attendu qu'en usant de cette interprétation, la Cour de Limoges a jugé qu'il n'en résultait pas que Bonnecaze se fût obligé à payer le montant de cette facture à Limoges ; que, dès lors, c'était devant les juges de son domicile qu'il devait être assigné ; et qu'en jugeant ainsi d'après les faits par elle appréciés, la Cour n'a violé aucune loi.

Par un autre arrêt de rejet du 6 mars 1833 (S. 33, 1, 438), la Cour de cassation a jugé plus nettement le point de droit.

Attendu, dit la Cour, qu'il est constaté par l'arrêt attaqué qu'il fut annoncé au demandeur que les marchandises par lui achetées lui seraient expédiées par une maison de commerce de Lyon, et que, lors de leur envoi, la facture portait que le paiement serait fait à Lyon ; qu'ainsi le contrat ayant été formé et *les marchandises ayant été livrées en cette ville*, le demandeur a pu, aux termes de l'art. 420, Cod. procéd. civ., être valablement assigné devant le tribunal de commerce de Lyon.

Il paraît que, dans cette espèce, les marchandises expédiées avaient été *reçues sans difficulté.*
La même doctrine a été consacrée, dans le cas *de refus d'une partie des marchandises*, par deux arrêts de la Cour de Rouen, des 8 juin 1838 et 19 janvier 1839 (S. 39, 2, 287), et, dans le cas de *refus de la totalité des marchandises*,

par deux arrêts: l'un de la Cour d'Aix, du 24 juin 1842, l'autre de la Cour de Bordeaux, du 11 février 1843. (S. 43, 2, 165 et 166.)

La Cour de Toulouse a jugé le contraire, en thèse très-absolue, par arrêt du 24 mai 1839. (S. 39, 2, 472.)

Fréd. TAULIER.

DONATION PAR CONTRAT DE MARIAGE. — SOMME PAYABLE APRÈS LE DÉCÈS DU DONATEUR. — AFFECTATION HYPOTHÉCAIRE. — DONATION DE BIENS PRÉSENTS. — INSTITUTION CONTRACTUELLE.

La donation pure, simple et définitive faite par un tiers à l'un des futurs, par contrat de mariage, d'une certaine somme payable par les héritiers du donateur, après son décès, sans intérêts jusqu'alors, *et pour le paiement de laquelle le donateur hypothèque spécialement un de ses immeubles, est une donation de biens présents et non pas une institution contractuelle; dès lors, elle n'est pas caduque, en cas de prédécès du donataire sans postérité.* (Art. 894, 943, 1082, 1089, Cod. Nap.)

Héritiers Candy — C. consorts Demars.

Le 16 mars 1841, les frères Candy firent à M. Claude Demars leur neveu, dans son contrat de mariage, la donation suivante:

« Pareillement, en considération de cette union, MM. Ga
« briel-François-Xavier Candy et Claude-Marie-Marc Candy
« frères, propriétaires rentiers, domiciliés en la commune
« de Carisieu, canton de Crémieu, département de l'Isère,
« oncles maternels du futur époux et ici présents, pour
« *donner à ce dernier une preuve de leur attachement, lui*
« font, *conjointement, indivisément et solidairement entre*

« *eux*, donation à cause de noces, *pure, simple et définitive,*
« *d'une somme de* 40,000 *francs* qui sera comptée *par leurs*
« *héritiers au futur époux*, aussitôt *après le décès du survi-*
« *vant des donateurs et sans intérêts jusqu'alors*, époque à
« laquelle ils prendront cours au taux légal.

« Et afin d'assurer, soit le paiement du montant de cette
« donation, soit, et plus expressément encore, les 35,800 fr.
« qui seront comptés par Mme Pichard à sa fille et pour elle
« au futur époux, ainsi qu'il a été dit ci-dessus, et suppléer
« ainsi au remploi hypothécaire de cette partie de sa dot, les-
« dits MM. Candy frères affectent et hypothèquent spéciale-
« ment un corps de domaine dont ils sont propriétaires en
« commun, dans la commune de Carisieu, composé de bâti-
« ments d'habitation et d'exploitation, et de jardin, prés, ter-
« res, vignes et bois, de l'étendue de 70 hectares environ. »

L'un des donateurs à survécu à Claude Demars, prédé-
cédé sans enfants. Après le décès du second donateur, les
héritiers de Claude Demars ont réclamé le paiement de la
somme de 40,000 fr.; les héritiers des donateurs ont résisté
à cette demande. La question était de savoir si la donation
du 26 mars 1841 était une donation de biens présents qui
avait actuellement et irrévocablement saisi le donataire de
la somme donnée, ou bien si elle était une institution contractuelle, frappée de caducité par le prédécès du donataire
sans enfants.

Le 4 février 1857, le tribunal de Bourgoin a rejeté la prétention des héritiers du donateur, par un jugement dont
voici les principaux motifs :

Attendu qu'il n'est pas stipulé que le montant de cette donation sera à *prendre sur la succession* des frères Candy, ou à
prélever sur les biens qu'ils laisseront à leur décès, ce qui serait le trait distinctif et le plus caractéristique de la donation
éventuelle, en cas de survie, dite institution contractuelle. —

Mais que les termes employés, non-seulement, lorsqu'on les examine en détail, semblent résister à s'appliquer à une libéralité de cette espèce, mais encore impliquent dans leur ensemble une idée contraire, celle que la donation existe avec un effet actuel et que le dessaisissement est opéré dès le jour du contrat en faveur du donataire ; — Qu'ainsi la donation est qualifiée pure, simple et définitive, expressions qui paraissent exclusives de tout effet éventuel et incertain, et de toute idée de condition non-seulement conventionnelle, mais même légale, telle que la condition de survie posée par l'art. 1089 du C. N. ; — Qu'il est exprimé que la somme donnée sera comptée au futur époux par les héritiers des donateurs après le décès du survivant des deux, sans intérêts jusqu'alors..... ; — Attendu surtout que, pour assurer le paiement du montant de cette donation, une garantie hypothécaire a été concédée par les frères Candy sur leurs biens immeubles, ce qui est le signe et l'accessoire ordinaire d'une dette présente, et ce qui, dans l'espèce, tend précisément à démontrer qu'un dessaisissement actuel s'est opéré de la part de MM. Candy frères, de manière à ne plus leur permettre de rendre leur donation illusoire ; — Qu'en effet, à l'inverse de ce qui se produit dans l'institution contractuelle, la donation entre vifs crée une obligation, une dette du donateur en faveur du donataire, laquelle peut motiver et amener naturellement une affectation hypothécaire; que si bien on peut concevoir une institution contractuelle, c'est-à-dire l'engagement de laisser tout ou partie de sa succession à la personne que l'on veut favoriser au cas où elle vous survivra, rendue plus étroite et plus efficace par la concession d'une hypothèque, c'est là cependant un cas exceptionnel, une stipulation tout à fait inusitée ne rentrant nullement dans les habitudes et les usages de la pratique; en sorte qu'une clause hypothécaire conçue dans les termes accoutumés et sans aucun trait spécial et distinctif dans un contrat de la nature de celui qui est soumis à l'appréciation du tribunal, n'en doit pas moins faire supposer rationnellement, à défaut d'énonciation ou d'indices contraires, l'existence d'une dette contractée, par conséquent une donation entre vifs....

Les consorts Candy ont appelé de ce jugement.

ARRÊT.

Attendu qu'il est constant en droit que l'exigibilité d'une somme donnée, fixée au décès du donateur, n'empêche pas que cette donation puisse être une libéralité entre vifs qui a dessaisi le donateur au profit du donataire;

Attendu que ce qui distingue surtout la donation à cause de mort ou institution contractuelle permise par l'art. 1082 du Cod. Nap., de la donation entre vifs, c'est la stipulation qui constate que le donateur n'a voulu assurer au donataire que le droit de prendre la somme donnée sur les biens qu'il laissera au jour de son décès, de préférence à ses autres héritiers, et qu'il n'a renoncé qu'au droit d'en disposer à titre gratuit;

Attendu que c'est d'après ces principes qu'il faut lire et juger la donation du 16 mars 1841;

Attendu que les frères Candy, en faisant à leur neveu une donation à cause de noces de 40,000 fr. et en exprimant que cette donation était pure, simple et définitive, se sont servis de termes qui ne permettent pas d'admettre qu'ils aient voulu que leur donataire ne recueillît cette somme qu'autant qu'elle serait dans leur succession, mais qui prouvent par eux-mêmes qu'ils ont disposé en sa faveur d'une manière actuelle, définitive et irrévocable, qui a transmis immédiatement au donataire la propriété de la somme donnée, qui en a opéré la saisine à son profit, et qu'ils ont voulu seulement renvoyer à leur décès l'époque de l'exigibilité ou le terme du paiement;

Attendu que s'il est vrai que la constitution d'une hypothèque pour garantie d'une somme donnée par contrat de mariage ne peut pas servir à prouver que la donation est entre vifs et irrévocable, lorsque d'ailleurs il existe dans cette donation des clauses qui établissent que le donateur n'a fait qu'une libéralité à cause de mort, et n'a donné qu'une somme à prendre dans les biens qu'il laissera à son décès, il n'est pas moins certain qu'une hypothèque concédée, comme dans l'espèce, par des donateurs qui ont donné purement, simplement et définitivement, sert à prouver de plus en plus que leur intention a été de faire une donation actuelle et entre vifs, par la raison que dans le premier cas, la constitution d'hypothèque est nulle comme établie sur biens à venir, tandis que dans le second, elle est valable, et qu'on ne doit pas facilement admettre que dans un acte et surtout dans un contrat de mariage, on ait stipulé une hypothèque sans force et sans valeur;

Attendu que dans la donation à cause de mort, il y a toujours quelque chose d'éventuel et d'incertain, puisque le donateur peut aliéner et dissiper tous ses biens et rendre illusoire sa libéralité, et que cette éventualité et cette incertitude sont incompatibles avec une donation définitive, comme celle du 16 mars 1841;

Adoptant au surplus les motifs des premiers juges;

La Cour, ouï M. Blanc, substitut du procureur général, en ses conclusions motivées, sans s'arrêter à l'appel émis par la veuve Penet et consorts, envers le jugement rendu par le tribunal civil de Bourgoin le 4 février 1857, confirme ce jugement, ordonne qu'il recevra sa pleine et entière exécution, et condamne les appelants à l'amende et aux dépens.

Arrêt du 7 janvier 1858. — 1re chambre. M. Royer, premier président; M. Blanc, substitut de M. le procureur général. — MM. Rabatel et Eyssautier, avoués. — MM Gueymard père et Casimir de Ventavon, avocats.

La Cour de cassation, par arrêt de rejet du 24 janvier 1822 (S. 22, 1, 287), a jugé que la donation faite par contrat de mariage, et par laquelle l'un des époux donne à l'autre une somme d'argent à prendre sur ses biens, après son décès, avec hypothèque sur ses biens présents et à venir, quoique qualifiée entre-vifs par les parties, peut être considérée comme donation à cause de mort, révocable par le prédécès du donataire; que, du moins, l'arrêt qui le décide ainsi n'est pas susceptible de cassation.

Considérant, dit la Cour, que si la donation était irrévocable et assurée par une hypothèque et par une obligation de ne pas aliéner, au préjudice de la donataire, ce caractère d'irrévocabilité ne détruisait pas la condition sous laquelle la donation était faite; — que la Cour d'appel, en appréciant les termes dans lesquels est conçue la donation dont il s'agit, et en jugeant d'après l'ensemble de la clause du don, que le donateur n'avait entendu se dépouiller qu'en considération de la donataire, et en cas qu'elle lui survivrait, n'a fait qu'interpréter l'acte et l'intention des parties, et que, par conséquent, il n'a été contrevenu à aucune loi.

La Cour de cassation, par un arrêt du 6 août 1827 (S. 27, 1, 428), cassant un arrêt de la cour d'Angers, a jugé ce qui suit : de ce qu'il est dit dans un acte portant donation d'une somme d'argent, que cette somme sera prise sur les fonds et immeubles propres seulement, *qui dépendront de la succession du donateur*, il ne résulte pas que l'on puisse refuser à la donation le caractère de donation entre-vifs, si cet acte (qualifié d'ailleurs entre-vifs) porte stipulation du droit de retour au profit du donateur et constitution d'hypothèque pour sûreté du paiement de la somme donnée.

Entre autre autres motifs exprimés par la Cour, nous remarquons ceux-ci :

Attendu que l'unique raison invoquée par les juges pour refuser à la donation le caractère de donation entre vifs a été que la donation ne saisissait pas actuellement et irrévocablement le donataire, puisque la donatrice conservait la faculté d'en restreindre et même d'en détruire l'effet, soit en vendant ses immeubles, soit en contractant des dettes qui en absorberaient la valeur, et que le donataire ne se trouvait réellement investi que du droit de réclamer les 60,000 livres, si cette somme existait dans la succession ; mais que ce motif s'écarte par la considération que l'effet de l'hypothèque stipulée dans l'acte de donation était précisément d'empêcher la donatrice d'aliéner ou autrement disposer des fonds hypothéqués, au préjudice du droit réel du donataire dans les immeubles affectés.

Le 5 mars 1834 (S. 34, 2, 582) la cour de Rouen a jugé que la donation d'une somme d'argent *à prendre sur la succession du donateur*, sans garantie hypothécaire en faveur du donataire, ne renfermant pas de dessaisissement actuel et irrévocable de la part du donateur, ne constitue qu'une donation à cause de mort, bien qu'elle soit qualifiée de donation entre-vifs, et qu'il importe peu que dans l'acte le donateur ait déclaré se réserver l'usufruit de la somme donnée.

La même doctrine se retrouve dans un arrêt de la cour de Paris du 27 décembre 1834 (S. 35, 2, 166).

Attendu, dit la Cour, que la clause par laquelle la créance n'est exigible qu'après le décès de la donatrice et doit produire des intérêts seulement à compter de cette époque, ne fait nullement dépendre la donation du prédécès de la donatrice; que cette clause suspendait bien l'exercice de l'action de la donataire dans le même sens qu'un terme de paiement suspend le recouvrement d'une créance ordinaire, mais qu'elle ne suspendait pas le droit même à la nue-propriété de la créance,

Attendu qu'on ne trouve rien de contraire à la nature d'une donation entre vifs dans la clause portant que la somme sera payée sur les plus clairs et apparents deniers qui dépendront de la succession de la donatrice; que cette clause est jointe au terme de paiement et que, ne se rapportant qu'au mode d'exécution de la donation, elle est sans influence sur la disposition.

Attendu qu'il n'était pas nécessaire, pour qu'il y eût dessaisissement actuel de ladite créance, que la donatrice donnât une hypothèque sur ses biens; que l'hypothèque n'est que l'accessoire de la créance, une simple garantie d'exécution, mais que le droit à la chose donnée existe par lui-même, indépendamment de toute garantie.

La même doctrine a été consacrée par un arrêt de la cour d'Agen du 10 juin 1851 (S. 51, 2, 445).

Par arrêt de rejet du 16 mai 1855 (S. 55, 1, 490), la Cour de cassation a jugé que la donation par contrat de mariage faite par le mari à sa femme, *sous la condition de survie, d'une somme à prendre sur les valeurs mobilières et immobilières les plus claires de sa succession, au choix de la future,* constitue non une donation entre-vifs, mais une institution contractuelle, qui n'empêche pas le mari donateur de disposer de ses biens à titre onéreux et qui n'est pas garantie par l'hypothèque légale qu'a la femme pour sûreté de ses conventions matrimoniales;

Attendu, dit la Cour, qu'une pareille donation, qui ne permet pas au mari de disposer de ses biens à venir à titre gratuit au préjudice de la donataire, le laisse libre de les vendre ou de les hypothéquer; qu'elle produit seulement au profit de la femme un droit éventuel, incertain, qui peut demeurer sans aucun effet utile, qui ne se réalise qu'à l'ouverture de la succession du donateur et sur les biens qui s'y trouvent.

Deux arrêts de la cour de Rouen, l'un du 11 juillet 1856, l'autre du 20 décembre 1856 (S. 57, 2, 359), ont adopté cette doctrine.

Notre honorable confrère, M. Gueymard père, veut bien nous communiquer la note suivante :

« La limite qui sépare la *donation entre vifs* proprement dite de la *donation à cause de mort* est souvent bien difficile à saisir. Ainsi, l'arrêt ci-dessus de la Cour de Grenoble, qui a vu une *donation entre vifs* dans l'espèce qu'il a jugée, n'aurait vu très-probablement qu'une *donation à cause de mort*, si aux termes de l'acte le notaire avait ajouté ceux-ci : « *à prendre sur leur* « *succession.....* ou bien; à prendre sur les plus clairs biens « qu'ils laisseront à leur décès. » Or, il faut en convenir. la différence dans les deux stipulations paraît bien peu sensible, car lorsque le donateur sait que la somme sera payée par son *héritier*, n'est-il pas sous-entendu que ce sera avec les ressources de la succession ? Comme aussi, quand il exprime que ce sera sur *ses plus clairs biens*, ne semble-t-il pas que ce n'est que pour mieux raffermir la donation au lieu de l'atténuer en lui ôtant son caractère d'immutabilité ?

« La tendance bien prononcée de la jurisprudence est de faire de cette question une question *d'interprétation de la volonté du donateur*. (Vid. Dalloz, nos 1354, 1982, 1983.)

« Afin de rendre l'interprétation plus simple et moins arbitraire. On pourrait adopter la formule suivante pour la donation entre vifs : « .... *Lequel, en vue du mariage projeté, a déclaré* « *faire au futur époux donation entre vifs, avec dessaisis-* « *sement actuel et irrévocable et sans condition de prédécès* « *ou de survie, de la somme de ...... qui ne sera toutefois* « *exigible qu'au décès du donateur, sans intérêts jus-* « *qu'alors..... »*

« Et pour la donation *à cause de mort :* « *...... Lequel, en* « *vertu de l'art.* 1082 *du Code Nap. a déclaré faire au futur* « *époux, en vue de son mariage projeté, donation de la* « *somme de...... à titre d'institution contractuelle, ladite* « *somme payable seulement au décès du donateur, sans inté-* « *rêts jusqu'alors. »*

« La stipulation d'une hypothèque pourrait même avoir lieu dans cette dernière donation sans lui ôter son caractère de donation à cause de mort. Toutefois, il serait prudent de la faire précéder de ces mots : « *Et sans modifier en rien la nature* *de la présente donation à cause de mort, le donateur, afin* *d'assurer son efficacité, a consenti hypothèque sur .....* »

« Il est vrai que la stipulation du *droit de retour,* en cas de survie du donateur, produirait aussi, dans la *donation entre* *vifs,* un effet à peu près semblable à celui de la *caducité* proprement dite de l'art. 1089. Mais cette donation donnerait dès à présent ouverture au droit de mutation, qui ne serait pas restitué, même au cas où le retour s'exercerait ; tandis que ce droit de mutation n'est perçu, quand la donation n'est faite qu'à cause de mort, qu'au décès du donateur et en tant que la donation n'est pas devenue caduque par le prédécès du donataire et de sa postérité. »

Fréd. TAULIER.

DEMANDE EN VALIDITÉ DE SAISIE-ARRÊT. — DEMANDE RECON-VENTIONNELLE EN DOMMAGES-INTÉRÊTS. — DERNIER RES-SORT.

Lorsqu'une demande en validité de saisie-arrêt s'applique *à une somme inférieure à 1,500 fr., il importe peu que la demande reconventionnelle en dommages-intérêts, formée par le défendeur, excède cette somme; la demande en dommages doit être considérée comme étant fondée sur la demande principale, et, dès lors, le jugement rendu est en dernier ressort.* (Art. 1er et 3 de la loi du 11 avril 1838.)

Nicolas — C. Blanchin.

ARRÊT.

Sur la fin de non-recevoir contre l'appel en ce qui touche le fond du droit :

Attendu qu'aux termes de l'art. 1er de la loi du 11 avril 1838, les tribunaux de première instance connaissent, en dernier ressort, des actions personnelles et mobilières jusqu'à la somme de 1,500 fr.;

Attendu que la demande de Me Blanchin n'arrive pas à cette somme;

Attendu qu'à la vérité, Nicolas, défendeur à la demande en validité des saisies-arrêts opérées par Me Blanchin, a pris, en première instance, des conclusions tendantes à l'obtention de 2,000 fr. de dommages-intérêts; mais que ces conclusions étant fondées exclusivement sur la demande principale, il y a lieu, d'après les dispositions de l'art. 3 de la même loi, de décider que le tribunal a statué en dernier ressort;

Attendu que la distinction que l'appelant fait entre les saisies-arrêts et la demande en validité, est sans fondement, la demande en validité n'étant que le complément de la saisie, puisque celle-ci tombe, faute de demande en validité dans le délai de huitaine, d'où il faut conclure que la demande en validité donne seule effet à la saisie;

La Cour, ouï M. Gautier, avocat général, en ses conclusions motivées, déclare l'appel sur le fond du droit non recevable.

Arrêt du 26 mars 1858. — 2me chambre. M. Duport-Lavillette, président; M. Gautier, avocat général. — MM. Amat et Allemand, avoués. — MM. Fréd. Taulier ét Mathieu de Ventavon, avocats.

Voici les observations très-dignes d'être recueillies que l'on trouve sur cette question dans la collection des lois de Duvergier, sous l'art. 3 de la loi du 11 avril 1838 :

Il peut se présenter, dit M. Duvergier, des occasions où il sera difficile de décider si la demande en dommages-intérêts est exclusivement fondée sur la demande principale.

M. *Persil*, rapporteur, qui était opposé à l'adoption du dernier paragraphe de l'art. 3, a présenté l'hypothèse suivante :

« Je soutiens que vous me devez la somme de 1,200 fr., et, pour sûreté de cette somme de 1,200 fr., je forme une opposition sur vous; je vous assigne en condamnation devant le juge de première instance. Il ne s'agit que de 1,200 fr.; il a le droit de juger en dernier ressort. Vous vous présentez, et, pour toute défense, vous dites que vous ne devez pas, et vous le prouvez; mais vous ajoutez que, par l'opposition que j'ai formée contre vous, je vous ai porté un immense préjudice ; que, par exemple, je vous ai fait faillir, en vous empêchant, par mon opposition, de payer vos créanciers : vous concluez à 100,000 fr. de dommages-intérêts.

« Eh bien, a-t-il dit, d'après la disposition qu'on vous propose, le tribunal, jugeant que mon opposition est mal fondée, me condamnera en dernier ressort à 100,000 fr. de dommages-intérêts. Je crois que cette disposition est mauvaise. »

Ce langage ne pourrait pas être tenu maintenant et en présence du texte de la loi, tel qu'il a été rédigé ; car, dans ce cas-là, la demande en dommages-intérêts ne serait pas fondée exclusivement sur la demande en condamnation ou en déclaration de validité de la saisie-arrêt : elle aurait pour cause véritable la saisie même.

Cette distinction, qui peut d'abord paraître un peu subtile, est, je crois, parfaitement exacte.

Quelques orateurs ont présenté à la chambre des députés des observations qui, sans avoir un trait direct à la question que j'examine ici, peuvent, cependant, être considérées comme favorables à mon opinion.

« Supposez, a dit M. *Pascalis*, qu'à l'occasion d'une saisie

9

faite au préjudice d'un négociant, d'un homme jouissant d'une grande considération, il soit allégué que cette saisie nuit à son crédit, et qu'en conséquence, une demande en dommages et intérêts soit formée; cette demande en dommages-intérêts est alors principale. Remarquez qu'il n'y a pas, dans ce cas, de demande formée de la part du saisissant. Il n'existe en son nom aucune action en justice; il y a une procédure en saisie. La demande en dommages-intérêts du saisi est donc alors principale et non incidente ou accessoire. Cette demande se trouve, par conséquent, régie par les règles ordinaires; elle est sujette à l'appel si, par son chiffre, elle excède le taux du dernier ressort. »

Sans doute, M. *Pascalis* raisonnait dans l'hypothèse où il y avait eu une saisie mobilière ou immobilière, et il disait, avec vérité, que comme le saisissant n'avait pas formé une demande en justice, il n'était pas possible d'admettre que c'était sur sa demande que se fondait le défendeur pour réclamer des dommages-intérêts. Mais on n'est pas autorisé à tenir tout-à-fait le même langage, lorsqu'il y a eu saisie-arrêt, suivie d'une demande en validité, conformément à l'art. 563 du Code de procédure civile : alors il y a bien demande en justice formée par le saisissant. A mon avis, on n'en aura pas moins le droit d'appeler du jugement qui aura statué sur la demande en dommages-intérêts, si cette demande excède 1,500 fr., parce qu'on pourra dire que les dommages qui ont été réclamés sont la réparation du tort qu'a causé l'opposition elle-même; qu'ainsi, la demande reconventionnelle n'est *pas fondée*, et surtout n'est pas *exclusivement fondée* sur la demande principale.

Ces observations prouvent au moins combien la question est délicate.

Fréd. Taulier.

BREVETS D'INVENTION. — CONTREFAÇON. — DEMANDE EN
SURSIS. — COMBINAISON NOUVELLE DE MOYENS CONNUS. —
IMITATION PARTIELLE DU PROCÉDÉ BREVETÉ. — CONFISCA-
TION.

I. — *N'est pas recevable la demande en sursis formée par
un prévenu de contrefaçon poursuivi correctionnellement,
sur le motif qu'il a intenté une action civile en nullité et
déchéance du brevet, base de la poursuite, s'il est constant
que son action civile ne repose que sur des moyens identiques
à ceux proposés déjà par lui comme exception devant la
juridiction correctionnelle.*

*Il en doit être ainsi notamment si l'action civile n'a été
introduite que dans le cours de l'instance d'appel.*

II. — *Est brevetable la combinaison nouvelle de moyens
du domaine public si elle a pour but d'obtenir un résultat industriel non encore atteint.*

III. — *Quoique l'appareil poursuivi présente des différences
avec l'appareil breveté, la contrefaçon doit être déclarée s'il
est constant que nonobstant ces différences le prévenu, en
se servant des moyens essentiels pour l'obtention du résultat
industriel, arrive ou peut arriver à le produire.*

IV. — *La confiscation doit être restreinte aux organes
contrefaits, s'il est reconnu que ceux non argués de contrefaçon peuvent en être facilement détachés en laissant intact
l'appareil poursuivi.* (Loi du 5 juillet 1844.)

Bourgeat et Frutton — C. les cessionnaires des brevets
Rolland.

Par exploit du 25 mars 1857, Alexandre Depas, en sa qualité de cessionnaire du brevet d'invention Rolland, a fait assigner Bourgeat et C⁶ devant le tribunal civil de Vienne,
jugeant correctionnellement, pour avoir établi à Vienne un

four qui, suivant lui, dans ses parties essentielles, est une contrefaçon de l'appareil breveté en faveur de Rolland, laquelle consiste principalement dans l'imitation de la sole tournante et de l'appareil produisant le chauffage continu.

Par jugement du 30 dudit mois de mars, le tribunal a commis trois experts à l'effet de constater si l'appareil produit par Bourgeat est une contrefaçon de celui breveté au profit de Rolland et de s'expliquer sur divers autres points indiqués.

Les experts ont dressé leur rapport le 7 octobre 1857, lequel a été déposé au greffe du tribunal le 16 dudit mois.

L'affaire étant revenue à l'audience a été plaidée contradictoirement sur les conclusions respectivement prises, et le 14 décembre 1857 le tribunal a rendu le jugement dont voici les motifs :

Attendu que les articles 33 et 72 du décret du 31 mars 1808 autorisent les parties à modifier leurs conclusions en tout état de cause ;

Attendu que les moyens développés par Me Rebour, avocat de Depas et consorts, cessionnaires du sieur Rolland, ne sont que les corollaires de la demande formulée dans l'assignation du 25 mars dernier ;

Attendu, au fond, que la loi du 18 juillet 1844 considère comme invention ou découverte nouvelle l'application de moyens connus pour l'obtention d'un produit ou d'un résultat industriel ;

Attendu que la réunion opérée par le sieur Rolland, dans l'exécution de son four à cuire le pain, de moyens ou appareils employés antérieurement, mais isolément, par Pukan, Mouchet, Aribert et autres inventeurs, constitue l'application nouvelle de moyens connus, prévue par l'article 2 ci-dessus analysé de la loi de 1844 ;

Que cela est si vrai, que soit Pukan, soit Mouchet, soit Aribert, n'emploient individuellement dans leurs appareils que l'un ou deux au plus de ces moyens ; que le four Pukan à sole tournante est chauffé directement; que le four aérotherme est à sole fixe; que si bien le four Aribert est à sole mobile et à foyer indépendant, ce four est à double cloche et placé en contre-bas du sol; que la sole est mise en mouvement par un levier avec solution de continuité, perte de temps, perte de chaleur par l'ouverture de deux portes, et partant, cuisson inégale, tandis que Rolland a coordonné la sole tournante mue par la chaîne dite à la Vaucanson, le foyer indépendant avec le chauffage de l'air permanent, sans injection du dehors, avec une seule ouverture, rendant l'enfournement et le défournement plus prompts avec le thermomètre et l'œillère ;

Que ces diverses combinaisons résultant de recherches scientifiques et mécaniques ont eu pour conséquence d'amener un progrès dans la cuisson du pain, qui se pratique avec plus de rapidité, de continuité et de régularité, et en qualités diverses durant la même fournée, en même temps de produire un résultat industriel, puisque le pain sort du four exempt de traces de cendres, de charbon et de fleurage, avantages qui ne se réalisent pas par l'emploi des appareils antérieurement connus;

Attendu que ces combinaisons nouvelles constituent réellement une innovation susceptible d'être brevetée ;

Attendu que les formalités nécessaires à l'obtention d'un brevet ont été remplies et sanctionnées en 1851, au profit du sieur Rolland, par un arrêté du ministre du commerce et des travaux publics, agissant dans le cercle de ses attributions, et qu'un certificat d'addition lui a en outre été accordé en 1852, de conformité à l'article 16 de la loi de 1844; pour l'adjonction d'une chaudière destinée à compléter son appareil, d'où il suit que Rolland ou son cessionnaire a le droit exclusif aux termes des articles 1er et 19 de la loi ci-dessus rappelée, d'exploiter l'invention du four à sole tournante, foyer indépendant, chauffage de l'air permanent, ouverture unique, œillère et thermomètre;

Qu'il serait superflu de démontrer plus amplement à Reynaud et Bourgeat l'opportunité de cette obtention, puisqu'ils ont pensé eux-mêmes que cette découverte était susceptible d'être brevetée ultérieurement pour leur propre compte en 1856;

Attendu, en effet, que le four Reynaud-Bourgeat se compose des mêmes principes et des mêmes éléments que le four Rol-

land ; que le fonctionnement est le même et les résultats
identiques ; que l'on n'y a apporté d'autres modifications que de
changer l'emplacement du foyer en le poussant de la circonfé-
rence au centre, et de faire reposer la sole sur des galets au lieu
d'un pivot ; que ce n'est là ni une invention nouvelle, ni une
application nouvelle de moyens déjà connus ; que ce n'est qu'un
emploi des mêmes procédés, une imitation servile, déguisée
sous l'apparence du déplacement insignifiant de certains agen-
cements, sans création de produit ou d'un résultat industriel
nouveau ;

Attendu que Bourgeat, par l'établissement d'un four dans les
conditions qui viennent d'être indiquées, place du Bacon, à
Vienne, a porté une atteinte aux droits conférés à Rolland par
son brevet ;

Que ce fait constitue le délit de contrefaçon prévu et puni
par l'article 40 de la loi de 1844, etc.

Sur l'appel dont il s'agit, formé envers ce dernier jugement par les sieurs Bourgeat et Cᵉ, ces derniers, ayant été
postérieurement déclarés en faillite, ont été assignés ainsi
que le sieur Frutton, syndic de la faillite, pour comparaître
devant la cour à l'audience du 21 janvier, lors de laquelle
la cause fut renvoyée, sur la demande des parties, au 26 février. A cette audience, la Cour, après avoir entendu le rapport, renvoya l'affaire au lendemain, puis successivement
aux audiences des 3, 5 et 6 courant, pour entendre les
plaidoiries et la prononciation de l'arrêt.

Mais par exploit du 10 dudit mois de février, les sieurs
Bourgeat et Cᵉ et le syndic de leur faillite avaient fait signifier à M. le procureur général près la Cour impériale de
Grenoble, et au sieur Depas : 1° copie de la requête
présentée le 27 janvier précédent par les sieurs Bourgeat
et Cᵉ, à M. le président du tribunal civil de la Seine, en permission d'assigner à bref délai le sieur Lesobre, directeur
de la société Rolland, en nullité et en déchéance des brevets
d'invention Rolland dont il s'agit ; 2° copie de l'assignation

du 3 février 1858, signifiée au sieur Lesobre, en sa qualité, aux fins ci-dessus, à la requête desdits sieurs Bourgeat et Cᵉ et de leur syndic, devant le tribunal civil de la Seine. Dans cette signification du 10 février, il était fait sommation au sieur Depas de suspendre les poursuites de l'instance pendante devant la chambre correctionnelle de la Cour impériale de Grenoble, sur l'appel du jugement précité, jusqu'à ce qu'il eût été statué, par le tribunal civil de la Seine, sur la demande pendante entre eux et le sieur Lesobre; pareille interpellation a été faite à M. le procureur général.

ARRÊT.

Attendu que l'art. 46 de la loi du 5 juillet 1844 permet aux tribunaux correctionnels, lorsque l'action en contrefaçon est portée devant cette juridiction, d'apprécier toutes les exceptions résultant de la nullité ou de la déchéance du brevet; d'où il suit que la demande en nullité du brevet d'invention de Rolland, portée par Bourgeat devant le tribunal civil de la Seine, ne saurait donner lieu au sursis demandé par l'appelant; que c'est d'autant mieux le cas de rejeter la demande en sursis, que cette action en déchéance n'a été formée que tardivement et après la date de l'appel soumis à la Cour;

Attendu que de l'examen comparatif des fours Rolland et Reynaud-Bourgeat, il résulte qu'ils sont semblables dans leur résultat, leur condition de fonctionnement et leur principe; que les modifications apportées dans certaines dispositions au four Bourgeat sont sans importance, et ne peuvent par conséquent enlever à Rolland le privilége de sa découverte, à moins qu'elle ne soit elle-même la copie d'un procédé connu tombé dans le domaine public;

Attendu qu'aux termes de l'art. 2 de la loi du 5 juillet 1844, sont considérées comme inventions ou découvertes nouvelles : 1° l'invention de nouveaux procédés industriels; 2° l'invention de nouveaux moyens ou l'application nouvelle de moyens connus, pour l'obtention d'un résultat ou d'un produit industriel;

Attendu que, s'il est vrai que le résultat industriel que produit Rolland par son appareil n'est pas nouveau, il est hors de doute qu'il l'obtient par des moyens nouveaux ou par l'application nouvelle de moyens connus, et qu'il suffit pour la validité de son brevet que l'une de ces deux conditions soit démontrée;

Attendu qu'il est constant que personne avant Rolland n'est arrivé à des résultats aussi complets, aussi économiques, et par conséquent aussi utiles à l'industrie de la panification; que ces résultats ressortent de tout l'ensemble de son appareil, notamment de la répartition égale de chaleur se maintenant au degré voulu; 2° de la facilité de l'enfournement et du défournement des pains de diverses qualités, et dont la cuisson ne doit pas avoir la même durée; 3° du revêtement de la sole circulaire de briques réfractaires pour empêcher au pain de brûler par son contact avec la tôle; 4° de la propreté parfaite du pain; 5° de la possibilité d'inspecter sur toute la surface de la tôle l'état de cuisson des pains, à l'aide d'un éclairage à l'intérieur du four par un bec de gaz:

Attendu que ces combinaisons diverses sont autant d'applications nouvelles de moyens connus, qui ne se rencontrent réunis, ni dans le four Aribert, ni dans ceux qui ont précédé, et qu'elles forment ainsi un procédé de panification brevetable;

Attendu qu'il est suffisamment établi que la chaudière à vapeur peut être séparée de l'appareil, sans l'altérer dans sa substance et son fonctionnement comme four; que, d'ailleurs, l'adjonction d'une chaudière à vapeur n'entre pas dans l'invention brevetée de Rolland; d'où il suit qu'il y a lieu d'excepter de la confiscation ordonnée la chaudière établie par Bourgeat;

Adoptant au surplus les motifs des premiers juges;

La Cour, par ces motifs, ouï les conclusions de M. Alméras-Latour, premier avocat général, sans s'arrêter à l'appel de Bourgeat envers le jugement du tribunal de Vienne en date du 14 décembre dernier, non plus qu'à sa demande en sursis, confirme le jugement pour être exécuté suivant sa forme et teneur, ordonne néanmoins que dans la confiscation prononcée ne sera pas comprise la chaudière à vapeur adoptée par Bourgeat à l'établissement de son four, condamne Bourgeat et Fruton, en sa qualité de syndic, en tous les dépens d'appel; et interprétant en tant que de besoin la disposition du jugement relative à l'affiche et à l'insertion dans les journaux, ordonne qu'elles auront lieu conformément au jugement, mais seulement par extrait, les frais d'affiche et d'insertion n'étant considérés que comme frais de première instance, et à la charge de Bourgeat seul, lesdits frais liquidés à.......

Arrêt du 6 mars 1858 — 4e Chambre. M. Maurel de Roche-belle, conseiller-doyen, président; M. Charransol, conseiller-rapporteur; M. Alméras-Latour, premier avocat général. — MM. Chabert et Michal, avoués. — MM. Giraud. et Rebour du barreau de Paris, avocats.

Voici, en ce qui concerne la première question, les observations pleines de sens et de vérité qui se trouvent dans le *Répertoire du Journal du Palais*, tom. 2, pag. 715., au mot Brevet d'invention, nos 520 et suivants :

On a vu plus haut (nos 409 et suiv.) que le tribunal correctionnel saisi d'une action pour délit de contrefaçon est compétent pour statuer sur les exceptions qui seraient tirées par le prévenu, soit de la nullité ou de la déchéance du brevet, soit des questions relatives à la propriété du brevet. — Mais que doit-on décider à l'égard des demandes qui auraient été portées devant la juridiction civile par le prévenu depuis l'introduction de l'instance en contrefaçon? — Un député, M. Delespaul, proposait pour ce cas l'évocation d'une juridiction à l'autre ; attendu que si la faculté de former des demandes devant les tribunaux civils, était pour le prévenu un moyen facile de retarder la décision du procès en contrefaçon, la loi en investissant les tribunaux correctionnels d'une compétence qui pourrait être éludée, n'aurait paré à aucun inconvénient.

Toutefois cette proposition n'a pas été appuyée, et la chambre des pairs, malgré de vives sollicitations, s'est refusée à l'introduire dans la loi. — Voici ce que disait son rapporteur : « Il nous a paru que la disposition réclamée n'était point nécessaire; qu'elle pourrait même, dans certains cas, excéder le dessein que vous aviez eu en formulant l'art. 46, dont les termes paraissent suffire pour tarir, dans la plupart des cas, la source des abus signalés. *La jurisprudence fondée sur l'art.* 182, *C. for.*, *pourra ou plutôt devra toujours servir de règle aux tribunaux.* Saisi du jugement des délits de contre-façon, le tribunal correctionnel aura à apprécier les circons-tances de la cause. Suivant que de ces circonstances résultera le plus ou moins de bonne foi des parties, ou il accordera le sursis, en fixant un délai raisonnable pendant lequel l'action civile sera jugée, ou il refusera le sursis demandé, s'il voit que ce sursis n'est qu'un prétexte pour échapper aux dispositions dudit art. 46, et pour reproduire ce circuit d'actions, ce double pro-cès que le législateur a voulu éviter. C'est ainsi, nous l'espérons du moins, que l'on échappera, dans la pratique, aux inconvé-nients que vous avez voulu prévenir, que l'on pourrait encore redouter. Nous nous confions à cet égard et sans réserve à la sagesse, à la prudence et au discernement des juges. » Loiseau et Vergé sur l'art. 46.

Ainsi le tribunal correctionnel reste libre d'accorder ou de refuser le sursis selon les circonstances ; et c'est alors que M. Et. Blanc (p. 355) pense que si le prévenu veut assigner directe-ment le propriétaire du brevet en déchéance ou en nullité, les juges correctionnels devront *nécessairement* surseoir. — Cette opinion va directement contre l'esprit de la loi. — Goujet et Merger, n° 115.

Il est certain, au surplus, que le sursis peut être demandé en tout état de cause tant qu'il n'est pas intervenu de jugement. — Et. Blanc, et Goujet et Merger, *loc. cit.*

Mais la compétence exceptionnelle attribuée par la loi aux tribunaux correctionnels en ce qui touche les questions de nul-lité, de déchéance ou de propriété du brevet doit elle-même être restreinte dans des termes raisonnables. « Les tribunaux correctionnels, dit M. Renouard (n° 22), n'ont d'attribution que pour dire si la plainte en contrefaçon est recevable et si elle est fondée, et pour déduire, de leurs décisions sur ces deux ques-tions, les applications légales ; lorsque des conventions consen-ties entre les parties seront soumises au juge correctionnel, il n'aura à les examiner que dans leurs rapports avec ces deux questions. L'action est-elle recevable ? la contrefaçon existe-t-elle? — Ce n'est que pour décider si l'action est recevable que la juridiction pénale a été investie par l'art. 46 du pouvoir de connaître des exceptions sur les déchéances et la propriété.

Quand des questions concernant l'exécution des contrats surgiront dans le cours des débats et quand ces questions ne toucheront ni la recevabilité de l'action ni la vérification du fait de contrefaçon, le tribunal correctionnel devra se déclarer incompétent quant à ce point. »

Fréd. TAULIER.

POSSESSION DE BOIS COUPÉS EN DÉLIT. — PRÉSOMPTION DE CULPABILITÉ OU DE COMPLICITÉ. — PREUVE CONTRAIRE.

En matière forestière, la seule possession de bois coupés en délit constitue contre le possesseur une présomption de culpabilité ou de complicité, et c'est à lui à détruire cette présomption par la preuve contraire. (Art. 192, 193, 200 et 202, Cod. forest.)

L'administration des eaux et forêts — C. Jean Borne — en présence de M. le procureur général.

Par procès-verbal régulier, en date du 17 mai 1857, dressé par le garde Jean-Pierre Vert, Jean Borne fut prévenu d'avoir, le 17 mai 1857, dans la forêt de Luz la Croix-Haute, au canton appelé Chamousset, enlevé un sapin vert de 12 décimètres de tour, et ce avec récidive.

Sur la poursuite de l'administration forestière, le tribunal de Die renvoya Borne des fins de la plainte, par jugement du 30 juillet 1857, ainsi conçu :

Attendu que le délit constaté par le procès-verbal ci-dessus visé ne peut pas être imputé au nommé Borne, puisque rien ne justifie qu'il en soit l'auteur ou le complice ; que n'ayant reçu aucuns bois dans sa scierie en contravention à la loi, il ne peut pas être déclaré responsable du fait de celui qui, à son insu, pendant la nuit, aurait déposé près de son usine du bois de délit ; que, d'ailleurs, l'établissement de son usine n'ayant pas été soumis à l'autorisation prescrite par l'art. 155 du Code forestier, les dispositions des articles 157 et 158 du même Code ne peuvent, dans aucun cas, être invoquées contre ledit Borne.

Par ces motifs, etc.

L'administration forestière a interjeté appel :

ARRÈT.

Attendu qu'en matière forestière, il résulte de la seule possession de bois de délit des indices de fraude qui sont la conséquence de cette possession, et que c'est à celui entre les mains duquel ils sont trouvés à détruire la présomption de fraude que la loi élève contre lui; que l'allégation du prévenu, que les arbres ont été placés sur sa propriété, au milieu des siens, à son insu, ne suffit pas pour détruire cette présomption; que s'il en était autrement, le droit de suite sur les objets enlevés demeurerait sans résultat pour la vindicte publique, et les délits forestiers, ordinairement commis de nuit, seraient le plus souvent sans répression;

Attendu, en fait, que le procès-verbal du garde forestier de Luz la Croix-Haute, régulier en sa forme, constate que le bois coupé en délit a été trouvé sur l'emplacement de la scierie et au milieu des bois qui se trouvaient déposés sur ce même terrain; que le prévenu n'a pas demandé à détruire la présomption de culpabilité ou de complicité qui résulte contre lui du procès-verbal du garde forestier; qu'il doit dès lors être déclaré coupable du délit qui lui est reproché;

Par ces motifs, la Cour, faisant droit à l'appel émis par l'administration forestière envers le jugement du tribunal correctionnel de Die, à la date du 30 juillet dernier, donne défaut contre Jean Borne, réforme ledit jugement, et par décision nouvelle, faisant ce que les premiers juges auraient dû faire, déclare Jean Borne coupable du délit de coupe et enlèvement d'un sapin de 12 décim. de tour; et en réparation, lui faisant application des articles 192, 198, 200 et 202 du Code forestier, 52 du Code pénal et 194 du Cod. d'instruction crim. dont M. le président a donné lecture, etc.

Arrêt du 10 décembre 1857 — 4e chambre. M. Petit, président. M. Masse, conseiller rapporteur. — M. Jacquot, inspecteur, pour l'administration forestière.

VOITURES PUBLIQUES. — POLICE DU ROULAGE. — EXCÉDANT
DE VOYAGEURS. — RESPONSABILITÉ CIVILE.

*La loi du 30 mai 1851 sur la police du roulage n'a pas
abrogé la loi du 25 mars 1817 sur les voitures publiques : ces
deux lois sont distinctes et les peines édictées par l'une et par
l'autre doivent être appliquées simultanément. — Tout propriétaire de voiture est responsable des amendes, dommages-
intérêts et frais auxquels est condamnée la personne par lui
préposée à la conduite de sa voiture.*

L'administration des douanes et des contributions indirectes
— C. Faure aîné.

Le 24 juillet 1857, les employés des contributions indirectes ont dressé contre le sieur Faure, conducteur de diligences de MM. Poulin, Aubert et Cie, un procès-verbal pour
excédant de deux voyageurs. Par suite de ce procès-verbal,
Faure a été assigné devant le tribunal d'Embrun, soit à la
requête du ministère public, en vertu de la loi du 30 mai
1851, soit à la requête de l'administration, en vertu de celle
du 25 mars 1817.

Par jugement du 13 août 1857, le tribunal d'Embrun a fait
droit aux réquisitions du ministère public et a rejeté les conclusions de l'administration, par le motif que la loi de 1817
avait été abrogée par celle de 1851.

Voici les termes du jugement :

Considérant qu'il est résulté d'un procès-verbal dressé le 24 juillet
1857, par les employés des contributions indirectes, que la voiture
publique faisant le service entre Gap et Embrun contenait un excédant de deux voyageurs :
Considérant que le sieur Faure aîné, conducteur, a avoué à l'audience que la contravention ci-dessus a été réellement commise.
Considérant que ce fait constitue le délit prévu par le § 3, n° 3 de

l'article 2 de la loi du 30 mai 1851 sur la police du roulage, et puni par l'art. 6 de la même loi;

Considérant que les peines portées par la loi antérieure de 1817 ne peuvent être cumulativement prononcées avec celles édictées par la loi de 1851, et que ladite loi de 1817 a été évidemment abrogée pour tout ce qui concerne ses dispositions qui sont en contradiction avec celles de la loi postérieure;

Considérant que la citation donnée à la requête du ministère public étant seule valable, celle qui a été donnée à la requête de l'administration doit être annulée;

Considérant néanmoins qu'il existe des circonstances atténuant c en faveur du prévenu.

Par ces motifs,

Le tribunal a rejeté et rejette l'assignation donnée à la requête de l'administration des contributions; faisant droit aux réquisitions du ministère public, a déclaré ledit Faure dûment atteint et convaincu du délit qui lui est imputé, en réparation de quoi l'a condamné et le condamne à 25 fr. d'amende et aux dépens; déclare la compagnie Aubert et Poulin responsable aux termes de l'art. 13 de la même loi, de la condamnation qui vient d'être prononcée.

Par exploit du 9 septembre 1857, l'administration des douanes et des contributions indirectes a interjeté appel de ce jugement devant la Cour impériale de Grenoble.

ARRÊT.

Considérant qu'il est établi par un procès-verbal régulier dressé le 24 juillet 1857 par les employés des contributions indirectes que la voiture publique dont le sieur Faure était conducteur contenait un excédant de deux voyageurs;

Considérant que ce fait constitue une contravention à l'art. 116 de la loi du 25 mars 1817 sur les voitures publiques, comme à l'art. 2 de la loi du 30 mars 1851 sur la police du roulage, et que le sieur Faure est simultanément passible des peines prononcées par les lois précitées;

Considérant que c'est à tort que le jugement dont est appel a déclaré que les peines portées par la loi de 1817 ne pouvaient être cumulativement prononcées avec celles édictées par celle de 1851, par le motif que la loi de 1851 avait abrogé celle de 1817, ces deux lois étant et demeurant parfaitement distinctes;

Considérant qu'il suit de là que les conclusions prises par l'administration des douanes et des contributions indirectes devaient être accueillies par les premiers juges tout comme celles du ministère public ;

Par ces motifs, la Cour, faisant droit à l'appel de l'administration, réforme le jugement du tribunal correctionnel d'Embrun du 13 août dernier, en tant qu'il a rejeté les conclusions de l'administration des douanes et des contributions indirectes, le confirme pour le surplus; en conséquence, déclare le conducteur Faure coupable de contravention à l'art. 116 de la loi du 25 mars 1817 ; en réparation , et par application de l'art. 122 de la même loi, le condamne, etc.

Arrêt du 24 décembre 1857. — 4me chambre; M. Petit, président ; M. Alméras-Latour , premier avocat général; M. Masse, conseiller-rapporteur. — M. Rabatel, avoué, représentant l'administration. — M. Sisteron, avocat du prévenu.

DÉCISIONS ADMINISTRATIVES.

ÉVÊCHÉ. — FABRIQUE. — DÉLIVRANCE DE LEGS. — AUTORISA-
TION. — COMPÉTENCE.

*Aucune disposition de loi ne rend un conseil de préfecture
compétent pour prononcer sur la demande d'un évêque tendant à obtenir l'autorisation de poursuivre la délivrance
d'un legs mobilier fait à un monument qui est la propriété
des évêques du diocèse. — Un conseil de préfecture est compétent pour autoriser une fabrique à poursuivre la délivrance
de legs qui lui ont été faits.*

L'évêque de Grenoble — la Fabrique de Lans.

Le Conseil de préfecture de l'Isère,

Vu la délibération par laquelle la fabrique de Lans demande
a être autorisée à poursuivre devant les tribunaux compétents
la demoiselle Joséphine Marcoz, en paiement de divers legs qui
ont été faits à ladite fabrique par le sieur Marcoz décédé et dont
elle refuse la délivrance ;

Vu également une demande faite par Mgr l'évêque de Grenoble, à l'effet d'être autorisé aux mêmes fins pour la délivrance
d'un legs qui aurait été fait au monument de la Salette, propriété des évêques de Grenoble ;

Vu le décret impérial qui a autorisé l'acceptation de ces différents legs ;

Vu la copie du testament du sieur Marcoz et les autres pièces
du dossier ;

Vu le décret du 6 novembre 1813 ;

Attendu, au sujet de la demande faite par l'évêque de Grenoble , que le conseil n'a point à en connaître, aucune disposition de loi ne rendant ledit conseil compétent lorsqu'il s'agit des droits mobiliers des évêchés ; réservant la question, en ce qui concerne la fabrique de Lans.

ARRÊTE :

La fabrique de Lans est autorisée à ester en justice aux fins de sa demande.

Arrêté du 20 mars 1857. — M. de Butler, rapporteur.

COMMUNE. — FRAIS DE PROCÈS. — RÔLE SPÉCIAL. — TAXE IMPOSÉE A UN PROPRIÉTAIRE. — MISE EN DEMEURE DE PRENDRE OU NON PART AU PROCÈS.

Un propriétaire imposé au rôle spécial qui a été dressé pour le paiement des frais d'un procès perdu par une commune, n'a pas droit à être déchargé de sa taxe, par le motif qu'il n'aurait jamais été mis en demeure de prendre ou non part à ce procès, lorsque ses propriétés sont situées dans la commune, mais en dehors de la section contre laquelle le procès a été intenté.

M. de X. — C. la commune de Saint-Guillaume.

Le Conseil de préfecture de l'Isère,

Vu la pétition, en date du 31 mai dernier, par laquelle M. de X.., propriétaire à Saint-Guillaume, demande décharge de la taxe à laquelle il a été imposé au rôle spécial dressé pour le paiement des frais du procès perdu par la commune de Saint-Guillaume contre la section de Grisail, qui en dépend, et ce, par le motif qu'il n'aurait jamais été mis en demeure de prendre ou non part au procès intenté à ladite section par le surplus de ladite commune ;

Vu la délibération du 7 du courant par laquelle le conseil municipal de Saint-Guillaume repousse la prétention de M. de X.. en alléguant, 1° que le réclamant n'est pas propriétaire à Grisail ; 2° qu'à l'époque du procès il n'était pas membre du conseil municipal, ni même au nombre des plus imposés ;

Vu l'art. 58 de la loi du 18 juillet 1837 ;

10

Considérant que la commune de Saint-Guillaume, légalement représentée par son conseil municipal, a été autorisée à plaider contre la section de Grisail, et qu'il n'y avait pas lieu de consulter les divers propriétaires intéressés ou non ;

Considérant que la commune ou section qui succombe dans une action judiciaire, contre une autre section, doit supporter seule toutes les charges ou contributions pour l'acquittement des frais et dommages-intérêts qui résultent du fait du procès ;

Considérant que M. de X... reconnaît que ses propriétés sont situées sur le territoire de Saint-Guillaume, en dehors de celui de la section de Grisail ;

Que dès lors, c'est à juste titre qu'il a été imposé au rôle spécial contre lequel il réclame.

Arrête :

La demande en décharge présentée par M. de X... est rejetée.

Arrêté du 26 juin 1857. — M. Petit, rapporteur.

ADJUDICATION DE TRAVAUX PUBLICS. — CESSION NON AUTORISÉE. — JUGEMENT CIVIL. — DEMANDE DU CESSIONNAIRE. — COMPÉTENCE.

Le cessionnaire d'un adjudicataire de travaux publics intéressant une commune n'a pas qualité pour demander à cette commune le paiement des travaux adjugés, lorsque la cession n'a pas été autorisée par l'administration, et que le cédant a été déclaré adjudicataire sous la condition de ne pouvoir céder son entreprise ni avoir de sous-traitants.—Un conseil de préfecture est incompétent pour apprécier et appliquer un jugement sur lequel le demandeur fonde ses droits, en qualité de cessionnaire.

Joseph Roy — C. la commune de Saint-Agnin.

Le Conseil de préfecture de l'Isère,

Vu l'assignation en paiement d'une somme de 2,023 fr. 16 c. avec intérêts du 20 février 1839, donnée à la commune de Saint-Agnin, par exploit du 28 juin 1853, à la requête du sieur Joseph Roy, propriétaire, domicilié à Saint-Agnin ;

Vu le procès-verbal de l'adjudication des travaux de reconstruction de l'église de Saint-Agnin, tranchée le 27 février 1839 en faveur du sieur Joseph France, entrepreneur, domicilié à Culin, au prix de 10,495 fr. 10 c. et approuvée le 11 mars suivant;

Vu l'extrait du jugement rendu par le tribunal civil de Vienne, le 13 août 1841;

Vu la loi du 28 pluviose an 8;

Ouï, au nom de M. Roy, Me Giraud, avocat, qui a exposé que suivant procès-verbal de réception d'œuvre dressé le 5 juillet 1848, par M. Peyronnet, architecte, les travaux de construction de l'église de Saint-Agnin s'élèvent à 11,820 fr. 55 c.; qu'il a été payé à compte sur cette somme 9,797 fr. 40 c.; que le sieur Roy, cessionnaire du sieur Faure, adjudicataire des travaux dont il s'agit, a vainement demandé à la commune le paiement de ce qu'elle devait à son cédant et a conclu à ce que la commune de Saint-Agnin soit condamnée à payer au demandeur, avec intérêts à partir du jour de l'adjudication, la somme de 2,023 fr. 16 c. et aux dépens.

Ouï, pour la commune de Saint-Agnin, Me Sisteron, avocat, qui a soutenu que l'administration n'a jamais connu ni autorisé la cession dont le sieur Roy cherche à se prévaloir, et que le sieur France, adjudicataire, n'a jamais été dégagé des obligations de son marché; que le demandeur fonde ses droits contre la commune en sa qualité de cessionnaire du sieur France sur un jugement du tribunal civil de Vienne, du 13 août 1841, qui, après avoir validé une saisie-arrêt pratiquée contre l'adjudicataire, commet un notaire pour procéder au compte et à la liquidation des sommes dues à divers membres d'une société formée sans l'autorisation de l'administration, pour la construction de l'église dont il s'agit;

Que ce titre, destiné à régler les droits de divers bailleurs de fonds du sieur France, ne peut être interprété ni appliqué par le tribunal administratif, et a conclu à ce que le conseil se déclare incompétent et condamne le sieur Roy aux dépens;

Considérant que suivant procès-verbal du 27 février 1839, approuvé le 11 mars suivant, le sieur France (Joseph) a été déclaré adjudicataire de la construction de l'église de Saint-Agnin, sous la condition de *ne pouvoir céder son entreprise ni avoir des sous-traitants, sous peine de réadjudication à sa folle enchère*, et que le demandeur ne justifie pas que l'administration ait autorisé le sieur France à lui céder son entreprise;

Considérant que le sieur Roy n'a pas qualité pour demander à la commune de Saint-Agnin le paiement des travaux adjugés au sieur France; que son action contre la commune n'a pas même pour objet le règlement d'une indemnité relative à l'exécution d'un travail public, et que le conseil n'est pas compétent pour apprécier et appliquer le jugement sur lequel le demandeur fonde ses droits en sadite qualité;

ARRÊTE :

Le conseil se déclare incompétent pour statuer sur la demande en paiement formée par le sieur Joseph Roy, contre la commune de Saint-Agnin. Le sieur Roy est condamné aux dépens, y compris les frais de notification du présent arrêté.

Arrêté du 10 juillet 1857.—M. Roman, rapporteur.—MM. Giraud et Sisteron, avocats.

ARRÊTS.

COMMUNAUTÉ RELIGIEUSE. — DÉFAUT D'AUTORISATION. — ACQUISITION. — DOT RELIGIEUSE.

Une communauté religieuse, quoique non autorisée, peut valablement stipuler, par l'intermédiaire d'un de ses membres, le paiement d'une certaine somme à titre de dot ou trousseau, et comme condition de l'admission de la personne qui s'oblige dans cette communauté.

Les membres d'une communauté religieuse non autorisée peuvent faire en commun, ou les uns pour les autres, les contrats pour lesquels les couvents légalement constitués n'ont besoin d'aucune autorisation spéciale : par exemple, les acquisitions purement mobilières à titre onéreux. (Loi du 24 mai 1825, art. 4 et 5.)

Coche — C. Magnin.

Dans le courant de 1847, Mlle Victoire Magnin entra dans la maison de la visitation du May, à Voiron.

Par accord verbal du 15 novembre 1848, elle avait déjà vendu tout ce qui lui revenait dans la succession de son père, meubles et immeubles, à sa sœur, la dame Trouillet.

Le 2 octobre 1851, cette vente fut convertie en acte public, et le prix fixé à 28,000 fr. L'acte portait quittance pour 16,000 fr.; restaient 12,000 fr., payables à Mlle Magnin, en quinze ans, avec intérêt, au domicile élu par elle.

Le même jour, Mlle Magnin céda aussi à sa sœur, Mme Trouillet, la part qu'elle aurait à prendre dans la succession de sa mère; le prix de cette cession fut fixé à 3,000 fr.; les parties s'engageaient à l'exécuter, sur leur conscience, sans se prévaloir de ce que la loi la frappait de nullité.

Le 1er novembre 1851, par accord verbal entre Mlle Coche, supérieure de l'établissement du May, et Mlle Magnin : « La « première, après avoir consulté ses collaboratrices et se fai- « sant forte pour elles, s'engagea à admettre Mlle Magnin « dans la maison du May pendant sa vie, à la faire participer à « tous les avantages de la vie commune, selon les règles et « l'ordre de la maison, à pourvoir et faire pourvoir désor- « mais à tous ses besoins, tant en santé qu'en maladie, à « avoir pour elle tous les soins et les égards convenables « qu'exigeait son état, comme l'esprit de bienveillance, de « paix, d'amitié sincère et religieuse, qui anime tous les « sujets admis aux mêmes conditions dans la maison. »

En retour de ces engagements, Mlle Magnin céda à Mme Coche les 15,000 fr. qui lui étaient dûs par sa sœur, Mme Trouillet.

Le 8 janvier 1852, Mlle Magnin fit à Mme Coche une cession régulière des 15,000 fr. dûs par la dame Trouillet. Elle fut causée valeur reçue comptant, et enregistrée le 15 août 1855.

Le 3 novembre 1851, Mlle Magnin fit un testament dans lequel elle laisse tous ses biens à Mme Trouillet, à la seule exception des sommes que cette dernière pourrait lui devoir, en vertu de la vente du 2 octobre 1851, lesquelles sommes « elle ne lui léguait pas. »

Ce fut le 17 février 1853 que Mlle Magnin décéda, et sa mère, Mme veuve Magnin, mourut quelques jours après elle.

Sur le refus des époux Trouillet, Mlle Coche assigna ces derniers devant le tribunal de Bourgoin, pour s'entendre condamner à lui payer, comme étant aux droits de Mlle Magnin, la somme de 15,000 fr., payable dans les termes et délais convenus en la vente du 1er novembre 1851.

Par jugement du 16 mai 1856, le tribunal de Bourgoin déclara Mlle Coche non recevable et mal fondée dans sa demande contre les héritiers de Mlle Magnin.

1° En ce qui touche la somme de 3,000 fr. comprise dans les 15,000 fr. qui ont fait l'objet de la convention du 1er novembre 1851, intervenue entre Mlle Coche et Mlle Mathilde Magnin, et de la cession du 8 janvier 1852, par Mlle Magnin, au profit de Mlle Coche ;

Attendu qu'il est constant et qu'il résulte, de la manière la plus certaine, des documents produits au procès, que cette somme de 3,000 fr. forme le prix d'un contrat intervenu entre Mlle Mathilde Magnin, d'une part, et les époux Trouillet, d'autre part, ayant pour objet la succession future et non encore ouverte de Mme Magnin, sa mère ;

Attendu qu'aux termes de l'article 791 du Code Napoléon, tout pacte ou contrat de cette nature se trouve frappé d'une nullité radicale, absolue et d'ordre public ; qu'en conséquence, la cession qui a été ultérieurement faite se trouve, quant à ce chef de créance, également nulle et comme non avenue ;

2° En ce qui touche les 12,000 fr., formant le surplus du montant de la cession précitée ;

En fait, attendu que cette somme, jointe aux 3,000 fr. dont il vient d'être parlé, constitue évidemment l'apport consenti par Mlle Mathilde Magnin pour prix de son admission dans la maison du May ; qu'il devient dès lors certain qu'en contractant avec Mlle Mathilde Magnin, Mlle Coche, directrice et supérieure de la maison du May, n'agissait point en son propre et privé nom et dans son intérêt personnel, mais stipulait dans l'intérêt de la communauté ; que cela résulte explicitement, soit des termes mêmes de la convention du 1er novembre 1851, entre Mlle Magnin et Mlle Coche, où cette dernière déclare n'agir *qu'après avoir pris l'avis de ses collaboratrices* et en se *portant fort pour elles*, soit encore de la cession enregistrée du 8 janvier 1852, acte seul destiné à être rendu public, mais entièrement simulé et n'ayant d'autre objet que de déguiser la véritable situation des parties ; qu'il suit de là que Mlle Coche était simplement personne interposée pour cacher la réalité des choses et pour l'efficacité d'un contrat que les parties savaient parfaitement ne pouvoir être passé d'une manière régulière et valable entre Mlle Magnin et la communauté du May, communauté religieuse non autorisée ;

Attendu qu'il ne saurait s'élever le moindre doute sur le caractère à assigner à la maison ou institution du May ; que, par son mode d'existence, par sa discipline et ses règlements antérieurs, cette institution n'est autre chose qu'un véritable couvent, assimilable sous tous les rapports aux établissements de ce genre, et réunissant tous les éléments essentiels et constitutifs d'une communauté religieuse existant de fait, mais non pourvue d'autorisation légale.

En droit, attendu que les associations ou communautés religieuses sont des sociétés spéciales, *sui generis*, distinctes des diverses sociétés réglementées par le droit commun, et qui, a raison de leur mode d'existence et de leur constitution même, ont été constamment placées, notamment depuis l'édit royal de 1749, sous l'empire d'une législation particulière et pour ainsi dire exceptionnelle ; que pour s'en convaincre, et sans même s'arrêter aux lois rigoureuses et complètement proscriptives de 1790, il suffit de suivre cette législation dans ses diverses phases, depuis l'édit de 1749 jusqu'à la loi du 4 mai 1825, en vigueur sur la matière ; que, sous l'empire de l'édit de 1749, comme sous celui du décret de messidor an XII, modifié plus tard, mais non abrogé par la loi de 1817, les communautés religieuses autorisées et légalement reconnues avaient seules le droit de posséder, d'acquérir, de contracter, sous certaines conditions déterminées ; que les communautés non autorisées n'avaient qu'une existence de fait, essentiellement précaire, ne se maintenant que par la tolérance de l'autorité, qui pouvait à son gré les dissoudre et les disperser ; qu'elles étaient, en un mot, soumises à une incapacité complète, soit directe, soit indirecte, relativement aux actes de l'existence civile ; qu'en cet état de chose, et eu égard à cette législation antérieure, on doit considérer que la loi de 1825 fut une mesure de faveur destinée à provoquer les communautés existant de fait à se faire accorder une existence légale qui les mît à même de posséder, acquérir, recevoir, sous certaines conditions, en corps de communauté, et qui les fît sortir de cet état d'incapacité légale et d'exclusion dont elles se trouvaient frappées ; qu'on ne saurait, dès lors, comprendre que cette loi de 1825, — loi faite évidemment dans le but de favoriser, dans de certaines conditions et sous certaines garanties, les communautés religieuses qui feraient constater et reconnaître légalement leur existence,—eût pu avoir pour effet de placer indirectement dans une situation plus privilégiée et plus favorable les communautés religieuses qui persisteraient à exister de fait, sans se conformer aux conditions posées par la loi ; que tel eût été cependant le résultat produit par cette loi, si les communautés non autorisées pouvaient, non point directement, sans doute, mais au moyen de l'interposition de quelqu'un de leurs membres, acquérir ou posséder à titre gratuit et onéreux, sans être sujettes aux restrictions imposées aux communautés autorisées ;

Attendu qu'un pareil résultat serait manifestement contraire au vœu et à l'esprit de la loi ; que, dès lors, il y a lieu de considérer les couvents ou communautés non autorisées comme n'ayant aucune existence aux yeux de la loi civile, et comme privées de toute capacité pour contracter, non seulement directement, mais encore par l'intermédiaire ou l'interposition d'un ou de plusieurs de leurs membres ; bien que ceux-ci, considérés comme particuliers, *ut singuli*, restent pourvus de toute la capacité voulue pour contracter en leur nom personnel et dans leur intérêt spécial et privé ;

Attendu qu'en appliquant ces principes à l'espèce soumise à la décision du tribunal, espèce où l'on trouve comme parties contractantes, d'une part, Mlle Mathilde Magnin, et, d'autre part, le couvent du May, communauté non autorisée, représentée par Mlle Coche, personne interposée, agissant évidemment pour le compte et dans l'intérêt de la communauté tout entière, on arrive à cette conclusion qu'il n'y a pas même à se préoccuper de la nature du contrat et à rechercher s'il est à titre gratuit ou onéreux, si c'est un contrat aléatoire ou purement commutatif ; que ce contrat, quelle que soit sa nature, est entièrement nul comme passé pour le compte et au profit d'un incapable, ou plutôt d'un être de raison, qui n'a point d'existence certaine aux yeux de la loi ; que, dès lors, la cession qui a fait l'objet des convention et acte des 1er novembre 1851 et 8 janvier 1852, se trouve atteinte dans son essence même et frappée de nullité ; que, par suite, Mlle Coche, soit en son nom personnel, soit autrement, est mal fondée à en réclamer l'exécution à l'encontre des héritiers de Mlle Mathilde Magnin.

Par ces motifs, le tribunal jugeant en matière ordinaire et en premier ressort, ouï M. Grimaud, substitut de M. le procureur impérial, en ses conclusions conformes et motivées, et tenant Mme Trouillet pour dûment autorisée, déclare Mlle Coche non recevable et mal fondée dans sa demande contre les héritiers de Mlle Mathilde Magnin, l'en déboute et la condamne aux dépens.

Sur l'appel formé par Mlle Coche, la Cour a rendu l'arrêt suivant :

ARRÊT.

Attendu que, par acte sous-seing privé, du 8 janvier 1852, enregistré le 10 août 1853, Victoire Magnin fit cession à Antoinette Coche de la somme de 15,000 fr. due à la cédante par la dame Trouillet, sa sœur ; que, bien qu'il soit dit dans cet acte que le prix de la cession a été payé comptant, il est reconnu par les parties que cette cession était elle-même le prix de l'engagement contracté par Antoinette Coche, agissant comme directrice de la maison d'éducation établie au May, et se portant forte pour ses collaboratrices, d'admettre Victoire Magnin dans cette maison pendant sa vie, de la faire participer à tous les avantages de la vie commune, selon les règles et l'ordre de la maison, de pourvoir et faire pourvoir à tous ses besoins, tant en santé qu'en maladie, etc. ; qu'il est reconnu aussi que la maison d'éducation du May est un monastère de l'ordre de la Visitation, et que Victoire Magnin, après un certain temps de noviciat, y avait pris le voile au commencement de novembre 1851.

Attendu que ces accords ne sont autre chose que le contrat d'entrée en religion de Victoire Magnin , c'est-à-dire le règlement des conditions matérielles de son admission dans le couvent du May; que cette communauté n'étant pas autorisée, la validité de ce contrat est subordonnée , comme il sera dit ci-après, au point de savoir s'il renferme une libéralité de la part de Victoire Magnin, qui est décédée dans cette maison en février 1853.

Attendu que la créance de 15,000 fr. cédée par l'acte précité comprend une somme de 3,000 fr., qui est le prix de la vente passée par Victoire Magnin à la dame Trouillet, sa sœur, de sa part dans la succession maternelle non ouverte; que, malgré la nullité de cette vente, il faut tenir quelque compte de ces 3,000 fr., ou tout au moins des intérêts de cette somme dans l'appréciation qui va être faite des chances aléatoires de l'acte du 8 janvier 1852, parce que, si Victoire Magnin avait survécu à sa mère, les mariés Trouillet auraient eu intérêt à exécuter la vente de la succession maternelle et en auraient payé le prix, en sorte que le couvent avait en sa faveur l'alternative, ou de recevoir les intérêts de ces 3,000 fr., et même le capital, si la vie de Victoire Magnin se prolongeait suivant les probabilités ordinaires, ou, dans le cas contraire , qui est celui qui s'est réalisé, d'être affranchi prématurément des charges et obligations contractées envers cette religieuse ;

Attendu que la condition de loger et d'entretenir Victoire Magnin pendant sa vie, en lui procurant une existence conforme à sa vocation et la faisant participer à la jouissance des biens de la communauté, donne au contrat intervenu un caractère synallagmatique , dont les charges pour le monastère et les avantages pour Victoire Magnin pouvaient, eu égard à l'état de santé aux besoins de celle-ci, dépasser le montant des intérêts annuels de la créance cédée , même en les portant à 750 fr.; qu'il n'est nullement certain que le capital de cette créance dût rester intact, quelle que fût la durée de la vie de Victoire Magnin, et former dans son intégralité un bénéfice, et par conséquent une libéralité en faveur du couvent; mais que, d'un autre côté, en admettant les éventualités les plus onéreuses pour cet établissement, la dépense annuelle de Victoire Magnin ne pouvait pas porter sur le capital, au point de finir par l'absorber en entier ; que la dot religieuse *en usage* dans le couvent du May est de 8,000 fr. ; qu'à la vérité, elle peut, dans certains cas, être légitimement fixée à une somme plus forte, mais qu'il n'y avait aucun motif d'exiger un apport plus considérable de Victoire Magnin qui, par l'instruction qu'elle possédait, donnait lieu d'attendre d'elle un concours avantageux aux travaux de la maison d'éducation ; qu'ainsi la cession dont il s'agit doit être considérée comme un contrat commutatif à concurrence de 8,000 fr. et comme une libéralité pour le surplus.

Attendu, en droit, et en ce qui concerne la partie commutative du contrat, que la loi du 24 mai 1825 a eu principalement pour objet d'empêcher les couvents autorisés, et, à plus forte raison, les couvents non autorisés, de s'enrichir par des libéralités au détriment des familles, et d'enlever à la circulation une trop grande masse de propriétés immobilières ; mais que cette loi, dont l'esprit est favorable à la liberté religieuse, n'a point renouvelé les prohibitions et les injonctions des édits de 1666 et de 1749 et des décrets de 1790, 1792 et de messidor an XII, contre les congrégations non autorisées ; que la tolérance du pouvoir à l'égard de ces dernières congrégations et le but respectable pour lequel elles se sont formées ne permettent pas de les assimiler à des associations illicites, et d'annuler sans distinction les actes faits dans leur intérêt ; que tout ce qui résulte du défaut d'autorisation, c'est que ces établissements sont incapables d'agir et de posséder comme corps moral, et qu'ils ne peuvent participer, directement ou indirectement, à aucun des actes que la loi interdit aux congrégations dûment reconnues, ou qu'elle ne leur permet que sous la condition d'une autorisation spéciale ; mais qu'il n'en résulte pas que les membres de ces associations ne puissent faire en commun, ou les uns pour les autres, les contrats pour lesquels les couvents légalement constitués n'ont besoin d'aucune autorisation, notamment des acquisitions purement mobilières et à titre onéreux.

Attendu, en ce qui concerne la libéralité renfermée dans la cession dont il s'agit, que la loi du 24 mai 1825, qui ne permet aux congrégations dûment autorisées d'accepter des donations qu'avec l'autorisation spéciale du gouvernement, interdit par là même aux établissements non reconnus, de rien recevoir à ce titre ; qu'il importe peu que l'acte dont il s'agit dans le procès actuel soit intervenu, non avec le monastère, mais avec Antoinette Coche, puisqu'il n'est pas douteux qu'elle n'ait agi pour toutes les religieuses de l'établissement de May, c'est-à-dire pour l'établissement lui-même.

Par ces motifs,

La Cour, ouï M. Gautier, avocat général, en ses conclusions motivées, faisant droit en partie à l'appel émis par Antoinette Coche, envers le jugement du 16 mai 1856, ordonne que le contrat intervenu entre elle et Victoire Magnin, le 8 janvier 1852, sera exécuté à concurrence de 8,000 fr.; condamne en conséquence les mariés Trouillet à payer à Antoinette Coche, aux premières échéances convenues entre eux et Victoire Magnin, ladite somme de 8,000 fr., avec intérêts à compter du 1er novembre 1851, et sous imputation à la forme du droit des 750 fr. payés à la fin de 1852.

Condamne les mariés Trouillet en tous les dépens de première instance et d'appel envers Antoinette Coche.

Arrêt du 27 mars 1857, 2me chambre. — M. Petit, président ; M. Gautier, avocat général. — MM. Michal et Eyssautier, avoués. — MM. Auzias fils et Gueymard fils, avocats.

Il y a dans cet arrêt deux principes essentiels qu'il importe de noter :

1° La Cour décide que la loi du 24 mai 1825 n'ayant pas renouvelé les injonctions des édits de 1666, 1749, et des décrets de 1790 et 1792 contre les communautés religieuses non autorisées, on ne pouvait assimiler ces dernières à des associations illicites.

La Cour de Caen avait décidé le contraire dans un arrêt du 20 juillet 1846 (S. 47, 2, 278), et jugé que tout acte qui aurait pour objet de transmettre des biens à une congrégation religieuse non autorisée, était essentiellement nul.

On remarque dans cet arrêt les motifs suivants :

Considérant que, sans doute, il est permis de s'associer, con-

formément aux principes généraux du droit civil, pour demeurer et travailler en commun; mais que si, sous la forme apparente d'une société purement civile, on a déguisé une véritable
congrégation religieuse, on ne peut échapper par cette stipulation, à la prohibition de la loi; qu'alors la société manque d'une
condition essentielle à sa validité, d'un objet licite;

Considérant que si, pour arriver à restituer à une association
de son genre son véritable caractère, il fallait se livrer à des
recherches inquisitoriales et pénétrer dans le secret du domicile, les tribunaux devraient reculer devant l'emploi de semblables moyens, mais qu'ils peuvent incontestablement et qu'ils
doivent prendre en considération tous les faits extérieurs et
patents qui sont de nature à leur révéler ce caractère;

Considérant qu'à la vérité les membres d'une congrégation
religieuse non autorisée ne cessent pas pour cela de jouir, pris
isolément, du bénéfice du droit commun, et qu'un acte fait dans
l'intérêt individuel de tel ou tel d'entre eux serait tout aussi
valable pour eux qu'il le serait pour toute autre personne; mais
que s'il est constaté que, d'une part, l'association cache, comme
on vient de le dire, une congrégation religieuse à qui la vie civile est refusée, et que, d'autre part, l'acte, fût-il souscrit en apparence au profit d'une personne privée, n'a lieu, en réalité, que
dans l'intérêt de l'être collectif de cette congrégation, il ne
saurait être sanctionné par la justice; qu'autrement, non-seulement les prohibitions de la loi seraient illusoires, mais que les
congrégations déguisées seraient même dans une position
meilleure que les congrégations légales, dont la capacité de recevoir est renfermée dans certaines limites et soumise au contrôle de l'administration supérieure;

Considérant que vainement exciperait-on de la tolérance du
gouvernement, qui a laissé s'établir et subsister des congrégations non autorisées; qu'il ne faut pas confondre le droit de
haute police, qui appartient au pouvoir exécutif, et dont il peut
user ou ne pas user, suivant ce que lui paraît commander l'intérêt général, avec le devoir imposé au pouvoir judiciaire de
donner satisfaction aux intérêts privés qui s'adressent à lui pour
se plaindre du préjudice que leur fait éprouver la violation de
la loi; que l'inaction de l'un de ces pouvoirs ne peut empêcher
l'autre d'agir dans la sphère de ses attributions.

2° De nombreux arrêts ont décidé que les stipulations faites relativement à la dot des religieuses par les communautés religieuses *autorisées* sont dispensées de l'autorisation du gouvernement.

Nous citerons sur ce point deux arrêts principaux :

L'un est de la Cour de Poitiers, du 17 mai 1832 (S. 32, 2, 406).

Considérant, dit la Cour, qu'il est constant en fait que Victoire Quinefaut, reçue d'abord en qualité de pensionnaire dans la communauté des religieuses de Notre-Dame, a été admise à y faire son noviciat le 2 juillet 1825, et que le 29 juillet 1828 elle y a prononcé ses vœux et a été admise en qualité de religieuse ;

Considérant qu'elle a atteint sa majorité au mois d'avril 1830, et que, par testament authentique du 17 mai suivant, elle s'est reconnue débitrice envers la communauté : 1° d'une somme de 6,000 fr. qu'elle déclarait s'être engagée à payer à titre de dot, par suite d'une convention verbale intervenue entre son tuteur et la supérieure, lors de sa réception en qualité de religieuse ; 2° de celle de 1,200 fr. pour la valeur du linge qu'elle avait pris l'engagement de fournir à la communauté, à la même époque et avec les mêmes circonstances ;

Considérant que cette reconnaissance d'une obligation, verbale, il est vrai, et contractée pendant sa minorité, mais ratifiée ou confirmée par elle depuis sa majorité, ne peut, quoique comprise dans un testament, être confondue avec des dispositions de pure libéralité, ni être assujettie aux formalités prescrites pour l'acceptation des legs faits aux communautés religieuses des femmes, s'il résulte des circonstances de la cause que la disposition doit être considérée non comme un legs, mais comme la reconnaissance et la ratification d'une dette réelle et légitimement contractée ;

Considérant qu'il est reconnu que jamais aucune somme n'a été payée aux intimées, à titre de dot, pour le compte de Victoire Quinefault ; que l'usage fondé sur la nature des choses et l'équité, est que toute novice admise à prononcer ses vœux fournisse une somme proportionnée à sa fortune et aux besoins de la communauté.

. Le second arrêt est de la Cour de Lyon, du 8 mai 1844 (S. 45, 2, 389).

Attendu, dit la Cour, que la règle de l'ordre des Ursulines les autorise à exiger une dot et un trousseau de toute religieuse en trant dans la communauté; qu'on ne peut admettre qu'il ait été fait une exception en faveur d'Anne Pitrat, jouissant d'une fortune plus que suffisante pour satisfaire à la règle;

Attendu que la constitution de la dot d'une religieuse n'est pas une donation, puisqu'en échange la communauté doit à la constituante le logement, le vêtement et la nourriture durant sa vie.

Mais dans l'arrêt que nous rapportons, la Cour de Grenoble pose, relativement aux communautés *non autorisées*, un principe tout à fait neuf en jurisprudence.

Après avoir reconnu que les communautés non autorisées sont incapables d'agir et de posséder comme corps moral, elle décide que les membres de ces associations *peuvent faire en commun, et les uns pour les autres, les contrats pour lesquels les couvents légalement constitués n'ont besoin d'aucune autorisation, notamment les acquisitions purement mobilières et à titre onéreux.*

Cette solution présente l'immense avantage de fixer d'une manière claire et précise le degré de capacité des communautés non autorisées, ou du moins de leur indiquer les contrats qu'elles peuvent faire comme association (1).

Fréd. TAULIER.

---

(1) Un pourvoi a été dirigé par les consorts Trouillet contre l'arrêt de la Cour de Grenoble. Il a été admis par la chambre des requêtes. (Voir la *Gazette des Tribunaux* du 31 mai 1858.) Nous ferons connaître la décision de la chambre civile de la Cour de cassation aussitôt qu'elle aura été rendue.

SOCIÉTÉ EN COMMANDITE. — COMMANDITAIRES. — ACTE DE COMMERCE. — CONTRAINTE PAR CORPS.

Les commanditaires d'une société commerciale font acte de commerce à concurrence de la commandite qu'ils versent ou promettent de verser; ils doivent être considérés comme associés pour l'objet de la société dont ils sont commanditaires; en conséquence, ils sont soumis à la contrainte par corps pour le paiement de leur commandite.

Marcet et C⁰ — C. Lantier.

ARRÊT.

Attendu que la société en commandite dont il s'agit, régie sous la désignation sociale *Messageries de la Drôme*, était commerciale, puisqu'elle avait pour objet une entreprise de transport par terre, déclarée être un acte de commerce par l'art. 632 du Code de commerce;

Attendu qu'aux termes de l'art. 23 de ce Code, la société en commandite se contracte entre un ou plusieurs associés responsables et solidaires, et un ou plusieurs associés simples bailleurs de fonds, nommés commanditaires ou associés en commandite;

Attendu qu'il résulte de ces termes que les commanditaires sont parties contractantes dans la société, et, par conséquent, associés;

Attendu que s'il est dit aussi qu'ils sont de simples bailleurs de fonds, le législateur a eu le soin d'y ajouter la qualification d'associés; tandis que s'ils n'avaient été que de simples bailleurs de fonds non associés, il ne leur aurait attribué aucune participation aux bénéfices et se serait borné à leur accorder les intérêts des sommes par eux confiées en commandite, comme à tous les autres bailleurs de fonds qui ont pu prêter à la société;

Attendu que cette qualité d'associés, donnée aux commanditaires par l'art. 23 du Code de commerce, leur est encore donnée par les art. 25, 26, 27 et 28 de ce Code; que si le législateur n'avait pas voulu que les commanditaires fussent associés, au lieu de les qualifier si souvent ainsi, il se serait borné à les appeler commanditaires ou simples bailleurs de fonds ;

Attendu, dès lors, que les commanditaires, dans une société commerciale, étant associés commanditaires de cette société, sont associés pour l'objet de cette société, ou au moins font acte de commerce, à concurrence des fonds qu'ils versent ou promettent de verser pour leur commandite ; ces fonds (comme le dit la Cour de cassation dans son arrêt du 13 août 1856), destinés à servir de garantie aux opérations sociales, et concourant par là à la fondation du crédit de la société et à la création de la société elle-même, dans l'un de ses éléments essentiels ;

Attendu que si les associés commanditaires ne gèrent pas eux-mêmes la société, ils n'en font pas moins le commerce sous la raison sociale et par l'intermédiaire des gérants qu'ils ont nommés ou délégués à cet effet dans l'acte de société, et que si la gestion sociale leur est interdite personnellement, ce n'est point d'une manière absolue, mais d'une manière relative et uniquement dans leur intérêt, afin de les préserver du risque de perdre plus que la somme qu'ils ont commanditée, puisque, s'ils font des actes de gestion, la société n'est point annulée pour cela, seulement la loi rend les commanditaires qui ont fait actes de gestion responsables de toutes les dettes et de tous les engagements sociaux, ces dettes ou engagements pouvant provenir, en tout ou en parte, de leurs actes de gestion ;

Attendu que ces principes qui résultent, soit expressément, soit virtuellement des art. 23 et suivants du Code de commerce, se trouvent encore implicitement consacrés par l'art. 51 du même Code, qui dispose que toute contestation entre associés et pour raison de la société sera jugée par des arbitres ;

Attendu que, pour échapper à des dispositions aussi formelles et aux conséquences nécessaires qui en résultent, on invoque vainement le but de la commandite, qui aurait été de favoriser le commerce et l'industrie, en appelant à concourir aux opérations commerciales ou industrielles des capitaux appartenant à des personnes qui, par leur position sociale, ne veulent ou ne peuvent se soumettre aux obligations qu'entraînent ces opéra-tions ;

Attendu, en effet, que ces dispositions ne sont nullement contraires à l'essence ni même à l'esprit de la société en com-

mandite, que le but principal de la création de ce genre de société a été non de faciliter les simples souscriptions de crédits
commanditaires, mais de faire profiter le commerce et l'industrie de capitaux réels qui demeureraient inertes et improductifs
entre les mains de personnes qui ne voulaient pas paraître faire
le commerce ou courir tous les risques spéculatifs des entreprises commerciales ou industrielles, les art. 25 et 26 du Code
de commerce leur donnant à cet effet toutes les facilités désira-
bles en leur prohibant tout acte de gestion et en décidant que
le nom d'un associé commanditaire ne peut faire partie de la
raison sociale, et que cet associé n'est passible des pertes que
jusqu'à concurrence des fonds qu'il a mis ou dû mettre dans la
société ;

Attendu, en effet, qu'au moyen du versement effectif de leurs
commandites et de l'occultation de leurs noms, ces personnes
peuvent rester inconnues et ne courir de risques qu'à concurrence du montant de ces commandites ;

Attendu, par ces divers motifs, que l'engagement de Lantier
est commercial et le rend passible de la contrainte personnelle
pour son exécution ;

Attendu, d'ailleurs, que la société des *Messageries de la
Drôme* ayant cessé de fonctionner et étant en liquidation, les liquidateurs gérants de cette société (Marcet et Ce), qui représentent les tiers intéressés, peuvent exercer contre Lantier tous les
droits résultant de la nature des obligations de ce commanditaire,
avec contrainte personnelle, lors même que cette contrainte ne
pourrait pas être exercée par les associés gérants contre les
associés commanditaires pendant l'existence de la société ;

Attendu, dès lors, que le jugement dont est appel doit être in-
firmé, et que la matière étant disposée à recevoir une décision
définitive, il y a lieu d'évoquer et de statuer en même temps
sur le fond définitivement par un seul et même jugement, conformément aux dispositions de l'art. 473 du Code de procédure ;

Attendu, au fond, que Lantier a souscrit, en qualité de commanditaire associé, dix obligations de 25 fr. l'une, payables, aux
termes des statuts, dans la maison de banque Dépit et Chapot, et
qu'il est en retard d'exécuter cet engagement qui est régulier et
valable ;

Par ces motifs, la Cour, ouï M. Gautier, avocat général, en

ses conclusions motivées, faisant droit à l'appel émis par Marcet et Ce, envers le jugement du tribunal de commerce de Romans, du 11 juin 1856, et le réformant, dit et prononce que ce tribunal était compétent; et, évoquant et statuant au fond, condamne Lantier, même par corps, à payer à Marcet et Ce, avec intérêts légitimes, aux taux du commerce, la somme de 250 fr., montant de dix actions de 25 fr. par lui souscrites comme associé commanditaire, etc.

Arrêt du 25 février 1857. — 2e chambre. M. Petit, président; M. Gautier, avocat général. — MM. Allemand, Perrin, avoués. MM. Chapel, Thibaud, avocats.

La même solution a été admise par arrêt de la Cour de Paris, du 27 février 1847 (S. 47, 2, 131).

Considérant, dit la Cour, que celui qui prend l'engagement de verser des fonds, soit à titre de commandite, soit comme porteur d'actions, dans une société de commerce, contracte une obligation commerciale envers les associés gérants et les co-associés; que c'est sur la foi de cette association que la société se forme et que les gérants s'obligent, soit envers les tiers, soit envers le commanditaire lui-même;

Considérant qu'aux termes de l'art. 1er de la loi du 17 avril 1832, toute dette commerciale entraîne la contrainte par corps;

Considérant que, loin d'éloigner par là les capitaux civils des opérations commerciales, la loi a pour but, au contraire, de les attirer; qu'en donnant au commerce sérieux plus de garanties, elle appelle dans les entreprises industrielles les propriétaires possesseurs de capitaux réels, qui ne contractent d'engagements que pour les remplir, et parce qu'ils savent qu'ils pourront les remplir, et qu'elle écarte seulement ceux qui entreraient dans les sociétés en commandite sans capitaux et sans avoir l'intention d'en verser, dans la seule vue de prélever les primes et bénéfices sans courir la chance d'aucune perte, et contre lesquels les tiers n'auraient aucun recours utile s'ils ne pouvaient exercer la contrainte par corps.

Par arrêt du 31 décembre 1847, (S. 49, 2, 219), la même Cour a consacré la même solution.

Elle avait été adoptée par arrêt de la Cour de cassation du 28 février 1844 (S. 44, 1, 693), dans l'hypothèse, du moins, où la mise sociale consiste en un versement de fonds dans une société en commandite ayant pour objet des opérations de banque.

Attendu, dit la Cour, que c'est à la qualité de la dette et non à la qualité du débiteur que l'art. 1er de la loi du 17 avril 1832 attache la sanction de la contrainte par corps.

Cette jurisprudence est vivement combattue dans une note publiée par le recueil de Sirey, tome 44, page 693. On y cite deux arrêts, l'un de la Cour de Rouen, du 6 août 1841, l'autre de la Cour de Paris, du 28 février 1842. Le premier a décidé que prendre des actions dans une société de commerce, ce n'est pas faire un acte de commerce qui soumette le souscripteur à la juridiction commerciale pour le paiement du prix des actions. Le second a refusé de prononcer la contrainte par corps contre le souscripteur, même commerçant, d'actions dans une société en commandite.

Par arrêt du 22 décembre 1846 (S. 49, 2, 219), la Cour de Paris a donné raison à cette opposition. Elle a jugé que l'engagement pris par un non-commerçant de verser des fonds dans une société en commandite n'est pas un acte de commerce qui le soumette à la contrainte par corps pour le versement de ces fonds.

Considérant, dit la Cour, que celui qui s'engage à verser des fonds dans une société, en qualité de commanditaire, ne fait pas un acte de commerce ; que la nature de son engagement est, au contraire, de le rendre étranger aux actes de commerce qu'entraînent la constitution et la gestion de la société ; que, dès lors, son engagement, d'une nature purement civile, ne peut entraîner la contrainte par corps.

Mais la Cour de cassation, par arrêt de rejet du 13 août 1856 (S. 56, 1, 769), a persisté dans la doctrine contraire.

Attendu, dit la Cour, que tous ceux qui, pour participer, dans la proportion de leur intérêt, aux chances de bénéfices d'une société commerciale, prennent l'engagement d'y verser, soit à titre de commanditaires, soit comme souscripteurs d'actions, des fonds destinés à servir de garantie à ses opérations, et qui, par là, concourent à la fondation du crédit de la société et à la création de la société elle-même, dans l'un de ses éléments essentiels, contractent, pour la réalisation de leur mise de fonds, une obligation commerciale, laquelle, en cas d'inexécution, les soumet à la contrainte par corps, aux termes de l'art. 1er de la loi du 17 avril 1832.

A son tour, le recueil de Sirey, dans une note de M. de Villeneuve, continue de combattre la jurisprudence de la Cour de cassation (S. 56, 1, 769).

Le savant annoteur constate que si les cours impériales sont très-partagées sur le point dont il s'agit, les auteurs les plus nombreux et les plus récents se sont prononcés en faveur du système qui affranchit les commanditaires ou souscripteurs d'actions de la juridiction commerciale et de la contrainte par corps. Il cite particulièrement M. Delangle : *Traité des sociétés commerciales*, tom. 1er, n° 311, pag. 296 ; M. Fournier, *Traité des sociétés commerciales*, n° 116, page 180 ; Alauzet, *Commentaire du Code de commerce*, tome 1er, n° 150, page 165. « Les considérations, dit-il, dans « lesquelles s'accordent les auteurs qui ont, en dernier lieu, « examiné la question, nous semblent pleines de vérité et « de justesse, et nous ne désespérons pas qu'elles n'amènent « un jour une solution contraire à celle que cette question « a reçue de la Cour supérieure. »

Fréd. TAULIER.

DEMANDE D'UNE SOMME INFÉRIEURE A 1,500 FR., SI MIEUX N'AIME LE DÉFENDEUR DÉLAISSER UN IMMEUBLE. — OBLIGATION FACULTATIVE. — DERNIER RESSORT.

La demande d'une somme supérieure à 1,500 fr., mais qui, par la divisibilité entre plusieurs demandeurs et plusieurs défendeurs, descend pour chacun à un chiffre inférieur à 1,500 fr., ne forme pas un litige susceptible d'appel, quoiqu'il soit demandé contre chacun hypothécairement pour le tout, si, d'une part, il ne s'agit pas en réalité d'une action hypothécaire, et si, d'autre part, quoiqu'un délaissement d'immeubles soit demandé, il ne le soit qu'en ces termes : Si mieux n'aime le défendeur délaisser que payer la somme demandée, *et si enfin le défendeur a fait offre devant les premiers juges de payer plutôt que de délaisser.*

Consorts Nivollet — C. de Barrin, Meynier et autres.

Rose-Anne de Nolly contracta mariage en 1834 avec le sieur Nivollet. Le contrat de mariage stipulait le régime dotal, une constitution générale de biens présents et à venir, le pouvoir au mari de vendre les immeubles, mais sous la condition du remploi avec la présence et le consentement de la femme.

Le mari vendit les immeubles dotaux : la condition d'emploi ne fut pas réalisée ; la femme fit prononcer sa séparation de biens et liquider ses reprises, parmi lesquelles figurait le prix de ses immeubles dotaux vendus ; et, par un acte de bail en paiement, le mari lui remit des meubles et des immeubles en quantité suffisante pour couvrir ses reprises, à un reliquat près de quelques centaines de francs.

Pour ce reliquat, Rose-Anne de Nolly a dirigé contre M. de Barrin, acquéreur de l'un de ses immeubles dotaux, une action tendant à la nullité de la vente et au délaissement de son immeuble dotal.

M. de Barrin a soutenu que par le bail en paiement dans lequel Rose-Anne de Nolly avait accepté des meubles et des immeubles de son mari en remboursement de ses reprises, au nombre desquels figurait le prix de ses immeubles dotaux, il y avait eu tout à la fois ratification des ventes par la femme et emploi du prix de ces immeubles dotaux. Il a soutenu, de plus, que Rose-Anne de Nolly, complétement désintéressée par le bail en paiement du chiffre exact et réduit de ses reprises, n'avait aucun reliquat à demander.

Le tribunal de Vienne, par un premier jugement, adoptant le système de M. de Barrin, quant à la ratification des rentes et au remploi, décida que Rose-Anne de Nolly restait créancière de 804 fr. en capital et accessoires, pour lesquels elle était admise à exiger son paiement de M. de Barrin, sauf recours de celui-ci contre les autres acquéreurs des immeubles dotaux.

Ce recours a été exercé par M. de Barrin contre les sieurs Meynier et consorts, autres acquéreurs des immeubles dotaux de Rose-Anne de Nolly. Ceux-ci ont répondu à M. de Barrin qu'il avait à tort payé à Rose-Anne de Nolly un reliquat qui ne lui était nullement dû, d'après le compte qu'ils établissaient de ses reprises. Toutefois, s'il était dû quelque chose, ils offraient, dans la constitution de leur avoué, de le rembourser selon le concours à établir entre les acquéreurs des biens dotaux.

M. de Barin ramena alors en cause Rose-Anne de Nolly, ou plutôt ses enfants (car elle était décédée), pour qu'ils eussent à le garantir ou à le rembourser de ce que les autres acquéreurs soutenaient qu'il avait payé par erreur.

Les enfants de Rose-Anne de Nolly résistèrent à cette conclusion de M. de Barrin, et trouvant en cause les acquéreurs des immeubles dotaux, ils prirent contre eux une conclusion dans laquelle, rétablissant le compte des reprises de leur mère, ils prétendirent être créanciers d'un reliquat de 2,328 fr. 35 cent., dont ils demandèrent le paiement à ces acquéreurs : « Chacun pour leur part et portion, et hypothé- « cairement pour le tout, si mieux n'aiment lesdits acqué- « reurs vider et délaisser auxdits héritiers de Nolly les im- « meubles dotaux de leur mère. »

Les acquéreurs, discutant le compte des reprises et soute- nant que Rose-Anne de Nolly était surpayée, conclurent à leur mise hors d'instance sur la demande reconventionnelle des enfants Nivollet, et au cas où quelque chose resterait dû, offrant implicitement de le payer, ils concluent contre Ni- vollet père à ce qu'il leur rembourse tout ce qu'ils seront obligés de payer à ses enfants, lui-même ayant reçu les prix de vente sans emploi.

5 mai 1857, jugement du tribunal de Vienne, qui déclare que Rose-Anne de Nolly est surpayée ; met les acquéreurs hors d'instance, sur les conclusions des enfants Nivollet et de M. de Barrin ; condamne lesdits enfants Nivollet à rembour- ser à M. de Barrin ce que celui-ci leur a indûment payé.

Les enfants Nivollet ont interjeté appel de cette décision, tant contre M. de Barrin que contre les autres acquéreurs de biens dotaux.

Ceux-ci ont opposé une fin de non-recevoir contre l'appel, et soutenu :

1° Que la somme de 2,328 fr. 35 cent. demandée en pre- mière instance par les enfants Nivollet, divisée entre ces en- fants, au nombre de sept, et entre les acquéreurs, au nombre de quatre, ne présentait plus qu'un intérêt pécuniaire infé- rieur aux taux du dernier ressort.

2° Que c'est inexactement que ces enfants demandaient cette somme *hypothécairement* pour le tout vis-à-vis de cha- cun des acquéreurs ; que ceux-ci n'étaient point acquéreurs d'immeubles du mari soumis à l'hypothèque légale de la femme, mais acquéreurs d'immeubles dotaux de la femme elle-même, soumis individuellement chacun seulement pour l'immeuble par lui acquis, non par la voie hypothécaire, mais par l'action révocatoire.

Qu'il ne pouvait s'agir de délaissement alternatif d'immeubles dès l'instant que, dès le début, dans le cours du procès ils avaient constamment offert de payer leur part dans le solde qui pourrait rester dû, mais que, du reste, ils déniaient.

Sur quoi la Cour a rendu l'arrêt suivant :

ARRÊT.

Attendu qu'il ne s'agit dans la cause que d'une action purement mobilière, dont la valeur n'excède pour aucune des parties en cause la compétence du dernier ressort;

Attendu que s'il est vrai que la demande en paiement portée devant les premiers juges par les héritiers Nivollet puisait son principe dans le droit d'Anne de Nolly, leur mère, de demander la nullité des ventes passées par son mari de ses immeubles dotaux, il est également certain que celle-ci avait ratifié ces aliénations après sa séparation de biens, par l'acceptation en paiement de divers immeubles ou valeurs appartenant à son mari, à valoir sur le prix de ses immeubles aliénés; que, dès lors, la conclusion prise par ses héritiers ne pouvait plus avoir pour but une action en délaissement de ces mêmes immeubles, mais uniquement le paiement du prix pour lequel ils avaient été vendus; que c'est en ce sens qu'ils ont conclu en première instance, en ne demandant que la part et portion qui pouvait revenir à chacun d'eux sur le prix restant dû.

Attendu, dès lors, qu'il importe peu que cette même conclusion déférât aux tiers-détenteurs l'option de vider ou délaisser les immeubles ayant appartenu à leur mère, ou bien de payer le prix dès que le tribunal ne se trouvera pas saisi du pouvoir de prononcer ou de rejeter ce délaissement; que ce n'était là qu'une pure faculté donnée aux défendeurs, dont ceux-ci étaient seuls maîtres d'user ou de ne pas user, mais qui ne change aucunement la détermination de la demande, qui n'avait au fond pour objet réel que le paiement de la somme qui pouvait leur rester due ;

Attendu qu'en ramenant ainsi la cause à son unique et véritable élément, la partie des conclusions qui autorise l'abandon des immeubles s'efface, et l'action tout entière reste en dernier ressort ; d'où il suit que la fin de non-recevoir, opposée contre l'appel des héritiers Nivollet, doit être accueillie ;

La Cour, par ces motifs, ouï, M. Alméras-Latour, premier avocat général, en ses conclusions motivées, déclare non recevable l'appel interjeté par les héritiers Nivollet envers le jugement du tribunal civil de Vienne, du 5 mai 1857, et les condamne à l'amende et aux dépens.

Arrêt du 14 mai 1858, 4ᵉ chambre. — M. Maurel de Roche-belle, conseiller-doyen, président ; M. Alméras-Latour, premier avocat général. — MM. Michal, Rey, Chollier, Rabatel, avoués. — MM. Bovier-Lapierre, Gourron, Victor Arnaud, Bernard, avocats.

La Cour de Grenoble a jugé, le 3 avril 1851 (ancien *Journal de la Cour*, tom. 14, pag. 54), que le fait de laisser au défendeur la faculté de s'affranchir du paiement d'une somme qui lui est réclamée, en délaissant un immeuble indiqué, ne donne pas à la demande le caractère d'une action alternative, et que, dès lors, le chiffre de la somme détermine seul les limites de la juridiction des premiers juges :

Attendu, dit la Cour, que devant le tribunal dont est appel, les enfants Guigues concluaient à ce que François Ferrus fût condamné à leur rembourser une somme de 289 fr. 92 cent., payée par eux pour consolider une vente passée audit Ferrus, *si mieux il n'aimait délaisser l'immeuble vendu, moyennant restitution de prix*, et que le défendeur concluait à être mis hors d'instance ;

Attendu que, quoique la conclusion des demandeurs déférât au défendeur la faculté de délaisser un immeuble, il est certain que ce délaissement n'était pas demandé, que le tribunal n'était pas saisi du pouvoir de le prononcer ou de le rejeter ; que ce

n'était là qu'une option donnée au défendeur par les demandeurs, et dont il était seul maître d'user ou de ne pas user, et
que le tribunal n'avait réellement à juger que le mérite de la
demande en remboursement d'une somme de 289 fr. 92 cent.;

Attendu que ce serait mal apprécier les choses que de voir
dans une semblable conclusion une demande alternative, parce
que, pour qu'il y ait une demande alternative, il faut que le juge
soit saisi du pouvoir de prononcer sur l'un ou sur l'autre des
deux objets alternativement réclamés, et que ce pouvoir n'existe
pas lorsque le demandeur n'a fait que concéder au défendeur
une faculté laissée entièrement à sa volonté;

Attendu que pour se convaincre de la vérité de cette distinction, il suffit de remarquer que, quoique les premiers juges
aient condamné Ferrus à rembourser la somme de 289 fr.
92 cent., objet de la demande, en ajoutant : *Si mieux il n'aimait
délaisser*, il n'est pas moins incontestable qu'il n'est pas condamné à ce délaissement; que les demandeurs n'ont pas, dans
le jugement, le droit ni le moyen de l'exiger et d'y contraindre
Ferrus, et que, par conséquent, il n'y a eu réellement chose
contestée et chose jugée que quant à la demande de 289 fr.
92 cent.;

Attendu, dès lors, que l'objet de la contestation n'étant qu'une
somme moindre de 1,500 fr., c'est en dernier ressort que les
premiers juges ont prononcé, et que l'appel qui a été interjeté
de leur jugement doit être déclaré non recevable.

La même Cour semble avoir jugé le contraire le 8 décembre 1854 (ancien *Journal de la Cour*, tom. 14, pag. 339).

Attendu, dit la Cour, que les consorts Gougne, dans leur
sommation hypothécaire du 14 avril 1853, demandaient au sieur
Jayme et à la veuve Grasset le paiement de la somme de 412 fr.,
et, à défaut du paiement, le délaissement par ces derniers des
immeubles par eux acquis de Victor Gougne; que cette demande
alternative se compose de deux termes, dont le second, relatif
à l'abandon des immeubles, porte sur une valeur indéterminée;
qu'ainsi l'action des consorts Gougne excède le taux du dernier
ressort; que, dès lors, l'appel est recevable.

Mais il faut remarquer que, selon les expressions de l'arrêt, les demandeurs réclamaient une somme ou un immeuble; que la demande ainsi formulée créait aux défendeurs une situation où leur dette était *alternative*, tandis que dans l'espèce de l'arrêt du 3 avril 1851, la demande créait au défendeur une situation où sa dette était *facultative*. Les deux arrêts ne sont donc pas contradictoires; car, dans l'obligation *alternative*, il y a deux choses dues, sauf au débiteur à se libérer par le paiement de l'une d'elles; tandis que dans l'obligation *facultative*, une seule chose est due, sauf au débiteur à se libérer en payant, *si bon lui semble*, une autre chose.

Fréd. Taulier.

La résidence d'un Français en Savoie pour y exploiter une ferme n'est pas, par elle-même et d'une manière absolue, translative de domicile. Le fermier peut être considéré comme continuant, pendant la durée du bail, à être domicilié en France, surtout lorsqu'il a été stipulé que, pour l'exécution du bail, les parties conserveraient leur domicile en France(1).

---

(1) Proudhon (*Etat des personnes*, t. 1, p. 248, édition Valette) est d'avis que le domicile du fermier est dans la ferme même qu'il cultive. M. Valette (*Loco citato*, note C) soutient, au contraire, que le fermier conserve son ancien domicile. M. Demolombe, t. 1, p. 471, partage cette opinion et l'appuie, par analogie, sur l'art. 106 du Code Napoléon. — La jurisprudence ne pose pas de règle générale en cette matière. Elle décide les questions de changements de domicile d'après les circonstances de fait.—Cassation, 23 juillet 1840, Pal. t. 1., 1841, p. 105; 25 mai 1846, Pal. t. 2, 1846, p. 36; Colmar, 18 mars 1853, Pal., t. 1, 1854, p. 475.—Cette question, du reste, offrait très-peu d'intérêt dans l'espèce que nous rapportons, le tribunal compétent devant toujours être le tribunal français, selon les art. 14 et 15 du Code Napoléon.

Il n'y a pas litispendance, dans le sens de l'art. 171 du Code de procédure, lorsqu'un Français qui saisit la juridiction française est défendeur dans l'instance liée contre lui devant les tribunaux étrangers, et qu'il n'a pas accepté leur juridiction (1).

L'action en paiement de loyers est une action purement personnelle, et doit, dès lors, être formée devant le tribunal du domicile du défendeur (2).

Tissot — C. Barbas et Dupeloux (3).

Le 4 juillet 1848, les sieurs Barbas et Dupeloux ont affermé au sieur Pierre Tissot, contractant sous le cautionnement

---

(1) Cette solution, conforme d'ailleurs au texte de la loi, se justifie par des raisons d'indépendance nationale et d'utilité pratique; les jugements rendus par les tribunaux étrangers n'étant pas exécutoires en France, ou ne l'étant qu'à certaines conditions fixées par les traités diplomatiques. — La Cour de Grenoble avait déjà jugé, le 23 juillet 1838, dans l'affaire Bouffier, que les dispositions de l'article 171 du Code de procédure ne sont applicables qu'à des instances liées devant les tribunaux français. Par arrêt du 16 février 1842, la Cour de cassation, Ch. civ., a rejeté le pourvoi formé contre cet arrêt. Voir le *Journal du Palais*. t. 1, 1842, p. 359. — Il n'en est plus de même lorsque le Français, après avoir porté son action devant les tribunaux étrangers, veut en saisir les tribunaux français. Dans ce cas, les tribunaux français doivent le repousser par fin de non recevoir. — Cassation, 15 novembre 1827; cassation, 14 février 1837, Pal., 1, 1837, p. 162.

(2) Dans ce sens : Bourges, 27 février 1852, Pal., t. 1, 1852, p. 391; cassation, 16 août 1854, Ch. civ., Pal., t. 1, 1855, p. 531. — Un arrêt de la Cour de Rouen, du 30 juillet 1855, Pal., t. 2, 1856, page 547, a décidé que l'action du preneur contre le bailleur, à fin de réparation de l'immeuble loué, *est mixte* et peut être portée soit devant le tribunal du domicile du bailleur, soit devant celui de la situation de l'immeuble loué.

(3) Nous rapportons cet arrêt quoiqu'il remonte à 1852, parce qu'il offre un intérêt tout local.

solidaire de Dominique Tissot, son frère, un domaine situé
à Aillon le Jeune, mandement du Chatelard, duché de Savoie, pour une durée de neuf années, sauf résiliation facultative tous les trois ans, et pour un prix qui, de 1,600 fr., devait s'élever à 2,000 fr. par an.

Au moment où le bail fut passé, les bailleurs habitaient
Allevard ; le preneur était domicilié dans la commune de la
Chapelle du Bard ; tous étaient français, et comme Tissot
allait, pour obéir à son bail, résider à l'étranger, il était
stipulé que pour l'exécution de ce contrat les parties conserveraient leur domicile en France.

Le 26 juillet 1850, les sieurs Barbas et Dupeloux assignè-
rent les frères Tissot devant le tribunal civil de Grenoble,
l'un comme débiteur principal, l'autre comme caution, en
paiement de la somme de 3,200 fr. pour arrérages de prix
de bail. Sur cette demande, Pierre Tissot proposa un déclinatoire fondé : 1° sur ce qu'il était domicilié en Savoie ;
2° sur les faits suivants :

Le 11 juin 1850, le fermier Pierre Tissot présenta requête
à M. le président du tribunal civil de Chambéry, en permission de citer devant ce tribunal les sieurs Barbas et Dupeloux en paiement d'une somme importante, à titre de dommages-intérêts résultant, soit du mauvais état des bâtiments
de ferme, soit de l'inexécution de certains travaux que les
bailleurs avaient pris l'engagement de faire, cette somme
devant se compenser avec le prix du bail. Le 13 juin 1850,
les sieurs Barbas et Dupeloux furent assignés comme étrangers dans la forme édictée par les lois sardes, et le 21 du
même mois, un curateur leur fut nommé, en exécution des
mêmes lois, pour les défendre comme étrangers et comme
absents. Enfin, par jugement du 27 mars 1852, le tribunal
de Chambéry a permis à Tissot de prouver par témoins divers faits par lui articulés à l'appui de sa demande.

Le déclinatoire était, en outre, fondé sur le caractère de l'action, que l'on représentait comme n'étant point une action personnelle.

Le déclinatoire proposé en France au nom des frères Tissot a été repoussé par jugement du tribunal civil de Grenoble du 26 juin 1851 (2e chambre), ainsi conçu :

Attendu, sur le premier moyen, qu'à l'époque du bail verbal intervenu entre les parties, le 4 juin 1848, Pierre Tissot demeurait et était domicilié à Montgaren, commune de la Chapelle du Bard ;

Attendu qu'en transportant sa résidence à Aillon le Jeune, en Savoie, à l'effet d'y cultiver le domaine qui lui avait été affermé, Tissot n'a pas pour cela changé de domicile ; qu'il n'a point fait de déclaration à l'effet de manifester cette intention, et que la preuve de cette intention ne saurait résulter du fait que, pour satisfaire à ses engagements de fermier, il a dû habiter pendant quelques années la Savoie ;

Que Tissot l'a reconnu lui-même lorsque, dans le contremand qu'il a fait signifier le 29 novembre 1850, il s'est qualifié de propriétaire et fermier domicilié à la Chapelle du Bard, et satisfait au vœu de l'art. 68 du Code de procédure civile ;

Attendu, sur le deuxième moyen, que les dispositions de l'art. 171 du Code de procédure civile ne sont applicables qu'à des instances liées devant les tribunaux Français ; qu'en supposant qu'un Français puisse réclamer contre un Français la justice étrangère ou l'accepter, Barbas et Dupeloux ne se trouvent pas dans ce cas ;

Attendu, en effet, que s'il existe devant le tribunal de Chambéry un procès entre les parties, c'est par Tissot et non par Barbas et Dupeloux que ce procès a été intenté ; que ces derniers n'ont d'ailleurs point accepté cette juridiction en défendant sur la demande de Tissot, puisqu'il est constaté et reconnu qu'ils n'ont pas même constitué un procureur, et que Tissot, pour procéder contre eux, a fait nommer un curateur qui est chargé de les représenter comme absents, suivant les règles en vigueur dans la Savoie ;

Attendu, sur le troisième moyen, que Barbas et Dupeloux

·sont Français, que Tissot l'est également, et qu'il a son domicile dans l'arrondissement de Grenoble;

· Attendu, d'autre part, que l'action intentée par les demandeurs est une action personnelle ; que Tissot a dû, dès lors, être amené devant le tribunal civil de Grenoble; que fallût-il dire, comme l'enseignent quelques auteurs, que l'action dérivant du bail est mixte, Tissot aurait encore été régulièrement assigné devant le même tribunal en paiement des arrérages de son prix de ferme;

Attendu qu'il n'y a pas motifs suffisants pour ordonner le sursis demandé ;

Par ces motifs,

Le tribunal, ouï M. Berlioz, juge suppléant pour le procureur de la république, sans s'arrêter aux exceptions, fins et conclusions de Tissot, dont il est débouté, et faisant droit à la demande de Barbas et Dupeloux, ordonne qu'il sera passé outre au jugement du fond; condamne Tissot aux dépens.

Pierre Tissot a interjeté appel de ce jugement, qui a été confirmé par l'arrêt suivant :

ARRÊT.

Attendu qu'il est établi au procès que lors du bail verbal intervenu entre les frères Tissot, d'une part, et Barbas et Dupeloux, d'autre part, il fut convenu que, pour l'exécution de ce bail, les parties conservaient leur domicile en France;

Attendu que la créance pour laquelle Barbas et Dupeloux ont assigné les appelants étant claire et liquide, il ne saurait y avoir lieu à surseoir au jugement de leur demande jusqu'à ce qu'il ait été statué sur la demande formée par Pierre Tissot, devant le tribunal de Chambéry ;

Adoptant, au surplus, les motifs exprimés par les premiers juges, etc.

Arrêt du 15 novembre 1852. 1re chambre. — M. Royer, premier président; M. Fiéreck, conseiller, faisant les fonctions de ministère public. — MM. Chollier et Repellin, avoués; MM. Cantel et Giraud, avocats.   (*Article communiqué.*)

FAUSSES NOUVELLES. — PUBLICATION PAR LA VOIE DE LA
PAROLE. — BONNE FOI. — CIRCONSTANCES ATTÉNUANTES.

*La publication de fausses nouvelles par la voie de la pa-
role est un délit punissable, malgré la bonne foi du prévenu.
Seulement, quand il y a simple imprudence et non mauvaise intention, les juges peuvent admettre les circonstances
atténuantes.* (Décret du 17 février 1852.)

Rajat — C. M. le Procureur général.

Rajat, prévenu d'avoir, à Domène, le 16 novembre 1857,
publié une nouvelle fausse et de nature à troubler la paix,
en disant publiquement que les billets de banque ne passaient plus, et que M. Charrière, maître de forges à Allevard,
qui en avait pour 50,000 fr., n'avait pu les faire passer ni
à Lyon ni à Paris, fut assigné devant le tribunal correctionnel de Grenoble, qui le renvoya des poursuites sans dépens,
par jugement du 2 décembre, ainsi conçu :

Attendu qu'il résulte de l'information et des documents du
procès, que le sieur Charrière, maître de forges à Allevard et à
Domène, était venu à Grenoble pour changer des valeurs contre
des espèces métalliques d'argent, afin de faire la paye de ses
ouvriers, mais qu'il n'avait pu trouver dans la maison Gaillard
la somme en argent dont il avait besoin, et avait dû faire venir
35,000 fr. de Paris et de Lyon ;

Attendu que ce fait, qu'avec des billets le sieur Charrière
n'avait pu se procurer de l'argent, ayant plus ou moins inexactement été rapporté à Rajat, celui-ci, qui est illettré, et qui probablement distingue mal entre les maisons de banque et la banque
de France, a pu croire de bonne foi que les billets de la banque
de France n'avaient plus cours ;

Attendu que, sur ces entrefaites, les sieurs Isidore Pelissier et
Baru, étant réunis dans l'auberge de Rajat pour régler un compte,

Baru demanda à la femme Rajat la monnaie d'un billet de 100 fr. ;
qu'au moment où celle-ci allait la donner, Rajat qui, d'une pièce
voisine, avait entendu la demande faite à sa femme, en sortit et
lui défendit de donner la monnaie demandée, en disant : les
billets ne passent plus ; M. Charrière en avait pour 50,000 fr., il
n'a pu les passer à Grenoble ; il est allé à Lyon, où il n'a pu en
changer que pour 10,000 fr., et il est allé à Paris changer le
reste ;

Attendu qu'en parlant ainsi, Rajat voulait seulement motiver
la défense faite à sa femme et justifier un refus qui avait besoin
d'explication ; que rien ne permet de supposer qu'il eût alors
l'intention de publier une nouvelle ; qu'on ne peut même lui
reprocher d'avoir tenu publiquement le propos incriminé, car
il ne paraît pas qu'il y eût alors chez lui d'autres personnes que
celles à qui il s'adressait ;

Attendu qu'aux termes de la jurisprudence de la Cour de cassation, consacrée par un arrêt des chambres réunies, rendu le
13 mars 1855, un élément essentiel du délit de publication de
fausses nouvelles réside dans l'intention et la volonté de les publier et le fait que la publication en ait été réellement effectuée.

Par ces motifs, le tribunal acquitte Rajat de la prévention.

Sur l'appel du ministère public, la Cour a rendu l'arrêt
suivant :

ARRÊT.

Considérant qu'il est établi par la procédure et les débats de
l'audience, que dans la journée du 16 novembre dernier, et dans
la salle de son cabaret, le prévenu, en réponse à la demande qui
était faite à sa femme du change d'un billet de la banque de
France de 100 fr., dit à haute voix et de manière à être entendu
des personnes présentes : « *Que les billets de la banque de
France ne passaient plus ; que Charrière, qui avait pour
50,000 fr. de ces valeurs, n'avait pu en obtenir le paiement à
Grenoble, qu'il n'avait reçu que 10,000 fr. en espèces à Lyon,
et qu'il avait été obligé d'aller à Paris pour faire le change
du restant ;* » que ces propos se référant à un fait faux, et ayant
été par le prévenu proférés sans hésitation et de manière à faire

croire que leur auteur ne doutait pas de l'exactitude du fait avancé, constituent le délit de publication de nouvelles fausses, prévu et puni par l'art. 15 de la loi du 17 février 1852 ;

Considérant, néanmoins, qu'il existe des circonstances atténuantes, en ce qu'il y a seulement imprudence et non mauvaise intention à reprocher au prévenu ;

Par ces motifs,

La Cour, ouï M. le conseiller Masse en son rapport, M. Alméras-Latour, premier avocat général, en ses réquisitions, et le prévenu dans sa défense, faisant droit à l'appel émis par M. le procureur général envers le jugement du tribunal correctionnel de Grenoble, en date du 2 du courant, réforme, et faisant ce que les premiers juges auraient dû faire, déclare Rajat convaincu du délit de publication de fausses nouvelles qui lui est imputé, et pour réparation, lui faisant application des disposition de l'art. 15 de la loi du 17 février 1852, des art. 463 et 52 du Code pénal et 194 du Code d'instruction criminelle, etc.

Arrêt du 24 décembre 1857, 4me chambre. — M. Petit, président; M. Masse, conseiller rapporteur; M. Alméras-Latour premier avocat général. — M. Farge, avocat.

La Cour de Douai a jugé, le 24 août 1853 (S. 54, 2, 144), que l'art. 15 du décret du 17 février 1852, qui punit la publication de fausses nouvelles, est applicable aussi bien lorsque la publication a eu lieu par la parole que lorsqu'elle a eu lieu par la voie de la presse.

Attendu, dit la Cour, que cet article prévoit, d'une manière générale, *la publication ou reproduction de nouvelles fausses ;* qu'il ne limite pas ses dispositions à la publication ou reproduction *par telle ou telle voie ;* qu'en ne déterminant pas le mode de publication, il les embrasse tous; qu'il n'y aurait pas, logiquement, plus de raison pour restreindre ses prescriptions à la publication par la voie de la presse que pour les restreindre aux autres modes de publication, à l'exclusion de la presse.

La Cour de cassation a admis cette doctrine par arrêt du 28 avril 1854 (S. 54, 1, 275).

La Cour de cassation a jugé, par un arrêt de rejet du 24 novembre 1853 (S. 54, 1, 275), que la publication de fausses nouvelles est punissable, aux termes de l'art. 15 du décret du 17 février 1852, bien qu'elle ait eu lieu de bonne foi, si, d'ailleurs, ces nouvelles étaient d'une nature nuisible.

Le 28 avril 1854 (S. 54, 1, 275), la Cour de cassation a jugé que l'art. 8 du décret du 11 août 1848, qui déclare applicable aux délits de la presse l'art. 463 du Code pénal, sur les circonstances atténuantes, est général et embrasse dans sa disposition les délits commis par toutes voies de publication ; qu'il s'étend aux nouveaux délits prévus par les lois ultérieures, si ces lois n'y dérogent pas ; que, spécialement, il s'applique au délit de publication ou reproduction de fausses nouvelles par la voie de la parole, prévu et réprimé par l'art. 15 du décret du 17 février 1852.

Il faut voir dans l'arrêt même les nombreux et puissants motifs invoqués par la Cour suprême.

La doctrine citée plus haut, que la publication ou reproduction de fausses nouvelles est punissable aussi bien lorsqu'elle a eu lieu seulement par la parole que lorsqu'elle a eu lieu par la voie de la presse, a été de nouveau consacrée par un arrêt de rejet de la Cour de cassation du 29 septembre 1854 (S. 54, 1, 664).

Cet arrêt a jugé, en outre, que, pour être punissable, la publication ou reproduction de fausses nouvelles doit avoir lieu par l'un des moyens énoncés en l'art. 1er de la loi du 17 mai 1819, c'est-à-dire avoir été *proférée publiquement;* que les juges peuvent considérer comme n'ayant pas ce caractère une simple conversation entre personnes de connaissance, bien que cette conversation se soit tenue sur la voie publique, mais sans être entendue des tiers.

Attendu, dit la Cour, que le jugement attaqué, se plaçant dans l'hypothèse, qui est la vraie, où l'art. 1er de la loi de 1819 se-

rait applicable aux publications faites oralement de fausses nouvelles, a décidé, en droit, que la publication dont il s'agit, pour
être passible des peines du décret de 1852, devait au moins avoir
été commise par quelqu'un des moyens énoncés en l'art. 1er de
la loi de 1819, c'est-à-dire avoir été proférée publiquement, et
que l'art. 15 du décret se référait à cette loi ;

Attendu, en effet, que si cette relation n'est formellement exprimée ni dans cet art. 15, ni dans l'art. 4 de la loi de 1819 qui
le précédait, elle résulte tacitement du principe général ci-dessus rappelé et de la nécessité de tracer une règle à la poursuite.

Au contraire, la Cour de cassation a jugé, par arrêt de
cassation du 8 décembre 1854 (S. 54, 1, 831), que pour être
punissable, il n'est pas nécessaire que la publication ou reproduction orale de fausses nouvelles ait eu lieu par l'un
des moyens énoncés en l'art. 1er de la loi du 17 mai 1819,
c'est-à-dire que les propos qui la constituent aient été tenus
ou proférés dans un *lieu public;* qu'il suffit qu'il y ait eu, de
fait, publication et volonté de publier ; qu'ainsi tombe sous
l'application de la loi la fausse nouvelle résultant de propos
tenus intentionnellement par un individu dans sa propre
maison.

On remarque dans l'arrêt les motifs suivants :

Attendu que la nature particulière du délit dont il s'agit ne
permet pas d'admettre que la loi ait voulu borner la répression
aux seuls cas où les fausses nouvelles seraient *imprimées* ou
proférées publiquement; qu'il est incontestable qu'elles peuvent se répandre par d'autres voies, non moins puissantes pour
la publicité, non moins dangereuses et plus favorables à l'impunité du délinquant; qu'il y avait donc nécessité de l'atteindre
par quelque mode qu'il dût se produire ; que, dès lors, la loi n'a
dû se préoccuper que du fait de la publicité, de l'intention d'y
arriver, mais non des moyens, le mal étant toujours le *même* ;

Attendu que cette interprétation de l'art. 4 de la loi du 27
juillet 1849 s'applique à l'art. 15 du décret du 17 février 1852,

qui ne fait, quant à la publicité, qu'en reproduire les dispositions ;

Attendu que la loi n'exige pas, comme condition essentielle du délit, la publicité du lieu où les propos auraient été tenus ; qu'elle ne fait résulter ce délit que de la *volonté de publier* et de la *publication*, c'est-à-dire de cette circonstance que les fausses nouvelles ont été répandues dans le public, et non de la nature du lieu où elles ont pu commencer à se produire.

Cette doctrine a été solennellement confirmée par un arrêt de rejet de la Cour de cassation, chambres réunies, du 13 mars 1855 (S. 55, 1, 225).

Attendu, dit la Cour, après avoir invoqué d'autres motifs, qu'il suffit que les fausses nouvelles aient été publiées ou reproduites par quelque mode que ce soit, sous ces deux conditions toutefois, essentielles à l'existence du délit, à savoir : l'intention et la volonté de les publier, et le fait que la publication en ait été réellement effectuée.

Mais après avoir combattu, en droit, les motifs de l'arrêt, qui est de la Cour de Bordeaux, la Cour de cassation adopte sa solution en fait, et juge que le décret du 17 février 1852 est inapplicable dès l'instant où, en fait, il a été reconnu que la fausse nouvelle n'avait été émise que sous forme de simple conversation dans une maison particulière et n'avait reçu aucune publicité quelconque.

Fréd. TAULIER.

GARDE PARTICULIER. — AGENT DE LA FORCE PUBLIQUE. — DÉLIT COMMIS DANS UNE PROPRIÉTÉ AFFERMÉE.

Un garde particulier est un agent de la force publique ; il a qualité pour constater les délits de toute sorte qui se commettent sur les propriétés particulières confiées à sa sur-

veillance. La circonstance qu'une propriété particulière est affermée n'enlève pas au propriétaire son droit de surveillance et de police.

Détroyat — C. M. le Procureur général.

Par jugement du 28 novembre 1857, le tribunal de Saint-Marcellin, considérant qu'il résultait de la déposition claire et précise du garde particulier Brague, que le 27 juillet dernier, agissant d'après les ordres de Mme veuve de Montravel, il faisait sortir de la serve du moulin faisant partie des propriétés confiées à sa garde, des baigneurs dont la nudité était aperçue des personnes habitant le château ; que ces baigneurs s'étaient retirés à l'invitation du garde, sauf Détroyat, qui avait formellement refusé d'obtempérer à cette injonction, et l'avait menacé de le jeter à l'eau : ce qui constitue le délit d'outrages et de rébellion prévu et puni par l'art. 224 du Code pénal ;

Sur l'exception soulevée par le défenseur du prévenu, tendant à faire décider que le garde particulier Brague n'était ni un fonctionnaire public ni un agent de la force publique, mais seulement un simple particulier :

Considérant qu'aux termes de la jurisprudence la plus constante et d'une foule de décisions judiciaires, les gardes particuliers assermentés conformément à la loi qui règle leur institution, sont de véritables agents de la force publique ; qu'ils sont assimilés aux gardes champêtres et forestiers lorsqu'ils sont dans l'exercice de leurs fonctions, c'est-à-dire en surveillance des propriétés confiées à leur garde ou en répression des délits qui s'y commettent ; que, dans l'espèce dont il s'agit, le garde Brague était bien réellement dans l'exercice de ses fonctions, puisqu'il était occupé, dans les deux circonstances ci-dessus rappelées, à réprimer les indécences qui se commettaient dans la serve dépendant du château de Mme de Montravel, propriété confiée exclusivement à la garde de Brague ; qu'en conséquence, l'exception dont il s'agit n'est pas fondée.

Par ces motifs, l'a déclaré coupable : 1º d'avoir, à l'Albene, le 27 juillet 1857, outragé par paroles et menaces Joseph Brague, garde particulier de Mme de Montravel, dans l'exercice de ses fonctions; 2º au même lieu, et le 30 du même mois, volontairement porté des coups et fait des blessures audit Brague, également dans l'exercice de ses fonctions, et, en réparation, lui faisant application des art. 224, 230, 52 du Code pénal, et 194 du Code d'instruction criminelle, l'a condamné à un mois d'emprisonnement et aux frais.

Le prévenu a appelé de ce jugement :

ARRÊT.

La Cour, adoptant les motifs exprimés par les premiers juges,
Et considérant qu'un garde particulier, nommé et assermenté pour la garde et la conservation des propriétés privées, a autorité pour constater tous les délits qui peuvent s'y commettre, et notamment, comme dans le cas particulier, les faits contraires à la pudeur ; et que des fenêtres de Mme de Montravel on apercevait distinctement les enfants et le prévenu qui se baignaient nus dans la serve faisant partie de la propriété de cette dame ; que la circonstance que le moulin et la serve attenant étaient affermés au sieur Argoud, ne saurait enlever au propriétaire le droit de police et de surveillance sur ses propriétés, dans l'intérêt des mœurs et de la pudeur publique ; qu'on ne saurait donc contester que le garde fût dans l'exercice régulier de ses fonctions, confirme.

Arrêt du 23 décembre 1857, 4ᵐᵉ chambre. — M. Petit, président; M. Masse, conseiller rapporteur; M. Alméras-Latour, premier avocat général. — M. Frédéric Taulier, avocat.

DÉCISIONS ADMINISTRATIVES.

—•••—

ADMINISTRATION DES POSTES. — BILLETS DE BANQUE DIS-
PARUS. — RESPONSABILITÉ. — TRIBUNAUX CIVILS. — CON-
SEIL DE PRÉFECTURE. — INCOMPÉTENCE. — MINISTRE DES
FINANCES.

*Les tribunaux civils et les conseils de préfecture sont incom-
pétents pour connaître d'une demande tendant à faire déclarer l'Etat responsable d'une somme confiée à la poste. C'est
au ministre des finances qu'il appartient de statuer.*

Carcassonne — C. l'État.

La lettre suivante, adressée à M. le Préfet de l'Isère par
M. le Directeur général des Postes, rappelle les faits, les
principes et les autorités.

Paris, 23 avril 1857.

Monsieur le Préfet,

Par exploit du 13 avril courant, l'administration des postes
est citée devant le tribunal de première instance de Grenoble,
pour s'entendre condamner solidairement avec la compagnie du
chemin de fer de Saint-Rambert à Grenoble, dont le siège est
à Paris, rue Lepelletier, n° 31, et le sieur Garcin, entrepreneur
de voitures publiques, demeurant à Grenoble, à payer aux sieurs
Carcassonne frères, banquiers, demeurant à Salon, la somme
de 20,000 fr. à titre de remboursement de pareille somme à eux
adressée de Grenoble par MM. Quiquandon, en deux lettres
chargées, déposées au bureau de cette ville, les 20 et 21 mars

derniers, et dont l'une, contenant les moitiés de vingt billets de banque de 1,000 fr. chacun, n'est pas parvenue aux destinataires, par suite du vol, dans le trajet de Grenoble à Saint-Rambert, de la dépêche qui la renfermait.

Les requérants réclament, en outre, 1,000 fr. de dommages-intérêts, etc., etc.

En admettant, comme le prétendent les sieurs Carcassonne, que le retard de quelques heures que la lettre du 21 aurait subi au bureau de Grenoble fût établi, et que le vol de la dépêche qui renfermait ladite lettre pût constituer à leur profit un titre contre l'administration, ce que je conteste de la manière la plus formelle, l'action des demandeurs ne saurait, dans tous les cas, être admise par le tribunal. En effet, Monsieur le Préfet, le jugement à intervenir a pour but de faire déclarer l'Etat débiteur envers les sieurs Carcassonne, et ce jugement dépend de l'appréciation préjudicielle de faits de service dont la connaissance appartient à l'autorité administrative, en vertu des lois, décrets et arrêtés des 8 et 24 août 1790, 26 septembre 1793, 16 fructidor an III, 2 germinal an VI, sur la séparation des pouvoirs administratifs et judiciaires.

C'est au nom de ce principe consacré par la jurisprudence du conseil d'Etat, et notamment par deux arrêts en date du 6 décembre 1855, que j'ai l'honneur de vous prier, Monsieur le Préfet, d'user des pouvoirs qui vous sont conférés par l'art. 6 de l'ordonnance du 1er juin 1828, pour demander le renvoi de la cause devant l'autorité compétente.

Agréez, etc.

En conséquence, M. le Préfet de l'Isère a élevé, devant le tribunal de Grenoble, un déclinatoire.

Le tribunal de Grenoble s'est déclaré incompétent, par jugement du 17 avril 1857, ainsi conçu :

Attendu que Carcassonne frères actionnent l'administration des postes à raison de la disparition d'une dépêche chargée qui leur était destinée ; — qu'ils se fondent, entre autres, sur ce que, en contravention des règlements, cette dépêche déposée au bureau de Grenoble, au lieu d'être expédiée par le courrier de cinq heures du soir, ne l'a été que par celui de minuit ;

Attendu que les règlements relatifs à l'expédition des dépêches dans les bureaux de poste sont des ordres donnés par les
chefs d'administration à leurs subordonnés : — que la solution
de la question soulevée par les demandeurs nécessiterait l'examen, l'interprétation de ces ordres ou règlements, la vérification du point de savoir comment ils sont exécutés, ou comment
ils devaient l'être ; qu'on aurait à s'immiscer dans les actes et la
gestion de l'autorité administrative, ce que le tribunal ne pourrait faire sans excéder les limites de sa compétence ;

Attendu que les demandeurs soutiennent, en outre, que la
dépêche qui leur était destinée, ayant été perdue ou soustraite,
l'administration des postes est responsable ;

Attendu que, si une information criminelle suivie par le parquet de Grenoble autorise à penser qu'il y a eu soustraction,
cette procédure, close en l'état par un non lieu, ne désigne pas,
comme auteur de cette soustraction, un employé de l'administration ; — que cette administration ne peut être responsable
que du fait de ses agents, dans l'exercice de leurs fonctions ; —
qu'il faut donc, pour qu'il y ait lieu à responsabilité, que l'a-
gent auteur du fait soit signalé, nominativement désigné ; qu'à
défaut d'une pareille désignation, il ne peut y avoir que perte
de dépêches vis-à-vis de l'administration ;

Et, attendu qu'en cas de perte de dépêche, la loi du 9 nivôse
an V renferme, par dérogation au droit commun, une disposition dont l'application ne peut appartenir à la juridiction civile ;

Par ces motifs, le tribunal se déclare incompétent.

MM. Carcassonne ont appelé de ce jugement.

Le 13 juillet 1857, M. le Préfet a proposé, devant la Cour
impériale, un nouveau déclinatoire.

La Cour impériale, par arrêt du 16 décembre 1857, a ordonné qu'il serait sursis à toute poursuite judiciaire dans la
cause.

Le décret suivant, rendu en conseil d'Etat, le 20 février
1858 a confirmé le conflit élevé le 13 juillet 1857.

Vu, etc.

Considérant que l'action intentée par les sieurs Carcassonne frères en première instance devant le tribunal civil de l'arrondissement de Grenoble, et en appel devant la Cour impériale, contre l'administration générale des postes, a pour objet de faire condamner cette administration, comme responsable des torts de ses employés au bureau de Grenoble, à leur payer une indemnité pour la perte d'une lettre chargée ;

Considérant que, aux termes des lois ci-dessus visées des 16-24 août 1790, et du 16 fructidor an III, les fonctions judiciaires sont distinctes et doivent toujours demeurer séparées des fonctions administratives ; que défenses sont faites aux tribunaux de troubler, de quelle manière que ce soit, les opérations des corps administratifs, de citer devant eux les administrateurs pour raison de leurs fonctions, et de connaître des actes d'administration de quelque espèce qu'ils soient ;

Considérant que l'administration n'est pas seulement chargée de pourvoir, sous sa responsabilité, à l'organisation des services publics qui sont placés par les lois dans ses attributions, et de donner à ses agents les ordres et les instructions nécessaires pour assurer le cours de ces services ;

Qu'il lui appartient également de faire l'application des lois et règlements qui déterminent les rapports qui s'établissent, à l'occasion de ces mêmes services, entre les particuliers et les agents qui représentent l'Etat ; — que ces lois et règlements ont un caractère spécial, et que les contestations que leur application peut faire naître doivent être portées devant la juridiction administrative, à moins qu'une disposition expresse n'en ait réservé la connaissance à l'autorité judiciaire ;

Que, notamment, la responsabilité de l'Etat en cas de faute, de négligence ou d'erreur commises par des agents de l'administration, n'est pas régie par les principes du droit commun ; que cette responsabilité n'est ni générale ni absolue ; qu'elle se modifie suivant la nature et les nécessités de chaque service ; — qu'en ce qui concerne particulièrement le service des postes, aucune disposition législative n'a chargé l'autorité judiciaire d'apprécier les conditions et la mesure de la responsabilité qui peut incomber à l'Etat pour les faits de ses agents ;

Considérant, d'autre part, que c'est un principe de notre

11

droit public, depuis 1790, que les demandes qui tendent à constituer l'Etat débiteur ne doivent pas être portées devant l'autorité judiciaire ;

Que, d'après le décret du 26 septembre 1793, toutes les créances sur l'Etat ont dû être réglées administrativement, et que les dispositions législatives ci-dessus visées, qui sont intervenues postérieurement concernant la liquidation des dettes de l'Etat, ont maintenu et développé cette règle ; — que si, dans certaines matières, il y a été dérogé par des dispositions expresses de la loi, ces exceptions ne peuvent être étendues à d'autres matières, même par voie d'assimilation, ou à l'aide d'analogie ; — que de tout ce qui précède, il résulte que c'est à bon droit que le préfet du département de l'Isère a élevé le conflit d'attribution devant la cour impériale de Grenoble, à l'effet de revendiquer, pour l'autorité administrative, la connaissance de l'action en indemnité intentée par les sieurs Carcassonne frères contre l'administration générale des postes.

Notre conseil d'Etat au contentieux entendu, — Avons décrété et décrétons ce qui suit :

Art. 1er. — Est confirmé l'arrêté de conflit, pris le 13 juillet 1857, par le préfet du département de l'Isère, etc.

Approuvé le 20 février 1858.   *Signé :* NAPOLÉON.

Le 10 mai 1858, M. le directeur général des postes a adressé à M. le préfet de l'Isère une lettre ainsi conçue :

Paris, 10 mai 1858.

Monsieur le Préfet,

J'ai déjà eu l'honneur de vous entretenir d'une affaire qui intéresse mon administration, et dans laquelle vous êtes intervenu pour maintenir le principe de la séparation des pouvoirs administratifs et judiciaires.

Il s'agit de l'action en responsabilité intentée à l'administration des postes par MM. Carcassonne frères, négociants à Salon, au préjudice desquels a disparu, dans le service, une lettre contenant vingt moitiés de billets de banque, expédiées à leur adresse le 21 mars 1857, par MM. Quiquandon de Grenoble.

Les demandeurs ont succombé en première instance et en appel, à la suite des conclusions prises par le ministère public sur vos déclinatoires, dont le dernier, en date du 13 juillet dernier, a été confirmé par décret rendu en conseil d'Etat le 20 février 1858.

Aujourd'hui, MM. Carcassonne assignent l'administration des postes devant le Conseil de préfecture de l'Isère ; cette nouvelle démarche est aussi irrégulière que les précédentes. Aux termes d'un décret du 29 mars 1853, rendu en conseil d'Etat dans une affaire de Merlhiac, les conseils de préfecture ne sont pas compétents pour connaître des actions en responsabilité dirigées contre l'Etat à l'occasion du service des postes, et spécialement des actions en indemnité pour pertes de valeurs renfermées dans les lettres confiées à cette administration.

C'est au ministre des finances seul qu'il appartient de statuer sur les demandes de cette nature.

Je viens, en conséquence, Monsieur le Préfet, vous prier de vouloir bien provoquer de la part du conseil de préfecture un jugement d'incompétence et renvoyer les demandeurs devant qui de droit.

Agréez, etc.

Dans une letre adressée à M. le préfet de l'Isère par M. le préfet de la Seine, le 15 mai 1858, on trouve le renseignement suivant :

« D'après la jurisprudence, ce n'est pas le conseil de pré-
« fecture, mais bien Son Excellence le ministre des finances
« qui doit connaitre en premier ordre, et sauf recours au
« conseil d'Etat, des actions en responsabilité dirigées contre
« l'administration des postes. C'est ce qui a été décidé par
« deux arrêts, l'un du 12 juillet 1851, dans une affaire Legat,
« rapporté au recueil de Lebon, tome XXI, page 508, et
« l'autre du 29 mars 1853, dans une affaire Merlhiac, inséré
« au même recueil, tome XXIII, page 398, portant annu-
« lation, pour incompétence et excès de pouvoir, d'un arrêté
« du conseil de préfecture de la Dordogne. »

Le 21 mai 1858, sur le rapport de M. Petit, le conseil de préfecture a rendu l'arrêté suivant :

Le Conseil de préfecture de l'Isère,

Vu l'acte extrajudiciaire en date du 4 mai 1858, par lequel les sieurs Carcassonne frères, négociants, domiciliés à Salon (Bouches du Rhône), assignent l'administration des postes, représentée par M. Stourm, directeur général, à comparaître par-devant le conseil de préfecture de l'Isère, pour s'entendre condamner à leur payer avec intérêts légitimes : 1° la somme de 20,000 fr. représentant la valeur de vingt billets de 1,000 fr. de la banque de France, qu'ils prétendent avoir été insérés dans un paquet à leur adresse, chargé le 21 mars 1857, au bureau de la poste de Grenoble, et qui n'est point parvenu à sa destination ; 2° la somme de 2,000 fr. à titre de dommages-intérêts ; 3° aux dépens ;

Vu la lettre de M. le conseiller d'Etat, directeur général des postes, en date du 10 mai courant;

Vu toutes les pièces produites et jointes au dossier;

Considérant que la demande des requérants a pour objet de faire déclarer l'Etat responsable d'une somme de 20,000 fr., qui, suivant eux, aurait été insérée, en billets de la banque de France, dans une lettre chargée au bureau de la poste de Grenoble;

Considérant qu'aucune loi n'a attribué aux conseils de préfecture la connaissance des actions en responsabilité dirigées contre l'Etat, à l'occasion du service des postes,

Par ces motifs,

Se déclare incompétent, renvoie les sieurs Carcassonne frères à se pourvoir ainsi qu'il appartiendra, et les condamne aux dépens, y compris ceux d'intimation du présent arrêté.

ARRÈTS.

LOI DU 23 MARS 1855 SUR LA TRANSCRIPTION. — FEMME
VEUVE. — HYPOTHÈQUE LÉGALE. — HÉRITIERS MINEURS.
— MARI SURVIVANT, TUTEUR ET DÉBITEUR DE LA DOT.
— ORDRE CLOS AVANT LA LOI DE 1855. — DÉCHÉANCE.

L'hypothèque légale de la femme veuve, qui laisse pour héritiers des enfants mineurs, doit être inscrite dans les délais voulus par les art. 8 et 11 de la loi du 23 mars 1855; les héritiers mineurs ne sont pas relevés par leur minorité de l'obligation de faire inscrire cette hypothèque, dans ces délais, sur les biens de leurs père tuteur et débiteur de la dot.

Les mineurs sont déchus, faute d'inscription dans les délais des articles 8 et 11, quoique leur hypothèque n'ait pas été purgée. En conséquence, ils ne peuvent exercer ni droit de suite contre le tiers détenteur, ni droit de préférence sur le prix distribué dans un ordre clos avant la loi du 23 mars 1855.

Aubert — C. Meyère.

Marie Montchovet, femme Aubert, est décédée en 1847, laissant pour héritiers des enfants mineurs sous la tutelle légale de leur père, et pour toute ressource à ces enfants le

15

montant de ses reprises dotales, dues par son mari et s'élevant à une somme d'environ 3,000 fr.

Le sieur Aubert père ne prit point d'inscription contre lui-
même au profit des mineurs. En 1848 il fut exproprié ; une
clause expresse du cahier des charges obligeait l'adjudicataire à purger les hypothèques légales, à peine de ne pouvoir
prétexter de leur existence pour se refuser au paiement;
mais cette formalité ne fut point faite.

Un ordre s'ouvrit et fut clos en 1852. Les mineurs Aubert,
qui n'avaient pas été mis en demeure par la purge, pour
lesquels dès lors aucune inscription n'avait été prise, ne
furent pas sommés de produire à l'ordre ; il en résulta que
le sieur Meyère, créancier hypothécaire, fut alloué au rang
de son inscription du 14 juin 1844, rang que les mineurs
Aubert auraient occupé s'ils avaient produit.

Le sieur Meyère n'a pas renouvelé son inscription à
l'expiration des dix années, survenue le 14 juin 1854.

Si ce créancier avait voulu se faire payer immédiatement
après la clôture de l'ordre, les mineurs Aubert auraient été
en droit de s'y opposer, parce qu'ils n'avaient pas été mis en
demeure de faire valoir leur hypothèque légale préférable, et
que l'ordre, sous ce rapport, était irrégulier. Mais la loi de
1855, sur la transcription, étant survenue, on a laissé passer
l'année que donnent les art. 8 et 11 pour l'inscription des
hypothèques légales, et les bordereaux n'ont été signifiés
que le 13 février 1857 ; les adjudicataires ont formé opposition à raison de l'hypothèque légale non purgée des mineurs
Aubert. Ces derniers sont intervenus dans l'instance et ont
pris inscription contre leur père le 3 mars 1857.

Il a été répondu par le sieur Meyère que c'était trop tard
pour l'hypothèque légale qui leur appartenait du chef de
leur mère ; que cette hypothèque était frappée de déchéance
par la loi de 1855, faute d'inscription pendant l'année 1856,
et qu'à l'égard de l'hypothèque légale dérivant de la tutelle,

elle ne remontait qu'à 1847, tandis que l'inscription du sieur Meyère remontait à 1844.

25 mars 1857, jugement du tribunal de Valence, qui statue en ces termes :

Attendu que la question relative aux effets de l'inscription prise au nom des mineurs Aubert, le 3 mars 1857, ne peut concerner que l'hypothèque légale de Marie Montchovet, leur mère, décédée en 1847, puisque leur hypothèque légale de mineurs est primée par celle des consorts Ardain, dont l'inscription, sous la date du mois de septembre 1843, est de plusieurs années antérieure à l'époque où la tutelle d'Aubert père a commencé, et qu'il en est de même, quant au sieur Meyère, dont l'inscription remonte à......;

Attendu que l'art. 8 de la loi du 23 mars 1855 porte que si la veuve, les mineurs ou les héritiers et ayants cause n'ont pas pris l'inscription dans l'année qui suit la dissolution du mariage ou la cessation de la tutelle (ou dans le courant de l'année 1856, portaient les articles transitoires 10 et 11), leur hypothèque ne date, à l'égard des tiers, que du jour des inscriptions prises ultérieurement;

Attendu que cet article indique clairement que le délai indulgé à peine de déchéance pour inscrire, se compte de la dissolution du mariage, lorsqu'il s'agit de l'hypothèque légale de la femme, et à partir de la cessation de la tutelle, lorsqu'il s'agit de l'hypothèque légale du mineur; que cette interprétation ressort surtout du soin que prend le législateur de l'expliquer par l'addition des mots : « leurs héritiers ou ayants cause, » dans le texte de l'article, et que, sous ce rapport, les représentants de la femme ou du mineur ne pouvaient être traités plus favorablement que ceux dont ils viennent prendre la place;

Attendu que la loi du 23 mars 1855, faite pour obvier aux inconvénients de l'occultanéité des hypothèques légales, manquerait le but qu'elle s'est proposé, si elle recevait une interprétation différente, qu'en décidant, notamment, que la minorité du représentant de la femme suffirait pour le mettre à l'abri de la déchéance dont il s'agit, on donnerait aux termes dont le

législateur s'est servi un sens qui ferait revivre, en quelque
sorte, l'ancienne législation, puisque, au moyen de minorités
successives, l'occultanéité de l'hypothèque pourrait se prolonger
indéfiniment ;

Attendu que le point de départ des délais de déchéance pour
tous étant la cessation de l'état d'incapacité, il n'existe aucune
raison de distinguer entre les héritiers de la veuve qui a survécu
à son mari, et les héritiers de la femme qui est décédée avant
lui, puisque les uns et les autres, par eux-mêmes ou par l'intermédiaire de leur tuteur ou du subrogé-tuteur, peuvent
veiller à la conservation de leurs droits, et prendre toutes inscriptions nécessaires à cet effet ;

Attendu, enfin, que la loi ayant disposé d'une manière générale que la veuve n'a qu'une année, à partir de la dissolution du
mariage, pour inscrire son hypothèque, il faut admettre toutes
les conséquences légales de ce principe, et reconnaître que son
héritier mineur ou majeur, qui n'a pas plus de droit que son
auteur, est tenu des mêmes délais et des mêmes forclusions que
celui qu'il représente ;

Attendu, d'ailleurs, qu'aux termes du cahier des charges, les
adjudicataires étaient tenus de purger les immeubles dans le délai de trois mois, à peine de ne pouvoir exciper de l'existence
des hypothèques légales pour se refuser au paiement;

Par ces motifs, le tribunal déclare l'inscription prise au nom
des mineurs Aubert, sans effet, par rapport aux tiers créanciers
utilement alloués dans l'ordre.

Appel des enfants Aubert.

Il a été dit en substance, dans leur intérêt : La loi de 1855
a rencontré, comme toutes les lois du crédit foncier, l'obstacle de l'hypothèque légale occulte conférée aux incapables.
Fallait-il sacrifier les intérêts des femmes et des mineurs, les
intérêts de la famille, à ceux du crédit, aux besoins des garanties faciles dont la spéculation a besoin ? Fallait-il, au
contraire, laisser les tiers prêteurs exposés indéfiniment aux
incertitudes qui résultent des hypothèques occultes, même

quand les porteurs de ces hypothèques avaient recouvré
pleine capacité, et jusqu'au terme illimité où il leur plairait
de se faire payer ? Le législateur de 1855, comme le législateur de 1804, a maintenu le bénéfice de l'hypothèque légale
et occulte au profit des incapables qui n'ont pas le moyen
d'en avoir d'autres. Seulement le législateur de 1855, par
une équitable transaction, a limité la durée de cette faveur
au temps pendant lequel dure l'incapacité et à une année
après, de telle sorte que l'incapable devenu capable ne
pourra se plaindre d'avoir perdu une hypothèque qu'il ne
pouvait défendre, parce qu'il aura toujours eu une année de
capacité pendant laquelle il aura à se reprocher de n'avoir
pas fait inscrire l'hypothèque légale qui lui appartenait. Tel
est le sens et la moralité évidente de l'art. 8.

Dans l'espèce, la femme Aubert, incapable, avait une
hypothèque légale antérieure à celle de Meyère contre le
sieur Aubert son mari. Ses enfants mineurs, qui sont également incapables, ont hérité de cette hypothèque légale et
ont été dans la même incapacité de l'inscrire par eux-mêmes,
ni par leur auteur, qui était le sieur Aubert lui-même. Elle
subsiste donc encore et elle devra subsister jusqu'à leur majorité encore à venir et un an après.

Lorsque la tutelle prend fin par la survenance d'un nouveau tuteur, on peut admettre, avec M. Troplong, n° 311,
que l'hypothèque légale contre le premier tuteur doit être
inscrite avant la majorité et dans l'année de la cessation de
cette première tutelle, parce que le mineur est représenté
par un autre tuteur qui n'est pas détourné par son propre
intérêt de prendre une inscription, et parce qu'il est de principe que les courtes déchéances courent contre les mineurs,
sauf leur recours contre leurs tuteurs négligents, d'après
l'art. 2278 du Code Napoléon. Mais, dans le système du
Code Napoléon, cet article ne s'applique jamais aux droits
des mineurs contre le tuteur lui-même ; ces droits, loin de

prescrire, ne sont exigibles contre lui qu'à la fin de la tutelle et dans le compte de gestion ; mais, admettre que le droit du mineur périra, par cela seul que le tuteur débiteur ne prendra pas inscription contre lui-même, c'est le vouer à une immolation certaine : il serait confisqué.

Si le législateur avait compté sur le tuteur pour prendre inscription contre lui-même, il n'aurait pas dispensé l'hypothèque légale d'inscription pendant la minorité.

La volonté de sa part de faire durer la dispense d'inscription tant que dure la dépendance du mineur vis-à-vis du débiteur est exprimée en ces termes de la manière la plus formelle dans l'exposé des motifs de la loi, présenté au nom du conseil d'Etat.

« L'existence de l'hypothèque légale, indépendamment de
« toute inscription, a soulevé d'interminables débats ; nous
« ne voulons pas même donner le plus léger prétexte de
« les renouveler. Cette grande faveur *sera maintenue tant*
« *que sera maintenue sa raison d'être, tant que la femme*
« *est dans la dépendance du mari dont l'intérêt est contraire*
« *au sien, tant que le mineur est sous l'autorité d'un tuteur*
« *disposé à se défendre contre toute inscription ; si elle était*
« *nécessaire, la loi supplée par une protection peut-être*
« *exorbitante à la résistance du mari ou du tuteur. Mais*
« *quand la capacité d'action* sera venue à l'un et à l'autre,
« le besoin de la publicité reprendra tous ses droits, et il ne
« peut plus être question que d'accorder un délai pour rem-
« plir la formalité prescrite par la loi commune. »

L'esprit si manifeste du législateur aurait-il été trahi par les expressions dont il s'est servi, et les termes de l'art. 8 refuseraient-ils au mineur le bénéfice de la dispense de l'inscription de l'hypothèque légale qu'il tire du mariage de sa mère pour le limiter à l'hypothèque légale qu'il tire de l'ouverture de la tutelle ? L'art. 8 est loin de dire cela clai-

rement : « Si la *veuve*, le mineur *devenu majeur*, leurs héri-
« tiers, n'ont pas pris inscription dans l'année qui suit la
« dissolution du mariage ou la cessation de la tutelle, leur
« hypothèque, etc. »

Ces termes, à première lecture, rendent bien la pensée
exprimée par les motifs, sauf qu'ils l'appliquent au cas les
plus ordinaires *de eo quod plerumque fit;* l'œuvre de la
jurisprudence est ensuite de s'inspirer des motifs pour faire
sortir du texte toutes les conséquences que le législateur a
voulu y renfermer.

L'obligation d'inscrire n'est imposée qu'à la veuve, qu'au
mineur devenu majeur, c'est-à-dire, qu'aux incapables devenus capables, et dans l'année de l'événement qui leur rend
leur capacité, soit par la dissolution du mariage seulement,
soit par la dissolution du mariage et par la cessation de la
tutelle, quand l'incapacité résultant du mariage a été remplacée par celle résultant de la tutelle.

L'art. 8 a, d'ailleurs, particulièrement besoin d'être
expliqué largement dans le sens des motifs, sans quoi la lettre seule conduirait à des conséquences peu acceptables.
Ainsi on pourrait dire, en ne voyant que les termes, que la
déchéance de l'art. 8 ne s'applique pas aux héritiers de la
femme décédée pendant le mariage, car le texte ne parle
que des héritiers de la veuve (si la veuve.... ses héritiers);
qu'elle ne s'applique pas aux héritiers du mineur décédé en
minorité, car il n'est question que des héritiers *du mineur
devenu majeur;* qu'elle ne s'applique pas à la cessation
d'une première tutelle par le décès du tuteur avant la majorité, et que l'hypothèque légale dure sur les biens du premier tuteur décédé et remplacé pendant les dix, quinze ou
vingt ans que la minorité peut durer encore.

Etant certain que le législateur n'a point voulu sacrifier
les droits des incapables, mais seulement les soumettre à
manifestation dans l'année de la capacité obtenue, c'est vio-

ler cette volonté que d'admettre l'abolition inévitable, fatale
de l'hypothèque légale du mariage, alors qu'elle passe à un
mineur sous la dépendance du débiteur qui a les mêmes
raisons de ne pas agir contre lui-même, soit comme mari,
soit comme tuteur.

Lorsque la tutelle s'ouvre par le décès du père, l'hypothèque légale a moins d'importance pour les mineurs, parce
que la mère, qui jusque-là a été incapable, spécule rarement
et court moins la chance de se ruiner; mais lorsque la tutelle
s'ouvre par le décès de la mère, et que le père est déjà grevé
de dettes, les mineurs n'ont plus que la dot de leur mère,
garantie par une hypothèque légale, et si la loi, qui veut
les protéger, ne leur conservait pas cette hypothèque, elle
manquerait son but dans ce qu'il y a de plus utile pour le
plus grand nombre de cas.

Un autre moyen a été plaidé par les appelants : il consistait à dire qu'après l'adjudication, ou tout au moins après
l'ouverture de l'ordre, le prix étant réalisé et en distribution,
il était admis qu'il n'était plus nécessaire de renouveler les
inscriptions (voir Gilbert, sur l'art. 2154, et Sirey, 48, 1, 273,
à la note); que s'il n'était pas nécessaire, depuis cette époque,
de renouveler l'inscription des hypothèques sujettes à inscription, il n'était pas plus nécessaire d'inscrire, pour la
première fois, les hypothèques dispensées d'inscription, pour
lesquelles la nécessité d'une première inscription ne serait
survenue qu'après la même époque; que la clôture de l'ordre n'était pas opposable aux mineurs faute de mise en demeure contre eux par la purge; qu'ils pourraient donc y
produire encore aujourd'hui, et devraient y être alloués,
ainsi que le sieur Meyère, suivant le rang d'hypothèque
qu'ils avaient les uns et les autres en 1852, époque depuis
laquelle les inscriptions n'avaient pas été utiles, et depuis
laquelle le sieur Meyère n'avait pas entretenu la sienne.

Il était ajouté plus subsidiairement que si la dispense de

prendre ou renouveler les inscriptions depuis 1852 était contestée par Meyère, il se trouverait lui-même avoir perdu le bénéfice de son inscription de 1844, non renouvelée en 1857, et serait maintenant primé, soit par l'hypothèque légale de la tutelle remontant à 1847, soit par l'inscription prise pour les mineurs en 1857.

Les moyens de l'intimé sont reproduits par l'arrêt ci-après. On a fait observer dans la discussion que, dans d'autres cas, les droits du mineur étaient frappés de déchéance, malgré son incapacité : par exemple, lorsqu'il héritait d'une créance contre son tuteur, garantie par une hypothèque inscrite, et que l'inscription n'était pas renouvelée dans les dix ans ; qu'au surplus, le subrogé-tuteur était chargé des intérêts du mineur lorsqu'ils étaient en contradiction avec ceux du tuteur.

A cela on peut répondre que le législateur, après avoir assuré la conservation des hypothèques légales garantissant les intérêts les plus considérables et les plus ordinaires des incapables, a pu laisser sous l'empire du droit commun le cas très-rare où un mineur hérite d'un étranger d'une créance hypothécaire inscrite, et que, d'autre part, pour réaliser la protection qu'il veut donner aux mineurs, il n'a pas compté sur les soins douteux d'un subrogé-tuteur qu'aucune notification spéciale ne met en demeure, sans quoi il n'eût pas dispensé d'inscription l'hypothèque dérivant de la tutelle.

ARRÊT.

Sur la fin de non-recevoir proposée par l'intimé contre l'appel des enfants Aubert, et fondée sur ce que les adjudicataires n'auraient pas été mis en cause :

Attendu que la contestation déférée à la connaissance de la Cour porte uniquement sur le droit de déférence que se disputent des créanciers d'Aubert père ; qu'elle ne touche point au droit de suite qui, seul, peut intéresser les adjudicataires ; qu'il n'importe nullement à ces derniers de payer à l'un ou à l'autre des créanciers dont il s'agit le prix dont ils sont les seuls débiteurs; qu'en conséquence, l'appel formé contre eux n'aurait eu pour effet que d'accroître, par des frais inutiles, la perte résultant de l'insuffisance des fonds à distribuer;

Au fond et sur le premier moyen :

Attendu que l'art. 8 de la loi du 23 mars 1855, en réunissant dans une même disposition l'hypothèque pour les reprises de la femme et celle du mineur, pour ses répétitions à raison de la gestion tutélaire, n'a point voulu pour cela les confondre; que l'hypothèque légale pour laquelle cet article donne au mineur, devenu majeur, une année après la cession de la tutelle, afin de l'inscrire contre son tuteur, n'est que celle spécifiée par le premier paragraphe de l'art. 2135 du Code Napoléon, c'est-à-dire, l'hypothèque conférée au mineur contre son tuteur, à raison de sa gestion, et datant du jour de l'acceptation de la tutelle; que l'héritier de la femme, dans le cas même où, au moment de la dissolution du mariage, il se trouverait mineur, et, à ce titre, soumis à la tutelle de son père, débiteur des reprises hypothéquées, n'a, comme la femme elle-même, pour inscrire l'hypothèque à laquelle il succède, que le délai d'une année, à partir de la dissolution précitée, sans pouvoir y ajouter le temps accordé au mineur pour inscrire contre son tuteur;

Qu'en effet, cette interprétation est la seule qui permette le sens littéral des termes dans lesquels est conçu l'art. 8 dont il s'agit, termes qui placent les héritiers de la femme sur la même ligne qu'elle, sans faire aucune distinction entre le cas où ces héritiers sont mineurs et celui où ils se trouvent parvenus à leur majorité;

Que cette interprétation est également la seule qui puisse se concilier avec l'esprit de la loi du 23 mars 1855; que l'objet spécial de cette loi, ainsi que l'ont observé les premiers juges, a été de soumettre à la publicité, dans l'intérêt du crédit immobilier, les hypothèques que la loi précédente laissait occulter en les dispensant de l'inscription; que si un délai d'une année après la dissolution du mariage a été accordé à la femme devenue veuve, ou aux héritiers de la femme prédécédée, pour remplir cette formalité, c'est à titre de faveur et à raison de leur position particulière à la dissolution du mariage, que donner aux héritiers de la femme, quand ils seraient mineurs, un second délai, lequel durerait pendant tout le cours de la tutelle et une année après sa cessation, délai que d'autres minorités pourraient accroître encore, aurait évidemment pour conséquence de prolonger indéfiniment l'inconvénient auquel l'art. 8 a précisément voulu obvier ;

Attendu que les héritiers de la femme ne peuvent être traités autrement que celle dont ils sont les représentants ;

Attendu, d'ailleurs, que l'art. 8 s'est borné à prescrire l'inscription de l'hypothèque attribuée aux créances matrimoniales ; qu'il ne s'est point occupé de l'accomplissement de cette formalité, se référant d'ailleurs aux dispositions du Code Napoléon, relatives aux personnes qui sont chargées de cette obligation dans les circonstances où elle est ordonnée ;

Qu'il est essentiel, en effet, d'observer que le cas où les titulaires de l'hypothèque légale de la femme se trouvent, par leur état de minorité, placés sous la tutelle de leur père, qui est en même temps le débiteur de leur créance, n'offre point une situation qui ne pût se réaliser dans la législation antérieure ;

Que, par exemple, dans l'hypothèse de l'art. 2194 du Code Napoléon, où le tiers acquéreur des biens du mari veut les purger de l'hypothèque légale non inscrite de la femme prédécédée, il suffit de la notification au subrogé-tuteur ou au procureur impérial, du dépôt du contrat au greffe, pour faire courir contre les héritiers mineurs de la femme, le délai de deux mois, donné pour inscrire leur hypothèque ; que, dans ce cas, l'inscription prescrite à peine de déchéance doit être faite principalement à la diligence du subrogé-tuteur chargé, aux termes de l'art. 420 du Code Napoléon, d'agir pour les intérêts du mineur, lorsqu'ils seraient en opposition avec ceux du tuteur ; que la disposition formelle de l'art. 8 de la loi du 23 mars 1855, équivaut à la simple notification ordonnée pour le cas de purge par l'art. 2194 précité ; qu'ainsi, les héritiers de la femme, mineurs, possèdent, sous la loi nouvelle, les mêmes garanties dont ils jouissaient sous la législation précédente ;

Attendu que les termes de l'exposé des motifs de la loi de 1855, invoqués par les enfants Aubert, à savoir que la faveur de la dispense d'inscription est maintenue pour tout le temps où durerait l'incapacité qui forme sa raison d'être, ne s'appliquent qu'à la femme elle-même, réputée sous la dépendance de son mari, tant que le mariage subsiste, et non point à ses héritiers placés sous une protection que la loi regarde comme suffisante.

Sur le moyen subsidiaire des appelants, tiré de ce que l'hypothèque aurait, dans tous les cas, produit son effet avant la loi du 23 mars 1855, et ne tomberait pas sous la déchéance, faute d'inscription introduite par l'art. 8 de cette loi;

Attendu qu'on ne saurait admettre qu'une hypothèque ait produit un effet quelconque, lorsque, comme celle des enfants Aubert, elle n'a jamais été inscrite, et qu'elle n'a pas même été mentionnée dans l'ordre ouvert et clos sur le prix des biens du débiteur; qu'enfin son existence n'a été manifestée à l'égard du tiers que dans le procès où elle a été contestée;

Par ces motifs, la Cour confirme, etc.

Arrêt du 29 avril 1858. — 1re chambre. M. Blanchet, président; M. Pagès, substitut du procureur général. — MM. Michal, Roux, avoués. — MM. Louis Michal, Cantel, avocats.

(*Article communiqué.*)

———————

SÉPARATION DE BIENS. — NULLITÉ POUR DÉFAUT D'EXÉCUTION DU JUGEMENT. — ACTION DOTALE. — FEMME NON SÉPARÉE. — ERREUR PERSONNELLE. — ERREUR COMMUNE. — CAUSE D'APPEL. — DÉFAUT DE QUALITÉ.

I. *La nullité attachée par l'art. 1444 du Code Napoléon à l'inexécution du jugement de séparation de biens, dans la quinzaine de sa date, frappe, non pas seulement le jugement, mais encore tous les actes qui l'ont précédé, et notamment l'assignation introductive de l'instance.*

II. *La femme mariée sous le régime dotal n'a pas qualité, tant qu'elle n'est pas séparée de biens, pour exercer les actions dotales, alors même qu'elle procède avec l'autorisation de son mari.*

III. *La femme qui prétend qu'elle s'est considérée de bonne foi comme séparée de biens et qu'elle a été considérée comme*

telle dans le public, ne peut exciper ni de son erreur person-
nelle, ni de l'erreur commune.

IV. *Le défaut de qualité peut être proposé pour la première*
fois en cause d'appel.

Meysson — C. Desmaras.

Le 13 mai 1833, la dame Reuiller, veuve Meysson, fit, par
acte public, le partage de ses biens entre ses trois enfants :
M. Meysson, la dame Reymond et Jeannette Meysson.

Dans cet acte de partage, elle se réserva une pension de
1,000 fr., payable, 400 fr. par M. Meysson et 300 fr. par chacune de ses sœurs. Plus tard, Jeannette Meysson épousa le
sieur Desmaras; elle se maria sous le régime dotal avec
constitution générale de dot et de stipulation d'une communauté d'acquêts.

En 1836, Desmaras et Florenson, négociants associés, firent
faillite : M. Meysson leur avança alors des sommes considérables pour régler leurs affaires; à cette occasion, la dame
Meysson mère renonça à lui demander la pension de 400 fr.
qu'il devait. En 1848, le sieur Reymond se trouva dans la
même position que Desmaras : Meysson vint également à son
secours, avança des sommes considérables, et, par suite d'un
traité avec les mariés Reymond, se chargea de payer la pension de 300 fr. de la dame Reymond; mais Mme Meysson,
la mère, lui promit également de lui en faire l'abandon.
Toutefois, ces faits ont été formellement déniés par Mme
Desmaras.

Le 8 novembre 1856, la veuve Meysson fit signifier à son
fils un commandement par lequel elle lui demandait 16,100 f.
pour vingt-trois annuités de la rente due tant par lui que
par la dame Reymond.

Le 17 du même mois, la dame Meysson mère fit, par acte
notarié, cession à la dame Desmaras, qualifiée de femme

séparée de biens, assistée de son mari, d'une somme de 4,002 fr., représentant les six dernières annuités de la rente due tant par Meysson que par la dame Reymond.

Le 24 du même mois, cette cession fut notifiée à M. Meysson, à la requête de la dame Desmaras.

Le 4 décembre suivant, M. Meysson forma opposition au commandement et assigna la dame veuve Meysson pour y voir dire droit.

Le 6 décembre, la femme Desmaras intervint sur cette assignation, et le 28 janvier 1857, elle fit signifier des conclusions tendant au débouté de l'opposition et formulant contre M. Meysson une demande reconventionnelle de 10,882 fr.

Le 7 mars, M. Meysson lui fit sommation d'avoir à justifier qu'elle était légitimement séparée de biens. Cette sommation ne fut suivie d'aucune communication. La veuve Meysson mère ayant aussi constitué avoué, fut, au cours de l'instance, interrogée sur faits et articles.

Le 25 mai 1857, la dame Desmaras seule, et sans l'assistance ni l'autorisation de son mari, régla compte avec M. Meysson, et il fut convenu qu'au moyen de 3,000 fr. que lui paierait M. Meysson, elle abandonnait toute plus ample prétention. En exécution de cet accord, M. Meysson lui a payé ou a payé pour elle et sur sa délégation 2,234 fr., et une saisie-arrêt de 600 fr. a été faite contre la femme Desmaras entre les mains de M. Meysson.

Les choses en étaient là lorsque la dame Desmaras, soutenant que l'accord du 25 mai 1857 était nul, parce que son mari ne l'y avait pas autorisée, a de nouveau fait porter l'affaire à l'audience sur toutes ses conclusions du 28 janvier 1857, offrant cependant d'imputer les 2,244 fr. qui avaient été payés.

Le 29 juillet 1857, le tribunal rendit un jugement par lequel il valida la cession du 17 novembre 1856 et le commandement du 8 du même mois, annula le règlement du 25 mai 1857 et autorisa la continuation des poursuites pour les 4,200 fr. cédés, sous l'imputation toutefois des 2,234 fr. Quant à la demande reconventionnelle, le tribunal ordonna un plus amplement contesté.

Le 25 août 1857, la dame Desmaras assigna son mari en séparation de biens devant le tribunal de Vienne, déclarant reprendre, au besoin, l'instance liée sur une assignation de 1838. Le 3 octobre, un jugement par défaut prononça la séparation de biens ; le mari y forma opposition ; cette opposition fut rejetée par jugement du 16 avril 1858.

Le 28 octobre, M. Meysson appela du jugement du 29 juillet 1857.

La Cour, après avoir entendu l'avocat de l'appelant sur le chef de conclusion relatif au défaut de qualité de la femme non séparée de biens, arrêta les débats et déclara qu'il serait plaidé préjudiciellement sur cette question.

1° La femme Desmaras a fait soutenir qu'ayant été judiciairement séparée de biens par jugement du 11 mai 1839, elle avait, depuis cette époque, quoique le jugement n'eût pas été exécuté conformément à l'art. 1444 du Code Napoléon, pris elle-même l'administration réelle de sa fortune et de toutes ses affaires personnelles ; qu'elle avait passé un grand nombre d'actes publics en qualité de femme judiciairement séparée, et elle les a produits à la Cour. Elle ajoutait qu'elle s'était toujours considérée comme séparée de biens ; que la notoriété publique la considérait comme telle, ce qui constituait une erreur commune et une bonne foi qui devait valider tous ses actes et sa qualité ;

2° Que, dans tous les cas, la séparation de biens prononcée aujourd'hui par les jugements des 3 octobre 1857 et 16 avril 1858, devait remonter, quant à ses effets, à la demande en séparation formée en 1838 ;

3° Qu'à toutes fins, M. Meysson, l'appelant, ayant lui-même occupé comme avoué pour Mme Desmaras, dans la demande en séparation de 1838, et ayant laissé périmer, faute d'exécution, le jugement de séparation du 11 mai 1839, devait être débouté aujourd'hui de toutes ses exceptions tirées de la péremption de ce jugement.

4° Enfin, que M. Meysson ayant traité personnellement avec la dame Desmaras et l'ayant considérée comme régulièrement séparée, était encore, par ce motif, non recevable dans ses exceptions.

ARRÊT.

Attendu, en droit, qu'aux termes de l'art. 1444 du Code Napoléon, la séparation de biens, quoique prononcée en justice, est nulle, si elle n'a point été exécutée par le paiement réel des droits et reprises de la femme, effectué par acte authentique, jusqu'à concurrence des droits du mari, ou au moins par des poursuites commencées dans la quinzaine qui a suivi le jugement et non interrompues depuis ;

Attendu que cette nullité, attachée par le texte de la loi à la séparation de biens, et non pas seulement sur jugement qui la prononce, frappe tous les actes qui l'ont précédée, et notamment l'assignation introductive de l'instance ;

Attendu que les formalités introduites par la loi pour arriver à la séparation de biens et pour assurer son exécution dans un délai déterminé, sous peine de nullité, ont été établies principalement dans l'intérêt des créanciers du mari, et que si, n'annulant que le jugement de séparation, la loi laissait subsister les procédures antérieures et permettait à la femme d'en reprendre à son gré les errements, il arriverait que, lorsque le jugement serait devenu caduc, à défaut d'exécution dans la quinzaine, la femme pourrait, un grand nombre d'années après, reporter, sur une simple citation, sa demande en justice, et faire prononcer de nouveau sa séparation à l'insu des créanciers, et rendre ainsi illusoires toutes les garanties introduites en leur faveur, ce qui serait aussi contraire à l'ordre public qu'au texte et à l'esprit de l'art. 1444 et de toutes les dispositions du Code de procédure qui s'y rapportent, ainsi que l'a jugé la Cour de cassation, par arrêt du 11 juin 1823.

Attendu, en fait, que si après assignation du 4 décembre 1838, la femme Desmaras a obtenu, le 11 mai 1839, un jugement qui prononce sa séparation de biens, il est reconnu au procès que ce jugement est resté sans exécution ; qu'il est, en conséquence, frappé de nullité, ainsi que l'assignation introductive d'instance, par les dispositions de l'art. 1444 ;

Attendu que la femme Desmaras l'a reconnu elle-même, puisqu'à une époque postérieure au jugement dont est appel, par acte du 4 août 1857, elle a dirigé une poursuite nouvelle en séparation de biens ;

Attendu qu'il importerait peu qu'en public on la crût séparée de biens, ou qu'elle-même eût cette pensée, puisqu'elle ne pouvait pas ignorer que le défaut d'exécution dans la forme et les délais fixés par la loi était une cause radicale de nullité ;

Qu'en supposant que les principes de l'erreur commune eussent pu protéger ceux qui auraient traité avec elle, il n'en peut pas être ainsi quant à ce qui la concerne, personne n'étant censé ignorer la loi qui le régit, et elle-même ne pouvant tirer avantage de sa faute ;

Attendu qu'étant mariée sous le régime dotal avec constitution générale au profit de Desmaras, son mari, et sa séparation de bien étant nulle, elle était sans qualité pour ester en justice et pour demander la mainlevée de l'opposition formée par Meysson envers le commandement du 8 novembre 1856 ;

Attendu que le défaut de qualité peut être proposé pour la première fois en cause d'appel ;

Par ces motifs,

La Cour, ouï M. Gautier, avocat général, en ses conclusions motivées, faisant droit à l'appel émis par Meysson envers le jugement du tribunal civil de Vienne, du 29 juillet 1857, et le réformant, déclare que la dame Desmaras, par suite de la nullité de la séparation de biens prononcée le 11 mai 1839, et de l'assignation qui l'a précédée, n'avait ni qualité, ni action pour porter devant les tribunaux toutes les questions qu'elle agite aujourd'hui contre Meysson ;

16

Par suite, met Meysson hors d'instance avec dépens et restitution d'amende sur toutes les conclusions de la dame Desmaras.

Arrêt du 23 avril 1858, 2me chambre. — MM. Duport-
Lavillette, président; Gautier, avocat général. — MM. Roux
et Keisser, avoués. — MM. Mathieu de Ventavon et Chapel,
avocats.

Sur la première question. — La Cour de cassation a jugé
que le défaut d'exécution d'un jugement de séparation de
biens, dans le délai de quinzaine, entraîne la nullité, non-
seulement du jugement, mais encore de l'instance qui l'a
précédé. Ainsi, pour faire prononcer de nouveau la séparation, il faut recommencer toute la procédure (arrêt de cassation du 11 juin 1823 ; S. 23, 1, 317).

Considérant, dit la Cour, qu'aux termes de l'art. 1444 du Code
civil, *la séparation de biens est nulle* si elle n'est pas exécutée
dans la quinzaine;
Que la nullité que cet article prononce ne s'applique pas limi-
tativement au jugement de séparation, mais d'une manière
beaucoup plus étendue à la séparation même, expression qui
annonce que le législateur n'a pas eu seulement en vue le jugement qui la prononce, mais les procédures faites pour l'obtenir, c'est-à-dire, l'instance introduite par les parties, et, par conséquent, que c'est cette instance qu'il a entendu annuler et
qu'il annule;
Que l'art. 156 du Code de procédure civile, loin de contrarier
ce système, le justifie; qu'en effet, cet article, s'expliquant sur
des jugements par défaut non exécutés dans le délai de six mois,
ne considère que les jugements, et se borne à dire qu'ils *sont
réputés non avenus*, tandis que l'art. 1444 du Code civil, s'expliquant sur la séparation de biens, se sert d'expressions différentes et dit, en termes génériques et absolus, *que la séparation
est nulle ;*
Qu'au reste, l'art. 156 du Code de procédure, et l'art. 397,
également cité par l'arrêt attaqué, ne sont d'aucune influence

dans les causes de séparation de biens, matières régies par des dispositions spéciales, qui, en plusieurs points, ont dû déroger aux règles ordinaires, et y dérogent effectivement ;

Qu'ainsi, avant de se pourvoir en séparation, la femme doit y être autorisée par le président du tribunal ; que sa demande doit être affichée dans l'auditoire de ce tribunal, dans la chambre des avoués, dans celle des notaires, être annoncée dans un journal, et qu'aux termes de l'art. 869 du Code de procédure, il ne peut être prononcé aucun jugement de séparation qu'un mois après l'observation de ces formalités, toutes prescrites à peine de nullité ;

Qu'il est hors de doute qu'elles ont été établies principalement dans l'intérêt des créanciers du mari, afin qu'ils soient avertis des poursuites exercées contre leurs débiteurs, et qu'ils puissent veiller à la conservation de leurs droits, intervenir dans l'instance en séparation, prendre connaissance des pièces justificatives de la demande, et déjouer les fraudes qui seraient commises à leur préjudice ;

Que c'est par les mêmes motifs que l'art. 1444 du Code civil veut que les séparations de biens soient exécutées dans la quinzaine, et qu'il les déclare nulles si la femme laisse expirer ce délai sans obtenir ou poursuivre le paiement de ses droits et de ses reprises ;

Qu'il est évident que, par cette dernière disposition, la loi remet les parties dans l'état où elles étaient avant la demande en séparation, et, par conséquent, qu'elle annule cette demande et toutes les procédures dont elle a été l'objet ;

Que s'il en était autrement, que si, n'annulant que le jugement de séparation, la loi laissait subsister les procédures antérieures, et permettait à la femme d'en reprendre à son gré les errements, il résulterait de ce système que lorsque le jugement serait devenu caduc, à défaut d'exécution dans la quinzaine, la femme pourrait, plusieurs mois, plusieurs années, un grand nombre d'années après, reporter, sur une simple citation, sa demande en justice, et faire prononcer de nouveau sa séparation, dans le délai de quelques jours, à l'insu des créanciers, souvent à leur préjudice, et rendre ainsi illusoires toutes les garanties introduites en leur faveur : système aussi contraire à l'ordre public qu'au texte et à l'esprit de l'art. 1444 et de toutes les dispositions du Code de procédure qui s'y rapportent.

On retrouve la même solution dans un arrêt de la Cour de Bordeaux du 22 janvier 1834 (S. 34, 2, 540); et dans un arrêt de cassation du 3 janvier 1848 (S. 48, 1, 384).

Telle est aussi l'opinion de M. Benoît, *de la Dot*, tom. 1, n° 314 ; Odier, *Contrat de mariage*, tom. 1, n° 386; Pont et Rodière, *Contrat de mariage*, tom. 2, n° 849; Troplong, *Contrat de mariage*, n° 1376.

Sur la deuxième question. — La Cour de Lyon a jugé, le 16 janvier 1834 (S. 35, 2, 52), contrairement à l'arrêt ci-dessus de la Cour de Grenoble, que la femme a qualité pour poursuivre, en son nom, avec l'autorisation de son mari, les débiteurs de ses créances dotales ; l'autorisation du mari valant, en un tel cas, procuration à la femme.

Attendu, dit la Cour, que si, d'après l'art. 1549 du Code civil, le mari, chef de la société conjugale, et comme tel, seul chargé de l'administration des biens dotaux, tant que dure le mariage, paraît avoir seul le droit de poursuivre les débiteurs et déten-teurs desdits biens, il est certain aussi que la femme, dans plu-sieurs cas, et notamment dans les cas prévus par les art. 221, 222 et 224 du même Code, peut ester en jugement avec l'au-torisation de la justice;

Attendu que si, dans les cas ci-dessus mentionnés, la femme a qualité pour faire des poursuites avec l'autorisation de la jus-tice, elle doit nécessairement avoir la même faculté quand les poursuites ont lieu avec l'autorisation du mari ;

Attendu qu'en effet la femme a le droit d'être procuratrice, aux termes de l'art. 1990 du Code civil, et qu'ainsi, lorsque la femme poursuit de concert avec son mari qui l'assiste, elle agit évidemment en vertu d'une autorisation qui vaut procuration, et que, dès lors, ses poursuites sont régulières.

Cette doctrine, appuyée par Toullier, tom. 14, n° 141 ;

Rodière et Pont, *Contrat de mariage,* tom. 2, n° 481, et par d'autres auteurs, est combattue par Duranton, tom. 15, n° 402; Benoît, *De la Dot,* tom. 1, n° 106; Odier, *Contrat de mariage,* tom. 3, n° 1177.

On lit, à ce sujet, dans Sirey, tom. 58, 2, 65, la note suivante de Devilleneuve : « C'est un principe aujourd'hui « généralement admis par la doctrine et la jurisprudence « que le mari a seul le droit d'intenter les actions, même « immobilières, concernant les biens de la femme (voyez « table générale, Devilleneuve et Gilbert, au mot *dot,* § 9, « n° 282 et suivants ; et de là, la Cour de Bordeaux a conclu « avec raison que la femme, en puissance de mari (non « séparée de biens), et simplement intervenante dans une « saisie, n'y peut former une demande en distraction de ses « biens dotaux, puisque ce serait là intenter une action « dotale qui n'appartient qu'au mari. »

L'arrêt de la Cour de Bordeaux auquel il est fait allusion dans cette note a jugé qu'il importait peu que la femme, en intervenant dans la procédure de saisie, se fût dite autorisée de son mari, l'autorisation tacite qui résulterait du silence de celui-ci ne pouvant être considérée comme un *mandat* donné à sa femme pour exercer ses actions dotales.

Sur la troisième question. — Il n'y avait pas de contestation possible.

Sur la quatrième question. — La doctrine et la jurisprudence sont unanimes. Voyez le Code de procédure annoté par Gilbert, article 173, n° 62 et suivants. Nous nous bornons à reproduire ici les motifs suivants d'un arrêt de la Cour de Grenoble, du 8 juin 1838 (S. 38, 2, 500).

Attendu, dit la Cour, que l'exception prise du défaut de qualité est une exception péremptoire, puisqu'elle a pour effet de faire rejeter définitivement la demande de la partie, en la qualité qu'elle agit ; qu'ainsi, elle peut être opposée en tout état de cause.

Fréd. Taulier.

USUFRUIT. — CHOSES FONGIBLES. — ABUS DE JOUISSANCE. — POUVOIR DES TRIBUNAUX. — MESURES CONSERVATOIRES.

Alors même que l'usufruit porte sur des choses dont l'usufruitier, dispensé de fournir caution, ne peut se servir sans les consommer, les tribunaux, s'ils pensent qu'il y ait abus de jouissance, peuvent ordonner les mesures qu'ils jugent convenables pour assurer la conservation des choses sujettes à l'usufruit, en conciliant les droits de l'usufruitier et ceux du nu-propriétaire (art. 587 et 618, Cod. Nap.).

Veuve Prudhomme — C. Louis Prudhomme.

Par acte reçu Allegret, notaire à Voiron, le 9 août 1820, Marie France et Louis Prudhomme réglèrent les conventions civiles du mariage projeté entre eux. Les futurs époux adoptèrent le régime dotal, et Marie France se constitua en dot son trousseau, composé de divers objets énumérés et estimés audit acte, ainsi qu'une somme d'argent, arrivant le tout à 1,800 fr. Par ce contrat de mariage, les futurs se firent donation réciproque du prémourant au survivant de l'usufruit de la moitié des biens que chacun d'eux laisserait à son décès, pour en jouir sa vie durant, sans être tenu de fournir caution pour sûreté de son administration.

Le mariage projeté a reçu depuis lors son exécution.

Le 13 novembre 1845, par acte reçu Expilly, notaire à Rives, Louis Prudhomme a fait un testament par lequel il a

légué à Marie France, son épouse : 1° l'usufruit de la généralité des biens de toute nature qu'il laisserait à son décès,
avec dispense pour elle de fournir caution ; 2° la propriété
entière, pour en disposer comme de sa chose propre, de
tous les biens meubles composant sa succession, à l'exception cependant des créances actives, des effets personnels
du testateur et des objets réputés immeubles par destination,
lesquels devaient appartenir au légataire universel. Les legs
en faveur de Marie France lui étaient faits sans préjudice à
ses reprises dotales arrivant à 1,800 fr. Ces reprises devaient
être remboursées après son décès seulement à ses héritiers,
sans intérêt jusqu'alors, par le légataire universel. Le testateur, après quelques legs faits à diverses personnes, a institué le sieur Louis Prudhomme, son neveu, légataire universel de la généralité des biens de toute nature qu'il laisserait
à son décès, à l'exception toutefois des biens mobiliers légués
à Marie France, après le décès de laquelle seulement le légataire universel devait commencer à jouir des biens de la
succession.

Le sieur Louis Prudhomme est décédé le 13 mars 1855.

Ensuite d'ordonnance sur requête de M. le président
du tribunal civil de Grenoble, du 5 décembre 1856, enregistrée, et par exploit du 9 du même mois, le sieur Louis
Prudhomme a fait pratiquer une saisie-arrêt et saisie-reven-
dication contre la veuve Prudhomme, usufruitière, entre les
mains de M. Victor Jacolin, maître de forges, domicilié à
Voiron, sur des valeurs dépendantes de la succession du sieur
Louis Prudhomme et soumises à l'usufruit de la veuve. Cette
saisie a été dénoncée par le même exploit à la veuve Prudhomme, avec assignation pour comparaître par-devant le
tribunal civil de Grenoble, à l'effet de voir statuer sur la
validité de cette saisie.

Le sieur Prudhomme a conclu à ce que la veuve Prudhomme fût condamnée à représenter, soit en titre de

créance primitif, soit en espèces, la somme de 6,591 fr. 40 c.
montant des créances dépendant de la succession de Louis
Prudhomme, et à ce que le tribunal ordonnât que le capital
de ladite somme ne pût être touché que du consentement
commun de la veuve Prudhomme et de Louis Prudhomme,
et que les capitaux perçus ou à percevoir fussent placés
d'un consentement commun, pour les intérêts du tout être
servis à la veuve Prudhomme pendant sa vie, et les capitaux,
après le décès de cette dernière, rester à Louis Prudhomme. Cette demande était fondée sur des abus de jouissance reprochés à la veuve Prudhomme.

Le tribunal a rendu le jugement suivant :

Attendu que le pouvoir accordé aux tribunaux par l'art. 618
du Code Napoléon, de prononcer l'extinction absolue de l'usufruit, en cas d'abus, comprend nécessairement la faculté d'ordonner des mesures conservatoires pour un capital sujet à usufruit, sans priver l'usufruitier de son droit aux intérêts ;

Attendu que le même testament du 13 novembre 1845, qui a
conféré à Marie France un usufruit universel sur les biens de
Louis Prudhomme, son mari, a institué légataire universel le
neveu de ce dernier, Louis Prudhomme, demandeur, avec
charge de payer, au décès de la veuve, divers legs s'élevant à
5,450 fr. ;

Attendu qu'il appartient au tribunal d'assurer l'exécution
complète des volontés du testateur ;

Attendu que les choses ne sont plus aujourd'hui dans la même
situation qu'à l'époque, soit du contrat de mariage du 9 août
1820, qui conférait à l'épouse l'usufruit de moitié des biens de
l'époux, soit du testament de 1845, antérieur de dix ans au décès
du testateur, et qui étendait cet usufruit à la presque totalité de
la succession du mari, le tout avec dispense de fournir caution ;
qu'en effet, l'usufruitière, arrivée à la caducité, puisqu'elle sera
octogénaire dans quelques mois, n'est plus en état d'administrer
par elle-même les biens de la succession, surtout les valeurs ou
créances menacées de périr entre ses mains, si elle en effectuait
la rentrée ; qu'au reste, l'affaiblissement de ses facultés expose

cette usufruitière à tous les dangers de la captation, ainsi que le démontrent déjà diverses circonstances de la cause ;

Attendu que, comme circonstances décisives, on peut notamment relever :

1° La procuration générale donnée par Marie France à Alexandre Buissière, le 26 août 1855 (Giroud, notaire à Rives), avant qu'il fût question de procéder à inventaire ;

2° Le retard dans la confection de l'inventaire, qui n'a été entrepris que le 15 décembre 1855, et par suite de la saisie-arrêt pratiquée par l'héritier le 17 du même mois ;

3° L'acte de donation du 1er mai 1856 (Giroud, notaire), par lequel Marie France, donnant à Michel Moly, son neveu, une somme de 1,500 fr. à prendre sur ses droits et reprises dans la succession de son mari, lesquels droits n'étaient cependant exigibles qu'après le décès de la veuve, autorise néanmoins le donataire à réclamer de la donatrice cette somme à requête ;

Attendu que cette clause é range ne s'explique que par la circonstance que l'usufruitière, ayant déjà opéré la rentrée d'une créance dans l'ordre Sirand, ou partie d'icelle à concurrence de. . . . ., laquelle somme est restée dans les mains du mandataire général Buissière, ainsi que l'a reconnu ce dernier, présent à la barre pendant les plaidoiries, le donataire voulait ainsi se préparer un moyen de retenir cette somme entre ses mains, en l'exigeant du mandataire.

Attendu que les autres dispositions de l'acte qualifié donation, parmi lesquels figure un pouvoir général d'administrer les droits, biens et actions de la donatrice, n'avaient d'autre but que de placer cette dernière dans une dépendance absolue à l'égard dudit Michel Moly ;

Par ces motifs,

Le tribunal, ouï M. Villars, substitut du procureur impérial, en ses conclusions, déclare bonne et valable, à concurrence de la somme de 3,450 fr. en capital, et sauf débat après déclaration du tiers saisi, la saisie-arrêt à laquelle Louis Prudhomme a fait procéder entre les mains de Victor Jacolin ; ordonne, toutefois, que ce dernier ne pourra payer à l'avenir, à Marie France, que les intérêts aujourd'hui échus ou à échoir, et ne pourra se libérer du capital qu'en présence et du consentement dudit Louis Prudhomme, légataire universel, où lui dûment appelé, duquel capital il sera, en ce cas, fait immédiatement emploi hypothécaire ou autre, agréé tant par le nu-propriétaire que par l'usufruitière, lequel sera productif d'intérêts pour cette dernière ; et, statuant sur les conclusions du nu-propriétaire au sujet des autres capitaux, dit et prononce que tous ces autres capitaux, tels qu'ils sont spécifiés en l'inventaire, ne pourront être retirés des mains des débiteurs que sous les mêmes conditions et pour la même destination établie ci-dessus à l'égard de la créance Jacolin ; donne acte à Louis Prudhomme de la déclaration faite à la barre par Alexandre Buissière, en son nom personnel , d'être nanti de la somme de............ reçue dans l'ordre Sirand, laquelle somme fait partie intégrante des capitaux inventoriés, et ordonne que pour cette somme il sera procédé à placement comme pour les autres, à l'effet d'assurer le capital au nu-propriétaire et les intérêts à l'usufruitière ; et, en ce qui concerne les dépens, attendu que le présent jugement constitue un règlement établi dans l'intérêt des deux parties, le tribunal ordonne qu'il en sera fait une masse supportable par moitié entre les deux parties, dans laquelle messe entreront les frais du titre et de la signification d'icelui aux divers débiteurs de la succession.

La veuve Prudhomme a appelé de ce jugement ;

Elle a fait soutenir :

En droit, que le jugement violait expressément les principes les plus formels en matière d'usufruit ; qu'il résultait de l'article 578 du Code Napoléon que l'usufruit est le droit de jouir des choses dont un autre a la propriété, comme le propriétaire lui-même, mais à la charge d'en conserver la substance ;

Que cette définition de l'usufruit n'est applicable que lorsque l'usufruit portait sur une chose non fongible , dont on use sans en altérer la substance, et qu'elle recevait exception lorsqu'au contraire l'usufruit portait sur des choses fongibles, c'est-à-dire, qui sont telles par leur nature, qu'on ne peut pas en user sans les consommer.

Qu'en effet, l'art. 587 du Code Napoléon disposait que, lorsque l'usufruit comprend des choses dont on ne peut faire usage sans les consommer, comme l'argent, les grains, les liqueurs, l'usufruitier avait le droit de s'en servir, mais à la charge d'en rendre de pareille quantité, qualité et valeur ou leur estimation à la cessation de l'usufruit.

Que le jugement du 30 juillet 1857 avait formellement méconnu ce principe, en disposant que les capitaux soumis à l'usufruit de la veuve Prudhomme seraient retirés et placés par le nu-propriétaire, le sieur Louis Prudhomme, à la charge par lui de servir l'usufruit appartenant à la veuve Prudhomme ; qu'une pareille disposition était une violation manifeste de l'art. 587, violation d'autant plus grave que l'usufruitière avait été formellement dispensée de fournir caution.

Que l'art. 618 du Code Napoléon, sur lequel était basé le jugement attaqué, était entièrement inapplicable à l'espèce, cet article ne s'occupant de l'usufruit que lorsqu'il frappe des immeubles, et non des valeurs mobilières, et surtout des choses fongibles, puisque ces choses sont de nature à être consommées par l'usage ; qu'il suivait de là que c'était sans raison que le tribunal en avait fait l'application dans la cause, en décidant qu'il avait la faculté de prononcer l'extinction de l'usufruit, lorsqu'il y avait abus de la part de l'usufruitier, aucun abus ne pouvant se manifester quand l'usufruit comprend des choses fongibles.

ARRÊT.

Attendu que le jugement dont est appel, dont la Cour adopte les motifs, ayant égard au danger résultant pour le nu-propriétaire, soit de l'affaiblissement intellectuel de l'usufruitière par l'effet de l'âge, soit de la circonstance que celle-ci s'est en partie dessaisie de l'administration des choses soumises à l'usufruit, a justement concilié les intérêts de la veuve Prudhomme avec ceux du légataire de la nue-propriété ;

Attendu, néanmoins, en ce qui concerne la somme reçue dans l'ordre Sirand, qu'elle est inférieure aux reprises de la veuve Prudhomme, et qu'en l'imputant sur ses reprises, elle se trouvera employée utilement dans l'intérêt commun ;

Par ces motifs, la Cour, ouï M. Gautier, avocat général, en ses conclusions motivées, faisant droit, quant à ce, à l'appel émis par la veuve Prudhomme envers le jugement du tribunal civil de Grenoble du 30 juillet 1857, dit que la somme retirée dans l'ordre Sirand est valablement employée au moyen de son imputation sur les reprises matrimoniales de la veuve Prudhomme, et pour tout le surplus de ses dispositions, sans s'arrêter à l'appel, confirme ledit jugement, condamne la veuve Prudhomme à la moitié des dépens d'appel, l'autre moitié compensée, ordonne la restitution de l'amende.

Arrêt du 12 juin 1858 — 2e chambre. — M. Nicollet, conseiller-président. — M. Gautier, avocat général. — MM. Michal et Amat, avoués. — MM. Sisteron et Auguste Arnaud, avocats.

La Cour de cassation, par arrêt de rejet du 21 janvier 1845 (S. 45, 1, 129), a jugé que si l'usufruitier manque à ses devoirs les plus essentiels pour la conservation de la chose soumise à son usufruit, et donne de justes soupçons de malversation, les juges peuvent limiter ses droits et en subordonner l'exercice à des mesures de précaution et de garantie; par exemple, l'obliger à fournir caution, malgré la dispense qui lui en a été accordée par le titre constitutif de l'usufruit; que la déchéance de l'usufruitier, en cas d'abus de sa part, peut être prononcée lorsque l'usufruit porte sur des choses fongibles, aussi bien que lorsqu'il porte sur des immeubles.

Considérant, dit la Cour, que si l'usufruitier est autorisé à retirer le remboursement des capitaux sur lesquels porte son usufruit, il doit, d'un autre côté, les colloquer et les administrer en bon père de famille; qu'à la vérité, l'usufruitier, en donnant à ses capitaux une destination productive, ne peut s'empêcher de les consommer par l'usage; mais que cette consomption, irréparable de l'usage le plus légitime de toutes les choses fongibles, doit être celle d'un administrateur soigneux et diligent, et ne doit pas être confondue avec de folles dissipations ou des détournements frauduleux ayant pour but de nuire aux droits du nu-propriétaire;

Considérant que l'art. 618 du Code civil, qui autorise l'abolition de l'usufruit, par suite des abus commis par l'usufruitier d'un immeuble, est le résultat d'un principe général d'équité qui domine l'usufruit de toutes choses quelconques; que lorsque l'usufruitier manque à ses devoirs les plus essentiels, il est juste et légal que son droit puisse être résolu, soit que son usufruit porte sur des immeubles, soit qu'il porte sur des choses fongibles;

Considérant que les juges qui pourraient, vu la gravité des circonstances, le déclarer déchu, peuvent, à plus forte raison, limiter son droit et le subordonner à des mesures de précaution et de garantie, et, par exemple, l'obliger à donner caution; qu'il importe peu que, par le titre constitutif à titre gratuit, l'nsufruitier ait été dispensé de fournir caution, cette dispense n'ayant été accordée que dans la supposition que l'usufruitier se conduirait en bon père de famille, et ne pouvant lui profiter, lorsque, manquant à ses devoirs et trahissant la confiance du donateur, il a encouru les peines de l'art. 618.

La Cour de Douai a jugé, le 11 janvier 1848 (S. 48, 2, 437), que si l'usufruitier d'une somme d'argent donne lieu par son fait de craindre que cette somme ne soit dissipée, les juges, pour sauvegarder les droits du nu-propriétaire, peuvent ordonner que cette somme sera placée avec le concours de ce dernier.

La Cour de Caen a jugé, le 19 mai 1854 (S. 54, 2, 714), que la mère donataire par contrat de mariage de l'usufruit des biens de son mari et dispensée de donner caution, peut être tenue de fournir une caution, s'il y a par la suite juste sujet de craindre qu'elle n'abuse de son droit.

Fréd. TAULIER.

APPEL. — CESSIONNAIRE. — FIN DE NON-RECEVOIR.

Lorsque la partie qui a obtenu une condamnation en premier ressort cède à un tiers la créance atiribuée par le jugement, l'appel contre ce jugement doit être formé contre le cédant, alors même que le cessionnaire a fait notifier son transport.

L'appel ainsi formé est surtout régulier si l'appelant l'a dénoncé en temps utile au cessionnaire.

Veuve Revol — C. Pierre Bouvier.

Le 2 novembre 1847, association en participation entre Marius Revol et Pierre Bouvier, pour l'exploitation de diverses coupes de bois.

19 janvier 1855, liquidation de cette société et sentence arbitrale qui déclare la veuve Revol, comme tutrice de son enfant mineur, débitrice de Bouvier de 1,275 fr. 17 c.

26 mars 1855, cession par Bouvier à Françoise Béchu et à Jean-Louis Pra, de la somme portée en la sentence, moyennant semblable somme payée par compensation : il est expliqué que la compensation ne sera définitive que lorsque les cessionnaires auront reçu de la succession Revol la somme cédée en principal et intérêts.

29 mars 1859, notification de cette cession à la veuve Revol.

Le 11 juillet suivant, les cessionnaires font signifier la sentence arbitrale à la débitrice cédée, qui forme appel de cette sentence contre Bouvier seulement, par exploit du 6 septembre 1855, et le 11 du même mois elle dénonce cet appel aux cessionnaires.

Devant la Cour, Bouvier soutient que, par suite de la cession qu'il a faite et de la notification du transport, la créance de 1,275 fr. 17 cent. ne lui appartient plus ; que c'est mal à propos qu'il a été intimé sur l'appel, cet appel devant être dirigé contre les cessionnaires.

ARRÊT.

Sur la fin de non-recevoir contre l'appel :

Considérant que, par acte sous seing privé en date du 26 mars 1855, enregistré et notifié le 27 à la dame veuve Revol, Bouvier a fait cession à divers de la somme de 1,275 fr. 17 c., à laquelle la succession Revol était condamnée envers lui, aux termes de la sentence arbitrale attaquée ; que postérieurement à cette cession et à la signification de la sentence, faite le 11 juillet 1855 par les cessionnaires à la veuve Revol, celle-ci a appelé de la sentence contre Bouvier, par exploit du 6 septembre suivant, et a notifié cet appel le 11 du même mois aux cessionnaires de Bouvier ;

Considérant que la cession consentie par Bouvier est intervenue dans le cours du procès en liquidation de la société existant entre Revol et lui, et avant tout jugement en dernier ressort ; que l'adversaire légitime et direct de l'appelante devant la Cour est la partie qui a paru et contesté contre elle devant les arbitres, c'est-à-dire, le sieur Bouvier et non les cessionnaires de ce dernier, étrangers à la société qu'il s'agit de liquider, et aux comptes auxquels elle donne lieu ; que dans une procédure de compte, comme celle qui est soumise à l'examen de la Cour, et à l'occasion de débats personnels aux associés, les cessionnaires seraient inhabiles à donner aux magistrats les explications nécessaires à l'intelligence de faits auxquels ils n'ont pris aucune part ; que, par l'acte de transport, les cessionnaires de Bouvier n'étaient pas investis d'une manière irrévocable de droits définitivement acquis à leur cédant contre la

veuve Revol, mais d'une créance éventuelle et incertaine ; que
la cession n'était que conditionnelle, la compensation qui devait
s'opérer entre la somme cédée provenant de la condamnation
prononcée par les arbitres, au profit de Bouvier, et celle due
antérieurement aux cessionnaires par ce dernier, restant suspendue jusqu'au jour où, par décision en dernier ressort, la
somme cédée leur aurait appartenu sans conteste ; que, dans
ces circonstances, la veuve Revol ne pouvait diriger contre
eux son appel ;

Considérant, au surplus, que la veuve Revol, en notifiant en
temps utile aux cessionnaires de Bouvier l'appel par elle émis
contre celui-ci, les a mis suffisamment en demeure d'intervenir
devant la Cour, pour y faire valoir leurs droits et prendre telle
mesure qu'ils jugeraient utiles à leurs intérêts ; que, dès lors,
l'appel a été régulièrement émis à l'encontre de Bouvier, et
qu'il y a lieu de le déclarer recevable ;

Au fond, etc., etc.

Arrêt du 6 décembre 1856 — 2e chambre. — M. Petit, président ; M. Gautier, avocat général. — MM. Michal et Keisser,
avoués. — MM. Dupérou et Michal-Ladichère, avocats.

Cet arrêt nous paraît conforme aux véritables principes :
en règle générale, une partie ne peut être intimée sur un
appel que lorsqu'elle a figuré au procès de première instance ; le fait d'une cession postérieure au jugement ne peut
pas changer la position de la partie condamnée qui veut relever appel de ce jugement.

Ainsi, elle peut avoir un serment à déférer, un interrogatoire sur faits et articles à faire subir : il est évident que son
véritable adversaire sera toujours le cédant, car les cessionnaires répondront qu'ils ne savent rien des faits sur lesquels
on les interroge.

D'ailleurs, dans l'espèce, les cessionnaires n'étaient
que cessionnaires particuliers d'une créance : ils ne l'é-
taient pas des droits que pouvait avoir Bouvier comme
associé de Revol ; or, le débat portait sur l'existence de la

dette qui pouvait être modifiée par l'arrêt, qui pouvait même complétement disparaître. A ce point de vue, le cédant, garant vis-à-vis de ses cessionnaires, a tout intérêt à venir défendre le titre constitutif de sa créance, et à réfuter les moyens que l'appelant veut diriger contre le jugement de première instance.

La Cour d'Orléans a jugé, le 26 juin 1840, que le cessionnaire, même après notification du transport, n'a pas qualité pour défendre à l'appel d'un jugement qui, avant la cession, avait prononcé la condamnation de la somme cédée, et, qu'en conséquence, cet appel ne peut être interjeté que contre celui qui avait obtenu la condamnation. (Vid. Dalloz, v° Appel, n° 609, qui cite comme conformes un arrêt de Trèves du 3 juin 1807, et un arrêt de la Cour de Douai du 5 mars 1827.)

On peut consulter aussi M. Chauveau sur Carré, *Lois de la procédure*, quest. 1851 ter.

La Cour de cassation, par arrêt du 16 août 1844 (S. 44, 1, 609) a jugé que l'arrêt rendu avec le cessionnaire n'a pas l'autorité de la chose jugée vis-à-vis du cédant sur la question de l'existence de la dette.

En matière de tierce-opposition, la Cour de cassation, par un arrêt rapporté dans la *Gazette des Tribunaux* du 2 juin 1858, a décidé que le cessionnaire ne peut être considéré comme représenté par son cédant dans l'instance d'appel engagée par un tiers contre le cédant, alors que l'acte de cession a été porté par une signification à la connaissance de ce tiers, postérieurement au jugement de première instance, mais avant l'appel. En conséquence, le cessionnaire est recevable à former tierce-opposition à l'arrêt rendu sur cet appel. — La Cour a ajouté que la circonstance constatée par le juge, du fait que le cessionnaire avait eu connaissance de l'instance d'appel, et n'y était pas intervenu, ne

suffisait pas pour établir que le cessionnaire avait entendu
se laisser représenter par son cédant, et pour faire repousser
sa tierce-opposition. (*Article commuiqué.*)

LICITATION. — SURENCHÈRE. — INSOLVABILITÉ NOTOIRE. —
MANDAT. — RATIFICATION. — NULLITÉ.

*La surenchère du sixième faite par un individu d'une in-
solvabilité notoire, tant en son nom personnel qu'au nom
d'un tiers dont il se dit le mandataire verbal, est frappée de
nullité, alors même que le tiers ratifie le mandat, si la ratification ne survient qu'après le délai de huit jours pendant
lequel la surenchère peut régulièrement être faite. (Art. 708,
709, 711 du Code de procédure civile.)*

Le 23 juin 1856, devant Mᵉ Jourdan, notaire au Villard de
Lans, il a été procédé à la vente aux enchères publiques, par
voie de licitation, de divers articles d'immeubles situés sur
le territoire de Corençon, dépendants de la succession de
M. Berard de la Valbonne, qui était propriétaire à Sassenage,
et de M. de Lambert, qui était propriétaire au bureau des
finances du Dauphiné. L'adjudication a été tranchée au prix
de 5,000 fr., outre les frais et les autres charges de la vente
énoncées dans le cahier des charges, au profit des sieurs Joseph Faure, Auguste Faure et Pierre Justin.

Par acte au greffe du 1ᵉʳ juillet 1856, le sieur Jasserand,
tant en son nom personnel qu'en celui de Reynaud, solidairement, dont il s'est dit mandataire à titre verbal, et pour
lequel, au besoin, il s'est porté fort, a fait une surenchère
d'un sixième sur le prix principal de l'adjudication du 23 juin.

Par acte privé du 4 juillet, enregistré à Grenoble le 5 et
signifié le 17, Reynaud a déclaré approuver et ratifier ce
qui avait été fait en son nom par Jasserand.

Par exploit du même jour 4 juillet, Jasserand et Reynaud, se disant agir en qualité de surenchérisseurs solidaires, ont signifié aux adjudicataires l'existence de la surenchère et les ont assignés devant le tribunal pour en entendre prononcer la validité, conjointement avec les poursuivants à la licitation.

Dans le cours des débats, tous les colicitants ont déclaré qu'ils adhéraient à la surenchère du 1ᵉʳ juillet 1856 et qu'ils en demandaient la validité, et au nom de Jasserand et Reynaud il a été demandé subsidiairement un court délai pour opérer la consignation du montant de la surenchère.

Le tribunal de Grenoble, sous la présidence de M. le président Bertrand, a statué en ces termes, le 20 novembre 1856 :

Attendu que Jasserand est notoirement insolvable, ce qui s'oppose à ce qu'il ait pu faire une surenchère valable ;

Qu'il n'a pas non plus couvert cette incapacité en déclarant agir tant en son nom que comme mandataire verbal du sieur Reynaud et se portant fort pour lui, par la raison qu'aucun engagement de ce dernier n'accompagnant cette déclaration, il n'y a en présence des tiers qu'un surenchérisseur insolvable que la loi repousse ;

Attendu que la surenchère ne peut pas mieux être déclarée valable relativement au sieur Reynaud ;

Qu'en effet, ce n'est que le 4 juillet, quatre jours après l'expiration du délai de huitaine, que Reynaud a ratifié l'acte de Jasserand et reconnu la qualité de mandataire verbal prise par celui-ci ;

Que, pendant ce délai, Reynaud n'a donc pas été engagé vis-à-vis des tiers qui n'auraient eu aucun moyen de le contraindre à exécuter la surenchère ;

Qu'il aurait donc dépendu de lui de le faire ou de ne pas le faire, ce qui est essentiellement contraire à l'intention du législateur, quand il prescrit, art. 709 du Code de procédure, que la surenchère ne pourra pas être rétractée ;

Attendu qu'aux termes de l'art. 1338 du Code Napoléon, la ratification de Reynaud et la reconnaissance du mandat n'ont pu rétroagir au préjudice des droits acquis aux tiers; que, n'étant lié envers eux par aucun engagement ni par un mandat ayant date certaine, il n'a pu se lier après l'expiration du délai et créer à son profit une surenchère qui n'existait pas, dès qu'il pouvait à son gré la rendre illusoire;

Par ces motifs, le tribunal, ouï en ses conclusions M. Berger, substitut du procureur impérial, déclare nulle et de nul effet la surenchère faite le 1er juillet 1856 par Jasserand, tant en son nom que comme mandataire verbal et se portant fort pour Reynaud; condamne Jasserand et Reynaud solidairement aux dépens envers les autres parties.

Jasserand et Reynaud ont appelé de ce jugement.

ARRÊT.

La Cour, adoptant les motifs des premiers juges, confirme.

Arrêt du 29 juin 1857 — 1re chambre. — M. Royer, premier président; M. Blanc, substitut de M. le procureur général. — MM. Amat et Rabatel, avoués; — MM. Louis Michal et Cantel, avocats.

ALLÉGATIONS INJURIEUSES D'UN PRÉVENU A L'AUDIENCE. — DIFFAMATION. — DROIT DE DÉFENSE. — TIERS. — DÉPENS. — APPEL. — PARTIE CIVILE NON INTIMÉE.

Le prévenu d'un délit forestier qui dit, à l'audience, qu'il a payé les gardes pour ne pas dresser de procès-verbal, commet le délit de diffamation. Une telle allégation ne saurait être considérée comme un moyen permis de défense. Le garde rédacteur du procès-verbal, non assigné comme témoin, peut poursuivre le diffamateur, quoiqu'il n'ait été donné acte d'aucune réserve par le tribunal; ce garde est un tiers dans le sens de l'art. 23 de la loi du 17 mai 1819.

*La condamnation aux dépens de première instance, pro-
noncée contre la partie civile qui n'appelle pas et n'est pas
mise en cause sur l'appel du ministère public, est définitive,
même vis-à-vis de l'État, et le prévenu ne peut être condamné qu'aux dépens d'appel.*

M. le Procureur général — C. Arnaud.

ARRÊT.

Considérant qu'à l'audience du tribunal correctionnel de
Grenoble, tenue le 11 juin 1857, Arnaud, poursuivi à raison
d'un délit forestier, convint d'en être l'auteur, et ajouta : « Qu'il
« ne s'attendait pas à être poursuivi, parce que sitôt la décou-
« verte de l'arbre du délit, il avait réglé cette affaire avec les
« deux gardes, qu'il leur avait payé à souper dans l'auberge de
« Martin, et qu'en sortant il avait remis lui-même, dans la main
« du garde Donnet, 35 fr. qu'il venait d'emprunter du sieur
« Durand, et que Donnet a dû partager avec le brigadier
« Brachet, et qu'ils promirent de ne point dresser de procès-
« verbal. »

Considérant que ces allégations proférées à l'audience du
tribunal, devant les magistrats appelés à connaître du délit à
raison duquel Arnaud était poursuivi, et en présence de l'inspecteur forestier, portant atteinte à l'honneur et à la considération du brigadier Brachet et du garde Donnet, qu'ils inculpent
pour des faits relatifs à leurs fonctions, constituent le délit de
diffamation prévu et puni par l'art. 16 de la loi du 17 mai 1819;

Considérant que le délit de diffamation envers lesdits gardes
étant établi à la charge d'Arnaud, il y a lieu de rechercher si
ces propos diffamatoires tenus par le prévenu à l'audience du
tribunal pouvaient, d'après la loi du 17 mai 1819, donner
ouverture à l'action de la partie lésée;

Considérant que si l'art. 23 de la loi du 17 mai 1819 déclare
que les discours prononcés ou les écrits produits devant les tribunaux ne donneront lieu à aucune action en diffamation ou
injure, cette immunité, protectrice du droit de défense, ne
saurait être étendue ni recevoir d'application dans la cause;
qu'en effet, *d'une part*, Arnaud, interrogé par le président du

tribunal, ayant reconnu comme constant le délit forestier qui
lui était reproché et s'en étant déclaré auteur, les imputations
diffamatoires dirigées ensuite par lui contre les gardes rédacteurs du procès-verbal ne pouvaient servir à sa défense et à sa
justification, et devenaient complètement étrangères à la cause;
que, d'autre part, le brigadier Brachet et le garde Donnet,
simples rédacteurs du procès-verbal qui a donné lieu aux poursuites suivies contre Arnaud, à la requête de l'administration
des forêts, représentée par M. l'inspecteur à la résidence de
Vizille, n'ayant pas été assignés comme témoins pour déposer
des faits consignés dans leur procès-verbal, doivent être considérés comme tiers dans l'instance correctionnelle contre Arnaud; que, sous ce double point de vue, et conformément aux
dispositions du dernier paragraphe de l'article précité, l'action
civile à raison de faits diffamatoires qui s'étaient produits contre eux et en leur absence, à l'audience du 11 juin 1857, compétait aux sieurs Brachet et Donnet, sans qu'il fût nécessaire
pour le tribunal de la leur réserver;

Considérant, quant aux dépens, que les sieurs Brachet et
Donnet, parties civiles, n'ont pas appelé du jugement du 6 janvier 1858, qui les condamne solidairement aux dépens faits par
l'État; que, n'ayant pas été intimés en cause d'appel par le procureur général, il y a chose jugée à leur égard, quant à ces
dépens; que, dès lors, le prévenu Arnaud ne peut être condamné
qu'au paiement de ceux faits en cause d'appel;

Par ces motifs, la Cour, faisant droit à l'appel du ministère
public envers le jugement du tribunal correctionnel de Grenoble du 6 janvier dernier, réforme ledit jugement, et, par
décision nouvelle, déclare Arnaud convaincu du délit de diffamation publique, ci-dessus articulé, envers le brigadier Brachet
et le garde forestier Donnet, pour des faits relatifs à leurs fonctions, délit prévu et puni par les articles 1, 14 et 16 de la loi du
17 mai 1819, et par le dernier paragraphe de l'art. 23 de la
même loi, etc.

Arrêt du 12 février 1858 — 4me chambre. — M. Petit, président. — M. Bigillion, conseiller-rapporteur. — M. Alméras-
Latour, premier avocat général. — M. Victor Arnaud, avocat.

Fréd. TAULIER.

DÉCISIONS ADMINISTRATIVES.

HABITANTS PAUVRES. — PATURAGES COMMUNAUX. — AUTO-
RISATION PERSONNELLE NON CESSIBLE.

L'autorisation accordée par une commune à des habitants
pauvres de conduire un certain nombre de brebis ou chèvres
sur les pâturages communaux, moyennant une taxe réduite,
peut avoir le caractère d'une faveur personnelle et incessible.

Le conseil de préfecture de l'Isère,

Vu la réclamation formée par le sieur François Bernard-
Georges, agissant tant pour lui que pour le sieur Pierre Bernard-Georges, son frère, tous deux cultivateurs, domiciliés à
Valjouffrey, et tendant à obtenir une réduction de 24 fr. 50 sur
le rôle de pâturage de ladite commune, de 1856;

Vu l'extrait du rôle précité, certifié par le receveur municipal
de la commune de Valjouffrey et constatant que le rôle de 1856
a été publié et affiché le 20 décembre 1856;

Vu la délibération, en date du 25 avril 1858, par laquelle le
conseil municipal de Valjouffrey rejette la réclamation des
sieurs François et Pierre Bernard-Georges;

Vu la loi du 18 juillet 1837;

Considérant que les sieurs Bernard-Georges soutiennent que
la commune ayant verbalement autorisé les habitants pauvres à
conduire douze brebis ou chèvres sur les pâturages communaux, moyennant une taxe de 25 centimes par tête de bétail, ils

avaient acheté ce droit de divers habitants pour cent têtes de bétail, et que, malgré le droit qu'ils avaient ainsi acquis, et déduction faite d'une indemnité qui leur a été accordée, on leur réclame un excédant de taxe de 15 fr. ;

Considérant que la commune affirme que la faveur accordée aux habitants pauvres était personnelle et ne pouvait être cédée, et que les réclamants n'apportant aucune preuve à l'appui du fait par eux affirmé, il y a lieu de rejeter leur réclamation, d'autant plus que leur demande n'a pas été formée dans les trois mois de la publication du rôle.

ARRÈTE :

La demande en réduction formée par les sieurs François et Pierre Bernard-Georges, cultivateurs à Valjouffrey, sur leurs cotisations aux rôles de pâturage de l'année 1856, de la commune de Valjouffrey, est rejetée.

Les sieurs François et Pierre Bernard-Georges sont condamnés aux dépens.

Arrêté du 28 mai 1858. — M. Roman, rapporteur.

ARRÈTS.

ACTE NOTARIÉ. — NOTAIRE STIPULANT POUR UNE PARTIE ABSENTE. — SIGNATURE ULTÉRIEURE DE LA PARTIE. — HYPOTHÈQUE CONVENTIONNELLE. — NULLITÉ.

Le notaire qui déclare représenter le prêteur absent, stipuler pour lui, avec promesse de lui faire approuver l'acte de prêt par sa signature, ne confère pas le caractère d'authenticité à cet acte, s'il renferme des stipulations qui prouvent qu'il est intervenu dans l'intérêt commun du prêteur et de l'emprunteur. En ce cas, le notaire est partie à l'acte, soit à titre de mandataire, soit a titre de negotiorum gestor. *En conséquence, l'hypothèque consentie par un tel acte est nulle.*

C'est en vain que le prêteur appose sa signature au bas de l'acte, après sa clôture, alors que la mission des notaires est remplie par la mention de la lecture de l'acte même et de la signature des notaires et de l'emprunteur. (Loi du 25 ventôse an XI, art. 8 et 68; Code Napoléon, art. 2127).

Mme de Sainte-Colombe — C. créanciers Balme.

Le 8 janvier 1846, il est intervenu devant Mᵉ X., notaire, un acte dont voici les dispositions et les mentions qu'il importe de bien connaître. 18

« Par-devant X. et son collègue, notaires soussignés,

« A comparu :

« M. Louis-Auguste Balme, propriétaire-commerçant, domicilié et habitant le Bourg-d'Oisans,

« Lequel a déclaré devoir bien légitimement à Mme Françoise-Henriette-Alexandrine d'Estienne de Saint-Jean de Prunières, épouse de M. Roch-Maurice Daustry de Sainte-Colombe , propriétaire-rentière, domiciliée et habitant à Grenoble, ici représentée par Mᵉ X., notaire soussigné, stipulant pour elle, avec promesse de lui faire approuver la présente par sa signature et par celle de son mari, la somme de 12,000 fr. pour semblable que Mᵉ X. lui a tout présentement comptée à la vue de son collègue, des deniers paraphernaux appartenant à Mme de Sainte-Colombe, pour être employée par lui à ses affaires, et laquelle M. Balme s'oblige à rendre en un seul paiement à Mme de Sainte-Colombe, dans le délai de cinq ans, avec intérêts à cinq pour cent, sans aucune retenue pour impôts créés ou à créer, le tout courant d'aujourd'hui et payable dans l'étude de Mᵉ X. , notaire soussigné, chez lequel domicile est élu pour l'exécution de la présente, en espèces d'or ou d'argent du poids, titre et valeur actuels, et non en papier-monnaie ou autres valeurs de convention ayant cours forcé de monnaie, sous peine de la nullité des paiements.

« Comme condition essentielle de la présente, il est en outre formellement convenu : que dans le cas d'inexactitude dans le service des intérêts promis, chaque annuité échue sera de plein droit productive d'autres intérêts du jour de son échéance, et que le capital prêté deviendra immédiatement exigible, nonobstant le terme ci-dessus accordé, si M. Balme laissait passer deux mois entiers sans se libérer d'une annuité d'intérêts échus ; le tout sans qu'il soit besoin de commandement ni de mise en demeure; toutefois, comme l'époque ci-dessus fixée pour le remboursement a été convenue dans l'intérêt commun des deux parties, M. Balme ne pourra pas se libérer par anticipation sans le consentement de Mme de Sainte-Colombe, qu'il devra, dans tous les cas, prévenir au moins deux mois d'avance de son intention de rembourser, lors même que ce remboursement ne devrait avoir lieu que dans cinq ans.

« A la sûreté et garantie du paiement de la somme prêtée et des accessoires légitimes en procédant, M. Balme affecte et hypothèque spécialement tous les biens immeubles qu'il possède dans l'étendue du bureau des hypothèques de Grenoble, sous la distraction, etc.

« Ce dernier affirme, au surplus, que son hôtel situé dans le Bourg et sa maison située à l'entrée du Bourg, sont assurés contre l'incendie par la *Compagnie Mutuelle*, dont le siége est à Valence, et, pour plus de sûreté du remboursement de la somme prêtée, il s'oblige à continuer et renouveler ladite assurance jusques au remboursement de la somme ci-dessus, et dès à présent, il cède et transporte par privilége et préférence à Mme de Sainte-Colombe l'indemnité à laquelle il aurait droit en cas de sinistre, avec pouvoir de l'exiger et recevoir directement de la Compagnie sur sa seule quittance, jusques à concurrence du montant de la présente obligation, en capital et intérêts, à quel effet il la met, dès à présent comme pour lors, à son lieu et place et la subroge à tous ses droits contre la Compagnie, à qui elle pourra faire signifier la présente à ses frais.

« Ainsi convenu et respectivement accepté.

« Dont acte,

« Fait, passé et lu à ....., en l'étude de Me X., notaire, gardien de la minute, ce 8 janvier 1846.

« Lecture faite, M. Balme a signé avec les notaires, M. et Mme de Sainte-Colombe devant signer ultérieurement.

« A la minute ont signé :

« Balme aîné, de Sainte-Colombe, Le Ch. Daustry de Sainte-Colombe, XX., notaires.

« Enregistré à ....., le 9 janvier 1846. »

Le sieur Balme ayant été exproprié, Mme de Sainte-Colombe a produit dans l'ordre. Les créanciers chirographaires ont soutenu qu'elle n'avait pas d'hypothèque, l'acte ci-dessus du 8 janvier ne pouvant être considéré que comme un acte sous seing privé, attendu que le notaire avait agi en qualité de mandataire du prêteur.

Le 26 août 1857, le tribunal de Grenoble a rendu le jugement suivant :

Attendu que l'art. 8 de la loi de ventôse, en défendant aux notaires de recevoir des actes dans lesquels leurs parents et alliés sont intéressés, leur défend à plus forte raison d'en recevoir dans lesquels ils sont intéressés, soit personnellement, soit comme mandataires des parties, soit comme se faisant forts pour elles ;

Attendu, en fait, que dans l'acte du 8 janvier 1846, reçu par le notaire X., celui-ci a déclaré stipuler pour la dame Sainte-Colombe et a prêté pour elle à Louis-Auguste Balme une somme de 12.000 fr.; qu'il a traité et accepté pour elle les conditions du prêt, notamment le terme de remboursement qui est déclaré avoir été stipulé dans l'intérêt commun du prêteur et de l'emprunteur; qu'il a accepté la cession de l'indemnité éventuellement due par la compagnie d'assurances, en cas de sinistre, des bâtiments affectés à la garantie du prêteur ;

Attendu qu'il importe peu que le notaire X., en stipulant pour la dame Sainte-Colombe, ait promis lui faire approuver l'acte par sa signature, car la mention finale de l'acte porte que l'emprunteur Balme et les notaires ont signé, les époux Sainte-Colombe devant signer ultérieurement; d'où il résulte que les consentements respectifs destinés à former le contrat ont été échangés hors la présence des époux Sainte-Colombe entre le notaire X., les représentant, et le sieur Balme; que la convention a été complète sans leur participation, et que la promesse de la ratification au moyen de la signature ultérieure a eu pour unique effet de relever le notaire sans rien ajouter au contrat; que si les époux Sainte-Colombe eussent refusé leurs signatures, la convention n'en serait pas moins parfaite et devrait recevoir tous ses effets.

Attendu que l'art. 68 de la loi de ventôse déclare que l'acte fait en contravention aux dispositions de l'art. 8 ne vaudra que comme acte privé, s'il est revêtu de la signature de toutes les parties; que l'hypothèque devant nécessairement être constituée par acte public, il suit de là que celle qui a été conférée par Balme dans l'acte du 8 janvier 1846 est frappée de nullité.

Par ces motifs, le Tribunal,

Prononce la nullité de l'acte public du 8 janvier 1846, portant obligation par Louis-Auguste Balme, au profit de la dame Sainte-Colombe, ordonne en conséquence que son allocation hypothécaire sera retranchée, sauf à l'allouer chirographairement.

Mme de Sainte-Colombe a interjeté appel de ce jugement.

Dans un mémoire imprimé, MM^{es} Nicollet et Desgranges, avocats, s'expriment ainsi :

« M. et Mme de Sainte-Colombe ont-ils agi par mandataire ? NON, CAR ILS ONT SIGNÉ, et quand le mandant signe il n'y a plus ni mandataire ni mandant, il n'y a que des gens agissant en leur qualité : M. X, comme notaire, M. et Mme de Sainte-Colombe comme prêteurs; et si dans l'acte le notaire a déclaré agir comme mandataire des prêteurs, ces mots n'ont aucune signification légale par application de cet adage de droit : *Utile per inutile non vitiatur*.

« M. X, mon mandataire ! dira toujours Mme de Sainte-Colombe, comment voulez-vous que cela soit, J'Y ÉTAIS ! Je n'y étais pas au commencement, cela est vrai; je n'y étais pas quand les autres ont signé, si vous le voulez; mais j'y étais quand j'ai signé. Que le notaire ait dit qu'il me représentait quand il écrivait son préambule et les conditions arrêtées avec moi, soit ; mais il ne me représentait pas lorsque je signais, c'est-à-dire lorsque je m'appropriais cet acte, où je devenais nécessairement partie ; or, un acte est un tout indivisible ; il commence au *par-devant* et se termine à ce fait matériel des signatures ; et quand je signe un acte par lequel un tiers déclare me devoir 12,000 fr., il faut, ou supprimer ma signature, ou me reconnaître partie dans le contrat.

« C'est aussi ce qu'a fait le Tribunal ; il a supprimé les signatures de M. et Mme de Sainte-Colombe ; elles étaient inutiles, a-t-il dit, pour la validité de l'acte ; et elles ne sont intervenues que dans les rapports des prêteurs et du notaire, et pour la responsabilité de ce dernier.

« Nous soutenons, au contraire, que sans la signature des prêteurs, il n'y avait pas d'acte ; que cette signature était tout aussi nécessaire que celle de l'emprunteur ; que cette nécessité résulte même des clauses où l'on puise la qualité de mandataire, et nous le prouvons.

« Dans le préambule de l'acte, on lit : *Lequel a déclaré devoir à Mme de Sainte-Colombe, propriétaire rentière, domiciliée et habitant à Grenoble, ici représentée par Me X., notaire soussigné, stipulant pour elle* AVEC PROMESSE DE LUI FAIRE APPROUVER LA PRÉSENTE PAR SA SIGNATURE ET CELLE DE SON MARI.

« Il faut remarquer qu'il n'est pas dit que Mme de Sainte-Colombe est absente ; elle n'est pas dans l'étude, et voilà tout ; elle peut être dans le salon voisin ; elle peut être chez elle, mais elle n'est pas absente ; ET ELLE SIGNERA AVEC SON MARI.

« Voilà la négation péremptoire de tout mandat ; si Me X. est mandataire, Mme de Sainte-Colombe n'a pas à signer ; si elle doit signer, Me X. n'est pas mandataire.

« Mme de Sainte-Colombe *doit approuver l'acte par sa signature*, donc elle n'a pas de mandataire, autrement l'approbation du mandataire suffirait.

« La signature doit être sur l'acte même, c'est-à-dire sur la minute, comme celle de l'emprunteur, comme celle des notaires; la signature est donc une partie essentielle de l'acte. La clause finale ne peut laisser aucun doute à ce sujet; *M. Balme a signé avec les notaires; M. et Mme de Sainte-Colombe* DEVANT *signer ultérieurement;* puisqu'ils *doivent* signer, il faut qu'ils signent pour qu'il y ait un acte parfait, et sans leur signature l'acte n'est qu'un projet.

« Pour se convaincre de cette vérité, il suffit de se faire cette question : Si M. et Mme de Sainte-Colombe eussent refusé de compter les espèces et de signer, Balme aurait-il eu une action en délivrance des 12,000 fr. ?

« Aurait-il pu dire à Mme de Sainte-Colombe : Votre mandataire, agissant dans la limite de son mandat, a signé pour vous un prêt de 12,000 fr., donnez-moi l'argent?

« Aurait-il pu dire à M. X. : Vous avez chez vous une somme de 12,000 fr. qui est à moi?

« Évidemment non; donc, sans les signatures de M. et de Mme de Sainte-Colombe, il n'y avait pas de contrat; donc Me X. n'a pas agi comme mandataire.

« Jamais une querelle de cette nature n'a été faite à un acte portant les signatures de l'emprunteur et du prêteur; on ne trouve dans les actes annulés que la signature de l'emprunteur et celle du notaire; et voilà pourquoi on dit au notaire : Vous avez signé comme mandataire du prêteur absent; mais il n'est jamais venu à l'esprit de personne de soulever un pareil débat quand il est dit dans l'acte que le prêteur doit signer et qu'il a signé. Les inscriptions annulées par la jurisprudence l'ont été, non pas parce que le notaire avait dit dans l'acte qu'il agissait comme mandataire, mais parce que, en réalité, cela était vrai, l'acte n'étant ni signé, ni accepté par le créancier.

« Ajoutons enfin qu'il est tout au moins fort douteux que la signature de M. et de Mme de Sainte-Colombe fût nécessaire pour la validité du contrat.

« En effet, en annulant les actes, en tant qu'authentiques, où les notaires avaient agi comme mandataires, la jurisprudence a fait une distinction entre les contrats unilatéraux et les contrats synallagmatiques.

« Dans les premiers, le concours des deux parties n'est pas nécessaire; et dans le contrat de prêt, par exemple, un homme peut venir devant un notaire déclarer devoir à une personne absente une somme de.... déclarer les conditions sous lesquelles il reconnaît devoir, consentir une hypothèque, prendre, en un mot, tous les engagements dont on a l'habitude d'entourer les prêts, et cet acte serait parfait quoique fait sans le concours du créancier.

« Attendu que la reconnaissance pure et simple d'une « dette avec affectation hypothécaire peut constituer un « engagement unilatéral et être régulièrement faite par le « débiteur seul. » (Cassation, 5 août 1839.)

« Vainement, dans un contrat de cette nature, le notaire aura-t-il dit qu'il agit comme mandataire du prêteur; le concours de ce dernier n'étant pas nécessaire, la déclaration du notaire sera un non sens.

« Que l'acte du 8 janvier 1846 soit un contrat unilatéral dans son principe, c'est ce que personne ne contestera ; mais renferme-t-il des clauses qui l'ont converti en contrat bilatéral ? Voilà la question.

« Or, que la Cour daigne lire avec attention cet acte, et qu'à chaque clause elle se demande : Balme pouvait-il seul faire cette stipulation ?

« La réflexion amènera certainement l'affirmative.

« Mais si le contrat, unilatéral dans son principe, a dégé-

néré en contrat synallagmatique, si le concours de M. et
de Mme de Sainte-Colombe était nécessaire, comment dire
que ce concours n'existe pas alors qu'ils ont signé ? »

Dans un mémoire également imprimé, MM^{es} Victor Arnaud et Giraud, avocats, répondent en ces termes :

« Mme de Sainte-Colombe a-t-elle concouru comme *partie* à l'acte du 8 janvier 1846 ? — *Quand* a-t-elle apposé sa
signature au bas de cet acte ? — Et dans quel but a-t-elle
donné cette signature ? — Telles sont les questions que présente ce procès.

« Si nous interrogeons Mme de Sainte-Colombe sur le
moment précis où elle a signé l'acte, elle nous fait des réponses que nous devons noter.

« Le 8 janvier, dit-elle, M. Balme est chez le notaire qui
« rédige l'acte avec les conditions imposées par le prêteur ;
« Balme signe, puis le notaire se transporte avec son acte
« au domicile des prêteurs, prend leurs signatures et fait
« immédiatement enregistrer. »

« Plus bas, elle précise son récit :

« Il est constant en fait, d'après elle, 1° que M. et Mme de
« Sainte-Colombe n'étaient pas présents à la rédaction de
« l'acte ; 2° qu'ils n'y étaient pas lorsque l'emprunteur a
« signé ; qu'ils n'ont signé qu'*ultérieurement*, c'est-à-dire les
« derniers, *même après les notaires si l'on veut*, quoique
« cela ne soit pas vrai. »

« Voilà qui ressemble singulièrement à un aveu, et cet
aveu est précieux. Si, en fait, Mme de Sainte-Colombe a signé
après le notaire, elle a signé après que le contrat a été parachevé, et comme dans un contrat il y a le concours de deux
volontés, il faut admettre que, d'une part, Balme a stipulé
comme emprunteur, et que, d'autre part, Me X. a stipulé
comme mandataire de Mme de Sainte-Colombe.

« Mais ce n'est pas sur les faits racontés par Mme de Sainte-Colombe avec une mémoire qui nous paraît beaucoup trop sûre, que la Cour doit statuer. Nous sommes en présence d'un acte authentique qui fait foi de toutes ses énonciations *jusqu'à inscription de faux*. Nous devons donc prendre cet acte tel qu'il est et le juger avec ce qu'il renferme.

« Or, Mme de Sainte-Colombe n'est pas portée dans cet acte. L'*intitulé*, rédigé par le notaire, le démontre et l'aveu de Mme de Sainte-Colombe sur ce point est inutile parce qu'il est surabondant.

« La loi notariale fait aux notaires le devoir de noter la présence des parties. Me X. constate dans son acte la comparution de Balme, emprunteur. Il ne dit pas un mot pour relater la présence de Mme de Sainte-Colombe : donc elle était absente.

« On a remarqué à l'audience que souvent les notaires vont recueillir à domicile les signatures de clients importants. Cela est vrai ; mais dans ce cas, ils constatent leur présence par une stipulation formelle. Nous défions nos adversaires de prouver que la formule employée dans cette circonstance ressemble de quelque façon à celle qui a été adoptée par Me X., dans l'acte du 8 janvier 1846.

« Si Mme de Sainte-Colombe eût été présente à ...... le 8 janvier 1846, et que Me X. eût voulu la faire concourir comme partie à l'acte qu'il rédigeait, il aurait écrit :

« *A comparu M. Balme, lequel a reconnu devoir à Mme de Sainte-Colombe* ICI PRÉSENTE ET ACCEPTANTE. » C'est en effet la formule consacrée.

« Mais, au contraire, il constate que Mme de Sainte-Colombe est ici REPRÉSENTÉE par Me X., notaire soussigné, *stipulant pour elle*, avec *promesse de lui faire approuver la présente par sa signature et celle de son mari*.

« *Représenter* quelqu'un, c'est ce nous semble être son mandataire ou son *negotiorum gestor*. Un notaire qui re-

présente quelqu'un doit avoir l'une ou l'autre de ces qualités. Lorsqu'il n'est qu'officier ministériel, il ne représente
personne.

« Mme de Sainte-Colombe *doit approuver l'acte par sa
signature.* — Pour tout homme qui cherche à interpréter
les choses par la raison la plus vulgaire, cela veut dire que
M. X. ayant rempli un mandat tacite, Mme de Sainte-Colombe lui donnera aveu et décharge par sa signature. —
Pour nos honorables contradicteurs, cette formule prouve-
rait contre le mandat. C'est un effort de logique qui nous
surprend, mais nous laissera rebelle. La signature de M. et
Mme de Sainte-Colombe n'est en aucune manière utile à la
perfection du contrat; Balme n'avait pas besoin d'action en
délivrance des deniers contre M. et Mme de Sainte-Colombe,
puisque le contrat porte que M. X. *a délivré les* 12,000 *fr.*
Il n'avait pas besoin d'action contre M. X. en délivrance de
ces mêmes deniers, puisque M. X. les avait délivrés. Pour
être vrai, il faut dire que Mme de Sainte-Colombe ne pouvait agir contre Balme qu'en s'emparant de l'acte du 8 janvier, c'est-à-dire en invoquant les faits et gestes de son
mandataire et en les approuvant par leur exécution même.
La signature de Mme de Sainte-Colombe ne devait être apposée au contrat que dans l'intérêt du mandataire. Quant à
Balme, il avait les 12,000 fr., et on ne pouvait les lui demander qu'en se soumettant aux conditions de l'obligation
qu'il avait acceptée.

« Le tribunal n'a donc pas, ainsi qu'on l'a imprimé, *supprimé* arbitrairement la signature de Mme de Sainte-Colombe. Il ne s'est pas laissé égarer par les explications
fournies au nom de cette dame, et il a donné à sa signature
le seul sens qu'elle peut avoir pour des magistrats éclairés.

« L'erreur, du reste, dans laquelle on voulait le faire tomber était trop grossière. Si, en effet, l'intitulé de l'acte ne
laisse aucun doute sur le caractère de l'intervention du no-

taire X., il faut convenir que la clôture achève péremptoi-
rement cette démonstration. *Dont acte, lecture faite,
M. Balme a signé avec les notaires, M. et Mme de Sainte-
Colombe devant signer* ULTÉRIEUREMENT : cela est clair. La
loi du 25 ventôse an XI exige la mention de lecture aux parties et de leur signature. Si Mme de Sainte-Colombe avait
comparu devant les notaires, lecture de l'acte lui aurait été
donnée, et elle l'aurait signé en présence des notaires; puis
ceux-ci auraient fait mention de tout cela, et authentiqué le
contrat en y apposant leur signature. Mais ce n'est pas ce
qui se passe. On lit l'acte à Balme et on le signe avec lui. —
C'est là ce qui est vrai, jusqu'à inscription de faux.

« Quant à M. et Mme de Sainte-Colombe, ils signent *ultérieurement*, c'est-à-dire *après* la perfection du contrat.

« Quand ont-ils signé? Est-ce une heure après les notaires, ou est-ce un ou plusieurs jours plus tard? Cela importe
peu. Ils ont signé quand le contrat était parachevé et parfait;
donc, ce contrat a été clos en dehors d'eux; donc le notaire
X. les a représentés comme mandataire; donc l'acte doit
tomber sous le coup de l'art. 68 de la loi du 25 ventôse an XI.
— Nous n'avons pas à nous préoccuper de la place qu'occupe leur signature sur l'acte. Le notaire leur a laissé un
blanc pour signer, et ils l'ont rempli plus tard.

« Me X est un officier ministériel dont personne, assurément, ne contestera l'intelligence et le savoir. Il connaît
la valeur des mots et il sait pénétrer le sens des textes.
C'est comme mandataire qu'il avait préparé le prêt de
12,000 fr.; c'est comme mandataire qu'il en a arrêté toutes
les stipulations; assurément, s'il eût pu faire intervenir de
suite les mariés de Sainte-Colombe dans son acte, il n'y eût
pas manqué : les nombreux procès de responsabilité que
les notaires ont eu à subir en matière de prêts sur hypothèque lui en faisaient une loi. La formule qu'il a employée,
si différente de toutes celles qui remplissent les protocoles,

démontre que l'acte a été passé dans des conditions anor-
males. Les explications si péniblement données sur les
circonstances qui ont entouré cet acte nous imposent de
plus en plus le devoir de rester strictement attachés aux
règles de la matière.

« On dit, l'acte a été enregistré le 9 : donc il a été signé
par les mariés de Sainte-Colombe le 8. Pour être logique il
faudrait dire : donc il a été signé le 9 ; mais pourquoi veut-
on que l'acte ait été signé avant l'enregistrement? C'est
précisément parce que les mariés de Sainte-Colombe n'a-
vaient pu y être parties, que le notaire X. avait stipulé pour
eux et promis leur ratification. Le receveur d'enregistrement, si tant est qu'il eût qualité pour cela, ne pouvait se
plaindre de l'absence de signature de gens qui n'étaient pas
parties au contrat. La signature a-t-elle été donnée avant le
13? qu'importe? Nous avons le droit de dire non, mais tout
cela ne mène à rien. Il y a un fait certain que rien ne peut
combattre aujourd'hui : c'est que l'acte du 8 janvier 1846 a
été clos *en l'absence des mariés de Sainte-Colombe*. A quelque époque que leur signature ait été donnée, le contrat du
8 janvier était parachevé et l'immixtion de Me X. à ce contrat
a été celle d'un mandataire.

« Outre qu'il est contraire à la loi, le système soutenu
au nom de Mme Sainte-Colombe est plein de périls. Que
deviendra la foi due aux actes authentiques, si, douze ans
après leur achèvement, on vient pervertir ou dénaturer leurs
énonciations par des explications qui les contredisent! Sans
doute, en thèse générale, les tribunaux sont appréciateurs
souverains des faits qui leur sont soumis ; mais le législateur
a été sage lorsqu'en proclamant la foi due aux actes authentiques jusqu'à inscription de faux, il a mis une limite
à cette omnipotence : en même temps qu'il a prescrit le
respect des contrats, il a fermé la porte à une foule de
difficultés. »

ARRÊT.

La Cour, adoptant les motifs exprimés par les premiers juges, et considérant qu'il ne s'agit point dans la cause d'un contrat purement unilatéral, qui serait parfait par la déclaration de l'emprunteur reconnaissant devoir la somme par lui reçue du prêteur et rendrait superflue la participation de ce dernier à l'acte ;

Que les stipulations et énonciations de l'acte du 8 janvier 1846 prouvent qu'il est intervenu dans l'intérêt commun des parties, qu'il leur impose des obligations respectives et qu'il constitue un contrat pour la validité duquel le concours des deux parties était nécessaire ;

Que l'acte énonçant que Balme seul a comparu devant les notaires, le notaire X. a réellement et efficacement représenté la dame Sainte-Colombe et stipulé pour elle ;

Qu'ayant agi et comme officier public et comme partie, soit à titre de mandataire, soit à titre de *negotiorum gestor*, il a enlevé à l'acte qu'il recevait le caractère d'authenticité pouvant seul conférer l'hypothèque conventionnelle, aux termes de l'art. 2127 du Code Nap.;

Que la dame Sainte-Colombe a bien pu s'approprier les clauses de l'acte du 8 janvier 1846 et s'engager vis-à-vis de Balme par la signature qu'elle a apposée au bas de cet acte, mais que cette signature, donnée après la clôture de l'acte, alors que la mission des notaires était remplie par la mention de la lecture faite de l'acte et de la signature par Balme et les notaires, et qu'ainsi tout était consommé, n'ayant pas été reçue par le notaire sous l'égide des formalités et des garanties exigées par la loi pour la validité d'un acte authentique, formalités et garanties de droit étroit, est sans force pour restituer à l'acte cette authenticité que la participation du notaire X, comme mandataire, lui avait enlevée.

Par ces motifs, la Cour, ouï M. Alméras-Latour, premier avocat général, en ses conclusions motivées, confirme le jugement du tribunal civil de Grenoble, à la date du 26 août 1857, et

condamne l'appelante, Mme veuve Sainte-Colombe, à l'amende
et aux dépens.

Arrêt du 10 juillet 1858, 4me chambre. — M. Petit, président;
M. Alméras-Latour, premier avocat général. — MM. Amat,
Eyssaulier, Rey, Michal, Chollier, Perrin, avoués. — MM.
Imbert-Desgranges, Nicollet, Giraud, Victor Arnaud, avocats.

M. Merville, avocat général à la Cour d'Amiens, a publié
dans la *Revue pratique de Droit français* (tome 1, page 308),
un remarquable article sur la question jugée par l'arrêt qui
précède. On nous saura gré d'emprunter à cet article les
passages suivants :

« La Cour d'Amiens vient, sur mes conclusions, de décider qu'un notaire ne peut, sans infirmer le caractère authentique de l'acte qu'il reçoit, se porter acceptant, pour un
créancier absent, des obligations ou des garanties passées
au profit de ce dernier (arrêt du 8 avril 1856, P., 56, 2,
213), dans une espèce où il s'agissait de prêt hypothécaire
et où l'acte ne pouvait perdre l'authenticité sans perdre du
même coup la puissance d'engendrer hypothèque (Cod.
Nap., 2127). S'il ne fallait voir là qu'un cas isolé, fruit de
l'étourderie d'un praticien ignorant, je me garderais d'en
entretenir les lecteurs de la *Revue*. Mais l'examen de la jurisprudence prouve qu'il n'en est rien, et qu'un certain
nombre de notaires tiennent pour fort régulier l'acte passé
dans les conditions que j'ai indiquées. Deux des oracles du
notariat, M. Rolland de Villargues, dans son *Répertoire*, et
M. Massé, dans son *Parfait notaire*, justifient ce mode de
procéder, et peut-être cette décision de deux écrivains spéciaux a-t-elle cela de regrettable qu'elle tend à perpétuer une
pratique, vicieuse à nos yeux, et dans tous les cas fort pé-
rilleuse à raison des procès qu'elle peut faire naître.....

« Dans l'ancien régime, la validité prévalait; on doit le

reconnaître, puisque des documents graves nous l'affirment.....

« Mais aujourd'hui peut-il encore en être ainsi ? Personne ne le pensera. Nous avons une loi qui organise le corps des notaires, qui détermine les conditions auxquelles se reconnaît la validité de leurs actes. Cette loi doit être exécutée. A la vérité, elle ne défend pas expressément au notaire ni à ses témoins de figurer dans les actes comme mandataires d'une partie ; mais elle ne leur défend pas davantage d'y figurer pour leur propre compte, dans leur intérêt propre et personnel. Pour qu'on pût s'autoriser de son silence dans le premier cas, il faudrait pouvoir s'en autoriser aussi dans le second. Est-ce possible, et qui oserait le prétendre ? Si la loi défend au notaire d'instrumenter pour ses parents et alliés, comment lui permettrait-elle d'instrumenter pour lui-même ? Si elle exige que les témoins ne soient ni les parents ni les alliés des parties, comment leur permettrait-elle d'être la partie elle-même ? Quoique la règle ne soit pas écrite, il faut donc très-certainement la suppléer ; car la loi ne l'a négligée qu'à raison même de son extrême évidence et de ce qu'elle lui a paru ne pouvoir faire difficulté. — Cela étant, je trouve bien dans l'ancien droit une exception à cette règle ; le notaire ou les témoins pouvaient représenter dans l'acte non pas toute partie absente, mais au moins le créancier absent ; mais cette exception n'a pas été reproduite dans la loi qui nous régit, et comme elle est purement arbitraire, qu'elle ne découle d'aucun principe de droit, mais seulement d'un usage que la commodité avait introduit, il s'ensuit qu'elle ne peut être suppléée.

Aussi n'est-ce pas là, de nos jours, qu'on porte la difficulté. On convient, au contraire, généralement que le rôle de notaire est inconciliable avec celui de mandataire ou de *negotiorum gestor ;* qu'ainsi l'officier public qui les aurait remplis simultanément se serait frappé lui-même d'une incapacité

dont la conséquence inévitable, aux termes de la loi de ventôse, art. 68, serait la nullité de l'acte, ou entière et absolue,
ou restreinte seulement au point de vue de l'authenticité,
suivant les circonstances (voy. ledit art. 68).

Mais on assure que, quand un notaire a accepté une obligation pour un créancier ou l'a fait accepter par un des témoins, c'est là une clause qui ne peut vicier l'acte, parce
qu'elle est inutile, parce que ce n'est qu'une vaine formule,
un vain style dépourvu de tout objet réel, et que c'est le cas
d'appliquer la maxime : *Utile per inutile non vitiatur.* Ainsi
le pensent les deux auteurs que j'ai nommés; ainsi l'a jugé
un arrêt de la Cour de Lyon, du 9 mai 1837; ainsi même
l'aurait jugé, prétend-on, la Cour de cassation, en 1833 et
1839; mais nous verrons que cela n'est pas.

« Quoi qu'il en soit, pourquoi donc la mention d'acceptation par le notaire doit-elle être réputée vaine et de pur
style? C'est, dit-on, parce l'acte fût demeuré valable, quand
bien même cette mention n'y aurait pas été insérée. Pour
préciser les idées, précisons les faits. Un emprunteur, Paul,
comparaît devant un notaire; il y déclare se reconnaître
débiteur de Pierre d'une somme que celui-ci lui a prêtée antérieurement ; le notaire accepte pour Pierre, non présent,
cette reconnaissance de la dette. Puis, l'on fixe le terme du
remboursement, le service des intérêts, leur taux et leur
périodicité, les garanties hypothécaires que consent le débiteur, la cession que fait sa femme de son hypothèque légale,
et le notaire répète de nouveau qu'il accepte tout cela pour
le prêteur. Or, dit-on, ôtons cette déclaration du notaire.
L'acte en souffrira-t-il? Nullement; car il n'y a que Paul
qui s'oblige; nous sommes en une matière purement unila-
térale ; en un mot, Pierre ne prend aucun engagement qui
soit la source et la cause de ceux que contracte Paul. Par
conséquent, le notaire n'avait nul besoin d'intervenir; son
intervention n'ajoute rien à l'effet des obligations contrac-

tées, son abstention n'y eût rien ôté non plus ; Paul pouvait figurer seul dans l'acte, sans que le moindre inconvénient s'ensuivît. A la vérité, dans ce cas, il n'y eût pas eu d'acceptation par l'acte lui-même ; mais qu'importe? l'acceptation pouvait très-bien se faire ultérieurement, par l'exécution de l'acte de la part du prêteur, prenant inscription au bureau des hypothèques, recevant les intérêts et en donnant quittance, etc. D'où la conséquence que, puisque l'acceptation critiquée n'ajoute à l'acte rien d'essentiel ni même rien d'utile, il importe peu qu'elle procède d'une personne à qui son caractère interdisait de faire ce qu'elle a fait. Quand il est nécessaire qu'une formalité soit remplie, on comprend que l'on se préoccupe de savoir si elle l'a été d'une façon régulière ; mais, dès qu'il s'agit d'une formalité surabondante, il n'en est plus ainsi. On pouvait ne pas accepter ; qu'importe qu'on ait accepté bien ou mal ?

« Il y a, ce nous semble, dans ce raisonnement, une confusion que la réflexion fait bientôt découvrir. Là où les parties ont établi et voulu établir un contrat, le raisonnement qui précède substitue une pollicitation, — et cela en rayant d'un trait de plume, pour les besoins d'un faux système, une acceptation que l'on prétend sans effet, tandis qu'elle a eu cet effet très-sérieux de lier le débiteur et le créancier l'un vis-à-vis de l'autre, de manière à ce qu'ils ne puissent plus désormais se dégager que par un consentement réciproque comme l'a été l'engagement lui-même.....

« L'acceptation du notaire n'a pas eu d'autre but. L'a-t-elle atteint? L'effet cherché a-t-il été produit? Il n'est pas permis d'en douter. Dès que l'acte a été clos, et avant toute acceptation personnelle du créancier, ni le débiteur n'aurait pu se rétracter, ni le créancier élever la prétention d'imposer à ce débiteur d'autres conditions que celles qui avaient été convenues.....

« Reste à connaître la jurisprudence. J'ai promis de montrer que celle de la Cour de cassation n'avait rien de contraire à mon opinion. Que dit, en effet, l'arrêt du 5 août 1839, affaire Jourdeuil (J. P., 2-39, 124)? Qu'un notaire a pu accepter pour un créancier absent? Nullement; car cela n'avait point eu lieu. Il ne s'agissait que de savoir si des créanciers, non comparants à un acte de constitution d'hypothèque, avaient pu accepter cette hypothèque autrement que dans la forme notariée. La Cour a décidé l'affirmative, contrairement à l'opinion précédemment citée de Zachariæ. — L'espèce de l'arrêt du 27 août 1833 (affaire Garelon) se rapproche davantage de celle que nous examinons. Un témoin instrumentaire avait déclaré accepter une affectation hypothécaire pour le compte d'un créancier. La Cour de Limoges en avait conclu la nullité de l'acte, en tant qu'authentique; la Cour suprême a pensé autrement. Mais pourquoi? parce que, dit l'arrêt, le créancier avait pris soin d'accepter lui-même à l'avance cette affectation, dans un autre acte notarié; si bien qu'une nouvelle acceptation, ne pouvant plus produire aucun effet, devenait tout à fait surabondante et donnait lieu d'appliquer la maxime : *utile per inutile* A la bonne heure! voilà une juste application de cet adage; mais n'allons pas la transporter dans un cas où l'acceptation par le notaire ou par le témoin précède, au lieu de la suivre, l'acceptation personnelle du créancier; car évidemment c'est la première et non la seconde qui a formé le lien de droit : c'est donc à la première que l'on doit s'attacher.

« Du reste, il semble que toute discussion sur l'état de la jurisprudence devrait disparaître après l'arrêt de rejet du 3 août 1847 (J. P., 2-47, 628), lequel refuse formellement le caractère authentique à un acte de prêt où le notaire s'était rendu acceptant. Néanmoins on insiste, en se fondant sur ce que les motifs de cet arrêt laisseraient transpirer une distinction entre le cas où le notaire procède à la délivrance des espèces, et celui où le créancier est censé avoir lui-même accompli cette délivrance dans un temps antérieur (ce qui, presque toujours, n'est qu'une simulation). J'avoue que cette distinction me paraîtrait déraisonnable. Que le prêt ait eu lieu lors de l'acte ou auparavant, cet acte en est-il moins un contrat, et un contrat formé par l'adhésion du notaire rédacteur, qui s'est ainsi enlevé son caractère d'officier public? Mais, dit-on, dans le deuxième cas, le contrat était consommé lors de la rédaction de l'écrit, et toute acceptation devenait inutile. Entendons-nous; ce qui était consommé, c'était un prêt, d'où naissait pour l'emprunteur une dette telle qu'elle, l'obligation de restituer purement et simplement, mais non pas une dette remboursable à telle époque plutôt qu'à telle autre, productive de tels intérêts, garantie par telle ou telle sûreté. C'est là ce que le seul fait matériel de la numération des espèces ne réglait pas, c'est là ce qui a été réglé par le contrat, réglé d'*un commun accord* notarié grâce à l'acceptation du notaire.

« Tirons, si l'on veut bien me le permettre, la *moralité* de cette discussion. Sa moralité, c'est que, comme l'écrivait M. Mourlon dans cette *Revue* (p. 180) : « La pratique qui se tient orgueilleusement en dehors des règles est un non-sens. » C'est que nous ne vivons plus sous l'empire des usages du Châtelet, mais sous le régime de la loi du 25 ventôse an XI, et qu'en conséquence ceux de messieurs les notaires qui auraient conservé l'ancien usage que nous venons de critiquer, doivent se hâter au plus tôt d'y renoncer. Il y va de leur intérêt, puisque la Cour d'Amiens, dans l'arrêt qui fait le sujet de cet article, a admis en principe la responsabilité du notaire qui laisse infecter ses actes par cette cause de nullité. »

On voit que le savant magistrat ne distingue pas entre les actes unilatéraux et ceux qui renferment des stipulations conçues dans l'intérêt commun du créancier et du débiteur.

C'est qu'en effet, dans les premiers comme dans les seconds, l'intervention du notaire, en qualité de mandataire du créancier, produit un lien de droit entre les parties et doit, dès lors, enlever à l'acte tout caractère d'authenticité.

Fréd. Taulier.

FEMME MARIÉE. — HYPOTHÈQUE LÉGALE. — PURGE. — INSCRIPTION. — RENOUVELLEMENT.

La nécessité de renouveler dans les dix ans une inscription hypothécaire ne s'applique pas à l'hypothèque légale que la femme mariée a fait inscrire lors de la formalité de la purge.

Société de la Motte les Bains — C. Subit.

L'acquéreur d'immeubles appartenant au sieur Subit ayant rempli la formalité de la purge, la femme du vendeur fit inscrire son hypothèque légale. Les immeubles furent ensuite revendus. Le second acquéreur fit purger à son tour. Alors l'inscription hypothécaire prise par la dame Subit fut renouvelée. Mais plus de dix ans s'étaient écoulés depuis l'inscription primitive. Un ordre s'étant ouvert, le fils Subit produisit, du chef de sa mère, pour les reprises de celle-ci. Des créanciers contestèrent sa collocation et soutinrent que l'hypothèque était éteinte, parce que l'inscription n'avait pas été renouvelée dans les dix ans. Un jugement du tribunal de Grenoble repoussa ce système. L'arrêt confirmatif que nous rapportons est le premier qui ait consacré le principe dans des termes aussi nets et aussi explicites.

ARRÊT.

La Cour, considérant, en droit, qu'aux termes des art. 2121 et 2135 du Code Napoléon, la femme mariée a une hypothèque légale sur les immeubles de son mari, pour sûreté de sa dot, de ses reprises et conventions matrimoniales ; qu'à la différence des hypothèques judiciaire et conventionnelle, qui ne prennent rang et n'ont d'effet que du jour où elles sont inscrites, l'hypothèque légale existe indépendamment de toute inscription, et à compter du jour du mariage ; que cette faveur, accordée à la femme mariée, est basée sur l'intérêt qui s'attache à la conservation de la dot et sur l'impuissance où est la femme d'agir et de veiller à ses droits, impuissance qui souvent ne lui permettrait pas de remplir les formalités auxquelles la loi imprime le caractère de publicité ;

Considérant que, pour qu'il puisse être fait exception à ce principe général, qui dispense l'hypothèque légale de toute inscription, une disposition expresse est nécessaire, et qu'il convient de rechercher si elle existe dans le Code ;

Considérant que si, d'après les art. 2136 et suivants du Code Napoléon, le mari est tenu de rendre publiques les hypothèques dont ses biens sont grevés et d'en requérir l'inscription, cette obligation, imposée au mari sous certaines peines, n'enlève pas à l'hypothèque légale de la femme le caractère qui lui est propre et d'après lequel elle vit par elle-même, sans le secours de l'inscription ; que le mari seul est responsable de sa négligence à prendre ou à renouveler inscription ; que cette incurie ne saurait être opposée à la femme pour lui faire perdre les droits inhérents à son hypothèque ; que ce changement apporté par le Code au système de la loi du 11 brumaire an VII est une juste conséquence de la position faites par nos lois à la femme dans la société conjugale, et qui ne saurait lui faire encourir des déchéances qui ne résulteraient point de son fai personnel ;

Considérant que les formalités prescrites pour parvenir à la purge des hypothèques ne changent pas davantage la nature de l'hypothèque légale de la femme ; que si, dans l'intérêt de l'ac-

quéreur, et pour consolider ta propriété sur sa tête, la loi exige
que les hypothèques qui pèsent sur l'immeuble acquis, et qui
sont restées jusqu'alors ignorées, viennent se révéler par le
moyen de l'inscription, cette mesure, nécessaire pour manifester l'intention où est la femme de maintenir et faire valoir
son hypothèque légale, a pour effet immédiat de consigner entre
les mains de l'acquéreur son prix d'acquisition et d'empêcher
qu'il ne se libère au préjudice du rang et du droit que la femme
tient de son hypothèque; que, jusqu'à ce qu'elle ait produit son
effet par la distribution du prix, conformément aux prescriptions
de l'art. 2195 du Code Napoléon, cette inscription met obstacle
à la purge et laisse l'immeuble grevé de l'hypothèque de la
femme;

Considérant qu'il ne résulte d'aucune disposition précise du
Code que, comme conséquence et à partir de l'inscription prise
par la femme à l'occasion de la procédure de purge, l'hypothèque légale de la femme soit convertie en hypothèque ordinaire,
et, comme telle, soumise au renouvellement de l'inscription
prescrite par l'art. 2154; que cet article et la déchéance qu'il
prononce ne concernent évidemment que l'inscription ordinaire,
complément du droit hypothécaire ou privilégié; qu'ils ne
s'appliquent pas à celle que la loi impose exceptionnellement à
la femme pour la soustraire aux effets de la purge; que l'article
2194, en même temps qu'il exige cette inscription, déclare
qu'elle rétroagira au jour du contrat de mariage; d'où il ressort
que l'hypothèque reste, après l'inscription, ce qu'elle était
avant; qu'il y a d'autant plus lieu de le décider ainsi, qu'avant
comme après la procédure de purge, la femme demeurant soumise à la puissance maritale, la loi a dû lui continuer la protection qu'elle lui avait accordée par l'établissement de l'hypothèque légale;

Considérant que l'avis du conseil d'Etat, du 22 janvier 1808,
est conforme aux principes ci-dessus posés; que cet avis décide
que lorsque l'inscription a été nécessaire pour opérer l'hypothèque, le renouvellement est nécessaire pour la conserver;
d'où il suit que l'inscription prise par la femme pendant la purge
n'ayant pas pour effet d'opérer l'hypothèque, mais de révéler
son existence, le renouvellement n'est pas nécessaire pour la
conserver;

Considérant, en fait, que Vincent Subit, créancier du chef de
sa mère, demande à être alloué en vertu de l'hypothèque légale
de celle-ci, à la date de son contrat de son mariage ; que, lors de
de la procédure de purge suivie par les acquéreurs de la propriété de Subit père, cette hypothèque fut inscrite dans les délais de la loi, le 16 janvier 1844 ; que cette inscription ne fut
renouvelée, à la requête et au profit de Vincent Subit fils, que
le 27 juillet 1855 ; mais que s'agissant, dans la cause, d'une
hypothèque légale entièrement inscrite lors de la purge, et non
encore purgée, elle n'était pas assujettie au renouvellement de
son inscription dans les dix ans ; que, dès lors, Subit doit être
alloué conformément à sa demande, et qu'il y a lieu de confirmer la décision des premiers juges ;

Confirme, etc.

Arrêt du 8 août 1857. — 2e chambre. — M. Petit, président ;
M. Gautier, avocat général.—MM. Chollier et Keisser, avoués.
— MM. Mathieu de Ventavon et Louis Michal, avocats.

MARAIS. — DESSÉCHEMENT. — AFFECTATION DES FRANCS-
BORDS DES CANAUX ET DU DROIT DE PÊCHE A L'ENTRETIEN
PERPÉTUEL DES TRAVAUX. — OBLIGATION RÉELLE. —
EXONÉRATION PAR DÉLAISSEMENT, POUR L'AVENIR. — RÉ-
SERVE POUR LE PASSÉ. — COMPÉTENCE.

*Lorsqu'un arrêté préfectoral, sur la soumission des con-
cessionnaires d'un desséchement de marais, a affecté spécialement et hypothécairement les francs-bords des canaux et
le droit de pêche à l'entretien perpétuel des travaux, on
doit voir une obligation réelle et non pas une obligation
personnelle pour le tiers-acquéreur des francs-bords et du
droit de pêche, dans la clause de l'acte de vente par laquelle
le tiers-acquéreur déclare prendre lesdits lieux dans l'état
où ils se trouvent, avec les servitudes actives et passives,*

et notamment à la charge de l'entretien perpétuel des travaux de desséchement, conformément aux titres, desquels il résulte que cette charge est une condition de la concession desdits francs-bords et du droit de pêche.

En conséquence, ce tiers-acquéreur peut s'exonérer pour l'avenir de la charge réelle qui grève les francs-bords et le droit de pêche, en les délaissant.

L'autorité administrative est seule compétente pour décider si, en ce qui concerne le passé, c'est-à-dire le temps antérieur au délaissement, les propriétaires des francs-bords et du droit de pêche ont encouru quelque responsabilité, à raison de l'inexécution des obligations qui leur étaient imposées.

Le syndicat des marais de Cessieu — C. les héritiers du Vivier.

Ensuite d'un devis du 18 décembre 1810, les marais dits de Cessieu ont été concédés par une ordonnance royale en date du 18 septembre 1817 à MM. Vesin et Chatard, à charge de faire les travaux de desséchement indiqués et de faire certains abandonnements aux communes de la Tour-du-Pin, Rochetoirin et autres. Les travaux faits ont été reçus par arrêté du préfet en date du 2 décembre 1818, et les parties intéressées sont entrées en possession de la part leur revenant dans les terrains desséchés.

Ensuite de la soumission de MM. Chatard et Vesin, concessionnaires, en date du 16 avril 1819, un arrêté de M. le préfet, du 1er janvier 1822, affecte spécialement aux charges du desséchement les canaux et francs-bords et en affranchit les autres parties des terrains desséchés. La portée de ces soumission, arrêté et stipulations sont un des points litigieux.

MM. Vesin et Chatard ont ensuite aliéné tout ce qui leur était échu dans les terrains desséchés, entre autres à

MM. Billard, Chevalier et consorts, par acte sous seing privé en date du 24 juin 1822, déposé aux minutes de Me Pey, notaire à Montagnieu, suivant acte du 1er juillet 1822.

Par un autre acte en date du 4 janvier 1839, reçu Me Brun, notaire à Cessieu, il a été vendu à M. Charles-Marie, marquis du Vivier, une certaine partie des marais de Cessieu avec les francs-bords des canaux et droit de pêche; cette vente contient la clause suivante, qui constitue un autre point du litige : « Les biens ci-dessus sont vendus dans l'état « où ils se trouvent, avec leurs servitudes actives et passi- « ves, à la charge d'entretenir perpétuellement les canaux « de desséchement dont il a été ci-devant parlé, conformé- « ment aux titres sus-énoncés, desquels il résulte que cette « charge est une condition de la concession desdits francs- « bords et droit de pêche présentement vendus, à la charge, « en outre, de payer les impositions de toute nature aux- « quelles lesdits biens pourront être assujettis, à partir de « l'époque où ils pourraient être soumis à un impôt. »

Durant cette période et dans la suite, des plaintes se sont élevées de la part des parties et de l'administration au sujet de l'entretien du desséchement; les propriétaires des terrains desséchés se sont organisés en syndicat pour poursuivre l'exécution des travaux. Les héritiers de M. le marquis du Vivier, de leur côté, prétendant que les travaux du des-séchement ne les concernaient qu'à raison de la détention des canaux et de leurs francs-bords, ont fait notifier à l'administration et au syndicat leur déclaration qu'ils délaissaient les canaux et francs-bords; ce délaissement a été refusé par une délibération du syndicat en date du 15 octobre 1852. Par un autre exploit en date du 1er avril 1854, les héritiers de M. le marquis du Vivier ont réitéré leur déclaration de délaissement, qui a été aussi de nouveau refusée, aux termes d'une délibération du 16 mai 1854.

Sur ces actes, les héritiers de M. du Vivier ont assigné le syndicat devant le conseil de préfecture de l'Isère, pour voir homologuer le délaissement par eux déclaré, et les voir décharger de toute obligation en ce qui concerne les travaux du desséchement, et, le 25 août de la même année, le conseil de préfecture a adjugé aux héritiers du Vivier leurs conclusions par un arrêté ainsi conçu :

ARRÊTÉ.

Considérant que les sieurs Vezin et Chatard, ayant exécuté les travaux conformément aux plans adoptés........, avaient dès lors perdu leur qualité de concessionnaires;

Considérant que la charge d'entretien des travaux de desséchement incombait aux propriétaires des terrains desséchés, d'après les termes formels de l'art. 26 de la loi du 16 septembre 1807;

Que les sieurs Chatard et Vezin, ayant acquis des communes intéressées le dixième qui leur était attribué par l'art. 3 de l'ordonnance du 10 septembre 1817, sont demeurés seuls propriétaires des terrains desséchés, et par conséquent, en leur qualité de propriétaires, chargés seuls de l'entretien des travaux de desséchement;

Qu'ainsi les acquéreurs des terrains desséchés et les acquéreurs des francs-bords, quelles que soient les stipulations de leurs actes d'acquisition, sont restés soumis à la charge que la loi imposait à leurs vendeurs.

Sur la nature de la charge d'entretien :

Considérant que la loi du 16 septembre 1807, art. 19, en donnant aux rôles de plus-value, d'indemnité ou de taxe syndicale, la forme des rôles des contributions publiques ; que la loi des 14 et 24 floréal an XI, en disposant, art. 3, que les rôles de répartition des sommes nécessaires au paiement des travaux d'entretien, réparation ou reconstruction, seront dressés sous la surveillance du préfet, rendus exécutoires par lui, et que le recouvrement s'en opérera de la même manière que celui des contributions publiques, ont établi une analogie complète, absolue, entre ces taxes d'entretien et les contributions publiques; que la jurisprudence constante du conseil d'Etat confirme cette interprétation ;

Considérant que ces taxes d'entretien sont des charges *réelles*, attendu qu'elles pèsent non sur la personne du propriétaire, mais sur le fonds possédé, et l'affectent uniquement dans quelques mains qu'il se trouve.

Sur l'arrêté préfectoral du 1er janvier 1822, sur lequel le syndicat se fonde pour faire supporter à perpétuité la charge d'entretien par le possesseur actuel des francs-bords :

Considérant que l'arrêté du 1er janvier 1822 se borne :

1° A accepter l'offre des sieurs Chatard et Vezin d'affecter à 'entretien perpétuel des travaux de desséchement les francs-bords des canaux et le droit de pêche ;

2° A charger les ingénieurs du gouvernement de faire annuellement les plans, devis et détails estimatifs des travaux nécessaires à l'entretien du desséchement, travaux dont l'administration se réserve de passer elle-même l'adjudication ;

3° A stipuler que ces travaux seront payés sur mandats délivrés par l'administration ;

4° A réserver à l'administration la faculté d'affermer les francs-bords, d'en vendre les produits et même le sol, ainsi que le droit de pêche, si elle le juge nécessaire ; défendant de plus aux sieurs Chatard et Vezin d'en vendre eux-mêmes les produits sans son autorisation;

D'où il suit que ledit arrêté n'a fait que limiter à une certaine portion du territoire desséché la charge d'entretien qui, d'après la loi de 1807, pesait sur la totalité des marais, et n'a nullement changé la nature de cette charge.

Sur la question du délaissement des francs-bords et droits de pêche :

Considérant que la loi du 16 septembre 1807, art. 21, dispose : « Les propriétaires auront la faculté de se libérer de l'indemnité par eux due en délaissant une portion relative de fonds, calculée sur le prix de la dernière estimation, etc. » Que la loi du 3 frimaire an VII, art. 66, dispose : « Les particuliers ne pourront s'affranchir de la contribution à laquelle les fonds désignés en l'article précédent (les terres vaines et vagues, les terrains habituellement inondés ou dévastés par les eaux) devraient être soumis, qu'en renonçant à ces propriétés au profit de la commune, etc.; »

Que l'art. 699 du Code Nap. porte : « Dans le cas où le propriétaire des fonds assujettis est chargé par le titre de faire à ses frais les ouvrages nécessaires pour l'usage ou la conservation de la servitude, il peut toujours s'affranchir de la charge en abandonnant le fonds assujetti au propriétaire du fonds auquel la servitude est due; »

Qu'ainsi la loi civile s'accorde avec les lois administratives pour donner au propriétaire d'un fonds grevé d'une charge quelconque la faculté de se libérer de cette charge en délaissant les fonds grevés au propriétaire du fonds auquel la servitude est due, selon la loi civile, et à la partie responsable de la contribution, selon la loi administrative;

Que, dans l'espèce, la partie responsable de la taxe d'entretien pesant sur les francs-bords par suite de l'arrêté réglementaire du 1er janvier 1822, est l'association des propriétaires intéressés au desséchement des marais de Cessieu, d'après la disposition formelle de l'art. 26 de la loi du 16 septembre 1807.

Sur les effets du délaissement :

Considérant que le troisième paragraphe de l'art. 66 de la loi du 3 frimaire an VII est ainsi conçu : « Les cotisations des objets ainsi abandonnés, dans les rôles faits antérieurement à l'abandon, resteront à la charge de l'ancien propriétaire. »

D'où il suit que, si bien les héritiers du Vivier sont libérés de toutes taxes à partir du 13 août 1852, date de leur acte d'abandon, ils n'en restent pas moins chargés du paiement de toutes taxes ou cotisations régulièrement frappées sur les francs-bords avant cette époque.

Sur les actes de vente passés à différentes époques, à divers particuliers par les sieurs Vezin et Chatard :

Considérant que le conseil de préfecture ne peut en connaître.

Par ces motifs, le conseil de préfecture, écartant de la discussion l'appréciation des transactions privées intervenues entre les divers propriétaires des terrains desséchés et des francs-bords, d'une part, et les vendeurs, d'autre part, et leur réservant tous les droits qu'ils prétendent en tirer pour ou contre les sieurs Vezin et Chatard,

Arrête :

Il est donné aux héritiers de M. du Vivier acte de l'abandon des francs-bords et du droit de pêche qu'ils ont fait signifier à M. le préfet du département de l'Isère et à M. le syndic-directeur de l'association syndicale des marais de Cessieu, au profit de ladite association, pour que dudit abandon il résulte, conformément à la loi, libération pleine et entière des charges ou cotisations qui peuvent peser ou pèseront à l'avenir sur lesdits francs-bords abandonnés, et ce, à partir du 13 août 1852, sauf auxdits héritiers du Vivier à acquitter, si fait n'a été, les taxes ou cotisations régulièrement frappées sur lesdits francs-bords, antérieurement à cette époque ; tous droits, quant à ce, demeureront réservés, soit à l'association syndicale, soit aux héritiers du Vivier.

Le syndicat s'étant pourvu devant le conseil d'Etat, un décret rendu le 7 août 1856 a annulé cette décision. Voici le texte du décret.

DÉCRET.

Vu les lois des 14 floréal an XI et 16 septembre 1807 et la loi du 3 frimaire an VII.

Sur le moyen tiré de ce que le conseil de préfecture aurait à tort donné l'interprétation de l'arrêté sus-visé du préfet du département de l'Isère, en date du 1er janvier 1822, sans que cette interprétation lui eût été renvoyée par aucune décision judiciaire :

Considérant que, par l'arrêté dont il s'agit, le préfet a accepté une soumission en date du 6 avril 1819, par laquelle les sieurs Vezin et Chatard, concessionnaires du desséchement des marais de Cessieu et propriétaires de la totalité des terrains desséchés, se sont engagés solidairement à entretenir à perpétuité les travaux de desséchement et tous les ouvrages en maçonnerie exécutés pour ledit desséchement ; — et pour, sûreté de leur engagement, ont affecté spécialement tous les francs-bords des canaux de desséchement et le droit de pêche dans lesdits canaux, sous la condition que le surplus des terrains desséchés, après qu'une hypothèque aurait été prise par l'administration sur les francs-bords, serait entièrement libéré, et qu'il leur serait facultatif de vendre lesdits terrains exempts de toute charge ;

Considérant que les héritiers du sieur du Vivier, propriétaires actuels des francs-bords des canaux et du droit de pêche dans lesdit canaux, — mis en demeure par le préfet d'avoir à exécuter divers travaux nécessaires à l'entretien du desséchement, — ont présenté au conseil de préfecture une réclamation dans laquelle, sans contester la validité de l'arrêté dont s'agit, ils demandaient à être déchargés de l'obligation d'entretenir le desséchement, moyennant l'abandon qu'ils déclaraient faire au syndicat des francs-bords et du droit de pêche ;

Considérant que l'arrêté du préfet, en date du 1er janvier 1822, a eu pour objet de consacrer des arrangements particuliers convenus entre l'administration et les concessionnaires du desséchement des marais de Cessieu, pour assurer la conservation des travaux dudit desséchement, et qu'aux termes de l'art. 27 de la loi du 16 septembre 1807, et de l'art. 4 de la loi du 28 pluviôse an VIII, le conseil de préfecture était compétent pour connaître des difficultés qui pouvaient s'élever sur le sens et l'exécution de cet arrêté.

Sur le moyen tiré de ce que les héritiers du sieur du Vivier seraient personnellement tenus, en vertu dudit arrêté, d'entretenir les travaux de desséchement, et ne pourraient être admis à se libérer de cette obligation en délaissant les francs-bords et le droit de pêche affectés à son exécution :

Considérant que l'arrêté par lequel le préfet a accepté la soumission des sieurs Vezin et Chatard, n'a pu avoir pour effet d'imposer une obligation personnelle aux héritiers du sieur du Vivier, qui avaient acquis desdits sieurs Vezin et Chatard les francs-bords et le droit de pêche ;

Qu'il n'appartient qu'à l'autorité judiciaire de reconnaître quelle est la nature et l'étendue des obligations qui peuvent résulter pour eux de cette acquisition, et de décider, par application des principes du droit civil, s'ils ont pu se libérer desdites obligations par l'abandon de leur propriété au syndicat.

Sur le moyen tiré de ce que les héritiers du sieur du Vivier

n'auraient pu valablement se libérer de la charge d'entretenir le
déssèchement en faisant abandon au syndicat de la propriété
des francs-bords et du droit de pêche, en vertu des articles 65
et 66 de la loi du 3 frimaire an VII :

Considérant que ces articles disposent que les propriétaires
des terres vaines et vagues, de landes et de bruyères, ou de terrains habituellement inondés et dévastés par les eaux, ne peuvent se libérer de la contribution foncière qu'en renonçant à
leur propriété au profit de la commune sur le territoire de laquelle ils sont situés ;

Que ces dispositions ne peuvent, à aucun titre, être invoquées par les héritiers du sieur du Vivier ;

Que, dès lors, c'est à tort que le conseil de préfecture les a
déclarés applicables à l'abandon par eux fait au syndicat.

Sur les conclusions de notre ministre des travaux publics tendantes à ce que, nonobstant l'arrêté précité du préfet, il puisse
être fait application aux propriétaires actuels des terrains desséchés, des dispositions de la loi du 16 septembre 1807, relatives à l'entretien des travaux de desséchement :

Considérant que ledit arrêté, en affectant spécialement à la
dépense d'entretien les francs-bords et le droit de pêche n'a pu
avoir pour effet d'affranchir les propriétaires des autres terrains
desséchés de l'obligation de contribuer à cet entretien, conformément aux articles 25 et 26 de la loi du 16 septembre 1807 ;
mais que cette question n'a pu être soumise au conseil de préfecture, et que nous ne pouvons y statuer par le présent décret
en l'absence des parties intéressées.

Notre conseil d'État au contentieux entendu ,

Avons décrété et décrétons ce qui suit :

Art. 1er. L'arrêté du conseil de préfecture du département de
l'Isère, en date du 25 août 1854, est annulé.

Art. 2. Le surplus des conclusions du syndicat des marais de
Cessieu est rejeté.

Signé : NAPOLÉON.

Par exploit en date du 2 septembre 1856, les héritiers du
Vivier ont assigné le syndicat devant le tribunal de Bourgoin, et ils ont conclu à ce qu'il plût au tribunal :

Sans s'arrêter à aucune des exceptions proposées par le syndic des propriétaires de l'ancien marais de Cessieu, déclarer que le délaissement opéré par les héritiers du Vivier des francs-bords et de droit de pêche acquis par leur auteur, le 4 janvier 1839, suivant l'acte signifié le 12 août 1852, est bien et légalement intervenu; dire, en conséquence, que les héritiers du Vivier sont exonérés de la charge d'entretien des canaux de desséchement des marais dont s'agit, tant pour le passé que pour l'avenir, et qu'ils ne peuvent être tenus par aucune obligation personnelle vis-à-vis le syndicat, ni vis-à-vis les propriétaires intéressés, à raison de cette charge.

En ce qui touche la demande en dommages formée contre eux par le motif de l'état de détérioration dans lequel se trouveraient les ouvrages établis pour le desséchement des marais, ou les francs-bords et le droit de pêche aujourd'hui délaissés, les héritiers du Vivier concluaient à ce qu'il plût au tribunal se déclarer incompétent, *ratione materiæ*, et, dans tous les cas, rejeter cette demande.

Les conclusions pour le syndicat des marais de Cessieu tendaient à ce qu'il plût au tribunal, sans s'arrêter ni avoir égard à aucune exceptions, fins et conclusions des héritiers de M. le marquis du Vivier, déclarer lesdits héritiers non recevables et mal fondés dans le délaissement par eux offert des francs-bords et droit de pêche des canaux de desséchement des marais de Cessieu; dire, en conséquence, qu'ils continueront pour l'avenir à être tenus, comme par le passé, des frais d'entretien dudit desséchement, soit personnellement, soit réellement, à raison de leur détention desdits francs-bords.

Subsidiairement, et au cas où le tribunal croirait devoir accueillir le délaissement offert, dire qu'il ne sera opéré qu'à la condition, par les héritiers du Vivier, de remettre préalablement les francs-bords et les canaux de desséche-

ment dans l'état où ils étaient au moment de la réception
d'œuvre des travaux des desséchement, ou de payer, au
préalable, la somme nécessaire pour les remettre dans l'état
sus-énoncé, suivant les devis et détails estimatifs qui seront
établis par MM. les ingénieurs.

Dire, de plus, que le délaissement ne sera opéré qu'à la
condition de payer une somme égale à la valeur des planta-
tions anciennes, arbres, etc., qui ont été enlevés. Dire aussi
que le délaissement ne peut être admis qu'autant qu'il comprendrait tous les immeubles transmis à M. du Vivier par la
vente du 4 janvier 1839, le tout avec restitution de fruits,
telle que de droit. Et, dans le cas ou la religion du tribunal
ne serait pas en l'état suffisamment éclairé sur la situation
des travaux et francs-bords et les causes qui ont amené
leur dégradation, ordonner que, par experts convenus ou
nommés d'office et qui seront autorisés à prendre voies ins-
tructives, il sera fait un rapport sur cette situation et les
causes qui l'ont amenée, pour être ultérieurement statué ce
qu'il appartiendra, dépens réservés. Dans tous les cas, dès
à présent, dire et prononcer que dans le cas où, par un
motif quelconque, le syndicat des marais de Cessieu se trouverait obligé de faire les travaux de desséchement et d'entretien desdits marais, à défaut par les héritiers Duvivier
de les exécuter, il conservera son recours complet et entier
contre les héritiers du Vivier. — Donner acte au syndicat de
tous autres plus amples droits et actions.

Le 34 juillet 1857, le tribunal a rendu le jugement suivant :

Attendu que l'interprétation des engagements contractés par
Vezin et Chatard envers l'administration, ensuite du décret
de concession de desséchement des marais de Cessieu et des
actes qui ont suivi, par conséquent la décision du point de

savoir si Vezin et Chatard étaient engagés personnellement ou seulement en tant que détenteurs des terrains desséchés, appartient à l'autorité administrative seule;

Attendu que le tribunal civil n'a à juger que le point de savoir si, au regard des détenteurs des terrains desséchés, autres que les francs-bords et le droit de pêche, constitués régulièrement en syndicat, et représentés au procès par leur syndic, les héritiers du Vivier, possesseurs actuels des francs-bords et du droit de pêche affectés spécialement à l'entretien des travaux de desséchement, auraient contracté une obligation personnelle par suite de quelque clause insérée dans les actes qui ont fait passer ladite propriété de Vezin et Chatard sur leur tête;

Attendu que l'acte de vente du 15 novembre 1829, enregistré, qui a transmis la propriété des francs-bords et droit de pêche dont il s'agit de Vezin à Chaîne, de même que l'acte du 4 janvier 1839, également enregistré, qui a transmis cette même propriété de Chaîne au marquis du Vivier, disent l'un et l'autre « que la vente est faite, à la charge par l'acquéreur « qui s'y oblige : 1° de prendre lesdits biens dans l'état où ils « se trouvent, avec les servitudes actives et passives qui peu- « vent y être attachées, et notamment à la charge de l'entre- « tien perpétuel des canaux de desséchement dont il a été ci- « devant parlé, conformément aux titres ci-dessus énoncés « desquels il résulte que cette charge est une condition de la « concession desdits francs-bords et droit de pêche présente- « ment vendus; »

Attendu que ces termes, qui représentent la charge de l'entretien des travaux de desséchement comme une servitude attachée à la chose vendue, excluent la pensée que les parties contractantes aient voulu en faire une obligation personnelle.

Attendu, d'ailleurs, que dans ces actes ne sont pas même mentionnés la soumission du 6 avril 1819, et l'arrêté préfectoral du 1er janvier 1822, que le syndicat invoque comme ayant donné naissance à l'obligation personnelle; que les seuls titres, en effet, auxquels on se réfère dans les deux actes de vente dont s'agit et qui y sont énoncés, sont l'ordonnance du 17 septembre 1817, portant concession à Vezin et Chatard, par moitié entre eux, et le procès-verbal d'adjudication de la moitié du sieur Chatard au profit de Vezin, à la date du 28 août 1822, desquels actes il ne pouvait résulter pour les concessionnaires, en leur qualité de détenteurs de tout ou partie des terrains desséchés, qu'une charge grevant chaque parcelle des marais desséchés, pour l'entretien de ces travaux de desséchement, aux termes de l'article 26 de la loi du 16 septembre 1807, et comme l'ont très-bien établi dans leurs considérants et l'arrêté préfectorale du 25 août 1854 et le décret du conseil d'Etat du 4 juillet 1856 ;

Attendu, en conséquence, que lors même que Vezin et Chatard auraient, soit par leur soumission du 6 avril 1819, soit par les termes des ventes qu'ils ont passées des terrains desséchés, autres que les francs-bords et droit de pêche, contracté vis à vis des acquéreurs une obligation personnelle d'entretenir à perpétuité les travaux de desséchement, ce que le tribunal n'a pas à juger, puisque les héritiers ou représentants à titre universel des vendeurs ne sont pas en cause, il est certain que cette obligation personnelle n'a pas été transmise aux acquéreurs des francs-bords et droit de pêche et n'a pas été acceptée par eux ;

Attendu que l'obligation contractée, soit par Chaîne, soit par du Vivier, n'a été que la charge particulièrement concentrée sur les francs-bords et droit de pêche, et garantie par une hypothèque, d'entretenir à perpétuité le desséchement des marais, laquelle charge, conformément à l'article 26 de la loi du 16 septembre 1807, grevait au prorata toutes les parcelles des terrains desséchés, que cette concentration ne devait pas changer la nature de la charge ;

Qu'à la considérer sous le rapport administratif, cette charge a été déclarée réelle comme taxe d'entretien, et pesant, non sur la personne, mais sur le fonds possédé, et l'affectant uniquement dans quelques mains qu'il se trouve, par l'arrêté du conseil de préfecture du 25 avril 1854, qui sur ce point n'a pas été réformé par le décret du conseil d'Etat;

Qu'au point de vue du droit civil, elle doit être considérée comme une servitude pesant sur chaque terrain desséché au profit des autres terrains desséchés ;

Qu'aux termes de l'article 699 du Code Napoléon, le propriétaire du fonds assujetti, chargé par son titre de faire à ses frais les ouvrages nécessaires pour l'usage ou la conservation de la servitude, peut toujour s'affranchir de la charge en abandonnant le fonds assujetti au propriétaire du fonds auquel la servitude est due ;

Attendu, en conséquence, que les héritiers du Vivier, par l'abandon des francs-bords et du droit de pêche, dans lequel ils persistent, sont déchargés de l'obligation d'entretenir à perpétuité les travaux de desséchement des anciens marais de Cessieu.

En ce qui concerne l'étendue de leur abandon :

Attendu que du Vivier a pris les terrains qui ont été transmis par Chaine, ensuite de l'acte d'acquisition du 4 janvier 1839, avec les servitudes actives et passives qui y sont attachées et qui résultent des différents titres qui ont constitué la propriété de ces terrains sur la tête de Chaîne, de Vezin et de Chatard.

Que, suivant ces titres, la pièce de terre d'un hectare cinquante-un ares comprise dans son acquisition et formant la moitié du lot dans les marais qui avait été adjugée à la commune de Saint-Victor de Cessieu, et qui fut vendue aux sieurs Garnier (Gaspard) et François-Auguste Millon, par procès-verbal du 13 décembre 1825, n'était grevée, aux termes de la loi de 1807, que proportionnellement et concurremment avec tous les autres terrains desséchés de l'entretien des canaux; que la charge semblable qui pesait sur les francs-bords et droit de pêche, également achetés dans ce même acte, était plus étroite et plus onéreuse, en ce sens que l'administration n'était en droit de s'adresser aux propriétaires des autres terrains desséchés qu'après la discussion entière de la valeur des francs-bords et des droits de pêche; que des charges distinctes pesaient ainsi sur les différents droits de propriété qui ont été transmis à du Vivier; que leurs représentants sont maîtres de l'étendue de leur abandon, à la condition toutefois de n'être déchargés que des obligations corrélatives aux droits qu'ils abandonnent; qu'en conservant la pièce de terre d'un hectare cinquante-un ares ils restent soumis proportionnellement à la valeur de cette terre, concurremment avec tous les autres propriétaires des terrains desséchés, à l'entretien du desséchement.

Au sujet des charges antérieures à l'acte d'abandon des héritiers du Vivier et que l'on dit n'avoir pas été acquittées par eux ,

Attendu que, sommés et mis en demeure par l'arrêté préfectorale du 27 mai 1852, d'avoir à rétablir, en vertu de leur obligation, les travaux de desséchement des marais dont s'agit, les héritiers du Vivier ont notifié, le 9 août suivant, au syndic provisoire, à M. le préfet, leur abandon des francs-bords et du droit de pêche et leur intention de se décharger de l'obligation qui résultait de cette détention ;

Attendu qu'aucune disposition légale n'astreint le propriétaire du fonds servant qui abandonne, à faire préalablement les frais d'entretien ou de rétablissement de la servitude, et que ceci, dans la plupart des cas, rendrait même illusoire le bénéfice de la loi ;

Attendu dans l'espèce que, conformément à la soumission de Vezin et Chatard de 1819 et à l'arrêté préfectoral du 1er janvier 1822, les possesseurs des francs-bords ne pouvaient vendre les produits que sur l'autorisation de l'administration, laquelle ne devait être donnée qu'autant qu'il serait jugé que le bon état des travaux pourrait le permettre.

Que si, contrairement à cette clause, du Vivier ou ses héritiers avaient opéré des coupements d'arbres de nature à diminuer la valeur des francs-bords, ainsi qu'il est allégué, ils seraient responsables de cette détérioration ; mais que cette appréciation étant la conséquence d'un acte administratif et relevant, d'autre part, de la surveillance que l'administration a eu à exercer, appartient exclusivement à l'autorité administrative.

Par ces motifs, le tribunal jugeant en matière ordinaire et en premier ressort, ouï le ministère public en ses conclusions, sans s'arrêter à aucune des exceptions proposées par MM. les syndics des propriétaires intéressés dans l'ancien marais de Cessieu, déclare que le délaissement opéré par les héritiers du Vivier des francs-bords et du droit de pêche acquis par leur auteur, le 4 janvier 1839, suivant l'acte signifié le 13 août 1852, est bien et légalement intervenu ; dit, en conséquence, que les héritiers du Vivier sont exonérés de la charge d'entretien des canaux de desséchement du marais, tant pour le passé que pour l'avenir, résultant de l'acte de soumission de 1819 et de l'arrêté préfectoral du 1er janvier 1822, dit qu'ils restent néanmoins tenus des mêmes obligations que tous les autres possesseurs des terrains desséchés, à raison de leur détention qu'ils entendent continuer de la pièce de terre d'un hectare cinquant-un ares, comprise avec les francs-bords et le droit de pêche dans l'acte d'acquisition du 4 janvier 1839 ;

Se déclare incompétent pour statuer sur les dommages-intérêts réclamés contre les héritiers du Vivier pour détériorations causées aux immeubles par eux délaissés ;

Condamne le syndicat des marais de Cessieu en tous les dépens.

Le syndicat a appelé de ce jugement.

ARRÊT.

Attendu que le conseil d'État, par un décret du 7 août 1856, ayant formellement reconnu que l'arrêté de 1822, par lequel le préfet de l'Isère avait accepté la soumission de Vezin et Chatard n'avait pu avoir pour effet d'imposer une obligation personnelle aux héritiers du Vivier qui avaient acquis des sieurs Vezin et Chatard les francs-bords et le droit de pêche, à moins que cette obligation ne résultât des stipulations particulières des actes, ce qui ne pouvait être apprécié que par l'autorité judiciaire, il s'ensuit que la mission réservée à la Cour consiste uniquement à rechercher si, dans les actes privés intervenus entre le marquis du Vivier, Chaine, Vezin et Chatard, il n'aurait pas été inséré des stipulations tendant à changer la nature réelle de cette charge, et à en faire une obligation personnelle ;

Attendu qu'il ne résulte, ni explicitement, ni implicitement, des clauses et conditions stipulées dans les contrats d'acquisition passés à Chaine et du Vivier, que Vezin et Chatard leur aient imposé l'obligation personnelle d'entretenir les canaux de desséchement, ni qu'ils se soient soumis à d'autres engagements que ceux dérivant de l'arrêté du 1er janvier 1822 ;

Attendu que si Vezin et Chatard ont contracté des engagements personnels de garantie vis-à-vis des acquéreurs à qui ils ont cédé la plus grande partie des marais, ce que la Cour n'a pas a examiner, dès qu'ils ne sont pas en cause, il est certain, par tous les documents au procès, qu'ils n'ont jamais donné connaissance de ces engagements ni à Chaîne, ni à du Vivier, que dès-lors ceux-ci ne sauraient être tenus de les relever de cette garantie vis-à-vis du syndicat; d'où la conséquence qu'aucune charge personnelle ne pesant sur la tête des héritiers du Vivier, ils ont pu se libérer des travaux d'entretien auxquels ils étaient soumis par l'abandon de leur propriété au syndicat ;

Attendu toutefois que si, par suite du délaissement des francbords et du droit de pêche, les héritiers du Vivier doivent être exonérés de toutes charges d'entretien pour l'avenir et à partir de l'époque où ils ont légalement manifesté cette intention, la Cour, en reconnaissant dès à présent la validité du délaissement, n'entend pas les libérer de toute responsabilité pour le temps antérieur, notamment quant au point de savoir s'ils ont exécuté avant le délaissement les travaux prescrits soit à eux, soit à leur auteur, ou s'ils peuvent encore être tenus de quelque obligation de ce chef, qu'elle n'entend pas mieux les décharger de la responsabilité à laquelle ils peuvent être soumis dans le cas où ils auraient détérioré ou négligé la propriété des francsbords qui servait de gage aux possesseurs des autres parties du marais; mais que l'appréciation de ces questions et la connaissance des difficultés auxquelles elles peuvent donner lieu, rentrant dans les attributions de l'autorité administrative, la Cour doit se borner à réserver tous les droits des parties, sauf à elles à les faire valoir devant qui de droit, ainsi et comme elles aviseront.

La Cour, par ces motifs, et adoptant au surplus ceux du jugement dont est appel en ce qui concerne la pièce de terre d'un hectare cinquante-un ares, comprise dans la vente passée au marquis du Vivier et qui ne fait pas partie des francs-bords ; ouï M. Alméras-Latour, premier avocat général, en ses conclusions, sans s'arrêter à l'appel émis par le syndicat des marais de Cessieu, envers le jugement rendu par le tribunal civil de Bourgoin le 31 juillet 1857, confirme ledit jugement et condamne Mathieu Durand, en sa qualité de syndic-directeur, à l'amende et aux dépens, sous réserve toutefois au syndicat des marais de Cessieu de faire valoir devant l'autorité compétente tous les droits qu'il peut avoir à exercer contre les héritiers du Vivier, pour l'inaccomplissement des conditions qui leur étaient imposées par leurs titres d'acquisition, antérieurement à la signification par eux faite le 13 août 1852, ainsi que pour les détériorations ou abus de jouissance qui auraient pu être commis sur la propriété des francs-bords, défenses contraires réservées.

Arrêt du 9 juillet 1858. — 4e chambre. M. Petit, président; M. Alméras-Latour, premier avocat général. — MM. Chollier et Rabatel, avoués. — MM. Bovier-Lapierre, Fochier, du barreau de Bourgoin, Burdet, Mathieu de Ventavon, Cantel, avocats.

SOCIÉTÉ. — PARTAGE. — ATTRIBUTIONS DE CRÉANCES. — GARANTIE. — FAUTE. — NÉGLIGENCE.

I. — *Lors même que la garantie entre copartageants doit s'étendre, d'après la convention, non seulement à la solvabilité actuelle, mais encore à la solvabilité future des débiteurs, cette garantie toutefois ne peut s'exercer qu'à la double condition : 1° que tous les moyens de se faire payer auront été épuisés par le copartageant; 2° qu'il n'y aura eu ni faute ni négligence de sa part.*

II. — *Les poursuites que doit faire le copartageant pour n'être pas en faute, doivent s'étendre non seulement aux débiteurs directs des créances qui ont été mises dans son lot, mais encore à tous les garants ou cautions de la dette.*

En un mot, il doit discuter, avant de pouvoir revenir contre les autres copartageants, toutes les valeurs mobilières ou immobilières qui garantissent le paiement des créances à lui attribuées.

Chanrond — C. Commandeur (1).

---

(1) Nous rapportons ce débat judiciaire, quoique le fait semble y absorber le droit. Il offre un véritable intérêt juridique, et le lecteur attentif y trouvera de précieux enseignements.

Le 7 janvier 1830, une association verbale eut lieu entre MM. Chanrond et René Commandeur, pour la revente des domaines, dans la proportion des trois quarts pour le premier, qui devait fournir les fonds, et avoir sur sa tête les procurations pour revendre.

Le 21 juin 1832, selon un acte privé, les sieurs Dumas père et Gabriel Dumas fils vendirent à Commandeur le domaine de Champagneux, en Savoie, selon sa contenance au parcellaire, dont l'acte énonça les numéros. La vente qui contenait, en outre, une rente au capital de 1,000 fr. due par un sieur Bonnard, fut passée au prix de 34.600 fr. — Commandeur paya comptant 4,600 fr. en effets à ordre. Les 30,000 fr. devaient être payés en cinq ou six ans par moitié, et les intérêts devaient l'être à Gabriel Dumas fils, donataire de son père en contrat de mariage.

Le même jour, les Dumas passent à Commandeur une procuration notariée pour revendre.

En juillet les reventes se font, elles produisent 40,589 fr.. ce qui donne un bénéfice de 5,458 fr. pour lesquels les acquéreurs font des billets en dehors des actes, avec des termes de cinq années. Toutefois les 5,458 fr. ainsi que 10,000 fr., partie du prix dû par la Dlle Lacroix, l'un des sous-acquéreurs, sont stipulés payables à réquisition, dès que les inscriptions existantes sur Dumas auront été levées et qu'il aura été fourni emploi à raison de la dot de la dame Gabriel Dumas, conditions qui étaient, au surplus, communes également aux prix énoncés dans les actes notariés.

D'autre part, Commandeur avait à exiger sur les 34,600 fr. le remboursement des 4,600 fr. qu'il avait payés comptant. De plus, il avait manqué au domaine une parcelle que les Dumas avaient aliénée peu auparavant au profit d'un tiers, et à raison de quoi, il était dû par eux une indemnité évaluée à 4,000 fr., mais pour laquelle Commandeur ne se fit pas faire de reconnaissance écrite.

Cette opération ayant été admise comme sociale, M. Chan-rond fournit pour payer les 4,600 fr. des effets Commandeur. Dans un règlement entre les associés, du 31 décembre 1832 et signés par eux, on énonce à l'actif ces 4,600 fr. ainsi que 4,000 fr., indemnité consentie, est-il dit, pour le déficit de contenance.

Par convention de liquidation du 23 avril 1833, les bénéfices furent réglés d'après l'ensemble des opérations. Chacun des associés reçut en paiement de sa part diverses valeurs sociales; spécialement Commandeur fut payé par « la ces-« sion à son profit de tout le bénéfice obtenu par la revente « de Champagneux, arrivant à 10,820 fr. 40 cent. (y com-« pris les 4,000 fr. du déficit de contenance) et de 4,683 fr. « montant des effets... acquittés par M. Chanrond qui les « a rendus à M. Commandeur...

« Et, au moyen de tout ce que dessus, les soussignés se « garantissent mutuellement la quotité résultant des divers « comptes, etc. »

Demeurant néanmoins, Commandeur responsable pour sa part sociale des différences qui pourraient survenir dans le prix de la vente Giroud qui reste à Chanrond, « comme aussi « M. Chanrond lui garantit l'intégralité des trois quarts « des créances cédées sur le domaine de Champagneux. »

Depuis lors, diverses instances se sont agitées entre Commandeur et les Dumas. Ses acquéreurs versaient leurs inté-rêts aux mains de Me Bidal, notaire, de qui Commandeur les recevait.

Le 25 août 1834, Dumas fils avait obtenu du juge-mage de les retirer lui-même. En 1835, Commandeur en avait fait saisie-arrêt, et il avait appelé Dumas père pour être con-damné à faire cesser l'obstacle naissant des inscriptions, sinon à lui payer les sommes qu'à ce défaut il ne pouvait retirer des acquéreurs.

Un jugement du 9 août 1836 ordonna que 1,500 fr. sur les

intérêts seraient payés à la femme Dumas fils, à raison de sa dot, et que Commandeur retirerait le surplus ; il ordonna un plus amplement contesté à l'égard du père, attendu qu'il n'avait pas encore défendu à la demande.

Le 13 septembre 1836, Chanrond assigne Commandeur à Bourgoin en paiement d'une somme qu'il soutient lui être due à l'occasion d'une affaire Repellin, l'une des opérations de la société.

Le 16 octobre 1837, Dumas père fit donation à Louis Dumas, son second fils, de tous ses biens, sous réserve du quart déjà donné à l'aîné Gabriel en 1820, et d'une pension de 400 fr. pour lui, et à la charge de payer ses créanciers énoncés dans l'acte.

En 1839, Chanrond reprend l'instance de Bourgoin, Commandeur y fait une reconvention pour plusieurs chefs. Notamment, il demande les trois quarts de 15,503 fr. à lui cédés par la convention du 23 avril 1833 sur le domaine de Champagneux, et dont il dit n'avoir pas été payé. La reconvention, quant à ce chef, fut admise par jugement du 25 août 1841. Chanrond en fit appel.

Durant ces instances, la demoiselle Lacroix, devenue femme Turnon, l'un des sous-acquéreurs de 1832, avait fait ouvrir un ordre. Un arrêt du 1er juillet 1843 réforma ; il condamna au principal Commandeur à payer 10,000 fr. à Chanrond, et sur la reconvention déclara Commandeur non recevable en l'état.

Depuis lors, ce dernier lia à Chambéry d'autres instances contre les Dumas, et suivit les débats de l'ordre en Savoie. Pour les acquéreurs autres que la dame Turnon, un second ordre s'ouvrit en 1851. Divers contredits furent élevés. Par un acte extrajudiciaire du 19 juillet 1854, Commandeur interpella Chanrond d'intervenir, si bon lui semblait. Le 31 du même mois, un jugement statua sur certains contredits, et rendit une décision préparatoire pour d'autres. Commandeur

appela, et devant la Cour, il prit des conclusions contre les
frères Dumas pour les faire condamner à lui payer ce dont
il serait en perte dans l'ordre; mais un arrêt du 6 août
1855 confirma le jugement, et sur la garantie il déclara
Commandeur non recevable pour n'y avoir pas conclu en
première instance.

En cet état, par exploit du 14 août 1856, les héritiers du
sieur Commandeur firent assigner M. Chanrond en paiement
de 11,627 fr., formant les trois quarts de ce qu'ils n'avaient
pu retirer de Champagneux, plus les intérêts depuis 1833
et 6,800 fr. pour frais, sur quoi ils offraient d'imputer
4,903 fr., intérêts reçus des sous-acquéreurs.

L'instance se lia, et M. Chanrond reconvint, de son côté,
pour les pertes qu'il avait éprouvées sur les créances de son
lot.

Le 28 août 1857, un jugement contradictoire du tribunal
de Grenoble a statué en ces termes sur les demandes respectives :

Attendu qu'il intervint en 1830, entre Chanrond et Commandeur, une société pour l'achat et la revente des immeubles,
dans laquelle Chanrond devait avoir les trois quarts et Commandeur un quart des bénéfices;

Attendu qu'en juin 1832, Commandeur a acheté pour la Société un domaine situé à Champagneux, en Savoie, appartenant
au sieur Dumas et au sieur Gabriel Dumas fils, au prix de
34,600 livres neuves de Piémont, à employer en acquisition
d'immeubles pour couvrir la dot de la femme Dumas fils, hypothéquée sur le domaine ; que 4,600 livres furent payées comptant en billets souscrits par Commandeur, et acquittés par Chanrond, chargé de payer les acquisitions de la société ; qu'un délai
de cinq à six ans fut accordé pour le surplus du prix, et qu'il fut
stipulé que les prix de revente seraient délégués aux vendeurs;

Attendu que, pour l'exécution de ces accords, les sieurs Dumas passèrent procuration irrévocable à Commandeur de vendre

le domaine à un prix qui ne serait pas inférieur à 34,600 **livres**
et de recevoir ce qui excéderait 30,000 livres, sommes qu'ils se
réservaient de toucher eux-mêmes et qui, avec les 4,600 livres
déjà reçues, complétaient le prix de la vente ;

Attendu que Commandeur a, le 20 juillet suivant, procédé à
la revente du domaine de Champagneux ; que le prix total des
ventes partielles s'élève à 41,589 livres 15 cent. ; que 34,600 livres (chiffre exact, 35,017 liv. 50 cent·) furent portés dans les
actes et le surplus dans les billets souscrits à Commandeur ;

Attendu qu'indépendamment de ce bénéfice, Commandeur
avait à réclamer des sieurs Dumas 4,000 *livres* pour un déficit
de contenance, ce qui portait, déduction faite de quelques frais,
le bénéfice de coopération à 10,822 liv. 40 ;

Attendu que ces divers actes de Commandeur ont été ratifiés
par Chanrond, qui a approuvé un arrêté de compte qui constate
et en détermine le résultat ;

Attendu que le 23 avril 1833, Chanrond et Commandeur ont
liquidé leur société et fixé à *trente-sept mille deux cent cinq*
francs nonante-neuf centimes la part des bénéfices de Commandeur ; que, pour l'en remplir, il lui fut délivré, entre autres
valeurs, les 10,820 fr. 40 cent., formant le bénéfice sur
Champagneux, 4,683 fr. 20 cent., capital et intérêts des billets
souscrits aux sieurs Dumas par Commandeur et à recouvrer sur
les acquéreurs ;

Attendu que les associés déclarèrent ensuite qu'ils se garantissaient mutuellement la quotité résultant de leurs divers comptes ; que Commandeur demeurerait principalement responsable
des différences qui pourraient survenir dans les prix de vente
attribués à Chanrond, comme aussi Chanrond garantissait à
Commandeur l'intégralité des trois quarts des créances cédées
sur le domaine de Champagneux ;

Attendu que les termes de cette garantie, étendus aux diffé-
rends qui pourraient survenir, ne laissent aucun doute sur l'in
tention des parties, qui ont évidemment voulu garantir les différences entre les sommes portées au règlement et celles recou-
vrées: qu'il s'agissait d'ailleurs d'un partage où la règle est
l'égalité des lots et la garantie de cette égalité ;

Attendu, enfin, que la Cour de Grenoble, par son arrêt du
1er juillet 1843, a jugé la question entre les parties et décidé

qu'il résultait des accords de 1833 que Commandeur était chargé de recouvrer la créance sur le domaine de Champagneux, et que, dans le cas où il serait reconnu qu'elle était *irrécouvrable*, Chanrond était tenu de garantir Commandeur de la somme qu'il n'aurait pu recouvrer.

Attendu qu'après l'expiration du terme qui leur était accordé pour se libérer, c'est-à-dire en 1840 et 1841, les acquéreurs ont fait ouvrir des ordres où ils ont mis en distribution, non-seulement les 34,600 livres portées aux actes publics, mais l'excédant porté aux billets souscrits à Commandeur; que la totalité a été absorbée par les créanciers hypothécaires, notamment par la femme, de Dumas fils, dont les reprises ont été liquidées 30,629 fr. 48 cent.; que Commandeur, après avoir vainement contesté dans les ordres, ne put exercer aucun recours contre Dumas père, qui, dès lors, le 16 octobre 1837, avait donné tous ses biens à son fils Jean-Louis; qu'il suit de là que la condition de la garantie est accomplie;

Attendu que Chanrond allègue vainement que Jean-Louis Dumas, donataire à titre universel de son père, est tenu des dettes de celui, et que Commandeur a contre lui une action qu'il doit exercer; que cette action est évidemment litigieuse et que l'intention des parties, en 1833, n'a pas été de se partager à titre de bénéfice des actions de cette nature, mais des valeurs alors considérées comme certaines; que si Commandeur avait intenté seul cette action et y avait succombé, Chanrond se refuserait peut être à lui rembourser sa part des dépens, en alléguant qu'il a plaidé témérairement; qu'en conséquence, si un procès doit être fait à Dumas fils, il doit l'être par les deux associés réunis;

Attendu que Chanrond allègue encore vainement que Commandeur aurait pu poursuivre les acquéreurs pour se faire payer les billets par eux souscrits; contraindre les Dumas à faire radier les inscriptions et à faire un emploi, afin de mettre les acquéreurs en mesure de se libérer; empêcher Dumas père de faire la donation qui a eu pour conséquence de faire payer tous les créanciers par le domaine de Champagneux; qu'il aurait dû encore percevoir les intérêts des prix dus par les acquéreurs et se payer par ce moyen;

Attendu que Commandeur ne pouvait demander aux acquéreurs les 4,600 fr. qu'il était autorisé à toucher sur les prix portés aux actes publics avant le terme accordé par les actes; que si les billets souscrits par les acquéreurs pour l'excédant de 34,600 fr. étaient à courte échéance, ceux-ci ne pouvaient néanmoins être tenus de les payer avant la radiation des hypothèques et l'emploi promis par les Dumas;

Attendu que les Dumas ne pouvaient être contraints à faire emploi de la dot de la femme Dumas ni à faire rayer les inscriptions d'hypothèques avant l'époque où les acquéreurs devaient payer leur prix; qu'ainsi, pour ces deux sommes, Commandeur était sans action, soit contre les acquéreurs, soit contre les sieurs Dumas;

Attendu que son droit a une indemnité pour déficit de contenance résultait des conventions intervenues entre les Dumas et lui; mais que la législation de Savoie ne donne valeur qu'aux ventes rédigées en acte publics et ne reconnaît pas celles par conventions verbales ou sous seing privé; qu'en cet état, ayant les mains liées, il devait d'autant plus naturellement, pour se faire payer, attendre la liquidation de l'opération, que les Dumas affirmaient que les inscriptions existantes sur leurs immeubles n'étaient pas sérieuses;

Attendu que Commandeur n'avait aucun moyen d'empêcher la donation du 16 octobre 1837, faite selon toute vraisemblance à son insu; qu'elle a eu lieu à peine quatre mois après l'époque où les prix étaient exigibles, et qu'aucune diligence n'aurait pu, dans un si court intervalle, obliger les Dumas à faire un emploi et à faire rayer les inscriptions, ni les acquéreurs à se libérer;

Attendu que Commandeur, à qui sa procuration ne donnait pas pouvoir de recevoir 30,000 fr. sur le prix des ventes, n'avait pas pouvoir pour toucher les intérêts de cette somme; qu'il a toutefois tenté de se faire payer les intérêts dus par les acquéreurs; que Gabriel Dumas fils, usufruitier du domaine, s'y est opposé; mais que Commandeur pouvait toucher les intérêts de l'excédant et qu'il en doit compte;

Attendu que Commandeur a toutefois reçu diverses sommes, notamment le prix du rachat d'une rente, quelques intérêts; que, d'un autre côté, il a soutenu de nombreuses instances et a droit de répéter les frais et dépens dont il justifiera;

Attendu que Chanrond allègue de son côté avoir éprouvé des

pertes dans l'opération faite avec les frères Giroud de la Bâtie-Montgascon, dont le bénéfice lui a été cédé par le règlement de compte de 1833.

Attendu qu'il suit de là qu'il y a lieu de faire un compte, mais que le tribunal n'a pas les éléments nécessaires pour y procéder.

Par ces motifs, le tribunal, ouï M. Villars, substitut du procureur impérial, en ses conclusions, dit que Chanrond doit tenir compte à Commandeur, avec intérêts depuis 1833, des trois quarts des pertes par lui éprouvées sur les 15,703 fr. 60 cent. à lui attribués sur le domaine de Champagneux, des frais par lui faits dans diverses instances pour parvenir au recouvrement de sa créance et dont il justifiera, et porter à son passif toutes les sommes par lui reçues et tous les intérêts des sommes excédant 30,000 fr., jusqu'à l'ouverture du deuxième ordre Dumas, qu'il a touchées ou aurait dû toucher ; que Commandeur doit tenir compte à Chanrond de la même manière et dans la proportion indiquée au règlement de 1833, des pertes éprouvées par ce dernier sur la vente passée aux frères Giroud de la Bâtie-Montgascon et de toutes imputations justifiées; renvoie les parties devant Me   notaire, pour procéder auxdits comptes, réserve les dépens.

M. Chanrond a interjeté appel de cette décision.

Dans un mémoire imprimé, Me Denantes s'exprime ainsi, en droit, sur la question de garantie :

« Nous consentons à admettre que Commandeur puisse invoquer une double garantie, celle du *copartageant* et celle du *cessionnaire*, et l'on va voir qu'*en droit* les principes qui régissent ces deux garanties conduisent au même résultat.

« Si nous examinons, en effet, les règles sur la garantie en matière de *partage*, nous voyons que cette garantie formulée par l'art. 884 du Code Napoléon, pour le cas d'*éviction*, et qui, d'après tous les auteurs, s'applique aux *créances* comme aux *immeubles* qui ont été mis dans le lot des copartageants, nous voyons, disons-nous, que cette garantie *cesse* d'après le même art. 884, *si c'est par sa faute que le copartageant souffre l'éviction*, ou, ce qui est la même chose, ne peut parvenir à être payé de la créance qui lui a été attribuée.

« Si nous recourons maintenant aux textes de lois sur la garantie en matière de *cession*, nous trouvons que, d'après l'article 1695 du Code Napoléon, la garantie de la solvabilité du débiteur ne s'entend que de la solvabilité *actuelle*, s'il n'y a stipulation contraire.

« De là, il ressort clairement que la garantie doit cesser si le défaut de paiement provient, soit du fait, soit de la négligence du cessionnaire ; si, en un mot, on prouve que le débiteur cédé était solvable à l'époque du transport, ou tout au moins à l'époque où le cessionnaire avait la faculté d'agir ou de prendre des sûretés.

« Sur ce point, les autorités sont unanimes.

« M. *Duport-Lavillette*, v° *Garantie*, pag. 13 et suiv., s'attache à démontrer que le cessionnaire, à l'égard du cédant, est obligé à une plus grande surveillance et à une plus grande responsabilité que le créancier envers la caution.

« Une fois, dit-il, que la cession est faite et notifiée, la
« créance cédée appartient au cessionnaire seul ; c'est lui
« seul qui, étant nanti des titres de la créance, peut prendre
« les mesures conservatoires sur les biens du débiteur....
« S'il a maintenu la dette bonne et exigible et le débiteur
« solvable, il ne doit de garantie qu'à raison de la solva-
« bilité *à l'époque de la cession* ; tous les événements futurs
« sont à la charge du cessionnaire. Il ne peut pas opposer
« au cédant que ce dernier aurait pu aussi prendre des me-
« sures conservatoires, et que, s'il les a négligées, il n'a
« pas le droit de se plaindre de ce que le cessionnaire a été
« aussi négligent que lui, parce que le cédant n'étant plus
« maître de la créance et n'en ayant plus les titres en son
« pouvoir, doit naturellement n'y plus penser et laisser au

« cessionnaire le soin de se faire payer de ce qui n'appar-
« tient qu'à lui. Le cédant n'a plus même d'action directe
« contre le débiteur. Tous ses droits ont passé sur la tête
« du cessionnaire, qui doit seul les exercer. Ce cessionnaire
« réunit à la qualité de propriétaire de la créance, celle de
« *mandataire* du cédant, et le mandataire est toujours res-
« ponsable des pertes qui proviennent de sa faute et de sa
« négligence ; et on considère même comme un dol du man-
« dataire quand il n'a pas voulu faire les poursuites qu'il
« pouvait faire, ou qu'il n'a pas exigé ce qu'il pouvait exi-
« ger. *L. 44. ff. mandati.*

« *M. Duport* invoque, dans ce sens, tous les auteurs qui
ont écrit sur la matière.

« *M. Troplong,* sur l'art. 1695, n° 940, reproduit presque
dans les mêmes termes la doctrine de M. Duport, qu'il confirme par l'autorité de *Loyseau* et *Pothier*; puis il ajoute :

« Le cessionnaire *n'est-il pas obligé de faire la discussion*
« *du débiteur et des cautions?* N'est-il pas chargé de faire
« vendre les biens de ces derniers, avant de recourir sur le
« cédant? Eh bien! il doit, à plus forte raison, faire tous les
« actes conservatoires, qui sont bien moins pénibles qu'une
« discussion, et il se trompe sur sa position quand il s'ima-
« gine que c'est le cédant qui doit prendre l'initiative de ces
« diligences. »

« Suit une longue discussion qui tend à établir que la
négligence ou la simple *omission,* aussi bien qu'un fait positif, suffit pour faire encourir au cessionnaire la responsabilité du sort de la créance.

« Même doctrine dans *Delvincourt* et *Duranton. M. Duvergier,* sur la *vente,* tome 2, p. 345 et suiv., professe les
mêmes doctrines ; il ajoute seulement :

« Lorsque la créance n'est point échue au moment de la
« cession, mais que l'époque de l'exigibilité est fixée, la
« garantie se réfère au temps auquel le cessionnaire peut

« exercer le droit qui lui a été transmis. Si à ce moment,
« par négligence, ou par bienveillance pour le débiteur, ou
« par toute autre considération, il n'exige point le paiement
« qu'il pourrait exiger et qu'il serait sûr d'obtenir à raison
« de la solvabilité ; s'il accorde des délais ; *s'il suspend les*
« *poursuites qu'il aurait commencées* et que l'insolvabilité
« survienne, lui seul devra subir les suites de son apathie
« ou de sa complaisance. Le cédant, appelé en garantie, ré-
« pondra que l'insolvabilité dont le cessionnaire se plaint
« ne lui eût causé aucun préjudice s'il avait usé de son droit
« en temps opportun ; que la perte qu'il éprouve ne résulte
« que de son fait ou de sa négligence, et qu'en conséquence
« il ne lui est dû aucune garantie. »

« Remarquons que toutes ces décisions des auteurs sont
intervenues pour le cas où le cédant aurait promis de *fournir et faire valoir*, clause bien plus explicite que celle stipulée par Chanrond, qui a promis purement la garantie des
trois quarts.

« Ainsi, retenons qu'aucun auteur ne met en doute que le
cessionnaire ne soit obligé *de discuter* le débiteur *et les cautions* avant de pouvoir revenir contre le cédant ; ce n'est
que sur les mesures conservatoires qui auraient été négligées qu'un débat a pu s'élever, et encore a-t-on vu que tous
les maîtres de la science sont unanimes sur ce point.

« Quant à la nécessité de la discussion du débiteur et des
cautions, elle est tellement incontestable, que même, en matière de simple *délégation*, le délégataire ne peut revenir sur
le déléguant avant discussion complète des biens sur lesquels porte la créance déléguée ; c'est ce qui a été jugé par
la Cour de *Bordeaux*, le 30 mai 1846 (Sirey, 17-2-229).

« Retenons encore que, s'il y a eu défaut de poursuites
ou abandon de poursuites de la part du cessionnaire, l'insolvabilité qui peut survenir après cela ne peut, en aucune
manière, refluer contre le cédant. »

M⟨e⟩ Lapierre, dans un mémoire également imprimé, répond en ces termes :

« L'on a beaucoup parlé de droit dans ce procès. L'on a
tour à tour invoqué les principes qui régissent la responsabilité du *cessionnaire* et celle du *mandataire*. On a cité
MM. Duport, Troplong, Duvergier.

« Le vrai, c'est que Commandeur était, à proprement
parler, le *mandataire* de la société pour le recouvrement
des bénéfices sur le domaine de Champagneux, dans les
termes de son attribution et de la garantie de la société, ou
soit de Chanrond pour les trois quarts.

« Or, nous avons l'intime conviction d'être dans la vérité
quand nous disons qu'à raison de la garantie spécialement
promise, aussitôt que le recouvrement sortait de ses conditions normales et prévues, et qu'au lieu de simples formalités à remplir, il s'agissait d'entreprendre des procès, il
était du devoir de Commandeur de revenir à son associé et
de lui dire : Faut-il faire ces procès ?

« Nous sommes dans le vrai quand nous disons, avec les
premiers juges, que si Commandeur fût revenu à son associé
après avoir fait tous les procès qui se multipliaient sous ses
pas comme une hydre, M. Chanrond eût été plus fondé dans
celui qu'il n'eût pas manqué de faire lui-même à Commandeur, en disant : Vous m'avez ruiné en procès sans mon
assentiment ; qu'il n'est fondé dans son procès actuel, disant : Pourquoi n'avez-vous pas fait tous ceux dont les Dumas semaient votre mandat ?

« Car, enfin, il faut se rendre un compte exact, en droit,
de l'applicabilité des principes et des autorités invoquées.

« L'on *souligne*, dans la liquidation du 23 avril 1833, ces
mots : M. Commandeur a été payé de ses deux dividendes :
1° *par la cession* à son profit seul de tout le bénéfice ob-

tenu par la revente du domaine de Champagneux, pour dire :

« Commandeur qui, par l'acte de liquidation, était quali-
« fié de *cessionnaire* des créances sur Champagneux, a été
« investi d'une garanti formelle et spéciale à concurrence
« des trois quarts desdites créances.

« Or, si nous parcourons le chapitre du Code relatif *au*
« *transport des créances*, nous voyons :

« 1° Que celui qui cède une créance doit en garantir l'exis-
« tence an temps du transport, quoiqu'il soit fait sans ga-
« rantie (art. 1193).

« 2° Que le cédant ne répond de la solvabilité du débiteur
« que lorsqu'il s'y est engagé (art. 1694).

« 3° Que lorsqu'il a promis la garantie de la solvabilité du
« débiteur, cette promesse ne s'entend que de la solvabilité
« actuelle et ne s'étend pas au temps à venir, si le cédant ne
« l'a expressément stipulé (art. 1695, pag. 43 et suiv.).

« Puis on cite MM. Duport, Troplong, Duvergier à l'appui de cette thèse, fort élémentaire du reste, que l'insolvabilité future du *débiteur cédé* est aux risques du cessionnaire.

« Mais, d'abord, pourquoi les contradicteurs se laissent-ils si volontiers entraîner sur le terrain de la cession, au lieu de rester dans celui que la vérité des choses leur avait d'abord indiqué : le terrain du partage entre associés?

« Ce n'est pas le mot cession qui a pu leur faire une sérieuse illusion ; Chanrond n'était pas un *cédant* véritable ; il n'était pas propriétaire plus que Commandeur des choses cédées, et Commandeur n'assumait pas à ses risques et périls et volontairement une cession dont il eût pu s'abstenir. Il prenait sa part dans les choses sociales ; le mot *cession* ne veut dire autre chose dans l'espèce qu'*attribution* au lot de Commandeur ; — et nous devons nous renfermer dans les principes du partage entre associés, qui ne sont autres que ceux du partage entre cohéritiers (art. 1872).

« Or, l'art. 884 porte : « Les cohéritiers demeurent res-
« pectivement garants les uns envers les autres des troubles
« et évictions seulement qui procèdent d'une cause anté-
« rieure au partage... La garantie cesse si c'est par sa faute
« que le cohéritier souffre l'éviction. »

« Eh bien! voyons quelle était la chose mise en partage?
C'étaient les prix de revente de Champagneux, à concurrence de 15,503 fr.

« Quelle était la cause de l'éviction?

« L'existence d'hypothèques qui les ont absorbés.

« Cette cause était elle antérieure au partage?

« Evidemment, puisque ces hypothèques sont antérieures
à l'acquisition de Champagneux par la société.

« Est-ce par la faute de Commandeur que ces hypothèques
ont amené pour lui l'éviction, ou, pour mieux dire, l'impossibilité de toucher les prix qui lui avaient été attribués?

« Évidemment non; car ces prix ont été absorbés même
par l'hypothèque légale de la dame Dumas, qui avait été
prévue et réservée.

« Mais, dit-on, si Commandeur eût plaidé en temps utile
contre les Dumas, il eût, à la place des prix de Champagneux, obtenu une condamnation en garantie contre les
Dumas qu'il eût pu faire valoir sur leurs autres biens. Le
cessionnaire, ajoute-t-on avec Troplong, doit discuter et épuiser même les cautions du débiteur cédé avant de revenir
contre le cédant; et les Dumas étaient ici les cautions et
garants des prix de vente de Champagneux.

« Nous répondons que ce n'était point une action de cette
nature plus ou moins incertaine, plus ou moins compliquée,
qui était placée dans le lot de Commandeur, mais bien des
prix de vente déterminés, garantis par le privilége du vendeur;

« Que si l'on objecte encore que Commandeur devait, par
voie de conséquence, épuiser toutes les voies judiciaires

contre les Dumas et discuter toutes leurs facultés, à peine d'être responsable de leur insolvabilité survenue pendant leurs chicanes et leurs fraudes ;

« Nous répondrons qu'il n'est pas de meilleur moyen d'apprécier les exceptions rigoureuses et subtiles du droit que de se placer soi-même, par la pensée, dans la position du procès que l'on doit juger pour autrui.

« L'intérêt propre est, en ce cas, le meilleur interprète du droit.

« Or, quel est celui de nous qui consentirait, dans un partage de cohéritiers ou d'associés, à prendre pour argent comptant ou pour créances certaines, des créances où s'entreverraient de pareils procès, — et pendant que nos cohéritiers recevraient des créances réputées excellentes et sûres comme des prix de vente, — qui de nous voudrait subir et assumer la chance, les périls et la responsabilité de telles complications et de tels procès, alors que nous croirions recevoir des créances de même nature, c'est-à-dire aussi des prix de vente certains, déterminés, privilégiés ?

« Pour qu'il en fût autrement, il faudrait des stipulations expresses et précises, et qu'il eût été dit que, si les prix de vente attribués comme tels ne devaient pas être payés, le cohéritier ou le cosociétaire qui les reçoit en partage, reste chargé de poursuivre toutes les actions qui pourraient les remplacer, même contre d'autres personnes et d'autres biens que les biens et les acquéreurs attribués.

« Hors une telle stipulation, le cosociétaire, le cohéritier copartageant ne peut être renvoyé, hors de son attribution, à se faire payer sur d'autres éléments que les éléments attribués.

« Voilà le droit, le droit vrai, le droit conforme à l'équité, à la raison tout comme à la lettre même des textes. »

M. l'avocat général Gautier, dont nous sommes heureux de

pouvoir reproduire les conclusions, après avoir posé en fait que la convention du 23 avril 1833 a les caractères d'un partage, et en droit que la garantie en matière de partage est la même qu'en matière de cession, sauf la condition d'une clause expresse à laquelle elle n'est point assujettie, détermine dans l'espèce l'étendue de la garantie conventionnelle, qui comprend non seulement la solvabilité actuelle des débiteurs attribués aux copartageants, mais encore la suite et l'efficacité des recouvrements à opérer. Il constate que le défaut de recouvrement ne peut donner lieu toutefois à la garantie qu'à la double condition : 1° que tous les moyens auront été épuisés ; 2° qu'il n'y aura eu ni faute ni négligence.

Dans une première partie de la discussion, il fait valoir les considérations adoptées et exprimées dans l'arrêt de la Cour et conclut au sursis sur la garantie jusqu'à ce que les héritiers Commandeur aient suivi l'action qui reste contre Dumas père et fils, sous la surveillance de Chanrond, et devant qui de droit.

Dans une seconde partie, et pour le cas où l'on considérerait, au contraire, l'action contre Dumas père et fils comme étant sans résultat possible, et la perte intégrale de la créance de Champagneux comme définitivement accompli, M. l'avocat général examine si cette perte n'est point survenue par la faute de Commandeur ou de ses héritiers ; et quelles sont l'étendue et les conséquences de cette garantie : sur ce point, il dit en substance :

La créance attribuée à Commandeur par le partage de 1833 se composait : 1° de 6,820 fr. formant le bénéfice des reventes de Champagneux, au-dessus de 34,600 fr. ; 2° de 4,600 fr. d'avances faites aux Dumas ; 3° d'une indemnité de 4,000 fr. pour le prix d'une parcelle comprise dans l'opération, assurée à Commandeur par Dumas, et cependant vendue précédemment à un tiers.

Les deux premières sommes montant ensemble à 11,420 fr. étaient recouvrables, d'après les conventions des parties, sur les acquéreurs du domaine de Champagneux, puisqu'elles formaient l'excédant du prix des reventes sur la somme de 30,000 fr. dont il devait être fait emploi au profit et pour la garantie de la dot de la femme de Gabriel Dumas. La troisième somme, au contraire, ne pouvait trouver place sur ce gage, puisqu'elle aurait entamé les 30,000 fr. affectés à l'hypothèque légale. Les poursuites à intenter pour le recouvrement de cette partie de la créance n'étaient subordonnées, dès lors, ni à l'échéance des prix de revente, ni à la radiation des inscriptions hypothécaires, ni aux résultats des procédures d'ordre à ouvrir. Il n'y avait de garantie que dans la solvabilité personnelle des vendeurs, et de moyen de recouvrement que dans la prompte formation d'un titre utile contre ces derniers.

Or, Commandeur, qui n'avait pas pris soin de se faire délivrer ce titre et qui s'en était remis imprudemment à la bonne foi de Dumas, a également négligé depuis le partage de poursuivre le paiement de cette partie de la créance qui était immédiatement recouvrable. Il s'est borné à mentionner son droit dans sa requête à la judicature-mage de Savoie du 10 juin 1835; il n'a pris aucune conclusion quant à ce dans l'instance où a été rendu un jugement du 9 août 1836, qui a ordonné un plus amplement contesté entre Commandeur et Dumas père; il n'a compris qu'indirectement ce chef de demande dans le procès inutilement intenté en France contre Gabriel Dumas en 1835. Ce n'est que le 24 novembre 1843 qu'il a assigné les enfants Dumas devant le tribunal de Grenoble en paiement de la somme de 4,721 fr. pour la parcelle du domaine de Champagneux vendue à un tiers, et cette action exercée en France, hors des règles de la compétence, a dû être abandonnée. Dans l'instance ouverte en Savoie postérieurement à l'arrêt de la Cour et dans la

requête du 5 décembre 1843., Commandeur n'a pas compris
la demande des 4,000 fr. pour déficit de contenance. Après
plus de vingt ans, lui ou ses héritiers n'ont encore fait aucune
diligence utile pour établir ou assurer leur droit.

On allègue vainement, pour justifier cette inaction, que
l'indemnité pour déficit de contenance résulterait uniquement des conventions intervenues entre Dumas père et fils
et Commandeur, et n'aurait pu être réclamée devant les tribunaux de Savoie, qui ne reconnaissent pas les ventes stipulées par des accords verbaux ou par des actes sous signatures privées. La procuration passée devant notaire à Commandeur par Dumas père et fils et les stipulations dont elle
était accompagnée pouvaient suffire pour faire reconnaître
le droit à l'indemnité. Cet acte authentique contenait mandat de vendre la propriété de Champagneux avec un minimum de prix déterminé et l'attribution au mandataire, à
titre de salaire, de tout ce qui excèderait ce minimum. Si
bien un état énumératif des immeubles composant cette
propriété n'était pas annexé à la procuration, elle impliquait
cependant une vente complète de tout le domaine et le droit
pour le mandataire de l'opérer à son bénéfice. Dès-lors, la
découverte d'une vente antérieure d'une partie de ce domaine, vente non déclarée au mandataire, ouvrait nécessairement à celui-ci une action en indemnité contre le mandant
pour le changement que l'existence de cette vente appor-
tait aux résultats assurés par la procuration.

Commandeur a donc laissé périr par sa faute, ou gravement compromis, en n'agissant pas, le sort de cette partie
de la créance cédée : il ne saurait réclamer de garantie
quant à ce.

Il n'est pas non plus exempt de tout reproche en ce qui
concerne les autres parties de la créance. Il aurait dû agir
et demander des sûretés spéciales, du moment où la connaissance des nombreuses inscriptions qui frappaient les

immeubles de Dumas père devait lui faire appréhender une situation que les ordres ont plus tard définitivement constatée. Il avait à cet égard, avant même l'échéance des prix de vente, une action ouverte, résultant du mandat qu'il avait reçu, des engagements qu'il avait pris conformément à ce mandat et des chances que l'état des hypothèques faisait courir aux salaires ou bénéfices qui lui avaient été assurés. Il a lui-même reconnu que cette action lui compétait, lorsque, dans l'instance de Savoie de 1834, il a conclu contre Jean Dumas père à la radiation des inscriptions et à la condamnation personnelle de celui-ci, et lorsque, en juillet 1835, il a formé contre Gabriel Dumas, devant le tribunal de Grenoble, une action aux mêmes fins. Il a dû se départir pour cause d'incompétence ou de litispendance de cette dernière action : mais le tribunal de Chambéry ayant ordonné un plus amplement contesté entre Dumas père et Commandeur, celui-ci a négligé de poursuivre et n'a jamais fait vider l'instance sur le plus amplement contesté ; il a mis de la lenteur et de l'hésitation dans ses poursuites, et les retards éprouvés sont dus autant à son fait qu'aux longueurs des procédures devant les tribunaux de Savoie.

Il n'est pas toutefois démontré que ces retards et cette négligence aient été la cause de la perte même de la créance; il n'est pas certain qu'elle eût pu être entièrement préservée par une poursuite plus intelligente et plus rapide. Il faut tenir compte des difficultés de direction que cette affaire présentait, de la distribution des prix de vente par les ordres à ouvrir, qui serait toujours venue se mêler pour les arrêter aux procès en main-levée des inscriptions, de l'incertitude qui a toujours existé sur la situation de Dumas père et fils et sur la valeur de la donation grevée de charges nombreuses, faite à son fils Jean-Louis. Ainsi, tout en reconnaissant la négligence de Commandeur, il n'est pas possible de constater également que la perte de la créance sur les prix de revente du domaine de Champagneux ait été la conséquence de sa conduite dans cette affaire, plutôt que l'effet d'une situation qui, sous des apparences favorables, cachait en elle-même des causes de ruine. Il faut faire la part de cette négligence pour l'appréciation des dommages ou des intérêts compris dans la garantie, mais il y a lieu de consacrer cette garantie quant au capital même de la créance, pour ce qui constituait spécialement le bénéfice et les avances arrivant ensemble à 11,420 fr. Il y aura lieu de déduire de cette somme ou des intérêts en procédant tout ce que Commandeur a reçu à diverses époques. Le reliquat formant la perte devra être supporté un quart par Commandeur et trois quarts par Chanrond, lequel sera assujetti à payer ou à compter ces trois quarts à Commandeur avec intérêts du jour de la demande de 1856, les intérêts antérieurs ne pouvant être ajoutés au capital qu'à titre de dommages, et devant être refusés à Commandeur par les considérations précédentes tirées de sa négligence à poursuivre.

On doit allouer à Commandeur, en accessoire de la garantie, tous les dépens et frais déboursés par lui dans les diverses instances d'ordres ou à l'occasion de ces instances ; mais les procès mal à propos commencés en France et même l'instance dans laquelle le tribunal de Chambéry a ordonné un plus amplement contesté non vidé doivent rester à la charge de Commandeur, qui aurait dû ne pas entreprendre ces contestations ou faire régler avec plus de diligence celles qui auraient été utilement entreprises.

En ce qui concerne l'objet de son appel incident, Commandeur ne peut être obligé de tenir compte des intérêts de la partie des prix de vente excédant 30,000 francs, depuis le jour où les acquéreurs ont dû joindre les intérêts au capital pour être distribués aux créanciers hypothécaires dans les ordres. Il est justifié en fait qu'il ne les a reçus que jusques et y compris l'année 1844 ; il faut , en conséquence, cesser toute imputation de ce chef dès l'année 1845.

Par ses conclusions reconventionnelles, Chanrond demande à être autorisé à porter à son actif toutes les pertes qu'il justifiera avoir éprouvées, sans sa faute, non-seulement sur l'opération Giroud, mais encore sur toutes les autres opérations de la liquidation sociale. Cette autorisation ne saurait lui être refusée pour toutes les créances comprises dans son lot, autres que celles pour lesquelles il a traité à forfait avec Commandeur. Les clauses de garantie dans l'acte d'attribution ou de partage sont réciproques ; elles ne sont point limitées aux deux créances nominativement, mais démonstrativement indiquées.

ARRÊT.

Attendu que Chanrond et Commandeur, en liquidant, par la convention du 23 avril 1833. la société qui avait existé entre eux pour l'achat et la revente des immeubles, et en se divisant proportionnellement à leur intérêt dans ces opérations le bénéfice qu'elles leur avaient produit, se sont respectivement attribué et cédé diverses créances qui constituaient ce bénéfice, qu'ils ont fait cesser ainsi l'indivision de la chose commune, et que le contrat qui les a liés a tous les caractères et doit avoir toutes les conséquences d'un partage ;

Attendu que la garantie des coparlageants pour les créances comprises dans leurs lots, et celle des cessionnaires pour les créances qui leur sont transportées, ne diffèrent que en ce que la garantie de la solvabilité actuelle (des délitteurs cédés ou attribués ne peut résulter, en matière de cession, que d'une clause expresse, tandis qu'elle procède dans les partages du fait même de la convention, mais que les effets et les conditions de cette garantie sont les mêmes dans les deux cas ;

Attendu que, dans l'espèce, la garantie formellement exprimée doit être interprêtée et appliquée suivant l'étendue qu'elle reçoit des termes mêmes de la stipulation, que les parties ont

non-seulemeut déclaré qu'elles se garantissaient mutuellement
la qualité résultant de leurs divers comptes, mais ont encore
ajouté, d'une part, que Commandeur demeurerait principalement responsable des différences qui pourraient survenir dans
les prix de vente attribués à Chanrond, et, d'autre part, que
Chanrond garantissait à Commandeur l'intégralité des trois
quarts des créances cédées sur le domaine de Champagneux;
qu'on doit voir dans l'ensemble de ces dispositions, évidemment
corrélatives, l'intention des parties de se garantir non-seulement la solvabilité actuelle des débiteurs, mais encore la suite
et l'efficacité des recouvrements à opérer, suivant les éventualités que pouvaient présenter ces recouvrements utilement
poursuivis;

Attendu cependant que le défaut de recouvrement, même en
matière de partage, et avec la stipulation la plus large, ne peut
donner lieu à la garantie qu'à une double condition : 1° Que le
copartageant nanti de la créance aura épuisé tous les moyens
d'en assurer le remboursement; 2° que les pertes essuyées
n'auront été causées, ni par son fait, ni par sa négligence;

Attendu qu'il est, en effet, seul propriétaire de la créance
placée dans son lot; que seul il a le pouvoir et le droit d'en
poursuivre et d'en exiger le paiement, tant du débiteur principal que des cautions et autres obligés; qu'il a seul le nom et
l'action; que les titres sont en ses mains, et que, vis-à-vis de son
copartageant astreint à la garantie, il est tout à la fois responsable du défaut d'emploi des moyens mis à sa disposition et des
fautes par lui commises dans l'usage de ces moyens;

Attendu que les créances attribuées à Commandeur à l'occasion des reventes du domaine de Champagneux devaient être
exercées sur les prix de ces reventes, mais que, par suite des
priviléges ou des hypothèques qui pouvaient absorber ces prix,
elles comprenaient évidemment un recours contre Dumas
père et fils, vendeurs, ou contre leurs héritiers et représentants;
que le devoir de Commandeur, pour maintenir utilement sa
garantie contre Chanrond, ne se bornait pas à agir dans les
ordres ouverts pour la distribution des prix de vente, mais consistait aussi à discuter Dumas père et fils en usant du recours
et du droit personnel qu'il avait contre eux;

Attendu que le contraire n'a pas été jugé par l'arrêt du 1er juillet 1843, qui a déclaré la demande en garantie non recevable en l'état, parce que les procédures d'ordre n'étaient point encore closes; que ni les motifs, ni le dispositif de cette décision n'impliquent l'ouverture définitive de la garantie par le fait seul du défaut d'allocation utile dans les ordres : qu'il importe peu que, lors de l'arrêt précité, toutes les questions agitées aujourd'hui se fussent déjà produites ; que la Cour, en ne se prononçant que sur l'une d'elles, par un motif particulier suffisant à écarter la demande, n'a point résolu les autres; qu'en décidant que l'existence des ordres s'opposait à ce qu'on déclarât la créance irrécouvrable, elle n'a point, par cela même, exclu les autres obstacles indiqués et dont il était superflu de s'occuper, puisque le premier justifiait à lui seul la fin de non recevoir admise ; qu'au surplus la chose jugée ne peut résulter que du dispositif de l'arrêt, et que ce dispositif, repoussant la demande en l'état, ne spécifie point les conditions auxquelles on pourra ultérieurement la reproduire ;

Attendu que Chanrond conclut subsidiairement à ce qu'avant dire droit au fond et principal, tous moyens réservés, les héritiers Commandeur soient tenus de se pourvoir par les voies de droit contre Jean-Louis Dumas, en qualité de donataire universel de son père et à discuter successivement, tant les biens de toute nature compris dans la donation notariée du 16 octobre 1837, que les biens personnels de Jean-Louis Dumas, sauf après l'événement de la discussion, être statué ce qu'il appartiendra ;

Attendu que les héritiers Commandeur ne peuvent s'exonérer de l'exercice préalable de ce recours, sous prétexte que c'est une action litigieuse difficile à diriger et incertaine dans ses résultats, ni par les motifs que l'intention des parties, en 1833, n'avait pas été de se partager, à titre de bénéfice, des actions litigieuses, mais des valeurs considérées alors comme certaines ; que le recours à exercer n'est autre chose que l'action directe et personnelle contre Dumas père, transformée par l'effet de la donation qu'a consentie ce dernier; que cette action, qui aurait dû être depuis longtemps exercée et épuisée, rentrait dans les droits attachés à la créance et se trouvait comprise dans l'objet cédé ou attribué à Commandeur par le partage ;

Attendu qu'il y a lieu de surseoir à statuer sur la garantie

jusqu'à ce que les héritiers Commandeur aient suivi cette
action, sous la surveillance de Chanrond et devant qui de
droit;

Par ces motifs, la Cour, ouï M. Gautier, avocat général, en
ses conclusions motivées, faisant droit à l'appel formé par
Chanrond envers le jugement du tribunal de Grenoble du
28 août 1857, et avant dire droit au fond et principal, tous les
moyens des parties respectivement réservés, surseoit à statuer
jusqu'à ce que les héritiers Commandeur aient exercé devant
qui de droit le recours qu'ils peuvent avoir contre l'hoirie
Dumas, et spécialement contre Jean-Louis Dumas, en qualité
de donataire universel de son père, et discuté successivement,
tant les biens de toute nature compris dans la donation du
16 octobre 1837, que les biens personnels dudit Jean-Louis
Dumas, sauf après l'événement de la discussion, à laquelle
Chanrond sera invité de prendre part par simple avertissement
extrajudiciaire, notifié au commencement des poursuites, être
statué ce qu'il appartiendra, dépens réservés.

Arrêt du 7 août 1858 — 2ᵉ chambre; M. Duport-Lavillette,
président; M. Gautier, avocat général. — MM. Michal et Eyssautier, avoués. — MM. Auzias et Bovier-Lapierre, avocats.

ESCROQUERIE. — ABUS DE CONFIANCE. — PAYS ÉTRANGER. —
FRANCE. — CONSOMMATION DU DÉLIT. — COMPÉTENCE.

*Celui qui, prenant un faux nom et une fausse qualité,
loue un cheval en Savoie, commet non pas le délit d'escroquerie, mais le délit d'abus de confiance. — Le délit est
consommé non pas au moment de la remise de l'objet, mais
seulement à l'époque où le prévenu accomplit les actes ayant
pour but de s'en attribuer définitivement la possession. — Si
ces actes ont lieu en France, les tribunaux français sont
compétents pour réprimer le délit.*

22

M. le procureur général — C. Point.

Ensuite d'une ordonnance rendue par M. le juge d'instruction, Point fut renvoyé devant le tribunal de police correctionnelle de Grenoble, sous la prévention d'avoir, en France, en février 1858, détourné frauduleusement, au préjudice du sieur Angelier, un cheval que ce dernier lui avait remis à titre de louage.

Le tribunal, prononçant en défaut contre Point, se déclara incompétent pour statuer sur le fait qui lui était imputé.

Voici le texte du jugement, qui est à la date du 26 mai 1858 :

Attendu qu'il résulte du procès-verbal dressé par M. le procureur impérial et des documents du procès, que Point, garçon de café, s'est présenté, à Chambéry, chez le sieur Angelier, loueur de chevaux, en disant qu'il s'appelait Louis Bertrand, était commis voyageur en liqueurs ;

Attendu qu'à l'aide de ce faux nom et de cette fausse qualité, Point a obtenu d'Angelier qu'il lui louât un cheval, pour aller à la Motte ; qu'il a paru d'abord se diriger vers la Motte, mais qu'il a ensuite changé de direction, a gagné la frontière à toute vitesse, et a ainsi amené le cheval à Grenoble en le soustrayant à son propriétaire ;

Attendu que les faits ci-dessus relatés constituent non l'abus de confiance prévu et puni par l'art. 408, mais l'escroquerie prévue et punie par l'art. 405 du Code pénal ;

Attendu que ce délit a été consommé du moment qu'à l'aide de son faux nom et de sa fausse qualité Point s'est fait remettre le cheval d'Angelier, qu'il a été ainsi entièrement commis en Savoie, et que les tribunaux français ne sont pas compétents pour le réprimer.

Par ces motifs, le tribunal se déclare incompétent.

Sur l'appel de M. le procureur général, le prévenu a fait défaut.

ARRÊT.

Considérant que de la procédure instruite contre Joannès Point, il résulte que, dans la journée du 15 février dernier, à Chambéry, le prévenu s'est fait remettre par un sieur Angelier, voiturier dans cette ville, un cheval à titre de louage et au prix de 5 fr., pour une course que Point déclarait vouloir faire à La Motte; qu'au lieu de se diriger sur La Motte Point passa la frontière à Chapareillan et vint à toute bride à Grenoble, où il se présenta successivement dans plusieurs hôtels avec ce cheval, et se faisant remettre à titre de prêt différentes sommes par les hôteliers; que le lendemain 16, il fit offrir au sieur Dümsten, bourrelier, de lui vendre la selle qui garnissait le cheval qu'il avait amené à Grenoble; que, sur le refus de Dumsten, il alla l'offrir, ainsi que le cheval dont il se prétendait propriétaire, au sieur Dumolard, à Saint-Martin le Vinoux; que ces propositions n'ayant pas été acceptées, il disparut laissant à l'hôtel des Trois-Dauphins le cheval, qui fut reconnu plus tard par Angelier pour celui qu'il avait loué au prévenu;

Considérant que ces faits n'établissent pas à la charge du prévenu le délit d'escroquerie, ainsi que l'ont décidé les premiers juges; que si le prévenu s'est présenté à Angelier sous le nom de Bertrand, il n'apparaît pas qu'il ait employé des manœuvres frauduleuses pour se faire remettre le cheval et que ce soit ce faux nom de Bertrand qui ait déterminé Angelier à le lui louer; mais que les faits ci-dessus caractérisent le délit d'abus de confiance prévu et puni par l'art. 408 du C. p.;

Considérant que, pour déterminer la compétence du juge qui doit connaître de ce délit, il faut rechercher s'il a été commis à Chambéry ou en France;

Considérant que, pour qu'il y ait délit, il faut qu'à l'intention de commettre le fait qualifié tel par la loi pénale, se joignent de la part de l'agent des actes d'exécution propres à en amener la consommation; que le délit d'abus de confiance est d'une nature complexe, qu'il se compose de divers actes successifs annonçant l'intention frauduleuse de détourner au préjudice du propriétaire une chose par lui remise en vertu d'un contrat spécial;

que ce délit n'est point consommé au moment de la remise de l'objet, mais seulement à l'époque où le prévenu vient à commettre les actes ayant pour but de s'en attribuer définitivement la possession;

Considérant que, s'il y a de fortes présomptions de croire que Point avait, dès l'instant où il s'est fait remettre le cheval par Angelier, à Chambéry, conçu le projet d'en opérer le détournement à l'aide d'une fraude, et si, dans ce but, il s'est dirigé vers la frontière de France, on ne saurait décider qu'il a par cela seul commis le délit d'abus de confiance; qu'en effet, même après son entrée en France et son arrivée à Grenoble, il pouvait, cédant au repentir et revenant à des sentiments meilleurs, ramener le cheval au sieur Angelier ou le lui faire tenir, cas auquel il n'aurait pu être poursuivi pour abus de confiance; qu'il ne s'est donc rendu coupable de ce délit qu'au moment où se prétendant propriétaire du cheval, il a emprunté différentes sommes auprès des hôteliers chez lesquels il est descendu avec le cheval, il a offert de le vendre ainsi que la selle dont il était porteur et, a pris la fuite, laissant cet animal sous son nom à l'hôtel des Trois-Dauphins; qu'il a consommé ainsi le détournement frauduleux qui constitue le délit d'abus de confiance; que ces faits ayant eu lieu à Grenoble et dans la commune de Saint-Martin le Vinoux, le tribunal correctionnel de Grenoble était compétent pour en connaître et pour faire au prévenu l'application des dispositions de l'art. 408 du C. p.; qu'il appartient à la Cour, saisie par l'appel de M. le procureur général, de réparer l'erreur des premiers juges et de statuer, au fond, les faits ci-dessus et la disparition du prévenu ne laissant aucun doute sur sa culpabilité;

Par ces motifs, la Cour, faisant droit à l'appel de M. le procureur général envers le jugement du tribunal correctionnel de Grenoble, en date du 26 mai dernier, réforme et......... se déclare compétente, etc.

Arrêt du 1er juillet 1858, 4me chambre. — M. Petit, président; M. Charmeil, conseiller rapporteur; M. Alméras-Latour, premier avocat général.

FAILLITE. — SYNDIC. — TRIBUNAL DE COMMERCE. — TRIBU-
NAL CORRECTIONNEL. — PARTIE CIVILE. — RECEVABILITÉ.

*Le syndic d'une faillite, qui a actionné le failli devant le
tribunal de commerce, à raison des faits qui ont ultérieurement nécessité la poursuite du ministère public, est recevable
à se porter partie civile dans l'instance correctionnelle.*

M. le Procureur général — C. Bontoux et Pellegrin. —
Rouchas, partie civile.

Par jugement du 15 mai 1858, le tribunal correctionnel de
Montélimar a rejeté l'irrecevabilité opposée au syndic de la
faillite Bontoux, et tirée de ce qu'il ne pouvait plus se porter partie civile parce qu'il avait, le 25 janvier précédent,
actionné Pellegrin devant le tribunal de commerce, à raison
des mêmes faits qui avaient plus tard nécessité la poursuite
du ministère public.

Considérant que si l'adage ancien : « *Electa una via, non datur
recursus ad alteram,* » est incontestablement en vigueur sous
la législation actuelle, son application exige identité de parties,
de cause et d'objet, et qu'il faut, en outre, que le demandeur
ait agi en parfaite connaissance de cause, lorsqu'il a choisi sa
première voie ;

Considérant que, dans l'espèce, deux au moins des conditions
ci-dessus ne se rencontrent pas ; en effet, d'abord l'objet n'est
pas le même dans les deux affaires. Devant le tribunal de commerce, l'objet du procès était de faire déclarer que les marchandises qui se trouvaient dans le magasin de Pellegrin, appartenaient au failli Bontoux ; dans l'affaire actuelle, l'objet est de
prouver et de faire réprimer des manœuvres frauduleuses con-
certées entre Bontoux et Pellegrin ; le syndic, en intervenant,
ne conclut pas comme devant le tribunal de commerce, puisqu'il demande aujourd'hui la réparation du dommage occasionné
aux créanciers de Bontoux par ces manœuvres, dont le tribunal
séant a déterminé la nature ;

Considérant ensuite que l'information correctionnelle, terminée postérieurement au 25 janvier dernier, a révélé au syndic des faits nouveaux pour lui, d'où il suit que lorsqu'il a assigné Pellegrin devant la juridiction commerciale, il n'a pu agir en parfaite connaissance de cause|;

Considérant que les deux motifs ci-dessus paraissent suffire pour faire rejeter l'exception d'irrecevabilité dont s'agit, et cela sans entrer dans un examen plus approfondi, à raison des circonstances suivantes, savoir : Que Pellegrin a été actionné seul devant le tribunal de commerce, que le syndic avait peut-être alors en vue de prévenir, par des mesures conservatoires très-urgentes, la disparition de marchandises précieuses pour la masse des créanciers qu'il représente ; qu'il s'agit d'une intervention, à l'audience seulement, dans une poursuite d'office que le syndic n'aurait pu empêcher, qu'il ne pourrait entraver; circonstances qui, jointes à celle des considérants précédents, militent pour le rejet de l'exception soulevée par les prévenus contre le syndic de la faillite Bontoux.

Sur les différents appels interjetés, il a été rendu par la Cour l'arrêt suivant :

ARRÊT

Adoptant les motifs exprimés par les premiers juges,
La Cour confirme.

Arrêt du 30 juin 1858. 4ᵉ chambre. — M. Petit, président; M. Bigillion, conseiller rapporteur; M. Alméras-Latour, premier avocat général; — M. Casimir de Ventavon, avocat de la partie civile; M. Sisteron, avocat des prévenus.

DÉCISIONS ADMINISTRATIVES.

FABRIQUE. — CURÉ. — AVANCES. — DEMANDE EN REMBOUR-
SEMENT. — INCOMPÉTENCE.

*Un conseil de préfecture est incompétent pour statuer sur
la réclamation d'un curé adressée à la fabrique, lorsque cette
réclamation est relative, non pas à des rétributions et indemnités pour service ecclésiastique que le curé aurait personnellement acquittées, mais à de simples avancés et fournitures faites par le curé pour le compte de la fabrique.*

Le conseil de préfecture de l'Isère,

Vu le mémoire en date du 28 mai 1858, présenté par M. Reynaud, curé-archiprêtre de Goncelin, et tendant à faire condamner
la fabrique et l'église de cette paroisse au paiement de diverses
avances et fournitures que le sieur Reynaud prétend lui avoir
faites, et qui s'élèvent en capital et intérêts à la somme de
4,782 fr. 58 c. ;

Vu les observations développées à la suite dudit mémoire ;

Vu diverses délibérations, et notamment celle du 18 mars
dernier, par laquelle le conseil de fabrique repousse la demande
du sieur Reynaud ;

Vu la délibération prise dans le même sens par le conseil
municipal, le 11 avril suivant ;

Vu ensemble les autres pièces composant le dossier ;

Vu l'arrêté du **11** thermidor an **XI** et les décrets des **12** décembre 1808, **11** avril et 12 juin 1810 ;

Considérant qu'il ne s'agit pas dans l'espèce d'une réclamation relative à des rétributions et indemnités pour service ecclésiastique acquittées par le sieur Reynaud, et qui se trouveraient à la charge des biens et revenus appartenant à la fabrique de Goncelin, réclamation dont le règlement, aux termes des décrets ci-dessus visés, resterait dans la compétence administrative, mais uniquement du remboursement d'avances et de fournitures que le sieur Reynaud aurait faites pour le compte de ladite fabrique, ce qui constitue une créance dont aucune disposition législative n'attribue la connaissance au conseil de préfecture ;

Par ces motifs,

Se déclare incompétent, renvoie le sieur Reynaud à se pourvoir ainsi qu'il avisera, et le condamne aux dépens.

Arrêté du **18** juin 1858. — **M. Petit,** rapporteur.

ARRÊTS.

—

NOTAIRE. — DROITS D'ENREGISTREMENT. — AVANCES. — DERNIER RESSORT. — FRAIS ET HONORAIRES. — MANDAT. — ACTION SOLIDAIRE. — INTÉRÊTS.

1. *Le jugement qui statue sur la demande d'un notaire en remboursement de droits d'enregistrement n'est pas en dernier ressort, quand l'avance de ces droits a été faite en dehors du cas prévu par l'art. 29 de la loi du 22 frimaire an VII et que le jugement n'a pas été rendu sur opposition à un exécutoire délivré par le juge de paix. Alors les art. 30 et 65 de la loi du 22 frimaire an VII ne sont pas applicables.*

II. *Le notaire qui a rédigé un acte sous seing-privé dans l'intérêt de deux parties qui l'ont chargé de ce travail, a contre elles, en vertu des principes du mandat, une action solidaire pour le paiement de ses honoraires (art. 1202, 2002, Cod. Nap.).*

III. *Cette action solidaire lui appartient pour le remboursement des droits d'enregistrement de l'acte et pour le paiement des frais et honoraires de l'acte de dépôt, alors même qu'une seule partie aurait comparu pour effectuer le dépôt,*

23

si , dans l'acte déposé, il a été stipulé qu'il serait enregistré et déposé aux minutes d'un notaire à la première réquisition de l'une des parties. Il en est ainsi, quoique, dans l'acte déposé, il soit dit que les frais seront à la charge exclusive de la partie qui fait le dépôt. Une telle clause ne concerne que les parties contractantes. Il en est ainsi même dans le cas où le notaire a délivré à l'autre partie une expédition de l'acte, sans protestation.

IV. *Les intérêts des avances et honoraires des notaires ne leur sont dûs que du jour de la demande, même quand il s'agit de l'enregistrement d'un acte sous seing-privé* (art. 2001, Cod. Nap.)

Chuzin — C. Reynaud.

Jugement du tribunal de Grenoble en date du 12 février 1856, ainsi conçu :

Attendu que, le 9 octobre 1848, il est intervenu entre Anatole Miard et son beau-frère Reynaud, un acte sous seing privé portant partage des biens de Mme Miard et de Mme Dodoz, mère et aïeule de Miard et de Mme Reynaud ;

Attendu que l'art. 4 de cette convention porte « que l'acte sous seing privé sera converti en acte public, enregistré et déposé dans les minutes d'un notaire, à la première réquisition de l'une des parties , le tout aux frais de M. Miard, qui en délivrera une expédition à M. Reynaud ; »

Attendu qu'il est constant, en fait, que le lendemain, sur la réquisition d'Anatole Miard seul , l'acte a été enregistré par les soins et l'intermédiaire de Me Chuzin, notaire ; que, le 13 octobre, toujours sur la réquisition de M. Miard seul, il en a dressé acte de dépôt enregistré le même jour ; que l'acte de dépôt ne porte, indépendamment de la signature du notaire, que la signature d'Anatole Miard ;

Attendu qu'il est aussi constant que Me Chuzin a délivré à M. Reynaud l'expédition de l'acte de partage sous seing privé

déposé ainsi que de l'acte de dépôt lui-même ; que cette délivrance a été faite sans réserve ni protestation pour les avances
des droits d'enregistrement et pour les honoraires du notaire ;
qu'elle constitue une exécution volontaire, de la part de
Me Chuzin, de l'art. 4 de l'acte de partage sus-mentionné ; qu'il
importe peu que la quittance du receveur de l'enregistrement
porte que la somme a été payée par Me Chuzin ;

Attendu que le notaire Chuzin a été mandataire, mais le mandataire de M. Miard seul ; que c'est en considération de M. Miard
seul, partie comparante, qu'il a consenti à faire les avances
des droits d'enregistrement et à dresser acte de dépôt ; qu'à
cette époque, en effet, Me Chuzin croyait Miard très-solvable ;

Attendu que les notaires n'ont d'action solidaire contre les
parties que pour les actes passés devant eux ; que, dans
l'espèce, il ne s'agit point d'un acte public, mais sous seing
privé, enregistré et déposé à la requête de l'une seulement des
parties qui auraient paru dans la convention passée ;

Attendu que la solidarité ne se présume point, et que, dans
l'espèce, le notaire Chuzin n'avait aucune action solidaire contre M. et Mme Reynaud, puisqu'il n'a été le mandataire que de
M. Miard, et que, conséquemment, il ne pouvait avoir action
que contre lui ou son hoirie.

ARRÊT.

Sur la fin de non-recevoir, tirée du dernier ressort :

Attendu que, soit dans l'exploit introductif d'instance, soit
dans les conclusions prises à l'audience, devant les premiers
juges, Me Chuzin demandait contre les mariés Reynaud une
condamnation solidaire pour la somme principale de 2,150 fr.
28 cent. ;

Attendu que, si bien dans ce total de 2,150 fr. 28 c., figurent
pour 1,347 fr. 50 cent. des avances faites par Me Chuzin à
l'enregistrement, pour le compte des mariés Reynaud, ce n'est
pas le cas d'invoquer ici l'application des art. 30 et 65 de la
loi du 22 frimaire an VII ;

Attendu, en effet, que ces deux textes de loi prévoient le cas où un notaire ayant été obligé, aux termes de l'art. 29 de la même loi, de faire pour les parties les avances des frais d'enregistrement d'un acte public passé devant lui, prend exécutoire pour le remboursement de ces frais; que, si d'après les dispositions combinées des art. 30 et 65 de la loi précitée, l'opposition à cet exécutoire doit être instruite sur simples mémoires et jugée en dernier ressort, il n'en saurait être ainsi dans l'espèce actuelle, puisqu'il est constant, en fait, que l'avance faite par Me Chuzin des frais d'enregistrement de l'acte sous seing privé du 9 octobre 1848, n'était point une avance forcée rentrant sous l'application de l'art. 29 de la loi du 22 frimaire an vii, et que, d'autre part, le procès ne s'était pas engagé sur opposition à un exécutoire que Me Chuzin n'avait pas été au cas de prendre.

Au fond :

Attendu qu'il est résulté des débats et des documents de la cause, que l'acte sous seing privé du 9 octobre 1848, avait été préparé et rédigé par les soins de Me Chuzin, notaire, après de nombreuses conférences avec M. Reynaud et M. Miard;

Attendu que, dans ces travaux de préparation et de rédaction, Me Chuzin, notaire de la famille Miard depuis longues années, et investi de la confiance de tous les copartageants, était évidemment leur mandataire commun ;

Attendu que c'est toujours en la même qualité que Me Chuzin, laissé en possession de l'acte sous seing privé par le commun accord des parties qui l'avaient signé, l'a fait enregistrer, en a reçu le dépôt dans ses minutes, et a pris ensuite inscription pour la sûreté des soultes stipulées au profit de Mme Reynaud ;

Attendu que, vainement on objecte que M. Miard serait seul en qualité dans l'acte de dépôt du 13 octobre 1848 ;

Qu'en effet, l'art. 4 du partage disait que les conventions seraient enregistrées et déposées aux minutes d'un notaire à la première réquisition de l'une des parties, et qu'il est évident que Me Chuzin, rédacteur de l'acte sous seing privé, et dépositaire de cet acte par la volonté des deux parties, était aussi le notaire choisi d'un commun accord pour recevoir l'acte de dépôt;

Que si Miard figure seul dans cet acte, c'est par suite des pouvoirs qu'il en avait reçus de M. Reynaud dans l'art. 4 du partage ;

Attendu qu'on ne saurait davantage opposer à Me Chuzin la clause par laquelle Miard s'engageait à supporter seul les frais d'enregistrement et de dépôt, et à fournir à M. Reynaud une expédition inscrite aux hypothèques; que cette stipulation ne concerne que les parties contractantes, et qu'il est de règle constante que les notaires ont toujours une action solidaire contre toutes les parties qui ont concouru aux actes, quelle que soit celle d'entre elles que la loi ou la convention oblige à supporter la totalité des frais;

Attendu que cette jurisprudence s'applique aux actes sous seing privé comme aux actes publics, car elle s'appuie sur l'art. 2002, au titre *du Mandat*, et accorde aux notaires une action solidaire, non point à raison de leur qualité de notaire, mais à raison de la qualité de mandataire qui leur appartient aussi bien dans un cas que dans l'autre;

Attendu que la délivrance faite par Me Chuzin à M. Reynaud d'une expédition de l'acte de partage, sans protestation, ne saurait faire encourir aucune déchéance à Me Chuzin, du moment où il est reconnu que les frais à lui dus n'ont jamais été payés;

Attendu, enfin, que les mariés Reynaud sont d'autant moins fondés dans leur résistance, que tout ce qu'a fait Me Chuzin l'a été principalement dans leur intérêt, et que, sans les avances faites par le notaire, la fortune de Mme Reynaud aurait pu se trouver gravement compromise;

Attendu, en ce qui concerne les intérêts des sommes avancées par Me Chuzin, qu'il est de jurisprudence constante que les intérêts des avances faites par les notaires, ne leur sont dus que du jour de la demande; que, d'ailleurs, les mariés Reynaud ne peuvent souffrir du retard apporté par Me Chuzin dans ses réclamations.

Attendu, dès lors, que le chiffre des condamnations à prononcer contre les mariés Reynaud doit être seulement de 1,667 fr. 33 c., avec intérêts du jour de la demande.

Par ces motifs, etc.

Arrêt du 17 avril 1858. — 2e Chambre. — MM. Duport-Lavillette, président; Gautier, avocat général. — MM. Eyssautier, Amat, Chollier, avoués. — MM. Cantel, Farge, avocats.

Sur la deuxième question : Il est désormais constant que les notaires ont une action solidaire contre chacune des parties pour le paiement de leurs déboursés et honoraires, sans qu'il y ait à distinguer entre les actes publics et les actes sous seing privé. (Voir les nombreux arrêts rendus dans ce sens, Code Napoléon annoté par Gilbert, art. 1202, n° 22).

Cela est vrai, encore que les parties aient stipulé dans l'acte que l'une d'elles seule serait tenue du paiement des frais et honoraires, si, d'ailleurs, il n'est pas établi que le notaire ait donné son assentiment à cette convention (Cass., 10 novembre 1828, S. 29. 1. 79).

Cela est encore vrai, selon divers arrêts, même en matière d'acte de vente, malgré la disposition de l'art. 1593 du Code Napoléon, qui met les frais d'acte à la charge de l'acquéreur.

Toutefois, il a été jugé que le notaire qui a rédigé une promesse de vente, sur la demande du vendeur, et sans mandat de l'acheteur, doit s'adresser au vendeur, non à l'acheteur, pour le paiement de ses honoraires. (Cass. 5 janvier 1819, S. 19. 1. 334.)

Enfin, la jurisprudence repousse toute distinction, quant aux déboursés, entre les frais de transcription et les frais d'enregistrement.

Sur la quatrième question : Ainsi que le dit la Cour de Grenoble dans l'arrêt que nous rapportons ci-dessus, il est aujourd'hui de jurisprudence constante que les intérêts des avances faites par les notaires ne leur sont dus que du jour de la demande. Cette jurisprudence est fondée sur le motif que, en principe, toute créance ne produit intérêt que du jour de la demande, que, si bien une exception est faite par la loi en faveur du mandataire, le notaire qui paie les droits d'enregistrement dont l'art. 30 de la loi du 22 frimaire an vii le constitue débiteur direct, ne fait que payer sa dette personnelle, en sorte que, mandataire des parties pour recevoir l'acte, il n'est pas leur mandataire pour faire des avances.

D'un autre côté, la jurisprudence s'est implicitement inspirée de cette considération, que l'habitude de faire des avances ne saurait être contractée par les notaires, sans devenir pour le notaire riche un moyen de concurrence peu loyale pratiquée au préjudice du notaire moins favorisé de la fortune, et même la cause d'une influence locale dont l'ordre public pourrait avoir à s'inquiéter.

Ce motif et cette considération nous paraissent victorieusement réfutés par des motifs et des considérations contraires, qui se trouvent très-bien développés dans un arrêt de la Cour de Grenoble elle-même, en date du 14 juillet 1838. (ancien *Journal de la Cour*, tome ix, pag. 151, S. 39. 2. 134).

Voici les motifs de cet arrêt :

La Cour; attendu que le notaire chargé de recevoir et constater dans des actes publics les volontés et obligations des parties qui se présentent devant lui est un véritable mandataire, ayant, vis-à-vis d'elles, tous les droits dérivant du mandat ; que c'est ainsi que la jurisprudence, par application de l'art. 2002, Cod. civ., lui a toujours accordé la solidarité envers toutes les parties contractantes, pour le remboursement de ses honoraires et avances ; que, dans une situation semblable, on ne saurait concevoir comment un mandataire, ayant en cette qualité droit à la solidarité, ne pourrait invoquer l'application de l'art. 2001 qui accorde de plein droit au mandataire l'intérêt des avances par lui faites pour le compte des parties qui lui ont confié le mandat ; qu'on ne pourrait se prévaloir, pour lui disputer le bénéfice de l'art. 2001, des dispositions de l'art. 29 de la loi du 22 frimaire an vii, qui décide que les droits à acquitter le seront par les notaires, pour les actes par eux reçus, ni de l'art. 30 qui leur permet, pour leur remboursement, de prendre

exécutoire du juge de paix; que, dans le premier de ces articles,
ils sont considérés comme mandataires forcés, obligés de payer
pour des tiers, par cela seul que ces tiers ont eu confiance en
eux; que si, dans le second de ces articles, on voit qu'ils peuvent obtenir du juge de paix exécutoire pour le remboursement
de ce qu'ils ont payé, et cela afin de faciliter le remboursement,
on conçoit combien serait pénible la position de l'officier public qui userait de ce mode pour rentrer dans les fonds par lui
avancés, obligé, s'il agit, de sévir contre ses clients et de perdre
par suite leur clientèle, et s'il n'agit pas, de perdre l'intérêt de
ses avances; que des considérations morales viennent se joindre aux dispositions de l'art. 2001 du Code civil, postérieur à
la loi du 22 frimaire an VII, pour faire accorder au notaire l'intérêt des avances par lui faites pour ses clients; qu'en effet, le
notaire qui contractera pour des clients qui ne pourront de
suite débourser les frais d'enregistrement, dans le cas où
l'art. 2001 ne lui sera pas applicable, se fera consentir des billets
pour son remboursemet; il les fera faire avec stipulation d'intérêts, et fera comprendre dans les billets non seulement le
montant des avances, mais même des honoraires, et afin de
soustraire ces obligations à toute espèce d'examen et de critique,
il leur fera attribuer une cause, ou s'exposera enfin à des
fraudes qui eussent été évitées si l'on eût accordé au notaire ce
que la loi, le considérant comme mandataire, lui accorde,
l'intérêt de ses avances;

A mis l'appellation émise par Me Dorey et ce dont est appel
au néant, et par nouveau jugement, etc.

Du reste, quand il s'agit de l'enregistrement d'un acte
sous seing privé, il n'est plus permis de dire que le notaire
paie des droits dont il est le débiteur direct. Dans ce cas, le
notaire ne paie évidemment qu'en vertu d'un mandat; or,
dans l'espèce présente jugée par l'arrêt ci-dessus rapporté,
il était précisément question d'un acte sous seing privé, et
la Cour, qui a vu dans Me Chuzin un mandataire, pour lui
accorder le bénéfice de la solidarité, n'a plus appliqué les
principes du mandat, en ce qui concernait les intérêts de

ses avances. N'est-ce pas le cas de dire, avec l'arrêt de la même Cour, du 14 juillet 1838, *qu'on ne saurait concevoir comment un mandataire ayant, en cette qualité, droit à la solidarité, ne pouvait invoquer l'application de l'art. 2101, qui accorde de plein droit au mandataire l'intérêt des avances par lui faites pour le compte des parties qui lui ont confié le mandat ?*

Un arrêt de la cour de cassation, du 18 mars 1850 (S. 50. 1. 381), après avoir admis que les intérêts ne courraient pas de plein droit, à dater de l'avance, avait tiré de là cette conséquence que les intérêts étaient sujets à répétition de la part du client qui les aurait volontairement payés. Mais, par un arrêt du 24 janvier 1853 (S. 53. 1. 179), la Cour de cassation a reconnu aux notaires le droit de stipuler, par une convention expresse, dans leurs actes, l'intérêt de leurs avances pour le cas où ces avances ne seraient pas remboursées dans le délai déterminé. Cette solution exclut virtuellement le droit de répétition de la part du débiteur qui aurait payé les intérêts stipulés.

L'arrêt de 1853 contient en même temps, dans ses motifs, la confirmation très-expresse de la règle d'après laquelle les intérêts ne seraient dus aux notaires, à raison de leurs avances, qu'à partir du jour de la demande en justice.

On peut voir dans la *Revue critique de législation* une très-vigoureuse réfutation de cette jurisprudence, par M. Pont (tom. III, 3e année, 1853, pag. 259). M. Pont cite en sa faveur Rolland de Villargues, au mot *Honoraires*, no 326 ; Dalloz, au mot *Notariat*, tom. x, pag. 436, no 12 ; Coulon, *Dialogues*, tom. III, pag. 312 ; *Journal des Notaires et des Avocats*, art. 7138 ; *Journal du Notariat*, no 251 (16 septembre 1846) ; *Contrôleur*, art. 8957 (année 1850, numéro de juin).

FRÉD. TAULIER.

FEMME DE COMMERÇANT. — CRÉANCIER PRIVILÉGIÉ OU HYPO-THÉCAIRE. — ACTE SOUS SEING PRIVÉ. — DATE CERTAINE. — AYANT CAUSE. — TIERS. — PREUVE TESTIMONIALE.

La femme d'un commerçant, pour établir quels sont les immeubles frappés de son hypothèque légale, ne peut pas opposer à un créancier privilégié ou hypothécaire de son mari l'acte sous seing privé sans date certaine qu'elle pourrait opposer à celui-ci par qui il a été souscrit, attendu que le créancier privilégié ou hypothécaire n'est pas l'ayant cause de son débiteur, dans le sens de l'article 1322 du Code Napoléon. La femme ne peut pas mieux opposer la preuve testimoniale.

Vincent C. — C. Joseph C.

En fait :

A la suite d'une expropriation dirigée contre le sieur Vincent C., un ordre s'est ouvert entre ses créanciers, le 15 mai 1855. Dans l'état de collocation provisoire dressé par M. le juge-commissaire, le 18 février 1856, le sieur Liotin, acquéreur d'un immeuble dotal de la femme Vincent C., a été alloué éventuellement au premier rang des hypothèques pour une somme de 6,000 francs et accessoires ; le sieur Joseph C. a été alloué pour diverses créances en rang privilégié et en rang hypothécaire.

Rosalie F., femme du débiteur exproprié, n'est allouée qu'en rang chirographaire pour le montant de ses reprises dotales, par le motif que son mari était commerçant au moment du mariage, et que les immeubles dont le prix est distribué n'ayant été acquis par Vincent C. qu'après le mariage ne sont pas frappés de l'hypothèque légale de la femme C., aux termes de l'article 563 du Code de commerce.

Le 1ᵉʳ mars et le 27 décembre 1856, la femme Vincent C. a fait à l'ordre divers contredits et a prétendu notamment que son mari était propriétaire avant le mariage, en vertu de conventions sous seing privé des immeubles dont le prix est en distribution.

Le 14 janvier 1857, le tribunal de Saint-Marcellin a rendu le jugement suivant :

Attendu qu'il est constant que Vincent C. était boulanger au moment de son mariage, et que, dans le courant de l'année qui a suivi, il a joint à cette industrie un débit de vins, que dès lors sa qualité de commerçant ne peut être contestée ;

Attendu que, par suite, la femme C. n'a, aux termes de l'article 563 du Code de commerce, aucun droit d'hypothèque à exercer sur les immeubles dont le prix est en distribution, ces immeubles n'ayant été acquis par C. que cinq ans après son mariage, suivant acte reçu par Mᵉ Lacour, notaire, le 10 mars 1838 ;

Attendu que la preuve tendant à établir que C. était propriétaire sous seing privé de ces immeubles lors de son mariage n'est pas recevable.

Par ces motifs, le tribunal déboute la femme Vincent C. de toutes les fins de ses contredits.

La femme C. a appelé de ce jugement.

ARRÊT.

Considérant que Joseph C., intimé, se présente dans l'ordre ouvert sur Vincent C. et qu'il y a été alloué comme créancier privilégié et hypothécaire, qu'il a ainsi un droit réel sur la chose; qu'en qualité de créancier hypothécaire, en vertu de titres incontestés, il est non simple ayant cause de Vincent C., mais tiers vis à vis de lui et, comme tel, il ne peut lui être opposé d'acte n'ayant point de date certaine; que la femme C. ne peut donc être admise à prouver par témoins au regard de Joseph C., et contrairement aux dispositions de l'acte authentique du 10 mars 1838, que l'immeuble dont le prix est en distribution aurait été acquis par Vincent C. avant son mariage, en vertu d'acte privé non enregistré et non opposable à l'intimé; qu'au surplus, la femme C. n'invoque aucun fait précis devant la Cour et ne produit aucun document ayant date certaine, rendant vraisemblable le fait par elle allégué de la possession à titre de propriétaire par Vincent C., antérieur à son mariage, des immeubles dont le prix est en distribution, et sur lesquels la femme C. voudrait faire porter son hypothèque légale pour la conservation de sa dot; adoptant, au surplus, les motifs des premiers juges,

La Cour confirme.

Arrêt du 30 janvier 1858. — 4ᵉ chambre. — M. Petit, président; M. Alméras-Latour, premier avocat général; MM. Roux, Allemand, avoués; MM. Farge, Lacour, avocats (1).

FEMME DE COMMERÇANT. — CRÉANCIERS CHIROGRAPHAIRES. — CRÉANCIER HYPOTHÉCAIRE. — ACTE SOUS SEING PRIVÉ. — AYANT CAUSE. — TIERS. — PREUVE TESTIMONIALE.

I. — Le fait d'un commerçant d'avoir acquis avant son mariage un immeuble sur lequel sa femme veut exercer son hypothèque légale est un fait personnel au mari, dont les créanciers chirographaires de celui-ci sont obligés de supporter les conséquences, qui peut être prouvé contre eux

---

(1) Voir l'arrêt suivant.

comme contre lui, et à l'égard duquel ces créanciers ne sont que ses ayants cause. Mais il en est autrement s'il s'agit d'un créancier hypothécaire.

II. — L'hypothèque légale de la femme d'un commerçant s'étend à toutes les améliorations survenues à l'immeuble hypothéqué.

Femme Bonnet-Ballot — C. le syndic de la faillite Bonnet-Ballot.

Le 23 décembre 1857, le tribunal de Saint-Marcellin a rendu le jugement suivant :

Attendu, sur la deuxième question, que le syndic a refusé à la femme Bonnet-Ballot toute allocation de ses reprises sur le prix de la maison, par le motif qu'au jour de la célébration du mariage le mari était négociant, et qu'il résultait d'un acte reçu Détroyat. notaire, que l'immeuble en question dont le prix est en distribution aurait été acheté, par Bonnet-Ballot, du sieur Lambert, le 24 novembre suivant, c'est-à-dire postérieurement à la célébration du mariage, en sorte qu'aux termes de l'article 563 du Code de commerce, la femme Bonnet-Ballot serait sans hypothèque légale sur les biens de son mari ;

Attendu que, bien que la vente publique porte une date postérieure au mariage, la femme Bonnet-Ballot soutient et demande à prouver que la vente réelle de la maison dont il s'agit avait été verbalement consentie à son mari bien antérieurement à son mariage, et qu'elle articule des faits nombreux à l'appui de sa prétention ; qu'il s'agit, dès lors, de savoir si cette demande en preuve est admissible au regard du syndic.

Attendu qu'en principe, la masse des créanciers ordinaires, représentée par le syndic, exerce les droits qui appartenaient au failli, comme celui-ci l'aurait fait lui-même avant qu'il eût été dessaisi de l'administration de ses biens; que les actes qui lui étaient opposables peuvent être opposés à la masse ou au syndic qui la représente; qu'ainsi la femme Bonnet-Ballot est admissible à établir vis-à-vis de la masse, comme elle l'aurait

pu vis-à-vis de son mari, que la maison Lombard appartenait
à son mari avant la célébration de leur mariage, et que son
hypothèque légale affectait tout cet immeuble; que c'est d'autant mieux le cas d'autoriser la preuve par elle demandée, que
n'ayant pu participer à la transmission verbale de la propriété
de ladite maison Lombard sur la tête de son mari, transmission
à laquelle elle est restée étrangère, il est évident qu'elle a le
droit de l'établir par témoins à défaut de titre, et même par
présomption, le cas échéant;

Attendu, dès lors, que c'est le cas, avant dire droit sur cette
question, d'autoriser l'enquête demandée devant un de Messieurs les juges de la cause ;

Attendu que le sieur Bernoux étant créancier hypothécaire,
et, par conséquent, étranger à la masse des créanciers chirographaires intéressés spécialement dans la question, la maison
Lombard, quant à lui, est censée n'avoir été vendue à Bonnet-
Ballot qu'à la date de l'acte public; que, dès lors, l'hypothèque
légale de la femme ne peut avoir effet à son préjudice; qu'il y a
lieu d'ordonner que, sur le prix de la maison en distribution,
Bernoux sera alloué pour le montant de ses deux créances avant
la femme Bonnet-Ballot;

Par ces motifs : le Tribunal, avant dire droit sur la question
de savoir si la propriété de la maison Lombard avait passé
verbalement sur la tête de Bonnet-Ballot avant la célébration
de son mariage avec Marthe Cottin, permet à celle-ci de prouver,
tant par titres que par témoins, devant M. Jubié, juge à ces fins
commis, les faits ci-après, etc.

Sauf la preuve contraire.....

Ordonne que Bernoux sera alloué pour ses deux créances
hypothécaires, telles qu'elles sont énumérées dans la clôture,
à un rang préférable à celui de la femme Bonnet-Ballot.

Appel par la femme Bonnet-Ballot.

ARRÊT.

Attendu que le fait d'avoir acquis avant son mariage un immeuble sur lequel la femme d'un commerçant veut exercer son

hypothèque légale, est un fait personnel au mari dont les créanciers sont obligés de supporter la conséquence, qui peut être prouvé contre eux comme contre lui, et à l'égard duquel il ne saurait être douteux que ces créanciers ne sont que ses ayants cause;

Attendu que l'art. 2133 du Code Napoléon dispose, d'une manière formelle et générale, que l'hypothèque s'étend à toutes les améliorations survenues à l'immeuble hypothéqué;

Attendu que l'art. 563 du Code de commerce, ni aucune autre disposition législative, n'ayant apporté de modification à ce principe, en ce qui concerne l'hypothèque de la femme d'un commerçant, elle doit, sauf le cas de fraude, jouir du bénéfice du droit commun;

Attendu qu'aucune fraude n'étant alléguée, l'hypothèque légale de la femme Bonnet-Ballot devra s'étendre sur les améliorations faites par son mari, si elle prouve que la maison sur laquelle ont été faites ces améliorations appartenait à son mari avant son mariage, et qu'elle est par conséquent grevée de son hypothèque;

Attendu que c'est d'autant plus le cas de le décider ainsi et de refuser l'expertise demandée, que quelque importantes qu'aient pu être ces améliorations, elles n'ont été qu'une addition et un accessoire à l'immeuble dont la nature n'a pas changé et qui est resté la valeur principale.

Par ces motifs et adoptant ceux exprimés dans le jugement dont est appel, la Cour confirme avec amende et dépens.

Arrêt du 28 juin 1858. — 1re Chambre. — M. Royer, premier président; M. Blanc, substitut de M. le procureur général. — MM. N. Michal, Allemand, avoués. — MM. Cantel, Louis Michal, avocats.

Cet arrêt n'est pas en contradiction avec celui qui précède. Loin de là, il confirme le jugement du tribunal de Saint-Marcellin, qui avait décidé qu'un créancier *hypothécaire* n'est pas l'ayant cause du débiteur; il consacre donc la même doctrine que l'arrêt du 30 janvier 1858. S'il juge d'abord que les créanciers d'un failli sont les **ayants cause** de celui-ci, c'est que les créanciers auxquels il applique cette première solution, également adoptée par le tribunal, étaient des créanciers *chirographaires*. En un mot, il distingue entre les créanciers chirographaires et les créanciers hypothécaires.

Cette distinction très-rationnelle résultait déjà d'un arrêt de la Cour de Grenoble, du 28 août 1847 (S. 48, 2, 469), où on lit les motifs suivants :

Attendu que Planel aîné et Benoît, soit qu'on les considère comme les liquidateurs de la faillite de Victor Planel, soit comme ses créanciers chirographaires, n'ayant aucun privilége ni hypothèque sur la fabrique dont il s'agit, ne sont que les ayants cause du failli et ne peuvent avoir plus de droits que lui ; que, dans une faillite, la masse des créanciers ordinaires, représentés par des liquidateurs ou des syndics, excluent les droits qui appartiennent au débiteur failli, comme il l'aurait fait lui même avant qu'il ait été dessaisi de l'administration de ses biens ; cette masse est en quelque sorte son image, quant aux droits qui appartenaient à leur débiteur et aux obligations qu'il avait contractées ; par conséquent, les actes qui étaient opposables au failli sont opposables à la masse ; que c'est ainsi qu'il a été admis comme principe incontestable, en matière de faillite, que les créanciers ayant un titre authentique, ou un acte privé avec date certaine, ne peuvent faire repousser de la masse des créanciers de la faillite ceux qui ne sont porteurs que d'actes privés n'ayant pas acquis une date certaine ; que les créanciers ne deviennent des tiers que lorsqu'ils prétendent à un droit de préférence sur les créanciers ordinaires, tel qu'un privilége ou un droit sur la chose ou à la chose ; que, hors ces cas, les créanciers composant la masse ne représentent que le débiteur failli ; ils n'ont d'autres droits que ceux qui lui appartiennent, et tous les actes qui lui étaient opposables peuvent être opposés à la masse ou aux syndics qui la représentent ; qu'ainsi la femme Planel doit être admise à établir contre la masse des créanciers ou contre Planel aîné et Benoît, comme elle aurait été admise à le faire contre son mari, que la moitié de la fabrique qui avait appartenu à Simon Faure, était la propriété de Victor Planel avant la célébration de leur mariage, et que son hypothèque légale affecte cet immeuble ; qu'elle doit être admise à prouver ce fait, tant par titres que par témoins et par présomption.....

La même distinction a été faite par la Cour de Dijon, dans un arrêt du 27 janvier 1842 (S. 43, 1, 468).

« Considérant, dit la Cour, que des créanciers cédulaires, dénués de tout droit en leur personne, sont évidemment inhabiles à exciper de l'article 1328 pour repousser un acte sous seing privé passé sans fraude avec leur débiteur, par le seul motif qu'il n'a pas reçu une date certaine ; qu'en effet, leur action ne s'étayant plus d'un titre direct qui leur soit personnel, ne peut plus se produire qu'à l'aide de la subrogation dans les droits de leur débiteur. d'où il suit qu'ils ne sont plus des tiers dans le sens de l'article 1328, mais simplement des ayants cause dans le sens de l'article 1322, Code civ.

Le pourvoi formé contre cet arrêt fut rejeté par arrêt de la chambre des requêtes, du 15 juin 1843 (S. 43, 1, 467).

Fréd. TAULIER.

ORDRE. — CONTREDITS. — DÉFAUT DE MOTIFS. — DÉFENSE AU FOND. — USUFRUIT. — SOMMES D'ARGENT. — CESSION. — IMMEUBLE DOTAL. — ESTIMATION. — PRIX RÉEL. — MANDAT. — CHOSE JUGÉE.

I. — Les contredits à un ordre doivent être motivés ; mais la nullité résultant du défaut de motifs est couverte par la défense au fond.

II. — Le créancier qui fait donation à son débiteur de

l'usufruit des sommes d'argent dues par celui-ci, doit être considéré comme ayant simplement remis au débiteur l'obligation de servir les intérêts pendant la durée de l'usufruit; il s'opère donc une confusion entre la dette des intérêts et le droit à ces mêmes intérêts. En conséquence, le cessionnaire de l'usufruit n'est qu'un créancier chirographaire qui ne peut être alloué sur le prix de vente des immeubles du cédant au préjudice des créanciers hypothécaires.

III. — *Lorsqu'il n'est pas dit dans le contrat de mariage que l'estimation donnée à l'immeuble dotal en transporte la propriété au mari, celui-ci ne peut être tenu du prix d'estimation qu'autant qu'il résulte clairement des stipulations du contrat que la volonté des parties a été de soumettre le mari à tenir compte de ce prix, s'il vient à vendre l'immeuble. A défaut de telles stipulations, le mari n'est comptable que du prix réel.*

IV. — *Le mandant condamné, par un jugement de défaut auquel il a acquiescé, à payer le prix du mandat qui est en cours d'exécution, conserve néanmoins le droit de faire réduire ce prix, lorsqu'il est démontré par les événements ultérieurs que le mandat ne peut plus être entièrement exécuté.*

Watrin — C. Blanchard.

Un ordre a été ouvert devant le tribunal de Valence sur le prix des immeubles vendus par M. Blanchard, notaire à Alixan, ou expropriés contre lui.

Le 22 juillet 1852, il y a eu un premier classement provisoire. Des classements supplémentaires ont été faits les 14 et 19 août et 24 décembre 1852, 6 janvier, 2 et 24 février, 23 mars et 6 juin 1853, 26 mars, 29 juin et 3 juillet 1854.

Dans le premier classement, les mineurs Blanchard étaient alloués au premier rang des hypothèques, et, en vertu de l'hypothèque légale de leur mère, décédée, pour un capital de 33,000 fr. et les intérêts de la moitié de cette somme, l'autre moitié appartenant à M. Blanchard, débiteur distribué, comme usufruitier. Cette allocation n'a pas été contredite.

Dans l'état du 23 mars 1853, les mineurs Blanchard sont de nouveau colloqués de la manière suivante :

Au premier rang des hypothèques pour :

1° La somme de 2,000 fr., prix du mobilier donné par M. de Payan à Mme Blanchard, sa fille, dans son contrat de mariage du 25 janvier 1831 ;

2° Celle de 22,000 fr., prix des immeubles donnés à Mme Blanchard par son père, lors de son mariage ;

3° Intérêts de la moitié de ces sommes, à partir du 16 février 1851, date du décès de Mme Blanchard, l'autre moitié donnée à M. Blanchard, par sa femme ;

Au sixième rang, date de l'acte de partage, reçu Clerc, notaire, du 16 juillet 1847,

Pour : 1° 18,000 fr. reçus par M. Blanchard, pour la part revenant à sa femme dans la succession de sa mère ;

2° Intérêts de la moitié de cette somme.

« Les présentes allocations, est-il ajouté, annulent celles « accordées au premier degré dans notre état provisoire du « 22 juillet 1852 ; elles n'auront toutefois leur effet qu'au « tant qu'on aura produit : 1° les actes constatant que « M. Blanchard a aliéné les immeubles donnés à sa femme « dans son contrat de mariage ; 2° l'acte de partage du 16 « juillet 1847. »

Cet état de collocation fut dénoncé le 13 août 1853, et le 20 août, l'avoué de M. Watrin déclara contredire l'état supplémentaire *pour motifs à déduire ;* d'autres avoués firent aussi des comparutions afin de contredire dans ces comparutions mêmes. A la date des 16 novembre 1853 et 21 janvier 1856, l'avoué de M. Watrin a développé les raisons pour lesquelles il entendait faire réparer l'ordre provisoire.

Il faut encore savoir que MM. Vacher et Colombet, avoués, créanciers de Blanchard, notaire, ont, dans le courant de 1852, frappé de saisie-arrêt le droit d'usufruit compétent à leur débiteur sur les biens de sa femme.

Les créanciers hypothécaires, de leur côté, ont soutenu que cet usufruit portant sur des sommes d'argent touchées par Blanchard pendant le mariage, le bénéfice qui en résultait pour lui consistait uniquement dans la dispense des intérêts de ce qu'il devait à sa femme, et ce, jusqu'à l'époque de son décès, bénéfice non susceptible d'être saisi et d'être cédé.

En conséquence, apprenant que M. Blanchard de Besayes, dit Canonnier, se disait cessionnaire de ce droit d'usufruit, ils l'ont appelé à l'ordre pour voir statuer sur la valeur de la cession.

Enfin, au nombre des créances contestées, se trouvait une somme de 9,000 fr. allouée au profit de M. Bouzon, et résultant du salaire convenu avec M. Bouzon par M. Blanchard, pour opérer la vente de ses immeubles.

Après de nombreuses conférences qui eurent lieu devant le juge-commissaire pour aplanir les difficultés soulevées dans les contredits, la cause fut portée à l'audience.

Entre autres conclusions qui furent prises devant les premiers juges, on remarque une demande de 100,000 fr. de dommages-intérêts réclamés par M. Blanchard, notaire, contre M. Bouzon.

Le 30 août 1856, il fut rendu jugement qui déboutait Blanchard de sa demande en dommages-intérêts, maintenait la collocation de Bouzon, pour sa créance de 9,000 fr. et accessoires, fixait à 42,000 fr. le montant des reprises à exercer par les mineurs Blanchard, du chef de leur mère, et validait la cession d'usufruit faite à Blanchard de Besayes.

Appel de ce jugement a été relevé par Blanchard, notaire, contre Bouzon, Watrin et divers autres créanciers; M. Watrin, de son côté, en a appelé contre les mineurs Blanchard, Bouzon et Blanchard de Besayes.

Après conclusions au fond et plaidoiries, il a été soulevé, au nom des mineurs Blanchard et de Blanchard de Besayes, une fin de non recevoir, tirée de ce que Watrin n'aurait pas contredit valablement l'allocation des mineurs Blanchard dans le délai d'un mois de la dénonciation de l'ordre provisoire.

Au nom de M. Blanchard de Besayes, il a été soutenu : 1° que les enfants Blanchard, nu-propriétaires des reprises de leur mère, ayant été alloués dans l'ordre pour la totalité de leurs créances, et aucun contredit régulier n'étant intervenu, le droit était de tout point consommé, sauf aux mineurs à s'entendre avec l'usufruitier comme bon leur semblerait, et que cette situation profitait à l'usufruitier qui avait été représenté dans l'ordre par les nu-propriétaires; 2° que Mlle de Payan-Dumoulin, en instituant son mari futur, son usufruitier universel dans son contrat de mariage, n'a pu lui faire remise d'une dette qui n'existait pas; 3° qu'aucune confusion n'était possible entre la dette du mari envers ses enfants et son droit usufructuaire sur cette même dette, et que si bien les intérêts et les frais se compensaient, ce n'était qu'au fur et à mesure des échéances; 4° qu'aucun règlement n'étant intervenu entre le mari et ses enfants, le mari n'avait pas cessé d'être débiteur de la totalité des reprises, sauf à lui, par un partage, à se faire attribuer son usufruit.

ARRÊT.

Sur les appels de Watrin, et en premier lieu sur la conclusion tendant à le faire déclarer non recevable dans ses contredits et ses conclusions ;

Attendu que, dans la distribution du prix des immeubles expropriés contre Blanchard, notaire, le juge-commissaire, dans sa clôture préparatoire du 22 juillet 1852, a alloué au premier rang des hypothèques les mineurs de l'exproprié, en vertu de l'hypothèque légale de leur mère, pour un capital de 33,000 fr. et pour les intérêts de la moitié de cette somme seulement, parce que l'autre moitié appartenait au débiteur exproprié, comme donataire de sa femme, et que, dans sa clôture supplémentaire du 23 mars 1853, il a élevé au chiffre de 42,000 fr. l'allocation desdits mineurs ;

Attendu que, le 3 août 1852 et le 20 août 1853, avant la dénonciation ou dans le mois de la dénonciation, Watrin a déclaré contredire ces états de collocation pour motifs à déduire, et qu'il les a déduits les 16 novembre de la même année et 21 janvier 1856, mais plusieurs mois après la dénonciation desdits états qui lui avait été faite les 25 août 1852 et 13 août 1853 ;

Attendu que Blanchard de Besayes n'a pas produit dans l'ordre, et que c'est devant le tribunal qu'il a été mis en cause ;

Attendu que, devant le tribunal, Watrin, reproduisant les motifs de son contredit, a pris des conclusions contre Blanchard, notaire, contre les enfants Blanchard et contre Blanchard de Besayes, qui tendaient à ce que la moitié des reprises dotales de la dame Blanchard fût attribuée aux créanciers hypothécaires d'après leur rang dans l'ordre, parce que l'hypothèque légale s'était évanouie à concurrence de cette moitié par la donation d'usufruit faite au mari, et à ce que la cession de cet usufruit fût rejetée et déclarée irrégulière ;

Attendu que c'est sur ces conclusions et les conclusions contraires des intimés, que le tribunal de Valence, par jugement du 30 août 1856, a fixé à 42,000 fr. le montant des reprises à exercer du chef de leur mère par les enfants Blanchard, a validé la cession de l'usufruit et accordé au cessionnaire un droit de préférence ;

Attendu que Watrin s'est rendu appelant de ce jugement contre Blanchard, contre les enfants Blanchard et contre Blanchard de Besayes; mais qu'avant d'examiner le, mérite de cet appel et des conclusions prises par Watrin devant la Cour, il faut apprécier la conclusion des enfants Blanchard à laquelle a adhéré Blanchard de Besayes, qui tend' à faire déclarer Watrin non recevable dans ses contredits et demandes;

Attendu, à cet égard, que si les articles 755 et 756 du Code de procédure, qui disposent que les créanciers produisants seront tenus, à peine de forclusion, de contredire l'état de collocation dans le mois de la dénonciation qui leur en a été faite, n'exigent pas d'une manière expresse que le contredit sot motivé, il est vrai cependant que, des termes de la loi et de la nature des choses, il ressort que le législateur a voulu que le créancier qui attaque l'état de collocation dressé par le juge-commissaire fasse connaître pourquoi il l'attaque;

Attendu toutefois qu'on ne saurait induire de cette intention, ni que le contredit non motivé n'existe pas. ni que son irrégularité ne puisse pas être couverte par des motifs déduits avant le rapport du juge-commissaire et avant toute discussion;

Attendu surtout que si, après ces motifs déduits, la discussion a été engagée au fond sans que la forme primitive du contredit, qui n'est en définitive qu'une prétention et un ajournement non motivé, ait été attaquée, on ne saurait plus être recevable à invoquer cette irrégularité et cette nullité qui était nécessairement préjudicielle, comme la nullité de toute demande en justice;

Attendu que c'est ce qui s'est produit dans l'espèce, puisque Watrin, longtemps avant le rapport du juge-commissaire et avant toute discussion, a fait connaître les motifs de ses contredits; puisqu'il les a reproduits dans ses conclusions lors du jugement dont est appel; puisqu'alors les intimés ont conclu sans demander la nullité de ces contredits; puisque enfin ce n'est que devant la Cour, et même après avoir conclu seulement au fond, qu'ils ont proposé cette nullité qui se trouvait évidemment couverte;

Attendu, dès lors, que c'est le cas de déclarer les enfants Blanchard non recevables dans leur demande en nullité des contredits et conclusions de Watrin;

Attendu, à l'égard de Blanchard de Besayes, qui a adhéré à cette demande, qu'il doit d'autant mieux être déclaré non recevable dans cette adhésion, qu'il n'a jamais été partie dans l'ordre, qu'il n'y était représenté par aucun produisant, et que ce n'est que par assignation devant le tribunal qu'il a été mis en cause, qu'il a été pris des conclusions contre lui et qu'il en a pris lui-même ;

AU FOND :

En ce qui concerne les droits du mari survivant, sur les sommes dotales dont il est à la fois usufruitier et débiteur, et la cession d'usufruit faite à Blanchard de Besayes :

Attendu que les allocations faites aux enfants Blanchard dans les états de collocation provisoire et supplémentaire, ne peuvent être entendus qu'en ce sens; que du chef de leur mère et en vertu de son hypothéque légale, ils ont droit à obtenir bordereau pour la moitié de ses reprises dotales, en capital et intérêts, mais que pour l'autre moitié de ces reprises, dont la jouissance et les intérêts appartiennent à leur père, ils sont seulement reconnus avoir droit à la nue propriété de sommes qui ne seront exigibles qu'au décès de l'usufruitier, et qu'il restait à déterminer, lors de la clôture définitive, dans quelles mains ces sommes seraient remises jusqu'à ce décès, alors surtout que l'usufruitier est le débiteur distribué, et que, par jugement du 16 juin 1852, il avait été déclaré incapable de recevoir les capitaux de ses enfants mineurs à cause de son état de déconfiture et faute de garantie suffisante;

Attendu que Watrin, qui avait demandé en première instance que l'hypothèque légale de la dame Blanchard fût déclarée éteinte pour la moitié de ses reprises dotales, par suite de l'usufruit par elle donné à son mari, soutient seulement devant la Cour que les intérêts de cette moitié soumise à l'usufruit doivent profiter exclusivement aux créanciers hypothécaires, et que, pour prononcer sur cette prétention réduite, il y a lieu d'examiner tout à la fois les droits de l'usufruitier et ceux de son cessionnaire;

Attendu, à cet égard, qu'il est incontestable d'abord que, soit d'après les principes du droit, soit d'après les termes de la cession faite à Blanchard de Besayes, celui-ci ne pourrait être

329

alloué dans l'ordre au rang de l'hypothèque légale de la dame
Blanchard, qu'autant que son cédant le pourrait lui-même ;
mais qu'étant évident que Blanchard, débiteur des reprises de
sa femme et usufruitier de la moitié de ces reprises. ne pouvait
pas avoir pour cet usufruit d'hypothèque sur lui-même, il est,
par cela seul, démontré que son cessionnaire, qui n'a pas
d'autres droits que lui, ne saurait, du chef de son cédant,
prétendre à une allocation hypothécaire que celui-ci n'a pas
demandée et ne pourrait pas demander ;

Attendu que Blanchard de Besayes ne pourrait obtenir une
allocation en sous-ordre, contre les mineurs Blanchard, qu'autant que ceux-ci pourraient eux-mêmes être alloués à raison
de l'usufruit de leur père ; mais qu'une semblable allocation
n'étant encore ni demandée, ni possible, puisqu'ils sont sans
droit à cet usufruit, il se trouve établi déjà que, ni du chef de
son cédant, ni du chef des mineurs Blanchard, il ne peut invoquer l'hypothèque légale de la dame Blanchard et un droit de
préférence ;

Attendu ensuite que l'usufruit d'une somme d'argent, et par
conséquent d'une chose dont on ne peut faire usage sans la
consommer, léguée ou donnée au débiteur de cette somme,
n'est en réalité que la dispense d'en servir l'intérêt ; que, par
un semblable legs ou une semblable donation, il s'opère sur la
tête du débiteur la réunion des qualités de créancier et de
débiteur des intérêts d'un capital qu'il ne devra rendre et payer
qu'à la cessation de l'usufruit et de cette confusion ;

Attendu qu'il est plus vrai encore que le legs ou la donation
d'un semblable usufruit n'est autre chose que la remise faite
par un créancier à son débiteur de l'obligation d'en servir les
intérêts pendant la durée de cet usufruit, et par conséquent la
remise d'une partie de sa dette ;

Attendu qu'en présence de ces vérités incontestables, il faut
reconnaître que la dame Blanchard, en donnant par contrat de
mariage à son mari la jouissance de la moitié de ses biens pour
le cas qui est arrivé où elle laisserait des enfants, et alors que
ces biens ne consistent que dans une dot en argent dont il est
débiteur, n'a fait que dégrever son mari de l'obligation de
payer cette moitié avec intérêts, n'a fait que rendre sa dette

à terme pour le capital et lui en faire remise , quant aux intérêts, jusqu'à la cessation de l'usufruit ;

Attendu que, pour rendre cela plus sensible, il suffit de réfléchir que le mari, débiteur de la somme d'argent dont l'usufruit
lui a été donné, n'est pas réellement créancier de cet usufruit,
puisqu'on ne peut pas être débiteur de soi-même ; que , par
la nature des choses et la force des principes du droit , il n'est
qu'un débiteur libéré de son obligation de payer les intérêts,
et que, par une conséquence forcée , cette donation d'usufruit
ne constitue dans ses mains , tant qu'il est débiteur du capital
grevé d'usufruit , qu'un droit purement passif qui ne peut être
ni transmis ni cédé , car on ne peut faire une cession sur soi-
même ;

Attendu que, outre ces raisons qui s'opposent à ce que Blanchard de Besayes puisse, à l'aide de sa cession, se faire allouer
dans l'ordre au préjudice des créanciers hypothécaires, il en
est d'autres encore qui viennent de plus en plus démontrer
que ceux-ci seuls doivent profiter de la remise partielle de sa
dette, que leur débiteur a obtenue par la donation d'usufruit de
la somme due par lui ;

Attendu, en effet, qu'étant certain . comme on l'a dit plus
haut, que le cessionnaire ne peut invoquer l'hypothèque légale
de la dame Blanchard, ni aucune hypothèque, soit du chef de
son cédant, soit de celui des mineurs Blanchard, soit de son
propre chef, il suit nécessairement de là qu'il faut appliquer,
dans une cause où le débiteur distribué est le débiteur de la
somme dont il a l'usufruit, les principes qui veulent que le
prix d'adjudication représente la chose hypothéquée et non la
dette du débiteur ; que les fruits de l'immeuble exproprié et les
intérêts du prix d'adjudication soient immobilisés à partir de la
transcription de la saisie, et que le tout soit distribué aux créanciers hypothécaires suivant leur droit et leur rang, parce que
ces créanciers, en vertu de leur hypothèque, doivent profiter,
en première ligne et avant tout créancier chirographaire, de
ce que leur débiteur a obtenu la remise partielle de sa dette,
comme ils auraient profité de la remise entière de cette dette,
s'il était donataire du capital et des intérêts, au lieu de l'être
des intérêts seulement ;

Attendu que, par tout ce qui précède, il est prouvé que c'est à

tort que les premiers juges ont décidé que la cession d'usufruit
faite à Blanchard de Besayes par le débiteur distribué, pouvait
recevoir son exécution au préjudice des créanciers hypothécaires et lui avait attribué un droit de préférence sur eux ;
qu'ils auraient dû, au contraire, juger que cette cession, qui ne
constituait au profit du cessionnaire qu'un droit purement chirographaire, ne pouvait prévaloir sur des droits hypothécaires,
et qu'ainsi il y a lieu de prononcer que la cession d'usufruit
n'a été, vis-à-vis des créanciers hypothécaires, que le transport d'un droit éteint par la confusion et la remise de la dette et
inexécutable contre eux, et, par suite, d'ordonner que les intérêts de la partie du prix mis en distribution, qui sera ultérieurement affectée à la moitié de la créance des mineurs grevée
d'usufruit, et dont le mode d'emploi sera réglé lors de la clôture
définitive, profiteront exclusivement aux créanciers hypothécaires, suivant leur rang dans l'ordre, jusqu'à l'époque où ce
capital deviendra exigible par le décès de Blanchard, notaire,
ou jusqu'à l'extinction de leurs créances ;

En ce qui concerne l'allocation de la somme de 22,000 fr.
accordée aux enfants Blanchard comme prix d'estimation
du domaine de la Blache :

Attendu que, d'après la disposition de l'art 1552 du Code
Napoléon, l'estimation donnée à l'immeuble constitué en dot
n'en transporte la propriété au mari que lorsqu'il y a eu déclaration expresse, et que cette déclaration n'existe pas dans le
contrat de mariage de la dame Blanchard ;

Attendu que Blanchard, à défaut de cette déclaration expresse,
ne pourrait être tenu du prix d'estimation mis au domaine de la
Blache dans ce contrat, qu'autant que des stipulations qui s'y
rencontrent il résulterait clairement que la volonté des parties
a été de soumettre le mari à tenir compte, s'il venait à vendre
ce domaine en vertu du pouvoir qui lui en était donné, de ce
prix d'estimation ;

Attendu que, dans l'ensemble des clauses du contrat de mariage, comme dans les stipulations particulières relatives au
domaine de la Blache, on ne saurait trouver cette volonté ; qu'on

ne saurait la faire résulter d'actes postérieurs, susceptibles d'ailleurs d'interprétations diverses, et qu'ainsi les enfants Blanchard ne pouvant être en droit de réclamer que le prix réel retiré par leur père de ce domaine, il écheoit de rechercher quel est ce prix réel;

Attendu que les parties sont d'accord que le prix de la vente du domaine proprement dit a été de 17,950 fr.; mais que les enfants Blanchard ayant fait soutenir qu'avant cette vente leur père avait distrait et vendu des immeubles par destination qui étaient attachés à ce domaine lors de son contrat de mariage, pour une somme de 1,400 fr., et de plus, que leur père avait vendu pour 4,000 fr. de mûriers, provenant d'une pépinière qui existait dans le domaine à la même époque, et qu'il n'a ni entretenue ni renouvelée, comme il y était tenu, il y a lieu d'apprécier le mérite de ces prétentions;

Attendu, en ce qui concerne la vente des immeubles par destination, que le fait n'est pas contesté, que les parties sont seulement discordantes sur le prix que le mari en a retiré, et qu'il existe dans la cause des documents suffisants pour que la Cour puisse fixer ce prix;

Attendu, à l'égard de la pépinière, que les enfants Blanchard ont suffisamment établi que cette pépinière existait en 1825, qu'elle avait au moins cinq ans d'existence le 25 janvier 1831, jour du mariage de leur mère et de la remise à son mari du domaine de la Blache; que leur père en a joui sans se conformer aux obligations que lui imposait l'art. 590 du Code Napoléon, et qu'il a ainsi causé à ce domaine une dépréciation dont il est comptable envers eux et qui doit faire confirmer, en principe, le jugement qui a fixé à 22,000 fr. ce qui leur est dû pour le domaine de la Blache;

Attendu que les enfants Blanchard ont fourni à la Cour des éléments suffisants pour déterminer cette dépréciation, et qu'il est inutile de recourir aux preuves subsidiairement demandées par eux;

Attendu que, soit pour le prix des immeubles par destination, soit pour la dépréciation que le domaine de la Blache a subie par le fait du non entretien de la pépinière, il a paru juste à la Cour d'accorder aux enfants Blanchard une somme de 3,050 fr., et de porter et fixer ainsi à 21,000 fr. ce qui doit leur être

alloué dans l'ordre pour le prix réel que Blanchard, leur père,
a retiré de ce domaine dotal;

En ce qui concerne l'allocation de 9,000 fr. faite à Bouzon :

Attendu qu'il est convenu au procès que Blanchard, notaire,
avait donné à Bouzon mandat de vendre ses immeubles moyennant une somme de 9,000 fr. qui fut payée d'avance en deux
billets à ordre et qui devait appartenir à Bouzon, même dans le
cas où il ne parviendrait pas à opérer cette vente;

Attendu que Blanchard a été exproprié avant que Bouzon
eût réalisé aucune vente, mais après que celui-ci avait fait pour
l'exécution de son mandat des démarches et des tentatives plus
ou moins nombreuses, et des dépenses plus ou moins considérables;

Attendu que, quoiqu'il eût été convenu entre Blanchard et
Bouzon que, dans tous les cas, la somme de 9,000 fr. serait
acquise à ce dernier, il faut cependant reconnaître que cette
convention n'était intervenue que parce que les parties étaient
alors l'une et l'autre convaincues que l'intervention de Bouzon
profiterait à Blanchard pour la liquidation de ses affaires et
préviendrait une expropriation;

Attendu qu'en admettant même que si Bouzon n'a pas opéré
de vente, ce doit être uniquement attribué soit aux circonstances dans lesquelles on se trouvait, et qui rendaient difficile
la vente des immeubles, soit au prix que Blanchard voulait
obtenir des siens, il n'en est pas moins certain que les prévi-
sions et les intentions des parties ne s'étant pas réalisées,
Bouzon ne saurait être fondé à réclamer la totalité du prix d'un
mandat non rempli, et qu'il appartient à la justice de fixer ce
qui doit lui être accordé pour le rembourser de ses dépenses et
le rémunérer de ses soins et de ses peines;

Attendu que, pour obtenir l'allocation entière de la somme de
9,000 fr., Bouzon invoque en vain la chose jugée qui résulterait de ce qu'il a obtenu contre Blanchard un jugement de
défaut qui l'a condamné au paiement des billets à ordre représentant cette somme, et de ce que Blanchard a acquiescé à ce
jugement;

Attendu, en effet, que ce jugement et cet acquiescement

étant intervenus alors que le mandat était en cours d'exécution et que Blanchard espérait que son mandataire parviendrait à vendre ses immeubles, il est évident que ce dernier n'avait aucun moyen de se soustraire à la condamnation au paiement des billets qu'il avait souscrits et qui étaient venus à échéance ; que son acquiescement à cette condamnation ne pouvait porter atteinte au droit qu'il pourrait avoir un jour de faire réduire le prix de son manat et qui n'était pas ouvert, et qu'il n'y a dans ce jugement de chose jugée que relativement à l'obligation où était Blanchard d'acquitter ses billets, mais nullement sur le point de savoir s'il serait fondé, lorsque le mandat ne pourrait plus recevoir son exécution, à demander une diminution de la somme par lui promise et payée d'avance, ou même le remboursement de ce qu'il aurait payé ;

Attendu que Blanchard s'en est rapporté à la sagesse de la Cour sur cette question, et n'a pas reproduit la demande qu'il avait formée en dommages-intérêts contre Bouzon en première instance, et que Watrin s'est borné à soutenir qu'il ne devait rien lui être alloué pour le mandat qu'il n'avait pas rempli ;

Attendu que, d'après les documents versés au procès, la Cour a reconnu que Bouzon avait droit à une partie de la somme par lui réclamée, et qu'après avoir apprécié ce qu'il a dépensé et fait dans l'intérêt de Blanchard, il lui a paru juste de fixer comme arbitre de droit, à la somme de 5,000 fr. ce qui lui est légitimement dû, et de réduire par conséquent à cette somme celle de 9,000 fr. qui lui a été accordée par le jugement dont est appel.

Par ces motifs, sans s'arrêter à la fin de non recevoir proposée par les enfants Blanchard et Blanchard de Besayes contre les contredits et conclusions de Watrin, dans laquelle ils sont eux-mêmes déclarés non recevables, réformant, quant à ce, le jugement dont est appel, dit et prononce que, sans avoir égard à la cession d'usufruit faite à Blanchard de Besayes, laquelle est déclarée sans force, sans valeur et sans exécution contre les créanciers hypothécaires du débiteur distribué, les intérêts de la partie du prix mis en distribution qui sera ultérieurement affectée à la moitié de la créance des enfants Blanchard, grevée d'usufruit et dont le mode d'emploi devra être réglé lors de la clôture définitive de l'ordre, profiteront exclusivement aux créanciers hypothécaires, suivant leur rang, jusqu'à l'époque où le capital deviendra exigible par le décès de Blanchard, notaire, ou jusqu'à l'extinction de leurs créances, sauf à Blanchard de Besayes à faire valoir ainsi, et comme il avisera, sa cession, autrement que contre lesdits créanciers hypothécaires ;

Condamne ledit Blanchard de Besayes aux dépens de ce chef de première instance et d'appel envers Watrin, lesquels sont évalués au tiers de ceux frayés par l'avoué de Watrin, et ordonne la restitution de l'amende consignée sur l'appel de Watrin ;

Réformant encore, quant à ce, le jugement dont est appel et faisant droit à l'appel de Watrin contre les enfants Blanchard, dit et prononce que ceux-ci n'ont pas droit à être alloués dans l'ordre pour le prix d'estimation donné au domaine de la Blache dans le contrat de mariage de leur mère, mais seulement pour le prix réel que leur père en a retiré ; fixe ce prix réel à la somme de 21,000 fr. et réduit en conséquence de 1,000 fr. l'allocation de 22,000 fr. faite de ce chef dans l'état de collocation provisoire ; compense entre les enfants Blanchard et Watrin les dépens de première instance et d'appel, et ordonne que l'amende consignée sur l'appel de Watrin sera restituée ;

Réformant également quant à Bouzon, fixe et réduit à 5,000 fr. la somme capitale qui doit lui être allouée dans l'ordre pour le mandat qu'il avait reçu de Blanchard.

Arrêt du 24 décembre 1857. 1re chambre. — MM. Royer, premier président ; de Leffemberg, avocat général. —MM. Perrin, Allemand, Rabatel, Roux, Chollier, Michal, avoués ; — MM. Cantel, Mathieu de Ventavon, Sisteron, Casimir de Ventavon, Taulier, Nicollet, avocats.

DERNIER RESSORT. — SAISIE-ARRÊT. — TIERS SAISI. — DÉCLARATION.

Le jugement rendu sur la déclaration du tiers saisi n'est

pas en dernier ressort, bien que les causes de la saisie-arrêt soient inférieures à 1,500 fr., si le litige soulevé par la déclaration contestée porte sur partie d'une somme supérieure à 1,500 fr. et peut avoir pour résultat de mettre à la charge du déclarant une dette indéterminée, ou excédant le taux du dernier ressort.

Mariés Angelier — C. Rochas.

. Antoine Rochas, se disant créancier de Chabert père d'une somme de 534 fr., a fait procéder à saisie-arrêt contre ce dernier entre les mains des mariés Angelier, jusqu'à concurrence de la somme de 420 fr. représentant deux annuités échues d'un capital de 4,208 fr. resté entre leurs mains, conformément à un ordre clos en 1854. Les mariés Angelier, assignés en déclaration de deniers, ont affirmé qu'ils ne devaient rien, parce que le prix des immeubles par eux acquis, et sur lesquels Chabert père avait des droits, avait été attribué dans l'ordre à des créanciers hypothécaires, soit de Chabert père, soit de Chabert fils. Le 1er avril 1857, le tribunal de Grenoble, considérant qu'une somme de 469 fr. 50 c. allouée à un créancier de Chabert père, qui n'en était débiteur que comme caution, avait été payée par le débiteur principal, et que, dès lors, ce paiement rendrait libre une somme assez importante à attribuer au débiteur Chabert père contre lequel portait la saisie de Rochas, a validé cette saisie à concurrence des sommes qui resteraient disponibles entre les mains des mariés Angelier, acquéreurs et tiers saisis.

Les mariés Angelier ont appelé de ce jugement. Rochas a élevé une fin de non-recevoir tirée de ce que la condamnation n'étant que de 420 fr., montant des causes de la saisie-arrêt, le tribunal avait statué en dernier ressort. Les mariés Angelier ont répondu qu'il ne fallait pas confondre le litige existant entre le saisissant et le saisi avec le litige existant entre ce dernier et le tiers saisi, lequel litige, portant sur le point de savoir si le tiers saisi était débiteur et quel était le chiffre de la dette, pouvait, selon les cas, être en premier ou en dernier ressort, alors même que la question débattue entre le saisissant et le saisi ne serait pas susceptible d'appel.

ARRÊT.

Sur la fin de non recevoir tirée du dernier ressort:

Attendu qu'en matière de saisie-arrêt les conclusions du créancier saisissant, bien qu'inférieures à 1,500 fr., ne rendent pas la cause non susceptible d'appel, lorsque, comme dans l'espèce, la contestation à l'égard du tiers saisi porte sur partie d'une somme supérieure à 1,500 fr., et que le jugement, en ce qui touche la déclaration de ce dernier, peut avoir pour résultat de mettre à sa charge une dette indéterminée ou excédant la limite du dernier ressort.

Par ces motifs, la Cour déclare l'appel recevable, etc.

Arrêt du 18 mars 1858. 2ᵉ chambre.— M. Nicollet, conseiller président; — M. Gautier, avocat général; MM. Chabert, Amat, avoués; MM. Victor Arnaud, Giraud, avocats.

La jurisprudence présente sur ce point une assez grande incertitude. On peut consulter les arrêts suivants: Paris, 7 mai 1817 (S. 17, 2, 359); Aix, 19 janvier 1828 (S. 28, 2, 175); Colmar, 8 janvier 1830 (S. 31, 2, 48); Douai, 5 mars 1835 (S. 35, 2, 491); Caen, 29 novembre 1844 (S. 45, 2, 369); Paris, 13 mai 1832 (S. 33, 2, 97); Pau, 18 janvier 1838 (S. 38, 2, 133); Agen, 15 juin 1857 (S. 58, 2, 174.)

La divergence des arrêts ci-dessus provient des nuances que présentent les espèces dans lesquelles ils ont été rendus. Elle est souvent plus apparente que réelle.

On devra lire les arrêts avec beaucoup d'attention, parce qu'il n'a pas toujours été facile d'en reproduire exactement la pensée dans les sommaires.

En rappelant l'arrêt du 18 janvier 1838, compris dans la nomenclature ci-dessus, l'arrêtiste fait les observations suivantes : « Nombre d'arrêts ont décidé que la demande « en déclaration affirmative formée contre le tiers saisi est « une demande indéterminée, qui ne peut dès lors être « jugée qu'en premier ressort, quoique la créance du sai- « sissant soit au-dessous du taux du dernier ressort. Le « motif de cette solution, c'est que la demande en décla- « ration affirmative tend à faire reconnaître le tiers saisi « débiteur envers le saisi d'une somme dont le *quantum* « est incertain, en sorte qu'il est vrai de dire qu'alors la « demande est indéterminée.

« Mais quand la déclaration affirmative a été faite, que, « par cette déclaration, le tiers saisi se prétend libéré ou « ne devoir qu'une somme au-dessous du taux du der- « nier ressort, si cette déclaration est reconnue véritable « par le saisi et n'est contestée que par le saisissant dont « la créance est inférieure au taux du dernier ressort, on « voit que le litige est alors concentré dans un intérêt qui « le fait rentrer dans le taux du dernier ressort : toute la « contestation portant uniquement, en ce cas, sur le point « de savoir si le tiers saisi paiera ou non la créance du « saisissant. »

Fréd. TAULIER.

SAISIE IMMOBILIÈRE. — ALIÉNATION. — PAIEMENT. — SUBRO-GATION. — DOMICILE.

Les aliénations d'immeubles frappés de saisie deviennent

valables lorsque le saisissant et les créanciers inscrits ont été désintéressés.

Un créancier hypothécaire qui s'est fait subroger à la saisie et qui a fait procéder à une saisie nouvelle ne peut demander la nullité des aliénations antérieures à son inscription.

Mais il peut faire révoquer les aliénations postérieures, quoique la saisie n'ait pas été transcrite à cause de la saisie préexistante et non radiée.

Celui qui habite pendant la majeure partie de l'année dans une commune, qui paie dans cette commune les contributions personnelle et mobilière, qui, dans plusieurs actes, s'est dit actuellement domicilié dans cette commune, doit être considéré comme ayant transféré dans cette commune son domicile réel, alors même qu'il n'aurait pas fait de déclaration de changement de domicile et que, dans d'autres actes, il serait signalé comme domicilié dans un autre lieu.

Marchand — C. Moyet.

Par conventions datées du 23 mars 1854, enregistrées le 29 décembre 1856, et déposées aux minutes de Bellier, no_ taire à l'Albenc, les mariés Barral ont vendu à Vachon leurs immeubles situés dans l'arrondissement de Saint-Marcellin. Une portion de ces immeubles était sous le coup d'une saisie pratiquée en 1853 contre Christophe Barral par Adolphe Barral et les mariés Manthe, et transcrite au bureau des hypothèques. Vachon a revendu, en qualité de mandataire de Barral, sa vente n'étant pas encore enregistrée, quelques-uns des immeubles, objet de son acquisition ; savoir : à Moyet, une maison, en 1854 ; à Monnier-Ralhiet, un domaine situé à Saint-Gervais, et à Bouyoud, une terre, les 21 et 29 mars 1855. Ces trois immeubles étaient sous le coup de la saisie de 1853 ; les actes de vente ont été transcrits et les contrats dénoncés aux créanciers inscrits, qui n'ont pas fait de surenchère.

Les créanciers poursuivant la saisie ayant été désintéressés, elle fut suspendue.

Cependant Barral avait consenti, le 10 janvier 1855, au profit de Xavier-Napoléon Marchand, son beau-frère, une obligation de 4,500 fr., avec affectation hypothécaire sur tous ses immeubles de l'arrondissement de Saint-Marcellin. En vertu de cette obligation, Marchand fit signifier à Barral, le 16 janvier 1856, et successivement le 11 mars suivant, commandement de lui payer le montant de son obligation qui était devenue dette à jour, et les 6, 12, 14 et 15 avril 1856, il fit pratiquer contre lui une saisie immobilière qui comprit les mêmes immeubles que ceux qui étaient déjà sous le coup de la saisie de 1853. Le conservateur ayant refusé de la transcrire, à cause de l'existence de la première saisie, Marchand forma, le 24 avril 1856, une demande en subrogation à laquelle il ne fut pas donné suite, Barral ayant, à cette époque, formé opposition à toutes les poursuites de Marchand. Cette demande en subrogation fut formée de nouveau le 11 mai 1857 et admise par un jugement du 2 juin suivant.

Marchand, ayant fait fixer le jour de l'adjudication au 9 janvier 1858, assigna les tiers acquéreurs de Vachon, parmi lesquels figuraient Monnier-Ralhiet, Bouyoud et Moyet, à l'effet d'entendre décider que leurs ventes étaient nulles, et qu'ils seraient obligés de vider les immeubles avec restitution de fruits.

Devant le tribunal de Saint-Marcellin, il a été soutenu pour Moyet que Marchand, créancier postérieur à sa vente, ne pouvait pas en demander la nullité, tous ceux qui avaient le droit de la demander ayant été désintéressés.

Par jugement du 9 janvier 1858, le tribunal a validé la **vente Moyet**.

Il a annulé les ventes Monnier-Ralhiet et Bouyoud par les motifs suivants :

Attendu qu'au moment où Marchand a inscrit sa créance contre Barral, les immeubles de ce dernier étaient oujours sous le coup de la saisie, qui n'avait pas été radiée et ne pouvait pas l'être sans le consentement de chaque créancier hypothécaire inscrit ou de leur subrogataire ; que, par son inscription , Marchand a pu participer à tous les droits dont les créanciers antérieurs étaient en possession, c'est-à-dire celui de se rendre commune la poursuite, de telle sorte que les aliénations faites postérieurement à la manifestation de son hypothèque ont été frappées de nullité à son encontre, comme elles l'auraient été pour les autres créanciers inscrits au moment de la saisie, si elles avaient eu lieu à leur insu ou contre leur volonté.

Mounier-Ralhiet et Bouyoud avaient assigné Barral et Va_ chon, ce dernier en son domicile à la Blache, commune de Têche et Beaulieu, à l'effet de s'entendre condamner à faire cesser avec effet la demande de Marchand.

Vachon a soutenu qu'étant domicilié à Grenoble, l'assignation qui lui avait été donnée à la Blache était nulle.

Le tribunal a, en effet, déclaré nulles les assignations données à Vachon par Monnier-Ralhiet et Bouyoud.

Attendu, dit sur ce point le tribunal, que Vachon assigné en garantie par Mounier-Ralhiet et Bouyoud demande la nullité de l'assignation qui lui a été signifiée, sous le prétexte qu'il aurait été assigné à Têche et Beaulieu et non à Grenoble, lieu de son domicile ; que cette exception est fondée ;

Attendu. en effet, qu'il résulte de l'exploit des demandeurs en garantie que Vachon était ci-devant domicilié à Grenoble, mais qu'ils ne font pas connaître la date du changement qu'ils supposent ; que tous les actes produits au procès, sans en excepter ceux dont copie est donnée en tête des exploits de Mounier-Ralhiet et Bouyoud, signalent Vachon comme domicilié à Gre-

noble, et qu'au nombre de ces titres est un jugement du 2 juin
1857 ; qu'ainsi, non-seulement les demandeurs en garantie
ont commis une erreur, mais ils ne peuvent pas même s'abriter
sous l'excuse d'un domicile apparent qui aurait motivé leur
erreur ; que si Vachon peut résider dans les différentes propriétés qu'il possède, il ne s'ensuit pas qu'à moins d'un changement manifesté d'une manière incontestable, il ait renoncé
à son premier domicile.

Le jugement a été frappé d'un double appel : par Marchand contre Moyet ; par Mounier-Ralhiet et Bouyoud
contre Marchand, Vachon et Barral.

ARRÊT.

En ce qui concerne l'appel de Marchand contre Moyet :

Attendu que le paiement, plus encore que la consignation, est
un mode d'extinction des droits et obligations ;

Attendu que Vachon, mandataire de Barral, ayant, avant de
passer à Moyet la vente du 7 décembre 1854, désintéressé,
non seulement le saisissant de 1853, mais encore tous les créanciers alors inscrits, ils avaient tous perdu le droit d'attaquer
cette vente, et qu'elle s'est trouvée validée, comme au cas de
la consignation prévu par l'art. 687 du Code de procédure
civile ;

Attendu que c'est dans cet état que Marchand, qui n'était
point au nombre des créanciers inscrits à l'époque de ladite
vente, s'est fait subroger à la saisie de 1853, après avoir fait
procéder lui-même à une saisie immobilière qui n'avait pu être
transcrite par suite de l'existence de la première saisie qui
n'avait pas été radiée, quoiqu'on eût le droit de faire procéder
à cette radiation ;

Attendu que cette subrogation, qui n'a pu avoir pour effet
que de transmettre ou subroger les droits encore existants de
celui auquel il était substitué, n'ayant pu faire revivre ceux qui
étaient éteints avant que le droit hypothécaire de Marchand eût
pris naissance, ce dernier ne peut pas mieux attaquer la vente

faite à Moyet, que le créancier poursuivant et les créanciers inscrits, seuls parties en la saisie de 1853, ne pourraient le faire eux-mêmes ;

Attendu que le seul droit qui puisse résulter pour Marchand de la subrogation, c'est de faire valoir ceux qui lui appartiennent en propre, c'est-à-dire de poursuivre la vente des immeubles restés en la possession de son débiteur, et d'attaquer les ventes que ce dernier peut avoir passées postérieurement à son inscription hypothécaire, comme si la saisie eût été transcrite.

En ce qui concerne l'appel de Bouyoud et Mounier-Ralhiet contre Marchand :

Adoptant les motifs exprimés par les premiers juges ;

En ce qui concerne l'appel des mêmes contre Vachon :

Attendu qu'il est constant au procès que Vachon habite la majeure partie de l'année en son domaine de la Blache, commune de Têche et Beaulieu ; qu'il paie dans cette commune les contributions personnelle et mobilière ; que, de plus, il a pris, dans plusieurs actes, la qualité de ci-devant domicilié à Grenoble, et actuellement à la Blache, commune de Têche et Beaulieu ; qu'en admettant qu'il n'ait point fait de déclaration de changement de son domicile qui était à Grenoble, il a suffisamment autorisé les appelants à l'assigner à Têche et Beaulieu, parce que c'est lui qui, dans tous les cas, les aurait induits en erreur sur son véritable domicile, et qu'ainsi il est non recevable à arguer de nullité l'assignation qui lui a été donnée dans cette dernière commune.

Par ces motifs, la Cour, sans s'arrêter à l'appel de Marchand vis-à-vis de Moyet, sans s'arrêter non plus à celui de Bouyoud et Mounier-Ralhiet contre Marchand, dont ils sont les uns et les autres déboutés,

Confirme purement et simplement vis-à-vis d'eux le jugement rendu par le tribunal civil de Saint-Marcellin, le 9 janvier 1858, et, faisant droit au contraire à l'appel interjeté par Bouyoud et Mounier-Ralhiet envers Vachon,

Réforme ledit jugement, quant au chef qui a déclaré nulle l'assignation en garantie par eux signifiée audit Vachon, le

23 décembre 1857, à la Blache, commune de Têche et Beaulieu, déclare au contraire cette assignation valable, etc.

Arrêt du 17 août 1858. 1re chambre. — M. Royer, premier président; M. Proust. avocat général; — MM. Allemand, Amat, Michal, Chollier, Roux, avoués.—MM. de Ventavon aîné, Victor Arnaud, Sisteron. avocats.

DÉFAUT DE SURVEILLANCE. — RESPONSABILITÉ. — DOMMAGES-INTÉRÊTS.

Un constructeur de chemin de fer, qui a confié à un enfant un travail périlleux et qui n'a pas exercé sur cet enfant une surveillance assez active, est responsable de l'accident survenu à celui-ci, alors même que cet accident est la suite de son imprudence (art. 1382, cod. Nap.).

Berthollet — C. Bessey, Mayoux, Clet.

ARRÊT.

Attendu que, le 12 janvier 1857, François Berthollet, âgé d'environ onze ans, étant occupé, sous la surveillance de Bessey, à graisser des wagons employés aux terrassements du chemin de fer dans la section de Réaumont, a été victime d'un accident grave;

Attendu qu'il est résulté des explications données à l'audience par Mayoux et Bessey en personne, que, si le jeune Berthollet a commis une imprudence en se plaçant au-devant des wagons, au moment où ils allaient être déchargés, pour graisser les roues, les constructeurs du chemin de fer ont à s'imputer d'avoir confié à un enfant un travail périlleux et de n'avoir pas exercé une surveillance assez active pour prévenir l'accident survenu ; qu'ils devaient, en conséquence, être tenus, aux termes de l'art. 1382, de réparer, au moins en partie, le dommage survenu par leur faute ;

Par ces motifs, etc.

Arrêt du 28 avril 1858. — 4e Chambre ; M. Petit, président; M. Alméras-Latour, premier avocat général ; — MM. Chollier, Rabatel, Eyssautier, avoués. — MM. Mathieu de Ventavon, Clément, Bovier-Lapierre, Casimir de Ventavon, avocats.

ACTION PUBLIQUE. — PRÉVENU. — DÉCÈS. — ACTION CIVILE.
— APPEL. — COMPÉTENCE.

Le décès du prévenu pendant le cours de l'instance d'appel n'a pas pour effet, malgré l'extinction de l'action publique, de dessaisir la juridiction correctionnelle de l'action civile qui s'y rattache, et sur laquelle le jugement de première instance a statué ; cette juridiction est toujours compétente pour connaître, vis-à-vis des héritiers du prévenu, de l'appel interjeté par celui-ci.

X. — C. M. le procureur général et Joseph Valin.

A la suite d'un accident arrivé à Joseph Valin, le 7 avril 1858, à la Chapelle de la Tour, dans les mines de lignite de M. X., où il était employé, une poursuite correctionnelle a été dirigée contre ledit M. X. par M. le procureur impérial de Bourgoin et devant le tribunal correctionnel de cette ville. Joseph Valin s'est porté partie civile dans cette instance, et le 12 août 1858, il a été rendu, par le tribunal correctionnel de Bourgoin, un jugement par lequel M. X. a été condamné à 16 fr. d'amende pour blessures par imprudence, et à 500 fr. de dommages-intérêts envers Valin, partie civile.

M. X. a interjeté appel de ce jugement, et, par exploits des 5 et 6 novembre dernier, à la requête de M. le procureur général, il a été, ainsi que Valin, assigné pour comparaître devant la Cour le 11 dudit mois, pour voir statuer sur le mérite de l'appel précité ; mais ledit jour, 5 novembre, M. X. est décédé. En conséquence, l'affaire a été renvoyée pour que ses héritiers eussent le temps de se faire représenter et de s'éclairer sur le mérite de l'appel.

Ultérieurement, Me Perrin, avoué, s'est présenté et a déclaré se constituer pour lesdits héritiers.

ARRÊT.

En ce qui concerne l'action publique :

Attendu que le prévenu X. est décédé pendant l'instance d'appel, et que son décès met fin à l'action publique ; qu'il y a lieu dès lors de décharger ses héritiers des condamnations prononcées contre lui ;

En ce qui concerne l'action civile ;

Attendu que la Cour est la seule juridiction compétente pour connaître de l'appel des décisions rendues, tant sur l'action civile, que sur l'action publique en matière correctionnelle ; que le décès du prévenu ne modifie pas cette compétence ; que la Cour seule, comme tribunal supérieur, peut déclarer que le jugement rendu par les premiers juges restera sans effet et décharger les héritiers des peines pécuniaires prononcées contre leur auteur ;

Attendu, d'autre part, que l'action civile suit l'action publique, lorsqu'elle a été formée devant les juges saisis de cette dernière, et que l'art. 200 du Code d'instruction criminelle ne permet de faire aucune exception à ce principe, même au cas du décès du prévenu pendant l'instance d'appel ;

Au fond :.... etc....

La Cour annule, en ce qui concerne la partie publique, le

jugement du 12 août 1858, rendu par le tribunal correctionnel contre le prévenu X.; en conséquence, décharge de ce chef les héritiers X. des condamnations prononcées contre leur auteur ;

En ce qui concerne la partie civile, se déclare compétente et confirme purement et simplement le jugement dont est appel ; condamne la partie civile aux dépens envers l'état, sauf, pour lesdits dépens, son recours contre les héritiers X., qui y sont condamnés vis-à-vis d'elle en leur dite qualité.

Arrêt du 2 décembre 1858. 4e chambre. — M. Petit, président; M. Gautier, avocat général; M. Charmeil, conseiller rapporteur ; — M. Perrin, avoué. — MM. Fréd. Taulier et Giraud, avocats.

La doctrine de cet arrêt est conforme à celle qui a été consacrée par un arrêt de rejet de la cour de cassation, en date du 24 août 1854, dans une espèce où il s'agissait d'un appel formé par la partie civile.

Les motifs de l'arrêt sont ainsi conçus :

Attendu que si, aux termes des articles 2, 3 et 182 du Code d'instruction criminelle, les tribunaux de répression saisis, soit par le ministère public, soit par la partie civile, ne peuvent connaître de l'action civile qu'autant qu'elle est basée sur un fait prévu par la loi pénale ;

Attendu que si le décès du prévenu avant toute décision sur le fond, éteignant l'action publique et ne permettant plus la répression du fait par la loi pénale, rend la juridiction criminelle incompétente pour connaître de l'action civile qui s'y rattache, il en est différemment lorsqu'il est intervenu un jugement par lequel il a été statué tant sur l'action publique que sur l'action civile ;

Attendu, en effet, que l'art. 202 du Code d'instruction criminelle autorisant la partie civile à appeler de ce jugement, quant à ses intérêts civils, donne, par cela même, compétence à la juridiction supérieure pour prononcer sur cet appel, quelle que soit la décision intervenue sur l'action publique, et alors même que le juge supérieur n'aurait pas à en connaître, soit par le défaut d'appel du ministère public, soit par suite de la prescription de cette action;

Attendu que ce principe doit recevoir également son application lorsque l'action publique se trouve éteinte par le décès du prévenu pendant le cours de l'instance d'appel, puisqu'aux termes des articles 173 et 203 du Code d'instruction criminelle, l'appel ne faisant que suspendre l'exécution du jugement de première instance, il y a nécessité de statuer sur les dispositions de ce jugement qui concernent les intérêts civils;

Attendu que, d'après les articles 174 et 200 du même Code, la juridiction dont relève le tribunal de répression est seule compétente pour statuer sur cet appel... (*Journal du Palais*, 1856, 1, 526.)

Voyez, dans le même sens, Carnot, *Instr. crim.*, sur l'art. 2 du Code d'instruction criminelle, n° 5; Bourguignon, *Jurisprudence des Codes criminels*, sur l'art. 2, Code d'instruction criminelle, n° 6; Mangin, *Action publique*, tom. 2, n° 282; Lesellyer, *Droit criminel*, tome 5, n° 2099; Trébutien, *Cours élémentaire de droit criminel*, tome 2, page 42; Massabian, *Manuel du procureur du roi*, n° 1308; Morin, *Répertoire du droit criminel*, au mot *Appel*, n° 43.

Voyez, en sens contraire, Legraverend, *Législation criminelle*, 3ᵉ édition, tome 1, page 67.

Fréd. Taulier.

SERVICE MILITAIRE. — SIMULATION D'INFIRMITÉ. — DÉCOUVERTE DE LA FRAUDE. — TENTATIVE DE DÉLIT. — COMPLICITÉ. — CODE DE JUSTICE MILITAIRE.

Celui qui simule une infirmité pour échapper au service militaire se rend coupable de la tentative du délit prévu par l'article 41 de la loi du 21 mars 1832, et celui qui assiste le coupable se rend son complice. La découverte de la fraude par le conseil de révision est une circonstance indépendante de la volonté de ses auteurs. La tentative du délit dont il s'agit est punissable, en vertu de l'article 270 du Code de justice militaire, du 9 juin 1857.

M. le procureur général — C Brosse et Robert.

Jugement du tribunal correctionnel de Die, du 28 juin 1858, ainsi conçu :

Consid: rant, quant à Auguste Brosse dit Jayet, qu'il a été déféré au tribunal par décision du 19 mai dernier, émanée du conseil de révision de la Drôme, *pour avoir tenté de se rendre impropre au service militaire* en provoquant une plaie au scrotum ;

Considérant que l'article 41 de la loi du 21 mars 1832 ne punit pas ceux qui auront tenté de se rendre impropres au service militaire, soit temporairement, soit d'une manière permanente, pour se soustraire aux obligations imposées par la loi ; que, dès lors, Brosse n'étant convaincu que d'une simple tentative, ne peut pas subir une peine pour un fait qui n'est pas déclaré déli par la loi ;

Considérant que la nouvelle décision du conseil de révision qui vient d'être produite ne peut être d'aucun poids, puisque cette décision, rendue hors la présence de Brosse par un conseil qui n'était plus composé des mêmes membres, ne pouvait pas interpréter la décision du 19 mai précédent, qui, par ses termes clairs et précis, n'en était pas susceptible ; que la décision du 19 mai, qui seule devait caractériser le fait et déférer Brosse au tribunal, était acquise au prévenu, et ne pouvait plus être réformée ni modifiée à son détriment par une décision subséquente ;

Considérant, quant à Robert, que n'étant poursuivi que comme complice d'un fait qui n'est pas prévu par la loi, aucune condamnation ne peut être prononcée contre lui ; que vainement on invoque les dispositions de l'article 317. § 4. du Code pénal, puisque le fait de complicité imputé à Robert tombe sous le coup d'une loi spéciale, et n'a eu pour but que d'aider à simuler une infirmité qui n'a été qu'éphémère, qui ne pouvait pas en imposer au conseil et qui n'a occasionné aucune incapacité de travail personnel;

Considérant enfin que le fait dénoncé par le conseil de révision ne constituant aucun délit, il ne peut y avoir ni auteur, ni complice punissable.

Par ces motifs, le tribunal renvoie, etc.

M. le procureur impérial a appelé de ce jugement.

ARRÊT.

Considérant qu'il résulte de la procédure et des débats, ainsi que des aveux du prévenu principal, que Brosse, recrue de la classe de 1857, avait obtenu au tirage le numéro 3; que pour échapper au service, il a simulé une infirmité qu'il s'est procurée à l'aide de médicaments qui lui ont été conseillés et fournis par Robert; qu'une première application d'herbages n'ayant point réussi, Robert en administra une seconde, [la veille de la tenue du conseil de révision; qu'il vint lui-même au domicile de Brosse, où il apposa sur le scrotum de celui-ci les substances qui déterminèrent la plaie qui le fit renvoyer par le conseil de révision devant le tribunal correctionnel; que ces faits constituent, de la part de Brosse, la tentative du délit de s'être rendu temporairement impropre au service militaire, prévu par l'article 41 de la loi du 21 mars 1832, et de la part de Robert la complicité du même délit, pour avoir procuré, en connaissance de cause, les moyens de le commettre et assisté l'auteur dans les faits qui l'ont préparé; que, d'après l'article 270 du Code de justice militaire, du 9 juin 1857, les peines prononcées par l'article 41 de la loi du 21 mars 1832, sont applicables aux tentatives des délits prévus par cet article quelle que soit la juridiction appelée à en connaître;

Considérant que si les lumières des membres du conseil de révision ont découvert la fraude et déjoué les manœuvres des prévenus pour tromper le conseil, cette circonstance, indépendante de la volonté de Brosse et de Robert, ne saurait effacer leur culpabilité, puisqu'ils ont fait tout ce qui dépendait d'eux pour arriver à la consommation du délit;

Considérant, néanmoins, qu'il existe des circonstances atténuantes en faveur des prévenus, mais que les antécédents de Robert exigent qu'il soit fait, à son égard, une application plus sévère de la loi.

Par ces motifs, la Cour, faisant droit à l'appel du ministère public, réforme le jugement du tribunal correctionnel de Die du 28 juin 1858, et, par nouvelle décision, déclare Brosse convaincu d'avoir tenté de se rendre temporairement impropre au service militaire, dans le but de se soustraire aux obligations imposées par la loi sur le recrutement de l'armée, tentative qui n'a manqué son effet que par des circonstances indépendantes de la volonté de son auteur, et constituant celle du délit prévu par les articles 41 de la loi du 21 mars 1842 et 270 du Code de justice militaire, du 9 juin 1857,

Déclare Robert complice de la même tentative du délit, pour avoir, avec connaissance, procuré à Brosse les moyens de la commettre, et aidé ou assisté le prévenu dans les faits qui l'ont préparée; complicité prévue par l'article 60 du Code pénal.

Pour réparation, faisant application aux prévenus des dispositions ci-dessus, modifiées par l'article 463 du Code pénal, les condamne: Brosse à la peine de trois jours d'emprisonnement, Robert à un mois de la même peine et tous deux solidairement aux frais.

Arrêt du 22 juillet 1858. — 4e chambre. — M. Petit, président; M. Charmeil, conseiller, rapporteur; M. Alméras-Latour, premier avocat général. — MM. Gariel et Gréban, avocats.

RECHERCHES DE MINERAI. — SOL COMMUNAL. — AUTORISATION DU MAIRE.

Le maire qui autorise des recherches de minerai sur le sol communal fait un simple acte d'administration dans les

*limites de son autorité; dès lors, ceux qui se livrent aux
recherches ainsi autorisées ne commettent aucun délit.*

M. le procureur général — C. Faure et consorts.

Par jugement du 25 mai 1858, le tribunal correctionnel
de Briançon, considérant que les recherches de plomba-
gine, faites par les prévenus sur le territoire de la commune
du Monêtier, avaient été autorisées légalement par le maire
de cette commune, sous la sanction du conseil municipal, antérieurement au procès-verbal du garde-mines; qu'ainsi
aucune contravention ne pouvait être reprochée à cet égard
aux prévenus, les renvoya sans dépens.

M. le procureur impérial a appelé de ce jugement :

ARRÊT.

Adoptant les motifs exprimés par les premiers juges,
Et considérant, en outre, qu'il ne s'agit pas, dans la cause.
d'extraction de minerai, mais de simples recherches effectuées
sur le sol communal du Monêtier, recherches autorisées par le
maire de cette commune ; que cette autorisation constitue un
simple acte d'administration fait dans les limites de l'autorité
du maire, comme représentant des intérêts de la commune, et
qu'elle protége les inculpés contre les poursuites dirigées contre eux.
Par ces motifs, la Cour, sans s'arrêter à l'appel émis par M. le
procureur impérial, confirme sans dépens.
Arrêt du 24 juin 1858. 4e chambre. — M. Petit, président;
M. Masse, conseiller rapporteur ; M. Alméras-Latour, premier
avocat général. — M. Albert, avocat.

DÉCISIONS ADMINISTRATIVES.

CHEMIN DE GRANDE COMMUNICATION. — CHEMIN VICINAL. — EXHAUSSEMENT. — REMBLAIS. — MAISON VOISINE. — DOMMAGES-INTÉRÊTS.

L'exhaussement d'un chemin de grande communication et les remblais d'un chemin vicinal ne donnent pas ouverture à une indemnité au profit du propriétaire d'une maison voisine, lorsque les travaux n'ont atteint ou entamé directement ni la maison ni ses dépendances.

Charpenat — C. M. le préfet de l'Isère et M. le maire de Sassenage.

Le sieur Charpenat, propriétaire à Sassenage, a réclamé une somme de 2,000 fr. de dommages-intérêts, tant à M. le préfet de l'Isère, comme représentant les communes intéressées au chemin de grande communication. n° 6, qu'à la commune de Sassenage en particulier, pour le préjudice qu'il prétendait lui avoir été causé par l'exhaussement donné à ce chemin, ainsi que par les remblais du chemin vicinal du Furon.

M. l'agent-voyer en chef, dans les conclusions motivées prises par lui devant le conseil de préfecture, a fait remarquer que les travaux exécutés par l'administration, et dont se plaignait le sieur Charpenat, n'avaient causé aucun dommage *direct et matériel* à la propriété de celui-ci, dont ils sont séparés par un intervalle qui varie de un à trois mètres.

M. le maire de Sassenage a soutenu que les travaux exécutés par la commune *ne gênaient point l'accès de la maison* Charpenat et ne lui causaient aucun dommage.

26

ARRÊTÉ.

Vu les lois du 28 pluviôse an VIII, et 16 septembre 1807 ; — en ce qui concerne l'exhaussement, tant du chemin n° 6 de grande communication, que celui du chemin vicinal du Furon ;
Considérant qu'il est établi que la maison du réclamant et ses dépendances n'ont pas été atteintes ou entamées *directement* par les travaux, qui se trouvent à une distance variable de un à trois mètres..... et que, dès lors, il n'a pas droit à une indemnité. — Par ces motifs, etc.
Arrêté du Conseil de préfecture de l'Isère du 14 mai 1858 — M. Petit, rapporteur (1).

———

Une compagnie de chemin de fer qui établit un remblai sur son sol, use de son droit de propriété, et si, par ses travaux, elle ne modifie pas les cours d'eau réguliers et ne met aucun obstacle à leur écoulement normal, elle n'est nullement responsable des ravages d'une inondation qui a pour cause première la force majeure.

Mognat et consorts, de Marcilloles — C. la Compagnie du chemin de fer de Saint-Rambert.

Le conseil de préfecture de l'Isère,
Vu la demande d'une somme de 80,000 fr., formée le 7 août 1856, par le sieur Germain Bouvier, François Poipy et consorts, propriétaires à Marcilloles, contre la Compagnie du chemin de fer de Grenoble à Saint-Rambert, laquelle somme représente les dommages que lesdits Bouvier et consorts disent avoir essuyés lors de l'inondation des 29 et 30 mai 1856, par suite de l'établissement du chemin de fer de Grenoble à Saint-Rambert, et du refus qu'a fait la Compagnie d'exécuter les travaux d'écoulement qui lui étaient demandés par délibération du conseil municipal, en date du 15 octobre 1854;
Vu ladite délibération dans laquelle le conseil municipal de Marcilloles, en prévision de l'abondance des eaux qui arrivent des vallées supérieures après les grandes pluies sur le village de Marcilloles, comme cela est arrivé fréquemment, notamment

---

(1) Il en est autrement lorsque l'atteinte est *directe* et *matérielle*, ainsi que le Conseil d'Etat l'a souvent décidé. Voyez *Journal du Palais*, répertoire et supplément, au mot travaux publics, n°ˢ 1117 et 1118, et Féraud-Giraud, *Servitudes* de voirie, t. i, n° 280.

en 1789, 1825, 1841 et 1842, demande à la Compagnie : 1° que le chemin en forme de digue appelé la *Vie de la planche*, ne soit point supprimé ou coupé au piquet 167 ; 2° d'établir des aqueducs dans la chaussée du chemin de fer, de cinquante en cinquante mètres, depuis le piquet 143 jusqu'au piquet 167 ;

Vu les lettres de M. le préfet de l'Isère, en dates des 3, 13, 20, 25 novembre 1855, 5, 13 et 22 décembre de la même année, 24 janvier et 4 mars 1856 ;

Vu les réponses de M. l'ingénieur en chef et de l'entrepreneur de la Compagnie ;

Vu notamment la lettre de M. l'ingénieur en chef de la Compagnie, en date du 24 décembre 1855, constatant que, si bien le chemin de la Vie de la Planche, formant digue, a été coupé au piquet 167, pour le passage du chemin de fer, cette digue a été remplacée par une nouvelle digue établie de chaque côté du chemin de fer et venant en retour se raccorder avec le niveau de l'ancienne digue, près de l'aqueduc établi sur ce point ;

Vu le rapport de M. Conte-Granchamp, ingénieur du contrôle, du 14 août 1856, et l'avis de M. l'ingénieur en chef du contrôle ;

Vu les deux mémoires de M. Bovier-Lapierre, en faveur des sieurs Bouvier et consorts, concluant à ce que la Compagnie soit condamnée à payer aux demandeurs la somme de 60,000 f., et aux dépens ;

Subsidiairement, ordonner que les dommages seront évalués par experts convenus ou nommés d'office ; réserver en ce cas les dépens, et en cas de contestations sur les causes du désastre, ordonner que ces causes seront vérifiées par gens de l'art, convenus par les parties, et, faute d'en convenir, nommés par le conseil, dépens réservés ;

Vu le mémoire de M° Michal, avocat de la Compagnie,

Vu les conclusions de M° Michal, portant : Attendu que l'inondation des 29 et 30 mai 1856 est un fait général de force majeure ;

Attendu que la Compagnie, en élevant des remblais sur un sol qui n'était ni grevé de la servitude de ne pas bâtir, ni le lit d'un cours d'eau, n'a fait qu'user de son droit de propriété, et ne peut dès lors, pour l'exercice de ce droit, avoir à payer des dommages ;

Attendu que les conséquences de son droit de propriété, si elles étaient contestées ou paraissaient contestables au conseil, devraient être renvoyées devant les tribunaux ordinaires ;

Par ces motifs, il plaise au conseil rejeter la demande ;

Subsidiairement, surseoir à statuer jusqu'à ce qu'il ait été sta-

tué par les tribunaux ordinaires sur l'étendue et les conséquences du droit de propriété de la Compagnie ;

Dans tous les cas, condamner les demandeurs aux dépens ;

Vu le plan des lieux, ensemble toutes les pièces du dossier,
y compris les notes de M⁰ Bovier-Lapierre, parvenues au
conseil après les plaidoiries, etc. ;

Vu le décret impérial du 7 mai 1853 et la loi du 10 juin 1853,
portant concession à ladite Compagnie du chemin de fer de
Grenoble à Saint-Rambert ;

Ouï M⁰ˢ Michal et Bovier-Lapierre, en développement de
leurs conclusions ;

Ouï le rapport des trois membres du conseil qui se sont rendus sur les lieux ;

Vu la loi du 28 pluviôse an VIII, et les articles 1148, 1730 et
1733, etc., du Code Napoléon ;

Considérant que la Compagnie du chemin de fer de Grenoble
à Saint-Rambert, en établissant son chemin de fer en remblais,
sur le territoire et dans la traversée du village de Marcilloles,
n'a fait qu'user de son droit de propriété et s'est conformée,
pour l'exécution de ses travaux, soit aux prescriptions de son
cahier des charges, soit aux ordres de l'administration supérieure, qui n'a pas donné suite à la demande de construction
d'aqueducs réclamés par le conseil municipal, dans sa délibération du 15 octobre 1854 ;

Considérant que les travaux de ladite Compagnie n'ont apporté aucune modification aux cours d'eau réguliers ni mis
obstacle à l'écoulement de leurs eaux ; que, loin de là, elle a
donné au pont qu'elle a construit sur le Rivail une section plus
que double de celle des ponts existants dans le village ;

Considérant que, si bien pour l'établissement de sa voie
ferrée, la Compagnie a coupé au piquet 167 l'ancien chemin
servant de digue, désigné sous le nom de la Vie de la planche,
elle a rendu cette coupure inoffensive par des contre-digues en
retour et à niveau de l'ancienne digue, ainsi que par la construction d'un aqueduc sur ce point sous la voie ferrée ;

Considérant enfin, que les dommages dont se plaignent les
demandeurs sont le résultat d'une force majeure dont la Compagnie du chemin de fer ne peut être responsable,

Arrête :

1° La demande en indemnité formée par les sieurs Germain
Bouvier, François Poipy et consorts, contre la Compagnie du
chemin de fer de Grenoble à Saint-Rambert, est rejetée ;

2° Les sieurs Germain Bouvier, François Poipy et consorts,
sont condamnés aux dépens.

Arrêté du conseil de préfecture de l'Isère, du 8 mai 1857.
— M. Durand, rapporteur.

CHRONIQUE.

—

M. le Maire de la ville de Grenoble a pris, le 6 mai 1857, un arrêté par lequel il ordonne que, dans diverses rues, et notamment dans la rue Montorge et le Jardin de Ville, les maisons dont les façades ne peuvent être conservées en leur état actuel et remplir les vues des décrets des 26 mars 1852 et 9 juin 1855, seront recrépies et badigeonnées du 15 août au 1er octobre 1857.

Les propriétaires des maisons nos 2, 4 et 6 de la rue Montorge ont refusé d'obtempérer à l'injonction qui leur a été faite en vertu de cet arrêté.

Il a été dressé procès-verbal contre eux, et ils ont été traduits devant le tribunal de simple police, qui, le 6 novembre 1857, s'est déclaré incompétent.

Le 8 décembre suivant, M. le procureur impérial les a fait citer devant le tribunal correctionnel.

A l'audience, M. Breynat, juge suppléant, portant la parole pour le ministère public, a requis contre tous les prévenus l'application de l'art. 5 du décret du 26 mars 1852. Il a requis, en outre, que les prévenus fussent condamnés, indépendamment de l'amende, à confectionner, dans le délai de trois mois à partir du jugement, les travaux ordonnés par l'arrêté du maire de Grenoble, lesquels travaux, en cas de refus, seraient exécutés aux frais des prévenus, par bail au rabais, dressé selon les formes ordinaires.

Me Mathieu de Ventavon a plaidé pour les prévenus.

Le 15 décembre 1857, le tribunal, présidé par M. Augustin Rivier, a rendu le jugement suivant :

Attendu que, le 26 mars 1852, le prince Louis-Napoléon,

a

président de la République, et réunissant alors les pouvoirs législatif et exécutif a rendu un décret ayant force de loi relatif à la ville de Paris, et dont l'art. 5 dispose : « La façade des « maisons sera constamment tenue en bon état de propreté ; « elles seront grattées, repeintes ou badigeonnées, au moins « une fois tous les dix ans, sur l'injonction qui sera faite « aux propriétaires par l'autorité municipale ; les contrevenants « seront passibles d'une amende qui ne pourra excéder cent « francs. »

Attendu qu'aux termes de l'art. 9 de ce décret, ses dispositions peuvent être appliquées aux villes qui en feront la demande, par des décrets spéciaux rendus dans la forme des règlements d'administration publique ; que sur la demande du conseil municipal de Grenoble, les dispositions du décret de 1852 ont été déclarées applicables à cette ville, par décret rendu en la forme prescrite le 9 juin 1855.

Attendu qu'en vertu des dispositions qui précèdent, le maire de la ville de Grenoble a pris, le 6 mai 1857, un arrêté portant que dans diverses rues, et notamment dans la rue Montorge et le Jardin de Ville, les maisons dont les façades ne peuvent être conservées en leur état actuel et remplir les vues des décrets de 1852 et 1855, seront recrépies et badigeonnées, du 15 août au 1er octobre 1857.

Attendu que les propriétaires des maisons nos 2, 4, 6 de la rue Montorge ont refusé d'obtempérer à l'injonction à eux faite en vertu de cet arrêté ; qu'ils allèguent : 1° que le maire a outrepassé ses pouvoirs, en exigeant d'une manière générale le crépi et le badigeonnage de tout un quartier, et par conséquent celui de maisons en bon état ; 2° qu'il les a encore excédés en demandant à eux-mêmes cette réparation, non point dans un intérêt de salubrité, mais dans celui de l'ornement de la ville ; 3° que leurs maisons ont été recrépies en 1849, c'est à dire depuis moins de dix ans ; 4° que le crépi est en parfait état de conservation.

Attendu que, si le maire a ordonné le crépi et le badigeonnage dans les rues déterminées, il a formellement expliqué que cette réparation était exigée seulement pour les maisons qui ne présenteraient pas les conditions de propreté exigées par le décret de 1852 ;

Que la mesure avait si peu un caractère général, que des injonctions individuelles ont dû être faites aux propriétaires des maisons que le maire jugeait devoir être réparées.

Attendu que le décret de 1852, en prescrivant non-seulement le crépi, mais encore le badigeonnage ou la peinture des maisons, a eu en vue à la fois la salubrité et la décoration des villes.

Attendu que le décret de 1852 prescrit le crépi et le badigeonnage au moins tous les dix ans ; qu'ainsi cette réparation peut être exigée à un terme plus rapproché, si elle est nécessaire.

Attendu que le tribunal n'est pas compétent pour examiner si les maisons des défendeurs sont ou non en bon état de réparation.

Attendu en effet que l'art. 5 du décret de 1852 n'introduit pas un droit nouveau, mais étend seulement les objets de police confiés à la vigilance de l'autorité municipale par l'art. 3 titre 2 de la loi du 16 août 1790, rélatif à la sûreté et commodité du passage dans les rues, quais, places et voies publiques.

Attendu qu'aux termes de l'art. 46 titre 1er du décret du 22 juillet 1791, les arrêtés pris par l'autorité municipale relatifs aux précautions locales sur les objets confiés à sa vigilance et à son autorité, par l'article précité, ne peuvent être réformés que par l'autorité départementale.

Attendu que, sous l'empire de cette législation, il a été constamment reconnu, notamment, que les tribunaux n'avaient pas à examiner si les constructions dont l'autorité municipale demandait la démolition, menaçaient ou non la sûreté publique ; que cet examen appartenait aux conseils de préfecture, et que les tribunaux devaient seulement examiner la négligence ou le refus d'exécution (C. Cass. 21 janvier 1813, 28 avril 1827, 30 janvier 1836; Chauveau et Faustin Hélie, 8, 318). Qu'il y a aujourd'hui même raison de décider en ce qui concerne le crépi et le badigeonnage des maisons.

Attendu enfin que si bien les contrevenants allèguent que leurs maisons ont été crépies en 1849, ils n'allèguent pas qu'elles aient été peintes ou badigeonnées à cette époque ; que cette opération est prescrite aussi bien que la première, et qu'à son défaut, ils ne pouvaient se soustraire aux injonctions de l'autorité municipale.

Attendu qu'il résulte de ce qui précède que les contrevenants ont encouru les peines portées par l'article 5 précité du décret de 1852, mais qu'ils paraissent avoir été de bonne foi dans leur résistance aux injonctions de l'autorité municipale.

Attendu qu'aux termes des articles 161 et 189 du Code d'instruction criminelle, les tribunaux de police et les tribunaux correctionnels, en prononçant des peines contre les individus convaincus de contraventions ou de délits, doivent statuer sur les dommages-intérêts. Que, lorsqu'il s'agit d'un délit pour non-confection de travaux ordonnés par l'autorité municipale, le préjudice causé à l'intérêt public ne peut cesser qu'autant que le prévenu est contraint à exécuter le règlement, et qu'il y a lieu d'ordonner à titre de dommages que les travaux prescrits seront exécutés par les contrevenants dans un délai déterminé, sinon par l'administration à leurs frais.

Par ces motifs

Le tribunal déclare : 1° Bérard, négociant ; 2° etc., coupables d'avoir refusé d'obtempérer à l'injonction à eux faite en vertu de l'arrêté pris le 6 mai 1857, par le maire de la ville de Grenoble, en exécution des décrets du 26 mars 1852 et 9 juin 1855, ledit arrêté leur prescrivant de recrépir et badigeonner la façade de leurs maisons respectives, du 15 août au 1er octobre ; en réparation de ce délit, les condamne *chacun* à dix francs d'amende et le cinquième et aux dépens avec contrainte par corps pour le paiement.

Ordonne que, dans un délai de cinq mois à partir de ce jour, tous les condamnés sus-nommés feront exécuter les travaux qui ont été prescrits, et à défaut par eux de les avoir fait exécuter dans ledit délai, ordonne qu'il y sera procédé à leurs frais par voie de bail au rabais à la forme ordinaire.

Exposition de la doctrine romaine sur le régime dotal, tirée des textes originaux, et rapprochée des changements introduits par la jurisprudence des parlements et le Code Napoléon, avec une introduction historique, par M. Burdet, professeur à la faculté de droit et avocat à la Cour impériale de Grenoble. 1 vol. in-8°. — Grenoble, chez Prudhomme, imprimeur. 1857.

Le livre de M. Burdet ne renferme pas une monotone et fastidieuse exégèse des textes ; ce n'est pas non plus un commentaire : c'est un traité fait avec science, avec méthode, avec lucidité, et qui, associant le lecteur à la formation lente et successive des principes, lui permet d'en bien saisir l'esprit et la portée. Sur les points principaux, l'auteur indique les dérogations faites à la doctrine romaine par la jurisprudence des parlements, et montre ainsi comment cette doctrine s'est conservée en se modifiant. Toujours fidèle à la nature de son sujet, le docte écrivain ne s'égare ni dans les théories arbitraires, ni dans les considérations aventureuses ; il cherche, pense, compare, raisonne, discute et conclut. Son œuvre peut être proposée comme un parfait modèle d'austérité juridique. Du reste, elle est la meilleure préparation à l'étude de la législation actuelle sur la dot, où le droit romain vit et respire encore, et c'est là son côté réellement utile.

Fréd. TAULIER.

CHRONIQUE.

A peine arrivé au ministère de la justice, où l'appelaient ses brillantes qualités et ses éminents services, notre compatriote, M. Ernest de Royer, vient de prouver avec quel tact il sait discerner le mérite et le signaler à la bienveillance de l'empereur. Par décret du 30 mars 1858, M. de Leffemberg, avocat général à la cour impériale de Grenoble, a été nommé premier avocat général à la cour impériale d'Angers. M. de Leffemberg est essentiellement orateur. Doué d'une parole vive, facile, harmonieuse, il charmait parmi nous l'oreille et captivait l'esprit. Dans les affaires civiles, il mettait son magnifique langage au service d'une dialectique toujours irréprochable. Même après de consciencieuses et savantes plaidoiries, il trouvait des aperçus ignorés et jetait sur les plus délicates questions d'abondantes lumières. Son talent était surtout à l'aise dans les affaires d'assises. Là, il s'élevait aux plus hautes considérations morales et philosophiques; là, on trouvait en lui tous les prestiges de l'éloquence, et sa parole était pleine d'autorité, parce que la force lui venait de la modération. Jamais, dans ses réquisitoires les plus énergiques, M. de Leffemberg ne laissa échapper un mot qui eût le caractère d'une blessante et inutile personnalité. En flétrissant le crime, il savait respecter le malheur. Si dans la vie d'un accusé il rencontrait un trait digne d'éloge, il le signalait lui-même au jury. Son âme attristée par le spectacle du vice semblait avoir besoin de se consoler en démêlant dans le criminel quelque chose d'honnête. D'ailleurs, avant tout, il aimait la vérité. Nous cûmes l'honneur de plaider contre lui dans la dernière cause d'assises où il ait porté la parole. Sur le banc des accusés était assis un jeune homme qui avait à répondre d'un vol de poudre, auquel il s'était associé pendant son service militaire. Rentré dans la vie civile, l'accusé s'était montré ouvrier laborieux, envoyant à sa vieille mère des secours qu'il prélevait sur le modeste produit de ses journées. M. de Leffemberg raconta en termes touchants cet exemple de dévouement filial, et, après avoir obéi à ce pieux besoin de sa conscience, il rentra avec noblesse dans toute la sévérité de son ministère. M. de Leffemberg possédait les sympathies de ses collègues; le barreau, envers qui il était plein d'aménité, avait pour lui de l'admiration et du respect; et ce qui ajoutait encore aux sentiments qu'il commandait, c'est que son mérite a toujours semblé s'ignorer lui-même. Ce sera pour la cour de Grenoble, si riche en hommes distingués, un grand honneur d'avoir compté dans ses rangs un tel talent, et, ce qui est plus encore, un tel caractère.

Fréd. TAULIER.

M. Bertrand, président du tribunal de l'arrondissement de Grenoble, a rendu en audience de référé, le 18 mai 1855, l'ordonnance suivante, que la partie condamnée a volontairement exécutée et qui a ainsi acquis le caractère de sentence définitive.

« Le 9 mai 1855, l'hospice de Grenoble a assigné le sieur Baronnat pour paraître devant M. le président du tribunal, jugeant en référé, à l'effet de se voir interdire de plus s'immiscer à l'avenir dans le transport des cercueils; il a été exposé en son nom que selon bail du 29 mars 1853, les fabriques des cinq paroisses de la ville lui ont affermé le droit de fournir les voitures, draps mortuaires, ornements, cire, les bières, porteurs de corps, tentures et généralement tous les objets nécessaires ou relatifs à la pompe des convois funèbres, qui lui est attribuée par les décrets des 23 prairial an XII, 12 juin 1804 et 18 mai 1806.

« Ce bail a été approuvé par le préfet le 7 avril suivant, et il n'est au surplus que le renouvellement de baux précédents, remontant à quarante années.

« Le sieur Baronnat ayant organisé un service pour le transport des cercueils avec chars à ce destinés, l'administration l'a prévenu par un acte extrajudiciaire du 30 avril dernier, de l'état de contravention où il s'était mis, soit avec la loi, soit avec le traité du 29 mars 1853. Cet avertissement n'ayant pas eu de résultat, l'assignation en référé a été donnée.

« A l'audience du 11 mai, Me Imbert, avoué de l'hospice, s'est présenté et a conclu, comme en l'assignation, à ce qu'il soit fait défense au sieur Baronnat de faire aucun transport de cercueil, et successivement voir renvoyer la cause à l'audience pour voir prononcer cette défense d'une manière définitive, avec tels dommages-intérêts qu'il appartiendra, et condamner le défendeur aux dépens ; Me Auzias, avocat, a présenté les moyens à l'appui de cette demande.

« Me Bandel, avoué du sieur Baronnat, a conclu au rejet de la demande, tant pour incompétence et toutes autres exceptions que par défaut de droit au fond ; Me Mathieu de Ventavon, avocat, a soutenu les fins de cette conclusion. »

Nous, président, après avoir entendu les avoués et avocats des parties, vu et apprécié les pièces à nous remises de part et d'autre ;

Attendu qu'il s'agit de statuer provisoirement sur les difficultés relatives à l'exécution d'un titre exécutoire, et que l'urgence résulte tout à la fois des conflits qui peuvent, chaque jour, s'élever entre les parties, et du préjudice que l'état actuel des choses occasionne à l'hospice ; que sous ce double rapport notre compétence n'est pas contestable ; que la cause, au surplus, ne présentant aucune question d'interprétation d'actes administratifs, appartient à la juridiction ordinaire ;

Au fond, attendu que le décret du 23 prairial an XII (art. 22) accorde aux fabriques des églises et aux consistoires, avec autorisation de l'affermer, le droit de fournir exclusivement toutes les fournitures nécessaires pour les enterrements et pour la décence et la pompe des convois ;

Attendu que le décret du 18 mai 1806, qui n'est relatif qu'aux églises, loin de révoquer ce droit, ne fait que le confirmer ; que l'art. 7 dispose en effet que les fabriques feront, par elles-mêmes, ou feront faire par entreprises aux enchères toutes les fournitures nécessaires au service des morts, dans l'intérieur des églises, et toutes celles relatives à la pompe des convois ;

Qu'il résulte clairement de la combinaison de cet article avec les art. 9, 10, 11 et 14, que les fournitures comprennent celles qui concernent le transport des cercueils ;

Attendu en fait que depuis plus de quarante ans les fabriques des cinq paroisses de Grenoble ont usé de ce droit, en l'affermant à l'hospice par une suite non interrompue de baux, approuvés par l'autorité supérieure, dont le dernier est à la date du 29 mars 1853 ;

Qu'en supposant que le bail fût irrégulier en ce qu'il n'a pas été passé par adjudication aux enchères, comme l'exige le décret précité de 1806, l'autorité seule et les parties pourraient relever cette irrégularité, et non le défendeur pour qui l'acte est obligatoire dès qu'il est valable suivant les règles du droit commun ;

Attendu que les cercueils furent d'abord portés à bras par des hommes de l'hôpital ; que lorsque la personne décédée appartenait à une société de secours mutuels, s'il arrivait que le transport était fait par des membres de la même société, l'hospice n'avait aucun intérêt à s'y opposer ;

Que si, depuis environ quinze ans, des entrepreneurs de voitures et spécialement le sieur Baronnat ont introduit l'usage des chars funèbres qu'ils ont mis à la disposition des familles, et si l'hospice, dépourvu du matériel de ce service, ne s'est point opposé à cette innovation, cette tolérance momentanée de sa part ne peut faire obstacle à ce qu'il revendique aujourd'hui l'exercice du droit qui lui appartient comme représentant des fabriques ;

Qu'on ne saurait donc sérieusement contester la demande qu'il forme contre Baronnat ;

Qu'alors même que ce dernier ne serait, comme il prétend,

qu'un préposé de plusieurs sociétés de secours mutuels, il n'en faudrait pas moins reconnaître qu'en faisant le transport des cercueils il exerce un droit que la loi n'a attribué qu'aux fabriques ;

Par ces motifs,

Nous, président, statuant en référé et par mesure provisoire et d'urgence, sans nous arrêter aux moyens et exceptions de Baronnat, dont il est débouté, lui faisons défense de faire aucun transport de cercueils et le condamnons aux dépens.

———

La Faculté de droit de Grenoble intéresse un trop grand nombre de chefs de famille auxquels notre Recueil est adressé, et sa prospérité leur importe trop, pour qu'on ne nous sache pas quelque gré de publier ici le rapport que nous avons présenté dans la séance solennelle de rentrée des Facultés du 16 novembre 1857.

MESSIEURS,

Pendant l'année qui vient de s'écouler, la Faculté de droit a poursuivi avec succès le cours de ses travaux. Attirés vers leurs maîtres par une bienveillance de bon goût, les élèves ont trouvé facile et douce la loi du respect; ils l'ont pratiquée. Leur assiduité, sauf quelques rares exceptions, a été parfaite, et les examens de fin d'année, les seuls dont il importe ici de se préoccuper, sont venus prouver que chez presque tous il y avait eu attention et application, deux qualités inséparables d'une bonne conduite.

Voici le tableau de ces examens et de leurs résultats :

Quinze examens de capacité : 27 boules blanches, 3 boules rouges;

Dix-neuf premiers examens de baccalauréat : — 36 boules blanches, 20 boules rouges, une boule noire;

Vingt-un seconds examens de baccalauréat : — 48 boules blanches, 29 boules rouges, 7 boules noires;

Dix-neuf second examens de licence : — 53 boules blanches, 23 boules rouges;

Dix-huit thèses de licence : 37 boules blanches, 34 boules rouges, une boule noire ;

Quatre examens de doctorat : 15 boules blanches, 5 boules rouges ;

Total 96 examens ou thèses subis à la fin de l'année : — 216 boules blanches, 114 boules rouges, 9 boules noires.

Deux épreuves seulement ont été suivies de refus.

La Faculté, Messieurs, saura toujours être indulgente sans faiblesse et sévère avec discernement. Elle connaît les candidats ; elle a sur chacun d'eux des notes exactes ; elle ne les apprécie pas exclusivement sur leurs réponses ; elle remonte au-delà de l'examen ; elle juge l'élève et non pas seulement l'épreuve ; dans tout autre mode de procéder, il y a plus de place pour le hasard que pour la justice.

M. Burdet, professeur de Code Napoléon, a publié un volume intitulé : *Exposition de la doctrine romaine sur le régime dotal, tirée des textes originaux.* M. Jules Mallein, professeur de Droit administratif, suppléé par M. Gueymard fils, chargé du cours, a publié, à son tour, un livre intitulé : *Considérations sur l'enseignement du Droit administratif.* Dans un rapport lu au Conseil académique, j'ai rendu un compte développé de ces deux ouvrages que j'ai critiqués et surtout loués avec une égale indépendance. Cette partie de mon travail m'a fourni l'occasion de rendre un légitime hommage au talent avec lequel M. Gueymard fils s'acquitte de sa délicate mission.

J'ai maintenant à signaler un fait grave qui est venu réjouir notre Faculté. M. le ministre de l'instruction publique a bien voulu la doter d'un enseignement spécial de Droit criminel. Le Droit criminel se rattache par les liens les plus étroits à la morale et à la philosophie. Faut-il, avec Beccaria et d'autres écrivains matérialistes du XVIIIe siècle, donner pour base au droit de punir je ne sais quel contrat social et par conséquent le droit de légitime défense ? Faut-il, avec Bentham, lui donner pour base l'utilité ? Faut-il, avec les Guizot, les de Broglie, les Rossi, le faire dériver de la justice morale ? La peine doit-elle avoir pour but l'intimidation ? ou bien l'expiation ? ou bien la réforme du coupable ? ou bien faut-il dire que l'intimidation, l'expiation, la réforme du coupable, au lieu d'être le but du châtiment, doivent être seulement considérées comme des moyens de l'atteindre et que la fin de toute pénalité est le maintien de l'ordre dans la société et la protection du Droit ? Doit-on admettre les peines

perpétuelles? doit-on admettre les peines infamantes? Nos licen-
ciés et même nos docteurs n'entendaient jamais parler de ces re-
doutables problèmes, qui ont inspiré tant de pages profondes et
éloquentes ; ils ne savaient pas que. depuis soixante ans, il n'y a
pas une nation civilisée qui ne les ait solennellement discutés et
diversement résolus, et qui n'ait refait son Code pénal afin de
rompre avec l'atrocité du système ancien et d'entrer dans des voies
plus rationnelles, plus humaines, et par là même plus efficaces.
Désormais, grâces en soient rendues à M. le ministre, une regrettable lacune est comblée parmi nous. Le cours de Droit criminel
a été confié à M. Piquet Damesme. Pour la première fois, M. Pi-
quet-Damesme s'est trouvé sérieusement en possession d'un
enseignement spécial, déterminé, permettant à son esprit de
prendre un libre essor. L'épreuve était nouvelle, elle était
même difficile ; je remplis aujourd'hui un agréable devoir en
constatant le succès.

J'ai été naturellement amené, Messieurs, à nommer quelques-
uns de mes collègues. Je voudrais pouvoir les nommer tous : il
me suffira de dire que tous ont été à la hauteur de leur tâche et
que la Faculté peut être justement fière de son organisation
présente. Néanmoins, tout ce que j'ose dire de moi, c'est que je
m'attache à donner l'exemple du zèle, laissant à d'autres le soin
de me donner l'exemple du talent. Qu'il me soit permis ici de
remercier mes collègues de la noble sincérité avec laquelle, depuis deux ans, ils acceptent l'autorité d'un chef qui n'est parmi
eux ni le plus ancien, ni le plus âgé. Si je parviens à faire quelque bien, il sera dû à leur concours sympathique. Cet heureux
accord, cette constante réunion de toutes nos forces, de tous
nos dévouements, encouragés par les bienveillants témoignages
du chef aimé de cette Académie, présagent à notre faculté un
avenir meilleur. Pendant longtemps, le nombre des élèves
n'avait pas cessé de décroître. Depuis deux ans, nous assistons
à un temps d'arrêt. Le chiffre des inscriptions s'est maintenu
entre 85 et 100. Les données que je possède m'autorisent à
croire que nous allons entrer dans une période d'accroissement (1). C'est aux pères de famille à nous venir en aide et à

(1) L'événement a pleinement justifié ces paroles. En novembre 1857
et en janvier 1838, le nombre des inscriptions s'est accru de QUA-
RANTE-CINQ.

mieux comprendre que, dans leur propre intérêt, il doivent rester fidèles aux facultés de province, où les fortes études sont parfaitement possibles, et où bien des fautes sont prévenues par une surveillance directe et d'amicales exhortations. Qu'ils s'attachent aussi à combatre ces funestes tendances du siècle qui envahissent le cœur même de la jeunesse ! Aujourd'hui, plus que jamais, on veut courir au devant de la fortune ; plus que jamais on est dévoré de bonne heure par le désir du lucre, et l'agitation industrielle, avec ses hasards séduisants, semble promettre de précoces satisfactions à quiconque les lui demande. Cependant, à quelles nobles carrières l'étude du Droit ne conduit-elle pas ? Sachons honorer, malgré d'injuste. et imprudentes attaques, l'avoué, homme laborieux, patient, résigné devant les mille détails qui l'obsèdent, interprète dévoué des nécessités incessantes de la procédure, ennobli par le devoir. Le barreau n'est-il pas la plus belle des tribunes, soit que l'avocat, dans les affaires civiles, prépare les décisions de la justice, soit que, devant les cours d'assises, il représente non pas tel ou tel accusé, mais la société même qui se défend, en face du ministère public représentant la société qui accuse ? Le notaire n'est-il pas le guide, le confident des familles ? Enfin, au sommet de l'échelle j'aperçois la figure antique et vénérée du magistrat, religion vivante de la conscience, rendant des arrêts et non pas des services. Ainsi, que de buts à atteindre ! que de traditions à continuer ! Il faut du temps, sans doute, du travail, de la persévérance ; mais toutes les conquêtes solides et durables sont à ce prix. Enfin, le vrai bonheur n'est-il pas dans les ports tranquilles, où s'abritent les tristesses aussi bien que les joies de la vie ? et n'est-ce pas surtout dans le monde des ambitions irréfléchies et des jouissances matérielles, que la roche Tarpéienne est près du Capitole ?

CHRONIQUE.

La cour de cassation (chambre criminelle) vient de rendre l'arrêt suivant, qui intéresse au plus haut point tous les notaires :

La Cour,

Ouï, M. Souëf, conseiller, en son rapport, Mes Morin et Ambroise Rendu, avocats, en leurs observations, et M. Guyho, avocat général, en ses conclusions;

Vu l'article 1er de la loi du 25 ventôse an 11, ainsi conçu :

« Les notaires sont les fonctionnaires publics établis pour rece- « voir tous les actes et contrats auxquels les parties doivent ou « veulent faire donner le caractère d'authenticité attaché aux actes « de l'autorité publique, et pour en assurer la date, en conserver le « dépôt, en délivrer des grosses et expéditions. »

Attendu que l'usurpation des fonctions notariales tombe sous l'application de l'article 258 du Code pénal,

Attendu que l'arrêt attaqué constate à la charge de Lambert, d'abord l'emploi d'un certain nombre de manœuvres constituant l'immixtion dans les fonctions notariales, et, en outre, l'intention frauduleuse dans laquelle ces manœuvres ont été accomplies;

Que cet ensemble de faits et de manœuvres résulte, suivant l'arrêt attaqué, de l'usage habituel, dans la passation des actes reçus par Lambert, du protocole notarial, notamment de ces locutions : « En « présence de M. Lambert.... Dont acte fait et passé.... et ont les parties « signé avec ledit Lambert; » de l'apposition d'un cachet à la suite de ces actes; du dépôt et de la conservation de ces actes, en tant que minutes, dans un local qualifié étude;

En ce qui touche l'intention frauduleuse :

Attendu qu'elle résulte, suivant l'arrêt attaqué, de ce que Lambert aurait mis en œuvre tous les moyens en son pouvoir pour inspirer aux habitants de la campagne la confiance que les actes qu'il rédigeait avaient la même valeur que les actes notariés;

Que l'arrêt constate, en outre, que parmi les actes saisis au domicile du prévenu se trouvaient des partages et liquidations, des inventaires et des donations rentrant spécialement dans les attributions des notaires;

Attendu que si l'avis du Conseil d'Etat du 1er avril 1808 autorise la

c

rédaction sincère et faite de bonne foi des actes sous seing privé, cette autorisation ne comporte pas de la part d'un tiers l'emploi de manœuvres tendant à faire illusion aux parties et à leur persuader qu'elles arriveront aussi bien au même but par l'intervention d'un particulier que par celle d'un notaire;

Attendu enfin qu'il résulte de l'ensemble des constatations de l'arrêt attaqué, qu'à défaut de l'authenticité qu'il ne lui appartenait pas de donner aux actes, Lambert s'est substitué, autant qu'il était en lui, au ministère des notaires dans les autres formes et circonstances qui étaient de nature à le faire considérer comme revêtu de leur caractère;

Que ces constatations justifient suffisamment l'application qui a été faite à Lambert des dispositions de l'article 258 du Code pénal;

Par ces motifs,

La Cour rejette le pourvoi formé par Louis-Désiré Lambert contre l'arrêt de la Cour impériale de Paris du 16 décembre 1857. et le condamne à l'amende envers le Trésor public. (Arrêt du 7 mai 1858.)

On nous a signalé un jugement rendu par le tribunal de l'arrondissement de Grenoble, le 7 juin 1842, sous la présidence de M. Masse, vice-président. Quoique ce jugement soit déjà assez ancien, l'intérêt pratique qu'il présente nous a engagé à le rechercher au greffe et à le porter à la connaissance de ceux qui l'ignorent et de ceux qui l'ont oublié.

« Entre la communauté des huissiers de l'arrondissement de Grenoble, poursuites et diligences du sieur Fagot, l'un d'eux, syndic de ladite communauté, domicilié en ladite ville, assignant par exploit du 4 février 1842, d'une part;

« La corporation des notaires du même arrondissement, représentée par M. Jocteur Monrozier, l'un d'eux, et trésorier de la même corporation, aussi domicilié à Grenoble, défenderesse et assignée, d'autre part;

« Me Blaive, avoué de la communauté des huissiers, a conclu à ce qu'il plaise au tribunal, sans s'arrêter à aucunes fins et exceptions contraires de la part des notaires : 1° déclarer bonnes et valables les offres réelles dont s'agit; 2° ordonner que toutes les pièces de formalités du procès qui a existé entre les parties et qui a été terminé par jugement du 26 juillet 1838, seront remises par les notaires aux huissiers, à l'exception de la grosse du jugement; 3° déclarer qu'au moyen de la consignation de la somme ci-devant offerte, les huissiers seront valablement libérés envers les notaires qui seront en outre condamnés en tous les dépens, que les huissiers seront autorisés à retenir sur les sommes offertes.

« Me Imbert, avoué de la corporation des notaires, assistant Me Charpin, avocat, a conclu à ce qu'il plaise au tribunal, sans s'arrêter à l'offre des huissiers, qui sera déclarée nulle comme insuffisante et renfermant des conditions inadmissibles, mettre ladite corporation des notaires hors d'instance sur toutes les demandes, fins et conclusions des huissiers, lui permettre de poursuivre ainsi et comme elle avisera, pour obtenir le paiement des dépens dont il s'agit, et condamner les huissiers aux dépens.

« En fait, un procès existant entre la communauté des huissiers et la corporation des notaires a été terminé par un jugement du 26 juillet 1838, qui a condamné les huissiers aux dépens.

« Ces dépens ayant été liquidés à la somme de 316 fr. 50 c., dont il a été délivré exécutoire aux notaires, le 22 septembre suivant, ces derniers en ont poursuivi le paiement, à raison de quoi diverses formalités ont été faites.

« Par exploit du 12 janvier dernier, les huissiers ont fait offre d'une somme de 372 fr. 37 c., mais à la charge de la remise de toutes les pièces de formalités du procès, sauf de la grosse du jugement.

« Cette offre ayant été refusée et les notaires ayant soutenu qu'ils n'étaient tenus qu'à la remise de l'exécutoire et de la signification qui en avait eu lieu, l'instance actuelle a été introduite à la requête des huissiers par exploit du 4 février suivant.

« Le procès, après avoir été instruit aux formes ordinaires, a été appelé et plaidé à l'audience de ce jour.

« En droit, l'offre dont il s'agit doit-elle être déclarée valable, ou au contraire faut-il la rejeter parce que les notaires ne seraient pas tenus à la remise des pièces demandées ? »

Attendu que la condamnation aux dépens est une peine de la téméraire contestation ; qu'aucune disposition du Code de procédure civile n'impose à la partie qui a obtenu gain de cause et qui veut se faire payer de ses dépens, l'obligation de remettre les pièces de la procédure qui ont précédé le jugement de condamnation; que l'ensemble des dispositions de ce Code repousse au contraire une semblable prétention, notamment l'article 133 d'après lequel l'avoué qui a fait distraire les dépens à son profit, peut poursuivre directement et par toutes les voies de droit la partie qui a succombé, en vertu de l'exécutoire qui lui a été délivré en son nom, bien que les pièces de la procédure restent la propriété de son client, à qui même il en aurait déjà fait la remise; qu'il suit de là que l'exécutoire formant sans autre condition un titre suffisant pour l'avoué, il doit en être de même pour la partie qui poursuit elle-même le paiement de ses dépens, le principe étant indivisible;

Attendu que l'on doit d'autant mieux le décider ainsi, que la remise des pièces de procédure est sans utilité quelconque à la partie qui est tenue au paiement des frais, puisqu'elle est déjà nantie du double de toutes les pièces de la procédure, tandis qu'elles peuvent avoir, dans certaines circonstances données, de l'importance pour la partie qui a obtenu gain de cause;

Attendu dès lors que les offres réelles faites par la communauté des huissiers, sous la condition que les pièces de la procédure leur seraient remises, sont inadmissibles.

Par ces motifs,

Le tribunal, ouï le ministère public en ses conclusions, sans s'arrêter à l'offre réelle faite par la communauté des huissiers, met sur toutes les demandes, fins et conclusions de ladite communauté, la corporation des notaires hors d'instance, permet à celle-ci de continuer ses exécutions pour avoir paiement des dépens qui lui ont été adjugés par le jugement du 26 juillet 1838,

Et condamne la communauté des huissiers aux dépens sommairement liquidés à la somme de.....

Par décret impérial du 22 mai 1858, M. Daguilhon-Pujol, procureur impérial près le tribunal de première instance de Foix, a été nommé avocat général à la Cour impériale de Grenoble, en remplacement de M. de Leffemberg, nommé premier avocat général à la Cour impériale d'Angers.

LOI DU 21 MAI 1858

CONTENANT DES MODIFICATIONS AU CODE DE PROCÉDURE

CIVILE (1).

Art. 1er. — Les art. 692, 696 et 717 du Cod. pr. civ. sont modifiés ainsi qu'il suit (1) :

692. — Pareille sommation sera faite dans le même délai de huitaine, outre un jour par cinq myriamètres : 1° Aux créanciers inscrits sur les biens saisis aux domiciles élus dans les inscriptions. Si parmi les créanciers inscrits se trouve le vendeur de l'immeuble saisi, la sommation à ce créancier sera faite, à défaut de domicile élu par lui, à son domicile réel, pourvu qu'il soit fixé en France. Elle portera qu'à défaut de former sa demande en résolution et de la notifier au greffe avant l'adjudication, il sera définitivement déchu, à l'égard de l'adjudicataire, du droit de la faire prononcer. 2° A la femme du saisi, aux femmes des précédents propriétaires, au subrogé-tuteur des mineurs ou interdits, ou aux mineurs devenus majeurs, si dans l'un et l'autre cas, les mariage et tutelle sont connus du poursuivant d'après son titre. Cette sommation contiendra, en

(1) 30 janvier 1858, présentation au Corps législatif. — 31 mars 1858, rapport par M. Riché. — 12 et 13 avril, discussion et adoption. — 14 mai, délibération du Sénat. — Insertion au *Bulletin des Lois*, n° 605.

outre, l'avertissement que pour conserver les hypothèques légales sur l'immeuble exproprié, il sera nécessaire de les faire inscrire avant la transcription du jugement d'adjudication. Copie en sera notifiée au procureur impérial de l'arrondissement où les biens sont situés, lequel sera tenu de requérir l'inscription des hypothèques légales existant du chef du saisi seulement, sur les biens compris dans la saisie.

EXPOSÉ DES MOTIFS DE L'ART. 692.

Pour bien saisir la portée du nouvel article 692 et réfuter les vives objections qu'il a subies, il est nécessaire de faire un retour sur toutes les phases qu'a parcourues la question.

C'était une règle incontestée de notre ancien droit français, que le *décret forcé purgeait tous les droits, hormis les droits seigneuriaux.* Elle avait d'ailleurs été consacrée par les art. 11 et 13 de l'édit de Henri II, de 1551. Elle avait été proclamée par arrêts du parlement des 17 mars 1588 et 27 février 1626. Aux grands jours de Clermont, elle avait reçu une sanction solennelle; aussi Loysel écrivait-il : *décret forcé nettoye toutes les hypothèques ;* et après lui, Pothier ajoutait : « Quand même ces droits auraient appartenu à des mineurs, même dans le cas d'insolvabilité de leurs tuteurs, même dans le cas où ils auraient été absolument destitués de tuteurs; car la foi publique, *fiscalis hastæ fides,* doit l'emporter sur la faveur de ces personnes. »

Ce droit était si incontestablement établi, que tout acquéreur sur aliénation volontaire qui voulait assurer sa propriété contre les suites d'hypothèques légales inconnues n'achetait que sous forme de décret forcé; on simulait une saisie et on procédait à une adjudication. Un édit de juin 1771 vint mettre fin à cet abus et régla les formalités de la purge des hypothèques légales, mais en matière de vente volontaire seulement, laissant au décret forcé tous les effets qui lui avaient été attribués à l'égard des hypothèques de toute nature.

La loi de brumaire an 7 trouva les choses en cet état; elle mit toutes les hypothèques sur le même niveau, en les soumettant toutes à la nécessité de l'inscription; et dès lors la procédure d'expropriation forcée, interpellant les créanciers à hypothèque légale aussi bien que les autres, et les mettant en demeure de faire valoir leurs droits, le jugement d'adjudication purgeait toutes les hypothèques de la même manière, sans qu'il fût besoin de formalités postérieures.

Le Code Napoléon intervint : il fit tomber la loi de brumaire et rendit à l'hypothèque légale le privilége d'être indépendante de l'inscription. Il rétablit tous les principes de l'ancien droit. Il ne s'occupe dans le chapitre viii du titre XVIII que du mode de purger les hypothèques inscrites en matière d'aliénation volontaire ; la procédure d'expropriation forcée continuera et continue encore aujourd'hui, personne ne le conteste, à les purger virtuellement.

Dans le chapitre ix, il s'occupe des hypothèques légales et du mode de les purger, mais, comme dans le chapitre viii, toujours dans le cas de vente volontaire ; il ne parle que de l'acquéreur, jamais de l'adjudicataire. Ce chapitre n'est d'ailleurs que la reproduction de l'édit de 1771, qui n'avait prescrit les formalités du purgement que pour le même cas.

Le Code de procédure civile à son tour vint, par ses diverses dispositions, confirmer cette intention du législateur. S'agit-il d'un ordre après adjudication sur saisie immobilière, l'art. 750 permet de commencer la poursuite sans prescrire le purgement d'aucune sorte d'hypothèque et à l'expiration du délai d'un mois accordé aux créanciers pour règlement amiable. Si les hypothèques légales n'avaient pas été purgées comme les autres, il aurait fallu reculer le premier acte de procédure de plus de deux mois. L'art. 750 se sert du mot *adjudicataire*. S'agit-il, au contraire, d'un ordre sur aliénation volontaire, l'art. 775, qui emploie le mot *acquéreur* comme les art 2194 et 2195, ne permet de l'ouvrir qu'un mois après l'accomplissement des formalités voulues pour purger les hypothèques inscrites et les *hypothèques légales*.

La doctrine admit cette interprétation de notre Code qu'elle crut toujours conforme en ce point à notre ancienne législation, et, sous la loi nouvelle, tous nos auteurs les plus accrédités répétèrent ce qu'avaient dit Loisel et Pothier sous les édits de 1551 et de 1771 : *décret forcé nettoye toutes les hypothèques*.

La jurisprudence ne résista point dans l'origine à cette unanimité. Les cours impériales d'abord proclamèrent l'application du principe ; selon elles, ils ne procédait pas seulement des lois qui avaient précédé le Code, il résultait aussi de l'économie du Code Napoléon et de la concordance de ses dispositions avec celles du Code de procédure civile.

La Cour de cassation elle-même vint ajouter à ces imposants témoignages toute la puissance de son autorité, et plusieurs arrêts de rejet et même de cassation auraient pu décourager les contradicteurs.

Mais enfin, le 22 juin 1833, un arrêt solennel vint leur donner raison. La cour suprême, faisant retour sur sa jurisprudence. pensa que la loi n'avait fait aucune distinction entre les ventes volontaires et les ventes par expropriation forcée ; que la protection que la loi a voulu accorder aux femmes et aux mineurs, en établissant en leur faveur l'hypothèque légale avec la dispense de l'inscrire, deviendrait illusoire et tournerait même contre eux.

En effet, disent les partisans de cette opinion, les créanciers inscrits, liés à la poursuite d'expropriation par tous les actes qu'on leur signifie, sont interpellés et mis en demeure de faire valoir leurs droits ; ils sont partie dans l'instance, la saisie leur est commune. Mais la dispense d'inscription fait qu'on n'appelle pas les créanciers à hypothèques légales ; il faut donc les avertir après l'adjudication, puisqu'on ne l'a pas fait avant.

Il faut en convenir, l'argument est pressant ; et s'il ne répond pas à tous ceux que l'on tirait de l'état ancien et nouveau de la législation, il signale du moins un danger pour des intérêts chers et sacrés, que nos lois ont toujours voulu protéger d'une manière efficace.

Certes, si aujourd'hui le législateur venait de sa haute autorité, par une disposition claire et précise, rétablir la vieille règle de nos anciens édits, et maintenir l'interprétation donnée à nos Codes jusqu'en 1833, il trouverait encore bien des partisans de cette opinion ; car la doctrine n'a cessé de protester contre la nouvelle jurisprudence qui a subi la critique des jurisconsultes les plus renommés. Mais il ne répondrait pas dignement à la grande raison qui a inspiré la cour suprême ; il fermerait les yeux sur un péril dénoncé, et laisserait sans défense des droits qui méritent sa faveur.

Que faut-il donc faire pour donner satisfaction à toutes les opinions comme à tous les intérêts, et ne pas placer les créanciers à hypothèques légales dans une position plus désavantageuse que celle des créanciers inscrits, tout en rendant au jugement d'expropriation la vertu de purger les hypothèques? Il faut faire disparaître l'argument de la cour de cassation; il faut donner aux créanciers à hypothèques légales un avertissement tout spécial; il leur sera donné en même temps qu'aux créanciers inscrits : la publicité, qui frappe ceux-ci d'une manière générale et particulière, s'adressera à ceux-là plus directement encore, elle les touchera en personne et au domicile réel. C'est le but que nous croyons avoir atteint par les innovations introduites dans l'art. 692 du projet.

Veuillez comparer, messieurs, les précautions prises par ces nouvelles dispositions à celles qui sont tracées par l'art. 2194 du Code Napoléon. Cet article ne prescrit l'avertissement qu'après l'adjudication. Aucun effort n'est tenté pour éveiller les intéressés d'une manière sensible et leur donner une connaissance personnelle. Une signification dont rien n'assure la remise, et un simple extrait affiché dans l'auditoire d'un tribunal souvent éloigné de leur domicile, extrait que personne n'a la curiosité de lire, les avertissent qu'un contrat translatif de propriété est déposé au greffe. Il a fallu qu'un avis du conseil d'Etat, du 1er juin 1807, inséré au *Bulletin des lois*, ajoutât à l'insuffisance de ces prescriptions la mesure plus efficace d'une insertion dans un journal. Il faut remarquer encore qu'aucun acte n'intime formellement à la femme et au subrogé-tuteur l'obligation de prendre inscription; si une notification est faite au procureur impérial, c'est pour lui dire sans insistance *qu'il sera reçu à la requérir, s'il y a lieu*; et comme on était alors persuadé que l'art. 2194 n'était relatif qu'aux aliénations volontaires, une circulaire du ministre de la justice, en date de 1806, défendit aux procureurs impériaux d'user de cette faculté, dans la crainte de prendre inscription sur des biens dont les femmes ou les familles auraient consenti ou devraient ratifier les aliénations, et de jeter le trouble là où la concorde devait régner.

Aussi serait-il difficile de citer une seule inscription requise par le ministère public en conformité de cet article.

Au contraire, le nouvel article 692, combiné en vue du péril qu'amène une expropriation forcée, prévient les intéressés longtemps avant la vente. Ils peuvent en temps utile veiller à la conservation de leurs droits, prendre connaissance du cahier des charges, faire changer les conditions qui leur nuisent, surveiller la vente, pourvoir à l'élévation des enchères. Les termes de l'article ordonnent une sommation, une mise en demeure de faire inscrire l'hypothèque légale *avant la transcription du jugement*, et, de peur que la communauté de domicile ne permette au mari de se faire délivrer la sommation destinée à la femme et de lui en dérober la connaissance, la copie sera remise *à la personne* de la femme.

Quant au procureur impérial, ce n'est plus une faculté qui lui est donnée, c'est un devoir impérieux qui lui est imposé. La circulaire ministérielle ne peut plus paralyser l'ordre donné par la loi ; car la situation est bien différente : le danger est évident, l'insolvabilité notoire ; et, dans une expropriation forcée, il n'y a plus à supposer le consentement de la femme ou d'un conseil de famille à l'aliénation d'un gage devenu plus que jamais nécessaire. Lorsqu'on lit cette dernière prescription, on demeure convaincu que les intérêts qu'on a voulu sauvegarder ne peuvent plus être compromis par la négligence ou la complaisance, et qu'ils sont couverts d'une protection bien autrement salutaire et plus appropriée au cas spécial qu'ils ne l'avaient été jusqu'à présent.

On ne répétera plus sans doute, ce qui a été dit lors de la discussion de la loi du 3 juin 1841 : Qu'on veut enlever aux femmes et aux mineurs les garanties que leur avait assurées le Code Napoléon, en supprimant les formalités qu'il avait établies. On ne supprime pas ces formalités, on ne fait que les déplacer ; on en reporte l'accomplissement à une époque beaucoup plus favorable à l'exercice des droits qu'elles concernent ; et, loin de contenir une critique de la jurisprudence nouvelle et de la haute autorité qui l'avait inaugurée, la proposition de l'art. 692 est un hommage rendu à la vigilance de la magistrature, puisqu'il vient combler une lacune qu'elle avait signalée.

Enfin, a-t-on dit, le projet, en remettant au poursuivant de l'expropriation le soin d'interpeller les créanciers à hypothèque légale, l'a confié à un créancier intéressé à ne pas le faire, et à ne pas appeler les ayants droit qui viendront avant lui sur leur gage. Cette confiance est bien mieux placée dans l'adjudicataire, qui a intérêt à ne payer qu'aux créanciers venant aux premiers rangs.

Mais quel avantage pourrait-il revenir au poursuivant, d'une procédure vicieuse et d'une omission frauduleuse? La nullité de la poursuite entraînerait pour lui une grave responsabilité et la représaille des dommages-intérêts; et puis, ne voit-on pas que c'est à lui que la loi a déjà imposé le devoir d'avertir et d'appeler tous les autres créanciers inscrits, parmi lesquels se trouvent tous ceux qui le priment en ordre d'hypothèques, et même les créanciers privilégiés, au nombre desquels se trouve souvent le vendeur? La loi n'a cependant pas hésité à lui confier l'accomplissement de cette formalité; celle qu'on lui impose aujourd'hui n'est que le complément de la première. On verra, au surplus, dans l'analyse de l'art. 753, ci-après, que le devoir de sommer la femme et les mineurs sera aussi rempli par l'adjudicataire, et que l'avertissement donné ainsi de toute part doublera les garanties que la loi leur avait accordées.

On a demandé, en dernieu lieu, comment le poursuivant connaîtra l'existence des femmes, des mineurs ou interdits, pour leur faire les significations prescrites. Nous répondrons : il la connaîtra comme l'aurait connue l'adjudicataire, si la procédure de la purge restait à sa charge, dans les termes de l'article 2194 du Code Napoléon.

Nous n'avons plus d'objections à prévoir, et nous croyons que la nouvelle rédaction de l'art. 692 concilie, avec bonheur, les deux opinions qui avaient partagé le monde judiciaire, et permet d'avancer, au profit de tous, l'ouverture des ordres qui sont les plus fréquents et dont le règlement exige la plus prompte expédition.

DISCUSSION DE L'ART. 692.

M. Duclos a la parole sur cet article. Il commence par rendre hommage au zèle de la commission et au soin consciencieux qui a présidé à son travail. Le projet apporte, sur certains points, des améliorations considérables à la législation actuelle, et il ne peut qu'être accueilli avec reconnaissance. Cependant l'orateur croit devoir présenter plusieurs critiques. Il y en a une qui s'adressera spécialement à l'art. 692, et qui est relative à l'inscription que devra requérir le procureur impérial pour les hypothèques légales.

L'honorable membre rappelle les termes dans lesquels était conçu à cet égard le projet primitif. Il dit qu'en limitant l'obligation mise à la charge du procureur impérial à l'inscription des hypothèques légales existant du chef du saisi et sur les biens compris en la saisie, la commission a atténué le mal qui serait résulté des dispositions du projet primitif, mais ne l'a pas fait disparaître. A ses yeux, le moindre des inconvénients qu'entraînera l'inscription forcée de l'hypothèque légale de la femme, ce sera son inutilité. Le droit de suite ,est purgé par la transcription du jugement d'adjudication. L'inscription ne conserve donc au profit de la femme ou du mineur que le droit de préférence. Mais le droit de préférence se conserve sans inscription. L'orateur ajoute que non-seulement l'inscription est inutile pour le mineur et pour la femme, mais que souvent elle leur portera préjudice; elle les jettera dans des contestations graves; souvent aussi elle sera irrégulière et nulle.

L'honorable membre soutient que d'autres motifs encore, impliquent l'inutilité et le danger de l'inscription forcée. La femme dont on veut prendre malgré elle les intérêts, est bien suffisamment prévenue par l'éclat de la saisie. Si elle a des droits à faire valoir, elle ne les négligera pas. Si, dans ces conditions, l'inscription n'est pas prise, c'est qu'évidemment, selon l'orateur, il n'y a aucune raison pour qu'elle soit prise; c'est que souvent il n'est pas moral de la prendre; c'est que plus souvent encore cette inscription paraît inutile ou dangereuse.

L'orateur se demande ensuite qui supportera les frais qui seront la conséquence forcée du devoir imposé au procureur impérial. Sera-ce la femme, ou le mari, ou la masse à distribuer, ou le procureur impérial, ou le conservateur, ou le Trésor? Dans toutes ces hypothèses, l'orateur ne voit qu'injustices et violations flagrantes des principe de notre droit civil. L'honorable membre prendra pour exemple les frais de l'inscription elle-même, qui sont de 4 fr. en moyenne. Le Trésor devra en faire l'avance. Pour s'en couvrir il devra produire à l'ordre. Les frais de sa production et de la collocation à son profit seront de 50 fr. au moins; c'est-à-dire que l'accessoire sera dix ou douze fois plus élevé que le principal. Et si d'un autre côté la femme, les mineura ou l'interdit, pour qui l'on aura pris l'inscription, ne sont pas colloqués, l'Etat perdra ses droits.

Resterait encore cette question : à qui incombera la responsabilité d'une inscription omise ou incomplète, ou abusive ou mal faite?

Selon l'honorable membre, il n'y avait pas lieu de revenir à une expérience qui a déjà été faite. Aussitôt après la promulgation du Code Napoléon les procureurs impériaux, voulant s'acquitter scrupuleusement de la mission à eux confiée, prirent très-fréquemment inscription pour des hypothèques légales. La perturbation qui, selon l'orateur, fut le résultat de ces inscriptions, détermina le grand juge à enjoindre aux procureurs impériaux de ne plus user de leur initiative.

En résumé, l'orateur croit que la disposition combattue par lui altère le projet de loi dans son essence, et en compromettra l'exécution; qu'elle multipliera les frais, les longueurs et les embarras; que mieux vaudrait substituer la faculté à l'obligation d'inscrire. Il avait proposé un amendement dans ce but. Le conseil d'Etat ayant maintenu le principe de l'obligation, l'orateur se croit obligé de proposer le rejet pur et simple de l'article 692.

M. DE PARIEU, *vice-président du conseil d'Etat*, répond qu'une double objection est faite à l'art. 692. On trouve inutile et impossible l'inscription obligatoire qui est imposée au procureur impérial. M. le commissaire du gouvernement ne partage pas cette opinion. Le droit de préférence reconnu à la femme n'est pas un droit éternel et inamissible; il doit prendre fin. Si l'ordre n'est pas poursuivi, si le délai prescrit est expiré, ce droit disparaît. L'inscription d'office donnera, au contraire, un corps à l'hypothèque légale et l'empêchera de périr. Elle est donc utile. Cette utilité avait frappé même les rédacteurs du Code Napoléon, et ils avaient recommandé ce que le projet de loi veut rendre obligatoire. Rien n'est venu depuis révéler l'inutilité de cette inscription dans les cas, rares, il est vrai, où elle a été prise. Quant à l'impossibilité qui est alléguée, M. le commissaire du gouvernement fait observer que les pièces de la saisie per-

mettront toujours au procureur impérial de remplir le devoir
qui lui est imposé, et de protéger les droits des incapables.
Lorsque l'on regarde l'hypothèque légale comme une chose
mauvaise, il est naturel que l'on trouve mauvais tout ce qui
tend à la protéger. Mais lorsqu'on croit qu'il est utile de sauvegarder les droits des incapables, comme le projet leur retire certaines garanties par la suppression ou la dispense de la purge
postérieure à l'adjudication, il est juste qu'il y ait dans la loi une
compensation, et tel est le but que l'on s'est proposé en conver-
tissant une simple recommandation en obligation absolue. Il n'y
avait pas, en effet, de milieu : il fallait ou supprimer cette recommandation, aujourd'hui presque sans effet pratique, ou
rendre l'inscription obligatoire.

M. GUYARD-DELALAIN dit que ce n'est qu'après avoir examiné
sous toutes ses faces cette question si grave, que la commission
s'est décidée à repousser la disposition nouvelle du projet de
l oi, et à demander le maintien du système, selon elle très-sage,
du Code de 1807. De grandes concessions lui ont été faites par
le conseil d'Etat ; mais l'obligation imposée au procureur impérial a été maintenue, réduite, il est vrai, au cas où il s'agira
d'hypothèques légales existant du chef du saisi seulement, et
sur les biens compris dans la saisie. Cette restriction fait disparaître une partie des inconvénients que la commission signalait,
mais néanmoins la satisfaction qu'elle a obtenue ne lui paraît
pas suffisante. L'inscription d'office, même dans ces limites, entraînera encore des embarras, des complications. Elle peut être
sans intérêt pour la femme, et alors, pourquoi le procureur impérial sera-t-il tenu de la requérir? La femme, au contraire, y
a-t-elle intérêt? Elle peut vouloir y renoncer pour ne pas figurer parmi les créanciers qui poursuivent son mari. C'est là un
sentiment élevé. Pourquoi alors forcer la femme à agir contre
sa conscience? Le législateur de 1807 n'imposait pas au procureur impérial l'obligation de requérir l'inscription; les tribunaux, les cours ne l'ont pas voulu davantage. Tel a été aussi
l'avis de la commission.

Elle aurait désiré également qu'il ne fût pas toujours nécessaire de faire sommation au subrogé-tuteur de manifester l'hypothèque : elle avait proposé d'ajouter aux mots : *subrogé-tuteur,* ceux-ci : *s'il en existe un,* afin de n'avoir pas à convoquer

le conseil de famille pour la nomination d'un subrogé-tuteur, et afin d'épargner ainsi les frais qu'entraînerait l'exécution excessive de l'art. 2194. L'honorable membre demande, comme président de la commission, que MM. les commissaires du gouvernement veuillent bien expliquer les raisons qui ont empêché le conseil d'État d'accepter cet amendement, ainsi que celui par lequel la commission aurait voulu qu'au cas du décès de la femme ou du mineur, il ne fût pas nécessaire de sommer tous les héritiers. Il y aurait des inconvénients particuliers à ne pas s'expliquer sur ce dernier point, car, si l'on gardait le silence, on verrait reparaître dans la pratique tous ces frais inutiles dont on se plaint avec tant de raison. La commission persiste à penser qu'il ne faudrait qu'une seule sommation, faite au dernier domicile de la femme ou du mineur, sans préoccupation de l'existence d'héritiers.

M. de Parieu, *vice-président du conseil d'État*, répond que les deux dernières questions qui viennent d'être soulevées par le préopinant sont des questions de détail qui ne pouvaient trouver place dans le texte de la loi ; elles sont du ressort de la jurisprudence. Le conseil d'État a cru devoir rester dans les termes du Code Napoléon, régler ce qui était général et réserver les détails. Mais, au fond, en ce qui concerne le subrogé-tuteur et les héritiers des incapables, la pensée des commissaires du gouvernement est la même que celle de la commission ; ils sont d'avis qu'il n'est pas nécessaire d'instituer un subrogé-tuteur lorsqu'il n'en existe pas; ni de rechercher les héritiers au delà du dernier domicile de l'incapable décédé.

Le préopinant a exprimé, comme l'honorable M. Duclos, le regret que l'on eût maintenu l'obligation pour le procureur impérial de requérir l'inscription de l'hypothèque des incapables. Il a dit que cette inscription pouvait être sans intérêt pour la femme ou qu'elle pouvait y avoir renoncé. M. le commissaire du gouvernement répond que si la créance apparente n'a pas d'existence ou si elle a été évidemment soldée, le procureur impérial ne fera pas inscrire ; mais tant qu'il n'y aura pas de preuve de la disparition du droit, l'inscription devra être requise. Car aussi longtemps qu'il y a apparence de droit, il y a présomption d'intérêt. Mais, a-t on dit, on pourra vouloir renoncer. Il faut distinguer : la femme sous certain régime matrimonial peut renoncer, mais le mineur ne le peut jamais. Son droit doit donc être conservé. Même pour la femme, n'est-il pas bon que le magistrat puisse la soustraire à la pression qui pourrait être exercée sur elle ? Faut-il laisser un mari qui est poursuivi et dont la fortune s'évanouit par la saisie, libre de faire disparaître par un abus de son influence le droit de sa femme, qui est aussi celui de ses enfants ? Le conseil d'Etat ne l'a pas pensé : l'hypothèque légale est la garantie de la faiblesse, et l'inscription obligatoire a pour but de la préserver. Quant aux renonciations qui pourraient être faites ultérieurement, après l'ordre, la loi n'a pas à y intervenir ; l'œuvre de protection du législateur est alors accomplie.

M. Emile Ollivier demande que l'on fixe nettement le sens de la loi en ce qui concerne l'obligation imposée au procureur impérial de prendre inscription au nom de la femme. M. le commissaire du gouvernement a dit que le procureur impérial serait juge de l'utilité de l'inscription. L'orateur ne croit pas qu'il en doive être ainsi : si l'obligation est absolue, le procureur impérial est tenu de prendre inscription dans tous les cas. Le texte de l'article paraît formel : l'interpréter autrement, c'est le détruire et engager la responsabilité du procureur impérial ; il faut donc ou ne pas admettre l'interprétation qui vient d'être donnée ou supprimer cet article.

M. de Parieu, *vice-président du conseil d'Etat,* dit qu'en effet il faudrait une preuve manifeste de la non-existence du droit pour que le procureur impérial pût se dispenser d'agir ; s'il y a le moindre indice du droit, ce magistrat devra requérir l'inscription ; sauf, à ceux qui y auraient intérêt, à prouver, plus tard, que cette inscription ne doit pas subsister.

M. Josseau (membre de la commission), dit qu'il avait demandé la parole pour adresser au conseil d'Etat les interpellations qui viennent d'être présentées par M. Guyard-Delalain, concernant le cas où il n'y aurait pas de subrogé-tuteur, et celui où l'on serait en présence d'héritiers. Devrait-on, dans le premier cas, faire nommer un subrogé-tuteur, et dans le second signifier aux héritiers ? La réponse de M. le vice-président du conseil d'Etat ayant été négative sur les deux cas, et l'interprétation donnée par la commission dans son rapport se trouvant admise par le conseil d'Etat, l'honorable membre est d'avis que la pratique ne peut plus désormais rester incertaine sur ces points. Il n'y a donc pas lieu pour lui d'insister davantage.

M. Millet combat la disposition du § 2e de l'art. 692, portant que la sommation à faire à la femme du saisi, aux femmes des précédents propriétaires, au subrogé-tuteur des mineurs ou interdits ou aux mineurs devenus majeurs, devra être faite seulement si, dans l'un et l'autre cas, les mariages ou tutelles sont connus du poursuivant d'après son titre. L'honorable membre fait remarquer que cette restriction exclut tout d'abord le cas très-fréquent où les poursuites s'effectuent en vertu d'un jugement de condamnation; pour le moment, il en sera de même des poursuites faites sur les obligations notariées, qui jusqu'à présent ont très-rarement indiqué l'état civil des emprunteurs; l'orateur ajoute que la crainte de la responsabilité qui pourrait peser sur le poursuivant, à raison de l'irrégularité de la sommation, empêchera que désormais cet état civil soit indiqué dans les actes d'emprunt; si donc on voulait faire quelque chose d'efficace, il fallait imposer aux notaires l'obligation d'indiquer dans les contrats les noms des femmes et des subrogés tuteurs. L'honorable membre rappelle qu'il avait demandé la suppression de cette restriction.

M. Riché, *rapporteur*, fait remarquer que dans le système soutenu par M. Millet, s'il arrivait que le notaire ne fît pas mention dans un contrat de l'état civil des emprunteurs, le poursuivant se trouverait, par cela même, dans la situation de l'art. 2194 du code civil sur la purge légale. L'honorable membre explique ce qui se passe dans cette procédure de purge, qu'il qualifie de parodie. L'acquéreur ne s'occupe pas de savoir s'il y a des femmes ou des mineurs; il notifie extrait de son titre au procureur impérial qui ne s'en occupe point, extrait de cette notification est inséré dans un journal, et tout est terminé. Le projet a pour but de faire quelque chose de plus précis : il consacre un véritable progrès, il évite l'abus de ces notifications stériles, et à ce point de vue il est bien préférable à l'état de choses actuel.

On objecte que, même en employant les moyens prescrits par le nouvel article, l'interpellation n'arrivera pas toujours à son adresse; l'orateur convient qu'en effet cela sera possible dans certains cas; mais, du moment où la législation n'exige pas que les hypothèques légales soient inscrites, du moment que c'est seulement en cas de vente de l'immeuble que les femmes et les mineurs doivent être avertis de requérir cette inscription, l'on n'arrivera pas à faire que l'avertissement parvienne toujours à sa destination, non plus qu'à donner à un subrogé-tuteur la diligence qui peut lui manquer. La difficulté porte donc en réalité plus haut qu'on ne pourrait le croire au premier abord; mais, dans tous les cas, ce que propose l'art. 692 vaut mieux que l'état de choses dont M. Millet demande le maintien.

En terminant, M. le rapporteur rappelle que, pour le cas où la femme ou le subrogé-tuteur des mineurs ne seraient pas connus, le projet, s'inspirant de la pensée d'un avis du conseil d'Etat de 1807, veut que les intéressés soient avertis par une insertion dans le journal le plus répandu de la localité. Il est possible que l'annonce soit lue par la femme; il n'y a là, à la vérité, qu'une simple probabilité, mais elle est bien plus satisfaisante que la garantie résultant de l'ancien mode de notification.

M. Millet répond que, dans la pratique et pour les formalités de la purge des hypothèques légales, au cas de vente volontaire, on procède tout autrement que ne l'indique M. Riché. L'avis du conseil d'Etat dont on vient de parler a été fait pour le cas où la femme et le subrogé-tuteur seraient inconnus de l'acquéreur; or, il est impossible qu'ils lui soient inconnus quand il y a notoriété publique. D'ailleurs, n'est-il pas toujours facile en France, où les registres sont si bien tenus, de connaître l'état civil d'une personne?

696. — Quarante jours au plus tôt et vingt jours au plus tard avant l'adjudication, l'avoué du poursuivant fera insérer, dans un journal publié dans le département où sont situés les biens, un extrait signé de lui et contenant: 1° la date de sa saisie et de sa transcription; 2° les noms, professions, demeure du saisi, du saisissant et de l'avoué de ce dernier; 3° la désignation des immeubles, telle qu'elle a été insérée dans le procès-verbal; 4° la mise à prix; 5° l'indication du tribunal où la saisie se poursuit, et des

jour, lieu et heure de l'adjudication. Il sera, en outre, déclaré dans l'extrait que tous ceux du chef desquels il
pourrait être pris inscription pour raison d'hypothèques légales devront requérir cette inscription avant la transcription du jugement d'adjudication. — Toutes les annonces judiciaires relatives à la même saisie seront insérées
dans le même journal.

EXPOSÉ DES MOTIFS DE L'ART. 696.

L'avis du conseil d'Etat, du 1er juin 1807, avait ajouté aux
formalités prescrites par l'art. 2191 la seule mesure qui pouvait
être utile et faire parvenir la connaissance du danger à ceux
qui auraient un droit à conserver. C'était l'insertion au journal.
Le législateur devait encore compter sur cette publicité. Déjà
l'art. 696 du Code de procédure en fait usage pour tous
ceux dont la vente peut appeler l'attention, pour les créanciers
de toute nature, pour le public enchérisseur, pour les parents
et amis des intéressés ; l'addition qui est proposée aujourd'hui
aura pour effet de remplacer l'interpellation aux créanciers à
hypothèque légale, qu'avait demandée l'avis du conseil d'Etat :
ils seront avertis qu'ils devront requérir leur inscription avant
la transcription du jugement d'adjudication. Le délai accordé à
ces ayants droit sera bien suffisant ; car l'avertissement sera
toujours donné quarante jours au plus, mais vingt jours au
moins avant l'adjudication ; et, après cette adjudication, il
pourra s'écouler encore quarante-cinq jours ; en sorte qu'ils
auront souvent un délai de quatre-vingt-cinq jours, quand le
Code Napoléon ne leur donnait que deux mois.

DISCUSSION DE L'ART. 696.

Lecture est donnée par M. le président de la nouvelle rédaction proposée pour l'art. 696, qui prescrit de publier, par la
voie des journaux, diverses indications relatives à la poursuite
de saisie immobilière.

M. O'QUIN est d'avis que ces annonces seront souvent indispensables pour provoquer l'exercice des droits des femmes ou des mineurs; mais il faut qu'elles reçoivent la plus grande publicité. Or, c'est ce qui, selon l'orateur, n'arrive pas toujours. La loi du 17 février 1852 charge les préfets de désigner dans leurs départements les journaux qui devront publier les annonces légales, mais tous ces administrateurs ne procèdent pas de la même manière; quelques préfets ont désigné des feuilles d'arrondissement spécialement destinées aux annonces et qui n'ont d'autres lecteurs que quelques officiers ministériels; ce n'est pas là une publicité véritable; d'autres préfets ont prescrit de faire les annonces dans un journal du chef-lieu qui doit, à ses frais, en faire insérer un résumé dans les feuilles d'arrondissement; ailleurs, au contraire, les annonces se font d'abord dans les feuilles d'arrondissement, et doivent être reproduites par extrait, aux frais de celles-ci, dans la feuille du chef-lieu. Ces deux derniers modes ont été approuvés par M. le ministre de l'intérieur. L'honorable membre avait présenté un amendement ayant pour objet de réglementer cette matière, par l'application générale de l'un de ces deux systèmes à tous les arrondissements où il n'existe pas de journal possédant une publicité sérieuse; la commission n'a pas cru devoir en faire l'objet d'une addition à l'art. 696, mais elle a recommandé la pensée de l'amendement à l'administration; l'orateur appelle sur ce vœu de la commission l'attention de MM. les commissaires du Gouvernement et les engage à remettre sous les yeux de M. le ministre de l'intérieur une réclamation reconnue par lui bien fondée.

M. MILLET, s'expliquant sur l'art. 696, pense qu'il aurait été régulier d'introduire dans l'article même les dispositions du décret de 1852 sur le mode de désignation des journaux destinés à recevoir les annonces.

717. — L'adjudication ne transmet à l'adjudicataire d'autres droits à la propriété que ceux appartenant au saisi. — Néanmoins, l'adjudicataire ne pourra être troublé dans sa propriété par aucune demande en résolution fondée sur le défaut de paiement du prix des anciennes aliénations, à moins qu'avant l'adjudication la demande n'ait été noti-

fiée au greffe du tribunal où se poursuit la vente. — Si la demande a été notifiée en temps utile, il sera sursis à l'adjudication, et le tribunal, sur la réclamation du poursuivant ou
de tout créancier inscrit, fixera le délai dans lequel le vendeur sera tenu de mettre à fin l'instance en résolution. —
Le poursuivant pourra intervenir dans cette instance. — Ce
délai expiré, sans que la demande en résolution ait été
définitivement jugée, il sera passé outre à l'adjudication,
à moins que, pour des causes graves et dûment justifiées,
le tribunal n'ait accordé un nouveau délai pour le jugement
de l'action en résolution. — Si, faute par le vendeur de se
conformer aux prescriptions du trib., l'adjudication avait eu
lieu avant le jugement de la demande en résolution, l'adjudicataire ne pourrait pas être poursuivi à raison des droits
des anciens vendeurs, sauf à ceux-ci à faire valoir, s'il y
avait lieu, leurs titres de créances dans l'ordre et distribution du prix de l'adjudication. — Le jugement d'adjudication dûment transcrit purge toutes les hypothèques, et
les créanciers n'ont plus d'action que sur le prix. Les
créanciers à hypothèque légale, qui n'ont pas fait inscrire leur hypothèque avant la transcription du jugement
d'adjudication, ne conservent de droit de préférence sur le
prix qu'à la condition de produire avant l'expiration du
délai fixé par l'art. 754, dans le cas où l'ordre se règle judiciairement, et de faire valoir leurs droits avant la clôture,
si l'ordre se règle amiablement, conformément aux articles
751 et 752.

EXPOSÉ DES MOTIFS DE L'ART. 717.

La dernière disposition ajoutée à l'art. 717 n'introduit pas un
droit nouveau. Elle détermine d'une manière claire et précise
le sens de la loi, interprété diversement par la doctrine et la
jurisprudence, et fait cesser une divergence dont les variations
amènent souvent, au grand regret] de tous, la perte du droit de

e

la femme, des mineurs ou interdits. Selon les uns, l'addition proposée ne fera que confirmer et rendre indubitable ce que le législateur avait déjà dit; selon les autres, elle fera exprimer au texte nouveau la véritable intention du législateur qu'on regrettait de voir contrariée et même contredite par la combinaison des textes actuels. Une courte explication fera comprendre la portée de cette disposition.

Deux droits bien distincts dérivent de toute espèce d'hypothèques légales, judiciaires ou conventionnelles : le droit de suite sur l'immeuble, si le détenteur ne paie pas son prix; le droit de collocation sur le prix quand il est payé.

L'hypothèque légale existe indépendamment de l'inscription, et vis-à-vis du tiers détenteur qu'elle grève du droit de suite, et vis-à-vis des autres créanciers inscrits qu'elle grève d'un droit de préférence sur le prix. Chacun de ces divers intéressés a connu l'existence de l'hypothèque légale, quoique non inscrite, et s'est soumis à ces deux conséquences respectives, et non liées l'une à l'autre.

Si le tiers détenteur veut se débarrasser du droit de suite, il purge l'hypothèque légale, il remplit les formalités de l'article 2194. Si la femme ou le mineur ne prennent pas l'inscription dans les deux mois, le droit de suite n'existe plus; le tiers détenteur offre son prix, et dit à tous les créanciers hypothécaires : Réglez entre vous les droits de préférence et de collocation. La purge qu'il a opérée, il ne l'a fait que pour lui seul, dans son intérêt unique ; il n'est pas chargé et il ne s'est pas chargé de défendre les droits des créanciers les uns à l'égard des autres. Il ne peut que payer son prix. Il n'a voulu par la purge que soustraire son immeuble au droit de suite; il a exercé l'action particulière qu'il avait contre la femme ou le mineur. Tout est consommé sur ce point.

Quant aux créanciers inscrits qui s'étaient bien sciemment soumis au droit de préférence de la femme ou du mineur même sans inscription, quelle action a été exercée par eux? Comment se sont-ils débarrassés de ce droit, qu'aucune loi ne leur a permis de faire disparaître, parce qu'ils l'ont accepté jusqu'au paiement du prix? Comment la femme ou le mineur, qu'ils n'ont pas interpellés ni mis en demeure relativement au droit indépendant de l'inscription, ont-ils pu le perdre ? Que s'est-il passé entre eux qui ait pu changer leur position? **On ne le voit pas** : le droit de suite a péri parce que la loi, dans un cas déterminé, en avait soumis l'exercice à l'inscription ; le droit de préférence demeure, parce qu'il dépend de la nature de l'hypothèque et non de l'inscription.

Cette solution, qui était conforme à la faveur dont le législateur de 1804 avait entouré l'hypothèque légale, avait été adoptée par la très-grande majorité des auteurs. Seize cours impériales, sur dix-huit, qui avaient eu à s'occuper de la question, l'avaient consacrée par vingt-huit arrêts consécutifs. Mais, le 23 février 1852, un arrêt solennel, rendu par la cour de cassation, proclama, contrairement au réquisitoire du procureur général, que le texte de l'art. 2180, déclarant en termes absolus que l'hypothèque s'éteint par l'accomplissement des formalités et conditions prescrites aux tiers détenteurs pour purger les biens acquis, ne fait aucune distinction entre les différentes natures d'hypothèques, et que l'hypothèque légale, une fois éteinte, l'est aussi bien vis-à-vis des créanciers inscrits que du tiers détenteur.

Puisque le texte est trop général et trop impératif pour permettre une distinction cherchée, désirée par tous ceux à qui la question a été soumise, il faut faire cette distinction par un texte nouveau, qui complétera la pensée du législateur. Il faut la faire parce qu'elle est juste, parce qu'elle ne donnera à chacun que le droit sur lequel il a dû compter, maintiendra des situations acceptées de bonne foi et ne jettera plus ce qui est dû à la femme et au mineur, comme une aubaine ou une épave, à des créanciers qui n'ont jamais dû l'espérer.

Voilà le but de la disposition ajoutée à l'art. 717. Cet article avait déjà, en 1841, modifié l'exercice de l'action résolutoire établie par le Code Napoléon. Aujourd'hui il ne modifie rien, il confirme seulement une interprétation qui était dans la conscience de tous.

DISCUSSION DE L'ART. 717.

M. EMILE OLLIVIER reconnaît que la loi projetée a un but louable, puisqu'il s'agit de simplifier la procédure de saisie immobilière et d'ordre ; les moyens employés pour y parvenir lui paraissent, pour la plupart, dignes d'approbation. L'art. 717 est, selon lui, le plus important de tous ceux que la chambre est appelée à voter : par la disposition finale de cet article, on se propose de trancher définitivement les controverses qui existent aujourd'hui sur les moyens de purger l'hypothèque légale de la femme; c'est sur ce point que l'orateur a l'intention de présenter quelques considérations.

Il explique ce qu'on entend par la purge. Lorsqu'un individu se rend acquéreur d'un immeuble hypothéqué, le problème à résoudre est très-simple ; il faut que l'acquéreur puisse payer le prix qu'il doit, et qu'une fois le prix payé, il ait la propriété paisible et incommutable, sans crainte d'être inquiété par les créanciers hypothécaires. Dans le cas où l'immeuble a été vendu à son juste prix, il suffit que l'acquéreur paie le prix aux créanciers au lieu de le payer au vendeur pour qu'il obtienne quittance et mainlevée des inscriptions. Mais il peut arriver que l'immeuble ait été vendu à un prix inférieur à sa valeur véritable en surenchérissant; pour les mettre en demeure de surenchérir, l'acquéreur leur notifie son contrat; les créanciers ont quarante jours pour délibérer ; s'il ne survient pas de surenchère, l'acquéreur demeure propriétaire, et moyennant la remise de son prix aux créanciers, garde son immeuble nettoyé d'hypothèques; s'il y a une surenchère, on revend l'immeuble, qui, après cette revente, demeure libre entre les mains de l'adjudicataire. Ainsi la purge n'est autre chose que l'alternative offerte aux créanciers par l'acquéreur d'accepter le prix stipulé, ou bien de faire monter l'immeuble à sa véritable valeur. En cas de vente sur saisie immobilière, la purge n'est pas nécessaire : la publicité de la vente est une garantie pour les créanciers que l'immeuble atteindra son véritable prix.

La purge existe contre l'hypothèque légale de la femme aussi bien que contre les hypothèques ordinaires. En cas d'aliénation volontaire, elle est soumise à des formes spéciales imitées de l'édit de 1771. En cas d'aliénation forcée, y aura-t-il lieu de purger spécialement vis-à-vis de la femme ? Faudra-t-il qu'après la publicité résultant de l'expropriation, la purge ait lieu? L'honorable membre dit que cette question a été très-controversée. L'art. 717, dans le projet de loi, la résout et décide très-bien que, quand une hypothèque légale existera, que l'immeuble aura été vendu et que la femme ne se sera pas inscrite avant l'adjudication, il n'y aura pas lieu de procéder à la purge. L'orateur approuve cette partie de l'article. Il ne rejette que celle qui détermine les effets, soit de l'inscription, soit de l'absence d'inscription.

Pour le premier cas, selon l'orateur, il n'y aura point de difficulté. La femme s'inscrit; elle rentre dans le droit commun. Mais qu'arrivera-t-il quand la femme ne se sera pas inscrite avant l'adjudication, et qu'à son défaut le procureur impérial n'aura pas fait l'inscription, malgré l'obligation impérative de la loi? Depuis vingt-cinq ans cette question est débattue. M. le premier président Troplong et plusieurs cours d'appel soutiennent qu'il faut distinguer entre le droit de préférence et le droit de suite. Quand la femme n'est pas inscrite, son droit de suite sera éteint, mais son droit de préférence survivra. La femme pourra dire aux créanciers que le prix de l'immeuble ayant été déposé, elle demande à en avoir sa part.

Une autre opinion, appuyée sur la jurisprudence constante de la cour de cassation depuis 1829, consiste à dire que quand la femme n'est pas inscrite, tout droit est perdu pour elle, que tout est terminé, et qu'il ne s'agit plus uniquement que des créanciers inscrits.

L'orateur considère comme très-fâcheux, au point de vue des principes, que la commission ait consenti à proposer l'abrogation de cette dernière jurisprudence. La commission a dit que le droit de suite serait éteint, mais que le droit de préférence continuerait de subsister au profit de la femme. Cependant elle a compris qu'elle devait limiter ce droit, et elle a exigé deux conditions que l'art. 692 du projet indique.

Selon l'orateur, le rejet complet du droit de préférence vaudrait beaucoup mieux. La question se présentera dans deux cas: celui d'aliénation volontaire et celui d'expropriation forcée. L'honorable membre insiste sur la simplicité du système de la cour de cassation, lorsque ce système s'applique à la première de ces deux hypothèses. Le jugement d'adjudication ayant été transcrit, et la femme ne s'étant pas fait inscrire, son droit disparaît.

Dans le système de la commission, les créanciers ne sachant pas si la femme s'inscrira, ne pourront prendre un parti éclairé sur la surenchère, et alors de deux choses l'une : ou ils ne surenchériront pas, et dans ce cas, leur droit sera sacrifié, si plus tard la femme exerce son droit de préférence; ou bien ils surenchériront, par précaution, quand même les apparences ne le conseilleraient pas, et alors ils s'exposeront à tous les inconvénients de la surenchère : la caution, l'obligation de faire porter le prix à un dixième en sus. L'acquéreur, lui-même, que l'extinction du droit de suite devait mettre à l'abri, sera atteint, puisqu'en forçant les créanciers à surenchérir, dans le cas où ils ne devraient pas sagement le faire, on aura augmenté les causes de rupture du contrat.

Cette innovation paraît à l'orateur être d'autant moins admissible, que le projet, en obligeant le procureur impérial à prendre inscription, a donné à la femme une protection exorbitante. Ces observations s'appliquent à l'aliénation volontaire. En ce qui touche la saisie immobilière, l'orateur soutient que le parti adopté par la commission aura de même pour effet de compliquer la situation au lieu de la rendre nette et simple ; les créanciers ne sauront pas s'ils doivent ou non pousser les enchères. L'honorable membre conclut en déclarant que l'article 717 nouveau contient une réforme sage, utile, appelée par tout le monde, mais à côté de cela une innovation dangereuse, réprouvée par la pratique, et à laquelle il refuse son approbation.

M. RICHÉ, *rapporteur*, dit que le préopinant vient de faire apparaître un seul élément d'une question qui en renferme deux ; il a plaidé éloquemment la cause du crédit; mais il a oublié l'intérêt rival, celui de la femme et du mineur. M. le rapporteur fait remarquer que, de temps immémorial, depuis qu'on fait des lois sur les hypothèques, la plus difficile peut-être de toutes les matières, ces deux éléments ont été constamment en présence: l'intérêt du crédit, c'est-à-dire celui des tiers et des créanciers, et l'intérêt de la femme et des mineurs, réunis sous le nom d'incapables. La lutte est de toutes les époques. En 1673, dans sa belle législation hypothécaire qui a disparu au bout d'un an, sous les clameurs des grands seigneurs dont elle dévoilait les dettes, Colbert se préoccupa de ce double intérêt ; il exigea la publicité, la formalité de l'inscription pour les hypothèques ordinaires, et, pendant un espace de temps déterminé, il dispensa de cette obligation les femmes et les mineurs. Par la loi de brumaire an 7, l'intérêt des femmes et des mineurs fut sacrifié à l'intérêt du crédit; l'inscription fut ordonnée d'une manière absolue sous peine de déchéance; vint enfin le Code Napoléon, qui, à ce titre seul, mériterait son nom glorieux. Les esprits étaient alors partagés : les uns entendaient faire prévaloir l'intérêt du crédit, les autres étaient disposés à immoler cet intérêt à celui de la femme et des mineurs. Au milieu de ces divergences d'opinions, que fit l'homme qui a marqué son doigt sur ce Code immortel ? Le premier consul reconnut que le crédit était une nécessité; mais ce qui existait avant tout pour lui, c'était le mariage et la famille. Ce qui était à ses yeux une nécessité de premier ordre, c'était que l'intérêt de la femme et du mineur fût sans cesse présent à l'esprit du législateur. Il fit donc appel à la sagesse des jurisconsultes dont il consultait l'expérience et les lumières; il les convia à trouver, à lui suggérer un système de transaction qu'il était prêt à accepter. Ce moyen de transaction fut découvert. Les hypothèques ordinaires furent subordonnées à l'inscription, les autres en furent dispensées. Il fut reconnu qu'à l'égard des incapables, l'inscription était de fait souvent impossible, que le droit hypothécaire des femmes ne devait point être subordonné à la formalité de l'inscription. Il fallut donc que l'intérêt du crédit s'inclinât dans une certaine mesure devant l'intérêt de la femme et des mineurs. Voilà les modèles que la commission a eus sous les yeux et qui témoignent de toutes les difficultés du problème.

Exposant ensuite le système que la commission a cru devoir adopter, M. le rapporteur fait observer qu'il y a, sur ce terrain, étroite solidarité entre elle et le conseil d'Etat, car la commission n'a fait qu'entrer dans la voie que le conseil d'Etat lui avait indiquée. L'hypothèque renferme deux éléments : le droit de suite et le droit de préférence. En vertu du droit de suite, le créancier hypothécaire, en quelque main que soit l'immeuble, peut interpeller le détenteur et le sommer de payer ou de délaisser. A ce droit, le tiers détenteur peut répondre par la purge des hypothèques et en offrant de payer non pas ce qui peut être dû au créancier, mais ce que doit l'acquéreur, sauf pour le créancier, en cas d'insuffisance, la faculté de surenchérir. Le droit de surenchère est le complément naturel du

droit de suite, et la purge a pour effet nécessaire l'élimination
du droit de suite. Ce qu'on appelle la purge des hypothèques
légales ne produit ses résultats qu'après que la femme a été
sommée de manifester son droit par l'inscription. Si elle ne
s'est point fait inscrire, son hypothèque sera éteinte quant au
droit de suite.

Le prix que doit l'acquéreur se trouvant ainsi fixé d'une manière irrévocable, vient la question de savoir en quelles mains
ce prix devra passer. Ce prix passe aux créanciers hypothécaires, suivant ce qu'on appelle le droit de préférence; et M. le
rapporteur ne comprendrait pas qu'on voulût interdire à la
femme qui n'a pas manifesté son droit par l'inscription, de
concourir avec les autres créanciers hypothécaires pour le
partage du prix de vente. Selon lui, la femme non inscrite doit
pouvoir exercer son droit de préférence. Cette doctrine est celle
des jurisconsultes les plus éminents, et, selon M. le rapporteur,
elle ne blesse en rien les principes. Sans cela, la protection que
le législateur a entendu accorder à la femme et au mineur ne
serait qu'un mensonge. A quoi servirait en effet une hypothèque qui existerait virtuellement en l'absence de tout droit
réel à exercer et qui s'évanouirait le jour où il y a un prix
à distribuer ? Tels sont les motifs qui ont inspiré le conseil
d'Etat et la commission. Une considération domine la question : c'est que la protection due à la femme et au mineur
ne saurait être réitérée à l'heure précisément où ils en ont
besoin.

M. le rapporteur dit qu'au surplus le conseil d'Etat et la commission n'ont point entendu adopter un système absolu. L'absolu
ne convient pas aux hommes d'affaires; il faut savoir transiger,
et ici la transaction s'est opérée de la manière la plus simple. Il
a été reconnu que, pour que ce droit de préférence fût exercé
par la femme, il fallait qu'elle le revendiquât le jour où il y a un
prix à distribuer. On n'a pas voulu qu'elle pût tenir indéfiniment en échec le droit des autres créanciers; qu'il dépendît
d'elle de renverser révolutionnairement les bases de l'ordre une
fois réglées. Ici reparaissait l'intérêt du crédit, qu'il importait
également de sauvegarder. Si, après la vente et dans un bref
délai, un ordre s'ouvre, la femme doit être admise à s'y présenter. Vouloir l'en empêcher, ce serait dire qu'elle n'a jamais

eu qu'un vain haillon d'hypothèque. Si donc un ordre judiciaire s'ouvre, le droit de la femme concourt avec celui des autres créanciers : mais il ne faut pas qu'elle puisse venir le troubler après coup ; aussi l'une des conditions attachées à l'exercice de son droit, c'est que l'ordre suivra de près la vente.

Les partisans absolus du droit de préférence auraient souhaité que le droit de la femme pût planer trente années sur le prix de vente. La commission et le conseil d'Etat ne se sont point associés à ces opinions extrêmes ; ils ont décidé qu'il y aurait un délai de grâce qui suivrait de près la vente ; que, si un ordre s'ouvrait, la femme pourrait s'y présenter à son rang ; mais qu'au bout de trois mois la situation serait liquidée, et que si, dans ce délai, la femme ne s'était point présentée, elle serait déchue de son droit. Aller au delà n'était pas possible sous un régime qui s'inspire avant tout du respect pour les droits acquis. L'intervention de la femme ne pouvait plus être accueillie lorsqu'elle avait un caractère de perturbation ; mais, tant que les choses sont entières, il n'y a aucun motif de l'exclure. Le crédit ne recevra aucune atteinte parce que, dans les trois mois qui suivront cette vente, il sera loisible à une femme de se présenter à l'ordre et de réclamer une satisfaction raisonnable et modérée. Quant à l'acquéreur, s'il est exposé plus souvent à une surenchère, il devait s'y attendre : la surenchère est sous-entendue dans toutes les acquisitions de biens hypothéqués, et elle est avantageuse en assurant la vente de l'immeuble à sa véritable valeur. Enfin, après saisie immobilière, la question agitée ne se présentera presque jamais, puisque le procureur impérial aura fait inscrire l'hypothèque. La question n'a donc pas tout l'intérêt pratique qu'on lui suppose.

Tel est le système auquel la commission s'est ralliée, d'accord avec le conseil d'Etat, dont elle a complété la rédaction. Les auteurs de cette transaction ne se flattent point d'avoir ainsi donné satisfaction aux partisans des théories inflexibles, mais ils croient s'être conformés aux exigences d'une pratique équitable ; ils croient avoir rendu un service réel en tranchant une question que la jurisprudence a laissée pendante. En dehors des opinions extrêmes, et grâce à un compromis dicté par le bon sens, ils croient avoir trouvé une solution dont l'expérience fera ressortir les conséquences heureuses.

M. Émile Ollivier soutient que M. le rapporteur n'a pas répondu eux arguments par lui invoqués. Au lieu de se défendre,
il a pris l'offensive. Vous ne protégez pas la femme, a-t-il dit,
vous ne lui laissez qu'un haillon d'hypothèque. A quoi lui servira son droit, si vous le détruisez au moment où il va agir?
L'orateur répond que ce droit lui servira à conserver, par une
inscription prise en temps utile, sa position, et contre l'acquéreur et contre les créanciers. Assurément rien n'est moins
inutile. Le droit de préférence et le droit de suite, a-t-on ajouté,
sont distincts ; ce qui atteint le second ne peut agir sur le premier. L'orateur répond que la commission a tort de décider que
le droit de préférence ne s'exercera que pendant trois mois après
l'extinction du droit de suite; il faut ou le respecter pendant
trente ans, ou reconnaître qu'il n'est pas exact de dire que
rien de ce qui affecte le droit de suite ne peut avoir d'influence
sur le droit de préférence. Du moment où le droit de préférence
n'est pas maintenu dans son intégrité, quel défaut de logique
y a-t-il à le faire périr au moment même où périt le droit de
suite ?

L'orateur déclare qu'il n'est pas plus partisan que M. le rapporteur des systèmes absolus. La vérité n'apparaît à l'homme
que d'une manière successive, et, dans son existence relative
même, elle ne peut résulter que de la combinaison des éléments
opposés. Elle n'est pas dans le prolongement d'un rayon quelconque, mais dans le centre où tous les rayons se rencontren
et se limitent. L'orateur croit que c'est au centre qu'il s'est
placé pour combattre le système de la commission.

M. du Miral demande la parole pour appuyer l'art. 717. Son
intention n'était pas d'abord de se mêler à la discussion, mais
l'insistance avec laquelle l'honorable M. Ollivier se plaint que
l'on n'eût pas fait une réponse assez précise à ses objections
détermine l'orateur à prendre la parole.

Selon M. Ollivier, la combinaison du projet de loi manque
de simplicité : elle est contraire à la jurisprudence et à la pratique; enfin, c'est une innovation dangereuse pour l'intérêt
public et pour le crédit. La première de ces critiques ne semble
pas très-sérieuse. Si l'on peut faire une loi tout à fait simple,
elle n'en sera que meilleure; mais ce qui importe avant tout,
c'est de faire une loi utile et juste. La seconde objection, tirée

de la jurisprudence de la cour de cassation, ne paraît pas avoir plus de valeur. Il ne s'agissait ni pour la commission ni pour la Chambre de se demander si la cour de cassation avait bien jugé dans le système de la législation actuellement en vigueur; la question était de savoir si cette législation devait être maintenue. La jurisprudence de la cour de cassation a été très-vantée par M. Ollivier; mais on doit reconnaître qu'elle est loin d'avoir obtenu une approbation unanime. Les magistrats, en général, ne l'ont pas adoptée. Sur vingt-sept cours d'appel, vingt-deux ont refusé de l'admettre. Les jurisconsultes et les magistrats les plus éminents étaient contraires à cette jurisprudence de la cour de cassation, qui a été notamment combattue par MM. Troplong, Dupin, Delangle.

Selon l'honorable membre, c'est avec raison que cette doctrine a rencontré des contradicteurs. Elle dénaturait l'hypothèque légale, dont le caractère particulier est d'être dispensée d'inscription, et elle la soumettait à la nécessité de l'inscription pour qu'elle pût produire effet. C'était créer de grands périls et de graves préjudices pour des intérêts que le législateur a constamment voulu protéger.

La troisième objection, tirée de l'intérêt public, n'est pas mieux fondée. L'honorable M. Ollivier l'a examinée au double point de vue de la situation des créanciers inscrits et de l'acquéreur; il a fait remarquer que cette situation était la même, qu'il s'agit d'expropriation ou de vente volontaire. Se plaçant sur ce terrain, il a dit: La purge par l'acquéreur a pour résultat de mettre les créanciers inscrits en demeure de faire valoir le droit de suite. Si l'hypothèque légale est dispensée de s'inscrire, qu'arrive-t-il? C'est qu'au moment où les créanciers inscrits recevront connaissance du prix de la vente, ils seront très-embarrassés; leur ignorance de l'hypothèque légale les amènera ou à ne pas surenchérir, ou bien à le faire quand même la surenchère porterait l'immeuble au-delà de sa vraie valeur; on les exposera ainsi, soit à être atteints dans leurs créances, soit à faire une surenchère fâcheuse et contraire à l'intérêt de l'acquéreur.

L'orateur soutient que les appréhensions de M. Ollivier sont chimériques; que les prétendus inconvénients redoutés de M. Ollivier sont au contraire des avantages. Les créanciers auxquels les notifications seront faites seront-ils donc obligés de surenchérir, ou de surenchérir à des conditions onéreuses? L'honorable membre affirme que les créanciers surenchériront toutes les fois que cela sera convenable à leurs intérêts. Comment admettre qu'obligé de tenir compte d'une hypothèque légale incertaine et dont l'apparition ultérieure est possible, un créancier sera assez insensé pour surenchérir au-delà de la valeur réelle de l'immeuble? Evidemment les créanciers ne surenchériront que si cela leur est utile, lorsque le prix n'aura pas atteint la valeur réelle.

Dans la pensée de M. Ollivier, le droit de surenchère serait contraire à l'intérêt du crédit. C'est là un point que l'orateur contredit absolument. A son avis, si quelque chose est favorable à l'intérêt public et au crédit, c'est la surenchère, puisqu'elle porte l'immeuble à sa valeur réelle et assure à la fois le paiement des créanciers inscrits et des créanciers à hypothèques légales.

Une autre objection a consisté à dire que la surenchère rendait incertaine l'adjudication et portait atteinte au contrat. Mais en dehors de la question du droit de préférence, de la survivance d'une portion de l'hypothèque légale après les publications, est-ce que l'acquéreur ne reste pas soumis à la surenchère? La surenchère par les créanciers sera toujours possible. Il y a donc là une appréhension sans fondement. Loin que le développement de la surenchère soit à craindre, l'orateur le considère comme favorable; il fait du reste remarquer que la nécessité de l'inscription, réclamée par M. Ollivier pour l'hypothèque légale, ne ferait pas cesser les prétendus inconvénients qu'il signale, parce que l'hypothèque légale est presque toujours éventuelle et indéterminée et que l'incertitude sur la suffisance du prix de l'adjudication subsisterait encore dans ce système.

Maintenant est-il vrai qu'à l'occasion des formalités de purge qui interviennent entre l'acquéreur et les créanciers inscrits il se passe quelque chose de nature à invalider les droits des créanciers à hypothèque légale? L'orateur soutient que non. Par les formalités de la purge on avertit les créanciers inscrits que tel immeuble vient d'être vendu moyennant tel prix et que l'acquéreur est prêt à le payer. A qui ce prix sera-t-il payé?

Évidemment à qui par justice sera ordonné, à ceux, en un mot, à qui le prix doit revenir. Mais aucun contrat ne lie l'adjudicataire ou l'acquéreur vis-à-vis du créancier.

Relativement à l'hypothèque légale, la situation est la même qu'avant. Quand un créancier a donné son argent en échange d'une hypothèque, il a su qu'il pourrait exister des hypothèques légales; cette situation a été celle que lui faisait notre droit; elle reste la même après la purge. Une formalité remplie par l'acquéreur dans son intérêt personnel ne peut pas profiter aux créanciers inscrits, lesquels sont complétement étrangers à cette formalité.

L'honorable membre se demande si, par le maintien du droit de préférence, on fait échec au droit de l'acquéreur, et il se prononce pour la négative. L'acquéreur ne saurait être intéressé à ce que l'hypothèque légale disparaisse par l'effet de la purge. Tout ce qui lui importe, c'est qu'il reste propriétaire incommutable et paie valablement son prix. Or, sur le premier point, son droit de propriété n'est nullement atteint; sur le second point, il sauvegarde complétement sa position en remplissant les formalités de la loi. L'hypothèque légale ne peut jamais l'atteindre, et elle n'a d'action que sur la situation des créanciers inscrits. L'acquéreur est donc complétement en dehors de la question.

Toutefois, on insiste et l'on soutient que l'acquéreur a intérêt à ce qu'il n'y ait pas de surenchère. L'orateur répète à cet égard qu'on ne peut pas empêcher les surenchères; elles interviendront ou n'interviendront pas, selon que le prix de l'immeuble n'aura pas atteint ou aura atteint sa vraie valeur. Elles ne sont pas liées le moins du monde à la survivance du droit de préférence.

Après avoir réfuté les objections faites par M. Ollivier contre l'art. 717, l'honorable membre soutient que M. Ollivier n'a pas tenu compte des graves inconvénients que présente son propre système. Selon l'orateur, M. Ollivier se trompe lorsqu'il prétend que l'admission de son opinion aurait un résultat aussi favorable au droit de la femme que l'est le projet de loi. La mission donnée au procureur impérial de faire inscrire les hypothèques légales des incapables n'est pas à elle seule une suffisante garantie. Le représentant des créanciers à hypothèques légales ne fera pas toujours ce qu'il aura le devoir de faire. D'un autre côté, les créanciers à hypothèques légales ne seront pas toujours connus du procureur impérial. Celui-ci, d'ailleurs, n'a qu'une mission restreinte ; il ne prend inscription pour l'hypothèque légale que du chef du dernier possesseur. La survivance du droit de préférence est donc pour les incapables une garantie nécessaire, et c'est la conséquence forcée de la dispense d'inscription.

La question est de savoir si l'on doit opter et comment on doit opter entre le droit des créanciers inscrits et celui des créanciers à hypothèque légale. L'honorable M. Ollivier voudrait appliquer à cette matière le principe d'égalité ; il ne voudrait pas de différence entre les créanciers inscrits et les créanciers à hypothèque légale. La commission pense au contraire que ces derniers doivent être préférés. S'ils ont été dispensés d'inscription parce qu'ils méritaient une faveur particulière, les mêmes motifs existent pour qu'on leur permette de produire même après l'adjudication. Ce droit qu'on leur reconnaît, c'est la sauvegarde des familles. On a considéré que si les créanciers ordinaires font eux-mêmes leurs affaires, il n'en est pas de même des créanciers à hypothèque légale. Ceux-ci ne peuvent agir que par des intermédiaires, lesquels souvent ont un intérêt contraire. Il y avait donc des raisons de la plus haute gravité pour décider à la fois le maintien de la dispense d'inscription et le maintien du droit de préférence même après l'adjudication.

En résumé, l'orateur soutient que la commission a consacré par son système une conciliation rationnelle et logique ; elle a bien fait de maintenir le droit de préférence, elle a bien fait de le limiter, car jamais la survivance du droit de préférence n'a pu avoir un caractère indéfini ; en même temps que la commission sauvegardait les droits des incapables, elle a su respecter l'intérêt du crédit. Elle a amélioré tout à la fois la législation antérieure et le projet primitif du conseil d'Etat. L'orateur est convaincu que la combinaison de la commission recevra de la pratique un accueil favorable et une sanction définitive.

M. Desmaroux de Gaulmin déclare qu'il ne peut s'associer à l'éloge que le préopinant vient de faire de la solution adoptée par la commission. La commission était partagée sur la question de la survivance du droit de préférence. Ses membres ont cédé au désir de s'entendre, et, dans la transaction, les principes ont été sacrifiés. Cependant l'avantage qui est fait à la femme sera à peu près insignifiant. Son droit de préférence lui est conservé, mais il lui est retiré presque immédiatement. Ce serait une grande erreur de croire que le Code Napoléon a sacrifié les droits de la femme, car il lui a donné une hypothèque légale dispensée d'inscription; mais il n'a pas voulu qu'elle eût une durée indéfinie et qu'elle pût à toujours paralyser les droits des créanciers. Une procédure a été organisée pour obliger cette hypothèque à se manifester; et lorsque ces formalités, énumérées avec soin dans le Code, ont été accomplies, lorsqu'on a purgé, le Code Napoléon déclare, dans son article 2180, que l'hypothèque est éteinte. Ces formalités de la purge sont un avertissement sérieux, car elles consistent dans une signification adressée à la femme et une insertion faite dans les journaux. La commission, qui ne voit pas une garantie dans ce double avertissement, avertit beaucoup moins encore. Tout son système consiste à allonger le délai de la purge légale sans nouvel avertissement. Si la publicité exigée par le Code Napoléon n'est pas suffisante, le système nouveau offrira-t-il plus de garanties? L'honorable membre ne le pense pas. La solution proposée par la commission lui paraît donc sans utilité. Le projet de loi avait pour but de diminuer les délais et les frais. On y a introduit un système qui complique la procédure; ce n'est donc pas un progrès, mais un pas fait en arrière.

Ce qu'il y aurait de mieux à faire, selon l'orateur, serait de rejeter l'article du projet de loi et de revenir purement et simplement au Code Napoléon, si nettement interprété en ce point par la cour de cassation. Cette cour a déclaré dans ses arrêts rendus en audience solennelle que le prix n'étant que la représentation de l'immeuble affranchi de l'hypothèque, la collocation n'était que la continuation du droit de suite. On le voit, la cour de cassation n'admet pas que le droit de préférence puisse exister en dehors du droit de suite. Le projet crée une différence entre les deux droits. L'honorable membre demande où cela peut conduire. En matière hypothécaire, il faut se garder d'innover, de peur d'ouvrir la porte à la chicane. L'orateur le répète, le Code Napoléon a fait pour la femme tout ce qu'il était possible de faire en lui donnant une hypothèque légale dispen-

sée d'inscription, et que la purge seule fait disparaître. Le projet y a ajouté une garantie excellente, l'obligation imposée au
procureur impérial de faire inscrire l'hypothèque. Cela était
suffisant cela vaut mieux pour la femme que ce droit de préférence tel qu'on l'a limité en bouleversant tous les principes.
Mais on dit qu'il fallait une solution en présence des dissidences
de la jurisprudence, c'est là l'excuse ; selon l'honorable membre,
elle n'est pas satisfaisante, car les cours d'appel qui étaient en
dissidence avec la cour de cassation auraient fini par se ranger
à l'avis de la cour suprême. La commission, en prenant parti
contre elle, a empêché ce rapprochement, et cela sans que la
femme retire aucun avantage sérieux du système nouveau.

M. Josseau, *membre de la commission*, ne croit pas devoir
revenir sur une discussion qu'il considère comme épuisée, d'autant plus que les observations qui sont présentées pour ou contre le droit de préférence s'appliquent plus à la législation en
vigueur qu'au projet de loi lui-même. Il dira seulement à cet
égard, que la solution de la question en ce moment discutée
était, contrairement à l'avis de l'honorable préopinant, d'une
utilité réelle. En effet, cette question si grave était pendante depuis longtemps et divisait en deux camps la doctrine et la jurisprudence. les cours impériales et la cour de cassation. La solution était donc nécessaire ; mais pour être bonne elle doit être
claire. L'honorable membre demandera donc à MM. les commissaires du gouvernement une double explication.

La solution proposée au conseil d'Etat par la commission s'applique à deux cas : celui de l'expropriation forcée et celui de
l'aliénation volontaire. En ce qui concerne l'aliénation volontaire, l'art. 772 s'applique nettement. Mais le conseil d'Etat
a ajouté à l'amendement proposé par la commission sur l'article 717 les mots *conformément aux art.* 751 *et* 752. La commission ne se rend pas bien compte de cette addition, et elle
désire que MM. les commissaires du gouvernement veuillent
bien les expliquer. Si cette explication n'était pas donnée, il en
résulterait dans la pratique une double incertitude.

La première serait celle-ci : Trois sortes d'ordre peuvent
avoir lieu, l'ordre judiciaire, l'ordre amiable et l'ordre consensuel et qui se règle entre les parties par-devant notaire et hors
de la présence du juge. La commission avait prévu ces trois genres

d'ordre en n'en désignant aucun. Le conseil d'Etat a nommé les deux premiers en renvoyant aux art. 751 et 752. A-t-il voulu exclure le troisième ? Ce qui est dit de l'ordre amiable en général s'applique-t-il à celui qui a lieu hors de la présence du juge aussi bien qu'à celui auquel le juge préside, à l'ordre consensuel comme à l'ordre amiable ordinaire? La commission, dans son rapport, exprime la pensée qu'il en doit être ainsi : il n'y a, en effet, aucune raison pour décider autrement dans ce cas que dans les autres, et pour faire survivre le droit de préférence à la clôture de l'ordre consensuellement réglé entre les parties. Si tel est aussi l'avis du conseil d'Etat, il est inutile que cet avis soit formellement exprimé.

La seconde question est celle-ci : La commission voulait que, dans tous les cas, le droit de préférence ne pût être prolongé au delà du délai de trois mois après l'accomplissement de la purge ; elle entendait que, pour les deux cas d'expropriation ou d'aliénation volontaire, ce délai fût un maximum. Pour l'aliénation volontaire, l'art. 772 est formel : un délai de trois mois est établi, il court à partir de l'accomplissement des formalités de la purge. Mais, en cas d'expropriation forcée, l'art. 717 et les art. 751 et 752, auxquels il renvoie, sont loin d'être aussi explicites. Le conseil d'Etat a-t-il voulu que, par identité de raison, le maximum du délai fût, dans ce cas, le même? A-t-il voulu que délai fût aussi le même pour tous les genres d'ordre? Il ne doit pas y avoir d'incertitude à cet égard, si l'on veut prévenir bien des procès et éviter des nullités.

M. DE PARIEU, *vice-président du conseil d'Etat*, répond que le conseil d'Etat lui paraît d'accord avec la commission sur ces deux points, et que l'addition des mots « *conformément aux art.* 751 *et* 752 » n'a eu nullement pour but d'élargir le sens de l'art. 717 proposé par la commission, relativement à son application à l'ordre judiciaire ou à l'ordre de conciliation devant le juge-commissaire. Le conseil d'Etat a voulu seulement préciser. Cette addition a été faite ensuite des explications apportées au conseil d'Etat par les délégués de la commission relativement à ces deux espèces d'ordre qui sont l'objet naturel de la loi. Le conseil d'Etat n'avait pas trouvé que la rédaction de la commission fût nette en ce qui concerne l'ordre conciliatoire. Pourquoi s'est-il référé aux deux art. 751 et 752? C'est parce

f

qu'en parlant d'ordres réglés à l'amiable devant le juge-commissaire. il fallait empêcher que l'exercice du droit de préférence ne fût prolongé indéfiniment à la faveur de tentatives de conciliation qui n'auraient abouti que longtemps après l'expiration du mois accordé pour se régler devant le juge-commissaire, l'article 752 n'ayant pas été observé pour l'ouverture de l'ordre judiciaire.

Quant à l'ordre consensuel spécialement, c'est-à-dire l'ordre réglé amiablement ailleurs que devant le juge-commissaire, M. le commissaire du gouvernement ne croit pas qu'il y eût lieu de le régler par un texte précis; l'ordre consensuel n'est qu'un contrat ordinaire. Ce n'est plus un ordre de distribution de prix fait sous la direction de la justice et tombant dans le cadre de l'ancienne loi ni de la nouvelle. Il n'y avait donc pas à le régler d'une manière spéciale. Du reste, les principes posés par l'ordre judiciaire se reflèteront naturellement sur l'ordre réglé devant notaire; la jurisprudence devra, par analogie, les appliquer, et avoir égard, suivant M. le commissaire du gouvernement, à la pensée d'une prompte déchéance du droit de préférence séparé du droit de suite. Cela résulte des principes posés par le projet de loi qui organisent cette déchéance dans des termes réciproquement analogues, sinon complétement identiques pour les deux espèces d'ordre, objets de la prévision du législateur.

M. Josseau constate que la pensée du conseil d'Etat est alors exactement la même que celle de la commission.

M. Millet demande si la commission entend limiter absolument le délai à trois mois.

M. Riché, rapporteur, répond qu'aux termes de l'art. 772, l'ordre doit s'ouvrir, après vente volontaire, dans les trois mois; après expropriation forcée, dans les délais qui résultent de la combinaison des art. 751 et 752. L'ordre étant ouvert dans ces délais, la femme peut y produire, si l'ordre est judiciaire, tant que les créanciers inscrits le peuvent, et si l'ordre est amiable, jusqu'à sa clôture. Ainsi la femme pourra produire après trois mois ou après le délai résultant des art. 751 et 752; mais il faudra que l'ordre où elle produira ait été commencé dans le délai de trois mois ou dans celui des art. 751 et 752.

M. Busson demande à la commission et à MM. les membres du

conseil d'Etat quel est le sens précis des mots *créanciers à hy-*
pothèques légales dont se sert l'art. 717 et qui sont reproduits
dans l'article 772. L'orateur croit que ces mots désignent seulement, dans la pensée de la commission, les créanciers à hypothèques légales dispensées originairement d'inscription ; mais,
comme dans le Code Napoléon il y a d'autres créanciers non
inscrits, l'expression de créanciers à hypothèques légales est trop
large et le sens doit en être précisé, afin de prévenir des difficultés dans la pratique.

M. Suin, *conseiller d'Etat, commissaire du gouvernement,*
répond que les mots *créanciers à hypothèques légales* employés dans l'art. 717 ne s'appliquent qu'à la femme et aux
mineurs. Quant aux créanciers qui sont tenus de prendre ins--
cription, l'exposé des motifs et le rapport de la commission
déclarent nettement qu'il n'en est pas ici question. L'art. 2134
du code Napoléon leur a fait une position à part. Il ne s'agit
dans l'art. 717 que des effets de la purge des hypothèques
légales vis-à-vis des créanciers qui ne sont pas obligés d'inscrire.
Les autres créanciers à hypothèques légales, tels que le Trésor,
l'administration de la justice pour le recouvrement de ses frais,
les comptables, ne sont pas ici en cause. D'après l'art. 2134, le
créancier à hypothèque légale est, en principe général, obligé
d'inscrire. L'art. 2135 règle les exceptions. Il s'agit ensuite du
mode de purger ces hypothèques exceptionnelles dispensées
d'inscrire ; mais comme il n'est question ici que des articles
2194 et 2195, on n'a en vue que les femmes et les mineurs, et
non les créanciers à hypothèques légales de l'art. 2134.

M. Duclos demande contre qui l'adjudicataire évincé pourra
exercer son recours en garantie. Est-ce contre le poursuivant,
contre le saisi ou contre les créanciers colloqués? C'est là une
question qui donne lieu à de nombreux procès et qu'il y a intérêt à trancher.

L'honorable membre ajoute que, d'après l'article 2154, les
inscriptions d'hypothèques valent pour dix ans. Il faut les
renouveler tous les dix ans pour qu'elles conservent leur
rang. Si une hypothèque inscrite depuis dix ans expire pendant l'ordre, sera-t-il nécessaire de renouveler?

M. de Parieu, *vice-président du conseil d'Etat*, fait remarquer que si, sur tous les points qui donnent lieu à des diffi-

cultés dans la pratique, des demandes d'explications étaient adressées à la commission ou au conseil d'état, la discussion de la loi dégénérerait en consultations. M. le commissaire du gouvernement ne croit pas qu'il y ait lieu de soulever devant la Chambre toutes les questions qui sont du domaine de la jurisprudence relativement à la partie du code de procédure qui est reproduite textuellement dans sa forme ancienne pour encadrer les dispositions nouvelles du projet de loi. A l'égard de cette partie du code de procédure, l'orateur ne se reconnaît pas qualité pour intervenir dans le domaine de l'interprétation.

Art. 2. — Les art. 749 à 779 du Code de procédure civile sont remplacés par les dispositions suivantes :

749. — Dans les tribunaux où les besoins du service l'exigent, il est désigné, par décret impérial, un ou plusieurs juges spécialement chargés du règlement des ordres; ils peuvent être choisis parmi les juges suppléants, et sont désignés pour une année au moins, et trois années au plus. — En cas d'absence ou d'empêchement, le président, par ordonnance inscrite sur un registre spécial tenu au greffe, désigne d'autres juges pour les remplacer. — Les juges désignés par décret impérial ou nommés par le président doivent, toutes les fois qu'ils en sont requis, rendre compte à leurs tribunaux respectifs, au premier président et au procureur général, de l'état des ordres qu'ils sont chargés de régler.

EXPOSÉ DES MOTIFS DE L'ART. 749.

La terminaison plus ou moins prompte d'un ordre dépend, il faut le reconnaître, de différentes causes. La délicatesse des questions qu'il soulève, les incidents introduits, la mauvaise volonté des créanciers, la résistance du débiteur, les entraves de l'acquéreur, souvent la négligence des officiers ministériels, viennent tour à tour embarrasser sa marche et retarder sa conclusion. Mais le caractère du magistrat préposé à son règlement pourrait opposer à tous ces obstacles un puissant contre-poids.

Le réglement des ordres exige une aptitude particulière, une connaissance plus approfondie, non seulement de la procédure, mais aussi du régime hypothécaire, matière la plus explorée et pourtant encore la plus ardue de nos codes. Si le juge-commissaire a acquis, par l'habitude de ces sortes d'affaires, une certaine expérience, s'il est actif, exact observateur des délais; si, au jour indiqué par la loi, il accomplit l'acte qu'elle lui impose, sans complaisance pour les remises toujours demandées par les parties ou les officiers ministériels, l'ordre suit un cours régulier, et les difficultés disparaissent promptement. La désignation du juge-commissaire devrait donc être le résultat d'un choix. L'importance, toujours annoncée, d'un réglement à suivre devrait dicter l'indication à faire par le président.

Il n'en est pas ainsi, et l'on peut affirmer que dans tous les tribunaux les ordres sont regardés commes des charges dont chacun des juges doit supporter une part égale; ils sont distribués à tour de rôle, sans autre considération. Aussi, leur marche est-elle très-inégale, non seulement entre les différents tribunaux de l'Empire, mais encore dans un même tribunal. Il y a, en outre, des habitudes établies qui sont contraires aux attributions faites par la loi; les documents statistiques nous montrent des tribunaux d'un ressort peu étendu et appartenant à la dernière classe, devant lesquels, au 31 décembre 1854, on ne comptait pas moins de 150, 200, 220, et même 256 ordres ouverts, tandis que devant d'autres plus importants, on n'en comptait pas plus de cinquante. En général, et dans la majeure partie des arrondissements, on ouvre, chaque année, plus d'ordres qu'on n'en termine. Les affaires soumises à un tribunal collectivement sont jugées assez promptement; les ordres confiés à chaque juge isolé, indépendant de la poursuite et sans contrôle, languissent, et l'encombrement en rend bientôt la conclusion impossible. Les censures de la magistrature supérieure arrivent au tribunal en retard; mais elles ne frappent pas individuellement, et les diligents souffrent pour ceux qui ne le sont pas.

L'article 749 est destiné à changer cet état de choses. La mesure n'est que facultative, elle n'est pas générale et ne sera mise en usage que là où l'abus sera rencontré. On a pensé que, dans ce cas, la désignation faite par le souverain imprimerait une

obligation plus solennelle, ferait peser une responsabilité plus
directe et stimulerait le zèle du magistrat qui serait l'objet de
cette distinction. On a bien objecté que dans beaucoup de tribunaux à trois juges le choix ne pourrait tomber que sur celui
qui reste après le président et le juge d'instruction. Mais à ces
mêmes tribunaux sont attachés deux juges suppléants ; et parmi
eux on rencontre souvent soit un ancien officier ministériel
qu'une longue pratique de ce genre d'affaires rend plus apte à
les traiter, soit un jeune magistrat désireux de signaler sa capacité et d'acquérir des droits à l'avancement par d'utiles travaux
et d'honorables services.

La durée de cette mission spéciale permettra au magistrat
d'acquérir l'expérience nécessaire pour la continuer avec avantage ; elle lui sera renouvelée s'il a justifié la confiance qu'on
a placée en lui : elle pourra aussi être transférée à un autre, s'il
y a lieu.

L'obligation de rendre compte de l'état des ordres, soit au
tribunal, soit au procureur général, n'enlève rien à l'indépendance et à la dignité du magistrat. Elle est une garantie pour
les justiciables, elle fera retomber la responsabilité sur qui de
droit ; elle exercera même une heureuse influence sur les officiers ministériels, qui tiendront à honneur de n'être pas signalés comme coupables de négligence. C'est pour cela que l'article
proposé impose cette obligation à tout juge chargé du réglement
d'un ordre, qu'il soit désigné par décret impérial ou nommé par
le président.

L'administration, qui tiendra la main à l'exécution de cette
dernière prescription, en attend les plus heureux résultats.

750. — L'adjudicataire est tenu de faire transcrire le
jugement d'adjudication dans les quarante-cinq jours de sa
date, et, en cas d'appel, dans les quarante-cinq jours de l'arrêt
confirmatif, sous peine de revente sur folle-enchère. Le saisissant dans la huitaine après la transcription, et, à son défaut,
après ce délai, le créancier le plus diligent, la partie saisie
ou l'adjudicataire dépose au greffe l'état des inscriptions, requiert l'ouverture du procès-verbal d'ordre, et, s'il y a lieu,
la nomination d'un juge-commissaire. — Cette nomination

est faite par le président, à la suite de la réquisition inscrite par le poursuivant sur le registre des adjudications tenu à cet effet au greffe du tribunal.

EXPOSÉ DES MOTIFS DE L'ART. 750.

L'art. 6 de la loi du 23 mars 1855 a rendu nécessaire l'innovation introduite par le nouvel article 750. L'ordre doit s'ouvrir et se régler entre tous les créanciers hypothécaires inscrits. Or, des créanciers ayant hypothèque peuvent être ignorés au moment de la vente, et se révéler jusqu'au jour de la transcription. Ce n'est plus la vente qui, aux yeux des tiers, transporte la propriété, c'est la transcription qui seule peut arrêter le cours des inscriptions; on se rappelle que les articles 834 et 835 du code de procédure sont abrogés. Il importe donc, quand l'ordre doit s'ouvrir sur une vente après expropriation forcée, de ne pas laisser l'adjudicataire maître de faire transcrire quand bon lui semble; car il dépendrait de lui de reculer indéfiniment l'ordre, qui ne peut être utilement ouvert tant que de nouveaux créanciers peuvent intervenir. La loi de 1855 ayant accordé quarante-cinq jours à certains créanciers qu'elle désigne, i convenait, en respectant ce délai, de l'imposer rigoureusement pour opérer la transcription, et de ne pas charger de ce soin l'adjudicataire seul, mais d'en conférer également le droit au poursuivant intéressé à la prompte ouverture de l'ordre.

DISCUSSION DE L'ART. 750.

M. Emile Ollivier critique comme trop étendue la durée du délai de quarante-cinq jours accordé à l'adjudicataire par l'article 750 pour faire transcrire son jugement d'adjudication. La raison donnée dans l'exposé des motifs et dans le rapport de la commission, c'est que le vendeur ayant quarante-cinq jours pour faire inscrire son privilége, en cas de revente, il serait inutile d'exiger avant cette époque l'accomplissement de la transcription. L'orateur trouve ce motif inacceptable. Selon lui, le vendeur sera toujours forclos s'il ne s'est pas inscrit avant le jugement d'adjudication. En effet, les quarante-cinq jours qui lui sont accordés partent, aux termes de l'art. 6 de la loi de 1855, du jour de la vente. Or, de la saisie à l'adjudication qui vaut revente, il s'écoulera au moins quatre-vingt-dix jours. Donc, an moment de l'adjudication, de deux choses l'une : ou le vendeur sera inscrit, alors il n'est pas nécessaire de lui accorder un délai pour s'inscrire, ou il ne sera pas inscrit, et alors le délai de quarante-cinq jours étant expiré, il ne pourra plus s'inscrire. L'orateur insiste surtout sur ce point, pour éviter les conclusions que l'on pourrait tirer plus tard d'un exposé de motifs inexact.

M. Riché, *rapporteur*, fait remarquer que le motif principal de ce délai de quarante-cinq jours est la nécessité d'accorder à l'adjudicataire le temps matériellement indispensable pour être mis en possession d'une expédition de son jugement. Il fait le calcul du temps nécessaire pour l'enregistrement et le greffe.

M. Guyard-Delalain dit que, dans la commission, on avait pensé d'abord qu'un délai de trente jours serait suffisant; mais MM. les commissaires du gouvernement ont fait remarquer que l'adjudicataire avait déjà vingt jours pour payer les droits d'enregistrement; c'est seulement après l'enregistrement que l'expédition du jugement peut être faite, et elle est souvent très-volumineuse; quinze ou vingt jours ne sont pas trop pour que l'acquéreur en soit mis en possession, et il faut bien lui accorder une latitude de quelques jours à partir du moment où l'expédition lui est remise.

751. — Le juge-commissaire, dans les huit jours de sa nomination, ou le juge spécial, dans les trois jours de la réquisition, convoque les créanciers inscrits, afin de se régler amiablement sur la distribution du prix. — Cette convocation est faite par lettres chargées à la poste, expédiées par le greffier et adressées tant aux domiciles élus par les créanciers dans les inscriptions qu'à leur domicile réel en France; les frais en sont avancés par le requérant. — La partie saisie et l'adjudicataire sont également convoqués. Le délai pour comparaître est de dix jours, au moins, entre la date de la

convocation et le jour de la réunion. — Le juge dresse procès-verbal de la distribution du prix par règlement amiable;
il ordonne la délivrance des bordereaux aux créanciers utilement colloqués et la radiation des inscriptions des créanciers non admis en ordre utile. — Les inscriptions sont
rayées sur la présentation d'un extrait, délivré par le greffier,
de l'ordonnance du juge. — Les créanciers non comparants
sont condamnés à une amende de 25 francs.

DISCUSSION DE L'ART. 751.

M. le président donne lecture de l'art. 751, qui indique les
formalités à suivre pour appeler les créanciers à régler amiablement leurs droits devant le magistrat.

M. Duclos applaudit à la pensée de commencer les opérations
de l'ordre par une tentative de conciliation ; mais est-ce devant
le juge-commissaire ou devant un notaire que cette tentative
doit avoir lieu? L'honorable membre avait résolu la question
dans ce dernier sens, et il avait présenté à la commission un
amendement qui chargeait de la mission conciliatrice un notaire
commis par le tribunal.

Les arguments par lesquels la commission a motivé le rejet de
ce système n'ont pas convaincu l'honorable membre; il en
appelle sur ce point à l'avenir ; selon lui, le temps démontrera
que le notaire aurait eu plus de chances que le magistrat pour
amener la conciliation. Il est convaincu que les soupçons d'intérêt personnel qui auraient pu dans les premiers temps s'élever
contre les notaires n'auraient pas tardé à s'évanouir. Dans cette
occasion, l'influence du notaire aurait été, dans les ordres, aussi
salutaire et aussi désintéressée qu'elle l'est aujourd'hui dans les
liquidations.

Passant à une autre question, l'orateur critique comme insuffisante la disposition de l'art. 751 qui prononce une amende de
25 francs contre les créanciers appelés amiablement devant le
juge et non comparants. L'honorable membre voudrait que ces
créanciers pussent être condamnés à tout ou partie des frais de
l'ordre judiciaire qu'ils auraient rendu nécessaire ; il pense

même que cette condamnation pourrait être prononcée en l'absence d'une disposition spéciale de la loi et en vertu de l'art,
1382 du code Napoléon, qui oblige toute personne à réparer le
dommage causé à autrui par sa faute.

M. Guyard-Delalain dit que la commission a examiné avec
beaucoup d'intérêt l'amendement qui lui a été soumis par l'honorable préopinant dans le but de faire confier aux notaires la
rédaction des ordres amiables. La commission, à peine nommée,
a été saisie de cette question par un document émané du notariat ; dès la première conférence, les membres de la commission
ont cherché à fixer leur opinion sur cette même question. Après
de longs débats, ils ont unanimement été d'avis que, pour la
tentative d'ordre amiable, le juge devait conserver sa prérogative, et qu'il n'y avait pas lieu à renvoi devant notaire.

L'orateur déclare que cette décision a été conforme à l'opinion émise par un grand nombre de magistrats, d'officiers ministériels et d'hommes versés dans la pratique des affaires. La
commission n'a pas eu un moment la pensée de révoquer en
doute la capacité, l'expérience et l'honorabilité des notaires ;
mais elle a craint que, dans l'accomplissement des fonctions
réclamées pour eux, les parties ne fussent quelquefois disposées,
bien à tort assurément, à suspecter leur impartialité ; le juge sera
toujours à l'abri d'un pareil soupçon. La commission a considéré aussi que le juge accomplirait gratuitement sa mission,
tandis qu'il serait injuste d'imposer cette gratuité à des hommes
qui exercent une profession qui n'a pu leur être ouverte qu'au
prix de sacrifices dont la compensation leur est due. On a
objecté que, devant le juge, les parties seraient obligées de se
faire assister par des avoués ; mais pense-t-on qu'elles compa-
raîtraient devant le notaire commis sans être assistées de conseils ? Dans le système de M. Duclos, les notaires commis cons-
titueraient une véritable juridiction devant laquelle, comme
devant les autres juridictions, rien ne se ferait sans frais.

L'honorable membre n'admet pas l'argument tiré de l'analogie qui existerait entre la confection d'un ordre et celle d'une
liquidation. Dans cette dernière opération, les intérêts sont bien
loin de se croiser et de se heurter au même degré que dans la
première. D'ailleurs rien n'empêche que, comme le disait tout à
l'heure un orateur, si toutes les parties sont d'accord, il se fasse,

devant un notaire choisi en commun, un ordre consensuel ; mais s'il y a entre les parties un élément de litige, c'est seulement à la prérogative du juge qu'il doit être fait appel.

Quant à ce qui vient d'être dit à l'occasion de l'amende de 25 fr. prononcée contre le créancier contumax, l'honorable membre déclare que la commission, partageant jusqu'à un certain point l'opinion de M. Duclos, aurait désiré que le créancier qui ne se serait pas présenté devant le juge pût être condamné à tout ou partie des frais d'ordre ; mais MM. les commissaires du Gouvernement ont pensé que les tribunaux se résoudraient difficilement à prononcer une pareille condamnation ; on a préféré dès lors fixer le chiffre de l'amende. En terminant, l'orateur di que si l'on parvenait à prouver le dol et la fraude, preuve, il est vrai, bien difficile, on pourrait peut-être, sans qu'il soit besoin d'une disposition spéciale, faire condamner le créancier non comparant à supporter tout ou partie des frais de l'ordre.

752. — A défaut de règlement amiable dans le délai d'un mois, le juge constate sur le procès-verbal que les créanciers n'ont pu se régler entre eux, et prononce l'amende contre ceux qui n'ont pas comparu. Il déclare l'ordre ouvert et commet un ou plusieurs huissiers à l'effet de sommer les créanciers de produire. Cette partie du procès-verbal ne peut être expédiée ni signifiée.

753. — Dans les huit jours de l'ouverture de l'ordre, sommation de produire est faite aux créanciers par acte signifié aux domiciles élus dans leurs inscriptions ou à celui de leurs avoués, s'il y en a de constitués, et au vendeur à son domicile réel situé en France, à défaut de domicile élu par lui ou de constitution d'avoué. La sommation contient l'avertissement que, faute de produire dans les quarante jours, le créancier sera déchu. L'ouverture de l'ordre est en même temps dénoncée à l'avoué de l'adjudicataire. Il n'est fait qu'une seule dénonciation à l'avoué qui représente plusieurs adjudicataires. — Dans les huit jours de la sommation par

lui faite aux créanciers inscrits, le poursuivant en remet
l'original au juge, qui en fait mention sur le procès-verbal.

754. — Dans les quarante jours de cette sommation, tout
créancier est tenu de produire ses titres avec acte de produit
signé de son avoué et contenant demande en collocation. Le
juge fait mention de la remise sur le procès-verbal.

755. — L'expiration du délai de quarante jours, ci-dessus
fixé, emporte de plein droit déchéance contre les créanciers
non produisants. Le juge la constate immédiatement et
d'office sur le procès-verbal, et dresse l'état de collocation
sur les pièces produites. Cet état est dressé, au plus tard,
dans les vingt jours qui suivent l'expiration du délai ci-
dessus. — Dans les dix jours de la confection de l'état de
collocation, le poursuivant la dénonce par acte d'avoué à
avoué aux créanciers produisants et à la partie saisie, avec
sommation d'en prendre communication, et de contredire,
s'il y échet, sur le procès-verbal dans le délai de trente
jours.

EXPOSÉ DES MOTIFS DE L'ART. 755.

Le projet propose de déclarer déchus, de plein droit, les
créanciers qui n'ont pas produit dans le délai de trente jours (1),
à compter du jour de la sommation. Au premier aspect, cette résolution a pu paraître trop sévère et entraîner des conséquences
trop graves. Un examen plus attentif, et la conviction intime
que le mauvais vouloir des créanciers était la plus grande cause
du mal, ont bientôt ramené les opinions et fait adopter la mesure que nous allons justifier.

Le législateur de 1807 a dit, par son article 754 : « Dans le
mois de la sommation, chaque créancier *sera tenu* de pro-

---

(1) Ce délai a été porté à quarante jours.

duire, etc... » Et, comme pour annoncer que la désobéissance à cette prescription sera punie avec une rigueur que la remise des titres aura seule le pouvoir d'éviter, il ajoute : « Le commissaire fera mention de la remise sur son procès-verbal; » mais, après cette rédaction si impérative, si menaçante, il a détruit son œuvre par l'art. 757, et ouvert la porte aux abus les plus multipliés : la production après le mois, et même après la confection de l'état de collocation, est devenue la règle, la production dans le mois est devenue l'exception. Le juge-commissaire qui ne veut pas avoir à remanier continuellement son réglement provisoire, dont l'établissement n'entraîne pas seulement l'examen de tous les titres et des bordereaux, mais aussi des calculs d'intérêts qui se modifient tous les jours, ne s'empresse pas de le dresser; il retarde indéfiniment son travail, en attendant la production des retardataires. Le temps s'écoule, et l'ordre est arrêté provisoirement à une époque où il devrait être terminé. Enfin, le commissaire se décide à dresser l'état de collocation; et alors la lice est ouverte aux contredits; le mois qui leur est accordé par l'article 756 expire; les créanciers diligents n'ont plus rien à dire; c'est alors que les retardataires se montrent; leurs productions s'échelonnent par intervalles; il faut les déclarer aux autres créanciers, et l'œuvre du juge recommence; de nouveaux délais s'ouvrent pour contredire ; les intérêts s'accumulent: la situation du débiteur s'aggrave, et le danger augmente pour les créanciers sur lesquels les fonds doivent manquer.

Quelle peine sera donc appliquée à ces créanciers négligents, ou plutôt de si mauvais vouloir? La loi dit qu'ils supporteront les frais de leur production tardive. C'est bien peu de chose ; et d'ailleurs cela n'indemnise personne de tout le préjudice causé, qui peut être considérable. La loi ajoute, il est vrai, qu'*ils seront garants des intérêts qui auront couru à compter du jour où ils auraient cessé, si la production eût été faite dans le délai fixé.* Mais qui ne sait que cette menace est d'une exécution difficile, pour ne pas dire impossible? Et qui pourrait dire à quelle époque ces intérêts auraient cessé, surtout si des contestations portées jusqu'en appel se sont élevées; à quelle époque le juge-commissaire, qui n'est pressé par aucun délai obligatoire, aurait terminé son réglement définitif?

La mesure est illusoire et ne remplit pas le but.

Qu'importe d'ailleurs une part d'intérêts au créancier qui attend son capital, qui en a besoin, qui le demande depuis long-temps, et qui souvent n'en est venu au moyen extrême de l'expropriation que parce que, depuis plusieurs années, le terme est échu ?

Qu'est donc devenue l'égalité devant la loi entre tous ceux à qui cette loi commande? De quel droit un ou plusieurs créan-ciers négligents ou mal disposés peuvent-ils ainsi, à leur gré, empêcher les créanciers diligents et qui ont obéi, de recevoir ce qui leur est dû? Est-ce que la protection de la loi ne doit pas couvrir de préférence les intérêts du créancier vigilant? *Jura vigilantibus subveniunt*. Comment des créanciers qui, en ma-tière d'ordre, ne sont jamais éloignés, puisqu'ils sont obligés d'avoir un domicile élu dans l'arrondissement, interpellés par huissier commis à ce même domicile qu'ils ont eux-mêmes in-diqué, et où ils ont un mandataire, peuvent-ils impunément s'abstenir de se présenter dans le délai, lorsqu'en produisant plus tard ils viennent avouer que la sommation leur a été véri-tablement permise ?

Dira-t-on que la loi serait bien sévère, si, pour l'inobservation d'un délai, elle faisait perdre la créance ? Il faut dire alors qu'elle est plus que sévère qnand, en matière correctionnelle, elle rend définitive une condamnation parce qu'on n'a pas formé, dans les cinq jours de la signification, opposition à un jugement par défaut. Cette condamnation peut cependant pro-noncer une amende et des dommages-intérêts considérables, et même cinq ans d'emprisonnement; elle frappe le condamné dans sa fortune, dans son honneur et sa liberté, et ne lui est pas notifiée par huissier commis (art. 187 et 188, code d'ins-truction criminelle). En affaire civile, quand la partie a cons-titué avoué, la condamnation est également définitive si l'opposition n'est pas formée dans la huitaine (art. 157, code procédure civile).

Mais, dans la matière même qui nous occupe, le législateur a déployé contre la négligence une sévérité qui serait une injustice si on ne l'étendait pas aux créanciers non-produisants.

En effet, l'état de collocation provisoire ayant rejeté, réduit ou placé défavorablement la créance d'un créancier diligent.

qui a obéi à la loi, s'il ne contredit pas dans le mois, il est forclos, et cette forclusion est définitive, absolue ; son droit est à jamais perdu, alors même que par des productions faites ulté- rieurement par des créanciers retardataires, le rang auquel il avait été colloqué viendrait à n'être plus utile. La jurisprudence a appliqué cette forclusion avec une telle rigueur qu'il faut reconnaître que toute la défaveur est pour ceux qui ont été d'abord diligents, et tout l'avantage pour ceux qui ne se pré- senteront qu'à la dernière extrémité.

On explique cette différence en disant que ceux qui ont pro- duit ont prouvé qu'ils avaient reçu l'avis en temps utile, qu'ils sont déjà dans la cause, et qu'ils deviennent inexcusables s'ils ne contredisent pas dans le délai, tandis que le retard des non- produisants vient peut-être de ce que la sommation ne leur a pas été communiquée avec exactitude par le mandataire qu'ils ont au domicile élu. Mais, alors, qu'ils s'en prennent à leur mandataire, et lui fassent supporter la peine de la faute qu'il a commise ; car, dans l'état actuel de nos moyens de commu- nication, les facilités merveilleuses de correspondance et de locomotion, que les nouvelles découvertes ont mises à la disposition des justiciables, doivent exercer une juste influence sur l'accomplissement des devoirs imposés par la loi. Lorsqu'en 1807 le législateur a fixé des délais, il a considéré les distances, les moyens qu'on avait alors pour les parcourir, la difficulté des communications, et l'on peut affirmer avec certitude que les délais, tout en restant dans les mêmes limites, sont aujourd'hui relativement plus considérables qu'il y a cinquante ans.

L'indulgence pour les retardataires va jusqu'à prétendre que le délai d'un mois est trop court pour le créancier qu'une som- mation vient surprendre à l'improviste ; il n'a pas le temps de chercher, de préparer son titre et de l'envoyer.

C'est ici que la justice de la déchéance proposée par le projet éclate dans tout son jour, et démontre l'erreur de cette dernière excuse.

Il n'est pas vrai que le créancier puisse être surpris inopiné- ment par la sommation de produire, et qu'il n'ait qu'un mois pour chercher et envoyer les pièces nécessaires. L'ordre est ouvert sur une aliénation volontaire, ou sur une vente par expropriation. Nous ne pouvons prévoir que ces deux cas.

Si la vente est volontaire, l'acquéreur, soit de son propre mouvement, soit sur la sommation à lui faite par un créancier, est obligé de notifier son contrat à tous les créanciers inscrits, conformément aux articles 2183 et 2185 du Code Napoléon. La notification est faite par huissier commis; il est en outre obligé de purger les hypothèques légales, article 2194. L'ordre ne peut s'ouvrir que trente jours après les délais prescrits par ces articles, ainsi le veut le Code de procédure civile (article 775).

Le délai pour la surenchère fixé par l'article 2185 étant de quarante jours, et le délai pour la purge des hypothèques légales étant de soixante, il est évident que près de trois mois avant la sommation de produire, tout créancier inscrit connaît par une notification spéciale la vente de l'immeuble, le prix de cette vente, la volonté de l'acquéreur de se libérer, et la nécessité de l'ordre qui va s'ouvrir; ajoutez à ces délais le mois qui suit la sommation, et vous serez convaincus que s'il ne produit pas, il est coupable de négligence ou de mauvaise volonté.

Si la vente a eu lieu sur saisie immobilière, sa faute est encore plus impardonnable: en effet, il a connu l'insolvabilité de son débiteur, la poursuite, l'adjudication et même l'époque où l'ordre sera ouvert, longtemps avant la nécessité de produire. Par l'article 692 du Code de procédure actuel, il est lié à l'instance en expropriation; il est sommé de prendre communication du cahier des charges, et d'assister à la vente dont le jour lui est indiqué: qu'on suppute tous les délais prévus par les articles 694, 695 et 696 du Code de procédure; qu'on y réunisse les autres délais fixés après l'adjudication par les articles 750 et suivants de notre projet, l'on sera forcé de convenir que le créancier inscrit n'est pas surpris à l'improviste; qu'il est partie en cause, et qu'il est depuis plus de trois mois préparé à la sommation et à la production qui doit la suivre.

Nous ne comprenons donc pas l'intérêt qu'il excite et l'indulgence dont on veut couvrir sa désobéissance à la loi. Nous sommes plus vivement touchés de la position des créanciers vigilants, du besoin qu'ils ont de retirer leurs capitaux, et du devoir de rendre prompte justice à ceux à qui elle est due.

Dans la procédure de l'ordre telle qu'elle est aujourd'hui réglée par le Code, s'il ne s'élève aucune contestation entre les créanciers qui ont produit dans le mois, le juge-commissaire peut et doit même, s'il veut accomplir exactement sa mission, prononcer la déchéance des créanciers non-produisants. Cette déchéance est donc encourue, article 759. Pourquoi les contestations qui s'élèvent entre les créanciers vigilants tourneraient-elles contre eux-mêmes et viendraient-elles relever les négligents de la peine méritée? C'est un fait qui est étranger à ceux-ci. Pourquoi l'inaction du commissaire leur rendrait-elle un droit périmé? La conservation ou la perte d'un droit ne peut dépendre de la complaisance ou de la négligence du magistrat : la loi doit être la seule règle en pareille matière; et c'est afin de faire cesser cet arbitraire, que le nouvel article 755 pose une limite commune, infranchissable, dont l'apparente sévérité ne doit plus être qu'une justice aux yeux des hommes impartiaux.

Aucun délai fixé, pour dresser l'état de collocation, ne stimulait le zèle du juge et ne réglait l'accomplissement de ses devoirs. C'était d'ailleurs une lacune remarquée pour chacune des opérations qui lui sont confiées. L'omission est réparée, l'état devra être dressé dans le délai de trente jours (1).

756. — Faute par les créanciers produisants et la partie saisie de prendre communication de l'état de collocation et de contredire dans ledit délai, ils demeurent forclos, sans nouvelle sommation ni jugement; il n'est fait aucun dire, s'il n'y a contestation.

757. — Lorsqu'il y a lieu à ventilation du prix de plusieurs immeubles vendus collectivement, le juge, sur la réquisition des parties ou d'office, par ordonnance inscrite sur le procès-verbal, nomme un ou trois experts, fixe le jour où il recevra leur serment et le délai dans lequel ils devront déposer leur rapport. — Cette ordonnance est dénoncée aux experts par le poursuivant; la prestation de serment est mentionnée sur le procès-verbal d'ordre, au-

---

(1) Ce délai est réduit à vingt jours.

quel est annexé le rapport des experts, qui ne peut être levé ni signifié. — En établissant l'état de collocation provisoire, le juge prononce sur la ventilation.

758. — Tout contestant doit motiver son dire et produire toutes pièces à l'appui ; le juge renvoie les contestants à l'audience qu'il désigne et commet en même temps l'avoué chargé de suivre l'audience. — Néanmoins, il arrête l'ordre et ordonne la délivrance des bordereaux de collocation pour les créances antérieures à celles contestées. — Il peut même arrêter l'ordre pour les créances postérieures, en réservant somme suffisante pour désintéresser les créanciers contestés.

759. — S'il ne s'élève aucune contestation, le juge est tenu, dans les quinze jours qui suivent l'expiration du délai pour prendre communication et contredire, de faire la clôture de l'ordre ; — il liquide les frais de radiation et de poursuite d'ordre qui sont colloqués par préférence à toutes autres créances ; — il liquide, en outre, les frais de chaque créancier colloqué en rang utile et ordonne la délivrance des bordereaux de collocation aux créanciers utilement colloqués, et la radiation des inscriptions de ceux non utilement colloqués; il est fait distraction, en faveur de l'adjudicataire, sur le montant de chaque bordereau, des frais de radiation de l'inscription.

760. — Les créanciers postérieurs en ordre d'hypothèque aux collocations contestées sont tenus, dans la huitaine après les trente jours accordés pour contredire, de s'entendre entre eux sur le choix d'un avoué, sinon, ils sont représentés par l'avoué du dernier créancier colloqué. L'avoué poursuivant ne peut, en cette qualité, être appelé dans la contestation.

761. — L'audience est poursuivie, à la diligence de l'avoué commis, sur un simple acte contenant avenir pour l'audience fixée conformément à l'art. 758. L'affaire est jugée comme sommaire, sans autre procédure que des conclusions mo- tivées de la part des contestés, et le jugement contient liquidation des frais. S'il est produit de nouvelles pièces, toute partie contestante ou contestée est tenue de les remet- tre au greffe trois jours au moins avant cette audience; il en est fait mention sur le procès-verbal. Le tribunal statue sur les pièces produites; néanmoins, il peut, mais seulement pour causes graves et dûment justifiées, accorder un délai pour en produire d'autres; le jugement qui prononce la remise fixe le jour de l'audience; il n'est ni levé, ni signifié. La disposition du jugement qui accorde ou refuse un délai n'est susceptible d'aucun recours.

DISCUSSION DE L'ART. 761.

M. Emile Ollivier à la parole sur l'article 761. Il considère comme une innovation utile la disposition portant que les con- testations en matière d'ordre seront jugées comme affaires sommaires. Mais si cette mesure est excellente pour la célérité des affaires, elle produit une injustice en ce qui concerne les avoués. Dans les affaires sommaires, l'émolument de l'avoué est très-minime ; or, dans les ordres, il se présente souvent des difficultés considérables, des sommes très-importantes y sont engagées, des déchéances peuvent à chaque instant survenir si la surveillance de l'avoué n'est pas active et éclairée ; trouvera- t-on désormais un avoué sérieux qui, dans ces circonstances et pour une pareille rémunération, consente à assumer une pareille responsabilité?

L'orateur, en votant pour l'article proposé, demande que les dispositions de cet article soient complétées par un remanie- ment de tarifs qui accorde aux avoués une rémunération pro- portionnée à l'importance de l'affaire. On a augmenté leur responsabilité, il ne faut pas diminuer en même temps leurs émoluments.

M. Riché, *rapporteur*, rappelle que ce vœu a été devancé par le rapport de la commission. Le tarif des frais et dépens se divise aujourd'hui en deux catégories : celle des affaires sommaires et celle des affaires ordinaires ; le tarif des affaires ordinaires est généralement élevé. Comme la plupart des ordres portent sur de petites sommes, la commission et le conseil d'Etat ont été d'avis de les classer parmi les affaires sommaires, selon la pratique actuelle la plus générale en France ; mais pour que dans les affaires importantes les avoués reçoivent une rémunération suffisante, la commission a réclamé, comme vient de le faire M. Ollivier, un système de tarif qui proportionne l'émolument du travail à la somme en distribution ou à l'intérêt que le travail défend.

762. — Les jugements sur les incidents et sur le fond sont rendus sur le rapport du juge et sur les conclusions du ministère public. — Le jugement sur le fond est signifié dans les trente jours de sa date à avoué seulement, et n'est pas susceptible d'opposition. La signification à avoué fait courir le délai d'appel contre toutes les parties à l'égard les unes des autres. — L'appel est interjeté dans les dix jours de la signification du jugement à avoué, outre un jour par cinq myriamètres de distance entre le siége du tribunal et le domicile réel de l'appelant ; l'acte d'appel est signifié au domicile de l'avoué et au domicile réel du saisi, s'il n'a pas d'avoué. Il contient assignation et l'énonciation des griefs, à peine de nullité. L'appel n'est recevable que si la somme contestée excède celle de 1,500 fr., quel que soit d'ailleurs le montant des créances des contestants et des sommes à distribuer.

763. — L'avoué du créancier dernier colloqué peut être intimé, s'il y a lieu. — L'audience est poursuivie et l'affaire instruite conformément à l'art. 761, sans autre procédure que des conclusions motivées de la part des intimés.

764. — La cour statue sur les conclusions du ministère

public. L'arrêt contient liquidation des frais ; il est signifié dans les quinze jours de sa date à avoué seulement, et n'est pas susceptible d'opposition. La signification a avoué fait courir les délais du pourvoi en cassation.

765. — Dans les huit jours qui suivent l'expiration du délai d'appel, et en cas d'appel, dans les huit jours de la signification de l'arrêt, le juge arrête définitivement l'ordre des créances contestées et des créances postérieures, conformément à l'art. 759. — Les intérêts et arrérages des créanciers utilement colloqués cessent à l'égard de la partie saisie.

766. — Les dépens des contestations ne peuvent être pris sur les deniers provenant de l'adjudication. — Toutefois, le créancier dont la collocation rejetée d'office, malgré une production suffisante, a été admise par le tribunal sans être contestée par aucun créancier, peut employer ses *dépens* sur le prix au rang de sa créance. — Les frais de l'avoué qui a représenté les créanciers postérieurs en ordre d'hypothèque aux collocations contestées, peuvent être prélevés sur ce qui reste de deniers à distribuer, déduction faite de ceux qui ont été employés à payer les créanciers antérieurs. Le jugement qui autorise l'emploi des frais prononce la subrogation au profit du créancier sur lequel les fonds manquent ou de la partie saisie. L'exécutoire énoncera cette disposition et indiquera la partie qui doit en profiter. Le contestant ou le contesté qui a mis de la négligence dans la production des pièces peut être condamné aux dépens, même en obtenant gain de cause. — Lorsqu'un créancier condamné aux dépens des contestations a été colloqué en rang utile, les frais mis à sa charge sont, par une disposition spéciale du règlement d'ordre, prélevés sur le montant de sa collocation au profit de la partie qui a obtenu sa condamnation.

EXPOSÉ DES MOTIFS DE L'ART. 766.

Il est une règle absolue en procédure : toute partie qui succombe doit être condamnée aux dépens. L'art. 130 du Code de procédure en avait fait un principe qui ne souffrait d'exceptions que celles admises par l'art. 131. Mais on avait compris, en lisant l'art. 766 du Code de procédure, que, pour les ordres, cette règle ne reprenait son empire que contre la partie qui succombait en appel. On croit qu'en première instance on peut se permettre les contestations les plus téméraires; on se les fait pardonner par le prétexte des intentions les plus louables. On n'a jamais plaidé dans un intérêt égoïste ; on veut n'avoir jamais fait de contestation que dans l'intérêt de la masse; et si l'on vient à perdre le procès, on obtient toujours l'emploi de ses dépens en frais de poursuite d'ordre. Telle est la conclusion que l'on a tirée de la disposition bien restreinte de l'article 766 ; en sorte qu'il est permis de se tromper aux dépens des autres, mais on ne peut persévérer qu'à ses dépens. Nous avons pensé qu'il fallait rétablir la règle générale, même pour la première instance, parce que sous la couleur d'une contestation de bonne foi et dans l'intérêt de tous, on se livrait à des contestations plus que téméraires, qui, à l'inconvénient d'entraver la marche de l'ordre, ajoutaient la diminution de la somme à distribuer.

On devait cependant rejeter sur la masse les frais faits par un créancier dont la collocation rejetée d'office aura été rétablie par le tribunal ; mais si un adversaire s'est constitué, s'il s'est approprié la décision du juge-commissaire, il sera passible des dépens.

767. — Dans les trois jours de l'ordonnance de clôture, l'avoué poursuivant la dénonce par un simple acte d'avoué à avoué. — En cas d'opposition à cette ordonnance par un créancier, par l'adjudicataire ou la partie saisie, cette opposition est formée, à peine de nullité, dans la huitaine de la dénonciation, et portée dans la huitaine suivante à l'audience du tribunal, même en vacation, par un simple acte d'avoué contenant moyens et conclusions; et, à l'égard de la partie saisie, n'ayant pas d'avoué en cause, par exploit d'ajournement à huit jours. La cause est instruite et jugée conformément aux art. 761, 762 et 764, même en ce qui concerne l'appel du jugement.

EXPOSÉ DES MOTIFS DE L'ART. 767.

Le silence du législateur de 1807 sur le caractère de l'ordonnance de clôture, sur le droit de se pourvoir contre elle, et sur la voie de recours à prendre, a donné lieu aux questions les plus controversées et aux décisions les plus nombreuses et les plus contradictoires. Les uns ont soutenu que l'ordonnance de clôture n'était qu'une simple décision rendue par un seul juge et qui pouvait être attaquée par opposition devant le tribunal; les autres ont dit qu'une décision qui était exécutoire et revêtue du mandement souverain, qu'une décision qui prononçait la déchéance de créanciers, ordonnait la radiation d'inscriptions, était un jugement en premier ressort qui ne pouvait être attaqué que par la voie d'appel; d'autres enfin, ne rencontrant dans cette ordonnance aucune nature bien définie, ne lui ont reconnu que le caractère d'un acte dont il fallait demander la réforme par action principale.

Nous n'entrerons pas dans l'examen de ces trois systèmes, dont les deux premiers ont été défendus avec une opiniâtreté qui n'est pas encore apaisée. Qu'il nous suffise de dire que plus de cinquante arrêts de Cours impériales ont été rendus; que la Cour de cassation, après avoir jugé, par un premier arrêt du 9 avril 1839, que l'ordonnance de clôture devait être attaquée par l'appel, a décidé, le 14 janvier 1850, qu'on ne pouvait l'attaquer que par la voie de l'opposition. La question est sans importance quant au fond; mais elle a signalé une lacune qui a donné et donne encore lieu à bien des procès; nous proposons de trancher la question dans le sens du dernier arrêt de la Cour suprême, et nous adoptons le système qui ouvre la voie de recours la plus prompte et la moins dispendieuse. Nous proposons d'admettre l'opposition.

768. — Le créancier sur lequel les fonds manquent et la partie saisie ont leur recours contre ceux qui ont succombé, pour les intérêts et arrérages qui ont couru pendant les contestations.

769. — Dans les dix jours, à partir de celui où l'ordonnance de clôture ne peut plus être attaquée, le greffier délivre un extrait de l'ordonnance du juge pour être déposé par l'avoué poursuivant au bureau des hypothèques. Le conservateur, sur la présentation de cet extrait, fait la radiation des inscriptions des créanciers non colloqués.

770. — Dans le même délai, le greffier délivre à chaque créancier colloqué un bordereau de collocation exécutoire contre l'adjudicataire ou contre la caisse des consignations. — Le bordereau des frais de l'avoué poursuivant ne peut être délivré que sur la remise des certificats de radiation des inscriptions des créanciers non colloqués. Ces certificats demeurent annexés au procès-verbal.

771. — Le créancier colloqué, en donnant quittance du montant de sa collocation, consent la radiation de son inscription. Au fur et à mesure du paiement des collocations, le conservateur des hypothèques, sur la représentation du bordereau et de la quittance du créancier, décharge d'office l'inscription jusqu'à concurrence de la somme acquittée ; l'inscription d'office est rayée définitivement sur la justification faite par l'adjudicataire du paiement de la totalité de son prix, soit aux créanciers colloqués, soit à la partie saisie.

772. — Lorsque l'aliénation n'a pas lieu sur expropriation forcée, l'ordre est provoqué par le créancier le plus diligent ou par l'acquéreur. — Il peut être aussi provoqué par le vendeur, mais seulement lorsque le prix est exigible. Dans tous les cas, l'ordre n'est ouvert qu'après l'accomplissement des formalités prescrites par la purge des hypothèques. — Il est introduit et réglé dans les formes établies par le présent titre. — Les créanciers à hypothèques légales qui n'ont pas fait inscrire leurs hypothèques dans le délai fixé par l'art. 2195 du Code Napoléon, ne peuvent exercer le droit de préférence sur le prix qu'autant qu'un ordre est ouvert dans les trois mois qui suivent l'expiration de ce délai, et sous les conditions déterminées par la dernière disposition de l'art. 717.

DISCUSSION DE L'ART. 772.

M. Josseau, *membre de la commission,* a la parole sur l'article 772. Il appelle l'attention de l'assemblée sur le paragraphe 3, ainsi conçu : « Dans tous les cas, l'ordre n'est ouvert qu'après l'accomplissement des formalités prescrites pour la purge des hypothèques. »

L'honorable membre dit que d'après la législation aujourd'hui existante et par le résultat de l'art. 775 du code de procédure, l'ordre ne peut commencer qu'après l'expiration des délais fixés pour la purge des hypothèques inscrites et des hypothèques légales.

Dans la pratique, en général, cette prescription ne s'exécute pas ; la purge des hypothèques inscrites est obligée et a toujours lieu dans un court délai ; quant à la purge des hypothèques légales, on s'en dispense fréquemment, surtout (et c'est le cas le plus fréquent) lorsqu'il s'agit d'immeubles de peu de valeur. En effet, souvent l'acquéreur ne le juge pas nécessaire, souvent aussi il recule devant une dépense en disproportion avec l'importance de son acquisition. La commission appelée à examiner les dispositions nouvelles n'a pas cru que l'on pût contraindre l'acquéreur à purger légalement et à se charger de frais considérables, ni qu'il y eût lieu d'autoriser un créancier à purger pour lui aux dépens de la masse. Elle a donc pensé que, pour ne pas retarder indéfiniment l'ouverture de l'ordre, il serait bon de fixer un délai assez rapproché de l'époque de l'acquisition et à partir duquel l'ordre pourra être ouvert. Ce but aurait été atteint si, à la fin du paragraphe ci-dessus cité, on avait mis le mot : « inscrites, » et si l'on avait ajouté la phrase suivante : « si l'acquéreur purge les hypothèques légales, les opérations de l'ordre ne devront être suspendues que dans le cas où la purge aura été commencée dans le délai d'un mois. » Cet amendement a été repoussé par le conseil d'Etat. L'orateur demande si par ce rejet l'on a entendu maintenir l'état actuel des choses ; si, dans la pensée du Gouvernement, il faudra, pour ouvrir l'ordre, attendre la purge même des hypothèques légales. Ce serait imposer à la petite propriété des charges trop lourdes, pour le cas où l'acquéreur serait forcé de purger à ses frais, et faire subir aux prêteurs hypothécaires un injuste prélèvement si l'on employait les frais de purge comme privilégiés dans l'ordre.

M. DE PARIEU, *vice-président du conseil d'Etat,* fait remarquer qu'il ne serait pas logique de distribuer le prix de la vente d'un immeuble avant que ce prix fût définitivement fixé et avant que ceux qui y ont droit fussent tous connus. Pour savoir si le prix donné à l'immeuble dans le contrat de vente est sérieux et sincère, il faut laisser au juge le droit d'ordonner, lorsqu'il le croira nécessaire, qu'il soit procédé à la purge des hypothèques légales, puisque seule elle peut produire cette certitude. La commission, dans son rapport, appelle cela une pensée *grande*; n'est-ce pas seulement une pensée naturelle et juste?

M. JOSSEAU dit que dès lors la question restera soumise à l'arbitraire du juge, et que la disposition, malgré ses termes en apparence impératifs, manquera de sanction.

M. SUIN, *conseiller d'Etat, commissaire du Gouvernement,* fait remarquer que le paragraphe en discussion ne dit pas que l'ordre *ne pourra* être provoqué qu'après l'expiration des délais de purge, et s'explique d'une manière beaucoup moins absolue, et à peu près dans les mêmes termes que l'article 775 du code actuel dont l'exécution n'a donné lieu à aucune difficulté. L'accomplissement des formalités tracées pour la purge a deux buts. Le second effet qu'il produit est d'affranchir l'immeuble, mais le premier est d'ouvrir et faire courir le délai de la surenchère. Or, un ordre ne peut être utilement ouvert qu'autant que le prix est définitivement fixé et accepté par les créanciers, et ces derniers ne peuvent le connaître légalement, en matière de vente volontaire, que par les notifications. Si donc un acquéreur, sans avoir rempli les formalités de la purge, vient faire au juge la réquisition d'ouverture d'ordre, on ne pourra contraindre les créanciers à produire pour la distribution d'un prix qu'ils n'accepteraient pas s'ils le connaissaient. Il ne dépend pas d'un acquéreur de faire distribuer son prix en disant que lui seul court la risque de l'oubli des formalités; il aurait alors trop d'intérêt à la distribution d'un prix non sincère, déloyal et, la plupart du temps, dissimulé ; mais il y a un droit dont on ne peut frustrer les créanciers : c'est le droit de surenchère.

Il peut donc arriver qu'au lieu d'obéir à la sommation de produire, un créancier s'y refuse ; on ne pourra prononcer contre lui aucune déchéance ; il aura au contraire le droit de faire sommation à l'acquéreur de notifier son contrat. Il s'écoulera un mois, puis commencera le délai de quarante jours, et voilà des lenteurs et une perte de temps qu'on aurait pu éviter.

Si les créanciers et l'acquéreur sont d'accord pour la dispense des formalités, le projet n'est pas impératif, et ne prononce aucune peine de nullité ; mais, en l'absence des créanciers, le juge pourra, d'après les circonstances, faire une appréciation qui imposera à l'acquéreur la nécessité de la purge ou l'en dispensera.

M. Desmaroux de Gaulmin demande que M. le rapporteur indique quels seront, aux termes de l'art. 727, les droits de la femme.

M. Riché, *rapporteur*, répond que la femme aura absolument les mêmes droits que les créanciers inscrits, et cela par une analogie parfaite avec ce qui a lieu dans la procédure ordinaire d'ordre. La femme pourra faire valoir ses droits dans la procédure d'ordre par attribution, jusqu'au moment où les créanciers inscrits eux-mêmes ne pourraient plus invoquer leur droit.

773. — Quel que soit le mode d'aliénation, l'ordre ne peut être provoqué s'il y a moins de quatre créanciers inscrits. — Après l'expiration des délais établis par les art. 750 et 772, la partie qui veut poursuivre l'ordre présente requête au juge spécial, et s'il n'y en a pas, au président du tribunal, à l'effet de faire procéder au préliminaire de règlement amiable dans les formes et délais établis en l'art. 751. — A défaut de règlement amiable, la distribution du prix est réglée par le tribunal jugeant comme en matière sommaire, sur assignation signifiée à personne ou à domicile, à la requête de la partie la plus diligente, sans autre procédure que des conclusions motivées. Le jugement est signifié à avoué seulement, s'il y a avoué constitué. — En cas d'appel, il est procédé comme aux art. 763 et 764.

774. — L'acquéreur est employé par préférence pour le coût de l'extrait des inscriptions et des dénonciations aux créanciers inscrits.

775. — Tout créancier peut prendre inscription pour conserver les droits de son débiteur : mais le montant de la collocation du débiteur est distribué, comme chose mobilière, entre tous les créanciers inscrits ou opposants avant la clôture de l'ordre.

776. — En cas d'inobservation des formalités et délais prescrits par les art. 753, 755, § 2, et 769, l'avoué poursuivant est déchu de la poursuite, sans sommation ni jugement. Le juge pourvoit à son remplacement d'office ou sur la réquisition d'une partie, par ordonnance inscrite sur le procès-verbal ; cette ordonnance n'est susceptible d'aucun recours. — Il en est de même à l'égard de l'avoué commis qui n'a pas rempli les obligations à lui imposées par les art. 758 et 761. — L'avoué déchu de la poursuite est tenu de remettre immédiatement les pièces sur le récépissé de l'avoué qui le remplace, et n'est payé de ses frais qu'après la clôture de l'ordre.

EXPOSÉ DES MOTIFS DE L'ART. 776.

Nous avons cru devoir nous montrer plus sévères pour la subrogation dans la poursuite de l'ordre que ne l'avait été le législateur de 1807. On comprend que, dans les termes où avait été organisée cette poursuite, on ait dû subordonner la subrogation à la nécessité d'une demande formée et d'une décision à rendre par la chambre du conseil ; la négligence et le manquement à des devoirs étaient difficiles à constater ; aucun délai pour l'accomplissement des formalités n'avait été posé absolument par le code. Il n'en sera plus ainsi. Tous les actes de cette procédure sont jalonnés et placés à des intervalles bien déterminés ; le mécanisme de cette poursuite est, pour ainsi dire, monté avec un engrenage qui doit fonctionner régulièrement. Le ralentissement ne peut provenir que d'une faute, d'une négligence, que le calcul des dates mettra le juge com-

missaire à même de constater et d'apprécier seul. Ce pouvoir
que lui donnera la loi n'aura pas seulement pour effet d'épargner les frais d'une contestation portée devant le tribunal; la
faculté de pourvoir d'*office* au remplacement de l'avoué retar-
dataire évitera l'embarras d'une demande en subrogation, devant laquelle reculait toujours le sentiment d'une bonne con-
fraternité, sentiment honorable sans doute, mais quelquefois
en opposition avec l'intérêt des parties. Au surplus, l'exercice
de ce pouvoir est limité à des cas peu nombreux, à l'inobservation de délais vraiment nécessaires à la marche de l'ordre.
L'officier ministériel en faute ne devra être payé des frais
avancés par lui qu'après le règlement définitif.

777. — L'adjudicataire sur expropriation forcée, qui veut
faire prononcer la radiation des inscriptions avant la clôture
de l'ordre, doit consigner son prix et les intérêts échus,
sans offres réelles préalables. — Si l'ordre n'est pas ouvert,
il doit en requérir l'ouverture après l'expiration du délai
fixé par l'art. 750. Il dépose à l'appui de sa réquisition le
récépissé de la caisse des consignations, et déclare qu'il
entend faire prononcer la validité de la consignation et la
radiation des inscriptions. — Dans les huit jours qui suivent
l'expiration du délai pour produire fixé par l'art. 754, il fait
sommation par acte d'avoué à avoué, et par exploit à la
partie saisie, si elle n'a pas avoué constitué, de prendre
communication de sa déclaration et de la contester dans les
quinze jours, s'il y a lieu. A défaut de contestation dans ce
délai, le juge, par ordonnance, sur le procès-verbal, déclare
la consignation valable et prononce la radiation de toutes
les inscriptions existantes avec maintien de leur effet sur le
prix. En cas de contestation, il est statué par le tribunal,
sans retard des opérations de l'ordre.

Si l'ordre est ouvert, l'adjudicataire, après la consignation,
ait sa déclaration sur le procès-verbal par un dire signé de
son avoué, en y joignant le récépissé de la caisse des consignations. Il est procédé comme il est dit ci-dessus, après
l'échéance du délai des productions. — En cas d'aliénation

autre que celle sur expropriation forcée, l'acquéreur qui,
après avoir rempli les formalités de la purge, veut obtenir
la libération déffnitive de tous priviléges et hypothèques par
la voie de la consignation, opère cette consignation sans
offres réelles préalables. A cet effet, il somme le vendeur de
lui rapporter dans la quinzaine mainlevée des inscriptions
existantes, et lui fait connaître le montant des sommes en
capital et intérêts qu'il se propose de consigner. Ce délai
expiré, la consignation est réalisée, et, dans les trois jours
suivants, l'acquéreur ou adjudicataire requiert l'ouverture
de l'ordre, en déposant le récépissé de la caisse des consignations. Il est procédé sur sa réquisition conformément
aux dispositions ci-dessus.

EXPOSÉ DES MOTIFS DE L'ART. 777.

Dans la procédure suivie aujourd'hui pour le règlement des
ordres, il a été fait souvent usage du moyen mis par la loi à la
disposition de l'acquéreur, pour obtenir la libération complète
de l'immeuble acheté, avant la clôture de l'ordre : le désir
naturel de disposer de sa propriété par revente, donation ou
autrement, de l'améliorer, de la partager, d'y construire, ne
pouvant être réalisé qu'en obtenant la radiation des charges
hypothécaires, l'acquéreur a eu recours aux offres réelles et
aux dispendieuses formalités que cette voie entraîne.

Les offres réelles faites au milieu et pendant le cours d'un
ordre sont illusoires pour tous les créanciers; aucun d'eux ne
peut les accepter, dans les termes où la loi veut qu'on les accepte; une instance en validité est nécessaire, et, si l'acquéreur obtient enfin la liberté de son immeuble, ce n'est qu'au
prix de frais énormes qui sont supportés par la somme à distribuer.

Si le projet de loi est adopté, l'accélération de la procédure
et le terme plus promptement amené éviteront au nouveau
propriétaire le recours au moyen des offres réelles. S'il arrivait cependant que des retards imprévus aient suggéré au débiteur du prix la pensée de prendre cette voie, nous avons voulu
qu'elle fût plus courte et qu'elle menât au but d'une manière
moins onéreuse pour les créanciera.

Tel est le résultat qu'on espère atteindre par le nouvel art. 777.

La vente a-t-elle eu lieu sur saisie immobilière? Si l'ordre n'est pas ouvert, l'acquéreur en requiert l'ouverture, consigne le prix, et, par une procédure simple et expéditive, fait prononcer la validité de sa consignation et la radiation des inscriptions.

Si l'ordre est ouvert, il fait immédiatement la déclaration de sa consignation en y joignant le récépissé de la caisse des dépôts, et forme en même temps sa demande sur le procès-verbal.

Si l'aliénation n'a pas eu lieu par suite d'expropriation forcée, l'acquéreur, après avoir rempli les formalités de la purge et sommé le vendeur de lui rapporter la mainlevée des inscriptions existantes, consigne son prix; requiert, trois jours après, l'ouverture de l'ordre; dépose son récépissé, et forme sa demande en validité et en radiation.

778. — Toute contestation relative à la consignation du prix est formée sur le procès-verbal par un dire motivé, à peine de nullité; le juge renvoie les contestants devant le tribunal. — L'audience est poursuivie sur un simple acte d'avoué à avoué, sans autre procédure que des conclusions motivées : il est procédé ainsi qu'il est dit aux art. 761, 763 et 764. — Le prélèvement des frais sur le prix peut être prononcé en faveur de l'adjudicataire ou acquéreur.

779. — L'adjudication sur folle enchère intervenant dans le cours de l'ordre, et même après le règlement définitif et la délivrance des bordereaux, ne donne pas lieu à une nouvelle procédure. Le juge modifie l'état de collocation suivant les résultats de l'adjudication, et rend les bordereaux exécutoires contre le nouvel adjudicataire.

Art. 3. L'art. 838 du code de procédure civile est modifié ainsi qu'il suit :

838. — Le surenchérisseur, même au cas de subrogation à la poursuite, sera déclaré adjudicataire, si, au jour fixé pour l'adjudication, il ne se présente pas d'autre enchérisseur. — Sont applicables aux cas de surenchère les articles 701, 702, 705, 706, 707, 711, 712, 713, 717, 731, 732 et 733 du présent Code, ainsi que les art. 734 et suivants, relatifs à la folle enchère. Les formalités prescrites par les art. 705 et 706, 832, 836 et 837 seront observées à peine de nullité. — Les nullités devront être proposées, à peine de déchéance, savoir : celles qui concerneront la déclaration de surenchère et l'assignation, avant le jugement qui doit statuer sur la réception de la caution ; celles qui seront relatives aux formalités de la mise en vente, trois jours au moins avant l'adjudication ; il sera statué sur les premières par le jugement de réception de la caution, et sur les autres avant l'adjudication, et, autant que possible, par le jugement même de cette adjudication. — Aucun jugement ou arrêt par défaut en matière de surenchère sur aliénation volontaire, ne sera susceptible d'opposition. — Les jugements qui statueront sur les nullités antérieures à la réception de la caution, ou sur la réception même de cette caution, et ceux qui prononceront sur la demande en subrogation intentée pour collusion ou fraude, seront seuls susceptibles d'être attaqués par la voie de l'appel. — L'adjudication par suite de surenchère sur aliénation volontaire ne pourra être frappée d'aucune autre surenchère. — Les effets de l'adjudication à la suite de surenchère sur aliénation volontaire seront réglés, à l'égard du vendeur et de l'adjudicataire, par les dispositions de l'art. 717 ci-dessus. Néanmoins, après le jugement d'adjudication par suite de surenchère, la purge des hypothèques légales, si elle n'a pas eu lieu, se fait comme au cas d'aliénation volontaire, et les droits des créanciers à hypothèques légales sont régis par le dernier alinéa de l'article 772.

Art. 4. — *Dispositions transitoires.* — Les ordres ouverts avant la promulgation de la présente loi seront régis par les dispositions des lois antérieures. — L'art. 692, tel qu'il est modifié par la présente loi, sera appliqué aux poursuites de saisie immobilière commencées lors de sa promulgation, dans lesquelles l'art. 692 de la loi précédente n'aura pas encore été mis à exécution.

CHRONIQUE.

Nominations judiciaires. — Sont nommés : procureur général à Grenoble, M. Bonafous, premier avocat général à Toulouse, en remplacement de M. Gaulot, nommé procureur général à Lyon ; — avocat général à Grenoble, M. Proust, procureur impérial à Valence, en remplacement de M. Daguilhon-Pujol, nommé à Nimes ; — président à Gap, M. Laurans, président à Nyons ; — président à Nyons, M. Marcellin, juge d'instruction à Orange ; — procureur impérial à Valence, M. Audidier, procureur impérial à Belfort ; — procureur impérial à St-Marcellin, M. Collin, procureur impérial à Die ; — procureur impérial à Die, M. Lion, procureur impérial à Embrun ; — procureur impérial à Embrun, M. Barral, substitut à Saint-Marcellin ; — substitut à Gap, M. Dijon de Cumane, substitut à Nyons ; — substitut à Nyons, M. Desplagnes, avocat ; — substitut à St-Marcellin, M. Pion, substitut à Montélimar ; — substitut à Montélimar, M. Gouny, avocat, docteur en droit ; — juge suppléant à Embrun, M. Céaly, avocat.

Nous empruntons au *Moniteur* du 19 juin l'article suivant, qui jette de nouvelles lumières sur la loi si importante du 21 mai 1858.

La loi portant modification des art. 692, 696, 717, 749 à 779 et 838 du Code de procédure a été promulguée le 21 mai dernier. Sous un titre modeste, cette loi réalise des améliorations considérables, et introduit dans notre législation civile des principes nouveaux et féconds. Les vues qui l'ont inspirée, la sagesse de ses dispositions permettent d'en attendre des résultats excellents.

Les formalités qui président aux ventes judiciaires des biens immeubles et à la distribution du prix entre les créanciers ont sur le crédit public une influence trop directe pour n'avoir pas fixé l'attention des législateurs modernes. Parmi les droits si nombreux et si divers que l'expropriation met en présence, il avait d'abord paru suffisant de couvrir d'une protection spéciale celui du créancier hypothécaire et celui du débiteur saisi. L'adjudicataire veillait seul à ses intérêts. C'était à ses risques et périls qu'il purgeait l'immeuble et qu'il en payait le prix. L'adjudication le laissait toujours exposé aux actions résolutoires des anciens vendeurs non payés. L'expérience n'a pas tardé à signaler les lacunes de cette législation : la loi du 2 juin 1841 a

h

essayé de les combler en rendant plus facile la réalisation du gage, en assurant à la vente toute la publicité désirable, en décidant que l'adjudicataire ne pourrait être troublé par aucune demande en résolution fondée sur le défaut de paiement du prix, à moins que la demande n'eût été notifiée au greffe avant l'adjudication.

La loi du 23 mars 1855 a complété ces dispositions et soumis l'action résolutoire établie par l'art. 1654 du Code Napoléon aux mêmes causes d'extinction que le privilége du vendeur. Cette dernière loi, en déterminant les effets de la transcription, en fixant un délai pour l'inscription de l'hypothèque légale des femmes après la dissolution du mariage, de celle des mineurs et des interdits après l'époque de la majorité ou la levée de l'interdiction, avait fait un pas de plus vers l'affranchissement de la propriété foncière.

Mais, quelque favorables qu'elles fussent au développement du crédit immobilier, ces mesures ne répondaient pas à tous les besoins : les acquisitions d'immeubles présentaient encore trop de périls. — Pendant que les difficultés de l'expropriation, les lenteurs et les frais de l'ordre, l'incertitude sur l'époque du remboursement éloignaient les capitaux des placements hypothécaires, le peu de sécurité des acquisitions, la nécessité de recourir aux formalités longues et minutieuses de la purge, les embarras que l'acheteur éprouvait pour le paiement du prix, écartaient les capitalistes des adjudications.

Justement ému des intérêts de la propriété foncière, le gouvernement de l'Empereur n'a pas hésité à prendre l'initiative de modifications dont l'expérience démontrait l'utilité.

Telle a été l'origine de la loi du 21 mai 1858.

Cette loi a subi successivement les épreuves les plus compétentes et les plus éclairées.

Une commission nommée par M. le garde des sceaux Abbatucci, et présidée par M. Troplong, en a préparé les bases (1). Le conseil d'Etat, saisi de ce premier travail le 4 mars 1856, en a soumis toutes les dispositions à une discussion dont l'exposé des motifs révèle la profondeur et les résultats. Le projet a reçu,

(1) Cette commission était composée de MM. Troplong, président du Sénat, premier président de la Cour de cassation, *président*; Rouland, alors conseiller d'Etat, procureur général près la Cour impériale de Paris, aujourd'hui ministre de l'instruction publique et des cultes; Duvergier et baron de Sibert, conseillers d'État; Combette, administrateur de l'enregistrement et des domaines; Copeau, juge au tribunal de la Seine ; de Dalmas, directeur des affaires civiles au ministère de la justice, et Piogey, *secrétaire*.

83

dans le sein de la commission du Corps législatif, de notables améliorations que le conseil d'État s'est empressé d'accepter, et dont le remarquable rapport de M. Riché permet d'apprécier l'importance. Enfin, les réformes introduites par la loi nouvelle ont obtenu, devant le Sénat, l'éclatante approbation de la commission dont M. le premier président Delangle était rapporteur (1).

À l'avenir, l'adjudication aura lieu en présence de tous les créanciers hypothécaires (art. 692, 696). — La transcription du jugement purgera l'immeuble des priviléges et hypothèques qui le grevaient (art. 717). — L'adjudicataire n'aura plus à subir les longueurs de l'ordre, à assurer la régularité de son paiement ; il lui suffira, pour se libérer, de déposer son prix à la Caisse des consignations, sans offres préalables et sans frais (art. 777).

Quant aux créanciers, ils ne perdront aucun de leurs droits, mais ils les exerceront sur le prix (art. 717). — Un magistrat spécial (art. 749) les rapproche et les concilie, au seuil de la procédure, et fait entre eux une distribution amiable qui leur procure, presque sans frais, un remboursement immédiat (art. 751).

L'ordre n'est ouvert qu'à défaut de conciliation (art. 752). — Les créanciers qui négligent de produire, dans les quarante jours de la sommation, sont définitivement forclos (art. 755).

La procédure suit une marche régulière et rapide dont la loi fixe rigoureusement les délais. Le juge-commissaire chargé de la surveiller est armé de pouvoirs suffisants pour en hâter la solution et pour vaincre les résistances mal fondées (art. 776).

Les contredits sont motivés et jugés comme affaires sommaires, sur le rapport du juge et sur les conclusions du ministère public, à l'audience indiquée par le juge-commissaire (art. 761 et 762).

L'appel, qui doit être intenté dans un bref délai, n'est recevable qu'autant que la somme contestée excède 1,500 fr. (art. 762).

La loi tranche en même temps plusieurs questions sur lesquelles le Code de procédure ne s'était pas expliqué : l'ordonnance de clôture de l'ordre, dénoncée dans les trois jours par un simple acte d'avoué à avoué, ne peut être attaqué que dans la huitaine de la dénonciation et par une opposition portée devant le tribunal (art. 767).

L'adjudication sur folle-enchère, intervenant dans le cours de l'ordre et même après le règlement définitif et la délivrance des bordereaux, ne donne pas lieu à une nouvelle procédure. Le juge modifie seulement l'état de collocation suivant les résultats

(1) Rapport du 14 mai 1858.

de l'adjudication, et rend les bordereaux exécutoires contre le nouvel adjudicataire (art. 779). Enfin l'art. 838 fixe la procédure et les effets de la surenchère.

Après avoir ainsi pourvu à la sécurité de l'adjudicataire et à la prompte distribution du prix, le législateur a songé à rendre plus efficaces les garanties dont sa sollicitude s'est plu à entourer les femmes, les mineurs et les interdits.

Le Code Napoléon avait accordé une hypothèque légale à ces créanciers; mais, en cas de purge, le simple défaut d'inscription anéantissait en même temps le droit de suite contre l'immeuble et le droit de préférence sur le prix. Désormais les hypothèques légales existant du chef du saisi sur les biens compris dans la saisie, seront inscrites par les soins du ministère public (art. 692).

Les femmes, les mineurs et les interdits qui n'auront pas fait inscrire leur hypothèque avant la transcription du jugement d'adjudication, conserveront néanmoins le droit de produire dans l'ordre et d'être colloqués (art. 717 et 772). Le législateur a suivi dans cette circonstance la voie si heureusement tracée par la loi du 3 mai 1841 (art. 17) sur l'expropriation pour cause d'utilité publique.

Sans rappeler toutes les innovations introduites par la nouvelle loi, cet aperçu rapide suffit pour en mettre les principales dispositions en lumière et pour en démontrer l'économie et la portée. Les hommes qui ont l'expérience des choses et la pratique des affaires peuvent, dès aujourd'hui, en apprécier les bienfaits, car aucun d'eux n'ignore les difficultés et les lenteurs qu'entraînaient autrefois les règlements de cette nature.

Pour tarir la source de tant de procès, la loi n'a sacrifié aucun droit, n'a méconnu aucun intérêt; mais, par des combinaisons prudentes et pratiques, elle a su donner aux besoins de l'époque toutes les satisfactions compatibles avec la plus exacte justice.— Elle n'a pas cherché, en effet, la solution du problème dans des mesures exceptionnelles et passagères. Elle se borne à offrir aux capitalistes ces avantages sérieux, permanents et légitimes qui doivent demeurer le caractère particulier des placements immobiliers, et qui sont la seule base solide du crédit foncier : sécurité dans l'acquisition, rapidité pour l'affranchissement de l'immeuble, facilité pour le paiement du prix.

C'est en ouvrant ces voies nouvelles et en y marchant sans hésitation, mais sans témérité, que la loi votée par le Corps législatif marque sa place dans nos Codes; c'est par là qu'elle est appelée à exercer sur l'esprit public et sur le bien-être du pays une influence favorable et décisive.

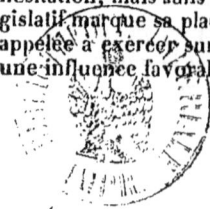

CHRONIQUE.

Testament public. — Mention insuffisante faite par le notaire. — Nullité.

Le tribunal de Grenoble, 2ᵉ chambre, a rendu, le 19 décembre.1854, le jugement suivant :

Attendu que, selon l'art. 973 du Code Napoléon, le testament par acte public doit être signé du testateur ou contenir mention expresse de sa déclaration qu'il ne peut signer et de la cause qui l'en empêche; que cette juste exigence de la loi est fondée sur la nécessité de constater la persévérance du testateur dans ses dispositions exprimées, jusqu'à la consommation complète de l'acte;

Attendu que l'omission de cette formalité est, aux termes de l'art. 1001 du même Code, un vice emportant la nullité du testament;

Attendu que le testament de Clémence-Angélique Senebier, femme Arnaud, en date du 12 avril 1853, ne contient pas la déclaration qu'elle ne peut signer, mais seulement la mention insuffisante, faite par le notaire lui-même, que la testatrice n'a pu signer, à cause de sa maladie; qu'en conséquence, ce testament est incomplet et nul.

*Huissier. — Transport. — Distance. — Demi-myriamètre.
— Fractions.*

Lorsque le premier demi-myriamètre a été parcouru par
l'huissier, les fractions du deuxième demi-myriamètre ne
peuvent-elles être comptées pour un demi-myriamètre complet que dans le cas où ces fractions atteignent trois kilomètres?

L'affirmative a été admise par un jugement du tribunal
de Bergerac, du 8 avril 1856.

La Cour de cassation a cassé ce jugement par arrêt du
27 avril 1858.

La Cour, — vu l'art. 66 du décret du 16 février 1807; —
attendu que cette disposition attribue aux huissiers une indemnité de voyage dont la base et la quotité proportionnelle varient
suivant que la distance parcourue excède un demi-myriamètre
ou qu'elle dépasse un myriamètre; que si, au-delà d'un myriamètre, le parcours d'un demi-myriamètre entier est, d'après le
texte de l'article précité, la condition de chaque allocation de
2 fr., il n'en est pas de même pour l'indemnité de 4 fr. allouée
à raison d'une distance de moins d'un myriamètre, mais supérieure à un demi-myriamètre; qu'alors, pour avoir droit à
l'allocation de 4 fr., il suffit à l'huissier de s'être transporté au-
delà d'un demi-myriamètre, *quelle que soit la fraction* excédant
cette mesure; d'où il suit qu'en décidant le contraire, le jugement dénoncé a faussement interprété, et, par suite, violé la
disposition ci-dessus visée; — casse, etc.

Huissier. — Mandataire. — Ordre amiable.

Un huissier peut-il représenter un créancier convoqué
devant le juge-commissaire pour l'essai d'ordre amiable?

Le journal de procédure de M. Bioche (n° de juillet 1858, page 271) résout la question en ces termes :

L'art. 751 du Code de procédure, modifié par la loi du 21 mai 1858. — prescrit au juge-commissaire de convoquer, dans un certain délai. les créanciers inscrits, afin de se régler *amiablement* sur la distribution du prix.

Les créanciers ont la faculté de se faire représenter par un mandataire ou assister par un conseil. Les paroles suivantes de M. Riché, rapporteur de la commission, ne laissent aucune incertitude à cet égard : — « Il nous a paru inutile de dire que les parties peuvent être représentées par des fondés de procuration ou assistées de conseils.... »

Ce mandataire, ce conseil *peut-il* être un huissier ?

Le doute vient de ce que les art. 18 et 19 de la loi du 25 mai 1838, sur les justices de paix, et l'art. 4 de la loi du 3 mars 1840, sur les tribunaux de commerce, ont, sous des peines graves, interdit aux huissiers d'assister comme conseils et de représenter les parties en qualité de procureurs fondés dans les causes portées devant la justice de paix et devant les tribunaux de commerce.

Mais cette objection ne supporte pas l'examen.

Les art. 18 et 19 de la loi du 25 mai 1838, l'art. 4 de la loi du 3 mars 1840, renferment des dispositions prohibitives ; — ils créent une incapacité ; — ils prononcent des peines graves (amende, suspension, peine disciplinaire) ; — les termes de ces articles, la discussion qui en a précédé l'adoption, la nature de ces dispositions, tout tend à en faire restreindre l'application au cas spécial pour lequel elles ont été établies d'une manière expresse.

En matière rigoureuse, on ne peut raisonner par analogie ; d'ailleurs, l'analogie n'est pas complète.

Un huissier pourra donc, s'il a la confiance du créancier, représenter son client, ou l'assister comme conseil, devant le juge-commissaire, lors de la tentative d'ordre amiable.

Une procuration sous seing privé, sur papier timbré et enregistrée, nous paraît suffisante.

Nous publions le jugement suivant, rendu le 12 juin 1858, par le tribunal de Saint-Marcellin, dans une espèce très-digne de remarque.

FAITS.

27 janvier 1821 (Me Cotton, notaire à Saint-Pierre de Bressieux): mariage d'Antoine Foullu premier, avec Rosalie Bergeret.

Pour don de survie, les futurs s'assurent respectivement la jouissance de la moitié des biens qu'ils auront à leur décès.

28 août 1856 (Me Denolly, notaire à Viriville): mariage d'Antoine Foullu deuxième; son père lui fait donation, à titre de préciput, du quart de ses biens présents et à venir.

16 décembre 1857: décès de Foullu père, laissant pour héritiers sept enfants; sa veuve, usufruitière de moitié (née le 16 frimaire an VIII), était âgée de cinquante-sept ans.

13 février 1858 (Me Garin, notaire à Brezins): renonciation pure et simple, par la veuve Foullu, à l'usufruit contractuel, afin de valider le quart préciputaire donné par son mari à son fils aîné Antoine. Ce dernier n'est pas porté dans l'acte, quoique ayant assisté à sa rédaction.

14 avril 1858: demande en partage par Antoine Foullu deuxième, qui conclut à ce qu'il soit fait un lot d'attribution pour son quart préciputaire.

JUGEMENT.

Sur la question de savoir si la renonciation consentie devant Me Garin, notaire à Brezins, le 13 février 1858, par Rosalie Bergeret, veuve Foullu, de son usufruit stipulé à son profit au cas de survie, dans son contrat de mariage, doit être considérée comme valable, ou si, au contraire, cette renonciation est nulle, parce qu'aux termes de l'art. 874 du C. N., elle aurait dû être faite au greffe.

Attendu que, s'il paraît admis en doctrine que les renonciations à succession doivent être, à peine de nullité, faites au
greffe pas les héritiers saisis par la loi du droit de succéder au
défunt, cette solution ne paraîtrait pas acceptée dans des termes
aussi exclusifs au regard des donataires ou des légataires : mais
que, dans l'espèce, la renonciation dont il s'agit ayant été ultérieurement suivie d'actes dont l'interprétation est aujourd'hui
soumise aux appréciations du tribunal, il y a lieu de n'apprécier les effets de ladite renonciation que par rapport à ces actes ;

Attendu, en effet, qu'il n'apparaît d'aucun acte de la part
d'Antoine Foullu fils, au profit de qui, est il dit dans la renonciation, la veuve Foullu renonçait à son usufruit, que ledit
Antoine Foullu ait eu l'intention de profiter du bénéfice de
la renonciation ; que la mère a seule stipulé dans l'acte de renonciation ; que le fils, quoique de son aveu présent à cet acte,
n'a manifesté par aucune volonté l'intention de s'en prévaloir ;

Attendu, au contraire, que la veuve Foullu a fait signifier des
défenses au fond par acte d'avoué à avoué, le 28 mai 1858,
avant toutes défenses contraires dans l'intérêt du fils ; que dans
ces défenses elle a déclaré que la quotité disponible avait été
épuisée dans son contrat de mariage ; qu'en conséquence, la
donation principale du quart faite à son fils ne pouvait recevoir
son effet ;

Attendu que le 8 juin suivant, et encore avant toutes défenses
au fond de la part de Foullu, elle a expressément déclaré, par
acte extrajudiciaire, retirer la renonciation à laquelle elle avait
consenti dans le but unique de valider la donation du quart faite
par le père à son fils dans le contrat de mariage de ce dernier ;
qu'il faut voir dans ces deux actes une rétractation formelle de
sa renonciation opérée avant toute acceptation de la part de
celui qui seul était intéressé à la manifester ;

Attendu que les susdits actes de la veuve Foullu sont intervenus en exécution des dispositions de l'art. 790 du C. N., alors
que l'exercice de son droit n'a été paralysé par aucun autre
droit contraire ; qu'il suit de là que l'usufruit stipulé à son
profit dans son contrat de mariage du 27 janvier 1821, retenu
aux minutes de Me Cotton, notaire à Saint-Pierre de Bressieux,
doit sortir son plein et entier effet ;

Attendu, néanmoins, que la jurisprudence la plus récente

des Cours et de la Cour souveraine admettent, en repoussant le cumul des deux quotités, qu'elles peuvent néanmoins concourir, dans des proportions subordonnées à la durée de l'usufruit, qui doit se calculer à son tour d'après la vie présumée de l'usufruitier ;

Attendu que, dans l'espèce, il est reconnu que la veuve Foullu a cinquante-sept ans; que, d'après les tables de calcul sur la vie des individus, la présomption est que son existence doit se prolonger encore de douze à quatorze ans; base qui, prise en considération par le tribunal, lui permet de décider que le quart préciputaire de Foullu fils doit être réduit au tiers du quart, c'est-à-dire à un douzième.

Par ces motifs, le tribunal, ouï les conclusions de M. Barral, substitut de M. le procureur impérial, tire du milieu, comme rétractée avant l'acceptation, la renonciation à usufruit faite devant Me Garin, notaire, le 13 février 1858; maintient en conséquence l'usufruit de moitié donné à Rosalie Bergeret dans son contrat de mariage; dit et prononce que cet usufruit équivaut aux deux douzièmes de la propriété, eu égard à l'âge de la veuve Foullu, et que le quart préciputaire donné à Antoine Foullu, dans son contrat de mariage, sera réduit à un douzième; ordonne, sur ces bases, le partage de la succession de Foullu père, etc.

M. Vincendon-Dumoulin, juge-président. — MM. Reboud et Gillet, avoués. — MM. Grimaud et Mathieu, avocats.

M. Bonafous, procureur général près la Cour impériale de Grenoble, a été installé dans ses fonctions, en audience solennelle, le 5 août 1858.

Ne pouvant, à notre grand regret, reproduire le discours de M. le premier avocat général et de M. le procureur général, nous nous faisons au moins un devoir et un vif plaisir de publier l'allocution prononcée par M. le premier président.

M. le premier président Royer s'est exprimé en ces termes:

Monsieur le Procureur général,

En vous proposant au choix de l'Empereur pour la direction du parquet de cette Cour, M. le garde des sceaux a voulu nous donner, donner à ce ressort, un témoignage de ses sympathies et adoucir les regrets qu'il nous a faits. Son Excellence ne pouvait mieux réussir, et nous avons des actions de grâces à lui rendre. Vous arrivez, en effet, parmi nous précédé de cette bonne renommée qui commande l'estime et la confiance. et qui garantit qu'entre vous et votre nouvelle famille judiciaire des liens plus intimes ne tarderont pas à se former.

Elle nous a appris tout ce qu'il y a de noblesse et de loyauté dans votre caractère, de fermeté dans votre justice, de bienveillance dans vos manières.

Nous savons qu'une vie judiciaire et laborieuse vous a donné l'expérience et le savoir ; qu'aux qualités du cœur vous alliez celles de l'esprit, et que vous êtes pour nous un sujet d'espérance et de consolation.

Recevez donc notre accueil le plus empressé ; mais avant de vous dire sur quel concours vous pouvez compter, permettez que je dépose, sur la place vide encore de votre prédécesseur, que M. le premier avocat général vous a si bien préparée, l'expression des sentiments qu'ont fait naître trois ans de la plus douce collaboration et des plus agréables relations.

En perdant M. Gaulot, la Cour n'a pas seulement perdu un procureur général distingué par son instruction et un esprit élevé, attirant à lui par ses formes gracieuses et une parole élégante, elle a perdu aussi un administrateur habile.

Plus que personne j'ai pu apprécier son zèle éclairé, sa fermeté, son impartialité et cette surveillance active qui, je suis heureux de le reconnaître, a imprimé à la marche et à l'administration de la justice une excellente impulsion.

Qu'il en reçoive ici le témoignage public, et puisque ses services, ses qualités solides et brillantes lui ont valu son élévation et la haute marque de confiance qui vient de lui être donnée, qu'il en soit heureux, car notre affection et nos vœux l'ont suivi.

Je croirais vous offenser, Monsieur le Procureur général, si j'essayais d'excuser auprès de vous cet éloge et ces regrets donnés à un magistrat que nous aimons, qui ne s'est séparé de nous que pour retourner à d'anciens collègues, à d'anciens amis, dans une cité où le rappelaient les plus honorables souvenirs, et où, j'en suis sûr, il a emporté ses regrets avec les nôtres.

Veuillez y voir le gage de ce qui vous attend au milieu de nous, quand vous nous rendez ce que nous avons perdu ; veuillez y voir la preuve que bientôt vous aurez à notre affection les mêmes titres que M. Gaulot, les mêmes titres que MM. Bernard et Massot, ses prédécesseurs, dont le souvenir nous est cher, et qui vous accompagnent de leur amitié.

Recueillez sans crainte leur héritage, il ne sera pas lourd pour vous.

Comme eux, pour faire aimer, honorer la justice, et bénir celui qui vous envoie, vous trouverez des magistrats dévoués à leur devoir, des collaborateurs dont vous ne tarderez pas à apprécier, comme nous, le mérite et le zèle, un barreau où se perpétuent avec le talent les traditions d'honneur et de loyauté.

Vous trouverez des autorités, des fonctionnaires, unis par l'amour du bien public et leur dévouement à l'empereur ; vivant dans la plus parfaite harmonie, heureux de recevoir votre concours en échange du leur, et vous apportant, par leur présence à cette solennité, le premier témoignage de leurs sympathies.

Vous trouverez enfin dans ce beau pays du Dauphiné, dont le parlement, comme celui de Toulouse, offrira à votre plume éloquente de nobles souvenirs à rappeler, des noms illustres à évoquer ; vous trouverez, dis-je, une population intelligente et généreuse, pleine de respect pour le magistrat qui fait loyalement exécuter la loi, et fière d'un gouvernement qui tient si haut l'honneur et la gloire de la France.

Prenez donc, Monsieur le Procureur général, prenez possession de votre siége avec la confiance que vous avez le droit de puiser en vous-même, avec celle que doit vous inspirer tout ce qui vous entoure ; et, après les bonnes paroles que vous venez d'entendre, laissez-moi vous assurer encore que, de toutes les collaborations qui s'uniront à vos efforts, aucune ne vous est plus sincèrement acquise que la mienne.

CHRONIQUE.

La Cour impériale de Grenoble a fait sa rentrée solennelle le 3 novembre.

M. Gautier, avocat général, a prononcé le discours d'usage.

Nous nous empressons de reproduire cette œuvre, remarquable par l'élévation des idées et les brillantes couleurs du style.

Monsieur le premier Président,

Messieurs,

Le siècle commençait à peine quand s'élevait au bruit des victoires, et comme un monument glorieux du génie de l'homme, la législation dont vous êtes sur ces siéges les ministres et les interprètes. Héritière du Droit écrit et des institutions coutumières, elle résumait et perfectionnait l'œuvre de deux grandes civilisations. Fille du spiritualisme chrétien et de la sagesse judiciaire, elle vivifiait aux clartés d'une haute philosophie morale la règle des devoirs et la pratique du Droit. Née dans les jours réparateurs où le calme succède aux orages, elle renouait la chaîne interrompue de l'ordre et des traditions,

j

en même temps qu'elle satisfaisait aux besoins nouveaux par la consécration de l'égalité civile. Avec elle, s'établissaient l'unité de la loi et l'uniformité de la justice, ce double vœu de la France, cette double conquête désormais acquise à la persistance de ses aspirations et de ses efforts.

Premier Consul, Napoléon avait apporté à l'édification du Code de nos lois civiles l'appui de son pouvoir jeune et fort, et le concours de sa vaste et merveilleuse intelligence. Empereur, il lui donna l'étendue toujours croissante de son autorité et le prestige de son nom. Et quand il eut complété cette large et progressive restauration du Droit par la codification des lois qui régissent le commerce et de celles qui protégent par la forme ou sanctionnent par la peine, il institua les magistrats, de qui vous tenez la doctrine et l'exemple, et leur attribua la pourpre et le glaive, pour que son immortelle législation eût chez eux et leurs successeurs à toujours de magnifiques dispensateurs et d'austères gardiens.

Cette noble et grave mission, vous l'avez, Messieurs, religieusement accomplie, à travers les vicissitudes de notre âge, dans les temps de trouble et de péril comme aux heures de paix et de sécurité. L'Empire est tombé, et après quarante années l'Empire relevé a retrouvé prospère en vos mains le trésor qu'il vous avait confié. Vous avez étudié, appliqué, éprouvé la législation nouvelle; vous l'avez admirée et vous l'avez fait admirer. Vous avez appris aux peuples à se reposer sous son ombre également répandue sur tous; vous leur avez appris à recevoir de vous, avec reconnaissance et respect, cette parole de justice et d'autorité qu'on bénit à la fois et dans la puissance souveraine d'où elle émane et dans le pouvoir délégué qui la transmet.

C'est le dogme que chacun invoque tour à tour quand l'ardente contradiction des intérêts s'agite à vos audiences; — l'oracle que, dans leurs luttes éclatantes, l'éloquence et le savoir sollicitent de vos arrêts; — la lumière qui nous guide, la règle inflexible que nous suivons, nous, milice active, mais soldats sans parti, qui ne cherchons avec vous que le triomphe de la loi, et par elle le rayonnement de la vérité.

C'est ainsi, Messieurs, l'âme de nos communs travaux, et dans les solennités périodiques qui les inaugurent, l'objet d'un ommage universel, que la voix du Ministère public ne fait qu'exprimer. Quels que soient les sujets variés demandés chaque année à la source toujours prête à tarir, mais toujours inépuisable des discours de rentrée, — qu'ils se rapportent aux préceptes ou aux œuvres de la justice, — qu'on raconte la vie et les vertus des jurisconsultes ou des magistrats éminents, — c'est notre législation qu'on célèbre dans ses précédents, sa formation ou ses résultats, dans ses précurseurs ou ses disciples.

Appelé une première fois à joindre un modeste tribut à ce concert d'illustres louanges, j'ai pu heureusement abriter ma faiblesse sous la puissance de vos décisions, et chercher la glorification de nos codes dans la jurisprudence des cours souveraines, qui les applique avec indépendance et les développe, sans les altérer, au milieu des nécessités changeantes de la vie civile. Aujourd'hui qu'un nouvel acte de bienveillance m'attribue l'honneur de vous entretenir encore, permettez, Messieurs, que je ne détache point mes regards de ces codes où les ont fixés mes études et mes admirations, et que, pour découvrir une autre de leurs gloires, je les suive hors de cette enceinte, franchissant même avec eux les frontières qui semblaient assignées à leur autorité. Je voudrais constater et expliquer l'influence qu'ils ont obtenue ou qu'ils doivent exercer sur la législation générale, sur cette législation commune à tous les peuples unis par une fraternelle origine dans l'obéissance aux même devoirs. Je voudrais aussi, recueillant les souvenirs profonds et les traces vivantes qu'ils ont laissés dans leur passage à travers l'Europe, voir progresser et s'étendre, sous l'inspiration de leurs principes, le droit qui règle entre les nations l'échange des services et des intérêts et qui fait que nul ne peut se dire étranger sur aucune partie de cette terre, dont chaque habitant a partout le même ciel étoilé sur sa tête et la même loi morale en son cœur.

Je sens, Messieurs, que le temps me ferait défaut et que mes forces me trahiraient si je prétendais remplir un tel dessein et vous présenter, sur ce sujet trop ambitieux peut-être, une étude complète et digne de vous. Je toucherai seulement à quelques parties du tableau; elles suffiront à ma tâche et seront en rapport avec le but qui m'est proposé, si, mettant en relief l'excellence de notre législation, elles font ressortir par là même

l'importance de l'observation des lois et l'étendue des obligations que la discipline impose aux administrateurs comme aux
auxiliaires de la justice.

A l'aspect des divisions naturelles ou arbitraires qui partagent le monde et multiplient les nationalités, en considérant
les contrastes qu'elles présentent et les changements que l'action du temps apporte sans cesse dans les coutumes ou les institutions, l'esprit de l'homme, Messieurs, s'est quelquefois
troublé et s'est mis à douter de la justice et de la vérité. Un
penseur profond du XVIIe siècle a, dans une heure d'amertume
et de mélancolie, exprimé en termes devenus célèbres ce sentiment de la conscience inquiète et découragée. Sous une forme
plus concise, le sceptique Montaigne avait dit avant Pascal :
« Le traict d'une rivière fait mensonge ici ce qui est vérité au
« delà. »

Critiques exagérées d'une diversité trop réelle, mais surtout
fausses et dangereuses négations du Droit, ces plaintes confon-
daient la justice relative et la justice absolue, la certitude et la
puissance de l'une avec les imperfections ou les infirmités de
l'autre. Si les législations offrent d'ailleurs de saisissantes dis-
semblances et de regrettables conflits, elles ont entre elles des
points qui les rattachent, des principes généraux qui leur sont
communs. Rayons détachés de la lumière supérieure, elles en
ont conservé l'essence divine, de même qu'elles ont gardé
l'empreinte du sol qu'elles ont touché.

Au-dessus des manifestations de la volonté de l'homme, qui
font varier le droit positif, il existe un droit absolu comme la
volonté de Dieu qui le fonda, comme l'éternelle morale d'où il
est sorti, un type inaltérable sur lequel se perfectionnent les
législations humaines. Non pas que le signe des nationalités,
qui marque les institutions, puisse s'effacer; que les barrières
des mœurs, des origines, des climats, puissent à la fois disparaître. Mais la part faite à ce qu'il y a de naturel et de nécessaire dans la divergence des lois, il reste pour les nations un
large fonds commun où le progrès doit trouver la conciliation
et l'uniformité du droit, — et c'est surtout dans l'ordre des lois
civiles qu'il est possible de rechercher ce but et de l'atteindre.
C'est là que les sociétés, affranchies par la civilisation des formes symboliques et des créations artificielles du Droit strict,

peuvent obtenir la jouissance de ce droit simple et égal qu'on nomme l'équité et qui n'est que l'idéal réalisé de la justice. Cette pensée animait le savant Tronchet, s'écriant dans une mémorable discussion : « Quand on s'occupe des lois civiles, « il faut sortir des circonstances et se reporter à ce qui doit être « dans tous les temps (1). » Elle éclairait le premier Consul disant aussi : « Le Code civil doit être le résultat le plus exact « de la justice civile : s'il repose sur cette base, il sera éter- « nel (2). » Elle s'était déjà généralisée dans le génie de Vico, quand le grand jurisconsulte napolitain avait donné cette belle définition : « Le Droit, c'est la vérité éternelle, immuable, en « tout temps, en tout lieu (3). »

Mais pour que cette vérité, Messieurs, triomphe et s'établisse, pour que, cachée au fond des coutumes et des institutions, elle s'en dégage et se produise sans ombre et sans mélange, pour qu'elle rallie les législateurs et les nations, il faut les longs pro- grès du temps, le travail de l'esprit de l'homme au cours des siècles et l'intervention des conquêtes qui subjuguent et des in- fluences qui dominent le monde aux grandes époques de son histoire.

Tel est le sort des idées qui doivent prévaloir parmi les hom- mes. Germes d'abord enfouis ou ignorés, elles naissent dans quelques coins de la terre, y grandissent, forment une civilisa- tion locale, de là, elles s'étendent au dehors et se répandent sur les nations, tantôt par la force des armes, tantôt par les croisades pacifiques de l'intelligence, tantôt imposées, tantôt librement acceptées.

Il y a tout à la fois dans le monde des éléments naturels de variété et d'unité. Ceux-ci ne se montrent qu'avec la civilisa- tion, ceux-là président aux origines, aux premiers âges des sociétés. Les peuples s'organisent d'abord dans une individua- lité exclusive et jalouse ; on a dit qu'ils se concentraient ainsi en eux-mêmes pour se développer avec plus d'énergie. Le Droit

---

(1) Discussion sur l'article 10 du Code Napoléon.
(2) Conférences du Code civil, t. 1, p. 265.
(3) M. Mesnard, *Eloge de Servan*.

suit la même marche; il revêt le caractère de chaque nationalité, il s'isole dans la mission de chaque peuple ; il subit les influences qui divisent, avant de faire subir à son tour les influences qui rapprochent. Il s'enveloppe mystérieusement dans les institutions immobiles de l'Orient, se transforme avec le flexible génie de la Grèce, s'éparpille avec les peuples fragmentés de l'Occident, résiste même aux violentes conséquences de la soumission par la guerre. Les premières conquêtes sont impuissantes à détruire le sentiment et les traditions des nationalités. Les peuples transportés sur la terre étrangère y entretiennent encore leurs croyances et leurs lois, et les conquérants se laissent eux-mêmes subjuguer par les coutumes des nations vaincues avant de les assujettir au régime apporté par la victoire.

Mais il était dans la destinée d'un peuple d'étendre deux fois l'action de sa législation sur le monde ; c'était celui à qui son plus grand poète avait dit avec raison que le gouvernement des hommes était son talent et sa gloire.

Une première fois, la dispensation d'un même droit aux nations diverses qui constituaient l'ancien monde fut moins l'effet immédiat de la conquête que le résultat successif de la domination romaine. — Rome soumit les peuples longtemps avant de se les assimiler. Elle leur laissa d'abord leurs lois, leurs coutumes et même leurs gouvernements. La Providence voulut que, pendant qu'elle agissait au dehors par la guerre et qu'elle agrandissait sa puissance, elle formât progressivement son droit modèle, et, le dépouillant peu à peu de ce qu'il avait d'autonome et d'exclusif, elle lui imprimât un caractère de philosophie et de généralité qui pût en faire la législation du monde le jour où la politique des empereurs communiquerait la nationalité romaine, devenue pour ainsi dire la nationalité humaine, aux peuples réunis dans les mêmes institutions sous un gouvernement unique.

Mais la lumière que le Droit romain répandait sur le monde devait bientôt s'éclipser devant une lumière plus pure, émanation directe de la lumière divine que le ciel entr'ouvert laissait arriver à la terre. La civilisation romaine, fléchissant sous ses propres excès, allait se perdre dans les invasions. des Barbares. Au milieu de ce bouleversement social, le Christianisme seul pouvait asseoir et maintenir la domination morale.

Associé à l'Empire, il exerce sur le Droit romain cette heureuse influence qu'a mise en relief un éminent écrivain de notre époque (1) ; il le rapproche davantage de ce droit général et absolu où les législations s'éclairent. Et quand vient l'heure des catastrophes, quand l'invasion met aux prises les dernières forces de la civilisation et la jeunesse exhubérante des races nouvelles, quand, sous son action dissolvante et régénératrice à la fois, l'humanité se morcelle encore en nationalités multipliées à l'infini, le Droit romain disparaît ou s'absorbe dans ces institutions et ces coutumes sans nombre, composées de tant d'éléments divers et contradictoires. Le Christianisme reste cependant au milieu d'elles comme le principe tutélaire qui doit leur servir de lien et les conduire à la reconstitution de la civilisation et de l'unité.

Après les inutiles tentatives du génie de Charlemagne pour opérer cette reconstitution, l'esprit féodal prévalut au moyenâge. Chaque race avait eu sa loi ; chaque province eut sa coutume, chaque fief sa justice. La lumière du Droit romain avait à peine laissé quelques traces ; elle reparut tout à coup. La religion chrétienne retrouva la loi civile avec laquelle elle s'était assise sur le trône des Césars. Les souvenirs du Droit écrit se réveillèrent dans les anciennes provinces de l'Empire ; il devint le commentaire des Coutumes dans les provinces germaniques ; les jurisconsultes l'environnèrent de tout l'éclat des études philosophiques et des lettres humaines. Il eut en Europe, sur le Droit, l'influence de la langue latine sur la formation des autres langues et sur le développement de la littérature. Mais s'il fut justement appelé la raison écrite, s'il prépara l'unité, il ne put la créer. Monument du passé, produit d'une civilisation éteinte, émanation d'un pouvoir tombé et qui ne revivait que nominalement dans l'empire d'Allemagne, il ne put dominer l'avenir ; il ne devint pas le maître des jours nouveaux. Le morcellement des législations et des institutions persista. Vainement Charles-Quint étendait-il son empire depuis les rives ibériques jusqu'au

(1) M. Troplong, *De l'Influence du Christianisme sur le Droit civil des Romains.*

fond de la Germanie; vainement la France rassemblait-elle sous sa monarchie qui grandissait ses provinces jadis éparses et divisées; vainement Henri IV rêvait-il l'association des monarchies; vainement Louis XIV brisait-il les obstacles opposés à l'unité absolue de son pouvoir, l'Espagne gardait ses coutumes, la Belgique ses mœurs indépendantes, la Germanie ses vieux usages; chaque partie de la France avait sa loi, chaque parlement sa jurisprudence, et l'unité semblait rester déposée comme un germe stérile dans les écrits de L'Hospital ou de Domat, dans les mémoires de Colbert, dans les souvenirs historiques de Louis XI, d'Henri IV et de Louis XIV.

Enfin le Code Napoléon parut. Comme le Droit romain sous les Césars, il devait avoir pour le porter au bout du monde les chemins de la conquête et de la domination; comme le Droit romain à la Renaissance, il devait obtenir à son tour l'autorité de la raison écrite et l'influence de la sagesse humaine.

Quand il fut promulgué, en 1804, la France venait de faire une halte entre deux guerres. Le soleil d'Austerlitz ne s'était point encore levé radieux sur les brumes de l'hiver et du nord. Mais les campagnes d'Italie et d'Egypte avaient déjà fait monter jusqu'au faîte la renommée du grand capitaine que la France appelait à porter la couronne de Charlemagne; et les victoires de Fleurus, de Rivoli, de Marengo, avaient successivement reculé les frontières de la France de l'Escaut au Wahal et des Alpes aux flancs des Appenins. La Belgique, les Electorats du Rhin, le Piémont, reçurent la législation nouvelle, qui ne se trouva dépaysée, ni sous le ciel du midi au milieu des traditions romaines, ni dans les contrées du nord parmi les souvenirs des coutumes. Les peuples se sentirent à l'aise sous cette loi civile qui cimentait leur réunion à la France en consacrant pour eux comme pour leur nouvelle patrie ces grands principes du droit qui appartiennent à toutes les nationalités.

Mais d'autres conquêtes, la nouvelle campagne d'Italie, les campagnes d'Allemagnes, ces grandes victoires qui marquaient les années de l'Empire, Iéna, Friedland, Wagram, ouvrirent les capitales de l'Europe à la législation française, que nos armées portaient avec elles comme un bienfait destiné à faire oublier aux vaincus leur défaite. Le Code Napoléon et les Codes promulgués à sa suite, virent leur domination s'étendre avec le territoire de la France jusqu'aux embouchures de l'Elbe et du Tibre, s'installèrent aux bords de l'Adriatique avec la royauté d'Italie, montèrent sur le trône avec les princes français à Naples, à Francfort, à Cassel. — La Prusse les subit avec la conquête; la Pologne et la Suisse les acceptèrent des mains victorieuses de leur libérateur ou de leur médiateur; les peuples allemands, associés par le protectorat de la Confédération du Rhin aux grandeurs de la France, vinrent aussi s'éclairer à cette nouvelle et divine lumière. Le grand duché de Bade adopta, en 1809, le Code Napoléon avec une partie du Code de commerce. La Bavière acheva, pour ainsi dire, au contact de la France, son Code pénal depuis longtemps commencé, œuvre sœur et rivale à la fois du Code français, à laquelle les criminalistes donnent un rang élevé dans la science de la codification (1). Tous, amis, alliés, adversaires, mettaient à profit le travail et l'exemple de la France. L'Autriche elle-même terminait, en 1810, la rédaction de son Code civil, entreprise sous Joseph II, bien que ce Code n'appartienne pas à la filiation du Code Napoléon, on a remarqué l'influence exercée sur l'œuvre allemande par la législation française.

Cependant la puissance de Napoléon s'arrête; le foyer de la conquête et de la domination s'épuise; l'Europe coalisée réagit sur la France. Le temps des revers arrive; les nouvelles royautés disparaissent; le nouveau territoire de la France est démembré; les nations plantent leur tente au cœur même de la nation qui put se dire un moment leur souveraine. Le génie fécond du conquérant et du législateur n'est plus que l'hôte impuissant du malheur et de l'exil. La législation aura-t-elle aussi sa place dans cette page si douloureuse de notre histoire? Les peuples, relevés de leurs défaites, vont-ils rejeter les institutions que sollicitèrent leurs flatteries ou que subit leur faiblesse? Vont-ils retourner à ce droit national que leurs habitudes séculaires n'ont point oublié, que sans doute leur patriotisme regrette? La France elle-même, reprenant ses vieux souvenirs, ne bri-

(1) M. Bonneville, *Revue critique de jurisprudence* t. 2, p. 617.

sera-t-elle pas ses Codes, produits d'un établissement gigantesque emporté par un orage?

Non, Messieurs; l'orage balaya les conquêtes, mais il passa devant les institutions civiles sans ébranler ces monuments de granit où le nom de Napoléon fut voilé, mais ne fut point effacé. La France a conservé ses Codes; elle a pu, suivant une belle expression, « jeter l'ancre de la justice et fixer invariable-
« ment au rivage le vaisseau qui porte la liberté et le droit des
« personnes, les droits de la famille et de la propriété (1). »
Les peuples, tour à tour réunis et soustraits à sa sphère politique, ont voulu garder et n'ont point perdu les institutions dont quelques années à peine d'expérience avaient suffi pour leur faire aimer et bénir la bienfaisante autorité. La législation est restée en vigueur, fortement naturalisée sur les rives du Rhin, en Belgique et dans les provinces réunies à la Prusse, à la Hesse, à la Bavière. Elle s'est maintenue à Parme, à Lucques, à Naples, où elle n'a éprouvé, dans une rédaction nationale, que des changements d'un ordre secondaire. Les Etats sardes, revenus un moment au Droit romain, ont regretté nos lois qu'ils ont reprises avec quelques modifications utiles dans leurs nouveaux Codes. Le royaume de Lombardie et de Venise a subi, avec la puissance autrichienne, le Code civil d'Autriche; mais il a gardé le Code de commerce de France, également conservé à Modène et en Toscane au milieu des anciennes institutions rétablies. La législation française a ainsi continué d'étendre sa domination pacifique et respectée sur l'Italie, sur plusieurs contrées de l'Allemagne et sur la France, c'est-à-dire, sur cette partie du continent européen où, depuis deux mille ans, se concentrent les luttes et les succès de la civilisation.

Mais elle ne s'enfermera pas dans ce cercle trop restreint encore. Son influence étendra son domaine, tantôt par les emprunts du Droit civil, tantôt par les imitations du Droit criminel. Les Codes nationaux des Pays-Bas appartiennent à la grande

(1) M. le premier président Troplong, discours prononcé en 1849, devant la Cour d'appel de Paris à la cérémonie d'installation de la magistrature.

famille des Codes français (1), à laquelle se rattachent les nouveaux Codes de la Suisse, de l'Amérique et de la Grèce. Dans
les îles Ioniennes même, soumises à la haute domination de
l'Angleterre, le Code de commerce est emprunté aux Codes
français et sicilien. Les dispositions les plus importantes de la
procédure criminelle française ont prévalu, sauf l'institution du
jury, dans toutes les législations nouvelles (2). C'est la législation française qui a présidé, comme conseil, exemple ou cause
d'impulsion, au mouvement qui s'est produit dans la codification des lois répressives; mouvement si général, qu'il n'est
guère de pays en Europe qui n'ait publié ou entrepris un Code
pénal nouveau. Et, à ce moment même, les Musulmans, incli-
nés devant la civilisation chrétienne, reçoivent du successeur
du Prophète, des Codes criminels qui reproduisent les Codes
répressifs de la France.

Pourquoi, Messieurs, cette influence universelle, cette supré-
matie du Droit civil attribuée à notre patrie ?

L'Angleterre est une grande nation qui tient le sceptre du
commerce et conserve sa supériorité maritime, dont la puissance,
à plusieurs époques, a pesé fortement sur l'Europe, qui verse
ses produits sur toutes les plages, ses voyageurs dans tous les
coins du globe, dont les relations immenses, dont les institutions politiques ont été longtemps et sont encore l'objet des
études générales. Quel peuple cependant a jamais songé à emprunter aux lois de l'Angleterre sa législation civile et même sa
procédure criminelle, malgré le crédit qu'a rencontré l'institution du jury ?

L'Allemagne est savante ; elle a exploré tous les problèmes
de la philosophie et de la morale; elle a sondé toutes les pro-
fondeurs des traditions, rétabli tous les textes, commenté tous
les livres; elle a eu les luttes retentissantes de son école de
codification et de son école historique; elle a poussé jusqu'à
la perfection la culture du Droit romain; elle a aussi ses monu-

(1) M. Mittermaïer, *Revue de Législation*, 1851, t. 1, p. 348.
(2) Mittermaier, *Revue de Législation*, 1851, t. 1, p. 33 et suiv. —
Kœnigsvater, *même Revue, ib.*, p. 381.

ments juridiques, l'ancien Droit commun de l'Allemagne, le Code territorial et général des Etats prussiens, le Code civil d'Autriche et le Code pénal de Bavière. Et cependant l'ancien Droit commun de l'Allemagne a vu de jour en jour se rétrécir le champ de son autorité; le Code prussien n'a d'action que sur une partie de la Prusse; le Code d'Autriche ne régit pas toute la monarchie autrichienne, et n'a pas résisté aux ébranlements de l'esprit nouveau; le Code pénal de Bavière a eu seul l'honneur de servir de modèle à quelques lois pénales.

L'Italie a été deux fois le sol natal et la terre classique du Droit romain; elle a eu des jurisconsultes et des criminalistes de haute distinction. Mais elle délaisse peu à peu le Droit romain et s'honore de s'éclairer au soleil de la France.

Je ne parle pas de l'Espagne et du Portugal, qui ont fait aussi des emprunts à la législation française; de la Russie, qui cherche à couvrir ses vieux usages, progressivement modifiés, du manteau de la civilisation méridionale; des Etats d'Amérique, colonies émancipées, qui montrent dans l'ordre matériel de prodigieux développements, mais qui, dans l'ordre moral, ne renvoient à l'ancien monde que le reflet des idées qu'elles en ont reçu.

Mais si le Droit de la France s'est communiqué à d'autres peuples, s'il a la sphère d'action la plus étendue, et si l'avenir ménage encore à son influence d'autres conquêtes, il tient cette prérogative de lui-même, du travail des siècles passés dont il est l'un des grands résultats, de l'esprit français, dont il porte la trace et dont il partage les priviléges.

Ce n'est pas en s'emprisonnant dans le cercle étroit des coutumes, en s'attardant dans le passé, en faisant survivre à leur temps et à leur mission des formes vieillies ou des lois exclusives, qu'on peut sortir de l'isolement et exercer au dehors cette magistrature d'autorité, de conciliation, d'unité, qui rallie par la persuasion et s'impose par l'uniformité des sentiments.

Ce n'est pas non plus en s'aventurant dans les théories, en se confiant aux abstractions individuelles, en se livrant aux essais des spéculations, qu'on peut obtenir un Droit ferme et stable, s'appuyant sur le sentiment commun que donne une commune expérience, constituant cette raison universelle, produit du temps et de la réflexion.

C'est le propre de la législation française de n'avoir été ni l'esclave du passé, ni la libre création de la pensée philosophique. Le Code Napoléon est la consécration des grands principes du Droit privé qui ont subi la triple épreuve du temps, de la conscience et de la raison. Soit qu'il proclame les lois de la famille ou les conditions de la proriété, soit qu'il règle l'ordre des successions ou les combinaisons variées des contrats, il reproduit, dans un simple et noble langage, des dispositions également en rapport avec les mœurs de notre pays et les besoins généraux des hommes, des dispositions qui sont de leur siècle et de tous les siècles. On peut l'améliorer dans ses détails, effacer des taches, combler des lacunes, plier quelques parties aux exigences du temps et des progrès économiques ; on a pu resserrer les liens du mariage par la suppression du divorce et rendre plus certaines, par la transcription, les mutations de la propriété foncière ; on peut encore développer les règles de la propriété mobilière et découvrir au crédit des horizons nouveaux ; la plus grande partie des dispositions du Code Napoléon restera toujours ; les principes généraux seront conservés ; les lois du respect filial, de l'échange des devoirs conjugaux, de la protection de la faiblesse, de la liberté de la propriété, de l'égalité dans les partages, de l'équité dans les transactions, formeront toujours une collection de règles vivantes, incontestées et incontestables. C'est ainsi, comme l'a dit un historien du Droit français, que « le Code Napoléon a commandé non-seulement l'obéissance, « mais le respect de la nation française et le respect de l'Eu- « rope, qui lui rend le plus bel hommage en empruntant ses « dispositions (1). »

Le Code de commerce a des caractères analogues, qu'on retrouve aussi chez nos Codes criminels dans la qualification des infractions et dans la procédure qui a organisé l'investigation secrète et la publicité des débats, donnant ainsi les plus solides garanties à la recherche des crimes, à la répression, à la justice impartiale et forte.

Voilà, Messieurs, ce qui a produit le succès de la législation

---

(1) M. Laferrière, discours d'ouverture du concours à la Faculté de droit de Dijon, en 1850.

française au dehors comme au dedans ; qui garantit sa stabilité
en France, son influence progressive en Europe ; ce qui doit
en faire comme la source d'un droit commun, dont l'expansion,
commencée par la domination des armes, continuée par le travail de la science et de l'imitation, s'accroît aussi chaque jour
par les développements du Droit international.

Le mouvement n'est plus à l'assimilation des peuples par la
conquête ; il est au rapprochement des nations par la paix et
même par la guerre merveilleusement transformée en gardienne
de leur mutuelle indépendance. Ce n'est pas le moins remarquable progrès de notre temps, Messieurs, que celui des lois de
l'hospitalité dans la grande famille humaine. L'étranger n'est
plus le voyageur d'un jour qu'une stérile curiosité conduit, ou
le navigateur aventureux qui touche à peine au rivage pour y
négocier de rapides échanges. Il est l'hôte accueilli de la science
et du travail, l'utile allié du commerce et de l'industrie ; il unit
sa force à d'autres forces, mêle sa race à d'autres races, aspire
aux chances des spéculations, au bénéfice de la propriété et de
l'héritage. Il faut désormais que sur le sol où il transporte une
partie de ses espérance et de sa fortune, il obtienne la réciprocité des droits réels, sans abdiquer sa personnalité, sans blesser
les susceptibilités des nations, sans usurper les prérogatives dont
elles sont jalouses. C'est l'avantage qu'assure à ses intérêts con-
fondus dans l'intérêt général, le principe de la mutualité appliqué et sanctionné par les transactions internationales. Ce principe social, compris par l'ancien langage de la diplomatie dans
les exceptions appelées *Servitudes de droit public* (1), avait reçu
dans quelques traités du dernier siècle des applications restrein-
tes. Le Code Napoléon, en l'offrant à l'assentiment des autres
nations, a ouvert les voies de l'avenir pour une plus large et
plus généreuse réciprocité.

La France y est entrée plus avant à chacune des phases politiques qu'elle a parcourues. La Restauration, reprenant l'œuvre
commencée au dix-huitième siècle et continuée par l'Assemblée

---

(1) *Précis du Droit des gens* de Martens, publié par M. Ch. Vergé,
t. 1, p. 232.

constituante, a consommé l'abolition du droit d'aubaine et fait
tomber les plus fortes barrières du droit civil devant le respect.
de la propriété, indépendante dans ses origines, universelle et
libre dans ses transmissions. Les traités de 1827 et de 1828 avec
la Confédération helvétique ont stipulé la réciprocité la plus
large parmi celles jusqu'alors consacrées, et sont devenues
comme le point de départ des traités nombreux qui, jusqu'à nos
jours, ont successivement étendu l'échange des bons offices et
des avantages sociaux aux nations les plus lointaines comme
aux peuples les plus voisins. — La sécurité et la facilité des
communications, la garantie des droits acquis contre les usur-
pations du dehors, l'assurance contre l'impunité du crime et les
entreprises des méchants, ont tour à tour éveillé la sollicitude
des gouvernements et occupé l'activité des chancelleries. Sous
la monarchie de 1830 commence, et après elle s'est continué, le
mouvement diplomatique qui multiplie entre les nations les
conventions diverses et les règlements de tous genres pour les
associer aux mêmes intérêts, aux mêmes tendances, à la même
direction morale. L'action commune ne s'exerce plus sur quelques frontières, autour de quelques bassins, mais elle s'étend à
travers le globe, au-delà des montagnes et des mers, de l'Atlan-
tique à l'Océan des Indes. Quelle marche, messieurs, dans cette
étonnante voie du dix-neuvième siècle, depuis la loi de 1832,
sur la navigation du Rhin, jusqu'aux traités de Paris, de 1856,
sur la navigation du monde !

La réciprocité a non-seulement servi aux rapports matériels
et accidentels des hommes, elle a été utile encore à l'extension
du droit général, à la diffusion des principes qui doivent former
le Code universel et que le Code Napoléon a réunis et proclamés. Quand les hommes, emportés par la vapeur qui vole à travers l'espace, rapprochés par l'électricité qui ne connaît ni les
heures, ni les distances, dispersent et répandent en tout lieu
leurs intérêts et leurs relations; — quand ils vont, en quelque
sorte, essayer à son foyer chaque loi nationale; — quand la com-
paraison entre les institutions des différents pays se fait chaque
jour, non plus uniquement par la science du publiciste, mais
par l'expérience et la pratique individuelles, — les défectuosités
ou les perfections des divers Codes apparaissent à tous les yeux;
— la meilleure législation, la plus harmonique aux conditions

de la nature humaine est reconnue, appréciée, recherchée ; les peuples ne peuvent se défendre d'aspirer à elle; ils en font leur propre législation en la perfectionnant encore ; elle-même se perfectionne à son tour; et par là se réalise, avec le temps et dans les limites assignées aux plus grandes œuvres comme aux plus grandes conceptions de l'esprit de l'homme, la pensée d'une législation uniforme pour tous les peuples.

« La politique de l'Empereur, lisons-nous dans les œuvres de « son successeur, consistait à fonder une association euro- « péenne solide, en faisant reposer son système sur des natio- « nalités complètes et des intérêts généraux satisfaits... Pour « cimenter l'association européenne, l'Empereur, suivant ses « propres paroles, eût fait adopter un Code européen, une « Cour de cassation européenne, redressant partout les erreurs, « comme la Cour de cassation redresse les erreurs des tribu- « naux. L'unité des monnaies, des poids, des mesures, l'uni- « formité de la législation, eussent été obtenues par sa puis- « sante intervention (1). »

Tel était le rêve magnifique du génie de Napoléon, le but où convergeaient ses profondes combinaisons politiques; mais, pour y parvenir, il fallait amener le monde à se soumettre à sa direction, à s'incliner sous sa loi. La Providence en a autrement ordonné ; elle a réservé le triomphe aux forces pacifiques de la civilisation.

Les nations ne se courberont pas sous une volonté unique, n'auront pas un pouvoir directeur, une cour modératrice ; la paix ne sera point perpétuelle, mais la guerre deviendra plus rare ; les nations s'éclaireront à un flambeau commun ; elles mêleront leurs législations ; elles n'en formeront qu'une seule par un mutuel assentiment à ce qu'il y a de plus essentiel et de plus humain. Ainsi disparaîtront les divergences et les ano- malies qui faisaient douter de la justice.

Cette espérance, Messieurs, transfigurée au brillant mirage de l'avenir, c'est l'idée que poursuivent les légistes et les philo- sophes depuis tant de siècles, que formulait déjà Cicéron en de

---

(1) *OEuvres de Sa Majesté Napoléon III*, t. 1, p. 157 et 158.

magnifiques paroles magnifiquement traduites, « quand, ratta-
« chant tous les peuples par un immense lien qui embrassait
« l'humanité, il voyait la justice dans le maintien de la société
« universelle par l'égalité civile (1). » C'est l'idée napoléonienne
que l'Empereur Napoléon III a recueillie, « l'idée qui aplanit
« les montagnes, traverse les fleuves, facilite les communications
« et oblige les peuples à se donner la main (2). »

Le prince qui l'exprimait en ce sympathique langage, la
méditait dans le silence de la captivité ou dans les tristesses de
l'exil, sous l'invincible pressentiment de ses hautes et prochaines
destinées ; — il la rapporta avec la popularité de son nom lorsqu'il revint aux jours providentiels fonder son empire nouveau,
l'empire de la paix sur l'ordre relevé et la gloire reconquise ;
il en a fait sur le trône l'inspiration d'une politique qui sera
l'un des plus grands lustres de son règne : la politique de l'autorité sans contrainte et de la conciliation sans faiblesse.

Honneur au souverain pour qui la guerre, désormais étrangère aux excitations des haines nationales et aux ambitions de
la conquête, n'est qu'un moyen suprême de raffermir entre les
nations la justice et le droit, et qui, dans la balance où ses
armées ont fait peser la victoire, ne place avec son triomphe
que le désintéressement du succès, l'indépendance des nations
protégées et l'institution des conférences européennes pour la
paix du monde !

Honneur aussi, Messieurs, à notre législation civile, cette
haute et sûre expression de la raison et de l'équité, proposée
par la France à l'adhésion des peuples, et chaque jour consacrée par de nouveaux et plus libres suffrages! Qu'elle poursuive
son œuvre féconde ! qu'elle se développe et s'étende encore,
et que la conscience universelle, rassurée et satisfaite, applau-
disse au concert des législations formées sous sa bienfaisante influence !

Pour vous, Messieurs, qui distribuez la justice en puisant
aux sources vives de nos Codes, la pensée d'être associés à

(1) Cicéron *De finibus*, v. 23, trad. par M. Troplong.
(2) *OEuvres de Sa Majesté Napoléon III*, t. 1, page 11.

k

leur éclatante destinée semble agrandir encore votre tâche, et doit vous soutenir dans l'accomplissement des travaux que vous allez reprendre.

La loi qui fixe l'heure où le magistrat se repose dans la jouissance du bien qu'il a fait et dans le souvenir des services qu'il a rendus, enlève à vos audiences l'active collaboration de M. le conseiller Charransol. Vous l'avez vu, durant les dix années qu'il a passées dans le sein de votre Compagnie, se faire remarquer par son application attentive aux affaires, par son exactitude aux devoirs de la justice. Il appartenait à ces fortes générations chez lesquelles la vigueur physique maintient la fermeté de l'intelligence à l'abri des défaillances de l'âge, et jusqu'au dernier jour où il a soutenu le poids de ses fonctions avec un zèle toujours égal, dans une calme sérénité, sans préoccupation du terme qu'elles allaient atteindre. Avant de le donner à la Cour, le barreau l'avait longtemps possédé ; contemporain de notre législation, il en avait suivi les développements et les progrès : il vous avait apporté la pratique et l'expérience.

Vous ne perdez point M. le conseiller Charransol ; la dignité qui couronne sa carrière et décore ses loisirs lui garde sa place au milieu de vous.

Messieurs les Avocats,

Vous avez pour vous les gloires de la parole et de la science ; mais celle dont vous êtes fiers avant tout, c'est la gloire de ne jamais soutenir une cause inique, et de ne faire réussir les causes justes que par les voies de la justice (1). Respecter la morale, l'intérêt public et la loi, c'est votre serment ; rechercher le bien et le vrai, et les rechercher seuls, c'est votre noble ambition comme la nôtre ; les découvrir profondément gravés dans la législation française, les voir se répandre sous son influence et sa direction, les faire prévaloir sur toutes les causes, sur toutes les passions, sur tous les intérêts, c'est votre satisfaction et votre

(1) Domat, *Droit public*, liv. 2, t. 6, sect. 2, nos 2 et 3.

honneur, comme la satisfaction et l'honneur de la magistrature. Il y a entre elle et vous solidarité de devoirs, de moyens et de succès, et l'on a pu dire avec raison que « votre ministère « n'était distingué de celui des juges que par le caractère et non « par les obligations (1). » La Cour aime à vous voir partager les siennes ; car elle sait tout ce qu'elle peut attendre de votre savoir, de votre talent et de votre loyauté.

Messieurs les Avoués,

La Cour place sa confiance dans votre intégrité, votre étude consciencieuse des affaires et votre dévouement à vos utiles fonctions. Gardiens vigilants, mais gardiens sans passions de l'intérêt des parties, vous suivez aussi les voies de la justice et vous contribuez, par vos lumières et votre activité, à les rendre plus faciles et plus sûres.

Office. — Donation. — Démission. — Propriété. — Titre.—
Finance.

Au cas de donation d'un office, avec promesse par le donateur de donner sa démission au profit du donataire, s'il arrive que le donateur vienne à décéder avant d'avoir donné sa démission, et qu'un tiers autre que le donataire soit nommé titulaire de l'office sur la présentation des héritiers du donateur, le donataire n'a aucun droit au prix de l'office dû par le nouveau titulaire, prix qui est resté, comme le titre même de l'office, la propriété du donateur.

---

(1) D'Aguesseau, *De l'Indépendance de l'avocat.*

En d'autres termes, la propriété de la valeur ou de la finance d'un office est inséparable de celle du titre et ne peut être transférée indépendamment de celle du titre, qui reste sur la tête du cédant tant qu'une présentation suivie de nomination ne l'a pas fait passer sur la tête du cessionnaire. (Cod. Nap., 894 et suiv.; l. 28 avr. 1816, art. 91).

La Cour, vu l'art. 91 de la loi du 28 avril 1816, et les art. 1142, 1181 et 1182, Cod. Nap.;

Attendu que le droit de présentation conféré aux notaires et officiers ministériels par l'art. 91 de la loi du 28 avril 1816, constitue pour ces officiers, leurs héritiers ou ayants cause, une propriété de nature spéciale; qu'ils ne peuvent disposer de cette propriété que sous les restrictions et aux conditions que comporte la nécessité de maintenir le contrôle qui appartient au gouvernement sur la transmission des offices, et d'assurer l'indépendance des fonctions publiques attachées aux titres sur lesquels s'exerce le droit de présentation;

Attendu que si un officier ministériel, dans un acte qualifié donation, vente ou autrement, promet de se démettre de son office, cette disposition, valable dans son principe, est subordonnée, en ce qui touche sa réalisation, à l'exercice effectif du droit de présentation; que l'effet d'un tel engagement se trouvant subordonné à l'événement de cette condition suspensive, l'office demeure dans le patrimoine de celui qui a promis de s'en démettre, et ne tombe dans les biens de celui auquel la démission est promise que lorsque cette démission a été donnée et la présentation agréée par le gouvernement;

Attendu, en effet, que le droit réel en la propriété de l'office ne peut résulter que de la collation qui est faite de cet office par le gouvernement; que si la promesse de démission ouvre un droit légal au profit de celui qui a obtenu cette promesse, elle constitue, à la charge de celui qui l'a consentie, une simple obligation de faire, qui, en cas d'inexécution, peut, suivant les circonstances, se résoudre en dommages-intérêts, mais qui ne confère par elle-même au stipulant aucun droit de propriété en la charge dont la résignation lui a été promise;

Attendu, en fait, que dans le contrat de mariage de Chazal

fils, en date du 24 août 1843, reproduit dans les qualités du jugement confirmé par l'arrêt attaqué, Chazal père a déclaré faire donation au futur époux, « de la charge et titre d'avoué « près la cour royale de Nîmes, dont était pourvu Chazal père, « pour, par le donataire, entrer en possession aussitôt qu'il « aura été nommé auxdites fonctions, auquel office Chazal père « s'oblige de présenter son fils pour successeur à l'agrément de « S. M. aussitôt que son dit fils aura atteint l'âge de 25 ans; »

Attendu que Chazal père n'a point usé du droit de présentation en faveur de son fils; qu'il est décédé en octobre 1846, en pleine possession de son titre d'avoué, et que Chazal fils n'en a jamais été pourvu; d'où la conséquence que cet office n'a pas cessé de compter dans les biens de Chazal père jusqu'à l'ouverture de la succession de celui-ci, et qu'il n'est jamais tombé dans les biens de Chazal fils;

Attendu, néanmoins, que l'arrêt attaqué décide que la somme due par Béchard, avoué successeur de Chazal père, pour prix de la cession de l'office, sera considérée comme propriété de Chazal fils et distribuée entre ses créanciers, à l'exclusion de ceux de son père;

Attendu que la somme stipulée par suite de l'exercice du droit de présentation n'est que l'accessoire de ce droit, et ne peut dès lors être transférée à titre de propriété qu'avec l'office et comme l'office;

Que si des droits de créance, même privilégiée, peuvent en certains cas s'attacher à la valeur vénale de l'office, cette valeur n'en reste pas moins la propriété de l'officier, et demeure partie intégrante de ses biens tant que le titre repose sur sa tête; que, s'il en était autrement, l'indépendance de l'officier serait compromise par les recherches ou poursuites que de simples ayants droit privés seraient autorisés à exercer sur l'office, en même temps que le droit de contrôle exercé par le gouvernement sur la transmission des offices et les conditions de cette transmission se trouverait gêné et paralysé au grand préjudice de l'ordre public;

Attendu que l'arrêt attaqué se fonde encore vainement sur ce que Chazal fils aurait été admis par le gouvernement à exercer le droit de présentation, et l'aurait en effet exercé en faveur de Béchard; que cette circonstance n'aurait pu, en effet, lui donner un droit qu'il n'avait pas, ni distraire de la succession de son père une valeur qui n'a jamais cessé d'appartenir à celle-ci ; mais que, de plus, l'argument manque en fait, parce que Chazal fils n'a exercé le droit de présentation qu'avec le concours et le consentement de l'héritier bénéficiaire de Chazal père et de la veuve de celui-ci ;

Attendu que, de ce qui précède, il résulte que l'arrêt attaqué a créé entre le mode de transmission de l'office et le mode de transmission de la propriété de la valeur vénale de cet office une distinction qui n'est pas autorisée par la loi, et que, par suite, il a violé, tant les principes de la matière que les lois ci-dessus ; — casse, etc.

Du 11 nov. 1857. — Ch. civ.

Juge de paix. — Compétence. — Bail.

Le juge de paix est incompétent pour connaître d'une demande en paiement de loyers et en résiliation de bail, bien que la somme demandée rentre dans les limites de sa compétence, si, d'ailleurs, il y a contestation sur les conditions et le prix de la location, et s'il est soutenu que ces conditions élèvent le prix du bail au-dessus de la compétence du juge de paix. (L. 25 mai 1838, art. 3 et 4).

Ferry — C. Bidet.

ARRÊT.

La Cour, vu les art. 1, 3 et 4 de la loi du 25 mai 1838 ;

Attendu qu'il résulte de ces dispositions que si les juges de paix connaissent à charge d'appel des actions personnelles jusqu'à concurrence de 200 fr., et, spécialement, en matière de louage, des congés et des demandes en paiement de loyers, à quelque valeur que s'élève la contestation, cette compétence exceptionnelle cesse si la contestation porte sur l'existence même du bail, alors que le prix de la location est indéterminé, ou qu'étant déterminé, ce prix excède, à Paris, 400 fr. par année, et partout ailleurs, 200 fr.;

Attendu, en fait, que le défendeur ayant assigné la demande-resse devant le juge de paix de Nogent-le-Rotrou, en paiement de 100 fr. pour loyer arriéré d'une maison occupée par elle et en déclaration de validité de congé, celle-ci a soutenu, comme exception à cette demande, qu'elle n'était, au jour de la citation, débitrice d'aucune somme, l'échéance du loyer ne devant arri-ver qu'au terme de l'année, alors seulement commencée, et que le bail était consenti pour cette année entière, ce qui, à raison de 20 fr. par mois, tendait à en élever le prix annuel à 240 fr.;

Qu'en conséquence, elle a conclu à ce que le juge de paix se déclarât incompétent;

Attendu que, de son côté, le défendeur a répondu aux pré-tentions de la demanderesse en cassation, en alléguant, au con-traire, que le bail avait été fait au mois et non à l'année; que, dans cet état, le litige échappait même à la compétence du juge de paix en premier ressort;

Attendu que le tribunal de Nogent-le-Rotrou a confirmé en appel le jugement du juge de paix, tant sur le chef relatif à la compétence que sur celui qui statue au fond;

Attendu que, dans ces circonstances, le tribunal s'est appro-prié l'erreur de droit commise par le premier juge; qu'il a donc violé les dispositions de loi citées à l'appui du pourvoi;

Par ces motifs, donne défaut contre Bidet, et pour le profit, sans qu'il y ait lieu de statuer sur le deuxième moyen, casse et annule pour incompétence le jugement rendu le 31 mars 1855 par le tribunal civil de Nogent-le-Rotrou, etc.

Du 26 août 1857. — Ch. civ.

Avoué. — Licitation en partage. — Mise à prix. — Droit de 25 fr.

En matière de partage et de licitation, lorsqu'une expertise n'a pas été ordonnée par le tribunal, l'avoué poursuivant a seul droit à l'indemnité de 25 fr. allouée par l'art. 10 de l'ordonnance du 10 oct. 1841, à raison des soins et démarches pour l'estimation et la mise à prix des biens : les avoués colicitants n'ont pas droit à l'allocation d'une pareille indemnité.

Deloche. — C. Laborie et autres.

ARRÊT.

La Cour, attendu que les tarifs sont, par leur nature, des règlements de droit étroit dont on ne peut étendre les dispositions;

Attendu que si l'art. 10 de l'ordonnance du 10 octobre 1841 alloue, en termes généraux, aux avoués une indemnité de 25 f. sans expliquer à quels avoués elle est attribuée, il résulte du texte et de l'esprit de cette disposition qu'elle doit s'entendre des avoués poursuivants et non des colicitants;

Qu'en effet, lorsque l'ordonnance veut accorder aux colicitants le même droit qu'à l'avoué poursuivant, elle prend soin de l'exprimer;

Qu'il en est ainsi notamment dans le § 3 de l'art. 10 qui suit immédiatement la disposition au sujet de laquelle la question s'élève; qu'il est naturel d'en conclure que lorsque l'ordonnance n'a pas fait de distinction, c'est qu'elle n'a pas pensé qu'il y eût lieu de distinguer;

Qu'on ne peut tirer un argument favorable aux colicitants de la disposition de l'art. 11 de la même ordonnance relative à une remise proportionnelle, puisqu'il résulte de cet article que cette remise est principalement accordée au poursuivant, et que, si une part en revient aux colicitants, la portion dans laquelle elle est déterminée ne saurait s'accorder avec la disposition générale et le droit unique de l'art. 10, n° 2 ;

Attendu, d'ailleurs, que l'esprit dans lequel a été rédigé l'art. 10, § 2, révèle l'intention de restreindre au poursuivant cette allocation ;

Qu'en effet, lorsque la loi manifestait le désir de supprimer, autant que possible, les expertises, l'ordonnance a trouvé sage d'intéresser le poursuivant à seconder cette intention en donnant aux tribunaux les éléments nécessaires pour rendre l'expertise inutile ;

Mais que cette considération, si elle n'est pas tout à fait étrangère aux autres avoués, s'applique principalement au poursuivant, parce que c'est lui qui possède les titres, baux et autres documents, et parce qu'il est personnellement chargé de l'instruction de la poursuite ;

Qu'ainsi, soit que l'on consulte l'intention ou le texte de la loi, on doit reconnaître qu'il a été jugé à bon droit que l'expression *aux avoués* s'applique exclusivement aux avoués poursuivants ; — rejette, etc.

Du 2 déc. 1857. — Ch. req.

Péremption. — Décès. — Délai. — Reprise d'instance.

Le décès d'une des parties au cours de l'instance ne donne lieu à l'augmentation du délai de la péremption qu'autant que ce décès a été dénoncé à la partie adverse, et, par suite, nécessitait une reprise d'instance. Dans le cas contraire, le décès ne faisant pas obstacle à la poursuite de l'instance, aucune augmentation du délai n'est due à raison de cet événement. (Cod. proc., 397).

Pour demander la péremption, les héritiers d'une partie décédée ne sont pas obligés de reprendre préalablement l'instance. Il y aurait contradiction à reprendre une instance dont on veut demander la péremption (Cod* proc., 397 et 401.)

(Luccioni — C. Casabianca et autres.)

ARRÊT.

La Cour,

Considérant qu'aux termes de l'art. 397, Cod. proc. civ., toute instance, encore qu'il n'y ait pas eu de constitution d'avoué de la part du défendeur ou de l'intimé, est éteinte par discontinuation de poursuites pendant trois ans;

Considérant que, d'après le même article, ce délai est augmenté de six mois dans tous les cas où il y a lieu à reprise d'instance ou à constitution de nouvel avoué;

Considérant que le sieur Antoine-François Luccioni a relevé appel, le 12 avril 1854, contre François Marie, Hiéronyme Luccioni, Jean Casabianca, et la veuve Muscatelli, née Luccioni, d'un jugement rendu par le tribunal de Corté, le 17 août 1853 :

Que cette instance est demeurée impoursuivie;

Que, le 4 mars 1857, Hiéronyme, épouse Casabianca, est décédée sans que son décès ait été notifié à l'appelant;

Que, le 6 mai suivant, il a été formé une demande en péremption d'instance par les parties de M⁰ Corbara;

Qu'il s'agit de savoir si cette demande est fondée, c'est-à-dire si le décès de la dame Hiéronyme Casabianca a prorogé de six mois le délai de la péremption;

Considérant que l'augmentation du délai ne serait acquise au défendeur à la demande en péremption que s'il y avait eu lieu à reprise d'instance, soit de la part de l'appelant, soit de la part des intimés;

Considérant que le sieur François-Antoine Luccioni n'aurait été tenu de reprendre l'instance que tout autant que le décès de la dame Hiéronyme Casabianca aurait fait obstacle à la poursuite de son appel;

Mais considérant que, suivant les dispositions de l'art. 344, Cod. proc. civ., le décès n'ayant pas été notifié à l'appelant, celui-ci pouvait valablement poursuivre les fins de son appel contre tous les intimés;

Que cet événement était, quant à lui, un fait sans existence légale, qui ne pouvait créer en sa faveur un droit, ni lui imposer une obligation;

Que le décès non signifié ne le soumettant pas, dès lors, à reprendre l'instance, il ne peut s'en prévaloir pour réclamer une augmentation de délai, qui ne s'explique et ne se justifie que par la nécessité même de la reprise de l'instance et par l'ignorance où peut se trouver la partie qui doit accomplir cette formalité, en ce qui concerne la personne des héritiers, leur nombre et leur résidence;

Que la faveur de la prorogation de délai accordée dans ces circonstances à l'appelant, ne serait qu'un effet sans cause;

Considérant que si, de la part des intimés et des héritiers de la dame Casabianca, la reprise de l'instance était nécessaire pour défendre à l'appel de François-Antoine Luccioni, elle ne l'était nullement pour demander la péremption de l'instance;

Considérant que la demande en reprise et la demande en péremption sont contradictoires et inconciliables dans leur exercice;

Que la reprise de l'instance par les intimés aurait impliqué la renonciation à la demande en péremption, puisqu'elle aurait conservé l'instance d'appel et couvert la péremption accomplie;

Considérant que plus de trois années s'étant écoulées depuis la date de l'exploit d'appel signifié à la requête de François-Antoine Luccioni, sans qu'aucun acte ait entretenu l'instance, la demande en péremption introduite par requête du 6 mai 1857 est justifiée et qu'il y a lieu de l'accueillir;

Par ces motifs, déclare éteinte, par discontinuation de poursuites pendant trois années, l'instance d'appel introduite le 12 avril 1854, etc.

Du 9 novembre 1857. — Cour impériale de Bastia. — Chambre civile.

———

Avoués. — Matière sommaire. — Qualités. — Copies.

En matière sommaire, il doit être alloué à l'avoué qui lève un jugement contradictoire et le signifie, indépendamment du droit accordé par le § 12 de l'art. 67 du tarif, pour dresse des qualités et signification du jugement, un droit particulier pour les copies à signifier de ces qualités et du jugement, selon la règle en matière ordinaire. (Tarif du 16 fév. 1807, art. 67, 88 et 89.)

Sylvestre — C. Réaux.

ARRÊT.

La Cour,

Vu les art. 67, 88 et 89 du tarif du 16 février 1807 ;

Attendu que le droit alloué, en matière sommaire, par l'article 67, § 12 du tarif, à l'avoué qui lève le jugement, pour dresse des qualités et de la signification de ce jugement, ne s'applique qu'au dresse de l'original des qualités et de la signification du jugement ;

Que ce droit ne comprend pas celui dû pour les copies à signifier, soit desdites qualités, soit dudit jugement ;

Attendu, d'ailleurs, que le même article alloue à l'avoué tous ses déboursés, § 18 ;

Qu'il est incontestable que les copies des qualités et du jugement comportent des déboursés ;

Qu'en effet, les sommes allouées à ce titre par les art. 88 et 89 du même tarif, loin d'offrir le caractère particulier et exclusif d'émolument, ne sont, à bien considérer le fond même des choses, que le remboursement à forfait de déboursés effectifs ;

Attendu que les déboursés sont les mêmes en matière ordinaire et en matière sommaire ;

Attendu, enfin, que les art. 88 et 89 précités posent une règle générale, et sont applicables dans tous les cas ; qu'il n'en pourrait être autrement sans placer l'avoué qui occupe en matière sommaire dans une situation telle, que, souvent, il ne serait pas couvert de ses avances, ce qui est inadmissible ;

Attendu, dès lors, qu'en rejetant de la taxe : 1° 24 fr., montant du droit de copie de pièces pour la signification des qualités de l'arrêt du 21 mai 1856 ; 2° 39 fr., montant du droit de copie de pièces pour la signification de ce même arrêt à deux avoués, l'arrêt de la Cour impériale d'Orléans, du 22 juillet 1856, a faussement appliqué l'art. 67 et expressément violé les art. 88 et 89 du tarif du 16 février 1807;

Casse, etc.

Du 16 décembre 1857. — Chambre civile.

Pigeons. — Vol. — Chasse.

Le fait de tuer des pigeons appartenant à autrui sur un terrain dont on n'est point propriétaire, même dans un temps où ils doivent être tenus enfermés, et de se les approprier ensuite frauduleusement, constitue un vol et non un simple fait de chasse : les pigeons ne doivent être réputés gibier qu'autant qu'ils causent des dommages sur le terrain d'autrui et qu'ils sont tués par le propriétaire même de ce terrain ou par son ordre. (Cod. pén., 379, 401; l. 4 août 1789, art. 2).

Brisson.

Le tribunal correctionnel de Châlons-sur-Marne avait décidé le contraire, par un jugement du 17 octobre 1857, ainsi conçu :

« Attendu que, s'il résulte des débats que Brisson a tué et s'est approprié des pigeons appartenant à autrui, il est constant que ce fait ne peut être considéré comme une soustraction frauduleuse, puisqu'il a eu lieu à une époque où les pigeons sont considérés comme gibier et devaient être renfermés ;

Mais attendu que ce fait, commis sur le territoire de Villesencux et constaté par procès-verbal dressé le 23 sept. 1857, constitue le délit de chasse sur le terrain d'autrui sans le consentement du propriétaire, prévu et puni par l'art. 11 de la loi du 3 mai 1844 ;

Vu les art. 11 et 2 de ladite loi et l'art. 194, Cod. inst. crim.;

Condamne Brisson en 30 fr. d'amende. »

Appel par le ministère public.

ARRÊT.

La Cour,

Considérant qu'il résulte de l'instruction et des débats qu'au jour indiqué dans le procès-verbal dressé le 23 septembre 1857, par Didier, brigadier de gendarmerie à Vertus (Marne), soit le 23 septembre 1857, Brisson a, en tirant sur une compagnie de pigeons appartenant à Duval, et en s'appropriant ceux qu'il avait tués, commis non un fait de chasse, mais une soustraction frauduleuse prévue et punie par l'art. 401, Cod. pén.;

Considérant, en effet, que les lois sur la chasse ne concernent que la poursuite des animaux sauvages auxquels peut s'appliquer la qualification de gibier, et que les pigeons ne peuvent être considérés comme gibier, aux termes de la loi de 1789, qu'autant qu'ils causent actuellement des dommages sur le terrain d'autrui et qu'ils sont tirés sur le terrain par le propriétaire lui-même ou par son ordre ;

Considérant que Brisson n'était pas propriétaire du champ sur lequel il a abattu les pigeons du sieur Duval ;

A mis et met l'appellation et la sentence dont est appel au néant, et, statuant par jugement nouveau, faisant application audit Brisson de l'art. 401 sus-énoncé et modérant la peine, eu égard aux circonstances atténuantes, conformément à l'art. 463 Cod. pén., condamne Brisson à six jours d'emprisonnement, 100 fr. d'amende, etc.

Du 11 nov. 1857. — Cour imp. de Paris. — Ch. correct.

Contrat de mariage. — Acte additionnel. — Lecture. —
Mention. — Notaire.

Le notaire rédacteur d'un acte additionnel ou modificatif d'un contrat de mariage n'est point tenu, à peine de l'amende édictée par la loi du 10 juillet 1850, de donner lecture aux parties du dernier alinéa de l'art. 1394, Cod. Nap., et de faire mention de cette lecture dans son acte : la disposition de cette loi ne s'applique qu'au contrat de mariage lui-même.

(Vincens.)

Le tribunal de Marvejols avait condamné le notaire, par un jugement du 4 février 1857, sur le motif « que les formalités visées par l'art. 1394, Cod. Nap., et la loi du 10 juillet 1850, s'appliquent à toutes les conventions matrimoniales qui se forment entre les parties ; qu'elles s'appliquent donc aux contre-lettres, quoique dépendantes du contrat de mariage, lesquelles forment, par leur date et leur rédaction, un acte séparé. » — Appel.

ARRÊT.

La Cour ;

Attendu que les prescriptions de la loi du 10 juillet 1850 s'étendent à la fois dans leur application, et à l'acte primitif contenant les conventions matrimoniales des époux, et aux changements ou contre-lettres qui pourraient être faits à cet acte avant la célébration du mariage ;

Que ces deux parties de l'instrument, quoique distinctes dans leur confection matérielle, ne font néanmoins qu'un seul et même contrat, indivisible dans la pensée de la loi et dans ses effets à l'égard des époux comme à l'égard des tiers ;

Attendu que le notaire ayant satisfait aux prescriptions de la loi de 1850 pour l'acte de mariage, n'est pas tenu de renouveler l'accomplissement de cette formalité pour la contre-lettre ;

Attendu que le notaire Vincens n'ayant commis aucune contravention, il n'y avait lieu de prononcer aucune peine disciplinaire contre lui ;

Disant droit à l'appel, réforme, décharge Vincens de l'amende de 10 fr. contre lui prononcée, et le relaxe de toutes poursuites, etc.

Du 4 février 1858. — Cour impériale de Nîmes. — 1re chambre.

Exploit. — Domicile inconnu.

Lorsque la partie à laquelle un exploit doit être signifié a simplement disparu de son domicile, mais sans qu'aucune circonstance autorise à croire qu'elle s'en est choisi un nouveau, il y a lieu de remettre une copie de l'exploit à un voisin, et, à défaut de voisin, au maire de la commune, conformément à l'art. 68, Code de procédure. — En un tel cas, on ne saurait, à peine de nullité, recourir à la voie de l'affiche de l'exploit à la porte de l'auditoire du tribunal où la demande est portée, avec dépôt d'une copie de l'exploit au parquet du ministère public, en vertu de la disposition du § 8 de l'art. 69, Code de procédure, laquelle est exclusivement applicable au cas où la personne à laquelle un exploit doit être signifié n'a ni domicile ni résidence connus en France.

Hesse.

ARRÊT.

La Cour ;

Attendu qu'il résulte des documents de la cause que Félix Hesse est domicilié depuis dix ans à Sarreguemines, et qu'il habite chez un sieur Mayer-Honel depuis huit ans ; qu'il n'a quitté ce domicile que vers la fin du mois de janvier 1857, lorsque des poursuites furent dirigées contre lui ;

Que c'est dans ces conditions que, par exploit du 7 mars 1857, il a été assigné à comparaître devant le tribunal de police correctionnelle, sous la prévention d'escroquerie, et que, par suite, un jugement ayant été rendu contre lui le 19 mars, ce jugement lui a été signifié le 20 juillet suivant ;

Que, par exploit du 6 août, le prévenu a interjeté appel dudit jugement ;

Attendu qu'aux termes de l'art. 203, Code d'instruction criminelle, cet appel serait tardif;

Mais que certains actes essentiels de la procédure sont entachés de nullité, en ce que la signification faite le 20 juillet du jugement par défaut, aussi bien que l'assignation primitive du 7 mars, à l'effet de comparaître devant le tribunal de police correctionnelle, ont été formalisées conformément à l'art. 69, n° 8 du Code de procédure, par cette considération erronée que le prévenu n'aurait eu, à ces deux époques, aucun domicile connu en France;

Attendu que, ainsi qu'il a été dit plus haut, Hesse avait, au contraire, à Sarreguemines un domicile, d'où il avait, à la vérité, disparu depuis le commencement des poursuites, mais sans qu'on puisse en induire qu'il l'eût définitivement abandonné; que cette induction, au cas particulier, serait d'autant plus mal fondée, qu'un procès-verbal de perquisition du 31 janvier fait connaître que, dans l'appartement occupé par ledit Hesse chez Honel, se trouvaient des meubles à son usage, et, de plus, dans un secrétaire, des registres, des dossiers, des carnets, des liasses de papiers, notes et lettres, se rattachant à l'exercice de sa profession d'agent d'affaires;

Que, dans ces circonstances, il est impossible d'admettre que Hesse ait été sans domicile connu; que c'était donc le cas de l'assigner à son domicile, à Sarreguemines, conformément aux dispositions de l'art. 68 du Code de procédure civile, dont l'observation est exigée, à peine de nullité, par l'art. 70 du même Code;

Qu'il suit de là que Hesse, appelant d'un jugement par défaut dont la signification est nulle, et qui l'avait condamné à la suite d'une citation entachée de la même nullité, est nécessairement relevé de la déchéance qu'il aurait encourue par la tardiveté de son appel;

Par ces motifs, annule le jugement du tribunal de police correctionnelle de Sarreguemines, du 19 mars 1857, etc.

Du 9 septembre 1857. — Cour impériale de Metz. — Chambre correctionnelle.

———

*Saisie-arrêt. — Ordonnance sur requête. — Référé.
— Appel.*

En admettant que le président du tribunal puisse, en accordant la permission de faire une saisie-arrêt, se réserver de statuer en référé sur les réclamations de la partie saisie, l'ordonnance qu'il vient à rendre ensuite sur le référé introduit par cette partie et par laquelle il rétracte l'autorisation de la saisie-arrêt qu'il avait accordée par sa première ordonnance, est susceptible d'appel. (C. proc., 558).

(Vernay — C. Bourdin.)

ARRÊT.

La Cour ;

Attendu que Vernay, reconnu créancier de Bourdin, était bien fondé à faire des saisies-arrêts à son préjudice, mais que pour arriver à la saisie de la rente viagère de 2,000 fr., incessible et insaisissable, constituée à Bourdin par le testament du sieur Charpentier, dont le décès remonte à une date bien antérieure à la créance de Vernay, celui-ci n'a pu agir, aux termes de l'art. 582 du Code de procédure, qu'en vertu de la permission du juge, qui avait à déterminer dans quelle proportion ladite rente pourrait être saisie ;

Attendu qu'à la date du 26 octobre 1855, Vernay a obtenu, sur requête, une ordonnance du président du tribunal qui l'a autorisé à saisir le cinquième de ladite rente entre les mains du sieur Llanchon, légataire universel du sieur Charpentier, et que, par exploit du 10 novembre suivant, il a fait procéder à ladite saisie-arrêt, laquelle a été régulièrement dénoncée et suivie d'une assignation en validité ;

Attendu que l'ordonnance du 26 octobre n'ayant été rendue qu'à la charge d'en référer, s'il était ainsi requis, Bourdin, usant de cette faculté, a fait assigner Vernay en référé, et, qu'à la date du 19 février 1856, il est intervenu une ordonnance de référé contradictoire, qui a rétracté celle du 26 octobre, a déclaré non avenue la saisie-arrêt du 10 novembre, et ordonné que, nonobstant cette saisie, les débiteurs de la rente seraient tenus de se libérer entre les mains de Bourdin ;

Attendu que, dans ces circonstances, le système de Bourdin est de soutenir que l'ordonnance du 26 octobre ayant été rétractée et annulée par celle du 19 février, l'effet de cette annulation a été de renverser et détruire toute la procédure de saisie-arrêt et de réduire aussi à néant les jugements qui en avaient prononcé la validité ; de prétendre, en outre, que l'ordonnance du 17 février n'étant que la suite et le complément de la première, rendue sous la réserve d'en référer, elle appartenait, comme celle-ci, à la juridiction gracieuse et volontaire du président et ne pouvait être attaquée ni par appel ni par opposition ; que cette ordonnance étant ainsi devenue définitive et irrévocable, Vernay devait être déclaré non recevable dans l'appel qu'il en avait interjeté par exploit du 7 mars dernier ;

Attendu qu'en admettant, avec la Cour de Paris, contrairement avec la jurisprudence de plusieurs autres Cours, que le président ait ainsi le droit de n'accorder que des permissions de saisir conditionnelles et à la charge de lui en référer, et qu'il puisse, de cette manière, à toutes les périodes de la saisie-arrêt, retirer la permission ayant servi de base à cette saisie, on ne saurait sérieusement disconvenir que le référé introduit dans ce cas par la partie saisie ne soit un véritable référé, assujetti, par conséquent, à toutes les conditions, formes et délais du titre 16 du Code de procédure ;

Attendu que, d'après le texte et l'esprit des art. 806 et 809, il est de l'essence d'une ordonnance de référé de ne pouvoir jamais nuire ni préjudicier au principal, de ne pouvoir statuer que provisoirement, de ne pas être susceptible d'opposition, mais de pouvoir être attaquée par voie de l'appel ;

Attendu que, par application de ces principes à l'ordonnance de référé du 19 février et à l'appel qui en a été interjeté par Vernay, il est évident que cette ordonnance, qui est revêtue de toutes les formalités ordinaires, qui a été rendue sur citation et après l'audition des parties ou de leurs avoués, a, par cela même, tous les caractères que la loi détermine pour ces sortes de décisions ; qu'ainsi elle est susceptible d'appel, et que la fin de non-recevoir opposée par Bourdin contre cet appel ne saurait être accueillie ;

Au fond, etc.

Par ces motifs, etc.

Du 29 juin 1857. — Cour impériale de Lyon. — 4e chambre.

---

*Chiens. — Taxe. — Dégrèvement. — Expertise. —
Contributions directes.*

Le recouvrement des taxes établies sur les chiens par la loi du 2 mai 1855, devant avoir lieu comme en matière de contributions directes (art. 6), le contribuable imposé à la double taxe pour avoir déclaré comme chien de garde un chien d'agrément, a le droit de réclamer l'expertise en vertu de l'art. 29 de la loi du 21 avril 1832.

Toutefois, le conseil de préfecture peut, sans violer cette disposition législative, ne pas procéder à l'expertise, lorsqu'il prend pour base de sa décision les faits mêmes qui sont articulés par le contribuable à l'appui de sa réclamation.

(Maurouard.)

Napoléon, etc ;

Vu la loi du 2 mai 1855 et le décret du 4 août 1855 ;

Considérant qu'aux termes de l'art. 6 de la loi du 2 mai 1855, le recouvrement des taxes autorisées par ladite loi doit avoir lieu comme en matière de contributions directes ; que, dès lors, le sieur Maurouard avait le droit de réclamer l'expertise, en vertu de l'art. 29 de la loi du 21 avril 1832 ;

Considérant, toutefois, que le conseil de préfecture a pu, sans violer cette disposition législative, ne pas procéder à l'expertise, puisqu'il a pris pour base de sa décision les faits mêmes qui étaient articulés par le sieur Maurouard à l'appui de sa réclamation ;

Considérant que, des faits et circonstances énumérées par le sieur Maurouard à l'appui de sa réclamation, il résulte que le chien qu'il possède, s'il peut servir à la garde de son habitation, sert aussi à l'agrément de ses maîtres ; que, dès lors, par application de l'art. 1er du décret du 4 août 1855 ci-dessus visé, il doit être rangé dans la première catégorie, et que le sieur Maurouard l'ayant déclaré comme chien de garde, il a dû, en vertu de l'art. 10 du décret ci-dessus visé, être imposé à la double taxe ;

Art. 1er. La requête du sieur Maurouard est rejetée.

Du 22 avril 1857. — Conseil d'Etat.

———

Ordre. — Droit de recours contre le procès-verbal de clôture. — Créancier alloué sur acquéreur insolvable. — Recours de ce créancier contre le créancier alloué postérieurement à son rang sur acquéreur qui a payé. — Novation.

Le créancier alloué sur un acquéreur insolvable a le droit de se faire rembourser l'allocation qu'un créancier postérieur à son rang a touchée d'un autre acquéreur.

Cette action est fondée sur ce que la délivrance du bordereau et la collocation du créancier n'opèrent pas novation ; — que le droit de préférence du créancier ayant été reconnu dans l'ordre, ce droit autorise le créancier non payé de son bordereau, par suite de l'insolvabilité de l'acquéreur, à recourir contre le créancier alloué postérieurement et qui lui-même a été payé de son bordereau.

Femme Sanglard — C. les mineurs Croizat-Viallet.

Attendu que le sieur Sanglard, après avoir été déclaré en état de faillite, a été exproprié de ses immeubles qui étaient situés dans les arrondissements de Valence et de St-Marcellin ; qu'à la suite des adjudications de ces immeubles, deux ordres ont été ouverts pour en distribuer les prix ; l'un devant le tribunal de Valence et l'autre devant le tribunal de St-Marcellin ; que Sophie Vallarnaud, femme Sanglard, a produit dans ses deux ordres, pour ses reprises dotales ; que, dans tous les deux, elle a été allouée préparatoirement pour la totalité de ses créances ; que ces créances ont ensuite été définitivement liquidées par jugement du tribunal de Valence, en date du 24 décembre 1850, et par jugement du tribunal de Saint-Marcellin, en date du 11 mai 1855 ; que ce dernier jugement a en outre décidé que la femme Sanglard, dont les reprises se sont élevées, au jour de la clôture définitive, à 22,209 fr. 50 c., serait allouée dans cette clôture pour toutes ses reprises, sauf à diminuer cette allocation de ce qu'elle toucherait dans le règlement définitif de Valence ;

Attendu que, dans l'ordre de Valence, clos définitivement le 24 juin 1854, la femme Sanglard a été allouée pour la somme de 17,136 fr. 60 c., restant libre après paiement des créances privilégiées ; que cette allocation portait contre divers acquéreurs des immeubles de son mari, et notamment contre un sieur Dumoulin, pour 1,170 fr. 5 c., et contre un sieur Guichard, pour 3,809 fr. 30 c. ;

Attendu que, dans l'ordre de Saint-Marcellin, clos définitivement le 23 décembre 1854, le juge-commissaire, se fondant sur ce que la femme Sanglard avait obtenu allocation utile à Valence pour 17,836 fr. 60 c., ne l'a allouée au premier degré des hypothèques, rang de son inscription, que pour le reliquat de ses créances, soit 4,372 fr. 90 c. ; qu'ainsi est restée libre une somme de 2,616 fr. 75 c.. qui a été allouée au deuxième degré des hypothèques au profit des mineurs Croizat-Viallet ;

Attendu que Dumoulin et Guichard, ne payant pas les bordereaux délivrés contre eux à la femme Sanglard, ont été poursuivis par la voie de la folle enchère et ainsi dépossédés, suivant jugements rendus par les tribunaux civils de Valence et

e Saint-Marcellin, en dates des 16 octobre 1854, 10 mai 1856
t 7 septembre 1857; que les prix de ces adjudications se sont
levés, pour l'immeuble détenu par Dumoulin, à la somme de
00 fr., et l'immeuble détenu par Guichard, à la somme de
,415 fr.; qu'ainsi la femme Sanglard, par suite de cet événement, s'est trouvée à découvert d'une somme de plus de 3,000 fr.
n capital, sans compter les intérêts;

Attendu que, dans cette situation, la femme Sanglard s'adressa
ux consorts Croizat-Viallet, pour en obtenir la restitution du
ordereau qui leur a été délivré au deuxième degré des hypo-
hèques ou de son montant en capital et intérêts, dans le cas
ù ils auraient exigé; que c'est le mérite de cette action qu'il
s'agit d'apprécier;

Attendu, en principe, que les biens du débiteur sont le gage
commun de ses créanciers; mais que le prix de ces biens doit
être distribué en tenant compte des causes légitimes de préférence. (Art. 2093 du Code Napoléon);

Attendu que l'ordre a pour but et doit avoir pour résultat
d'établir ces causes légitimes de préférence, en fixant le rang de
chaque créancier; que, par conséquent, ce rang étant une fois
invariablement déterminé, le droit de préférence sur le prix ne
peut plus être contesté;

Attendu qu'il résulte des faits ci-dessus énoncés, et notamment du jugement du 11 mai 1854, de la clôture préparatoire
et même du règlement définitif de l'ordre Sanglard, que le droit
de la demanderesse sur le prix en distribution était préférable
à celui des consorts Croizat-Viallet, pour le montant de toutes
ces créances; que, par conséquent, ces derniers ne peuvent
rien prendre de ces prix avant le paiement des créances qui
leur sont préférables;

Attendu que l'exception tirée de ce que la femme Sanglard,
en acceptant les bordereaux qui lui ont été délivrés sur les
acquéreurs indiqués sans aucune réserve ni protestation de sa
part, aurait fait novation à son droit de préférence, n'est nullement fondée; qu'en effet, la novation ne se présume pas; que,
d'ailleurs, il est de doctrine et de jurisprudence à peu près
constante, que la délivrance d'un bordereau de collocation dans
un ordre n'est qu'une indication ayant pour but de faciliter le
paiement de chacun et de permettre au créancier postérieur

d'agir directement, sans attendre que les créanciers antérieurs soient payés, et non de restreindre le droit de chacun sur le prix dû par l'acquéreur indiqué ; qu'ainsi l'a décidé un arrêt de la Cour de Poitiers, du 11 mars 1824 ; qu'on ne saurait admettre, en effet, que la délégation faite par le juge-commissaire, sans aucune connaissance et sans aucune considération de la solvabilité de l'acquéreur, et pour ainsi dire au hasard, puisse avoir pour effet de restreindre et, même éventuellement, d'anéantir le droit de préférence définitivement reconnu, et de produire en fait des résultats diamétralement opposés au droit de chacun ; que, par conséquent, il faut reconnaître que le créancier antérieur, en acceptant un bordereau sur tel acquéreur, l'accepte sous la condition conforme à son droit de préférence définitivement reconnu par tous les créanciers parties de l'ordre, c'est-à-dire qu'il en sera payé, et qu'en cas d'événement contraire, il reprendra son droit de préférence sur le créancier postérieur ;

Attendu qu'une solution différente serait non-seulement contraire au grand principe de la préférence, base du système hypothécaire, mais encore à la pratique la plus généralement suivie, la plus expéditive et la moins coûteuse en matière d'ordre, puisqu'elle aurait pour résultat d'entraver la prompte liquidation des bordereaux, en forçant le créancier antérieur à faire main-mise sur tous les bordereaux postérieurs pour se garantir des éventualités de non-paiement, qui cependant se réalisent rarement dans la pratique ;

Attendu que l'exception tirée de ce que la clôture définitive d'un ordre a le caractère de la chose jugée, n'est pas mieux fondée, qu'elle se retourne même contre les défendeurs ;

Attendu, en effet, sans examiner la question vivement controversée de savoir si une clôture définitive d'ordre a le caractère de la chose jugée, ou seulement celui d'un règlement *sui generis* entre créanciers, qu'il est admis par toute la jurisprudence, et même par les partisans de la chose jugée, qu'en tous cas la clôture définitive ne peut avoir cette force que pour ce qui a été contredit et débattu dans le règlement d'ordre ;

Attendu, dans l'espèce, que nul n'a contesté le rang de la femme Sanglard, ni le chiffre de ses créances ; que le juge-com-

ssaire lui-même, après les avoir établis dans l'ordre provi-
re, les a de nouveau reconnus et proclamés dans la clôture
finitive ; que, seulement, étant instruit que la femme San-
rd avait été allouée à Valence, et, partant de ce point, qui se
ppose toujours, qu'elle serait payée de cette allocation, il ne
 allouée que pour le reliquat de ses créances ; mais que de la
tre comme de l'esprit de cette clôture, il ressort évidemment
conséquence que la femme Sanglard conservait éventuelle-
ent son droit de préférence sur le restant du prix en distribu-
n attribué aux consorts Croizat-Viallet, pour le cas où elle ne
rait pas utilement allouée à Valence, c'est-à-dire ne serait pas
yée du montant de ses allocations ;

Attendu que c'est d'autant mieux le cas de le décider ainsi,
'une solution contraire dans l'espèce, aurait pour consé-
ence de donner à une clôture d'ordre, œuvre d'un seul juge,
puissance de réformer une décision rendue par le tribunal,
ns les limites de sa compétence, et passée en force de chose
gée ; qu'en effet, le jugement du 11 mai 1854 a dit et prononcé
finitivement que la femme Sanglard serait allouée dans la
ture définitive pour la moitié de ses créances ; que cette dé-
ion, commune à tous les créanciers portés dans l'ordre et
otectrice de la femme Sanglard, n'a pu être ni méconnue ni
formée par le juge-commissaire, qu'ainsi elle est une preuve
 plus que ce magistrat, dans son esprit, pas plus que la clôture
finitive dans sa lettre, n'ont voulu enlever à la femme San-
rd son droit éventuel de préférence, et qu'en tout cas, c'est
le qui peut invoquer à son profit le bénéfice de la chose jugée ;

Attendu dès-lors que la femme Sanglard, se trouvant en perte
 plus de 3,000 fr. en capital, par suite des folles enchères
umoulin et Guichard, a le droit de demander aux consorts
oizat-Viallet le montant de leur bordereau s'élevant à la
mme de 2,616 fr. 75 cent. avec les intérêts.

Par ces motifs :

Le Tribunal, ouï les conclusions de M. Colin, procureur im-
rial, condamne Victor Croizat-Viallet, ès-qualité, à payer à la
mme Sanglard, avec intérêts du 23 décembre 1854, la somme
 2,616 fr. 75 cent., montant du bordereau exigé des héritiers
nel.

Jugement du tribunal de Saint-Marcellin, du 15 juillet 1858.

1re chambre. — Présidence de M. Simian : conclusions de M. Colin, procureur impérial ; — MM. Bonnet, Pellat et Gilet, avoués ; — MM. Mathieu, Michel et Pachot-d'Arzac, avocats (1).

Ordre. — Appel. — Conclusions motivées. — émolument. — Taxe.

L'avoué de l'intimé a droit à un émolument pour les conclusions motivées, signifiées en réponse aux griefs de l'appel d'un jugement d'ordre.

Cet émolument est celui qui est fixé par le tarif pour les requêtes et conclusions.

La Cour de Limoges vient de consacrer cette doctrine par un arrêt du 27 mars 1858.

La Cour : — attendu qu'aux termes de l'art. 763, C. pr. civ., l'appel du jugement rendu en matière d'ordre doit contenir l'énonciation des griefs sur lesquels il est fondé, et que l'art. 765, pour rendre les positions égales entre l'appelant et l'intimé, et pour que celui-ci puisse présenter ses moyens de défense en réfutant des griefs d'appel, l'autorise à signifier des conclusions motivées ;

Attendu qu'on ne peut pas supposer que cette autorisation n'ait été accordée à l'intimé qu'à la charge par lui de supporter les émoluments de la rédaction de ces conclusions, sans pouvoir, en aucun cas, les répéter contre la partie adverse ;

Que si aucun émolument n'avait dû être attaché à la rédaction des conclusions motivées, il eût été doublement inutile d'en

---

(1) Le tribunal de Grenoble, 2e chambre, a rendu un jugement conforme, le 19 avril 1853, dans l'ordre Alezina.

toriser la signification, parce que, d'une part, l'avoué, qui
aurait eu à en attendre aucune rémunération, ne se livrerait
s à un travail qui nécessite du temps, des soins, une étude
profondie de l'affaire et qui engage sa responsabilité ; et que,
autre part, il est incontestable que, sans qu'il soit nécessaire
une disposition spéciale pour l'y autoriser, tout plaideur a la
culté de faire les actes qu'il croit utiles à l'instruction et au
ccès de la cause ;

Attendu qu'on objecte vainement que le tarif, par une sorte
abonnement, a fixé en bloc l'émolument auquel les avoués
at droit en matière sommaire, et que l'art. 67, pour qu'il ne
it rien alloué au-delà, ajoute, dans sa partie finale, qu'au
oyen de cette fixation, il ne doit leur être passé aucun autre
onoraire, et qu'il ne leur est alloué, en outre, que leurs sim-
es déboursés ;

Attendu que cet article, en refusant aux avoués en matière
mmaire tout honoraire en sus de l'abonnement, n'a statué que
our les cas ordinaires, et ne s'est référé qu'aux affaires qui,
après l'art. 405 C. pr. civ., ne comportent aucune instruction
: doivent être jugées sur un simple acte et sans autre procé-
ure ni formalités ; que, dans ce cas, en effet, aucunes écritures
e sauraient être passées en taxe, puisqu'elles ne pourraient
tre signifiées qu'en violation de la loi ;

Mais que cette prohibition ne saurait être étendue aux affai-
es dans lesquelles, malgré leur caractère sommaire, la loi a
ru nécessaire d'autoriser exceptionnellement certains actes
'instruction ; que ce qui démontre notamment qu'il serait con-
aire à l'esprit du tarif de refuser tout honoraire à l'avoué pour
es conclusions motivées signifiées en matière d'ordre, c'est que
e tarif range les incidents sur ordre, non dans la classe des
ffaires qui sont tarifées en bloc, mais bien dans la classe
les affaires ordinaires, ou aucun acte ne reste sans rémuné-
ation.

Que si la jurisprudence, rectifiant une erreur de classement,
a décidé que les conclusions motivées signifiées en appel par
'intimé ne font pas perdre à la procédure d'ordre son caractère
ommaire, il serait contraire à la raison et à l'équité d'en tirer
a conséquence que ces conclusions, exceptionnellement per-
nises dans une procédure spéciale, n'entraînent pas une excep-

tion corrélative dans l'application du tarif, et que l'intimé n'a pas le droit de percevoir un émolument supplémentaire pour des écritures supplémentaires que la loi n'a évidemment autorisées que parce qu'elle en a reconnu l'utilité ;

Attendu qu'il importe peu que le tarif n'ait pas fixé l'émolument de cet acte ; que c'est le cas de recourir par analogie, suivant la pratique constante de la Cour, à la taxe des requêtes et conclusions ;

Attendu que le nombre des rôles signifiés n'a rien d'exagéré, etc.

CHRONIQUE.

Legs. — Curé. — Fondation d'école. — Autorisation du gouvernement.

I. — L'art. 909 du Code civil n'est applicable qu'au prêtre confesseur qui tire profit personnel du legs; il ne l'est pas au legs fait à celui qui se trouvera curé titulaire au décès du testateur et à la charge de l'appliquer en entier à la fondation d'une école.

II. — L'art. 910 n'exige l'autorisation du gouvernement que pour l'acceptation des dons et legs à des établissements publics, et non pour ceux dont l'objet est une école privée, encore que des enfants pauvres de la commune doivent y être admis.

III.— Si, à raison de l'admission obligée des pauvres, l'autorisation était nécessaire, ce serait à la commune, qui ne veut pas accepter le legs, à justifier d'un décret prononçant refus d'autorisation.

Les héritiers Champion — C. M. Jacquier, curé de Villard-Bonnot.

Le 8 janvier 1839, Annette Champion fit son testament;

n

après divers legs qui laissent à ses parents ses biens de famille, elle institue héritier le curé de Villard-Bonnot, à la charge de fonder une école de filles, d'acheter ou bâtir la maison, administrer la fondation, nommer l'institutrice et de désigner dix filles pauvres de la commune qui seraient reçues gratuitement.

Au décès survenu peu après, M. Jacquier, curé, n'ayant trouvé net que 5,300 fr. dans la succession, parvint cependant à réaliser les intentions de la testatrice au moyen d'autres dons et de ses sacrifices personnels. L'école fut en exercice en 1845.

En 1851, par suite de certains incidents, le conseil municipal prit une délibération portant que le legs d'Anne Champion aurait dû être soumis à l'autorisation du gouvernement, et il émit l'avis qu'il y avait lieu *de refuser ce legs*, en faveur des héritiers naturels, habitant la Savoie, d'où était venue la testatrice, et qui n'avaient rien réclamé jusque-là.

M. l'abbé Jacquier crut alors devoir soumettre le tout au préfet, qui répondit, en 1853, qu'il n'y avait lieu à l'autorisation administrative, attendu qu'il s'agissait d'une école privée.

Une assignation fut alors donnée, au nom des héritiers, en nullité du testament pour captation, et aussi en vertu de l'art. 909 du Code, qui prohibe les legs faits au confesseur, ou de l'art. 910 qui veut l'autorisation du gouvernement.

Le tribunal a rejeté ces moyens; il a d'abord considéré qu'il n'y avait aucun indice de captation; ensuite il a dit :

Attendu que les demandeurs ont successivement invoqué les dispositions des articles 909 et 910 du C. C. — Que l'art. 909 ne peut recevoir aucune application dans l'espèce, car il s'entend du cas seulement où le testateur aurait fait une disposition dont le ministre du culte devrait lui-même profiter ; que, dans l'espèce, l'abbé Jacquier n'a rien à retenir personnellement du legs qui lui a été fait ; qu'il n'a, en tout ou en partie, ni la propriété ni la jouissance des biens légués ; qu'il n'a été, à vrai dire, que l'exécuteur testamentaire d'Anne Champion, qu'un intermédiaire entre elle et l'établissement (école de filles) qu'elle a voulu créer ; qu'enfin, il doit, en quelque sorte, s'effacer devant les expressions du testament même qui l'instituent, non lui nomminativement, mais le curé de Villard--Bonnot, au jour du décès de la testatrice ;

Attendu, quant à l'art. 910, qu'il ne s'agit ni d'un hospice, ni d'une commune, ni d'un établissement d'utilité publique, mais d'un établissement particulier, d'un établissement tout privé, qui ne rentre point dès lors dans le cas prévu par cet article ;

Attendu qu'on ne saurait avec raison soutenir le contraire, par cela seul que ce legs s'applique à une école de filles, où seront reçues gratuitement, dit le testament, les dix plus pauvres de la commune ; qu'en parlant des pauvres d'une commune, l'art. 910 entend parler d'un établissement placé sous la surveillance de l'administration, de même qu'y sont placés les hospices et autres établissements d'utilité publique ; tandis qu'il ne s'agit dans l'espèce que d'une institution toute privée, et qui reste en dehors, sinon de la surveillance morale de l'administration, du moins des règlements auxquels sont soumises toutes autres institutions publiques ;

Attendu, au surplus, que si l'on considérait le legs comme fait à un être moral, la cure de Villard-Bonnot, et que l'autorisation parût alors nécessaire, l'abbé Jacquier a fait ce qu'il pouvait faire pour l'obtenir ; que si l'administration n'a pas cru devoir donner suite à sa demande, en se fondant sur la non nécessité de cette autorisation, il ne reste pas moins que le légataire a pris les mesures qui étaient en son pouvoir, pour régulariser, au besoin, sa position vis-à vis des héritiers du sang ; que ceux-ci ne sont point fondés à critiquer le legs de ce chef ;

Attendu encore que, dans le cas où l'autorisation serait nécessaire, et où elle devrait être sollicitée par le maire, comme le soutiennent les demandeurs, en se fondant sur l'ordonnance de 1817, les délibérations municipales qui ont refusé le legs ne sont point définitives, aux termes de la loi de 1837, ét ne constituent qu'un élément de la procédure administrative d'autorisation; qu'au chef seul du gouvernement appartient le droit d'autoriser l'acceptation ou le refus, et qu'aucun décret de refus n'étant représenté, les demandeurs ne pouvaient se prévaloir de cette délibération pour en induire un refus du legs.

Par ces motifs, déboute les demandeurs, etc.

Tribunal de Grenoble. — Jugement du 13 juillet 1855.—2me chambre. — MM. Craponne-Duvillard, vice-président; Giraud, substitut. — MM. Imbert et Thevenon, avoués. — MM. Auzias père et Louis Michal, avocats.

Les fondations sont un grand moyen de faire le bien pour le présent et l'avenir; en garantissant leur exécution on en inspire d'autant plus l'idée aux bienfaiteurs. Presque toutes anéanties par les troubles de la révolution, successivement elles reparaissent. Ainsi, M. de Montbyon lègue 600,000 fr. à l'Académie française pour assurer ses vues bienfaisantes un autre fonde un prix de 10,000 fr. pour le meilleur historien, etc., etc.

La fondation n'est point une substitution, car il n'y a pas charge de rendre la propriété; elle est plus qu'une charge d'exécuteur testamentaire, car la propriété repose sur la tête de l'individu ou de l'établissement désigné ayant eu la confiance du fondateur.

Quant à la nécessité de l'autorisation du gouvernement pour l'acceptation, elle s'apprécie, selon les cas, d'après les règles propres de la matière.

Un testateur lègue une somme au vicaire de la paroisse et le charge de la distribuer en prières et en bonnes œuvres; la sœur du testateur attaque la disposition, en disant : 1° Incertitude de la personne des légataires réels; 2° on ne peut laisser la désignation du légataire au choix d'un tiers;

3° en tout cas, il faut l'autorisation, comme ayant en vue les pauvres d'une commune.

Mais, le 16 juillet 1834, arrêt de cassation qui repousse tout cela; il décide que l'art. 910 n'est pas applicable aux legs de prières et de bonnes œuvres laissées à l'arbitrage d'un exécuteur testamentaire, qui doit répartir le secours selon le besoin et les circonstances; que le legs n'a rien d'incertain, qu'il est permis à celui qui ne peut prévoir quels seront les malheureux qui auront les plus grands besoins, de s'en rapporter à une personne par lui désignée pour distribuer ses dons.

Le 17 août 1840, la Cour de Grenoble (t. 12, p. 460 de son Journal), a jugé, pour M. le curé de Beaurepaire, qu'un legs en vue d'une école n'avait pas besoin de l'auto risation.

Selon Foucard, t. 3, n° 1595, on peut faire un legs à une fabrique pour fonder une école; en effet, tous peuvent éta- blir des écoles privées en se conformant aux prescriptions légales, et aucune loi n'enlève cette faculté à une fabrique; seulement le legs aura besoin d'autorisation comme fait à un établissement public.

Un décret du 11 avril 1810 (Sir., jurisp. administ., t. 1, p. 361), admettait déjà que des biens peuvent être confiés à une fabrique pour servir au salaire d'un instituteur pri- maire.

Il n'y a pas substitution, mais fondation, selon la Cour de cassation, 13 janvier 1846 (Sir., 46, 1, 596), dans l'institu- tion d'une prébende, dont le produit sert à faire dire des messes, quoique la jouissance de la prébende soit réservée au profit des héritiers pendant quelques générations. — L'ordre successif dans la jouissance des fruits fait la *fonda- tion*, comme cet ordre successif dans la propriété fait la *substitution*.

Pour la validité de la fondation, il suffit que le testateur n'impose au légataire qu'un mode d'*emploi légitime;* il importe peu que le légataire, sur qui est la propriété, ne profite d'aucun fruit.

Un avis du conseil d'Etat, du 3 avril 1835, dit qu'il n'y a pas substitution dans le legs à une fabrique chargée d'employer les revenus à des services religieux, quoique le testateur dise ce qui devrait être fait de ces revenus, dans le cas où le culte serait aboli.

Si les charges imposées à la fabrique légataire dépassent le revenu, le legs doit être autorisé, sauf réduction des charges à faire par l'évêque. Conseil d'Etat, 22 juillet 1840. (*Journal du Palais,* v°, *Fondations,* n° 54).

Est valable le legs de 400 fr. de rente perpétuelle à une fabrique pour être réparti annuellement par elle entre les pauvres les plus nécessiteux de la paroisse, sans reddition de compte autre que la comptabilité ordinaire des autres fonds de la fabrique. (Ordonnance du 22 août 1820.)

En 1830, il y eut réclamation du bureau de bienfaisance; mais le conseil d'Etat, 11 novembre 1830 (*Rec. gén.* de Roche et Durieu, t. 4, p. 661), rejeta sa prétention sans examiner le fond, attendu que l'ordonnance avait déjà dix ans d'exécution; au fond, on ne saurait évidemment sacrifier le legs au droit que le bureau de bienfaisance peut avoir de s'immiscer dans ce qui touche les pauvres, alors même que le testateur l'aurait exclu explicitement comme condition de son aumône. On ne saurait mieux le sacrifier, en présence de l'intention du testateur, assez manifestée par cela seul qu'il n'a nommé que la fabrique.

Aucune disposition de la loi n'a placé dans l'administration de ces bureaux les fondations dont le titre constitutif a réglé un mode particulier d'exécution; ils n'ont point de privilége exclusif; ils représentent les pauvres là où ceux-ci n'ont pas d'autre représentant; mais cela ne les appelle pas à s'immiscer dans le mode particulier d'administration qu'il a plu

aux donateurs de définir; ce serait souvent faire obstacle
à leurs bonnes intentions et les détourner de faire le
bien.

Théod. AUZIAS père,

Avocat, ancien bâtonnier.

---

*Notaire. — Faillite. — Acte de commerce. — Emprunts. —
Prêts. — Intérêts. — Compte courant. — Billets à ordre.
— Escompte. — Immeubles.*

Un notaire qui se livre habituellement à des opérations
de commerce peut être déclaré en faillite. (Cod. comm., 437.)

Mais ne peuvent être considérées comme constituant des
actes de commerce de la part d'un notaire (art. 631 et suiv.),
de nature à le faire déclarer en état de faillite, les opérations
suivantes, savoir :

... D'emprunter de l'argent à des tiers et de l'employer
tant à ses besoins personnels qu'à des avances à ses clients,
moyennant un intérêt dont le taux n'excède pas celui qu'il
paie lui-même à ses prêteurs, alors surtout qu'il n'exige
ni droit de commission, ni aucune autre rétribution ;

... De tenir des comptes ouverts avec les prêteurs et les
emprunteurs de ces fonds, mais en ne recevant des uns et
en ne payant aux autres l'intérêt qu'au taux légal en matière
civile et sans établir de balance à des termes périodiques, de
manière à capitaliser à son profit les intérêts des sommes à
lui dues.

... De faire escompter fréquemment des billets à ordre
souscrits à son profit par des débiteurs non commerçants et
pour des causes étrangères au commerce.

... De se charger du règlement ou de la gestion d'un
grand nombre d'affaires étrangères à sa profession, mais.

pour lesquelles il ne perçoit aucune rétribution, et dans le
but unique d'augmenter la clientèle de son étude.

... De spéculer sur des acquisitions et des reventes d'immeubles : ces sortes de spéculations n'ayant d'ailleurs, dans
aucun cas, le caractère d'actes de commerce.

A... — C. X...

ARRÊT.

La Cour;

Considérant, sur la première question, qu'encore bien que
J... exerçât les fonctions de notaire depuis 23 ans, à l'époque
où son état de déconfiture s'est révélé, au mois de décemb. 1856,
il devrait être déclaré en faillite en qualité de commerçant, aux
termes de l'art. 437, Cod. comm., s'il était établi qu'il a exercé
en outre des actes de commerce et qu'il en a fait sa profession
habituelle, l'art. 1er du même Code lui attribuant en ce cas la
qualité de commerçant;

Considérant que les art. 632 et 633 contiennent l'énumération des actes que la loi répute actes de commerce, et qu'il s'agit
de rechercher si les faits desquels A... et consorts prétendent
faire résulter que J... était commerçant peuvent rentrer dans
cette énumération;

Considérant que des livres et registres de J..., qui font connaître le genre d'opérations auxquelles il se livrait, il ressort
que l'argent qu'il se procurait sur de simples reçus, où sa qualité de notaire est toujours indiquée, n'était pas destiné et employé par lui à des spéculations de banque ou de commerce;

Considérant : 1° que certaines sommes lui étaient remises
pour être placées sur hypothèques; 2° que d'autres sommes lui
étaient remises pour être placées chirographairement; 3° qu'enfin des sommes plus ou moins considérables lui étaient remises
à titre de prêt personnel, qualifié de dépôt dans les reçus par
lui délivrés, exprimant qu'il s'obligeait à en payer l'intérêt;

Considérant, relativement aux sommes comprises dans les
deux premières catégories, qu'il est évident qu'elles n'étaient

pas destinées à des opérations de banque, et que le placement devait en être fait pour le compte de ceux qui en faisaient la remise à J..., auquel ils avaient recours à raison de sa qualité de notaire ;

Considérant, quant aux sommes prêtées à J..., moyennant intérêts, sur des reçus délivrés comme pour un dépôt, que l'on remarque que l'intérêt était porté à 5 p. 100 lorsqu'il s'agissait de sommes un peu considérables dont il avait la disposition pendant un temps qui permettait d'en retirer un avantage égal à cet intérêt ; que le prêt n'avait lieu au-dessous de 5 p. 100 que pour des sommes modiques, en général exigibles à volonté ou après un avertissement de quelques jours, c'est-à dire pour des sommes dont il ne pouvait pas trouver immédiatement un placement utile, et qu'il ne pouvait engager dans des spéculations ;

Considérant que les sommes qu'il recevait ainsi, et dont il prommettait un intérêt inférieur à 5 p. 100, au lieu d'être employées à des spéculations servaient à couvrir les débours considérables qu'il avait à faire pour son étude de notaire, à payer ses dettes et ses dépenses, auxquelles le produit du notariat ne pouvait faire face, eu égard au passif considérable dont il était grevé depuis longtemps ;

Considérant que les sommes qui n'étaient pas ainsi absorbées n'étaient prêtées par lui ou avancées pour ses clients qu'au taux de 5 p. 100, c'est-à-dire un intérêt qui n'excédait pas celui qu'il avait promis lui-même ; qu'il ne se faisait payer en outre ni commission de banque ni aucune autre rétribution ;

Considérant qu'il est impossible de trouver dans des opérations de ce genre aucun des caractères de la spéculation commerciale, et que les prêts reçus par J... et ceux par lui faits ont conservé, et dans la forme et au fond, tous les caractères d'actes purement civils ;

Considérant qu'il a été articulé et non méconnu que J... n'a jamais souscrit une lettre de change ; qu'il n'a jamais fait l'escompte de billets à ordre et lettres de change ou autres valeurs de crédit, d'où l'on conclut qu'il n'a point fait des opérations de banque ; qu'il en résulte au moins de graves présomptions qu'il est resté étranger à ces sortes d'opérations ;

Considérant qu'on ne peut induire le contraire de nombreux

comptes ouverts sur l'un des livres de J..., tant à ceux qui lui ont fait des remises d'argent à titre de dépôt ou de prêt, ou pour lesquels il en a reçu ou payé, qu'à ceux auxquels il en a prêté ou avancé;

Considérant qu'en examinant les éléments de ces divers comptes on reconnaît qu'ils ne constituent qu'une comptabilité purement civile et non une comptabilité commerciale concernant des opérations de commerce ou de banque;

Considérant que les intérêts y sont portés à cinq du cent des capitaux qui en doivent produire pour ou contre Duhamel; que jamais les comptes ne sont balancés, par exemple, tous les six mois ou à des termes périodiques plus courts, afin de capitaliser les intérêts et d'obtenir ainsi des intérêts d'intérêts, suivant l'usage adopté dans les comptes courants proprement dits des banquiers et commerçants;

Considérant que l'on ne peut donc argumenter des comptes portés aux livres de J..., et qui sont tous établis conformément aux principes du droit civil, pour prétendre qu'il se livrait habituellement à des opérations de banque et qu'il doit être rangé dans la classe des commerçants;

Considérant que le livre de caisse tenu par J... contient seulement l'indication des encaissements, de la cause de ces encaissements, et des sommes sorties de la caisse et de la cause également de ces sorties, sans que l'état de la caisse soit vérifié et arrêté pour en constater la situation; mais que, lors même qu'il se serait renfermé dans l'exercice de sa profession de notaire, il aurait eu indubitalement un livre de caisse, comme il en existe dans toutes les études de notaire d'une certaine importance;

Considérant que l'on inscrivait sur le livre de caisse dont il s'agit toutes les sommes versées à J..., à raison de sa qualité de notaire, ainsi qu'on le voit en parcourant ce livre, de même que les autres sommes qui lui étaient confiées pour des causes étrangères à son étude ou qui lui étaient prêtées; qu'enfin il ne s'y rencontre aucune trace de recettes ou de dépenses se rattachant à des opérations de banque ou de commerce;

Considérant que le soutien qu'il aurait existé deux caisses, l'une pour les opérations étrangères au notariat, et l'autre pour le notariat, est mal fondé : 1° parce qu'il est prouvé, comme on l'a déjà dit, qu'on inscrivait sur le livre de caisse inventorié toutes les recettes, sans distinction entre celles étrangères au notariat et celles qui en provenaient ou s'y rattachaient ; 2° parce que l'énonciation de quelques versements faits d'après le livre dont il s'agit *à la petite caisse* pour acquitter des frais d'acte a été expliquée et non contredite dans les plaidoiries, et qu'il résulte de cette explication qu'un clerc de l'étude chargé de la comptabilité relative aux sommes payées pour l'enregistrement à percevoir sur les actes notariés, de recevoir les sommes ayant cette destination dans une caisse spéciale appelée *petite caisse*, s'était fait remettre par la caisse destinée à toutes les recettes indistinctement, et appelée *grande caisse*, certaines sommes dont il avait eu besoin dans deux ou trois occasions pour acquitter des frais d'actes ou d'enregistrement ;

Considérant, quant au petit registre qualifié de livre à souche par les appelants, que c'est un simple carnet consistant dans la copie des reçus que J... délivrait de toutes les sommes qui lui étaient remises, soit à titre de prêt, soit à titre de dépôt, ou pour en opérer le placement comme notaire, et qu'il ne contient l'indication d'aucune opération ayant un caractère commercial ;

Considérant que l'on ne peut trouver la preuve que J .. faisait habituellement des actes de commerce dans cette circonstance qu'il a fait escompter, pour en recevoir le produit, dans quelques maisons de banque et au comptoir d'escompte de Granville, un certain nombre de billets à ordre souscrits à son profit par des débiteurs non commerçants et pour des causes étrangères au commerce ;

Considérant que la souscription ou l'endossement d'un billet à ordre par un non-commerçant ne constitue pas un acte de commerce, lorsque ce billet n'a pas pour cause une opération de commerce, trafic, change, banque ou courtage ; que c'est ce qui résulte des art. 636 et 637, Code commercial ;

Considérant que J... ne peut être réputé commerçant à raison de ce qu'il aurait tenu un bureau ou agence d'affaires ;

Considérant, en effet, que des livres et autres documents produits au procès il résulte que jamais il ne s'est fait payer des droits de commission ni aucune autre rétribution pour les nombreuses affaires dans lesquelles il s'est immiscé, sauf l'affaire Bunel, dans laquelle il a reçu un salaire relativement minime eu égard à la durée et à l'importance de cette affaire ;

Considérant qu'en s'occupant gratuitement d'un grand nombre d'affaires qui ne rentraient pas dans sa profession de notaire, il n'a pas agi comme tenant un bureau ou agence d'affaires; qu'il cherchait par cette conduite à multiplier et étendre des relations qui devaient augmenter sa clientèle et accroître les produits de son étude, si les embarras de sa position, déjà difficile dès l'origine de son exercice, ne l'eussent pas conduit à une catastrophe que son imprudence et le désordre de ses affaires rendaient inévitable;

Considérant que les plus graves reproches qu'il a encourus pour avoir mis en oubli les devoirs de sa profession ne sont pas soumis à l'appréciation de la Cour, qui est appelée seulement à décider s'il doit être déclaré en état de faillite comme commerçant;

Considérant que si cette qualité ne peut résulter des divers actes par lui accomplis et qui sont révélés par ses livres et registres, elle ne résulterait pas davantage de ce qu'il aurait spéculé sur des acquisitions et reventes d'immeubles, car ce fait articulé et positivement méconnu ne constituerait pas une opération de commerce rentrant dans le texte ou l'esprit des art. 632 et 633, Code commercial;

Par ces motifs, sans avoir égard à l'expertise et à l'enquête sollicitées par les appelants;

Confirme, etc.

Du 10 août 1857. — Cour imp. de Caen. — 4e ch. — Prés., M. Mabire.

Notaire. — Responsabilité. — Travaux publics. — Entrepreneur. — Cautionnement. — Femme mariée. — Qualité.

Dans le cas où un notaire est déclaré responsable de la nullité d'un cautionnement fourni, pour un entrepreneur de travaux publics, par une femme mariée, en vertu d'une procuration passée devant ce notaire, dans laquelle elle avait pris faussement la qualité de veuve, il peut être condamné à payer à l'Etat, à titre de dommages-intérêts, non pas simplement la valeur du cautionnement auquel l'entrepreneur était soumis, mais le montant des sommes dont cet entrepreneur peut être débiteur envers l'Etat par suite de la mauvaise exécution de ses travaux. (C. Nap., 1382, 1383).

Mais, dans ce cas, le notaire a son recours contre la femme qui lui a ainsi célé à dessein sa qualité de femme mariée. Rés. seulement par la Cour d'appel.)

B... — C. le préfet du Nord.

La Cour d'Amiens, saisie de la contestation, avait prononcé sur les questions du procès par un arrêt du 6 janvier 1857, dans les termes suivants, qui feront suffisamment connaître les faits de la cause :

Considérant, en fait, que, par procès-verbal dressé par M. le préfet du Nord, le 3 septembre 1851, le sieur Clément Santin s'est rendu adjudicataire de travaux nécessaires à l'exécution du chemin vicinal de grande communication, n° 59, de Landry à Obincheul aux Bois, mis en régie par arrêté du 11 août 1852 ; que, par un autre arrêté en date du 30 juin 1854, il a été constitué débiteur, envers le département du Nord, de la somme de 9,706 fr. 70 c., au paiement de laquelle il a été condamné par jugement, définitif à son égard, du tribunal de Saint-Quentin, en date du 14 mars 1856 ;

Considérant que, pour obtenir l'adjudication, Clément Santin avait présenté pour caution sa sœur, qui a pris les noms de Marie-Louise-Esther Santin, veuve Cardon, et qui s'est fait représenter par son frère Louis-Benoît Santin, en vertu d'un acte de procuration délivré en brevet, le 7 septembre 1851, par Mᵉ B..., notaire à Saint-Quentin ;

Considérant que c'est par suite d'un concert frauduleux organisé par Clément Santin, Benoît Santin et leur sœur, que ce cautionnement a été accepté par l'administration ;

Qu'en effet, Louise-Désirée-Esther Santin a dissimulé frauduleusement sa qualité de femme actuellement mariée au sieur Wagner, cordonnier à Saint-Quentin, en signant, à la date du 2 septembre 1851, du nom de veuve Cardon Joseph, l'engagement qu'elle prenait de fournir un cautionnement nécessaire au sieur Clément Santin, pour obtenir l'adjudication des travaux du chemin dont s'agit, et en consentant hypothèque sur la totalité d'une maison dont elle n'est propriétaire que pour partie, et qui, en outre, est grevée d'une hypothèque légale;

Considérant qu'aux termes des art. 217 et 1124, Code Napoléon, les engagements contractés par les femmes mariées, sans l'autorisation de leur mari, sont frappés de nullité absolue; mais que, dans l'espèce actuelle, ces articles ne sauraient recevoir d'application; qu'en effet, M. le préfet du Nord n'a pas été mis à même de contrôler si la femme Wagner était mariée, parce qu'elle s'est faussement déclarée veuve du sieur Cardon Joseph, lequel fait a été également attesté par le notaire; que ce n'est pas en vertu d'une convention que la femme Wagner est en ce moment poursuivie, mais à raison d'un fait de dol et de fraude. qui a le caractère de quasi-délit, et qui doit nécessairement engager sa responsabilité;

Considérant que, si des documents produits, il résulte que le cautionnement à fournir n'est que d'un trentième de l'estimation des travaux, c'est-à-dire, dans l'espèce, de 2,886 fr. 73 c., on ne saurait restreindre à ce chiffre la part de responsabilité qui incombe à la femme Wagner et à Louis-Benoît Santin; que c'est, en effet, par suite de leur fraude que Clément Santin, qui deux fois avait été déclaré en faillite et qui n'offrait aucune garantie personnelle, a été accepté comme adjudicataire des travaux qu'il n'a pu mener à fin;

Que le préjudice par lui causé l'administration étant de 9,706 fr. 70 c., c'est à ce chiffre qu'il convient de fixer la part de la responsabilité de la dame Wagner;

En ce qui touche l'appel incident de M. le préfet du Nord, vis-à-vis de Me B...:

Considérant que le notaire B... doit s'imputer d'avoir, avec légèreté et imprudence, reçu la procuration donnée par la femme Wagner à son frère, sans prendre des informations nécessaires pour certifier l'état de la mandante; que, dès lors, cette imprudence de sa part le rend responsable de tout le préjudice occasionné à l'administration;

En ce qui touche l'appel de B... vis-à-vis des époux Wagner:

Considérant que ce notaire ayant été trompé par les manœuvres frauduleuses de la part de la femme Wagner et de Benoît Santin, ceux-ci doivent être tenus solidairement à garantir et indemniser B... des condamnations contre lui prononcées;

Condamne la dame Wagner à payer, solidairement avec Benoît Santin, entre les mains de qui de droit, la somme de 9,706 fr. 70 c., montant du préjudice par elle causé, avec intérêts à partir du jour de la demande...;

Met ce dont est appel au néant en ce que le jugement n'a condamné le notaire qu'à 2,886 fr., montant du cautionnement;

Faisant droit, le condamne solidairement avec la femme Wagner et Benoît Santin à payer ladite somme de 9,706 fr. 70, montant du préjudice causé, etc.;

Dit que la dame Wagner sera tenue, solidairement avec Benoît Santin, à garantir Me B... des condamnations prononcées contre lui, etc.

Pourvoi en cassation par le sieur B..., pour violation des articles 1382 et 1383, Code Napoléon, et des principes en matière de responsabilité notariale, en ce que, d'une part, le notaire avait été déclaré responsable des conséquences du vice de la procuration donnée par la femme Wagner à son frère, bien que l'arrêt attaqué n'eût constaté à sa charge qu'un acte de légèreté et d'imprudence, et non une faute lourde ou un dol;

En ce que, d'autre part, bien que la procuration vicieuse n'eût pour objet qu'un cautionnement s'élevant à 2,886 fr. 73 c., et que, dès lors, le préjudice résultant de la perte de ce cautionnement, comme conséquence du vice reproché, ne fût que de cette dernière somme, le notaire avait été condamné à rembourser celle de 9,706 fr. 70 c., montant des répétitions que l'administration pouvait avoir à faire contre l'adjudicataire cautionné.

En résumé, disait-on, on devait prendre pour base des dommages-intérêts à accorder, non le préjudice causé par *le cautionné*, mais celui occasionné par le *vice du cautionnement*.

ARRÊT.

La Cour,

Sur le moyen unique, tiré de la violation des articles 1382 et 1383, Code Napoléon, et des principes en matière de responsabilité notariale ;

Attendu que, s'il est de principe que les notaires ne sont pas de plein droit et d'une manière absolue responsables des irrégularités, omissions ou autres erreurs qu'ils commettent dans la rédaction de leurs actes, il n'est pas moins certain qu'il appartient aux juges du fait d'apprécier la nature et la gravité de ces irrégularités ou de ces erreurs, et de déterminer dans quelle mesure les notaires sont responsables du préjudice qui en est résulté ;

Attendu que, d'après l'article 11 de la loi du 25 ventôse an XI, le nom, l'état et la demeure des parties doivent être connus des notaires ou leur être attestés dans l'acte par deux citoyens connus d'eux ;

Attendu que l'arrêt constate que B..., notaire, ne s'est pas conformé à cette disposition ; qu'il a reçu la procuration donnée par la femme Wagner à son frère sans prendre aucune des informations nécessaires pour certifier l'état de cette femme, qui s'était présentée à lui sous le nom de veuve Cardon, tandis qu'elle était mariée en secondes noces depuis onze ans avec le sieur Wagner ;

Que c'est à bon droit qu'en présence de ces faits, la Cour impériale d'Amiens a décidé que ce notaire avait agi avec légèreté et imprudence, et qu'il était responsable du préjudice qu'il avait occasionné ;

Que, dès qu'il était reconnu qu'il y avait eu de la part du notaire une faute lourde dont il était responsable, les dommages-intérêts devaient être du montant de la perte éprouvée ; que, par conséquent, ils ne devaient pas être fixés à 2,886 fr. 75 c., montant du cautionnement contracté en vertu de la procuration, mais à la somme de 9,706 fr. 71 c. à laquelle s'est élevé le préjudice éprouvé par l'administration ;

Qu'en le jugeant ainsi, l'arrêt attaqué, loin d'avoir violé les articles¹ invoqués par le pourvoi, en a fait une juste application ;

Rejette, etc.

Du 11 août 1857. — Ch. req. — Prés., M. Nicias-Gaillard.

————

1° *Exploit.* — *Epoux.* — *Copie séparée.* — *Action immobilière.*

2° *Saisie immobilière.* — *Nullité du titre.* — *Incident.* — *Fin de non recevoir.*

1° En matière d'action immobilière intéressant une femme mariée sous le régime de la communauté, les exploits doivent être signifiés au mari et à la femme par copie séparée : il ne suffirait pas qu'ils fussent signifiés au mari. (C. Nap., 1428 ; C. proc., 68).

Et on doit considérer comme une action immobilière, celle qui, ayant pour objet la nullité de la donation d'une somme d'argent, tend en même temps à la nullité d'une saisie immobilière pratiquée pour avoir paiement de la somme donnée sur des biens qui y sont hypothéqués.

2° L'art. 728, Cod. proc., qui veut que les moyens de nullité, tant en la forme qu'au fond, contre la procédure de saisie immobilière antérieure à la publication du cahier des charges, soient, à peine de déchéance, proposés trois jours au plus tard avant cette publication, s'applique à la demande en nullité du titre en vertu duquel la saisie a eu lieu.

o

(Fardel — C. Berthe.)

ARRÊT.

La Cour, — sur le premier moyen :

Attendu que la question de recevabilité de l'appel dépendait de celle de savoir si la signification du jugement de Senlis avait été régulière ;

Attendu qu'aux termes de l'art. 1428, Cod. Nap., le mari a l'administration de tous les biens personnels de sa femme, et peut exercer seul toutes les actions mobilières et possessoires qui appartiennent à la femme ;

Mais attendu que, dans la cause, il s'agit non seulement de la demande en nullité et en réduction de la donation faite au profit de la dame Berthe par sa mère naturelle, mais encore de la nullité des poursuites de saisie immobilière intentées par ladite dame Berthe et de l'adjudication qui en avait été la suite ;

Qu'une action de cette nature était immobilière, et qu'ainsi la signification du jugement du tribunal de Senlis, statuant à son égard, aurait dû être faite par deux copies distinctes à la dame et au sieur Berthe ;

Que, néanmoins, cette signification a eu lieu par une seule copie ; d'où il résulte que cette irrégularité n'a pu faire courir les délais de l'appel ;

Sur le deuxième moyen :

Attendu qu'aux termes de l'art. 728, Cod. proc., en matière de saisie immobilière, les moyens de nullité, tant en la forme qu'au fond, contre la procédure qui précède la publication du cahier des charges, doivent être proposés, à peine de déchéance, trois jours, au plus tard, avant cette publication ;

Que ces termes de la loi sont généraux et absolus et repoussent la distinction invoquée par le pourvoi entre les moyens de nullité fondés sur la forme et le fond, et le cas où la demande repose sur la nullité de l'*instrumentum* ou du titre ;

Que c'est donc avec raison que l'arrêt attaqué a décidé que l'adjudication faite à Hapert et à Godé était inattaquable, puis-

que les prétendus moyens de nullité invoqués contre cette
adjudication n'avaient pas été proposés dans le délai déterminé
par l'art. 728, Cod. proc. — Rejette, etc.

Du 2 nov. 1857. — Ch. req. — prés., M. Nicias-Gaillard.

————

1° Avoué. — Adjudication. — Vacation.— Lots. — 2° Huis·
sier. — Adjudication. — Assistance. — Lots. — 3° Avoué.
— Adjudication. — Remise proportionnelle.

1° et 2° Le droit de vacation alloué à l'avoué poursuivant,
et le droit d'assistance accordé à l'huissier audiencier, en
matière de vente publique d'immeubles, est dû à raison de
chaque lot adjugé, jusqu'au nombre de six, alors même que
tous les lots, d'abord adjugés partiellement, auraient été
ensuite réunis et adjugés en bloc sur une enchère couvrant
la totalité des adjudications partielles. (Ord. 10 oct. 1841,
art. 6, § 2, et 11, § 6.)

3° La remise proportionnelle due à l'avoué poursuivant
sur le prix des biens vendus en justice pour un prix supérieur à 2,000 fr., doit être calculée sur l'intégralité du prix
de l'adjudication, et non pas seulement sur la partie du prix
qui excède 2,000 fr. (Même ord., art. 11, § 7).

(Marcellot — C. Chauvelin.)

Le 3 janvier 1855, jugement du tribunal civil de Guéret,
qui décidait le contraire par les motifs suivants :

« Considérant qu'il est constant, en fait, que les immeubles
saisis réellement au préjudice du sieur Dubranle ont été adjugés
en bloc définitivement, à l'audience du 26 décembre dernier, et

que cette adjudication a fait disparaître et rendu sans effet les quatre adjudications provisoires qui avaient été faites, à la même audience, des mêmes biens;

« Considérant, en droit, que l'art. 11 de l'ordonnance du 10 octobre 1841, allouant à l'avoué poursuivant une vacation de 12 fr. à raison de chaque lot adjugé, quelle qu'en soit la composition, sans que ce droit puisse être exigé sur un nombre de lots supérieur à six, n'a réellement entendu accorder cette vacation que pour chaque lot dont l'adjudication serait définitive, c'est-à-dire qui constituerait un titre parfait et réellement translatif de propriété, et non pour chacune des adjudications provisoires qui se sont évanouies par l'adjudication en bloc, et n'ont été que de simples enchères qui n'ont point abouti, que des tentatives d'adjudication sans résultat; d'où il suit que M. le juge taxateur, en n'allouant à Me Marcellot qu'une vacation de 12 fr. pour l'adjudication en bloc de tous les lots réunis, a procédé régulièrement et sainement interprété les dispositions de l'art. 11 de l'ordonnance précitée, qui, entendues dans un sens contraire, pourraient donner lieu à des fraudes ou à des abus;

« Considérant que c'est par application du même principe résultant également des dispositions de l'art. 6 de la même ordonnance, que M. le juge taxateur a été bien fondé à n'allouer aux huissiers qu'une seule vacation de 3 fr. 75 c. pour l'adjudication en bloc des immeubles saisis au préjudice du sieur Dubranle;

« Considérant, en ce qui touche le retranchement fait par M. le juge taxateur d'une somme de 20 fr. sur les premiers 2,000 f. du prix de l'adjudication; que l'art. 11 de l'ordonnance du 1er octobre 1841, contient, à cet égard, une disposition précise, et qui ne peut donner lieu à aucune équivoque; que cet article n'alloue aucun droit à l'avoué poursuivant, lorsque le prix de l'adjudication n'excède pas 2,000 fr., et qu'il dispose, d'une manière positive, qu'il ne sera accordé de remise proportionnelle à l'avoué poursuivant qu'à partir des deux premiers 1,000 fr. faisant partie du prix de l'adjudication; que si cette ordonnance eût voulu que la remise proportionnelle fût calculée sur la totalité du prix, lorsque l'adjudication dépasse 2,000 f., elle n'aurait pas manqué de s'en expliquer comme elle l'a fait dans son art. 14, pour les ventes devant notaires, où la remise proportionnelle doit être calculée sur la totalité du prix des biens vendus; d'où il résulte que M. le juge taxateur a eu raison de retrancher de l'état de frais de Mᵉ Marcellot une somme de 20 fr., mal à propos réclamée à titre de remise proportionnelle sur les deux premiers 1,000 fr. du prix de l'adjudication. »

Pourvoi en cassation par Mᵉ Marcellot : 1° pour violation des art. 6, § 2 ; 11, §§ 6 et 7, de l'ordonnance du 10 oct. 1841, en ce que, d'une part, le jugement attaqué a refusé d'allouer au demandeur, dans une vente publique d'immeubles faite par lots, un droit proportionnel à raison de chaque lot adjugé jusqu'au nombre de six, sous prétexte que les adjudications partielles avaient été ensuite couvertes par une seule adjudication faite *in globo ;* 2° en ce que, d'autre part, le même jugement n'a calculé la remise proportionnelle allouée à l'avoué poursuivant, sur le prix de toute adjudication dépassant 2,000 fr., que déduction faite de ces premiers 2,000 fr.

ARRÊT.

La Cour, vu les art. 6, § 2 ; 11, §§ 6 et 7, de l'ordonnance du 10 oct. 1841 ;

Attendu que l'art. 6, § 2 de l'ordonnance sus-énoncée, alloue aux huissiers audienciers des tribunaux de première instance un droit à raison de chaque lot adjugé, quelle qu'en soit la composition, sans qu'il puisse être exigé sur un nombre supérieur à six ; et qu'il en est de même en ce qui concerne les avoués, aux termes mêmes de l'art. 11, § 6 de la même ordonnance, qui, se servant des mêmes expressions, leur accorde un droit de vacation à raison de chaque lot adjugé, et dans les mêmes limites ;

Attendu, en ce qui concerne les avoués, que lorsque les immeubles ont été divisés par lots, et qu'après les adjudications partielles il y a eu, comme il est constaté dans l'espèce, adjudication en bloc pour le tout, sur une enchère couvrant la totalité des adjudications partielles, il n'en résulte pas qu'un seul droit

de vacation à l'adjudication soit dû, comme s'il n'y eût eu qu'une
seule adjudication ; qu'entendre ainsi les articles précités, ce
serait faire violence aux termes et méconnaître l'esprit de l'ordonnance qui a voulu que lorsqu'il y a accroissement de travail
par la division des lots, leur composition, et plus de temps employé à l'audience, il y ait aussi, et proportionnellement, accroissement de salaire ;

Attendu qu'il en est de même pour les droits d'assistance à
l'adjudication accordée aux huissiers audienciers ;

Attendu, sur le chef relatif à la remise proportionnelle due
aux avoués, que l'art. 11, § 7 de l'ordonnance du 10 oct. 1841,
porte qu'indépendamment des émoluments ci-dessus fixés, il est
alloué à l'avoué poursuivant, sur le prix des biens dont l'adjudication sera faite au-dessous de 2,000 fr. des droits accordés
selon les proportions qu'il détermine d'après la quotité du prix
de l'adjudication ; qu'il en résulte bien sans doute que la remise
ne commence à être due que lorsque le prix excède 2,000 fr.,
mais que le motif qui a fait refuser la remise dans ce cas, à
cause de la modicité du prix de l'adjudication, devient sans
application quand le prix s'élève au-dessus de cette somme; et
qu'alors la remise étant due *sur le prix d'adjudication*, selon
les termes de l'ordonnance, il n'y a pas lieu de faire d'autres
distinctions entre les diverses parties du prix que celles qui
modifient l'importance de la remise proportionnelle d'après le
prix de l'adjudication, mais en la faisant toujours porter sur
l'intégralité du prix de l'adjudication ;

Attendu qu'en décidant le contraire, le jugement attaqué a
violé les articles ci-dessus cités ;

Casse, etc.

Du 4 nov. 1857. — Ch. civ. — Prés., M. Troplong.

1° *Tutelle. — Cotuteur. — Second mari. — Destitution. —
Conseil de famille. — Homologation. — 2° Bref délai. —
Exploit. — Ordonnance. — Copie.*

1° La destitution encourue par le mari, cotuteur des

enfants d'un premier mariage de sa femme, entraîne nécessairement la cessation de la tutelle qui avait été conservée
à la mère par le conseil de famille : il y a à cet égard lien
indivisible entre la tutelle et la cotutelle. (Cod. Nap., 396,
446.)

L'homologation d'une délibération d'un conseil de famille
qui prononce la destitution du tuteur, doit être demandée
par voie d'assignation du tuteur destitué devant le tribunal
de première instance, et non par voie de simple requête au
président : à ce cas n'est pas applicable la disposition de
l'art. 885, Cod. pr. (Cod. Nap., 448.)

2° Un exploit d'ajournement à bref délai n'est pas nul
pour simple omission, en tête de l'exploit, de la copie de
l'ordonnance du président qui a permis d'assigner à bref
délai. (C. proc., 72.)

(Hélouis—C. Avenel.)

ARRÊT.

La Cour, — sur la nullité de l'exploit d'assignation :
Attendu qu'à la différence de l'art. 65, Cod. pr., qui exige, à
peine de nullité, qu'il soit donné, avec l'assignation, copie du
procès-verbal de non conciliation ou de la mention de non
comparution, l'art. 72 du même Code n'exige pas qu'en cas
d'abréviation des délais pour comparaître, il soit donné, avec
l'assignation, copie de l'ordonnance du président, et ne prononce pas, en cas d'omission, la nullité de l'ajournement; que
cette omission, improuvée par l'usage, ne constituerait pas
d'ailleurs l'absence d'une formalité substantielle; que, d'après
l'art. 1030 du même Code, l'assignation ne peut donc pas être
déclarée nulle ;
Sur la nullité fondée sur ce que l'homologation de la délibération du conseil de famille a été demandée par assignation et
non par voie de requête ;

Attendu que cette déclaration avait prononcé la destitution des sieurs et dame Louis. dit Hélouis, le premier comme cotuteur, la seconde comme tutrice de la mineure Avenel, et qu'aux termes de l'art. 448, Cod. Nap., l'homologation en devait être demandée par assignation devant le tribunal, puisque, sur leur refus d'y adhérer, ils élevaient nécessairement une réclamation à soumettre au tribunal de première instance, qui devait prononcer, sauf l'appel ; qu'à cette espèce ne s'appliquait pas l'art. 885, Cod. pr.; qu'ainsi le subrogétuteur a bien procédé ;

Au fond :

Attendu que les faits relevés par le conseil de famille à la charge de Louis, dit Hélouis, sont certains, authentiquement constatés, reconnus par lui, et constituent de sa part une inconduite notoire et une gestion désastreuse pour la mineure Avenel ; que ces causes peuvent être le fondement d'une destitution, d'après l'art. 444, Cod. Nap.; que c'est donc avec raison que le conseil de famille a prononcé contre Hélouis la destitution de la cotutelle ; qu'à son égard, l'arrêt par défaut doit être maintenu ;

Attendu que la veuve Avenel, se proposant de convoler à de secondes noces, a obtenu du conseil de famille de conserver la tutelle de sa fille mineure, sous la condition nécessaire d'avoir Hélouis, son second mari, pour cotuteur, conformément à l'art. 395 ;

Attendu que les faits relevés par le conseil de famille à la charge de cette dame sont combattus et même détruits par les documents produits au procès ; que la mauvaise gestion de sa tutelle est toute personnelle au mari, maître des actions de sa femme, et exclut l'idée de l'incapacité de celle-ci ; que d'ailleurs il est prouvé que la dame Hélouis envoyait sa fille aux classes tenues par une religieuse, et lui faisait suivre régulièrement les instructions préparatoires à sa première communion; qu'ainsi il n'y avait pas lieu de prononcer contre elle une destitution de tutelle ;

Mais, attendu que la tutelle ne lui avait été conservée qu'à la condition d'avoir son second mari pour cotuteur; que la destitution du mari comme cotuteur entraîne, comme conséquence, la cessation de la tutelle de sa femme ; que la dame Hélouis se

rouve alors placée dans la position de la mère qui, ne convo-
quant pas le conseil de famille avant son second mariage, perd
le plein droit la tutelle, comme le dit le deuxième alinéa de
l'art. 395; qu'ainsi donc la cotutelle cessant par l'homologation
de la délibération qui prononce la destitution de son mari, la
dame Hélouis, tant que son second mariage subsiste, encourt
non sa destitution, mais la perte de la tuelle, en d'autres termes,
la suspension des effets qui y sont attachés; que c'est en ce sens
seulement que la délibération dont s'agit doit être homologuée
contre elle;

Attendu que cette dernière solution repousse les conclusions
dernières de la dame Hélouis (tendant à être seule maintenue
dans la tutelle); qu'en effet, placée dans les liens absolus de la
puissance maritale, ce ne serait pas elle, mais son mari qui
gèrerait les biens de la mineure;

Par ces motifs, reçoit les époux Louis, dits Hélouis, opposants pour la forme à l'arrêt obtenu par défaut contre eux, le ...,
et, sans égard à leur opposition, non plus qu'à leurs exceptions
de nullité, qui sont mal fondées, et dont ils sont déboutés, ordonne que ledit arrêt sortira son plein et entier effet contre le
mari; mais contre la femme, en sens seulement, 1° que le conseil de famille a, sans causes légales, prononcé sa destitution de
la tutelle; 2° que par l'effet de la destitution de son mari comme
tuteur, la dame Hélouis perd de plein droit la tutelle de sa fille,
tant qu'elle sera dans les liens du mariage; rejette ses dernières
conclusions, etc.

Du 25 juin 1857. — Cour imp. de Rouen. — 2e ch. — Prés.,
M. Forestier.

___

Enquête. — Délai.

Les juges ne peuvent pas fixer, pour commencer une
enquête qu'ils ordonnent, un délai plus long que le délai de
huitaine établi par l'art. 257, Cod. proc., quand l'enquête
doit se faire au lieu même où siége le tribunal, ou dans la
distance de trois myriamètres. (Cod. proc., 257, 258.)

(Buffard — C. Buffard et Reverchon.)

ARRÊT.

La Cour,

Vu les articles 257 et 258, Code procédure, et 130, même Code;

Considérant que la disposition de l'article 257 est impérative et formelle; que, d'après l'article 258, le juge ne fixe le délai dans lequel sera commencée l'enquête que lorsqu'elle doit se faire à une distance de plus de trois myriamètres;

Considérant que le tribunal de Saint-Claude, en ordonnant une enquête qui devait se faire au lieu même où il siége, a imposé aux consorts Buffard-Morel l'obligation de prendre l'ordonnance du juge-commissaire dans quarante jours à dater du jugement;

Qu'une pareille décision, quelque utile d'ailleurs qu'en soit le but, substitue une procédure arbitraire à celle de la loi; qu'elle supprime la nécessité de notifier le jugement; qu'elle assigne au délai pour commencer l'enquête un autre point de départ; qu'elle peut avoir pour effet de proroger ou de restreindre le délai légal, dans le cas où le jugement serait signifié et selon que la signification en aurait été prompte ou tardive;

Qu'enfin, cette disposition, inutile si le délai qu'elle indique n'est que comminatoire, ajoute aux déchéances prononcées par la loi, s'il emporte forclusion;

Qu'il y a lieu d'infirmer;

Par ces motifs, émendant, dit que le délai pour commencer l'enquête ordonnée par les premiers juges courait du jour de la signification du jugement, et que ce délai était de huitaine, etc.

Du 4 avril 1857.—Cour imp. de Besançon. — 2ᵉ ch. — Prés., M. Jobard.

Folle enchère. — Plus-value. — Constructeurs et fournis-
seurs.

Au cas où l'adjudication sur folle enchère produit un prix
supérieur à celui de la première adjudication, s'il est établi
que cette différence provient de la plus-value résultant de
travaux et constructions faits pour le compte du fol enchérisseur, les fournisseurs et constructeurs sont fondés à demander que l'excédant de prix leur soit attribué, à l'exclusion du vendeur ou de ses créanciers inscrits. (Cod. Nap.,
555, 2133, 2175 ; Cod. proc., 740.)

(Louchet — C. Merle et consorts.)

22 mai 1856, jugement du tribunal de la Seine qui le décide ainsi en ces termes :

En ce qui touche la demande de Merle et consorts :

Attendu, en fait, qu'il est suffisamment constaté par l'expert
Perrin, que cet excédant de 13,050 fr. a été produit en totalité
par la plus-value qu'ont donnée à la maison les travaux et fournitures de Merle et consorts, pendant la possession de Buttould,
premier adjudicataire ;

Qu'il résulte même dudit rapport qu'il a été fait des réparations importantes dans ladite maison ;

Attendu, en droit, que si la revente sur folle enchère opère
la résolution du droit de propriété qui avait appartenu au premier adjudicataire, il est incontestable aussi que nul ne peut
s'enrichir aux dépens d'autrui ;

Que cette règle d'équité, écrite dans la loi romaine, a été reproduite par diverses dispositions du Code Napoléon, et notamment par l'article 555, qui l'a même appliquée au profit du tiers
constructeur réputé de mauvaise foi ; qu'en effet, dans ce cas,
le propriétaire est tenu de lui rendre les matériaux apportés sur

l'immeuble, ou , s'il les conserve, de lui en payer le prix , ainsi que le prix de la main-d'œuvre ;

Attendu que, dans l'espèce, la veuve Chamouillet et ses créanciers hypothécaires, parmi lesquels figurait Louchet, ont parfaitement connu les travaux exécutés par Merle et consorts, et qu'à supposer qu'ils aient un juste motif pour mettre en doute, dans le sens de la loi , la bonne foi de Buttould, tiers 'détenteur, par l'ordre duquel Merle et consorts ont travaillé et fourni, ils n'ont pas déclaré vouloir user du droit de faire enlever par ceux-ci les matériaux et fournitures, aux termes de l'article 555; qu'ils ont, au contraire, fait vendre l'immeuble avec lesdits travaux et fournitures des constructeurs ;

Que Bailly, deuxième adjudicataire, a acquis l'immeuble et entend le conserver en cet état, et qu'il en a déjà offert le prix intégral;

Attendu, dès lors, que la reprise de ces objets n'étant plus possible aujourd'hui pour Buttould et ses ayants cause, du consentement et par la volonté du propriétaire et de Louchet, il est au moins utile et nécessaire d'attribuer auxdits entrepreneurs la plus-value qui en est résultée;

Que d'ailleurs lesdits travaux représentent pour partie des travaux qui ont conservé la chose, et jouiraient d'un privilége en ce point;

Que Merle et consorts restent à découvert d'une autre somme excédant 11,000 fr., et que Louchet n'a pas pu raisonnablement compter sur une augmentation de gage qui n'a pas été fournie par sa débitrice;

Attendu que Louchet objecte à tort les dispositions de l'article 740 du Code de procédure civile, et la clause du cahier des charges, conforme audit article, portant que si la revente sur folle enchère produit un excédant de prix, il n'appartiendra pas au fol enchérisseur, mais au vendeurs ou à ses créanciers ;

Qu'en effet, il suit, des considérations qui précèdent, que la réclamation des entrepreneurs a son principe, non pas dans la première adjudication réglée par le cahier des charges, mais dans le quasi-contrat résultant des travaux faits postérieurement, et que, d'un autre côté, il serait permis de dire que la loi spéciale de procédure a statué pour le cas le plus ordinaire, celui où l'excédant n'aurait pour cause que l'augmentation fortuite survenue dans les immeubles de même nature ou résultant de la chance des enchères ;

Attendu enfin que l'objection tirée de ce que Merle et consorts n'ont pas requis une inscription de privilége, aux termes de l'article 2103 du Code Napoléon, n'est pas mieux fondée ; qu'ils subissent la seule conséquence qui puisse les atteindre par suite de l'inaccomplissement de cette formalité , en perdant une partie de leur créance, mais que le droit à la plus-value leur appartient à un autre titre, ainsi qu'il vient d'être établi ; qu'au surplus, cette objection réfuterait encore la précédente, en ce qu'elle reconnaît surabondamment dans la main de Merle et consorts l'existence d'un droit de créance qui aurait pu devenir privilégié par l'effet de l'inscription ;

Par ces motifs, fait attribution à Merle et consorts de la somme de 13,050 fr. qui sera prélevée à leur profit, et en dé duction de leur créance contre Buttould, sur le prix offert par Bailly, avec les intérêts que ladite somme a pu produire, etc.

Appel par le sieur Louchet.

ARRÊT.

La Cour, — Adoptant les motifs, etc., — Confirme, etc.
Du 4 mars 1858. — Cour imp. de Paris. — 2ᵉ ch. — Prés., M. Eug. Lamy.

Surenchère. — Créanciers inscrits. — Notification.

Les créanciers inscrits sur un immeuble vendu peuvent exercer leur droit de surenchère avant que l'acquéreur ou l'adjudicataire leur ait notifié le jugement d'adjudication. (Cod. Nap., 2185.)

(Durand — C. Nicolas.)

28 mars 1857, jugement d'adjudication au profit du sieur

Nicolas d'immeubles indivis entre les héritiers Legrand, et dont la vente par licitation avait été précédemment ordonnée.

2 juin 1857, surenchère par le sieur Durand, créancier inscrit sur les immeubles adjugés.

Nicolas n'avait pas fait notifier son jugement d'adjudication, et aucune sommation ne lui avait été faite à cet effet : il se prévaut de cette circonstance pour demander la nullité de la surenchère.

28 août 1857, jugement du tribunal de Bourganeuf, qui déclare la surenchère nulle.

Appel.

ARRÊT.

La Cour ; — En ce qui touche le moyen de nullité fondé sur ce que la surenchère n'a pas été précédée de la notification du jugement d'adjudication aux créanciers inscrits ;

Attendu que le droit de surenchère est éminemment favorable, et que les tribunaux, au lieu d'en restreindre l'exercice, doivent le favoriser et l'étendre à tous les cas où il n'est pas interdit de la manière la plus claire et la plus formelle ;

Attendu qu'aucun texte de la loi ne défend, sous peine de nullité, au créancier inscrit de faire sa réquisition de surenchère, avant que le tiers détenteur lui ait notifié son titre d'acquisition ;

Attendu, à la vérité, que le Code Napoléon, en traçant les règles à observer par le tiers détenteur pour purger l'immeuble par lui acquis des priviléges et hypothèques qui le grèvent, a supposé que les notifications aux créanciers inscrits précéderaient la surenchère ; mais que l'on comprend très-bien qu'il dût en être forcément ainsi dans la procédure spéciale relative à la purge des hypothèques, sans qu'il soit nécessaire d'en tirer la conséquence que la surenchère du dixième ne saurait, dans aucun cas, être indépendante des notifications à intervenir avant elles ;

Qu'en effet, le législateur, se proposant pour but de consolider la propriété sur la tête du tiers détenteur, a voulu que les
créanciers inscrits fussent d'abord mis en demeure de faire valoir leurs droits ; que, pour y parvenir, il a supposé, dans leur
intérêt même, que ces créanciers avaient ignoré que l'immeuble affecté à leurs créances était sorti des mains de leur débiteur,
et, après avoir pris toutes les précautions nécessaires pour s'assurer que l'acte translatif de propriété leur serait notifié, il leur
a accordé, à partir de cette notification, un délai pour délibérer
sur leurs intérêts et pour décider s'ils entendent accepter le
prix attribué à l'immeuble ou l'élever par une surenchère ;

Que, dans cet ordre d'idées, limité à la procédure de purge
dont l'initiative et la poursuite n'appartiennent qu'au nouveau
propriétaire, il est évident que la surenchère ne pouvait venir
qu'à la suite des notifications, puisque les créanciers inscrits
étaient réputés n'avoir eu connaissance de la vente que par la
signification à eux faite de l'acte qui la constatait ; mais que
cette règle ne saurait recevoir d'application au cas tout différent
où, comme dans l'espèce, les créanciers ayant connu l'existence et les conditions de la vente, jugent qu'il est de leur intérêt de surenchérir sans attendre les notifications ;

Que ce serait méconnaître l'intention du législateur que de
supposer qu'il ait voulu, dans ce cas, paralyser inutilement
dans les mains des créanciers leur droit de surenchère et les
forcer d'attendre, pour l'exercer, des notifications sans objet,
qu'un acquéreur négligent ou sans ressources peut retarder à
dessein, qu'il peut même refuser de faire sans que les créanciers aient aucun moyen légal de l'y contraindre ;

Attendu que, si le législateur a eu de puissants motifs pour
fixer un terme à l'exercice du droit de surenchère, il n'en avait
aucun pour en reculer le point de départ ; que si l'article 2185
du Code Napoléon, considérant la notification comme une mise
en demeure, a prescrit au créancier de surenchérir, sous peine
de déchéance, dans les quarante jours qui suivent, c'est qu'il a
voulu que le sort de la propriété ne restât pas longtemps incertain, et qu'il a compris, en outre, la nécessité de réaliser promptement le prix de la vente ; mais qu'il serait difficile de découvrir le motif qui aurait pu le déterminer à interdire aux créanciers de surenchérir avant cette mise en demeure, alors surtout

qu'il est de principe certain, en procédure, que les anticipa-
tions de délais sont toujours permises à ceux en faveur de qui
ils sont établis;

Attendu que si l'article 832 du Code de procédure civile exige
que l'assignation soit notifiée à la requête du créancier surenchérisseur, au domicile de l'avoué constitué dans la notification, il ne faut pas en conclure que la procédure ne puisse pas
s'engager à défaut de notification préalable, mais seulement que
l'assignation, dans ce cas, sera signifiée au domicile réel du
tiers détenteur; ce qui ne lui causera évidemment aucun grief
et ne pourra servir de fondement à une demande en nullité;

Attendu que les nullités nombreuses prononcées en matière
de surenchère, soit par le Code Napoléon, soit par le Code de
procédure, prouvent que le législateur a cherché à prévoir tous
les cas, et que s'il avait voulu annuler la surenchère faite avant
les notifications, comme il annule celle qui est faite après le
délai de quarante jours, il n'aurait pas manqué de comprendre
cette cause de nullité parmi celles qui sont énumérées dans les
divers articles des deux Codes, et notamment dans l'article 2185
du Code Napoléon, et l'article 832 du Code de procédure;

Attendu qu'on n'est pas fondé à prétendre que cette manière
de procéder fait perdre au tiers détenteur le droit qui lui est
garanti par l'article 2169 du Code Napoléon, celui de ne pouvoir être dépossédé que trente jours après commandement fait
au débiteur originaire, et sommation faite au nouveau propriétaire de payer ou de délaisser l'héritage; qu'on ne prend pas
garde que cet article est sans application à l'exercice du droit de
surenchère; qu'il prévoit, au contraire, le cas où les créanciers,
ayant renoncé à surenchérir, veulent procéder par la voie de
la saisie immobilière; que l'on comprend très-bien que la poursuite d'une procédure si rigoureuse n'ait été autorisée qu'à la
condition d'être précédée de la double mise en demeure que la
loi prescrit; mais qu'on ne saurait imposer ce préalable au
créancier qui, au lieu d'avoir recours à la voie de l'expropriation, se borne, en faisant une surenchère, à employer le seul
moyen qui ne soit pas désastreux pour le tiers acquéreur;

Attendu qu'on objecte vainement encore que le tiers détenteur qui ne remplit pas les formalités de la purge a le droit, aux
termes de l'article 2167 du Code Napoléon, de conserver la

propriété de l'immeuble par lui acquis en payant la totalité des dettes hypothécaires, et que la surenchère, dans ce cas, ne saurait être admise, puisqu'elle lui ferait perdre le bénéfice des termes et délais qui lui est accordé par cet article;

Que d'abord, dans l'espèce, le tiers détenteur n'offre pas de payer les dettes; qu'ensuite la manifestation de cette intention ne suffirait pas pour empêcher l'exercice du droit de surenchère; que la loi, en imposant au nouveau propriétaire qui ne purge pas l'obligation de payer la totalité des dettes, a voulu le frapper d'une peine et non le faire jouir d'un privilége; et qu'on ne saurait, d'une disposition édictée contre lui, faire sortir en sa faveur un droit supérieur au droit de surenchère accordé par la loi aux créanciers inscrits, non seulement dans leur intérêt, mais aussi dans l'intérêt des vendeurs, qui, souvent, comme dans l'espèce, sont des femmes et des enfants mineurs, plus dignes de la sollicitude du législateur qu'un adjudicataire ayant obtenu leur propriété à vil prix;

Attendu que le droit de surenchère prend sa source, non dans les notifications, mais dans la vente elle-même, qu'il est inhérent au droit hypothécaire, et qu'il ne peut dépendre d'un acquéreur, en ne notifiant pas, d'en faire perdre le bénéfice aux créanciers inscrits, et de les forcer de renoncer à cette voie simple et rapide de réaliser leur gage à des conditions avantageuses et connues d'avance, pour se jeter dans les incertitudes, les incidents, les délais et les frais d'une saisie immobilière;

Attendu, dès lors, que c'est à tort que la surenchère du dixième, faite le 30 juin 1857 par l'appelant, a été déclarée nulle par l'unique motif qu'elle n'avait pas été précédé de la notification du jugement d'adjudication;

Emendant, réformant, et faisant ce que les premiers juges auraient dû faire, déclare bonne et valable la surenchère faite par l'appelant du dixième du prix de l'adjudication du 28 mars 1857, etc.

Du 28 février 1858. — Cour imp. de Limoges. — 3e ch. — Prés., M. Mallevergne.

p

Tribunal de commerce. — Appel. — Délai. — Signification.

En matière commerciale, la signification du jugement définitif faite au greffe du tribunal, à défaut par les parties non domiciliées dans le lieu où siége le tribunal d'y avoir élu domicile, fait courir le délai de l'appel : l'art. 422, Code procédure, déroge en ce point à l'art. 443 du même Code.

(Muti — C. N...)

ARRÊT.

La Cour,

Attendu que la fin de non-recevoir tirée de ce que Muti aurait constitué avoué et conclu devant le tribunal civil de Naples, sur la demande en exécution du jugement dont est appel, n'a rien de sérieux, et que les intimés eux-mêmes en ont reconnu le peu de fondement en l'abandonnant dans leurs plaidoiries ; mais qu'il en est autrement de la fin de non-recevoir tirée de la tardiveté de l'appel ;

Attendu, à cet égard, que, d'après l'art. 422, Cod. proc. civ. si les parties comparaissent devant la juridiction consulaire, et qu'à la première audience il ne leur soit pas définitivement dit droit, celle qui n'est point domiciliée dans le lieu où siége le tribunal est tenue d'y élire domicile, sinon toute signification, même celle du jugement définitif, lui est valablement faite au greffe du tribunal ;

Attendu que cette règle particulière, établie pour la prompte expédition des affaires commerciales, constitue une exception dérogatoire à la règle générale du même Code, qui ne fait courir les délais de l'appel que du jour de la signification à personne ou domicile ;

Que cette manière d'interpréter l'art. 422 s'induit nécessairement de ce que, dans ce cas, l'élection de domicile est forcée et non facultative, et de ce que le défaut de domicile élu valide, sans aucune restriction, toute signification faite au greffe du tribunal;

Qu'on doit croire que c'est en vue de cette forme spéciale de procéder que, dans l'art. 645, Cod. com., le législateur s'est contenté de dire que le délai pour appeler est de trois mois à compter du jour de la signification du jugement, sans ajouter, comme dans l'art. 443, C. proc. civ., qu'il faut une signification à personne ou domicile;

Attendu, en fait, que la cause actuelle n'ayant pas reçu jugement à la première audience utile du tribunal de commerce de Marseille, où toutes les parties ont comparu par des fondés de pouvoir, et Jean Muti, qui est domicilié à Naples, n'ayant fait aucune élection de domicile, le jugement définitif rendu le 4 décembre 1854, lui a été notifié, au greffe dudit tribunal, le 29 du même mois; que, dès lors, c'est tardivement que Muti n'en a relevé appel que le 19 décembre 1855;

Déclare Jean Muti non-recevable dans son appel, etc.

Du 25 nov. 1857. — Cour imp. d'Aix. — Ch. civ. — Prés. M. Castellan.

Jugement par défaut. — Codéfendeurs. — Délai de comparution. — Tribunaux de commerce.

L'art. 151, Cod. proc., portant que lorsque plusieurs parties auront été citées pour le même objet à différents délais, il ne sera pris défaut contre aucune d'elles qu'après l'échéance du plus long délai, n'est pas obligatoire pour les tribunaux de commerce. Ces tribunaux peuvent donc donner défaut contre la partie à l'égard de laquelle le délai de comparution est expiré, sans attendre l'expiration des délais à l'égard des autres.

(Lavaud — C. Hovyn de Tranchère.)

ARRÊT.

La Cour,

Attendu que l'art. 642, Code commerce, renvoie, pour la forme de procéder devant les tribunaux de commerce, aux règles établies par le tit. 25, liv. 2, Cod. proc. civ.; que l'article 643, Code commerce, ajoute : « Néanmoins, les articles 156, 158 et 159, même Code, relatifs aux jugements par défaut rendus par les tribunaux inférieurs, seront applicables aux jugements par défaut rendus par les tribunaux de commerce; »

Attendu que l'art. 151, Code procédure civile, qui veut que, lorsque plusieurs parties ont été citées pour le même objet à différents délais, ils ne soit pris défaut contre aucune d'elles qu'après l'expiration du plus long délai, ne fait point partie du tit. 25, même Code, auquel renvoie l'art. 642, Code commerce; qu'il n'est pas rappelé dans l'art. 643, bien qu'il appartienne au même titre que les articles 156, 158 et 159, énumérés dans cet article et dont il prescrit l'observation; d'où l'on doit conclure qu'il a été volontairement omis, et que le législateur n'a pas voulu en étendre l'application aux tribunaux de commerce, soit parce que, les parties n'y étant pas représentées par avoués et devant comparaître à jour fixe, l'article 151 se conciliait difficilement avec ce mode de procéder, soit plutôt parce qu'il peut survenir inopinément dans les affaires soumises à ces tribunaux des motifs d'urgence qui rendent nécessaire de prendre sans retard un jugement contre la partie à l'égard de laquelle le délai est expiré ;

Attendu que la disposition de l'article 151, Code procédure, n'est pas essentielle à la défense, car il dépend du demandeur qui a deux débiteurs pour la même dette de n'en assigner qu'un seul, ou, après les avoir assignés tous les deux, de se désister à l'égard de l'un; et, d'un autre côté, celui des défendeurs contre qui on requiert condamnation avant que le second soit en demeure de comparaître, peut, s'il a un légitime intérêt à ce que celui-ci soit présent, demander qu'il soit sursis jusqu'à l'expiration du plus long délai;

Qu'ainsi, le texte des articles 642 et 643, d'accord avec les intérêts commerciaux, affranchit les tribunau xd commerce de

a règle tracée par l'art. 151, sans que la défense soit mise en
,éril, ces tribunaux demeurant toujours les maîtres de hâter ou
le suspendre leurs décisions selon les nécessités si variables
les affaires ;

Attendu qu'en annulant le jugement par défaut par lui rendu
e 4 juillet 1857, sur le motif que ce jugement était contraire à
a disposition de l'art. 151, Code procédure civile, le tribunal
le commerce de Libourne a fait une fausse application de cet
rticle et prononcé une nullité qui n'est point établie par la loi ;

Infirme, etc.

Du 4 janvier 1858. — Cour imp. de Bordeaux. — 1re ch. —
rés., M. de la Seiglière, p. p.

———

Juge de paix. — Compétence. — Dommages aux champs. Propriétés bâties. — Prorogation de juridiction.

L'art. 5 de la loi du 25 mai 1838, qui attribue compétence
au juge de paix en matière de dommages aux champs, fruits
et récoltes, à quelque valeur que la demande puisse s'élever,
ne s'étend pas aux dommages causés à des propriétés bâties,
mêmes rurales, par des extractions de matériaux opérées à
l'aide d'excavations pratiquées dans le sol qui supporte les
bâtiments : dans ce cas, le juge de paix n'est compétent que
lorsque le chiffre de la demande rentre dans les limites de sa
compétence ordinaire. (L. 25 mai 1838, art. 1 et 5.)

La prorogation de juridiction du juge de paix doit être
expresse et constatée par un acte écrit, conformément à la
disposition de l'art. 7, Cod. proc. Elle ne peut s'induire du
silence des parties et du fait que, loin de proposer le déclinatoire, elles ont respectivement procédé devant le juge de
paix, en nommant des experts.

Par suite, l'incompétence du juge de paix peut, à défaut
d'une prorogation expresse et régulière de sa juridiction,

être proposée pour la première fois en appel, et cela même par la partie qui était demanderesse en première instance.

Le tribunal d'Arras avait jugé le contraire en ces termes :

Attendu que la demande du sieur Bancourt a pour objet la réparation d'un dommage causé par les excavations faites sous son manoir par le sieur Lebret pour l'extraction de pierres et moellons;

Attendu que ce dommage s'appliquant à un terrain rural, rendait, aux termes de l'art. 5 de la loi du 25 mai 1838, le juge de paix compétent pour statuer sur le litige;

Attendu, sous un autre rapport, que le juge de paix pouvait encore en connaître, par la raison que le sieur Lebret, en se présentant devant lui sur l'assignation donnée par Bancourt, au lieu de décliner sa compétence, a reconnu le dommage, demandé une expertise pour le constater, choisi un expert et concouru au jugement qui lui a donné acte de sa nomination d'expert et ordonné que l'expertise serait faite dans un délai déterminé;

Attendu que la conduite tenue par le sieur Lebret devant le juge de paix et les déclarations qu'il y a faites, emportent de sa part une acceptation de juridiction, et prouvent suffisamment que sa volonté était de clore toute discussion devant lui; que c'est là un lien judiciaire volontairement formé entre les parties, et contre lequel il n'est plus possible aujourd'hui à l'une d'elles de revenir.

Pourvoi en cassation par le sieur Lebret.

ARRÊT.

La Cour,

Sur le premier moyen du pourvoi :

Vu les art. 1 et 5 de la loi du 25 mai 1838 sur les justices de paix;

Attendu qu'il résulte, en fait, du jugement attaqué et des jugements du juge de paix du canton de Bertincourt, des 29 mai et 12 juin 1855, qu'il a confirmés, que la demande de J.-B. Ban--

court, propriétaire d'un manoir composé de maison, grange, étables à vaches, écuries, puits, etc..., sis en la commune de Ruyaulcourt, rue de la Berlotte, avait pour cause l'extraction, clandestinement faite par Louis Lebret, à l'aide d'un puits creusé par ce dernier dans son propre terrain, d'une grande quantité de moellons, par plusieurs excavations pratiquées depuis quatre ans sous le terrain et les bâtiments de Bancourt ; et qu'elle tendait à faire condamner ledit Lebret à payer audit Bancourt la somme de 2,500 fr., tant pour les matériaux extraits sous la propriété de celui-ci que pour dommages-intérêts en réparation du préjudice causé à cette propriété ;

Attendu que, suivant l'art. 1er de la loi du 25 mai 1838, les juges de paix connaissent de toutes actions purement personnelles ou mobilières, en dernier ressort, jusqu'à la valeur de 100 fr., et à charge d'appel, jusqu'à la valeur de 200 fr. ; et que, d'après l'art. 5, no 1, ils connaissent également, sans appel, jusqu'à la valeur de 100 fr., et à charge d'appel, à quelque somme que la demande puisse s'élever « des actions pour dom- « mages faits aux champs, fruits et récoltes, soit par l'homme, « soit par les animaux ;

Attendu que cet art. 5, qui étend indéfiniment, quant à la quotité de la somme demandée, la compétence en premier ressort des juges de paix, est une disposition exceptionnelle à la règle générale posée en l'art. 1er, et que, comme telle, elle doit être restreinte strictement aux objets énumérés audit art. 5 ;

Attendu que le motif de cette extension de compétence en matière de dommages faits aux champs, fruits et récoltes, soit par l'homme, soit par les animaux, tient à la facilité et à la nécessité de constater et de réprimer à l'instant ces dommages dont les traces peuvent promptement disparaître ; qu'on ne peut ranger dans cette catégorie des faits de la nature de ceux imputés par Bancourt à Lebret ;

Attendu, dès-lors, que l'action résultant de ces faits, d'après leur nature et l'importance de la somme de 2,500 fr. réclamée à titre de réparation et de dommages-intérêts, rentrait sous l'empire de la règle générale établie par l'art. 1er de la loi précitée, et sortait de la compétence, même en premier ressort, du juge de paix ;

Attendu, sur la défense opposée par Bancourt à l'exception d'incompétence invoquée par Lebret, et tirée de ce que cette exception n'a été proposée qu'en appel et après que celui-ci avait, devant le premier juge, conclu et procédé au fond, en offrant de payer le dommage, en concourant avec Bancourt au choix d'experts pour l'estimer, et en dispensant ces experts de prêter serment; que l'incompétence du juge de paix pour statuer, hors des cas spécialement déterminés par les art. 5 et suivants de la loi du 25 mai, sur des actions personnelles ou mobilières excédant la valeur de 200 fr., est une incompétence absolue, qui ne se couvre point par les conclusions et la défense des parties au fond, non plus que par leur consentement, à moins qu'il n'ait été exprimé dans la forme déterminée par l'art. 7, Cod. proc., ce qui n'a pas eu lieu dans l'espèce;

Qu'il suit de là que le jugement attaqué, en rejetant l'exception d'incompétence proposée par Lebret, a faussement appliqué l'art. 5, n° 1, et expressément violé l'art. 1er de la loi du 25 mai 1838;

Casse, etc.

Du 5 janvier 1858. — Ch. civ. — *Prés.*, M. Bérenger.

***

Action possessoire. — Réintégrande. — Canal. — Possession.

L'action en réintégrande est recevable de la part de celui qui est violemment dépouillé de la possession paisible et publique d'une chose, encore bien que cette chose ne soit pas susceptible d'une possession utile, telles que les accessoires d'un canal navigable faisant partie du domaine public. (Cod. proc., 23).

(De Grave — C. de Castillon.)

ARRÊT.

LA COUR, — sur le moyen unique du pourvoi :

Attendu, en fait, que, pendant le cours d'une instance administrative poursuivie à sa requête, et dans laquelle il a succombé devant le conseil d'Etat, de Grave a fait arbitrairement démolir une muraille anciennement construite appartenant au défendeur éventuel, arracher 240 saules, et couper deux arbres séculaires plantés sur la même propriété ; et que, pour la réparation de ces actes de violence, une demande en réintégrande a été introduite par Castillon ;

Attendu, en droit, que si l'action en réintégrande est comprise dans la catégorie générale des actions possessoires, elle se distingue par des caractères spéciaux, des conditions légales propres à ce genre d'action, et par des résultats différents ;

Qu'en effet, les actes violents et arbitraires qui mettent en mouvement la réintégrande, en font une mesure d'ordre et de paix publics, une action *quasi ex delicto*, ce qui a amené le droit civil à emprunter au droit canonique la maxime *spoliatus ante omnia restituendus ;*

Attendu que la restitution, suite de la réintégrande fondée sur les principes que l'on vient d'exposer, ne peut être que provisoire ; et que, dès lors, elle ne suppose pas une possession caractérisée pour acquérir, mais la seule détention *paisible et publique* de la chose dont on a été dépouillé par la force ;

Attendu que, dans cet état, il était inutile de rechercher si la possession de Castillon était légitime et si elle pouvait opérer la prescription ; qu'en constatant sa détention publique et paisible de la chose dont il avait été dépouillé par violence, et en admettant par suite en sa faveur l'action en réintégrande, le jugement attaqué n'a violé aucune loi ;

Rejette, etc.

Du 25 mars 1858. — Ch. req. — Prés., M. Nicias-Gaillard.

Ban de vendange. — Vignes isolées. — Dispense d'exécution.

L'arrêté municipal qui fixe l'ouverture du ban de vendanges comprend toutes les vignes non closes, qu'elles soient isolées ou non (Cod. pén., 475, n° 1).

... Et il n'appartient pas au maire de dispenser, par une permission spéciale, de l'exécution de cet arrêté.

(Masson-Gonnet.)

ARRÊT.

La Cour;

Vu l'arrêté du maire de la ville de Beaune, en date du 17 septembre dernier, portant, art. 2 : « Le jour de la vendange, dans tout le climat de Ratet, est fixé au mardi 22 septembre ; »

Attendu que, d'un procès-verbal dressé par le garde champêtre de la commune de Beaune, il résulte que le sieur Masson-Gonnet a fait vendanger, le 20 septembre, une parcelle de vigne non close au climat de Ratet ;

Que, devant le tribunal de police où il a été traduit pour contravention au ban de vendange, ledit sieur Masson a excipé d'une permission qui lui avait été donnée par le maire de Beaune, de vendanger avant l'époque fixée par le règlement;

Mais attendu que la disposition du règlement est générale et absolue; qu'elle comprend toutes les vignes non closes, qu'elles soient isolées ou non ;

Qu'il est de principe que nul ne peut dispenser de l'exécution d'un arrêté local, pris et rendu exécutoire dans les formes de droit, tant qu'il n'a pas été régulièrement rapporté ;

Que, dès-lors, le jugement attaqué, en se fondant sur l'autorisation susénoncée pour renvoyer le sieur Masson des poursuites, et en refusant de lui appliquer les peines de l'art. 475, Cod. pén., a violé tout à la fois les dispositions dudit article et celles de l'art. 2 du règlement susdaté ;

Casse le jugement du tribunal de police de Beaune du 2 octobre dernier, etc.

Du 6 février 1856. — Chambre criminelle. — Président : M. Vaïsse.

Grappillage. — Règlement municipal.

L'autorité municipale est investie du droit de défendre le grappillage dans les vignes vendangées, avant le jour qui en sera fixé aussitôt que les vendanges seront terminées. (L. 28 sept.-6 oct. 1791, tit. 2, art. 21 ; Cod. pén., 471, nos 10 et 15.)

(Ferland et autres.)

ARRÊT.

La Cour,

Vu les art. 21, titre 2 de la loi du 6 octobre 1791, 471, no 10, Code pénal; 10 de la loi du 18 juillet 1837, 471, no 15, Code pénal;

Vu l'arrêté du maire de Merpins du 25 août 1857 ;

Vu le mémoire produit par le demandeur à l'appui de son pourvoi ;

Attendu, en droit, que le grappillage n'est autorisé que dans des lieux où l'usage en est reçu ;

Que l'art. précité de la loi du 6 octobre 1791, et l'art. 471, no 10, Code pénal, n'ont eu pour objet que de poser, même dans ce cas, des limites à l'usage; mais que ces dispositions ne font pas obstacle à l'exercice du pouvoir conféré aux maires, relativement à la police rurale, par l'art. 10 de la loi du 18 juillet 1837, et l'art. 1er, titre 2 de la loi du 6 octobre 1791, pourvu que leurs arrêtés n'autorisent pas ce qui est défendu par la loi;

Attendu que, par son arrêté du 25 août dernier, le maire de Merpins s'est borné, dans l'intérêt des vignes non vendangées, à défendre le grappillage jusqu'à ce que l'ordre en ait été donné, et qu'il a ajouté que cet ordre serait donné aussitôt que les vendanges seraient terminées;

Attendu que cet arrêté a été ainsi pris dans l'ordre légal des attributions du maire, en suspendant le grappillage, sans distinguer entre les vignes qui étaient vendangées, où le grappillage serait permis, à défaut d'arrêté municipal, et celles qui ne l'étaient pas encore, dans lesquelles il a pour objet de prévenir l'invasion illicite des grappilleurs par une mesure générale de police ;

Attendu, en fait, qu'il est constaté par un procès-verbal régulier que les prévenus avaient grapillé dans les vignes de la commune de Merpins avant que le grappillage n'ait été autorisé dans ladite commune, et lorsqu'un grand nombre de propriétaires n'avaient pas fini de vendanger ;

Que de cette constatation résultait une contravention à l'arrêté municipal, qui devait être réprimée conformément à l'art. 471, n° 15, Code pénal ;

Attendu, néanmoins, que le jugement attaqué s'est fondé, pour renvoyer les prévenus des poursuites, sur ce que le fait à eux imputé ne rentrait pas dans les dispositions du n° 10 de l'art. 471, Code pénal, et sur ce que l'arrêté du maire était illégal et non obligatoire ;

Attendu qu'en décidant ainsi, ledit jugement a commis un excès de pouvoir, faussement interprêté les art. 21 de la loi du 6 octobre 1791, 471, n° 10, Cod. pén., et expressément violé les art. 10 de la loi du 18 juillet 1837, et 471, n° 15, Cod. pén.;

Casse le jugement rendu le 16 octobre 1857 par le tribunal de simple police de Cognac, etc.

Du 6 février 1858. — Chambre criminelle. — Président : M. Vaïsse.

Chasse. — Vignes. — Règlement municipal.

Est légal et obligatoire l'arrêté municipal qui défend de chasser dans les vignes jusqu'à l'époque de la clôture des vendanges et de l'ouverture du grappillage, dont il fixe le jour : cet arrêté ne doit pas être considéré comme ayant statué sur le droit de chasse (ce qui n'appartiendrait qu'au préfet), mais bien comme ayant pour but la sûreté des campagnes et des populations. (L. 14 déc. 1789, art. 50 ; L. 28 sept.-6 oct. 1791, tit. 2, art, 9 ; Cod. pén., 475, n° 15.

(Perrot.)

ARRÊT.

La Cour ;

Vu l'art. 50 de la loi du 14 décembre 1789, qui place dans les attributions de l'autorité municipale le droit de faire des règlements propres à faire jouir les habitants d'une bonne police ;

Vu l'art. 9, tit. 2 de la loi du 6 octobre 1791, qui charge les officiers municipaux de veiller à la tranquillité, à la salubrité et à la *sûreté* des campagnes ;

Vu l'art. 471, n° 15, Code pénal ;

Attendu que l'arrêté du maire de la commune de Fontaine lès Dijon, en date du 20 septembre dernier, après avoir, par son art. 1er, interdit le grappillage avant le 1er novembre de adite année, défend, par son art. 2, même aux propriétaires et fermiers, de chasser dans les vignes du territoire de ladite commune ;

Que ces deux dispositions sont corrélatives, et qu'il en résulte que, dans les vignes de Fontaine, la chasse pour l'année 1857 est interdite jusqu'au 1er novembre, époque de la clôture des vendanges et de l'ouverture du droit de grappillage ;

Que cet arrêté a été pris dans les limites des pouvoirs attribués par les lois susdatées à l'autorité municipale ;

Qu'il intéresse essentiellement la sûreté des campagnes ;

Qu'il n'a pas pour objet de statuer sur le droit de chasse proprement dit, mais de protéger les populations rassemblées dans les vignes, tant que les vendanges ne sont pas terminées ;

Attendu qu'il est constaté par un procès-verbal régulier, et qu'il n'est pas dénié par le jugement attaqué, que, le 1er octobre dernier, Louis Perrot a chassé sur le territoire de la commune de Fontaine lès Dijon, dans une vigne appartenant à Thomas Massu, et qu'il a contrevenu au règlement susdaté ; qu'il a ainsi encouru les peines de l'art. 471, n° 15, Code pénal ;

Que, néanmoins, le juge de police l'a renvoyé des poursuites, sur le motif que ledit règlement n'était ni légal ni obligatoire ; en quoi il a violé les dispositions ci-dessus rappelées des lois des 14 décembre 1789, 6 octobre 1791, et de l'art. 471, Code pénal ;

Casse le jugement rendu par le tribunal de simple police de Dijon, le 20 octobre dernier, etc.

Du 6 février 1858. — Président : M. Vaïsse.

Glanage. — Propriétaire. — Concession. — Tiers.

Le propriétaire ou fermier d'un champ soumis à l'exercice du glanage a, sans doute, le droit, tant que son champ n'est pas encore entièrement dépouillé de ses récoltes, de ramasser ou de faire ramasser à son profit les épis échappés à la main des moissonneurs ; mais il ne lui appartient pas de concéder ce droit, même à titre onéreux, à des tiers, fût-ce même des ouvriers par lui employés à la moisson. (L. 28 sep.-6 oct. 1791. tit. 2, art. 21 ; Cod. pén., 471, n° 10.)

(Claise).

ARRÊT.

La Cour, vu l'art. 21, tit. 2 de la loi des 28 septembre-6 octobre 1791, et l'art. 471, § 10, Code pénal ;

Attendu qu'il a été constaté par procès-verbal régulier dressé par le garde champêtre de la commune de Gravelines, et avoué par la prévenue, que, le 1er août 1857, la fille Claise a été trouvée glanant dans un champ appartenant au nommé Vissepelacre, et non encore entièrement dépouillé de ses récoltes ;

Que, néanmoins, le jugement attaqué a renvoyé la prévenue des poursuites, par ce motif que Vissepelacre avait permis à la fille Claise de glaner avant l'entier enlèvement des récoltes, en déduction du salaire qu'il avait à payer à Claise père, son ouvrier ;

Attendu que si le propriétaire ou le fermier d'un champ soumis à l'exercice du glanage a le droit, tant que son champ n' es pas encore entièrement dépouillé de ses récoltes, de ramasser à son profit les épis échappés de la main des moisonneurs, il ne lui appartient pas de concéder ce droit, même à titre onéreux, aux ouvriers par lui employés à la moisson, parce qu'il priverait ainsi les indigents, en faveur desquels le glanage a été établi, des ressources que l'humanité du législateur leur a réservées ;

Attendu qu'en décidant le contraire, le jugement attaqué a formellement violé les dispositions des lois ci-dessus visées ;

Casse le jugement rendu par le tribunal de police du canton de Gravelines, le 4 septembre 1857, etc.

Du 6 novembre 1857. — Chambre criminelle. — Président : M. le conseiller Rives.

Arbres. — Abatage. — Route. — Propriété.

L'amende prononcée par l'art. 43 de la loi des 28 septembre-6 octobre 1791, et par l'art. 101 du décret du 16 décembre 1811, contre ceux qui coupent des arbres sans auto risation, soit sur une route impériale ou départementale, soit sur les terrains contigus à cette route, est applicable même au cas où les arbres appartiendraient au contrevenant. Dès lors, l'exception de propriété soulevée par celui-ci ne peut faire obstacle à ce que le conseil de préfecture statue immédiatement sur la contravention.

(Dutuit.)

Un procès-verbal, dressé le 14 mai 1856, a constaté que le sieur Dutuit avait fait abattre, sans en avoir demandé l'autorisation à l'administration, treize peupliers plantés, en avant de sa propriété, sur l'accotement de la route départementale de Bourgthéroulde à Gournay. Le conseil de pré-

fecture de l'Eure, saisi de la poursuite dirigée contre le sieur
Dutuit, à raison de ce fait, a rendu, le 12 septembre 1856,
un arrêté ainsi conçu :

Considérant que le sieur Dutuit soutient que la route impériale n° 12 a été construite depuis peu d'années sur le sol d'un
chemin vicinal ; que, par acte public du 27 mai 1821, il a acheté
les arbres dont il s'agit et le sol qui les produisait, borné alors
par ledit chemin ; qu'en construisant une route là où était un
chemin, le département n'a pu grever, sans indemnité, d'une
servitude résultant du décret de 1811, les propriétés rive-
raines ;

Attendu qu'en effet, le décret n'a été fait que pour les routes
impériales et n'est nullement applicable aux routes départementales (art. 86 et suiv.) ;

Attendu qu'en réglementant l'abatage d'arbres le long des
routes départementales, l'ordonnance du 8 août 1821 n'a pas
prononcé et n'a pu prononcer une peine ;

Que la loi du 12 mai 1825, en réglementant le même abatage,
n'a prononcé aucune peine et ne s'est pas reportée à celle du
décret de 1811, lequel est aussi en tout point inapplicable ;

Arrête : Le sieur Dutuit est renvoyé de l'action, la question
de propriété réservée.

Pourvoi par M. le ministre des travaux publics.

NAPOLÉON, etc.;
Vu l'art. 43 de la loi des 28 septembre 6 octobre 1791, l'art.
1er de la loi du 29 floréal an X, les art. 99 et 101 du décret du
16 décembre 1811, l'article 4 de l'ordonnance du 8 août 1821,
et l'art. 1er de la loi du 12 mai 1825 ;

Considérant qu'il résulte du procès-verbal ci-dessus visé que
le sieur Dutuit a coupé sans autorisation treize peupliers plantés
sur l'accotement de la route départementale n° 12, à 50 centi-
mètres en avant de la clôture de sa propriété ;

Considérant que le sieur Dutuit reconnaît que ces arbres
étaient plantés sur le terrain de la route, mais qu'il prétend en
être propriétaire ;

Considérant que l'art. 43 de la loi des 28 septembre-6 octobre 1791 dispose que quiconque aura coupé ou détérioré des arbres plantés sur les routes, sera condamné à une amende du triple de la valeur des arbres et à une détention qui ne pourra excéder six mois ;

Considérant que la loi du 29 floréal an X, en appelant les conseils de préfecture à statuer sur les contraventions de grande voirie, a rangé parmi ces contraventions les détériorations commises sur les arbres des routes ; que, par suite de ces dispositions, il appartient aux conseils de préfecture d'appliquer l'amende portée dans l'article 53 de la loi des 28 septembre-6 octobre 1791 ;

Considérant, d'autre part, qu'aux termes de l'art. 101 du décret du 16 décembre 1811, tout propriétaire de terrains contigus à une route impériale ou départementale, qui coupe sans autorisation les arbres plantés sur lesdits terrains, est passible d'une amende égale à la triple valeur des arbres abattus ;

Considérant que l'amende portée dans la loi et le décret précités sont applicables au cas où les arbres coupés appartiendraient au sieur Dutuit, comme au cas où ils seraient une propriété publique ; que, seulement dans ce dernier cas, le contrevenant serait passible, indépendamment de l'amende, d'une peine corporelle, en vertu de la disposition ci-dessus rappelée de la loi des 28 septembre 6 octobre 1791 ; mais qu'il n'appartient pas à l'autorité administrative de prononcer cette peine ; qu'il suit de là que la question préjudicielle de propriété soulevée par le sieur Dutuit ne fait pas obstacle à ce qu'il soit immédiatement statué sur la contravention :

Art. 1er. L'arrêté du conseil de préfecture de l'Eure, du 12 septembre 1856, est annulé.

Du 27 mai 1857. — Cons. d'Etat. — *Rapp*. M. Bordet.

———

Contributions directes. — Taxe sur les chiens. —
Déclaration tardive.

Bien que le possesseur d'un chien ne se soit présenté

q

qu'après le 15 janvier pour faire à la mairie la déclaration prescrite par l'art. 5 du décret du 4 août 1855, si le maire, au lieu de refuser de recevoir cette déclaration tardive, en a délivré récépissé et l'a soumise à l'appréciation des répartiteurs, qui n'avaient pas encore rédigé l'état-matrice, le possesseur du chien ne peut être considéré comme ne l'ayant pas déclaré, et, par suite, être soumis à une augmentation de taxe.

Thévenot.

NAPOLÉON, etc.,

Vu la loi du 2 mai 1855 et le décret du 4 août 1855, notamment les art. 5 et 7;

Considérant que, d'après l'art. 5 du décret du 4 août 1855, les possesseurs de chiens doivent, du 1er octobre de chaque année au 15 janvier de l'année suivante, faire à la mairie une déclaration indiquant le nombre de leurs chiens et les usages auxquels ils sont destinés, en se conformant aux distinctions établies en l'art. 1er dudit décret; que, d'après l'art. 7, du 15 au 31 janvier, le maire et les répartiteurs, assistés du percepteur des contributions directes, rédigent un état-matrice des personnes imposables, que, d'après l'art. 9, du 1er au 15 février, le percepteur adresse au directeur des contributions les états-matrices pour servir à la confection des rôles;

Considérant que le sieur Thevenot reconnaît que c'est seulement le 24 janvier 1856 qu'il s'est présenté à la mairie de Tulle pour déclarer qu'il était possesseur d'un chien de chasse; qu'aux termes des dispositions ci-dessus rappelées, le maire était en droit de refuser de recevoir cette déclaration; mais qu'au lieu d'opposer un refus, le maire a donné un récépissé de la déclaration et l'a soumise à l'appréciation des répartiteurs, qui n'avaient pas encore rédigé l'état-matrice, que, dans ces circonstances, le sieur Thevenot ne peut être considéré comme n'ayant pas déclaré le chien dont il était possesseur, et, par suite, être soumis à une augmentation de taxe en vertu de l'art. 10 du décret ci-dessus visé;

ART. 1ᵉʳ. — L'arrêté du conseil de préfecture de la Corrèze, du 21 mars 1856, est annulé;

ART. 2. Le sieur Thévenot sera imposé à la taxe simple, etc.

Du 28 mai 1857. — Cons. d'Etat. — Rapp. M. Bodan.

Contributions directes. — Contribution foncière. —
Expertise.

Lorsqu'un contribuable a déclaré, dans une demande en réduction d'impôt foncier, qu'il entendait recourir à l'expertise au cas où il ne serait pas fait droit à sa demande, le conseil de préfecture ne peut, si l'avis des commissaires classificateurs est contraire à la réclamation, statuer sur cette réclamation sans qu'il ait été procédé à l'expertise, bien que le réclamant ne l'ait pas requise dans les vingt jours à partir de la notification qui lui a été faite de l'avis des classificateurs. (Arr. 24 flor. an VIII, art. 17 et 18; Règl. 15 mars 1827, art. 87.)

Rossignol.

NAPOLÉON, etc.;

Vu la loi du 3 frimaire an VII et l'arrêté du gouvernement du 24 floréal an VIII;

Vu les lois du 15 septembre 1807, du 23 septembre 1814 (art. 16) et du 12 juillet 1821;

Vu l'ordonnance royale du 3 octobre 1821, les règlements du 10 octobre 1821 et du 15 mars 1827;

Considérant que, lorsque les commissaires classificateurs émettent un avis contraire aux réclamations formées contre les évaluations cadastrales, l'inspecteur des contributions doit, aux termes de l'art. 87 du règlement du 15 mars 1827, prévenir les propriétaires que, suivant les art. 17 et 18 de l'arrêté du

24 floréal an VIII, ils peuvent requérir la contre-expertise dans le délai de vingt jours ;

Considérant que si, après la notification qui lui a été faite de l'avis des classificateurs contraire à sa réclamation, le sieur Rossignol n'a pas demandé la contre-expertise dans le délai de vingt jours, il avait déclaré dans sa réclamation devant le conseil de préfecture que, s'il n'était pas fait droit à sa demande, il entendait avoir recours à l'expertise ;

Considérant que cette déclaration faite par avance par le réclamant, sans attendre que l'avis des commissaires classificateurs lui eût été communiqué, et pour le cas où il serait contraire à sa demande, n'est pas interdite par l'article ci-dessus rappelé ; que, dès lors, c'est à tort que le conseil de préfecture a statué sur la réclamation du sieur Rossignol sans qu'il ait été préalablement procédé à l'expertise ;

Art. 1er. L'arrêté du conseil de préfecture de Seine-Inférieure, du 24 septembre 1856, est annulé ;

Art. 2. Le sieur Rossignol est renvoyé devant le conseil pour être statué sur sa demande ce qu'il appartiendra, après qu'il aura été procédé à une expertise contradictoire.

Du 28 mai 1857. — Cons. d'État. — Rapp. M. David.

DISSERTATION

SUR LA POSITION QUE LA LOI DU 24 MAI 1825 A FAITE AUX ASSOCIATIONS RELIGIEUSES DE FEMMES NON AUTORISÉES.

[Par M. E. Denantes, avocat à la Cour impériale de Grenoble, ancien bâtonnier (1).

M. Denantes vient de publier, sur la position faite par la loi de 1825 aux communautés de femmes non autorisées,

---

(1) Se vend à Grenoble, chez Alphonse Merle, libraire, successeur de Ch. Vellot.

une brochure très-remarquable. On y retrouve cet ordre, cette clarté, cette méthode, cette force d'argumentation qui ont assigné à M. Denantes l'un des premiers rangs parmi les jurisconsultes du ressort de la Cour de Grenoble.

M. Denantes, interrogeant les motifs de la loi de 1825, analysant la discussion qui l'a précédée dans le sein de la chambre des pairs, démontre, avec une irrésistible évidence, que les communautés de femmes autorisées sont les seules vis-à-vis desquelles cette loi ait restreint la faculté d'acquérir à titre gratuit. Quant aux communautés non autorisées, la loi les a laissées, de la manière la plus absolue, dans le droit commun. Dès lors, un don étant fait sous une forme individuelle à un membre d'une communauté non autorisée, soit par un membre de la communauté, soit par un étranger, ce don est valable, et nul ne peut le faire révoquer en demandant à prouver que le donataire était *personne interposée* et qu'ainsi le don a été fait à la communauté elle-même.

A ceux qui objectent que les communautés non autorisées jouissent ainsi d'un avantage dont les autres sont privées et qui se récrient contre la bizarrerie d'une telle différence, M. Denantes répond que l'objection a été faite lors de la discussion de la loi et que le législateur ne s'y est pas arrêté. Il appuie sa réponse sur des citations textuelles et il en tire cette conclusion que la loi a voulu être ce qu'elle est, de telle sorte que, si chacun a le droit de la critiquer, nul, sauf le pouvoir législatif, n'a le droit de la refaire.

Du reste, M. Denantes explique très-bien que la position des communautés qui existent sans autorisation, n'est pas, en définitive, la plus favorisée. Les communautés autorisées forment un être moral, elles ont pour elles la perpétuité. Les communautés non autorisées ne sont qu'une agrégation d'individus; leur caractère, c'est l'instabi-

lité, la précarité. « Le sort de ces associations, dit
« M. Denantes, repose constamment sur la tête d'un ou
« de plusieurs individus ; un caprice, un changement de
« vocation et tant d'autres effets de la faillibilité humaine
« peuvent, d'un moment à l'autre, anéantir tout l'avoir
« sur lequel comptait l'association. Au contraire, aucune
« crainte semblable ne peut exister dans une association
« autorisée, qui possède collectivement, comme *corps mo-*
« *ral.* Pour les associations autorisées, l'autorisation pro-
« duit cet effet que la puissance publique elle-même ne peut
« plus les forcer à remettre leurs biens dans le commerce, si
« elles ne le veulent pas ; les lois du droit commun n'y
« peuvent rien, car ces corps possesseurs ne meurent plus...
« Point de mutation par décès, point de donation... Mais
« pour les individus auxquels il plaît de vivre en commun
« et qui ne forment qu'une congrégation *de fait*, les lois du
« droit commun continuent leur office ; tous les moyens de
« mutation continuent et opèrent ; non-seulement, il y a
« le danger des morts imprévues, des réserves légales,
« mais encore, — et plus que tout cela, — il y a la liberté
« de volonté chez ces réunions que rien ne gêne. »

On comprend donc que le gouvernement, en conférant un
privilége aux communautés qu'il autorise, restreigne l'étendue de ce *privilége,* et qu'il laisse dans le *droit commun* les
communautés qui n'aspirent pas à la situation *privilégiée*
que donne l'autorisation.

M. Denantes insinue quelque part que la question qu'il
discute est peut-être plus une question de parti qu'une
question de droit, et il s'en étonne. Nous aurions aimé qu'il
s'en étonnât davantage. Il est étrange que de très-bons
esprits ne craignent pas de rétrograder aujourd'hui jusqu'à
des antipathies, jusqu'à des appréhensions qui semblent supposer que nous vivons encore sous l'ancien régime. Autrefois, les corporations religieuses étaient une puissance.

Peuvent-elles être une puissance désormais, en présence de
l'empire souverain de la loi civile, entrée en pleine possession d'elle-même, et en présence de la subordination de
l'ordre religieux à l'ordre séculier? Autrefois, les corporations religieuses donnaient lieu à des abus, parce que
le droit de masculinité et le droit d'aînesse condamnaient
un grand nombre de fils et de filles de famille à embrasser
la vie monastique. Mais n'avons-nous pas aujourd'hui
l'égalité des sexes, l'égalité dans les partages? La vie monastique, qu'est-elle maintenant, sinon une forme inoffensive de
la liberté? On est libre aujourd'hui de choisir entre vingt professions diverses; on est même libre de n'être qu'un oisif im-
moral, et on ne serait pas libre de pratiquer en commun la vie
contemplative, la vie de charité, la vie de prières! Et ce
genre de liberté, quand ceux qui l'invoquent n'aspirent pas
à être une *personne*, à exercer des droits collectifs, serait suspecté et redouté comme un péril! Singulier anachro-
nisme! Sachons donc, une fois pour toutes, juger les institutions passées au point de vue de leur époque et non pas au
point de vue du temps présent; sachons de même juger les
institutions actuelles d'après ce qui est et non pas d'après
ce qui n'est plus. La féodalité fut un grand bienfait; elle
servit de contrepoids à l'anarchie. Les droits de masculinité
et d'aînesse furent d'admirables injustices, car ils sauvèrent
la famille, en lui permettant d'attendre qu'elle pût, sans
danger pour elle-même, se constituer sur d'autres bases.
Les couvents furent le mal produit par ce bien relatif, et ce
mal était nécessaire. Aujourd'hui, tout est à sa place; aujour-
d'hui donc, la vie monastique doit être jugée indépendamment de son histoire; aujourd'hui encore, on conçoit la
nécessité d'une autorisation et de certaines restrictions,
quand elle veut être un corps dans l'état; mais, dans le cas
contraire, elle a le droit d'être tolérée, parce qu'il serait
contre le droit de la proscrire: alors elle ne doit plus relever

que de la liberté commune ; alors et même dans tous les cas, elle peut appartenir à la critique, mais non pas à des blâmes préconçus, à des déclamations systématiques et rétrospectives, et il est regrettable qu'à l'occasion de l'interprétation de la loi de 1825 la jurisprudence, par un revirement subit, semble, depuis quelque temps, lui faire une guerre indirecte et occulte.

Nous souhaitons à la brochure de M. Denantes la plus grande publicité. Pour le jurisconsulte, elle dissipera tous les doutes ; elle fera réfléchir les esprits inquiets et prévenus ; et ceux qui partagent nos sentiments lui attribueront tout le mérite d'une bonne action.

Fréd. Taulier.

TABLE

DU

PREMIER VOLUME.

I.

TABLE DES ARRÊTS.

A,

r

Le vendeur qui ne trouve pas dans le privilége une garantie suffisante pour l'intégralité de sa créance, mais qui a conservé l'action résolutoire, peut néanmoins être alloué en privilége pour sa créance entière, alors que les autres créanciers ont un intérêt contraire à ce qu'il opte pour l'action résolutoire 97

ACTION PERSONNELLE. — L'action en paiement de loyers est une action purement personnelle, et doit, dès-lors, être formée devant le tribunal du domicile du défendeur........... 174

ACTION PUBLIQUE. — ACTION CIVILE. — Le décès du prévenu pendant le cours de l'instance d'appel n'a pas pour effet, malgré l'extinction de l'action publique, de dessaisir la juridiction correctionnelle de l'action civile qui s'y rattache, et sur laquelle le jugement de première instance a statué; cette juridiction est toujours compétente pour connaître, vis-à-vis des héritiers du prévenu, de l'appel interjeté par celui-ci 345

ACTE SOUS SEING PRIVÉ. — AYANT-CAUSE. — La femme d'un commerçant, pour établir quels sont les immeubles frappés de son hypothèque légale, ne peut pas opposer à un créancier privilégié ou hypothécaire de son mari l'acte sous seing privé sans date certaine qu'elle pourrait opposer à celui-ci par qui il a été souscrit, attendu que le créancier privilégié ou hypothécaire n'est pas l'ayant-cause de son débiteur, dans le sens de l'art. 1322 du Code Napoléon. La femme ne peut pas mieux opposer la preuve testimoniale..... 314

ACTE SOUS SEING PRIVÉ. — AYANT-CAUSE. — Le fait d'un commerçant d'avoir acquis avant son mariage un immeuble sur lequel sa femme veut exercer son hypothèque légale est un fait personnel au mari, dont les créanciers chirographaires de celui-ci sont obligés de supporter les conséquences, qui peut être prouvé contre eux comme contre lui, et à l'égard duquel ces créanciers ne sont que ses ayants-cause. Mais il en est autrement s'il s'agit d'un créancier hypothécaire. 316

ALIÉNATION. — Les aliénations d'immeubles frappés de saisie deviennent valables lorsque le saisissant et les créanciers inscrits ont été désintéressés.

Un créancier hypothécaire qui s'est fait subroger à la saisie et qui a fait procéder à une saisie nouvelle ne peut demander la nullité des aliénations antérieures à son inscription.

Mais il peut faire révoquer les aliénations postérieures,

civile en nullité et déchéance du brevet, base de la poursuite, s'il est constant que son action civile ne repose que sur des moyens identiques à ceux proposés déjà par lui comme exception devant la juridiction correctionnelle.

Il en doit être ainsi notamment si l'action civile n'a été introduite que dans le cours d'instance d'appel.

II. — Est brevetable la combinaison nouvelle de moyens du domaine public, si elle a pour but d'obtenir un résultat industriel non encore atteint.

III. — Quoique l'appareil poursuivi présente des différences avec l'appareil breveté, la contrefaçon doit être déclarée, s'il est constant que, nonobstant ces différences, le prévenu, en se servant des moyens essentiels pour l'obtention du résultat industriel, arrive ou peut arriver à le produire.

IV. — La confiscation doit être restreinte aux organes contrefaits, s'il est reconnu que ceux non argués de contrefaçon peuvent en être facilement détachés en laissant intact l'appareil poursuivi............................... **131**

COMMUNAUTÉ RELIGIEUSE. — Une communauté religieuse, quoique non autorisée, peut valablement stipuler, par l'intermédiaire d'un de ses membres, le paiement d'une certaine somme à titre de dot ou trousseau, et comme condition de l'admission de la personne qui s'oblige dans cette communauté.

Les membres d'une communauté religieuse non autorisée peuvent faire en commun, ou les uns pour les autres, les contrats pour lesquels les couvents légalement constitués n'ont besoin d'aucune autorisation spéciale : par exemple, les acquisitions purement mobilières à titre onéreux........ **149**

D.

DIFFAMATION. — La boutique d'un marchand est un lieu public; trois personnes qui s'y trouvent fortuitement réunies forment une réunion publique; dès lors, les propos diffamatoires tenus en pareil lieu, devant une telle réunion, constituent le délit de diffamation **36**

DIFFAMATION. — Le prévenu d'un délit forestier qui dit, à

E.

F.

G.

H.

HYPOTHÈQUES. — Les hypothèques inscrites sur un immeuble, du chef du vendeur, constituent un trouble à la possession de l'acquéreur, qui, dès lors, peut se refuser au paiement de son prix d'acquisition........ ....

Les frais de purge d'hypothèques légales non inscrites sont à la charge de l'acquéreur, en l'absence de toute stipulation contraire... **80**

HYPOTHÈQUE. — L'hypothèque légale de la femme veuve, qui laisse pour héritiers des enfants mineurs, doit être inscrite dans les délais voulus par les art. 8 et 11 de la loi du 23 mars 1855 ; les héritiers mineurs ne sont pas relevés par leur minorité de l'obligation de faire inscrire cette hypothèque, dans ces délais, sur les biens de leur père tuteur et débiteur de la dot.

Les mineurs sont déchus, faute d'inscription dans les délais des art. 8 et 11, quoique leur hypothèque n'ait pas été purgée. En conséquence, ils ne peuvent exercer ni droit de suite contre le tiers-détenteur, ni droit de préférence sur le prix distribué dans un ordre clos avant la loi du 23 mars 1855. **193**

HYPOTHÈQUE. — La nécessité de renouveler dans les dix ans une inscription hypothécaire ne s'applique pas à l'hypothèque légale que la femme mariée a fait inscrire lors de la formalité de la purge................................ **253**

I.

IMMEUBLE DOTAL. — Lorsqu'il n'est pas dit dans le contrat de mariage que l'estimation donnée à l'immeuble dotal en transporte la propriété au mari, celui-ci ne peut être tenu du prix d'estimation qu'autant qu'il résulte clairement des stipulations du contrat que la volonté des parties a été de soumettre le mari à tenir compte de ce prix, s'il vient à vendre l'immeuble. A défaut de telles stipulations, le mari n'est comptable que du prix réel................................ **321**

INSCRIPTION HYPOTHÉCAIRE. — Le cessionnaire d'une créance cédée à titre de nantissement peut valablement requérir, en son nom personnel, l'inscription du privilége attaché à cette créance, soit en sa qualité de cessionnaire, soit en vertu du pouvoir que lui confère l'acte de cession de requérir et entretenir l'inscription.

L'inscription prise par le cesssionnaire, en son nom personnel, ne saurait d'ailleurs être annulée comme ne contenant pas l'indication du créancier, lorsqu'elle mentionne tous les titres constitutifs de la créance cédée, les noms, prénoms, professions et domiciles des créanciers sur la tête desquels elle a successivement reposé.

Il suffit que l'époque de l'exigibilité d'une créance soit implicitement indiquée par les mentions renfermées dans le bordereau d'inscription. Or, cette indication peut résulter, soit de la mention de subrogations à des créances depuis longtemps exigibles, soit de la mention que la créance pour sûreté de laquelle une autre créance privilégiée forme l'objet d'une cession à titre de nantissement, est exigible à une époque déterminée, de telle sorte que le terme de l'exigibilité de la créance garantie apparaisse comme devant être le terme de l'exigibilité de la créance cédée.

Du reste, l'indication erronée de l'époque de l'exigibilité ne peut entraîner la nullité de l'inscription, lorsque l'erreur n'a porté ni pu porter aucun préjudice aux tiers 97

M.

MANDAT. — Le mandant condamné par un jugement de défaut auquel il a acquiescé à payer le prix du mandat qui est en cours d'exécution, conserve néanmoins le droit de faire réduire ce prix, lorsqu'il est démontré par les événements ultérieurs que le mandat ne peut plus être entièrement exécuté. 323

MARAIS. — Lorsqu'un arrêté préfectoral, sur la soumission des concessionnaires d'un desséchement de marais, a affecté spécialement et hypothécairement les francs-bords des canaux et le droit de pêche à l'entretien perpétuel des travaux, on doit voir une obligation réelle et non pas une obligation personnelle pour le tiers-acquéreur des francs-bords et du droit de pêche, dans la clause de l'acte de vente par laquelle le tiers-acquéreur déclare prendre lesdits lieux dans l'état où ils se trouvent, avec les servitudes actives et passives, et notamment à la charge de l'entretien perpétuel des travaux de desséchement, conformément aux titres desquels il résulte que cette charge est une condition de la concession desdits francs-bords et du droit de pêche.

En conséquence, ce tiers-acquéreur peut s'exonérer pour l'avenir de la charge réelle qui grève les francs-bords et le droit de pêche, en les délaissant.

N.

les art. 30 et 65 de la loi du 22 frimaire an VII ne sont pas applicables.

II. — **Le** notaire qui a rédigé un acte sous seing-privé dans l'intérêt de deux parties qui l'ont chargé de ce travail, a contre elles, en vertu des principes du mandat, une action solidaire pour le paiement de ses honoraires (articles 1202, 2002, Cod. Nap.).

III. — Cette action solidaire lui appartient pour le remboursement des droits d'enregistrement de l'acte et pour le paiement des frais et honoraires de l'acte de dépôt, alors même qu'une seule partie aurait comparu pour effectuer le dépôt, si, dans l'acte déposé, il a été stipulé qu'il serait enregistré et déposé aux minutes d'un notaire à la première réquisition de l'une des parties. Il en est ainsi, quoique, dans l'acte déposé, il soit dit que les frais seront à la charge exclusive de la partie qui fait le dépôt. Une telle clause ne concerne que les parties contractantes, Il en est ainsi même dans le cas où le notaire a délivré à l'autre partie une expédition de l'acte, sans protestation.

IV. — Les intérêts des avances et honoraires des notaires ne leur sont dûs que du jour de la demande, même quand il s'agit de l'enregistrement d'un acte sous seing-privé...... 305

O.

R.

S.

T.

U.

V.

II.

TABLE DES DÉCISIONS ADMINISTRATIVES.

A.

C.

211

F.

P.

III.

‒‒‒‒◆‒‒‒‒

TABLE DE LA CHRONIQUE.

‒‒‒‒ ‒‒‒

A.

Avoués. — 1° et 2° Le droit de vacation alloué à l'avoué poursuivant, et le droit d'assistance accordé à l'huissier audiencier, en matière de vente publique d'immeubles, est dû à
raison de chaque lot adjugé, jusqu'au nombre de six, alors
même que tous les lots, d'abord adjugés partiellement,
auraient été ensuite réunis et adjugés en bloc sur une enchère
couvrant la totalité des adjudications partielles.

3° La remise proportionnelle due à l'avoué poursuivant sur
le prix des biens vendus en justice pour un prix supérieur à
2,000 fr., doit être calculée sur l'intégralité du prix de l'adjudication, et non pas seulement sur la partie du prix qui
excède 2,000 fr.   155

Avoués. — L'avoué de l'intimé a droit à un émolument pour
les conclusions motivées, signifiées en réponse aux griefs de
l'appel d'un jugement d'ordre.

Cet émolument est celui qui est fixé par le tarif pour les
requêtes et conclusions.   134

Appel. — En admettant que le président du tribunal puisse,
en accordant la permission de faire une saisie-arrêt, se réserver de statuer en référé sur les réclamations de la partie
saisie, l'ordonnance qu'il vient à rendre ensuite sur le référé
introduit par cette partie et par laquelle il rétracte l'autorisation de la saisie-arrêt qu'il avait accordée par sa première
ordonnance, est susceptible d'appel.   126

Appel. — En matière commerciale, la signification du jugement définitif faite au greffe du tribunal, à défaut par les parties non domiciliées dans le lieu où siége le tribunal d'y avoir
élu domicile, fait courir le délai de l'appel: l'art. 422, Code
procédure, déroge en ce point à l'art. 443 du même Code. . .   170

Action possessoire. — L'action en réintégrande est recevable
de la part de celui qui est violemment dépouillé de la possession paisible et publique d'une chose, encore bien que cette
chose ne soit pas susceptible d'une possession utile, telles
que les accessoires d'un canal navigable faisant partie du do-
maine public.   176

Arbres. — L'amende prononcée par l'art. 43 de la loi des 28
septembre. 6 octobre 1791, et par l'art. 101 du décret du
16 décembre 1811, contre ceux qui coupent des arbres sans
autorisation, soit sur une route impériale ou départementale,
soit sur les terrains contigus à cette route, est applicable
même au cas où les arbres appartiendraient au contrevenant.

Dès lors, l'exception de propriété soulevée par celui-ci ne peut faire obstacle à ce que le conseil de préfecture statue immédiatement sur la contravention...................... 183

B.

C.

D.

E.

F.

G.

de ramasser ou de faire ramasser à son profit les épis échappés à la main des moissonneurs; mais il ne lui appartient pas de concéder ce droit, même à titre onéreux, à des tiers, fût-ce même des ouvriers par lui employés à la moisson.....

H.

J.

JUGE DE PAIX. — L'art. 5 de la loi du 25 mai 1838, qui attribue compétence au juge de paix en matière de dommages aux champs, fruits et récoltes, à quelque valeur que la demande puisse s'élever, ne s'étend pas aux dommages causés à des propriétés bâties, mêmes rurales, par des extractions de matériaux opérées à l'aide d'excavations pratiquées dans le sol qui supporte les bâtiments : dans ce cas, le juge de paix n'est compétent que lorsque le chiffre de la demande rentre dans les limites de sa compétence ordinaire.

La prorogation de juridiction du juge de paix doit être

expresse et constatée par un acte écrit, conformément à la disposition de l'art. 7, Cod. proc. Elle ne peut s'induire du silence des parties et du fait que, loin de proposer le déclinatoire, elles ont respectivement procédé devant le juge de paix, en nommant des experts.

Par suite, l'incompétence du juge de paix peut, à défaut d'une prorogation expresse et régulière de sa juridiction, être proposée pour la première fois en appel, et cela même par la partie qui était demanderesse en première instance....... 173

JUGEMENT PAR DÉFAUT. — L'art. 151, Cod. proc., portant que lorsque plusieurs parties auront été citées pour le même objet, à différents délais, il ne sera pris défaut contre aucune d'elles qu'après l'échéance du plus long délai, n'est pas obligatoire pour les tribunaux de commerce. Ces tribunaux peuvent donc donner défaut contre la partie à l'égard de laquelle le délai de comparution est expiré, sans attendre l'expiration des délais à l'égard des autres............................ 171

L.

LEGS.—I.—L'art. 909 du Code civil n'est applicable qu'au prêtre confesseur qui tire profit personnel du legs ; il ne l'est pas au legs fait à celui qui se trouvera curé titulaire au décès du testateur et à la charge de l'appliquer en entier à la fondation d'une école.

II. — L'art. 910 n'exige l'autorisation du gouvernement que pour l'acceptation des dons et legs à des établissements publics, et non pour ceux dont l'objet est une école privée, encore que des enfants pauvres de la commune doivent y être admis.

III. — Si, à raison de l'admission obligée des pauvres, l'autorisation était nécessaire, ce serait à la commune qui ne veut pas accepter le legs à justifier d'un décret prononçant refus d'autorisation.................................. 137

M. DE LEFFEMBERG, avocat général...................... 5

N.

NOTAIRES. — Un notaire qui se livre habituellement à des opérations de commerce peut être déclaré en faillite. (Cod. comm., 437.)

Mais ne peuvent être considérées comme constituant des actes de commerce de la part d'un notaire (art. 631 et suiv.), de nature à le faire déclarer en état de faillite, les opérations suivantes, savoir :

....D'emprunter de l'argent à des tiers et de l'employer tant à ses besoins personnels qu'à des avances à ses clients, moyennant un intérêt dont le taux n'excède pas celui qu'il paie lui-même à ses prêteurs, alors surtout qu'il n'exige ni droit de commission, ni aucune autre rétribution ;

....De tenir des comptes ouverts avec les prêteurs et les emprunteurs de ces fonds, mais en ne recevant des uns et en ne payant aux autres l'intérêt qu'au taux légal en matière civile et sans établir de balance à des termes périodiques, de manière à capitaliser à son profit les intérêts des sommes à lui dues ;

.... De faire escompter fréquemment des billets à ordre souscrits à son profit par des débiteurs non commerçants et pour des causes étrangères au commerce.

....De se charger du règlement ou de la gestion d'un grand nombre d'affaires étrangères à sa profession, mais pour lesquelles il ne perçoit aucune rétribution, et dans le but unique d'augmenter la clientèle de son étude.

....De spéculer sur des acquisitions et des reventes d'immeubles : ces sortes de spéculations n'ayant d'ailleurs, dans aucun cas, le caractère d'actes de commerce............ 143

NOTAIRES. — Dans le cas où un notaire est déclaré responsable de la nullité d'un cautionnement fourni, pour un entrepreneur de travaux publics, par une femme mariée, en vertu d'une procuration passée devant ce notaire, dans laquelle elle avait pris faussement la qualité de veuve, il peut être condamné à payer à l'État, à titre de dommages-intérêts, non pas simplement la valeur du cautionnement auquel l'entrepreneur était soumis, mais le montant des sommes dont cet entrepreneur peut être

débiteur envers l'État, par suite de la mauvaise exécution de
ses travaux.

Mais, dans ce cas, le notaire a son recours contre la femme
qui lui a ainsi célé à dessein sa qualité de femme mariée....   **148**

O.

P.

S.

T.

FIN DE LA TABLE DU PREMIER VOLUME.

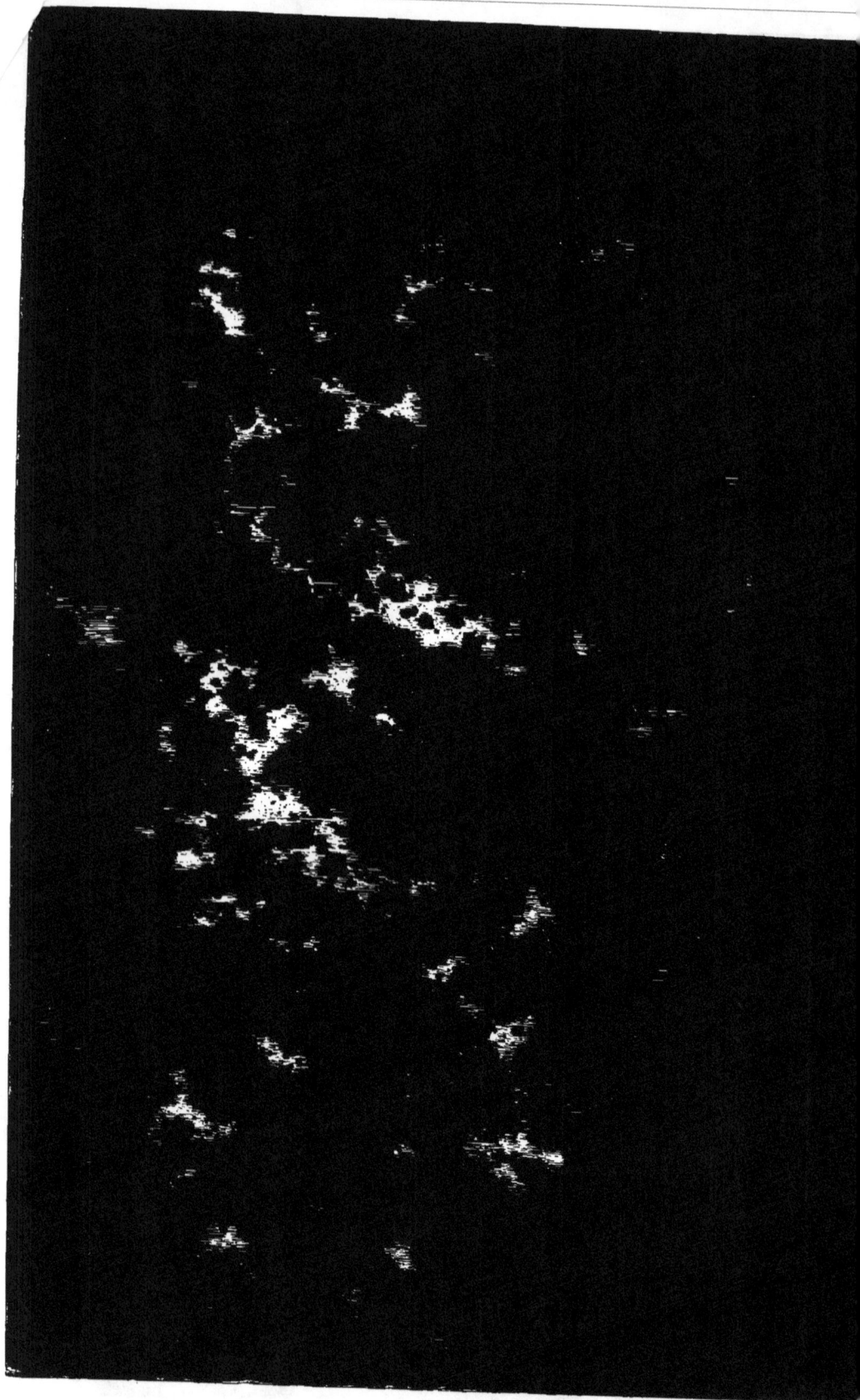

www.ingramcontent.com/pod-product-compliance
Lightning Source LLC
Chambersburg PA
CBHW031726210326
41599CB00018B/2519